Alexander von Plato / Almut Leh
»Ein unglaublicher Frühling«

W0244978

Alexander von Plato/Almut Leh

» Ein unglaublicher Frühling «

Erfahrene Geschichte im Nachkriegsdeutschland
1945 – 1948

Bundeszentrale für politische Bildung

Umschlag: Michael Rechl unter Verwendung eines Aquarells von Oskar Nerlinger (Titelseite)
»Es wird wieder wärmer – ›Komm in den Tiergarten, da ist es schön grün‹.« (Ulenspiegel, 8/1/1946)
und einer Zeichnung von Karl Holtz (Rückseite) »Ja, der hat's gut, der lebt unter einem besseren
Himmel.« (Ulenspiegel, 2/11/1946).

Bonn 1997
© Bundeszentrale für politische Bildung
Konzeption: Rüdiger Thomas
Bildredaktion: Hildegard Bremer
Lektorat: Hildegard Bremer, Birgitta Gruber
Produktion: Karlheinz Raible, Heinz Synal
Satz und Lithographie: Fotosatz Froitzheim AG, Bonn
Druck: Offizin Hildburghausen GmbH, Hildburghausen

ISBN 3-89331-298-6

Inhalt

Vorwort

Mehr als ein halbes Jahrhundert ist seit dem Ende des Zweiten Weltkrieges vergangen. Nicht nur Trümmer, Hungersnot und Massenbelegung von Häusern gehören der Vergangenheit an, sondern auch die Aufteilung in Besatzungszonen und nun sogar die deutsche Zweistaatlichkeit während der langen Nachkriegsjahrzehnte.

Im Rückblick sind die Nachkriegsjahre und die Zeiten des Kalten Krieges, die dann bis hin zur neuen Einheit von 1989/90 folgten, rasante Entwicklungen, kurze Sprünge in dem großen Gang der Geschichte. In der jeweiligen Gegenwart standen jedoch die Anforderungen und Zwänge der neuen Zeit so vor den Menschen, als ob sie Äonen dauern würden. Alle schienen sich 1945 politisch und im Alltag umorientieren zu müssen; oft waren große Anstrengungen nötig, um neue Existenzen aufzubauen oder alte zu halten; viele hatten »Dreck am Stecken« oder waren verunsichert, andere hofften auf einen Aufbruch in neue Welten. Wie sehr wurden *die* Deutschen, die in wenigen Generationen gleich mehrere politische Brüche zu verarbeiten hatten, geprägt vom Nationalsozialismus, vom Krieg und von den Nachkriegsjahren für die späteren Zeiten? Wie verschieden waren diese Prägungen durch unterschiedliche Erlebnisse und Erfahrungen in dieser kurzen und gleichzeitig ewig langen Spanne vom Ende des Krieges bis zum Anfang der Nachkriegszeit?

Für einige begann die Nachkriegszeit bereits mit der Gefangennahme 1941, andere kamen erst Ende der fünfziger Jahre aus den »Nissenhütten« in ein gemauertes Haus; einige waren nach 1933 inhaftiert worden, waren in Zuchthäusern oder Konzentrationslagern und wurden noch vor der Kapitulation befreit; andere mußten Ende 1944 aus ihrer alten Heimat fliehen und fanden »Normalität« erst in den fünfziger Jahren. Wieder andere waren in der Kinderlandverschickung oder in der Evakuierung und konnten erst 1946 die Zuzugsbeschränkungen ihrer Heimatstadt überwinden. Millionen fanden bei Kriegsende den Tod, den viele bereits im Krieg hatten erleiden müssen.

All dies betraf nicht nur Deutsche – der Krieg und seine Folgen waren für andere Völker mindestens ebenso einschneidend, insbesondere in Osteuropa, wohin deutsche Wehrmacht und SS Katastrophen und Tod gebracht hatten. Schon eine solch grobe Skizze zeigt, daß das »private« Kriegsende nicht immer mit der Kapitulation der deutschen Wehrmacht zusammenfiel; außerdem wird deutlich, wie unterschiedlich die Prägungen je nach Herkunft, Generation, Geschlecht, politischer Orientierung und Wohnort im Osten oder Westen waren. Von *den* Erfahrungen *der* Deutschen oder *der* Polen, Franzosen, Russen usw. kann man nicht sprechen. Die Katastrophe und die raschen Wechsel hinterließen disparate Erfahrungen und damit kaum kalkulierbare Voraussetzungen für die folgenden Jahrzehnte.

Diesen weit gestreuten Erfahrungen unterschiedlicher Schicksale in einer bedrohlich-lebendigen Zeit möchten wir in diesem Lesebuch Raum geben – für nachfolgende Generationen, die jene Zeit nicht erlebten; für die Alten als Zeugnisse ihres Lebens, für die Namenlosen als Erinnerung und für die Namhaften als Stein des Anstoßes ihres Tuns. In diesen Meldungen aus dem Privatreich wird sehr schnell deutlich, wie eng die Beziehungen zu den Entwicklungslinien des »Großdeutschen Reiches«, wie vergeblich und doch verstehbar die Hoffnungen auf die privaten Räume sind, insbesondere dann, wenn die große Geschichte buchstäblich in die

Alltagswelten fällt wie in einem Bombenkrieg. Aber es wird ebenso sichtbar, wie die privaten Hoffnungen und Lebenswelten als Bastionen gegen die große Politik und die Veränderungen der Zeiten verstanden werden und welche Kraft sie entfalten können.

In vier Kapiteln stellen wir daher zunächst historische Analysen vor, danach dazugehörige Dokumente von scheinbar nur privat Erlebtem, das jedoch vermutlich von vielen anderen ähnlich erfahren wurde und das in jeder Zeile seine Beziehung zur großen Politik offenbart: vom Unterwegssein bei Kriegsende (I. Kapitel), von den sozialen und ökonomischen Wirrnissen (II. Kapitel) über die politisch-kulturellen Entwicklungen (III. Kapitel) mit dem Aufbruch in die Zweistaatlichkeit Deutschlands bis hin zu Erfahrungsstrukturen in Ost und West (IV. Kapitel). Die Zusammenstellungen von persönlichen Dokumenten wie Erfahrungsberichten, Briefen, Aufzeichnungen, Tagebüchern, Interviews, Stimmungsberichten und ähnlichem zeigen die vielfältigen Erfahrungen *der* Nachkriegsdeutschen. Dabei unterlag die Zuordnung der Dokumente zu den Kapiteln bisweilen einer gewissen Willkür, da sie manchmal Bezüge zu allen Kapiteln haben oder quer zu deren Systematik stehen. Ein wechselseitiges Verweissystem zwischen Analysen und Dokumenten soll mindestens einen Teil dieser Bezüge deutlich machen. In dem vierten, einem eher essayistischen Schlußkapitel wird der Versuch eines thesenhaften Ausblicks in die Nachkriegsjahrzehnte unternommen, der rückgeblendet wiederum Interpretationspfade in das Dickicht der Erfahrungen schlägt.

Serien mit Karikaturen, Fotos und Bildern schaffen eine eigene, sinnliche Dimension der Wirklichkeit im Nachkriegsdeutschland. Eine Chronik soll neben den einleitenden Analysen dazu beitragen, daß dieses Buch nicht so disparat wird wie die dokumentierten Erfahrungen. Die Vorzüge einer solchen Collage erschließen sich schnell: Die Vielschichtigkeit der Nachkriegserfahrungen entfaltet sich im Zuge der Lektüre bis zur Erkenntnis ihrer »Unvereinbarkeit«, so daß man sich fragt, wie diese Deutschen nach 1945 zusammenfinden konnten, oder vielleicht zu verstehen meint, wenn es ihnen nicht gelang.

Die Gefahren solcher Zusammenschnitte liegen eher unter der Hand: Durch die Lebendigkeit der subjektiven Erfahrungen der Deutschen erscheinen sie überbetont gegenüber den Erfahrungen anderer mit Deutschen; die Verbrechen der NSDAP-Führung könnten verharmlost und die Mythen der Nachkriegszeit nicht von ihrem Realgehalt unterschieden werden. Diese Gefahren sind zum Teil durch Auswahl, Anordnung und Analyse zu entschärfen, zu einem anderen Teil geht es eben auch um »Mythen der Nachkriegszeit«, und zum geringeren Teil bleiben solche Gefahren notwendigerweise bestehen. Denn wieviel fataler wäre es, wenn eine politisch-moralische Dauerkorrektur die vielfältigen Erfahrungen einebnen würde.

Als störend könnten einige Disproportionalitäten auffallen, die wir allerdings bewußt in Kauf genommen haben. Vielleicht erscheint die sowjetische Besatzungszone in ihrer Dokumentation leicht überrepräsentiert, was dadurch entschuldbar wäre, daß so viele neue Dokumente nach der Öffnung der Archive zugänglich und Befragungen möglich wurden.

Zu dem Titel haben wir uns von einem Artikel der amerikanischen Fotojournalistin Margaret Bourke-White anregen lassen, die 1945 durch Deutschland reiste und damals ähnliche Fragen stellte, die auch heute viele beschäftigen: »Während wir in diesem unglaublichen Frühling durch Deutschland fuhren, schien das Leben wie eine Seite aus einem melodramatischen Roman. Waren diese hysterischen Leute mit uns Amerikanern noch irgendwie verwandt, fragten wir uns. Wie waren die Deutschen wirklich? Was war das für ein Volk, dessen passive oder auch kriminelle Fügsamkeit solche bösen Mächte hatte heranwachsen lassen? (. . .) Wenn wir unter die Oberfläche des Besiegtseins blicken könnten, was für ein Wesen würden wir entdecken? Nach außen hin ließen sich die Leitmotive der Besiegten auf drei ganz einfache Nenner bringen. Wie werde ich satt? Wo kann ich unterkommen? Wann finde ich meine Familie wieder? Aber hinter diesen handgreiflichen Problemen lauerten noch viele andere.« (Zitiert nach: Schüddekopf 1980, S. 175)

Vielleicht können wir mit diesem Buch ein wenig von dem wiedergeben, was damals unter der Oberfläche lag – und nicht so bedrohlich wurde, wie Margaret Bourke-White befürchtete.

Bedanken möchten wir uns sehr bei Wolfgang Meinicke für ganze Einzelausarbeitungen, bei Rüdiger Thomas für viele Anregungen und besonders für seine Zusammenstellung von Dokumenten und Texten zur bildenden Kunst, bei Evemarie Badstübner-Peters, die uns mit der Einsicht in ihre noch nicht veröffentlichte Habilitation über das Alltagsleben in der sowjetischen Besatzungszone von 1945 bis 1949 eine große Hilfe war, bei Sigrun Kahl für ihre Überarbeitung von Anmerkungsapparat und Literaturverzeichnis, bei Andreas Kock und Birgit Langenscheid für die Zusammenstellung der Chronik sowie bei Lilo Sandberg und Peter Pachnicke für die Bereitstellung und Beschaffung von Originalausgaben des »Ulenspiegel«.

Ein großer Teil der ausgewählten Dokumente stammt aus dem von uns im Institut für Geschichte und Biographie der FernUniversität Hagen geführten Archiv »Deutsches Gedächtnis«. Dennoch wäre dieses Buch so nicht zustande gekommen, ohne die Hilfe vieler einzelner, von denen wir Hinweise und Unterstützung bei der Suche nach Archivalien und Biographien erhalten haben. Sie alle zu nennen würde den Rahmen dieser Danksagung sprengen. Wir mußten uns deshalb darauf beschränken, die Herkunft einzelner Dokumente zum Teil namentlich auszuweisen. Wo lediglich Institutionen und Archive genannt werden, gilt unser Dank selbstverständlich den dortigen Mitarbeiterinnen und Mitarbeitern, die uns oft vielfältig und mit Geduld unterstützt haben.

Alexander von Plato/Almut Leh

Hagen/Lüdenscheid, im Juli 1997

Generalfeldmarschall Keitel, Generaloberst Stumpff und Generaladmiral von Friedeburg (v. r. n. l.) vor der Unterzeichnung der Kapitulationsurkunde in Berlin-Karlshorst am 8. Mai 1945.

Englischer Originaltext der Kapitulationsurkunde von Reims vom 7. Mai 1945.
Quelle: Bundesarchiv – Militärarchiv Freiburg, RW 441/37D.

Only this text in English is authoritative

ACT OF MILITARY SURRENDER

1. We the undersigned, acting by authority of the German High Command, hereby surrender unconditionally to the Supreme Commander, Allied Expeditionary Force and simultaneously to the Soviet High Command all forces on land, sea, and in the air who are at this date under German control.

2. The German High Command will at once issue orders to all German military, naval and air authorities and to all forces under German control to cease active operations at 2301 · hours Central European time on **8 May** and to remain in the positions occupied at that time. No ship, vessel, or aircraft is to be scuttled, or any damage done to their hull, machinery or equipment.

3. The German High Command will at once issue to the appropriate commanders, and ensure the carrying out of any further orders issued by the Supreme Commander, Allied Expeditionary Force and by the Soviet High Command.

4. This act of military surrender is without prejudice to, and will be superseded by any general instrument of surrender imposed by, or on behalf of the United Nations and applicable to GERMANY and the German armed forces as a whole.

5. In the event of the German High Command or any of the forces under their control failing to act in accordance with this Act of Surrender, the Supreme Commander, Allied Expeditionary Force and the Soviet High Command will take such punitive or other action as they deem appropriate.

Signed at *Rheims at 0241* on the 7th day of May, 1945. *France*

On behalf of the German High Command.

IN THE PRESENCE OF

On behalf of the Supreme Commander, Allied Expeditionary Force.

On behalf of the Soviet High Command.

Kapitel I

1945 – Ein Volk unterwegs

Auf die »kleine Frage« des britischen Premierministers Churchill im Sommer 1945 während der Potsdamer Konferenz im Schloß Cecilienhof, was denn heute Deutschland sei, antwortete Stalin: »Das ist ein Land, das keine Regierung, das keine fixierten Grenzen hat, weil die Grenzen nicht von unseren Truppen festgelegt werden. Deutschland hat überhaupt keine Truppen, Grenztruppen eingeschlossen, es ist in Besatzungszonen zerteilt. Und nun definieren Sie, was Deutschland ist! Es ist ein zerschlagenes Land.« (Fischer 1973, S. 21 f.) Auf die kleine Frage ihres Sohnes, wo denn sie und ihre Verwandten 1945 gewesen seien, antwortete die Hausfrau und Rentnerin Frau Scholz nach kurzer Überlegung: »Unterwegs.« Und setzte hinzu: »Wie die meisten Deutschen damals.«

In der Tat: 1945 waren nach unseren Schätzungen ca. zwei Drittel der Deutschen nicht zu Hause oder unterwegs[1]. Die politischen Perspektiven der »Großen Drei«, die über die Köpfe der einzelnen hinwegsahen, und die Sichtweise der Millionen »Kleinen«, die versuchten, sich an der Politik vorbeizumogeln, waren zwar nicht immer identisch. Aber daß Deutschland ein

Potsdamer Konferenz vom 17. Juli bis 2. August 1945: Churchill, Truman und Stalin (v.l.n.r.) während einer Verhandlungspause vor Schloß Cecilienhof.

zerschlagenes Land sei, in dem die Siegermächte schalten und bestrafen würden, darin allerdings war man sich einig. (→ Dok. 10, 32, 33) Und die Mehrzahl der Deutschen meinte darüber hinaus, daß Deutschland auf lange Zeit unter alliierter Herrschaft und in vier Besatzungszonen geteilt bleibe. Für die meisten war es überdies wichtiger, wo in diesem unbestimmten Land die Verwandten waren, nämlich »tot in fremder Erde« oder lebendig irgendwo, in Lagern oder auf Straßen und Schienen – unterwegs, aber gehemmt von Reiseverboten, Paßvorschriften, Zuzugsbeschränkungen und Kontrollen an Grenzen, die bereits zwischen Städten oder Landkreisen und schärfer noch zwischen den Besatzungszonen gezogen waren. (→ Dok. 24, 31)

Schon in der Datierung des Kriegsendes unterschieden sich die Perspektiven: Das »private« Ende des Krieges war für viele nicht identisch mit dem »offiziellen« der Kapitulation am 7. bzw. 8. Mai 1945; viele wurden vorher besetzt oder befreit, andere waren noch jahrelang in Gefangenschaft oder auf der Flucht. Nur eine Minderheit der Deutschen dürfte das Kriegsende als »Befreiung« gesehen haben wie die Alliierten oder die deutschen Emigranten oder Verfolgten, die nun ebenfalls unterwegs waren. Gerade die aus den Konzentrationslagern befreiten Überlebenden hatten nach der Ermordung ihrer Angehörigen häufig kein Ziel mehr in Deutschland. (→ Dok. 2, 3, 29)

»Was bedeutet Deutschland jetzt?«
Aus dem Protokoll der Potsdamer Konferenz
17. Juli–2. August 1945 [Auszug]

Churchill: Ich möchte nur eine Frage stellen. Ich bemerke, daß hier das Wort »Deutschland« gebraucht wird. Was bedeutet »Deutschland« jetzt? Kann man es in dem Sinne verstehen wie vor dem Kriege?

Truman: Wie faßt die sowjetische Delegation diese Frage auf?

Stalin: Deutschland ist das, was es nach dem Kriege wurde. Ein anderes Deutschland gibt es jetzt nicht. So verstehe ich diese Frage.

Truman: Kann man von Deutschland sprechen, wie es 1937, vor dem Kriege, war?

Stalin: So wie es 1945 ist.

Truman: Es hat 1945 alles eingebüßt. Deutschland existiert jetzt faktisch nicht.

Stalin: Deutschland ist, wie man bei uns sagt, ein geographischer Begriff. Wollen wir es vorläufig so auffassen! Man darf nicht von den Ergebnissen des Krieges abstrahieren.

Truman: Ja, aber es muß doch irgendeine Definition des Begriffes »Deutschland« erfolgen. Ich meine, das Deutschland von 1886 oder 1937 ist nicht dasselbe wie das Deutschland von heute, 1945.

Stalin: Es hat sich infolge des Krieges verändert, und so fassen wir es auf.

Truman: Ich bin damit völlig einverstanden, aber es muß trotzdem eine gewisse Definition des Begriffes »Deutschland« erfolgen.

Stalin: Denkt man beispielsweise daran, im Sudetengebiet der Tschechoslowakei die deutsche Verwaltung wiedereinzusetzen? Das ist das Gebiet, aus dem die Deutschen die Tschechen vertrieben haben.

Truman: Vielleicht werden wir trotzdem von Deutschland, wie es vor dem Kriege, im Jahre 1937, war, sprechen?

Stalin: Formal kann man es so verstehen, in Wirklichkeit ist es nicht so. Wenn in Königsberg eine deutsche Verwaltung auftauchen wird, werden wir sie fortjagen, ganz gewiß fortjagen.

Truman: Auf der Krim-Konferenz wurde vereinbart, daß die Territorialfragen auf der Friedenskonferenz entschieden werden müssen. Wie definieren wir nun den Begriff »Deutschland«?

Stalin: Lassen Sie uns die Westgrenzen Polens festlegen, und dann wird die deutsche Frage klarer werden. Es ist für mich sehr schwierig auszudrücken, was jetzt unter Deutschland zu verstehen ist. Das ist ein Land, das keine Regierung, das keine fixierten Grenzen hat, weil die Grenzen nicht von unseren Truppen festgelegt werden. Deutschland hat überhaupt keine Truppen, Grenztruppen eingeschlossen, es ist in Besatzungszonen zerteilt. Und nun definieren Sie, was Deutschland ist! Es ist ein zerschlagenes Land.

[. . .]

Quelle: Teheran, Jalta, Potsdam. Die sowjetischen Protokolle von den Kriegskonferenzen der »Großen Drei«, hrsg. von Alexander Fischer, Köln (Verlag Wissenschaft und Politik) 1973[2], S. 214 f. Abdruck erfolgt ohne den textkritischen Kommentar.

Flüchtlingszug in Berlin, 1945.

Für Millionen andere war die Familie der Magnet, der alle chaotischen Wanderungen und Reisen strukturierte. Die Angst, ob der Mann oder Sohn, die Frau oder Tochter überhaupt den Krieg überlebt hatten, trieb nicht nur die Deutschen um. Ob ihnen bewußt war, daß solche Ängste auch andere Völker bewegten und daß dieser Krieg auf andere Staaten ebenfalls furchtbare und lang andauernde Auswirkungen hatte, kann man heute kaum einschätzen. Zweifel sind dem Quellenmaterial gegenüber aber durchaus angemessen.

Nach Schätzungen, die wir aus verschiedenen Statistiken kompiliert haben, wurden Soldaten als gefallen oder vermißt gemeldet in:	
der UdSSR	13 600 000
Deutschland	3 760 000
Japan	1 200 000
Großbritannien	440 000
Jugoslawien	410 000
Frankreich	340 000
Italien	330 000
Polen	320 000
USA	300 000
Österreich	230 000
anderen europäischen Ländern	490 000

Die Gesamtzahl der Zivilisten, die durch Massenvernichtung, Kampfhandlungen, Ermordungen, Partisanenkrieg usw. umkamen, wird auf ca. 25 bis 30 Millionen geschätzt, davon in Europa fast 15 Millionen, nicht eingerechnet die ca. 9 Millionen in Konzentrationslagern, Gefängnissen u. a. umgekommenen Menschen (von denen ca. 6 Millionen Juden waren). In Deutschland soll die Zahl der Ziviltoten bei etwa 3,64 Millionen gelegen haben, darunter ca. 2 Millionen Opfer der Vertreibung und zwischen 380 000 und 540 000 Bombenopfern. Insgesamt hat der Zweite Weltkrieg ca. 53 Millionen Tote gefordert, wobei die osteuropäischen Länder wie die Sowjetunion und Polen am meisten betroffen waren: Schätzungen gehen davon aus, daß die UdSSR zwischen 20 und 30 Millionen tote Zivilisten und Soldaten zu beklagen hatte.

Flüchtlingsfamilie bei Potsdam, Frühjahr 1945.

Unzählige Überlebende suchten bei Kriegsende und danach ihre Verwandten und Freunde oder eine neue Heimat, kehrten unter schwierigen und teilweise abenteuerlichen Bedingungen aus dem Kriege zurück, waren deportiert oder vertrieben. Sie hatten eine mehr oder minder lange Zeit der Trennung von ihren Familien oder gar der »Entwurzelung« erfahren. (→ Dok. 24, 37)

Evakuierte

Aus den durch Bombardierungen gefährdeten deutschen Gemeinden waren seit 1943 zwischen 9 und 10 Millionen Personen, überwiegend Frauen und Kinder, evakuiert worden. (Kleßmann 1991[5], S. 40 und Dokumentation der Vertreibung 1984, S. 2E). (→ Dok. 23, 26, 27) Die Folge war, daß von den 22,5 Millionen Bewohnern der Großstädte bis Ende 1944 nur noch 15 Millionen geblieben waren. Allein aus Berlin waren bis Ende 1944 1,4 Millionen Menschen »geräumt« worden oder freiwillig weggezogen. (Dokumentation der Vertreibung 1984, S. 2E und 4E) In einigen industriellen Ballungszentren lagen die Zahlen noch höher: So hatte sich z. B. die Bevölkerungszahl Kölns – nach Auskunft des Polizeipräsidenten von 1947 – durch Tod, Wegzug nach Ausbombung oder durch Evakuierung von 767 102 (1. Januar 1939) auf unter 40 000 (12. April 1945) reduziert, »d. h., der Bevölkerungsstand Kölns war beim Einmarsch der Amerikaner... unter 5 Prozent gesunken.« (Rüther 1991, S. 39). Auch das Ruhrgebiet war stark betroffen: Die Bevölkerungszahl sank von 1939 bis 1945 z. B. in Duisburg auf 38 Prozent oder in Mülheim/Ruhr auf 64 Prozent. (Pietsch 1978, S. 298)

Besonders die Arbeiterviertel, die in der Nähe von Rüstungsbetrieben lagen, waren weitgehend zerstört. Wie stark neben dem hohen Frauenanteil derjenige der Kinder und Jugendlichen an den Evakuierten war, zeigt das Essener Beispiel: Hier lebten bei Kriegsbeginn rund 170 000 Jugendliche und Kinder unter 18 Jahren, im April 1945 aber nur noch ca. 50 000. (Vgl. Herbert 1983 b, S. 274) (→ Dok. 25)

Häufig kamen die Evakuierten in ostdeutsche Regionen, die weniger von Bombardierungen betroffen waren, so daß sich in den dortigen ländlichen Gebieten die Bevölkerungszahl während des Krieges erhöhte, was die späteren Flüchtlings- und Heimkehrerprobleme der Nachkriegszeit verschärfen sollte. Bereits im Februar/ März 1944 gab es 825 000 Personen, die aus dem Westen, genauer aus den bombengefährdeten Städten, in Gebiete östlich der Oder und Neiße evakuiert worden waren, und bald müssen es erheblich mehr gewesen sein. Hinzu kamen all jene, die dorthin gezogen waren, um bestimmte Funktionen zu übernehmen, sei es in der Verwaltung, sei es an anderen Stellen. Die Zunahme der Bevölkerung bewegte sich von Mai 1939 bis Ende 1944 in den Landkreisen östlich der Oder und Neiße zwischen 12 Prozent (Glatz/Schlesien) und 33,6 Prozent (Regenwalde/Pommern). Anders war es in den ostdeutschen Großstädten, deren Bevölkerung im gleichen Zeitraum abnahm, wenn auch weniger stark als in den meisten Großstädten des Westens. Hier sanken die Bevölkerungszahlen von 1939 bis Ende 1944 z. B. in Stettin auf 62,2 Prozent, in Königsberg auf 67,7 Prozent oder in Breslau auf 83,7 Prozent. (Dokumentation der Vertreibung 1984, S. 3E)

Noch am 1. April 1947 »gab es unter der 65,9 Millionen zählenden Gesamtbevölkerung der vier Besatzungszonen (Zählung von 1946) 3,098 Millionen (4,7 Prozent) Evakuierte«. (Kleßmann 1991[5], S. 40) Und noch 1950 befanden sich in der Bundesrepublik 686 000 Personen, die erst nach dem 1. September 1939 aus dem späteren Gebiet der vier Besatzungszonen in die »Vertreibungsregionen« gekommen waren. (Dokumentation der Vertreibung 1984, S. 1E)

Kriegsgefangene, Kriegsheimkehrer

Eine unbekannte Zahl ehemaliger Soldaten schlug sich teilweise ohne, teilweise mit »regulären« Entlassungspapieren nach Hause durch (→ Dok. 13, 17), und mindestens 6 bis 7 Millionen gerieten in Gefangenschaft, manche Schätzungen sprechen sogar von 11,7 Millionen. (Binder 1969, S. 398, zitiert nach: Wirth 1979, S. 198) (→ Dok. 14, 15) Die meisten von ihnen, nämlich 4 bis 5 Millionen, kamen in Gefangenschaft in andere Länder (Franck 1983, S. 46 ff.): vor allem in die Sowjetunion, nach England oder in die USA, andere nach Frankreich, Kanada, Jugoslawien und sonstige am Krieg beteiligte Länder. (→ Dok. 11, 16, 18, 19, 20) Nach einem Begleitbrief zu einem »Heimführungsplan« von 1946 beim Zentralkomitee der SED, das sich ähnlich wie Politiker des Westens um die Heimkehr von Kriegsgefangenen bemühte, gab es Mitte 1948 rund 2,07 Millionen deutsche Kriegs-

Durch die Trümmer von Stalingrad in die sowjetische Gefangenschaft. Die meisten dieser deutschen Soldaten überleben die folgenden Monate nicht.

gefangene in der UdSSR, davon 480 500 bereits Entlassene. (Dokument aus dem Nachlaß Wilhelm Piecks in der Stiftung Archiv der Parteien und Massenorganisationen im Bundesarchiv in Berlin [SAPMO-BArch.], NY 4036/745 Heimkehr deutscher Kriegsgefangener, Blatt 109 und 110) Das Problem der Kriegsgefangenen beschäftigte die Deutschen noch jahrelang. (→ Dok. 12) Wieder war den meisten nicht bekannt, daß von den 5,7 Millionen sowjetischen Kriegsgefangenen bis zum Kriegsende 3,3 Millionen in deutscher Gefangenschaft umgekommen sind. (Bonwetsch 1995, S. 137 und Streit 1978)

Die größte Welle der deutschen Heimkehrer gab es in den Jahren 1946 bis 1949, die angeblich letzten erlebten ihre Heimführung, wie es hieß, 1955 nach Adenauers Verhandlungen in Moskau. In der ersten Zeit wurden vor allem Kranke und Gebrechliche entlassen, so daß 1946 nur 16 Prozent der Entlassenen arbeitsfähig waren. (Franck 1983, S. 90) Sie kamen zurück in eine Heimat, in der andere sich schon eingerichtet hatten, in eine Familie, in der sie nicht selten die Kinder gar nicht oder

Fotoreporter Hilmar Pabel hält 1947 in seiner berühmt gewordenen Fotoserie die ersten Stationen eines Heimkehrers aus sowjetischer Gefangenschaft fest. Hier Ankunft auf dem Aalener Bahnhof.

kaum kannten und in der es zu Entfremdungen in der Ehe gekommen war. (→ Dok. 46) Bevor es die gesetzlich verankerten Unterstützungen für Spätheimkehrer gab, mußten sie ohne jede Hilfe beginnen. Im Westen erhielten dann jene, die nach dem 8. Mai 1946 zurückkehrten, eine Ausbildungsbeihilfe. Für diejenigen, die nach dem 31. Dezember 1946 aus der Gefangenschaft entlassen worden waren, gab es eine Kriegsgefangenenentschädigung. Nach dem Heimkehrer-Gesetz vom 19. Juni 1950 bzw. vom 17. August 1953 gab es später besondere Hilfen für jene, die nach dem 1. November 1948 bzw. nach dem 30. November 1951 in die Heimat zurückkamen. Besondere Schwierigkeiten hatten in der sowjetischen Besatzungszone jene Heimkehrer, die an der »Ostfront« gekämpft hatten.

Kriegsversehrte

Elend erging es den ungefähr zwei Millionen Kriegsversehrten (Soldaten und Zivilpersonen): Sie kamen mit Verwundetentransporten zurück, mußten häufig noch weiterhin in schlecht ausgerüsteten Lazaretten bzw. Krankenhäusern oder in Sanatorien behandelt werden. (→ Dok. 4) Mit teilweise schweren körperlichen Schäden hatten sie sich nicht nur in extrem schwieriger Zeit zu behaupten, sondern mußten auch mit dem Bewußtsein leben lernen, daß ihre gesamte weitere Zukunft von dieser Verwundung beeinträchtigt sein würde und daß sie diese in einem Krieg erhalten hatten, der mehr und mehr nicht nur von den Siegern als verbrecherisch verurteilt wurde. Der Balsam des jährlichen Ehrengangs zum Arc de Triomphe ihrer Leidensgenossen in Frankreich fehlte ihnen.

Allein in der sowjetischen Besatzungszone gab es im September 1947 etwa 444 000 erfaßte Schwerbeschädigte. (Bundesarchiv Berlin, R 2/837, Bl. 135) Im Westen betrug noch 1960 die Zahl der »versorgungsberechtigten« Kriegsbeschädigten 1,3 Millionen. (Der Neue Brockhaus 1964, Bd. 3, S. 227, Stichwort »Kriegsopferversorgung«) In allen Besatzungszonen wurden zwar Sonderregelungen geschaffen, um Kriegsbeschädigten zu helfen: von Nothilfen über Beschäftigungsvorgaben bei Einstellungen bis hin zu Rentenregelungen, von den bevorzugten Sitzplätzen in öffentlichen Verkehrsmitteln über verbilligte Eintrittskarten in Museen oder Kinos bis zu anderen Erleichterungen im täglichen Leben. Meistens waren sie nur Tropfen auf den heißen Stein oder kamen viel zu spät. (→ Dok. 4, 43) In der sowjetischen Besatzungszone beispielsweise erhielt jeder Betrieb

Kriegsversehrter im zerstörten Hamburg, 1945.

die Auflage, auf zehn Arbeitskräfte je einen Schwerbeschädigten zu beschäftigen. Auf den ersten Blick wurden dabei große Erfolge erzielt, denn 1945 waren 76,7 Prozent von ihnen beschäftigt, 1949 sogar 87,2 Prozent. Diese hohen Erfolgsquoten werden allerdings dadurch relativiert, daß bei der statistischen Eingruppierung, wie vermutlich in allen anderen Besatzungszonen auch, offensichtlich Probleme entstanden; denn von den im September 1947 erfaßten 444 453 Schwerbeschädigten tauchen nur ca. 20 Prozent in diesen Statistiken als meldepflichtig auf. (Bundesarchiv Berlin, R 2/837, Bl. 135)

In vielen Familien mußten die Frauen als Kriegerwitwen die Kinder durchbringen. Andere hofften auf Nachricht vom vermißten Mann bzw. hatten zu entscheiden, ob sie auf ihren Mann für unbestimmte Zeit warten oder ihn für tot erklären lassen sollten. Insgesamt soll es 1,5 bis 2 Millionen Kriegerwitwen in Deutschland gegeben haben. Ihre Zahl einschließlich der Kriegerwitwer betrug 1960 im Westen Deutschlands noch 1,1 Millionen, die der Waisen 500 000 und die der Eltern, deren Sohn oder Söhne gefallen waren, 200 000.

Flüchtlinge und Vertriebene

Erzwungenermaßen »unterwegs« waren aber vor allem die Flüchtlinge und Vertriebenen: Zwischen 11 und 18 Millionen Menschen sollen um das Ende des Zweiten Weltkrieges vor der Roten Armee geflohen, nach Vereinbarungen zwischen der UdSSR und Polen 1945 oder nach Artikel 13 des Potsdamer Abkommens vom 2. August 1945 aus- oder umgesiedelt worden sein. Die Zahl von 18 Millionen Umgesiedelten findet sich erstaunlicherweise auch in einem Redemanuskript Wilhelm Piecks. (SAPMO-BArch., NY 4036-726, Bl. 1–2) Die höchste uns bekannte Angabe machte 1949 mit 18,1 Millionen das Schweizerische Rote Kreuz. (de Zayas 1977, S. 199) Schätzungen gehen davon aus, daß bis zu zwei Millionen Menschen bei Flucht und Vertreibung umkamen.

In diesen Zahlen drückt sich eine bis dahin beispiellose Völkerverschiebung aus, obwohl das Europa des 20. Jahrhunderts insbesondere durch deutsche und sowjetische Politik schon zuvor Deportationen und Umsiedlungen im großen Stil erlebt hatte. So waren nach dem Hitler-Stalin-Pakt von 1939 ca. 400 000 Deutsche aus den Gebieten des »sowjetischen Einflußbereichs« nach Deutschland gekommen, während ca. 1,2 Millionen Polen, darunter 500 000 Juden, aus dem westlichen Polen deportiert worden waren. (von Plato/Meinicke 1991, S. 14 f.; Benz 1985, S. 1985, S. 40; Waldmann 1979, S. 166) Insgesamt waren ca. 800 000 sogenannte Volksdeutsche »heim ins Reich« geholt worden: von diesen war 1944 ungefähr die Hälfte in den »eingegliederten Ostgebieten« angesiedelt, die »andere Hälfte war noch immer, zumeist in Lagern, im Altreich untergebracht«. (Dokumentation der Vertreibung 1984, S. 2E)

All diese Personen – hinzu kamen die oben erwähnten Evakuierten und Ansiedler aus dem »Altreich« – flohen 1944/1945 oder wurden danach wieder ausgesiedelt, aber sie sind wohl, nicht nur aus polnischer Sicht, keine Vertriebenen, denn sie kamen in ihre alte Heimat zurück und wurden nicht in eine neue vertrieben. Dennoch haben sie Flucht- oder Umsiedlungserfahrungen. Die Zahlenangaben über diejenigen, die in den letzten Kriegsmonaten vor der Roten Armee flohen, schwanken zwischen 2,5 und knapp über 4,5 Millionen. (Neumann 1968, S. 1 f.; Kleßmann 1991[5], S. 40)

Diese Flucht vor der näherrückenden Front wurde überwiegend von Frauen, alten Männern und verwundeten oder beurlaubten Soldaten organisiert. (→ Dok. 21, 22) Nach der Besetzung durch die Rote Armee, die häufig mit Racheakten für die nationalsozialistischen Ge-

Treck schlesischer Flüchtlinge bei Potsdam, Frühjahr 1945.

Sonderbefehl

für die deutsche Bevölkerung der Stadt Bad Salzbrunn einschliesslich Ortsteil Sandberg.

Laut Befehl der Polnischen Regierung wird befohlen:

1. Am 14. Juli 1945 ab 6 bis 9 Uhr wird eine Umsiedlung der deutschen Bevölkerung stattfinden.

2. Die deutsche Bevölkerung wird in das Gebiet westlich des Flusses Neisse umgesiedelt.

3. Jeder Deutsche darf höchstens 20 kg Reisegepäck mitnehmen.

4. Kein Transport (Wagen, Ochsen, Pferde, Kühe usw.) wird erlaubt.

5. Das ganze lebendige und tote Inventar in unbeschädigtem Zustande bleibt als Eigentum der Polnischen Regierung.

6. Die letzte Umsiedlungsfrist läuft am 14. Juli 10 Uhr ab.

7. Nichtausführung des Befehls wird mit schärfsten Strafen verfolgt, einschließlich Waffengebrauch.

8. Auch mit Waffengebrauch wird verhindert Sabotage u. Plünderung.

9. Sammelplatz an der Straße Bhf. Bad Salzbrunn-Adelsbacher Weg in einer Marschkolonne zu 4 Personen. Spitze der Kolonne 20 Meter vor der Ortschaft Adelsbach.

10. Diejenigen Deutschen, die im Besitz der Nichtevatuierungsbescheinigungen sind, dürfen die Wohnung mit ihren Angehörigen in der Zeit von 5 bis 14 Uhr nicht verlassen.

11. Alle Wohnungen in der Stadt müssen offen bleiben, die Wohnungs- und Hausschlüssel müssen nach außen gesteckt werden.

Bad Salzbrunn, 14 Juli 1945, 6 Uhr.

Abschnittskommandant
(-) Zinkowski
Oberstleutnant

Sonderbefehl für die Bevölkerung der Stadt Salzbrunn. Er führte zur »ungeregelten Vertreibung« Deutscher noch vor Abschluß der Potsdamer Konferenz im August 1945.

walttaten, mit Mord, Raub und Vergewaltigungen verbunden war, folgte eine noch »ungeregelte« Flucht und Vertreibung von etwa 250 000 Deutschen. (→ Dok. 28) Im Gefolge des Potsdamer Abkommens im August 1945 kam es dann zu den »regulären« Aussiedlungen, so daß 1946 insgesamt ca. 5,7 Millionen Vertriebene (13,1 Prozent der Gesamtbevölkerung) und ca. 500 000 Kriegsgefangene und Flüchtlinge aus der SBZ im Gebiet der späteren Bundesrepublik (ohne Berlin) aufzunehmen waren. (Vgl. u. a. Kleßmann 1991[5], S. 41) Die Zahl der Flüchtlinge und Vertriebenen stieg in den folgenden Jahren weiter an: Am 1. April 1947 lebten 10,096 Millionen aus den Ostgebieten und dem Ausland vertriebene und geflohene Deutsche in den vier Besatzungszonen; hinzu kamen als »Entwurzelte« – so die Statistik – noch 3,098 Millionen Evakuierte. (→ Dok. 31)

Displaced persons

Überdies war die Arbeitskraft der im Krieg befindlichen deutschen Soldaten vor allem durch Zwangs- und Fremdarbeiter anderer Nationalitäten ersetzt worden. Ihre Zahl soll bei Kriegsende zwischen 9 und 11 Millionen gelegen haben, darunter

Polnische DPs unmittelbar vor ihrer Rückfahrt in die Heimat, 1946.

allein 2,4 Millionen aus der Sowjetunion, 2,1 Millionen aus Frankreich, 1,5 Millionen aus Polen und 1,175 Millionen aus dem Baltikum; im Frühjahr 1947 soll sich noch eine knappe Million dieser »Displaced persons« in den vier Besatzungszonen aufgehalten haben. Das heißt, daß sich in diesen beiden Jahren ca. 9 Millionen ehemalige Fremdarbeiter in Richtung Heimat bewegten, während aus umgekehrter Richtung im gleichen Zeitraum eine ähnlich große Zahl von Flüchtlingen und Vertriebenen zwangsweise unterwegs war. (Herbert 1985) (→ Dok. 30, 34, 35)

Insgesamt waren in diesem Krieg mehr als 92 Millionen Männer und Frauen mobilisiert worden – von den Achsenmächten mehr als 30 Millionen, von den Alliierten über 62 Millionen. 10,7 Millionen Männer aus dem deutschen Reichsgebiet (in den Grenzen von 1937) waren allein bis zum Mai 1944 zum Kriegsdienst eingezogen worden; und ihre Zahl hat sich bis zum Kriegsende noch erheblich erhöht. (Dokumentation der Vertreibung 1984, S. 1E) 27 Nationen nahmen an den Kämpfen teil. 1951 schlossen die USA und 48 Alliierte mit Japan Frieden. Die Sowjetunion erklärte erst 1956 den Krieg für beendet. Mit Deutschland gab es überhaupt keinen

Friedensvertrag. Die Kriegskosten sollen nach groben Schätzungen mindestens 1 500 Milliarden US-Dollar betragen haben. (Der Neue Brockhaus 1962, Stichwort »Weltkrieg II«, S. 504)

Von diesem internationalen Umfang der Kriegsauswirkungen scheinen die Menschen zunächst wenig wahrgenommen zu haben, wie uns »Stimmungsberichte« der Gestapo ebenso deutlich machen wie heutige Interviews mit Zeitzeugen. Erst mit den Bombardierungen der Großstädte und mit dem nahezu zeitgleichen Angriff auf die Sowjetunion wurde der Krieg mit seinen Schrecknissen zumindest für die städtische deutsche Bevölkerung Teil des täglichen Lebens. Die bisherigen Zusammenfassungen zeigen, warum kurz vor und nach dem Kriegsende etwa zwei Drittel der Bevölkerung unterwegs waren. Sie können aber nur erahnen lassen, welche Bedeutung die schrecklichen, mit diesen nüchternen demographischen Daten verbundenen Erlebnisse für die Beteiligten hatten und wie sie diese zumindest zeitweilige »Entwurzelung« verarbeiteten. Davon zeugen jedoch die Texte und Bilder in unserem Dokumententeil.

Aus dem Blickwinkel der Alliierten und deutschen Emigranten dagegen muß Deutschland in den letzten Kriegsjahren ein kaum verstehbares Konglomerat unvereinbarer Widersprüche gewesen sein: Auf der einen Seite zeugten die Spionageberichte, die heimlich aus Deutschland geschleusten Kassiber und die Berichte der ersten deutschen Kriegsgefangenen von den kaum glaubhaften Verbrechen nationalsozialistischer Politik. (→ Dok. 2) Auf der anderen Seite demonstrierten ähnliche Quellen eine hohe Zustimmung zu den Nationalsozialisten und den Erfolgen in den »Blitzkriegen«, später sogar eine relativ geringe Bereitschaft zum Widerstand oder zur Sabotage. Mit welchen Deutschen konnte man nach der bedingungslosen Kapitulation rechnen, was für Menschen waren diese »DurchschnittsDeutschen«? ». . . stupide, verbohrt, fast zu 100 Prozent hitlergläubig«, wie nach einer Gefangenenbefragung in der UdSSR durch Willi Bredel und Erich Weinert Alfred Kurella meinte (Kurella/Cohn-Vossen 1984, S. 1) oder »nur« getäuscht und terrorisiert?

Anmerkung zu Kapitel I:

1   Die analytischen Teile dieses Buches stützen sich auf frühere Veröffentlichungen Alexander von Platos, insbesondere auf den Teil »Nachkriegsgesellschaft« in der Reihe »Deutsche Geschichte nach 1945. Teil I: Nachkriegsjahre und Bundesrepublik Deutschland«, die vom Deutschen Institut für Fernstudien in Tübingen 1987 herausgegeben wurden. Sie wurden von ihm formuliert und weiterentwickelt unter Hinzuziehung besonders der mentalitätsgeschichtlichen Forschungen zur Nachkriegsgeschichte in West und vor allem Ost, an denen er beteiligt war oder die er allein durchführte. Vgl. neben den in der Literaturliste unter von Plato genannten Titeln auch die drei Bände zum Projekt »Lebensgeschichte und Sozialkultur im Ruhrgebiet« unter Niethammer 1983a und Niethammer 1983b bzw. Niethammer/von Plato 1985 sowie Niethammer/von Plato/Wierling 1991.

Berlin 1947.

Kapitel II

Im Wirbel sozialer Prozesse

1. Vom Vorrang der Versorgung vor der Politik

»Politischer Neubeginn« – »Aufbruch in eine neue Zeit« – »Ein neues, demokratisches Deutschland muß es werden« – »Sozialismus soll es sein – der Kapitalismus hat sich überlebt!« Das waren hoffnungsfrohe Parolen der Engagierten in den unmittelbaren Nachkriegsjahren – manchmal war kaum zu unterscheiden, ob sie aus dem christlich-konservativen oder dem sozialistisch-kommunistischen Lager gerufen wurden. Wer diese Parolen der unmittelbaren Nachkriegszeit heute liest, könnte zweifach in Irrtümer verfallen: Es könnte so scheinen, als ob dies Jahre gewesen seien, in denen große Teile der Bevölkerung politisch aktiv waren. Und man könnte glauben, daß diese Massen den Nationalsozialismus verdammten und sich politisch in Richtung Kommunismus oder Sozialismus bewegten. Diesem doppelten Irrtum saßen viele antifaschistische Aktivisten, heimkehrende Emigranten, Intellektuelle der politisch-literarischen Zeitschriften oder Zeitungen und alliierte Besatzungsoffiziere auf, die einen Elitentausch und einen Neubeginn nach dem so kurzen »Tausendjährigen Reich« anstrebten.

Aber: Nach allem, was wir heute wissen, war es eine hochmobile, jedoch keine politisch mobilisierende Zeit, zwar voller äußerst aktiver »Hamster«, die aber kaum gesellschaftlich-politisch engagiert waren. – Tatsächlich waren die neuen politischen Repräsentanten auf deutscher Seite eher alte Politiker aus der Weimarer Republik. Das gilt auch für die neuen Eliten aus der Emigration. – Für die meisten Deutschen bedeutete das Ende des Krieges, mehr oder minder glimpflich »davongekommen« zu sein; für andere begannen damit Flucht und Vertreibung, Hunger, Kälte und Not. Die Probleme der Familienzusammenführung, der Versorgung, der Wiederherstellung der Wohnung, der Gewinnung des alten oder eines neuen Arbeitsplatzes, der Gesundheit standen im Vordergrund. Für die Masse der Deutschen war das angesichts des Ausmaßes der Kriegszerstörungen, der Not, der Verunsicherungen und der realen Machtverhältnisse unter den Alliierten fast selbstverständlich – für die neuen Repräsentanten der Exekutivgewalt und Emigranten mehr als irritierend, gemessen an den nationalsozialistischen Verbrechen. Denn auch die Lösung dieser unmittelbaren Probleme verlangte politische Grundentscheidungen, aber sie wurden in den Augen der »schweigenden Mehrheit« eben von anderen getroffen. Überdies hatte »die« Politik neue Flecken auf ihrer Weste erhalten und sich als gefährlich erwiesen. In nicht einmal einer Ge-

Wiedereröffnung eines Geschäftes zwischen Trümmern in Köln im Juli 1946.

Wiederherstellung des normalen Lebens in Berlin

Mit jedem Tage wächst die Zahl der wieder in Betrieb gesetzten Werkstätten und Handelsunternehmungen. In vielen Bezirken haben Dutzende von Bäckereien, Fleischereien, Tabak-, Gemüse- und Fischhandlungen wieder den Betrieb aufgenommen. Eine Reihe von Brotfabriken, Schuhmachereien, Schneider-, Klempner- und Schlosserwerkstätten, Apotheken und Friseurgeschäfte stehen der Bevölkerung wieder zur Verfügung.

An Einzelheiten:

Im Bezirk Tiergarten wurden 300, im Bezirk Berlin-Mitte 400 Geschäfte wieder eröffnet.

Im Bezirk Friedenau sind 16 Brotfabriken in Betrieb. An Geschäften sind wieder eröffnet: 17 Bäckereien, 2 Zigarrengeschäfte. 2 optische Geschäfte, 3 Apotheken, an Werkstätten: 2 Klempnereien, 6 Schlossereien, 3 Schneider- und 4 Schuhmacherwerkstätten.

Im Bezirk Berlin-Mitte sind 19 Krankenhäuser eröffnet worden. Ein Bad, das 10 000 Menschen bedienen kann, wurde in Betrieb gesetzt.

Im Bezirk Wedding wurde für die Milchversorgung von Kindern und Kranken eine Milchfarm von 60 Kühen eingerichtet.

Im Bezirk Charlottenburg arbeiten gegenwärtig 12 Milchfarmen mit 150 Milchkühen.

Im Bezirk Horst Wessel stehen den Kindern und Kranken bisher 34 Milchfarmen zur Verfügung.

Die Einwohner Berlins pflanzen mit Unterstützung von den Bürgermeister-Ämtern und Bezirkskommandanturen Gemüsegärten an.

Im Bezirk Hoppegarten wurden an die Bevölkerung 30 t Saatkartoffeln verkauft.

Im Bezirk Pankow, der große Gartenflächen besitzt, wurde von der Kommandantur Anweisung gegeben, 50 Pferde zur Feldbearbeitung zur Verfügung zu stellen.

Bei den Kommandanturen und Bürgermeisterämtern bilden sich aus der Zivilbevölkerung Gruppen von freiwilligen Helfern; Fachleute des Sanitätsdienstes, der Kommunalbetriebe, stellen sich zur Verfügung.

Im Bezirk Pankow z. B. wurden 82 solche Gruppen gebildet.

Die Straßen werden von Trümmern, Schutt und Asche gesäubert.

Im Bezirk Lichtenberg wurde die Eröffnung eines Operettentheaters unterstützt.

Im Bezirk Charlottenburg wurden 177 Schauspieler registriert.

Die Verdunklung ist aufgehoben, und die Aufenthaltsgenehmigung auf den Straßen ist nicht mehr begrenzt.

Die Bevölkerung nimmt an den Wiederaufbauarbeiten sehr aktiv Anteil.

Oberstleutnant W. Nemtschinow.

Informationen zur Versorgungslage.
Quelle: Tägliche Rundschau vom 15. Mai 1945.

neration hatte man mehrere politische Brüche erfahren: Seit 1933 hatten die Linken gelitten, nun waren nach 1945 die Nazis dran. Da siedelte man sich lieber in der ungefährlichen Mitte an, überließ die Politik anderen und bewährte sich in der persönlichen und familiären Versorgung während dieser Nachkriegsnot. Bereits hier offenbart sich, wie weit die Erfahrungen und Konzepte auseinanderlagen, wie unterschiedlich die Schlußfolgerungen aus der Geschichte des Nationalsozialismus waren und von welchen Kluften man bei der Suche nach einem gesellschaftlichen Konsens auszugehen hatte.

2. Demographische Veränderungen

Kehren wir zurück zu den Hauptproblemen der Nachkriegszeit. Ein besonders gravierendes Problem war die in der Katastrophe gewachsene Bevölkerung. Trotz der vielen Kriegstoten, trotz der Opfer des Nationalsozialismus nahm die Bevölkerung in den vier Besatzungszonen vor allem durch Umsiedlungen, Vertreibung und Flucht gegenüber der Vorkriegszeit zu, was die Not auf allen Gebieten verschärfte.

Die Gesamtbevölkerung in den vier Besatzungszonen einschließlich Berlins wuchs von 59,8 (1939) auf 65,9 Millionen (1946). (Kleßmann 1991[5], S. 41) Die Bevölkerung in dem Gebiet der sowjetischen Besatzungszone war 1946 auf 18,5 Millionen angewachsen. (Zahlenspiegel 1988, S. 6) Die Bevölkerungsdichte stieg im gleichen Zeitraum von 167,5 auf 184,6 Personen pro Quadratkilometer: auf dem Gebiet der sowjetischen Besatzungszone/DDR von 155 (1939) auf 171 (1950), auf dem Gebiet der Westzonen/BRD von 173 (1939) auf 201 (1959).

Außerdem hatte sich die Zusammensetzung der Bevölkerung nach Männern und Frauen kriegsbedingt stark verändert. Auf 29,3 Millionen Männer kamen 36,3 Millionen Frauen, d. h. auf 100 Männer 125 Frauen. In der sowjetischen Besatzungszone lag 1946 der Frauenanteil bei 57,3 Prozent (1939: 50,8 Prozent), in den Westzonen bei 55,4 Prozent. (Badstübner-Peters 1990, S. 144; Zahlenspiegel 1988, S. 6) Der Anteil der (besonders »leistungsfähigen«) 25- bis 40jährigen an der Gesamtbevölkerung sank von 26,7 Prozent im Jahre 1939 auf 20,5 Prozent im Jahre 1946; bei den Männern sogar von 27,3 Prozent auf 17,6 Prozent. (Vgl. Neumann 1968, S. 2 ff.; Kleßmann 1991[5], S. 41 und 46)

Durch Zerstörung der Großstädte, durch Evakuierung, durch gezielte Ansiedlung von Flüchtlingen und Vertriebenen stieg der Anteil der ländlichen Bevölkerung in allen vier Besatzungszonen. In der sowjetischen Besatzungszone nahm der Anteil der Landbevölkerung von 30,8 Prozent (1939) auf 34,6 Prozent (1946) zu, die Großstadtbevölkerung verminderte sich im Gegensatz dazu im gleichen Zeitraum von 19 Prozent auf 13,4 Prozent. (Meinicke 1995, Wohnungsnot, S. 1)

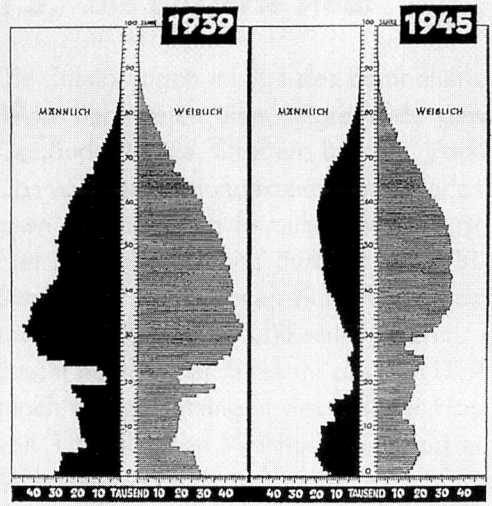

Die Auswirkungen des Krieges auf die altersmäßige und geschlechtliche Zusammensetzung der Berliner Bevölkerung.
Quelle: Berlin in Zahlen, Berlin 1949, zitiert nach: Berlin 1945. Eine Dokumentation, hrsg. von Reinhard Rürup, Berlin (Verlag Willmuth Arenhövel) 1995, S. 57.

Dieser gewachsenen Bevölkerung, deren Struktur im Sinne der Erwerbstätigkeit viel ungünstiger geworden war, stand aber nur geringer Wohnraum zur Verfügung. Der Arbeitsmarkt war schon zuvor wegen der Kriegsfolgen überlastet, die Lieferung von Heizmaterial für Haushalt und Industrie war katastrophal geworden, die Gesundheitssituation hatte durch den Krieg bereits gelitten, ebenso die medizinische Versorgung. Die gesamte Lebenssituation verschlechterte sich durch dieses Bevölkerungswachstum.

3. Flüchtlinge, Umgesiedelte und Vertriebene – Ankunft und Aufnahme

Der Zustrom von Flüchtlingen vor der Roten Armee und von Umgesiedelten und Vertriebenen 1945/46 trieb die Behörden der Nachkriegszeit in allen Besatzungszonen, die bereits wegen anderer Kriegsfolgen vor nahezu unlösbaren Problemen standen, in die Verzweiflung[1]. Überall versuchte man nun offen oder verdeckt, weitere Zuzüge zu verhindern. Bereits 1947 lebten in der sowjetischen Besatzungszone 3,949 Millionen Flüchtlinge und Vertriebene sowie 704 000 Evakuierte, in der Bizone (also in der vereinigten britischen und amerikanischen Zone) zusammen 6,097 Millionen Flüchtlinge und Vertriebene, 2,044 Millionen Evakuierte und 886 000 sogenannte Ausgewiesene aus der SBZ und Berlin. Die französische Zone verweigerte zwar nahezu vollständig die Aufnahme von Flüchtlingen und Vertriebenen – sie nahm bis zum 1. April 1947 nur 50 000 auf –, jedoch hatten hier 350 000 Evakuierte Zuflucht gefunden. (Kleßmann 1991[5], 40 f.) Erst im Laufe des Jahres 1948 lockerte auch die französische Besatzungsmacht ihre Zuzugsbeschränkungen.

Anfang Januar 1948 gab es nach einer Statistik der Sowjetischen Militäradministration in Deutschland (SMAD) in den vier Besatzungszonen 10,72 Millionen Umsiedler insgesamt; davon 4,38 Millionen in der SBZ, das sind 40,9 Prozent aller Umsiedler, 3,32 Millionen in der britischen Zone (31 Prozent), 2,96 Millionen in der amerikanischen Zone (27 Prozent) und 0,06 Millionen (0,6 Prozent) in der französischen Besatzungszone. Bezogen auf die Gesamtbevölkerung betrug im gleichen Jahr 1948 der Anteil der Flüchtlinge und Vertriebenen in der sowjetischen Zone 24,3 Prozent, in der amerikanischen 17,7, in der britischen 14,5 und in der französischen 1 Prozent. (Just 1987, S. 971 ff. und Meinicke 1988, S. 867 ff.)

Die sowjetische Besatzungszone bzw. die DDR war also – was im Westen kaum bekannt ist – die Zone mit den relativ, zeitweilig auch absolut meisten Flüchtlingen.

Die Begriffe Flüchtlinge, Vertriebene und Aus- oder Umgesiedelte werden sehr unterschiedlich und häufig je nach politischem Standpunkt benutzt. So wird der Begriff »Flüchtling« im allgemeinen und entsprechend der UNO-Definition von »refugee« als Oberbegriff aller dieser Erscheinungen verwandt. Konkret meinte der Begriff »Flüchtling« aber auch und besonders diejenigen, die 1944/45 vor der Roten Armee oder polnischen bzw. tschechoslowakischen Verbänden geflohen waren (später auch »Republikflüchtlinge« aus der DDR); als Vertriebene wurden im Westen diejenigen bezeichnet, die nach Artikel 13 des Potsdamer Abkommens vertrieben wurden, während »Umsiedler« der gängige Ausdruck in der SBZ/DDR für dasselbe Phänomen war. Wir halten uns nicht immer strikt an diese Unterscheidungen, sondern benutzen die Begriffe bisweilen synonym.

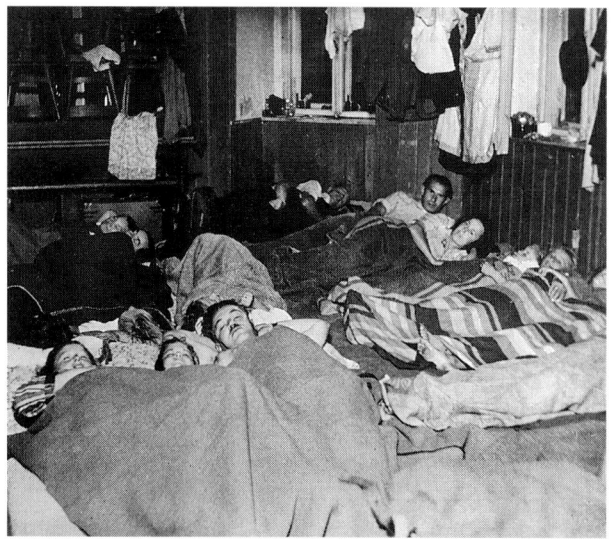

In einem Flüchtlingslager in
Kiel, 1945.

In einigen Ländern der SBZ/DDR be-
trug der Anteil der Umsiedler an der
Bevölkerung über 40 Prozent, wie in
Mecklenburg mit 42 Prozent.

In den Ländern der Westzonen lag der
Anteil der Flüchtlinge und Vertriebenen
an der Gesamtbevölkerung niedriger, so
in Schleswig-Holstein immerhin bei 33
Prozent, in Niedersachsen bei 27,2 Prozent, in Bayern bei 21,1 Prozent, in
Nordrhein-Westfalen bei 10,1 Prozent,
in Rheinland-Pfalz, Bremen und Hamburg betrug er weniger als 10 Prozent.
(Wiesemann/Kleinert 1984) In einige
Gebiete kamen erst spät Vertriebene
und Flüchtlinge, weil dort Zuzugsbeschränkungen bestanden, wie z. B. im
Ruhrgebiet.

Nach Herkunftsgebieten geordnet stammten:
– 59 Prozent aus Gebieten, die nun unter polnischer bzw. sowjetischer Verwaltung standen, darunter ca. 2 Millionen Schlesier und 1,3 Millionen Ostpreußen
   als größte Gruppen;
– 24 Prozent aus der Tschechoslowakei mit 1,9 Millionen Sudetendeutschen
   (Brandes/Kural 1994);
– 15 Prozent aus Südosteuropa;
– 2 Prozent aus anderen Vertreibungsgebieten. (Kleßmann 1991[5], S. 41)

1950 waren es 7,88 Millionen Vertriebene in der Bundesrepublik Deutschland, das
entspricht einem Anteil von 16,5 Prozent an der Gesamtbevölkerung. Bereits zu
dieser Zeit waren zusätzlich vermutlich eine halbe Million Flüchtlinge aus der SBZ/
DDR weiter in den Westen gezogen. »Jeder fünfte, vielleicht jeder vierte, der heute
in Deutschland lebt, stammt aus den Gebieten des Ostens oder kommt aus einer
Familie von Vertriebenen und Flüchtlingen.« (Lehmann 1991, S. 7)

Notunterkunft einer
Flüchtlingsfamilie in Berlin,
um 1945.

Die sowjetische Besatzungszone hatte nicht nur die meisten Flüchtlinge aufzunehmen, sondern war häufig auch die erste Station oder das Durchgangsgebiet, das die Umgesiedelten zumindest kurzfristig versorgen und betreuen mußte. Die SBZ-Behörden waren es auch, die die unzulänglichen Voranmeldungen, ungeregelten Ankünfte oder die Verzögerungen der westdeutschen Behörden bzw. der dortigen Besatzungsbehörden, die ebenfalls vor großen Schwierigkeiten standen, zu bewältigen hatten. (→ Dok. 53) Überall wurden die bestehenden Wohnungs-, Versorgungs- und Arbeitsmarktprobleme verschärft. Der erste Weg führte Flüchtlinge und Vertriebene zumeist in die Notunterkünfte, vor allem auf dem Lande, wo man auf bessere Versorgung hoffte, oder in Quarantänelager. (→ Dok. 55) Anfang November 1945 bestanden allein in der sowjetischen Besatzungszone 588 solcher Lager mit einem Fassungsvermögen von 484 000 Personen. Ende des Jahres gab es einen Höchststand von 640 Lagern, deren Zahl dann drastisch reduziert wurde und im Mai 1946 bei nur noch 183 mit einer Kapazität von über 215 000 Personen lag. Besondere Vollmachten erlaubten schließlich in allen Besatzungszonen den Behörden die Zuweisung von Wohnraum, sei es nicht genutzter, sei es öffentlicher, sei es privater von »Alteinsässigen«, was deren Verhältnis zu den Neuankömmlingen kaum verbessert haben dürfte. (→ Dok. 57)

An alle Familien in Wermelskirchen.

Die große Zahl von Flüchtlingen, die in den letzten Wochen in unsere Stadt gekommen ist, stellt uns vor schwere Aufgaben. Diesen Mitmenschen, die unverschuldet in Not geraten sind, muß geholfen werden. Den meisten fehlt alles, was zur notdürftigen Lebensführung gehört.

Wir wissen, daß die vergangenen Jahre größte Opfer auf allen Gebieten von uns forderten. Diese Opfer wurden dazu verwandt, dem Werk der Zerstörung zu dienen. Jetzt heißt es, den Ärmsten der Armen zu helfen.

Ein wahrhaft wohltätiges Werk!

In den Massenquartieren warten Hunderte auf Unterbringung in menschenwürdige Unterkünfte.

Unsere Bitte geht dahin, diesen Mitbürgern zu helfen. Verschließt Eure Herzen nicht, rückt enger zusammen und schafft dadurch Wohnraum, stellt den Flüchtlingen an Mobiliar zur Verfügung, was Ihr eben entbehren könnt und verhelft den Heimatlosen dadurch wieder zu einem

„Eigenen Herd",

der Grundlage zu einem zufriedenen Familienleben. Nur wenn alle zur Hilfe bereit sind, kann die Not unter den Flüchtlingen beseitigt werden.

Reetz   **Pöhler**
Amtsbürgermeister   Amtsdirektor

Die Fraktionsleiter der Parteien:

SPD	KPD	FDP	CDU	Parteilose
Schlösser	M. Jüng	P. Hülverscheidt	Bruno Braun	H. Hackländer

Die freien Wohlfahrtsverbände:

Innere Mission	Arbeiterwohlfahrt	Volkshilfe	Karitas	DRK	Bapt. Gem.	Winternothilfe
Winkler	Wilmeroth	A. Höffgen	Zentis, Pfc.	Dr. Schumacher	K. Dehn	O. Bornefeld

Wermelskirchen, im September 1946.

K Greshake, Wermelskirchen R AAF/17 73/6300 IX46 KIA

Quelle: Historisches Archiv der Stadt Köln, Sammlung Lauterbach, Nr. 270 Vertriebene, Flüchtlinge.

In der amtlichen Behandlung der Flüchtlinge gab es einige wesentliche Unterschiede zwischen Ost und West. Grundlegend für die Bundesrepublik war das Gesetz über den Lastenausgleich vom 14. August 1952 (seit 1. September 1952 in Kraft). Dieses sollte die Kriegs- und Kriegsfolgelasten gleichmäßig zwischen Flüchtlingen und Einheimischen verteilen. Vermögende wurden mit einer Abgabe von 50 Prozent des abgabepflichtigen Vermögens belegt, allerdings wurden immobile Vermögenswerte nach dem Einheits- und nicht nach dem Verkehrswert berechnet. (Kleßmann 1991[5], S. 242) Die Geschädigten erhielten eine Entschädigung, ohne den Anspruch auf früheren Besitz damit aufzugeben. Die Sozialdemokraten hatten Kollektivlösungen vorgezogen, um Besitzenden und Nichtbesitzenden gleichermaßen bei der Integration zu helfen. Es setzte sich jedoch der Vorschlag der CDU durch, der auf individuelle Hilfe und Initiative setzte, dabei gezielte Einzelprogramme für verschiedene Gruppen förderte. Der Lastenausgleich wurde in den

Artikeln 120 und 120a des Grundgesetzes verankert. Grundsätzlich gab es zwei Arten des Lastenausgleichs (vgl. zum folgenden von Plato 1987, S. 98):

1. Die Soforthilfe, die sich im »Gesetz zur Behebung dringender Notfälle« niederschlug, das am 8. August 1949 in Kraft trat: Die Mittel wurden aus den Soforthilfeabgaben beschafft, die in Soforthilfefonds flossen und von dort in Form von Leistungen zur Unterhaltshilfe, Hausrats- und Ausbildungshilfe etc. den Betroffenen zukamen. Unter die Soforthilfe fiel auch das Flüchtlingssiedlungsgesetz, das den Verkauf oder die Verpachtung von Grundstücken und landwirtschaftlichen Betrieben an Vertriebene förderte.

2. Endgültiger Lastenausgleich für erlittene Sachschäden: Im Gegensatz zur Soforthilfe sollte sich der endgültige Lastenausgleich über einen längeren Zeitraum bis zum 1. April 1979 erstrecken; manche Zahlungen wurden sogar auf Lebenszeit gewährt. Die Mittel wurden aus Abgaben und Leistungen in Geld erbracht, wobei sich die Höhe des zu zahlenden Betrags nach dem Ertrag richtete. Am 1. September 1952 (in West-Berlin 18. Oktober 1952) trat das Lastenausgleichsgesetz (LAG) in Kraft. Insgesamt wurden im Rahmen des Lastenausgleichs inklusive Soforthilfe über 100 Milliarden DM gezahlt, wobei der Löwenanteil für die Förderung des Wohnungsbaus und Zahlung der Renten ausgegeben wurde.

Urkunde zur Bodenreform: Mit ihr wird am 30. Dezember 1945 dem Landwirt Ernst Schuldt im Rahmen der Bodenreform ein Grundstück von 1,72 ha zum persönlichen, vererbbaren Eigentum übergeben.

Für die sowjetische Besatzungszone bzw. die DDR war die hauptsächliche Besonderheit die Bodenreform (ab September 1945) und die bevorzugte Landvergabe an Flüchtlinge und Umsiedler zur Schaffung von Neubauernstellen. Es waren große Güter (»Junkerland in Bauernhand«) enteignet worden und Ländereien ungefähr in der Größe des Landes Niedersachsen zur Verteilung gekommen. Landarbeiter, Arbeiter und Flüchtlinge wurden bei der Landvergabe bevorzugt. (→ Dok. 59, 60) Bis zum 1. Oktober 1947 nahmen 85 701 Umsiedler eine Neubauernstelle an und erhielten insgesamt 708 338 ha Land. Im März 1950 waren rund 43 Prozent der Neubauern Flüchtlinge und Umsiedler. Ihr Anteil an den Nutznießern der Bodenreform lag damit weit über ihrem Anteil an der Gesamtbevölkerung. Zählt man die Familienmitglieder hinzu, so waren rund 350 000 Personen oder 8 Prozent aller Umsiedler in den Genuß der Bodenreform gekommen.

Trotz der Zuteilung von Boden, der Arbeit gab und die Ernährung sicherte, begannen dann freilich die Schwierigkeiten der Existenzneugründung. Es ging um die Ausstattung der Wirtschaften mit den unbedingt notwendigen landwirtschaftlichen Geräten, den Besatz an Vieh (→ Dok. 70), ja vor allem erst einmal um die Bereitstellung von Wohnhäusern, Stallungen und Scheunen. (→ Dok. 58) Diese blieb aber in jeder Beziehung unzureichend, so daß zu fragen bleibt, ob hier überhaupt von Bauernwirtschaften im eigentlichen Sinn des Wortes gesprochen werden kann. (→ Dok. 61)

Insgesamt gab es durch die Bodenreform eine Diskrepanz zwischen dem Anspruch, die landwirtschaftliche Versorgung der Bevölkerung zu gewährleisten, und den vorhandenen technischen und anderen Möglichkeiten. Die Ausgangsbedingungen der einzelnen Gruppen von Bauern waren und blieben auf viele Jahre sehr unterschiedlich, eine weitere so-

Symbolischer Einzug der Pappritzer Dorfbevölkerung durch das Tor des ehemaligen »Königlichen Rittergutes Helfenberg« anläßlich der Aufteilung dieses Besitzes, September 1945.

ziale Differenzierung auf dem Lande war damit unausweichlich. Der tägliche Kampf um das Überleben der eigenen Wirtschaft bestimmte das Handeln der Umsiedler-Neubauern selbst noch fünf Jahre nach der Bodenreform. Von einer wirklichen Konsolidierung ihrer Neubauernwirtschaften waren sie noch weit entfernt. Am 1. Oktober 1950 besaßen rund 41 600 von ihnen noch kein eigenes Wohnhaus (45 Prozent) und etwa 43 800 keine eigenen Stallungen (48 Prozent).

Im Ansehen der Dorfbewohner blieben die Neubauern weiter die »Flüchtlinge«, solche, die »nichts hatten«. Im Selbstverständnis der Bauern galten der eigene Hof und die entsprechende Hektarzahl sowie die Ausstattung mit Geräten und Vieh als Statussymbole für den Wert in der dörflichen Gemeinschaft. Davon hingen in ganz entscheidendem Maße die soziale Stellung und das Sozialprestige des einzelnen ab. Diese Situation veranlaßte in den folgenden Jahren eine ganze Reihe von Neubauern, ihre Höfe wieder aufzugeben. Allein im Zeitraum von 1946 bis 1952 betraf das rund 80 600 Neubauernstellen, immerhin über 38 Prozent aller eingerichteten Neubauernstellen in der SBZ. Diese Größenordnung verdeutlicht, daß die Bodenreform nur zum Teil den gewünschten Erfolg hatte. Die Möglichkeiten der Nachkriegszeit blieben zu begrenzt, um allen Neubauern günstige Startbedingungen zu eröffnen. Hinzu kam, daß manche Neubauern auch an der eigenen Unfähigkeit, an der mangelnden Qualifikation als Berufsfremde bzw. an anderen Umständen scheiterten. (Meinicke 1995, Vertriebene, S. 6)

Ein Jahr nach Gründung der DDR wurde – sicherlich in Konkurrenz zum westdeutschen »Lastenausgleich« – das »Gesetz über die weitere Verbesserung der Lage der ehemaligen Umsiedler« erlassen (8. September 1950). Es gewährte allen bedürftigen Umsiedlerfamilien einen zinslosen Kredit bis 1 000 Mark für die Beschaffung von Möbeln und Hausrat. Bis zum 30. Mai 1953 erhielten daraufhin fast 700 000 Familien diesen Kredit in einer Gesamthöhe von mehr als 400 Millionen Mark. (Meinicke 1995, Vertriebene, S. 6)

Alle Berichte und Zahlen zum Flüchtlingsproblem demonstrieren mit großer Eindrücklichkeit, wie besonders schwer die Anfangsjahre für die Umgesiedelten waren: Ohne Unterkunft und bei miserablen hygienisch-sanitären Bedingungen, häufig

CHARTA DER DEUTSCHEN HEIMATVERTRIEBENEN

Im Bewußtsein ihrer Verantwortung vor Gott und den Menschen,
im Bewußtsein ihrer Zugehörigkeit zum christlich-abendländischen Kulturkreis,
im Bewußtsein ihres deutschen Volkstums und in der Erkenntnis der gemeinsamen Aufgabe aller europäischen Völker
haben die erwählten Vertreter von Millionen Heimatvertriebener, nach reiflicher Überlegung und nach Prüfung ihres Gewissens
beschlossen, dem Deutschen Volk und der Weltöffentlichkeit gegenüber eine

feierliche Erklärung

abzugeben, die die Pflichten und Rechte festlegt, welche die deutschen Heimatvertriebenen als ihr Grundgesetz und als unumgängliche Voraussetzung für die Herbeiführung eines freien und geeinten Europa ansehen.

1. Wir Heimatvertriebenen verzichten auf Rache und Vergeltung. Dieser Entschluß ist uns ernst und heilig im Gedenken an das unendliche Leid, welches im besonderen das letzte Jahrzehnt über die Menschheit gebracht hat.

2. Wir werden jedes Beginnen mit allen Kräften unterstützen, das auf die Schaffung eines geeinten Europas gerichtet ist, in dem die Völker ohne Furcht und Zwang leben können.

3. Wir werden durch harte, unermüdliche Arbeit teilnehmen am Wiederaufbau Deutschlands und Europas.

Wir haben unsere Heimat verloren. Heimatlose sind Fremdlinge auf dieser Erde. Gott hat die Menschen in ihre Heimat hineingestellt. Den Menschen mit Zwang von seiner Heimat trennen, bedeutet ihn im Geiste töten.

Wir haben dieses Schicksal erlitten und erlebt. Daher fühlen wir uns berufen zu verlangen, daß das

Recht auf die Heimat

als eines der von Gott geschenkten Grundrechte der Menschheit anerkannt und verwirklicht wird.

Solange dieses Recht für uns nicht verwirklicht ist, wollen wir aber nicht zur Untätigkeit verurteilt beiseite stehen, sondern in neuen geläuterten Formen verständnisvollen und brüderlichen Zusammenlebens mit allen Gliedern unseres Volkes schaffen und wirken. Darum fordern und verlangen wir heute wie gestern:

1. Gleiches Recht als Staatsbürger, nicht nur vor dem Gesetz, sondern auch in der Wirklichkeit des Alltags.

2. Gerechte und sinnvolle Verteilung der Lasten des letzten Krieges auf das ganze deutsche Volk und eine ehrliche Durchführung dieses Grundsatzes.

3. Sinnvollen Einbau aller Berufsgruppen der Heimatvertriebenen in das Leben des Deutschen Volkes.

4. Tätige Einschaltung der deutschen Heimatvertriebenen in den Wiederaufbau Europas.

Die Völker der Welt sollen ihre Mitverantwortung am Schicksal der Heimatvertriebenen als der vom Leid dieser Zeit am schwersten Betroffenen empfinden.

Die Völker sollen handeln, wie es ihren christlichen Pflichten und ihrem Gewissen entspricht.

Die Völker müssen erkennen, daß das Schicksal der deutschen Heimatvertriebenen, wie aller Flüchtlinge, ein Weltproblem ist, dessen Lösung höchste sittliche Verantwortung und Verpflichtung zu gewaltiger Leistung fordert.

Wir rufen Völker und Menschen auf, die guten Willens sind, Hand anzulegen ans Werk, damit aus Schuld, Unglück, Leid, Armut und Elend für uns alle der Weg in eine bessere Zukunft gefunden wird.

Stuttgart, den 5. August 1950

hin- und hergeschoben von überforderten Behörden, wenig geliebt von Einheimischen, denen es ebenfalls schlecht ging, öfter und länger ohne Arbeit als jene, trugen sie dennoch erheblich zum Aufbau in Ost und West bei. Trotz oder wahrscheinlich wegen ihrer schlechteren Startbedingungen waren ihr Fleiß und ihr Wille zur Existenzgründung sprichwörtlich. Mit ihrem fremden Dialekt, manchmal anderer Konfession als die Eingesessenen, mit anderen Wertvorstellungen und anderen Lebensformen bis hin zu einer anderen Küche hat der Zustrom von Flüchtlingen letztlich zu einer »Durchmischung« und Veränderung der alten Milieus und damit der ganzen Gesellschaft beigetragen. Schon der Nationalsozialismus mit seinen milieuübergreifenden Organisationen und besonders der Krieg führten zu einer Erodierung der alten Milieus, aber erst die Flüchtlinge haben das erreicht, was man gemeinhin »Modernisierung« nennt – vielleicht vielfach »hinter ihrem Rücken«. Das ist deshalb so bemerkenswert, weil die Flüchtlinge und Vertriebenen im öffentlichen Bewußtsein in Ost und West als die Inkarnation des Gestrigen oder gar als »Revanchisten« gelten. Ihr Schicksal wurde zumeist allein auf den Hitler-Faschismus zurückgeführt, ohne die eigenständigen Interessen der Siegermächte, insbesondere der Sowjetunion, zu berücksichtigen. Dadurch wurden ihre Leiden und ihre Verluste in den Sonntagsreden der Politiker in der Bundesrepublik zur entscheidenden öffentlichen »deutschen Buße« für die Verbrechen des Nationalsozialismus. Das dürfte dennoch – Ironie der Geschichte – ihre Integration in beiden Teilen Deutschlands befördert haben. Dazu kam, daß sie im Westen zu Zeugen im Kalten Krieg gegen die Sowjetunion wurden, was ihre Integration im Osten erschwerte und in der Bundesrepublik erleichterte.

Linke Seite:
Die »Charta der deutschen Heimatvertriebenen« vom 5. August 1950.
Quelle: Bundesarchiv Koblenz, Zsg. 1-204/2.

»Banater Schwaben hier!« Die alte Heimat verbindet die Flüchtlinge. Überall entstehen Landsmannschaften.

Schon die Alliierten hatten vor dem »reaktionären« Potential der Flüchtlinge Angst und verboten ihnen in allen Besatzungszonen jede politische Organisierung; sie durften sich aber an den Parteien des ostdeutschen »Antifaschistischen Blocks« oder in den zugelassenen Parteien im Westen aktiv beteiligen. In der BRD konnten sie nach 1949 eigene Parteien und Organisationen bilden. Die bekannteste und erfolgreichste war der »Block der Heimatvertriebenen und Entrechteten« (BHE): Er erhielt zwischen 1950 und 1952 bei den Landtagswahlen durchschnittlich 11,6 Prozent und in Schleswig-Holstein 1950 sogar 23,4 Prozent der Stimmen. Das offenbart, wie wirkungsmächtig noch Anfang der fünfziger Jahre die besonderen Probleme der Flüchtlinge waren. Aber bereits bei den nächsten Bundestagswahlen wurde eine Konsolidierung sichtbar: Die CDU gewann, während der BHE Verluste hinnehmen mußte.

Damit zeigt sich eine erstaunliche Entwicklung: Trotz extrem schwieriger Anfangsbedingungen, die in den angeführten Zahlen und Berichten deutlich werden, und im Vergleich zu blutigen Entwicklungen in anderen Flüchtlingsregionen kann man von einer letztlich relativ erfolgreichen Aufnahme der Flüchtlinge in beiden deutschen Staaten sprechen. Im Westen wurde dieses Phänomen zu den Hauptleistungen der Adenauer-Zeit gerechnet, im Osten dagegen eher verschwiegen. Ab 1952 wurden die Flüchtlinge dort nicht mehr in der offiziellen Statistik geführt, obwohl man sich auch hier dieser Integrationsleistung hätte rühmen können. Zu sehr wurde vermutlich die Gefahr gesehen, die Flüchtlinge vor allem als Folge sowjetischer Interessenpolitik zu begreifen.

In Ost und West förderte die positive Entwicklung des Arbeitsmarktes die Integration der Flüchtlinge. Das Ausbleiben wirklicher Hungerkatastrophen und die – gemessen an den Erwartungen bei Kriegsende – relativ raschen Aufstiegsmöglichkeiten taten ein übriges. Außerdem gab es offenbar ein Gefühl sowohl bei Einheimischen wie bei Vertriebenen, gemeinsam den Krieg verloren zu haben und – wie es in zahllosen Berichten heißt – »gemeinsam die Ärmel hochkrempeln zu müssen«. Im Westen versöhnte der Lastenausgleich zudem gerade jene Vertriebenen, die am meisten der alten Heimat nachtrauerten, nämlich die Älteren, während sich die Jungen ohnehin besser einpaßten und auch in der alten Heimat eine eigene Existenz hätten aufbauen müssen. In der sowjetischen Besatzungszone war für viele die Bodenreform mit ihren Neubauernhöfen ein Element der Versöhnung, aber, wie wir gesehen haben, durchaus ambivalent, weil die Anfangsschwierigkeiten auf diesen Höfen enorm waren.

Das alles sind plausible, manchmal vordergründige Erklärungen für die Schwierigkeiten der Integration, aber auch für ihren letztlichen Erfolg in Ost und West. Vermutlich gibt es eine erst auf den zweiten Blick sichtbare Gemeinsamkeit zwischen Vertriebenen und Einheimischen, die die Integration förderte: Beide Seiten – also Alteingesessene und Umgesiedelte – mußten sich in eine fremde Nachkriegszeit »integrieren«, hatten alte Sicherheiten verloren, mußten sich nicht nur in der Politik, sondern auch wirtschaftlich und sozial neu orientieren, hatten Verwandte und Freunde verloren und waren durch Umzüge, Evakuierungen, Kinderlandverschickung usw. auseinandergerissen worden. Selbst die Wohngebiete hatten sich so verändert, daß man 1945 und erst recht ein Jahrzehnt später die eigene Gegend kaum noch wiedererkennen konnte. Auch viele Einheimische hatten also »Entwurzelungserfahrungen« gemacht und waren mit Millionen Flüchtlingen bei Kriegsende »unterwegs« gewesen. Alle mußten sich in einer fremd gewordenen, durcheinandergewirbelten Gesellschaft zurechtfinden – hier liegen wohl wesentliche und erst auf den zweiten Blick erkennbare Ursachen der im großen und ganzen gelungenen »Zusammenfindung« zwischen Einheimischen und Flüchtlingen in beiden Teilen Deutschlands.

4. Zur wirtschaftlichen Situation der Nachkriegsjahre

Einige wirtschaftliche Auswirkungen des Krieges

An Lebensmittelkarten für die meisten Produkte des täglichen Bedarfs waren Deutsche schon im Krieg gewöhnt. Aber erst mit Kriegsende und in den Nachkriegsjahren explodierte die »zweite Ökonomie«, also der Schwarze Markt. Die Deutschen begannen – vor allem aus Not und weniger aus Lust, wie sie in heutigen Erzählungen manchmal durchschlägt – zu hamstern, zu kompensieren und zu organisieren. (→ Dok. 70, 71, 72) Und der »Kohleklau« wurde sogar kirchlich »sanktioniert«: Der Kölner Kardinal Frings legitimierte angesichts der Notlage den Diebstahl von Kohlen für den eigenen Bedarf, wonach dieser dann im Volksmund »fringsen« genannt wurde. Die Ursachen für diese Expansion des Schwarzmarktes sind augenfällig: Die deutsche Wirtschaft hatte im Krieg extreme Verluste hinnehmen müssen, die unmittelbar nach Kriegsende noch durch die vorhandene Kraft der Kriegswirtschaft so weit kompensiert werden konnten, daß das Existenzminimum der Masse der Bevölkerung nicht unterschritten wurde. (Benz 1976, S. 74 f.) Aber dann »ging es ums nackte Überleben«, wie man als Motto über die Erzählungen vieler Zeitzeugen schreiben könnte. Insgesamt gehen die meisten Schätzungen davon aus, daß im Krieg ca. ein Drittel des »deutschen Volksvermögens« vernichtet wurde. (Meinhold 1949, S. 14)

Drei Frauen in Köln beim »Fringsen« im bitterkalten Nachkriegswinter 1946/47.

Dabei wurden bestimmte Bereiche unterschiedlich betroffen (Harmssen 1948[2], Bd. 3, S. 22, 10):

Kriegszerstörungen	in Prozent
der Industrie	20
der gewerblichen Bauten und des gewerblichen Inventars	20
der Wohnungen, inkl. Hausrat und Mobiliar	20–30
der Verkehrsanlagen	40

Auf die einzelnen Wirtschaftszweige verteilte sich die Leistungsminderung zwischen 1939 und 1946 wie folgt (Harmssen 1948[2], Bd. 3, S. 3, 10, 22):

Bereich	Leistungsminderung in Prozent
Landwirtschaft	10
Industrie	31
Handwerk	2
Handel	4
Wohnungsgewerbe	3
Öffentliche Dienste	2
Persönliche Dienstleistungen	2

Außerdem sind der deutschen Volkswirtschaft vermutlich mehr als 12 Milliarden Reichsmark aus Auslandsguthaben und Patente im Werte von ca. 12,5 Milliarden Reichsmark verlorengegangen. Trotz all dieser Verluste, trotz der Zerstörungen der Industrie um 20 Prozent soll das reale Bruttoanlagevermögen 1945, also nach Kriegsende, immer noch um 20 Prozent über dem Stand von 1936 gelegen haben. (Schmiede 1976, S. 107) (→ Dok. 76) Das zeigt, wie sehr in der Vorkriegszeit und auch noch während des Krieges produziert worden war – mit welcher erzwungenen Hilfe auch immer . . .

Das zerstörte Betriebsgelände von Opel in Rüsselsheim, 1945/46.

Bis heute gibt es eine Debatte darüber, ob und um wieviel die SBZ von Kriegsschäden stärker betroffen war als die Westzonen. Nach DDR-Sicht waren kriegsbedingt die Kapazitäten der Industrie gegenüber dem Vorkriegsstand zu ca. 40 Prozent zerstört, im Transportmittelbereich zu etwa 60 Prozent. Auch in der Landwirtschaft gab es schlechte Voraussetzungen; es fehlten hier im Vergleich zum Vorkriegsstand ca. 900 000 Rinder, 3 Millionen Schweine, 1,1 Millionen Schafe. Die DDR-Geschichtsschreibung behauptete, daß die größeren Zerstörungen im Osten Deutschlands bereits »Elemente des Kalten Krieges« enthalten hätten, also auf bewußte Zerstörung durch die Westmächte, insbesondere Churchills, zurückzuführen seien, um Industrieobjekte nicht in die Hände der Sowjetarmee fallen zu lassen. (Barthel 1979, S. 40, 44)

Neuere Untersuchungen sehen nur einen etwas größeren Substanzverlust in der SBZ als im Westen, gemessen am 1944 vorhandenen Volksvermögen (18,5 Prozent gegenüber 16 Prozent) (Karlsch 1993, S. 290), erst die deutlich umfangreichere Demontage durch die Sowjets, die zu DDR-Zeiten nicht offen untersucht werden konnte, habe zusammen mit den Kriegszerstörungen die schlechteren wirtschaftlichen Voraussetzungen der SBZ/DDR geschaffen. Oder deutlicher noch: Bis 1949 seien die Produktivitätsnachteile der DDR-Wirtschaft nicht gravierend gewesen, erst mit der Etablierung der Planwirtschaft sei dies anders geworden. (Ritschl 1995, S. 11–46)

Die Versorgung der Bevölkerung

Die Kriegszerstörungen und die Zunahme der Bevölkerung in den vier Besatzungszonen verschärften auch die Ernährungslage. Daß es unter alliierter Herrschaft schlechter ging als zur Kriegszeit unter den Nazis, dürfte die Akzeptanz der »neuen Zeit« kaum erleichtert haben. (→ Dok. 67) Denn 1936 hatte der Völkerbund erklärt, der durchschnittliche Kalorienverbrauch bei leichter Arbeit betrage ca. 3 000 Kalorien. Im gleichen Jahr lag man in Deutschland knapp über dieser Norm, zu Beginn des Krieges darunter, nämlich bei 2 700 Kalorien, und im Frühjahr 1945 bei 2 010 Kalorien. (Kuczynski 1955, Bd. 2. S. 102) In den ersten Nachkriegsjahren soll Deutschland hinsichtlich der Kalorienzahl pro Kopf das Schlußlicht Europas gewesen sein, was nicht ganz einleuchtet, wenn man auch Osteuropa im Auge behält. 1946 wurden in den einzelnen Besatzungszonen folgende Kalorienzahlen pro Tag und Person amtlich festgesetzt: 1 330 Kalorien in der amerikanischen, 1 083 in der sowjetischen, 1 050 in der britischen und 900 in der französischen Zone. (Kleßmann 1991⁵, S. 47)

Lebensmittelkarten sollten die Voraussetzung für die Versorgung der Bevölkerung schaffen; diese war miserabel, und viele kamen nicht einmal in den »offiziellen« Genuß solcher Karten. Hamstern, »Organisieren« und Kompensationsgeschäfte brachten

Hamsterfahrt, Essen 1946.

große Teile der Bevölkerung erneut in Bewegung: zu Fuß, mit dem Fahrrad, in überfüllten Güter- und Personenzügen oder auf Lkws, deren Bestand allerdings gegenüber 1939 von 5,9 pro 1 000 Einwohner auf 4 zurückgegangen war (bei Pkws

Wohnungen mit Gemüse-
anbau auf dem Notbalkon in
einer Ruine, 1946.

sogar von 18,9 auf 4,1). (Berger/Müller 1983, S. 39) Viele hatten aber nichts zu kompensieren und konnten froh sein, wenn in ihren Betrieben irgend etwas hergestellt wurde, das tauschbar war oder das der Betriebsrat für Kompensationen im großen Stil nutzen konnte.

Neben Hamsterei und »Organisieren« trug auch die Entdeckung »neuer« Nahrungsquellen und Anbaumethoden zum Überleben bei. (→ Dok. 69) Die Berichte und Reportagen aus der Nachkriegszeit sind dafür voller Beispiele: Tabakanbau auf dem Balkon, Kunsthonig, Gemüseanbau auf jedem freien Fleckchen Erde, Rübenschnitzelbrot und ähnliches mehr. Die Zuteilungen aus den Lebensmittelkarten allein hätten also keinen erwachsenen Menschen ernährt, und die Hausbrandzuteilungen reichten nicht aus, um die Kälte auch nur in einem Raum zu vertreiben ... (→ Dok. 66, 67, 68) 1946 soll der durchschnittliche Gewichtsverlust 41 Pfund pro Person betragen und das durchschnittliche Kaloriendefizit bei mindestens 500 Kalorien täglich gelegen haben. (Volksecho vom 20. September 1946) Die Löhne und Gehälter waren zu gering, um den monatlichen Bedarf zu decken, wie das Beispiel einer fünfköpfigen Familie veranschaulicht: (Grebing/Pozorski/ Schulze 1980, Bd. a, S. 40)

Monatsbudget einer Berliner Durchschnittsfamilie

Laufende Monatsausgaben (September 1947):

Ehepaar, eine Tochter im
Alter von 16, zwei Söhne im
Alter von 15 und 5 Jahren.

Miete	33,66 RM
Gas	9,80 RM
Licht	4,90 RM
Ration. Lebensmittel, Karte II (Vater)	14,79 RM
Ration. Lebensmittel, Karte III (Mutter)	11,34 RM
Ration. Lebensmittel, Karte II (erw. Sohn)	14,79 RM
Ration. Lebensmittel, Karte III (erw. Tochter)	11,34 RM
Ration. Lebensmittel, Karte IV (Kind)	13,76 RM
Kleine Sonderzuteilung	2,00 RM
Obst laut Karte (Kind)	7,38 RM
Kartoffeln, 60 kg, laut Karte	7,20 RM
Gemüse laut Karte	5,30 RM
Schuhreparaturen	19,20 RM
Waschmittel	4,50 RM
Beiträge, Zeitungen	7,20 RM
Taschengeld für 2 erwachsene Kinder	20,00 RM
Fahrgeld, Haarschneiden, Kino	18,00 RM
Rauchwaren	9,60 RM
Summe	**214,76 RM**

Zusätzliche Ausgaben auf dem Schwarzen Markt:

2 Pfund Mehl, Puddingpulver	49,00 RM
4 Brote je 1 500 g	160,00 RM
Waschmittel	10,50 RM
Petroleum für den Winter	36,00 RM
Kohle für den Winter, bisher 2 Zentner	120,00 RM
Summe	**375,50 RM**

Die Familie hat nach dieser Aufstellung im Monat September insgesamt verausgabt	590,26 RM
Durch das Gehalt des Ehemannes und die Vergütungen der Kinder konnten gedeckt werden	293,20 RM
Es blieben aus anderen Einkünften zu decken	**297,06 RM**

Die Schwarzmarktpreise waren kaum zu bezahlen (Rothenberger 1980, S. 131):

Artikel	offizieller Preis 1947	Schwarzmarktpreis 1946/47
1 kg Fleisch	2,20 RM	60– 80 RM
1 kg Brot	0,37 RM	20– 30 RM
1 kg Zucker	1,07 RM	120–180 RM
1 kg Butter	4,00 RM	350–550 RM
20 amerikanische Zigaretten	2,80 RM	70–100 RM

Die Ressourcenknappheit, die Demontage (→ Kap. III, 1), die kalten Winter und die Zuströme von Menschen aus dem Osten verschärften die Versorgungslage; die Zuteilung von Lebensmitteln und anderen lebenswichtigen Gütern, von Medikamenten über Brennmaterial bis hin zu Hausrat, wurde immer schwieriger. (→ Dok. 76) Unter diesen Bedingungen blieb der Bevölkerung besonders aus den Industrieregionen nichts anderes übrig, als zu hamstern und »schwarz« zu handeln. Diejenigen, die etwas zu tauschen hatten, »plünderten« Familienbestände; diejenigen, die nichts besaßen, mußten in »Eigenproduktion« Tauschware herstellen, sei

AN DIE BEVÖLKERUNG DER STADT BERLIN

Um die regelmäßige Versorgung der Berliner Bevölkerung mit Lebensmitteln sicherzustellen, hat das Sowjetische Militärkommando durch den Kommandanten der Stadt Berlin der Stadtverwaltung ausreichende Mengen von Lebensmitteln zur Verfügung gestellt.

Gemäß Befehl des Militärkommandanten der Stadt Berlin, Generaloberst BERSARIN, sind ab 15. Mai 1945 folgende, feste Lebensmittelrationen **pro Person und Tag** festgesetzt worden:

Brot

1.) Schwerarbeiter und Arbeiter in gesundheitsschädlichen Betrieben .... 600 gr.
2.) Arbeiter, die nicht in schweren oder gesundheitsschädlichen Berufen tätig sind .... 500 gr.
3.) Angestellte .... 400 gr.
4.) Kinder, nichtberufstätige Familienangehörige und die übrige Bevölkerung .... 300 gr.

Nährmittel

1.) Schwerarbeiter und Arbeiter in gesundheitsschädlichen Betrieben .... 80 gr.
2.) Arbeiter, die nicht in schweren oder gesundheitsschädlichen Berufen tätig sind .... 60 gr.
3.) Angestellte .... 40 gr.
4.) Kinder, nichtberufstätige Familienangehörige und die übrige Bevölkerung .... 30 gr.

Fleisch

1.) Schwerarbeiter und Arbeiter in gesundheitsschädlichen Betrieben .... 100 gr.
2.) Arbeiter, die nicht in schweren oder gesundheitsschädlichen Berufen tätig sind .... 65 gr.
3.) Angestellte .... 40 gr.
4.) Kinder, nichtberufstätige Familienangehörige und die übrige Bevölkerung .... 20 gr.

Fett

1.) Schwerarbeiter und Arbeiter in gesundheitsschädlichen Betrieben .... 30 gr.
2.) Arbeiter, die nicht in schweren oder gesundheitsschädlichen Berufen tätig sind .... 15 gr.
3.) Angestellte .... 10 gr.
4.) Kinder .... 20 gr.
5.) Nichtberufstätige Familienangehörige und die übrige Bevölkerung .... 7 gr.

Zucker

1.) Schwerarbeiter und Arbeiter in gesundheitsschädlichen Betrieben und Kinder .... 25 gr.
2.) Arbeiter, die nicht in schweren oder gesundheitsschädlichen Berufen tätig sind, sowie Angestellte .... 20 gr.
3.) Nichtberufstätige Familienangehörige und die übrige Bevölkerung .... 15 gr.

Kartoffeln

Für jeden Einwohner .... 400 gr.

13. Mai 1945.

Bohnenkaffee, Kaffee-Ersatz und echter Tee

1.) Schwerarbeiter und Arbeiter in gesundheitsschädlichen Betrieben: 100 gr. Bohnenkaffee, 100 gr. Kaffee-Ersatz und 20 gr. echten Tee im Monat.
2.) Arbeiter, die nicht in schweren oder gesundheitsschädlichen Berufen tätig sind, sowie Angestellte: 60 gr. Bohnenkaffee, 100 gr. Kaffee-Ersatz und 20 gr. echten Tee im Monat.
3.) Kinder, nichtberufstätige Familienangehörige und die übrige Bevölkerung: 25 gr. Bohnenkaffee, 100gr. Kaffee-Ersatz und 20 gr. echten Tee im Monat.

Salz

Für jeden Einwohner **monatlich** .... 400 gr.

*

Mengen und Form der Versorgung mit Milch, weißem Käse und anderen Milcherzeugnissen werden nachträglich bekanntgegeben.

*

Verdiente Gelehrte, Ingenieure, Ärzte, Kultur- und Kunstschaffende, sowie die leitenden Personen der Stadt- und Bezirksverwaltungen, der großen Industrie und Transportunternehmen erhalten die gleichen Lebensmittelrationen, die für Schwerarbeiter festgesetzt sind. Die Liste dieser Personen muß vom zuständigen Bürgermeister bestätigt werden.

Sonstige technische Angestellte in Betrieben und Unternehmen, Lehrer und Geistliche, erhalten die gleichen Lebensmittelrationen, die für Arbeiter festgesetzt sind.

*

Kranke in Krankenhäusern erhalten Verpflegung entsprechend den Sätzen, die für Arbeiter festgesetzt sind. Kranke, die besonderer Ernährung bedürfen, erhalten eine Sonderverpflegung entsprechend den Sätzen, die von der städtischen Abteilung für Gesundheitswesen festgesetzt sind.

*

Die Brotausgabe erfolgt täglich, wobei der Verbraucher das Recht hat, Brot für zwei Tage — und zwar für den Kalendertag und den nächsten Tag — zu erhalten.

Fleisch, Fett, Zucker, Nährmittel und Kartoffeln **für den Monat Mai** werden entsprechend den festgelegten Tagessätzen in zwei Zuteilungen ausgegeben:

erstmalig für die Zeit vom 15. Mai bis 21. Mai, d. h. für sieben Tage, und das zweite Mal für die Zeit vom 22. Mai bis 31. Mai, d. h. für zehn Tage.

Salz für die Zeit vom 20. bis 31. Mai wird in der Menge des festgelegten Monatsatzes ausgegeben.

Bohnenkaffee und echter Tee wird vom 25. bis 31. Mai ausgegeben, Kaffee-Ersatz vom 21. bis 31. Mai in der Menge des festgelegten Monatsatzes.

Die Ausgabe der Lebensmittelkarten mit den neu festgelegten Sätzen an die gesamte Berliner Bevölkerung erfolgt spätestens am 14. Mai ds. Js.

Bis zum 15. Mai erfolgt die Zuteilung der Lebensmittel, entsprechend den zeitweiligen Sätzen der früher an die Bevölkerung ausgegebenen Lebensmittelkarten, welche bis zum 14. Mai in Kraft bleiben.

STADTVERWALTUNG VON BERLIN.

Bekanntmachung der Stadtverwaltung von Berlin vom 13. Mai 1945.

es privat in der Familie, sei es in den Fabriken. Angesichts der zusammengebrochenen elementaren öffentlichen Versorgungsnetze, der privatwirtschaftlichen Verteilung und des staatlich reglementierten Marktes, angesichts des Mangels an öffentlicher oder privater Kontrollmacht lauteten die Parolen der Stunde: Improvisieren und Organisieren. Die neue Überlebensmoral hieß: Durchkommen um jeden Preis – notfalls unter Bruch bis dahin eherner Wertvorstellungen.

»Graue« Märkte waren nicht neu: Den Tausch von Arbeit beispielsweise und von »organisierten« Gütern hat es gerade in der Arbeiterklasse immer gegeben. Im »Dritten Reich« hatte der Schwarze Markt vor allem mit konfisziertem jüdischen Eigentum und mit in den besetzten Gebieten geplünderten Waren ein bis heute nicht zu übersehendes Ausmaß angenommen. Am Ende des Krieges dehnten sich neben der staatlich reglementierten Versorgung die grauen bzw. schwarzen Zonen der Versorgung weiter aus.

Neu war nach dem Krieg, daß nun die Bewirtschaftung, also die reglementierte staatliche Wirtschaft, das Existenzminimum nicht mehr sichern konnte und daß die Besatzungssoldaten selbst eine große Rolle auf dem Schwarzen Markt spielten, denn viele der dort angebotenen Güter konnten nur aus Armeebeständen stammen oder über alliierte Kanäle nach Deutschland gekommen sein. (→ Dok. 71) Lutz Niet-

Schwarzer Markt: Festes Schuhwerk gehörte zu den Kostbarkeiten der Nachkriegsjahre und wurde entsprechend hoch auf dem Schwarzen Markt gehandelt. Viele Kinder und Jugendliche beteiligten sich an den Schwarzmarktgeschäften, eine wichtige Quelle, das Familieneinkommen aufzubessern.

hammer faßt in einer Arbeit, die sich wesentlich auf Zeitzeugenbefragungen stützt, die grundlegenden und nachhaltig wirkenden Lehren aus der Zeit des Schwarzmarktes zusammen: »Die Lehre des Schwarzen Marktes ist also für unsere Interviewten aus der Arbeiterklasse kein Freihändlercredo, wohl aber die Erfahrung, daß Arbeit allein ebensowenig eine Garantie fürs Überleben darstellt wie sozialstaatliche Sicherungssysteme, sondern daß der Markt unausweichlich ist – nicht der Markt ökonomischer Theoretiker als einzig funktionstüchtige Verteilungsstruktur, in der sich viel Eigennutz zum Gemeinnutz addiert. Erfahren wird der Markt vielmehr als eine Sphäre der Durchsetzung und des ungleichen Tauschs, der gleichwohl alles austauschbar macht. Eine Sphäre, die Unrecht verstärkt, Hilfsbereitschaft ausgrenzt, Solidarität zerbricht und individuelle Aneignung zum System erhebt, die sich aber auch mit Mangel an Alternativen oder deren Unbeweglichkeit, Leistungsschwäche und Korruption schmücken kann und die den Reiz der Phantasie, der individuellen Bewährung und der freien Optimierung von Möglichkeiten hat.« (Niethammer 1983b, S. 61)

Das hieße etwas überpointiert formuliert: Die kapitalistische Marktwirtschaft wurde gerade in einer Zeit in das Bewußtsein eingeschliffen, als ihre anarchischen Elemente durch eine reglementierte Lebensmittelkarten-Wirtschaft eingeschränkt wurden. Nicht der Kapitalismus selbst übte die Faszination aus, sondern sein »illegitimes Kind«, nämlich die »zweite Ökonomie« des Schwarzen Marktes. Die Lebensmittelkarten-Wirtschaft erschien so ironischerweise als das Gegenbild zum Kapitalismus, nämlich als sozialistische Planwirtschaft, als kaum funktionierende, durch Korruption und Schiebereien ergänzte Wirtschaftsform, deren negative Folgen man am eigenen Leibe erfuhr. Umgekehrt bevorzugte dieser zweite, rabenschwarze Markt jedoch den Stärkeren, der bereits etwas zu kompensieren hatte; daher wurden den Habenichtsen zugleich auch die Blindheiten des Marktes gegenüber sozialen Notwendigkeiten und Erwartungen offenbar. Die Unzulänglichkeiten der Lebensmittelkarten- und Schwarzmarktzeit ließen die Hoffnung auf eine funktionierende Marktwirtschaft wachsen, die aber zugleich sozialstaatlich kontrolliert sein sollte. Kein Wunder also, daß die Formel von der »sozialen Marktwirtschaft«

Justizminister Dr. Dehler: »Diejenigen, die vor der Währungsreform gegen die Wirtschaftsvorschriften verstießen, handelten wirtschaftlich vernünftig . . .«

im Westen gerade nach den Turbulenzen der Mangelverwaltung, unzulänglich-bürokratischer Bewirtschaftung und nach jener Zeit so attraktiv wurde, die den Schwarzmarkthändler zu ihrem paradigmatischen Helden gemacht und ihm ein Denkmal gesetzt hatte.

Aber wie war es im Osten? Auch hier war der Schwarzmarkt von einer solchen Bedeutung für die Versorgung, daß die Bevölkerung nicht auf ihn verzichten wollte oder konnte. Auf der anderen Seite bemühten sich die staatlichen Stellen, über die Medien und mit Hilfe der Polizeigewalt ähnlich wie in den westlichen Besatzungszonen konsequent und unnachgiebig gegen die Schwarzmarkthändler und die verheerenden Auswirkungen des Schwarzen Marktes vorzugehen. (→ Dok. 72) Welche Schärfe dieser Kampf gegen den Schwarzmarkt annahm, zeigt eine empörte Resolution von SED-Mitgliedern vom 14. Februar 1947 an den »Zentralvorstand der SED«. Dort heißt es: »Die Org.-Funktionäre des Kreises Bautzen ... haben mit Entrüstung von dem Ergebnis der Abstimmung über die SED-Vorlage betreffend die Todesstrafe für Schieber, Wucherer und Schwarzhändler Kenntnis genommen. Wir sind der Auffassung, dass nicht bei allen abwesenden Abgeordneten des Landtages, soweit sie Mitglieder unserer Fraktion sind, Krankheit oder andere dringende Gründe die Ursache ihres Fehlens war. Bei solch entscheidenden Abstimmungen haben unsere Genossen das in sie gesetzte Vertrauen restlos zu rechtfertigen und durch mangelndes Verantwortungsbewusstsein nicht solche Situationen zu verursachen. Wir erwarten, dass der Parteivorstand in jedem einzelnen Fall die Ursachen der Abwesenheit untersucht und die fahrlässigen Genossen ernsthaft zur Ordnung ruft.« (SAPMO-BArch., DY/IV-2/5–212, Bl. 33)

Trotz oder vielleicht auch wegen der Schärfe der Auseinandersetzungen mit den Schwarzmarkthändlern in der sowjetischen Besatzungszone kann man nach allen erfahrungsgeschichtlichen Quellen sicherlich davon ausgehen, daß hier die Be-

Militärregierung - Deutschland

Britische Besatzungszone
Hansestadt Hamburg

SCHWARZER MARKT

Folgende Personen hatten sich in der Zeit vom 14. September bis 15. Oktober 1945 vor Gericht zu verantworten und wurden wegen Vergehen auf dem schwarzen Markt verurteilt:

Name	Datum der Gerichtsverhandlung	Strafe	
Jan A▇▇	19. 9. 45	3 Monate Gefängnis	
Karl S▇▇	20. 9. 45	31 Tage	„
Pawlo D▇▇	20. 9. 45	21 Tage	„
Serby M▇▇	20. 9. 45	21 Tage	„
Edmund v▇ O▇	28. 9. 45	9 Monate	„
Rolf I▇	28. 9. 45	3 Monate	„
Heinrich A▇	1. 10. 45	5 Monate	„
Nikolaus S▇	2. 10. 45	2 Monate	„
v▇ L▇	3. 10. 45	2 Monate	„
Jan B▇	8. 10. 45	56 Tage	„
Valentine B▇	9. 10. 45	14 Tage	„
Rudolf G▇	9. 10. 45	14 Tage	„
Jan K▇	9. 10. 45	26 Tage	„
Peter T▇	9. 10. 45	32 Tage	„
Jacob K▇	15. 10. 45	3 Monate	„

Strafen für Schwarzmarkthändler.
Quelle: Manfred Asendorf, 1945. Hamburg besiegt und befreit, hrsg. von der Landeszentrale für politische Bildung Hamburg, Hamburg 1995, S. 43.

völkerung die Bewirtschaftung und den Schwarzmarkt ebenso widersprüchlich erlebte, wie dies in den Westzonen der Fall war.

Arbeit und Wohnen

Die Wirtschaft und der Arbeitsmarkt waren bereits vor 1945 durch den Krieg, durch die Millionen Eingezogenen und die Zerstörungen von Produktionsstätten und der Infrastruktur stark belastet. Nach Kriegsende kamen an Belastungen hinzu: die Demontage, die Rückwanderung bzw. »Restitution« der ca. 9 Millionen Fremdarbeiter sowie die Tatsache, daß viele Kriegsgefangene noch nicht heimgekehrt waren. 1939 war fast die Hälfte der Bevölkerung beschäftigt, 1946 waren es nur 40 Prozent. (Kleßmann 1991[5], S. 51) Noch 1950 waren in der BRD nur 43,2 Prozent der Bevölkerung erwerbstätig (1960: 48,1 Prozent, dieser Prozentsatz sank dann wieder); in der DDR 1950 44,3 Prozent (1960: 49,8 Prozent, danach weiterer Anstieg). (Zahlenspiegel 1988, S. 10) Gegenüber der Vorkriegszeit nahm die Zahl der Arbeitslosen rapide zu: 1946 waren es 1,36 Millionen gegenüber 60 000 im Jahre 1939. (Kleßmann 1991[5], S. 51) Große Unterschiede muß man allerdings zwischen Einheimischen und Flüchtlingen machen. Denn im gleichen Jahr 1946 lag der Anteil der arbeitslosen Flüchtlinge und Vertriebenen gemessen an der Gesamtzahl der Arbeitslosen bei 34,3 Prozent, in Schleswig-Holstein sogar bei 57,5 Prozent, in Niedersachsen bei 41,3 Prozent, in Nordrhein-Westfalen relativ niedrig bei 12,9 Prozent. (Neumann 1976, S. 37 und Neumann 1968, S. 509)

Obwohl der Umsiedleranteil an der Bevölkerung der sowjetischen Besatzungszone über 24 Prozent betrug, lag ihr Anteil bei den Beschäftigten am 1. Dezember 1947 nur bei 19,8 Prozent und damit dennoch etwas besser als in den meisten Ländern der westlichen Besatzungszonen. Allerdings war auch bei den Umsiedlern in der sowjetischen Besatzungszone die Arbeitsuche besonders erschwert; darüber hinaus gab es einen hohen Prozentsatz von Arbeitsunfähigen. So waren von den rund 3,8 Millionen Umsiedlern in der SBZ Anfang Dezember 1946 1,6 Millionen arbeitspflichtig. Die übrigen 2,2 Millionen waren nicht arbeitsfähig. (Bundesarchiv, Abt. Potsdam, MDI, Nr. 10, Bl. 13) Am 1. Dezember 1947 waren in der sowjetischen Besatzungszone 7 825 636 Beschäftigte gemeldet. Bei einer Gesamtbevölkerung von mehr als 18 Millionen waren damit weit weniger als die Hälfte – etwa 43 Prozent – in Arbeit.

Dennoch: Wie stark und letztlich erfolgreich die Anstrengungen der Flüchtlinge selbst und der Behörden waren, Beschäftigung zu finden bzw. zu vermitteln, zeigt die Entwicklung der Erwerbstätigkeit: Allein zwischen Oktober 1945 und Dezember 1946 hat sich in der sowjetischen Besatzungszone die Zahl der Erwerbstätigen um mehr als 2,01 Millionen erhöht. Trotz der Erhöhung der Bevölkerung ging die Zahl der Arbeitslosen zurück, nämlich in dieser Zeit um mehr als die Hälfte – wobei man allerdings auch hier die Unterschiede in der Meldung der voll Erwerbsfähigen berücksichtigen muß: 56,7 Prozent der Arbeitslosen galten nach einer amtsärztlichen Untersuchung als erwerbsbeschränkt. (Meinicke 1995, Vertriebene, S. 4) Wenn nur die »arbeitsfähigen« Arbeitslosen berücksichtigt werden, fallen die Beschäftigtenzahlen natürlich wesentlich günstiger aus.

Auch in der Bedeutung der Sozialhilfe zeigen sich die Probleme der Nachkriegsgesellschaft. Unter den Sozialhilfeempfängern gab es einen hohen Vertriebenenanteil. In Sachsen z. B. wurden nur 6,5 Prozent der Alteingesessenen, aber 18 Prozent der Umgesiedelten von der Sozialhilfe unterstützt. Sie erhielten in den Ländern der sowjetischen Besatzungszone zwischen 23,50 RM (Thüringen) und 37 RM (Sachsen-Anhalt). Facharbeiter verdienten in jener Zeit zwischen 220 RM und 270 RM pro Monat. (Meinicke 1995, Vertriebene, S. 4 ff.) Insgesamt bekamen Anfang 1947 in der britischen Zone 2,3 Millionen eine »Stütze«, was 10 Prozent der Bevölkerung entspricht, und in der amerikanischen 1,4 Millionen, also 8 Prozent der Einwohner. (Kleßmann 1991[5], S. 51)

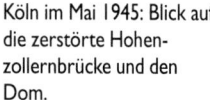

Köln im Mai 1945: Blick auf die zerstörte Hohenzollernbrücke und den Dom.

Für die auf dem Gebiet der vier Besatzungszonen gewachsene Bevölkerung stand aber im Vergleich zur Vorkriegszeit viel weniger Wohnraum zur Verfügung, denn 20 bis 30 Prozent der Wohnungen gingen verloren. 2,25 Millionen Wohnungen waren durch den Krieg total zerstört und weitere 2,5 Millionen beschädigt worden. (Harmssen 1948, S. 10) In der sowjetischen Besatzungszone waren allein 425 000 Wohnungen Kriegszerstörungen zum Opfer gefallen, rund 649 000 Wohnungen wiesen Zerstörungen auf. (Meinicke 1995, Wohnungsnot, S. 2) Da die Kriegszerstörungen vor allem die Städte betrafen, wurden dort die Lebens- und Wohnverhältnisse katastrophal. (→ Dok. 62, 63, 65) Das zeigt besonders deutlich die

Nissenhütten im zerstörten Hamburg, 1945.

Liste der meistzerstörten Großstädte auf dem Gebiet der westlichen Besatzungszonen (Niethammer 1976, S. 166, Anm. 145):

Stadt	Wohnungsverluste in Prozent
Köln	70
Dortmund	65
Duisburg	64,8
Kassel	63,9
Kiel	58,1
Ludwigshafen	55
Hamburg	53

In den Mittelstädten sah es noch verheerender aus: 24 Städte hatten zwischen 99,2 Prozent (Düren) und 50,4 Prozent (Witten) ihres Wohnraums verloren. (Niethammer 1976, S. 166, Anm. 145) Wie beschrieben, wuchsen die Bevölke-

Innenansicht einer Nissenhütte, 1946.

rungsdichte und die Wohnungsbelegung allein in der sowjetischen Besatzungszone von 0,9 auf 1,9 Personen pro Wohnraum in dem einen Jahr 1945. (Meinicke 1995, Wohnungsnot, S. 2)

Durch die Kriegszerstörungen wurden bestehende strukturelle Probleme im Wohnungsbau verschärft. Die Kriegswirtschaft hatte sich weniger auf den Wohnungsbau als auf kriegswichtige Objekte konzentriert, so daß es bereits bei Ausbruch des Krieges zu einem Fehlbetrag von etwa einer Million Wohnungen kam. Aus diesem und aus anderen Gründen (wie z. B. dem Mangel an Bauarbeitern) wäre auch ohne die Kriegszerstörungen ein großer Teil der Wohnungen in der Nachkriegszeit vollkommen überaltert gewesen.

Der Alliierte Kontrollrat (das höchste Exekutivorgan aller vier Besatzungsmächte) erließ am 8. März 1946 das Wohnungsgesetz Nr. 18, das »der Erhaltung, Vermehrung, Sichtung, Verteilung und Ausnutzung des vorhandenen Wohnraums« dienen sollte. Verantwortlich für dessen Durchführung waren die deutschen Wohnungsämter. Sie erhielten die Aufgabe, »alle erforderlichen Maßnahmen zu treffen, um in ihrem Amtsbereich allen Personen, gemäß den von den Militärregierungen festgesetzten oder noch festzusetzenden Normen, Wohnraum zu verschaffen.« Dazu zählte auch die Möglichkeit der Zuweisung von Wohnraum bei Ablehnung des Vermieters. (→ Dok. 64)

»Ha no – mer hawe scho alles b'setzt!« Karikatur von Mirko Szewczuk.

Für das Bundesgebiet (ohne West-Berlin) ergab sich im Herbst 1950, d. h. zu Beginn der einsetzenden umfangreichen Bautätigkeit, ein Defizit von 4,8 Millionen Wohnungen aufgrund von Kriegszerstörungen, zuziehenden Flüchtlingen sowie von Haushaltsneugründungen. (Kleßmann 1991[5], S. 243) Auch in der sowjetischen Besatzungszone wurden gerade in den ersten Nachkriegsjahren sowohl von den Behörden als auch von der Bevölkerung große Anstrengungen unternommen, Wohnungen zu bauen oder vorhandenen Wohnraum zu verteilen. So waren bis zum 30. Oktober 1946 bereits 364 606 der insgesamt 649 244 beschädigten Wohnungen wieder instandgesetzt. Und bis zum Spätherbst 1946 waren 60 Prozent des beschädigten Wohnraums wieder bewohnbar gemacht worden. Dennoch war Ende 1946 jede Wohnung mit 4,2 Personen belegt (1939: nur 3,3 Personen), bis Ende 1948 erhöhte sich der Belegungsgrad auf 5,4 Personen durch den weiteren Zustrom von Flüchtlingen. (→ Dok. 57) Noch 1950 lag die Zahl der Wohnungen in dem Gebiet der sowjetischen Besatzungszone um rund 123 000 unter dem Vorkriegsstand. (Meinicke 1995, Wohnungsnot S. 5)

Auch in der Wohnungsfrage zeigt sich die besonders schlechte Lage der Flüchtlinge: Noch 1950 lebten in der Bundesrepublik 917 000 Vertriebene in Massenlagern und Notunterkünften; in einem Raum wohnten in Niedersachsen noch 1,82 Vertriebene, aber nur 1,19 Einheimische; als Eigentümer oder Hauptmieter wohnten im gleichen Jahr nur ca. 25 Prozent der Zugezogenen, aber ca. 70 Prozent der übrigen Bevölkerung; als Untermieter 69 Prozent der Vertriebenen, aber nur 28 Prozent der übrigen. (Neumann 1968, S. 3)

In der sowjetischen Besatzungszone war es ähnlich. Eine Analyse von 1949 zeigt, daß der alteingesessenen Bevölkerung im Durchschnitt 10,2 qm je »Vollperson« (alle Personen über zwölf Jahre) zur Verfügung standen, den Vertriebenen aber nur 5,2 qm, also etwa die Hälfte. (Meinicke 1995, Wohnungsnot, S. 5) Hinzu kamen Probleme mit der Wasser- und Brennmaterialversorgung sowie mit der medizinischen Betreuung; die Folge war, daß die hygienischen Bedingungen miserabel, die körperlichen Widerstandskräfte geschwächt waren und lebensgefährliche Krankheiten zunahmen, so z. B. in der britischen Zone Diphtherie von 29,4 Fällen pro 10 000 Einwohner im Jahre 1938 auf 41,7 im Jahre 1946; Tuberkulose von 8,8 auf 21,1; Typhus von 0,9 auf 9,3 Fälle pro 10 000 Einwohner. (Kleßmann 1991[5], S. 51)

5. Die erträumte Familie und ihre Wirklichkeit

Die Familie, das war ein Mythos, die Hoffnung der Nachkriegszeit. Sie war der Anlaufpunkt von Millionen heimkehrender Soldaten von der Front oder aus der Kriegsgefangenschaft, sie war die Hoffnung der rückkehrenden Kinder und Frauen aus Kinderlandverschickung und Evakuierung. Die Sehnsucht nach der Geborgen-

Familie vor einem Haus in Köln, um 1945.

heit, Verhaltenssicherheit und Hilfsbereitschaft in der Familie trieb alle diese vom Krieg und Nationalsozialismus »Gebeutelten« nach Hause. Aber die wiedergefundene Familie war zumeist nicht das, was in den Schützengräben und Gefangenenlagern, in den Evakuierungs- und Verschickungsorten, auf den Trecks oder in den Notunterkünften erträumt worden war. Es waren Familienverbände geworden, in die einerseits der Krieg Lücken gerissen hatte und die andererseits durch ausgebombte oder geflohene Verwandte, Freunde bzw. Zwangseingewiesene erweitert wurden und sich in wenigen Zimmern drängten. Es waren Notgemeinschaften, die unter dem Druck einer ökonomischen Krisensituation für das Überleben sorgen mußten und in denen sich die Ehepartner zwar glücklich, aber einander fremd geworden wiederfanden. »Am individuellen Ende des Krieges fallen die meisten aus ihren Wunschbildern dann in einen Alltag ohne Perspektive, eine verwandtschaft-

Kölner Kinder wärmen sich
an einem Feuer zwischen
Trümmern, 1946.

liche Zwangsgemeinschaft ohne ›Familienleben‹, eine Anstrengung aller Kräfte
ohne Fortkommen.« (Niethammer 1983a, S. 46) Die emotionale Qualität der Familie in einer zusammengebrochenen Welt war das entscheidende Element für die
familiäre Wiederfindung; diese Qualität rieb sich mit den Anforderungen der Notgemeinschaften in ihrem Alltagskampf ums Überleben. (→ Dok. 40, 45–47, 51)

In dieser Entwicklung lassen sich zwei gegenläufige Tendenzen feststellen. Einerseits erweitern sich Familien durch Flüchtlinge und Ausgebombte, andererseits
nimmt die Zahl der Einzelhaushalte insgesamt zu. Zwar gibt es eine Fixierung auf
die Familien als emotionale Zufluchtsstätten, andererseits wirken sie als rein funk-
tionale großfamiliäre Versorgungsinstanz – in der Konflikte an Schärfe gewinnen –,
was jedoch wiederum durch die Zunahme der Einpersonenhaushalte konterkariert
wird. Daher ist es kaum erstaunlich, daß die historische und soziologische Literatur
über die Familie zu sehr widersprüchlichen Ergebnissen kommt.

Besonders die frühen Analysen betonen destabilisierende Faktoren wie die räum-
liche Enge, die katastrophale Ernährungslage, die miserablen hygienischen Bedingungen und vor allem das Fehlen des Vaters durch Tod oder Gefangenschaft.
Nach lokalen Untersuchungen in Bremen und Berlin, die aber kaum verallge-

meinerungsfähig sind, betrug die Raumbelegung 1,5 bis 2 Personen; nur die Hälfte der Befragten hatte ein eigenes Bett. 30 Prozent der befragten Familien waren ohne Vater, 18 Prozent der Väter waren nicht oder nur beschränkt erwerbsfähig. Bei einer niedersächsischen Untersuchung zeigte sich, daß nur 43 Prozent der befragten Schüler in Vertriebenenhaushalten aus »vollständigen« Familien stammten, im Gegensatz zu 73 Prozent der einheimischen Kinder. (Thurnwald 1948, S. 40 ff.; Kurz 1949, S. 52 f., 60 ff.)

In der sowjetischen Zone war die Lage nicht anders. Die Flüchtlinge, die hier, wie erwähnt, zahlenmäßig stärker ins Gewicht fielen und auch als Durchziehende zusätzliche Probleme schufen, verschlechterten die Situation in den Familien mehr als andernorts, wo es ebenfalls Zwangsbelegungen in Häusern und Wohnungen durch Flüchtlinge gab. Darüber hinaus bedingten in der sowjetischen Zone – neben der Abwanderung qualifizierter Arbeitskräfte – die sozialistischen Grundsätze eine stärkere Einbindung von Frauen in die Produktion. Teilweise gelang dies nur unter offiziell verschärftem materiellen Druck, wie z.B. durch die Kürzung bzw. Streichung von Kriegerwitwenrenten. Es entstanden auch bald andere Unterschiede zwischen Ost und West, vor allem in der Frage der rechtlichen Gleichstellung der Frau mit dem Mann und des ehelichen Kindes mit dem unehelichen sowie in der Frage der Herabsetzung des Volljährigkeitsalters von 21 auf 18 Jahre, die schließlich nach jahrelanger Debatte im Mai 1950 erfolgte.

Plakate für die von der Jugendzeitschrift »Pinguin«, dem Fotografen Hilmar Pabel und dem Bayerischen Roten Kreuz organisierte Kindersuchaktion in Stuttgart. Mit Hilfe solcher Suchaktionen über Zeitungen und Rundfunk gelingt es unzähligen Deutschen, ihre Angehörigen wiederzufinden.

In vielen Familien waren die Väter gefallen oder noch in Gefangenschaft. Auch Kinder, die in Bombennächten, auf der Flucht oder durch sonstige Wirren der End- und Nachkriegszeit verlorengegangen bzw. von ihren Familien getrennt worden waren, suchten ihre Eltern. So schreibt Badstübner-Peters, daß das Land Thüringen noch 1948 6 000 »anhanglose« Kinder zu betreuen hatte. »Davon wurden 2 700 in Dauerpflegestellen vermittelt, die übrigen lebten in Heimen oder eben Kinderdörfern, von denen Thüringen damals vier besaß.« (Badstübner-Peters 1993, S. 250) Vor allem in den unvollständigen Familien (→ Dok. 41, 42) übernahmen Frauen in Ost und West »sowohl die Erziehungs- als auch die Versorgungsrolle«. (Wirth 1979, S. 199) Aber auch in anderen Familien ließ sich eine »Autoritätsverschiebung« zugunsten der Frau beobachten, die zu innerfamiliären Spannungen führte: Der heimkehrende Mann kam mit dieser ihm fremden Situation nicht zurecht und versuchte, seine frühere Position zurückzuerobern.

Das Elternhaus konnte unter der Vielzahl der Belastungen die von Kindern erwartete Wärme, Liebe und Geborgenheit nicht geben; durch die Versorgungsprobleme und die außerhäusliche Tätigkeit kam es zu innerfamiliärer Entfremdung. Die Aussagen der Kinder in frühen Untersuchungen sprechen für die moralische Zerrüttung, die Abstumpfung der Eltern im Kriege und im harten Existenzkampf der Nachkriegszeit und ihre daraus resultierende Unfähigkeit zu starken Gefühls-

Tausende von Kindern, die in den letzten Kriegsmonaten ihre Eltern verloren hatten, irrten über die Straßen – halbverhungert versuchten sie, sich durchzubetteln.

bindungen. Darüber hinaus hatten die politischen Brüche und Umwertungen zu einem Autoritätsverlust der Eltern geführt: In der Zeit des Nationalsozialismus hatten die NS-Jugendorganisationen einige Elemente der elterlichen Erziehungsgewalt übernommen, die die Eltern nun wieder zu erfüllen hatten. Aber manche Eltern hatten sich entweder selbst durch nationalsozialistisches Engagement desavouiert oder den Kindern jene Tätigkeiten in den NS-Jugendorganisationen erlaubt oder sie gar gefördert, die nun kritisiert oder bestraft wurden. Außerdem ließ die Nachkriegsnot eine umfassende Erfüllung elterlicher Aufgaben kaum zu. Als Folgen einer solchen innerfamiliären Zerrüttung in einer ökonomischen Ausnahmesituation werden allgemein eine signifikante »Jugendverwahrlosung«, die hohe Jugend- und Frauenkriminalität (besonders bei geschiedenen oder verwitweten Frauen) und die wachsende Prostitution konstatiert. (Thurnwald 1948, S. 148 ff.; Willenbacher 1987, S. 11 f.; Wirth 1979, S. 201) (→ Dok. 50)

Wie sehr sich die Einstellungen zu »Ehe und Treue« innerhalb kurzer Zeit geändert hatten, machte eine repräsentative Umfrage im Auftrag der Frauenzeitschrift »Constanze« von 1949 deutlich. Auf die Frage: »Würden in Ihren Augen junge Frauen, die keine Hoffnung auf Heirat haben, Ansehen verlieren, wenn sie ein sogenanntes Liebesverhältnis eingingen?« antworteten 61 Prozent mit »Nein«, 29 Prozent mit »Ja«, 10 Prozent äußerten keine Meinung. Mit dem traditionellen Bild von Ehe, Treue und einer der Ehe vorbehaltenen Sexualität ist dieses Ergebnis kaum zu vereinbaren. (Vogel 1983, S. 100)

Auch die Scheidungsziffern deuten auf eine Destabilisierung der Familie in den ersten Nachkriegsjahren hin. Im Westen Deutschlands entfielen seit 1946 auf 10 000 Einwohner (Wirth 1979, S. 203):

1939	8,9 Scheidungen	1950	15,7 Scheidungen
1946	11,2 Scheidungen	1951	11,6 Scheidungen
1947	16,8 Scheidungen	1952	10,5 Scheidungen
1948	18,8 Scheidungen	1953	9,7 Scheidungen
1949	16,9 Scheidungen	1954	9,0 Scheidungen

In der SBZ bzw. DDR verlief die Entwicklung zunächst ähnlich, wie die Zunahme der Scheidungen in den ersten Nachkriegsjahren zeigt. Hatte es 1946 hier (ohne Berlin) 45 000 Scheidungsverfahren gegeben, so waren es 1947 bereits 62 000. Neu war überall, daß in den ersten Nachkriegsjahren die Hälfte der Scheidungsanträge von Männern kamen und nur ein Drittel der Männer als allein schuldig bezeichnet wurde, während sowohl in der Vorkriegszeit als auch nach 1955 im Westen ca. 70 Prozent der Scheidungsanträge von Frauen gestellt und die Hälfte der Männer allein schuldig gesprochen wurde.

Gegenüber der Tendenz zur Destabilisierung, die in den steigenden Scheidungsziffern bis 1948 zum Ausdruck kommt, zeigt sich jedoch eine andere zur Konsolidierung in der Zahl der Eheschließungen, die seit 1940 stark gesunken war, ab 1946 aber wieder anstieg und 1948 bis 1950 eine »Hoch-Zeit« erreichte. 20 Prozent der Ehen waren Wiederverheiratungen von Verwitweten und Geschiedenen. (Willenbacher 1987, S. 7 ff.) (→ Dok. 46) In der sowjetischen Besatzungszone gab es 1946 nur rund 125 000 Eheschließungen, die auf über 214 000 im Jahr 1950 anstiegen. Seit Anfang 1949 lag dort die Geburtenrate wieder über der Sterberate. (Badstübner-Peters 1990, S. 160) Dieser Aufwärtstrend bei den Eheschließungen und der Geburtenrate könnte Ausdruck eines wachsenden Vertrauens in eine bessere politische und ökonomische Entwicklung gewesen sein. Er wurde vermutlich durch die heimkehrenden Kriegsgefangenen und die beginnende Etablierung gefördert.

In den Scheidungsziffern mit einem 47prozentigen Anteil von geschiedenen Kriegsehen und einer in den folgenden Jahren zunehmenden durchschnittlichen Ehedauer

Ohne Wohnung – ohne Habe: Heiratsanzeigen wecken Hoffnung auf einen gemeinsamen Neubeginn.

kommt also nach Ansicht der Familiensoziologie der frühen fünfziger Jahre für den Westen eine Stabilisierungstendenz zum Ausdruck. So hätten langfristig gerade die Wirren und die Notsituation der ersten Nachkriegsjahre jenen Zusammenhalt der Familie aktiviert, den sie im Zuge der vorherigen gesellschaftlichen Desintegrationsprozesse abgegeben habe, so in der Ausbildung, der Versorgung und der sozialen Absicherung. (Vgl. Schelsky 1955³, S. 63 und 68) In einer Umfrage zur Intimsphäre von 1949 hielten 89 Prozent die Ehe grundsätzlich für notwendig, nur 4 Prozent für überlebt. Nach dem Urteil der Befürworter der Ehe sollte sie die Ordnung der Sitte und Moral sichern und den Nachkommen Halt und Geborgenheit vermitteln. Die Gründe für diese »Tendenzwende«, wie sie in der familiensoziologischen Literatur erscheinen, faßt Wirth folgendermaßen zusammen: Mit der ökonomischen Stabilisierung habe es eine »Festigung der und eine veränderte Einstellung zur Familie« gegeben. »Kurzum, die Familie sprang überall dort ein, wo Staat und Gesellschaft ausfielen.« (Wirth 1979, S. 204 f.) Außerdem soll – nach Meinung dieser Schule – in der Reaktion auf die nationalsozialistische Übernahme von Teilen der elterlichen Erziehungsgewalt und die dann folgende politisch-ideologische Ernüchterung eine »Binnenkonsolidierung« der Familie stattgefunden haben – im Rahmen der allgemeinen Konzentration auf das Private, auf den wirtschaftlichen bzw. beruflichen Aufstieg und die besseren Chancen der Kinder.

Neuere erfahrungsgeschichtliche Untersuchungen stehen diesen Befunden allerdings skeptisch gegenüber, da sich noch heute Interviewpartner der Streitereien und Reibereien in den Familienverbänden der ersten Nachkriegsjahre erinnern, was auf starke Destabilisierungstendenzen deutet. (Niethammer 1983a, S. 48) Auch andere Untersuchungen stellen eine unmittelbare Stärkung der Familienstabilität in der frühen Nachkriegszeit in Frage. So bejahten in der erwähnten Umfrage zur Intimsphäre von 1949 zwar 85 Prozent die Frage nach der Zufriedenheit in der eigenen Ehe, und ca. 80 Prozent sahen den Grund dafür in der emotionalen Beziehung zum Ehepartner. Zugleich waren aber 64 Prozent der Befragten der Meinung, die meisten Ehen seien unglücklich bzw. verliefen gleichgültig: »Diese unterschiedlichen Aussagen scheinen nun darauf hinzudeuten, daß die Desorganisationstendenzen noch nicht endgültig überwunden waren, daß die Familienbeziehungen noch immer sehr starken Belastungen ausgesetzt waren und daß die daraus resultierenden Spannungen im emotionalen Bereich nur überdeckt wurden durch die gemeinsamen Anstrengungen aller Familienmitglieder, die wirtschaftliche Not zu überwinden.« (Zitiert nach: Vogel 1983, S. 100)

Außerdem könnte dieser Widerspruch in der Eigen- und Fremdwahrnehmung der Ehen dadurch erklärt werden, daß ihnen unterschiedliche Idealbilder zugrunde lagen. Auf der einen Seite findet sich das »Bild der Altfamilie mit einer noch relativ großen gesamtgesellschaftlichen Ausrichtung (...); auf der anderen Seite steht die Wirklichkeit der modernen Familie, die auf einen kleinsten Personenkreis eingezogen ist und infolgedessen einzig noch als Intimgruppe gedeihen kann.« (Wirth 1979, S. 203 und Gerfeld 1951/52) Einerseits gibt es noch die patriarchalisch orientierte, andererseits schon die »partnerschaftlich« ausgerichtete Familie. Gerade in den ersten Nachkriegsjahren hat es »so manche öffentliche Debatte über ›Freie Liebe‹, ›Mutterfamilie‹, Eheprobleme usw. gegeben«, die signalisierte, »daß die Idee der bürgerlichen Familie angesichts der faktischen Nachkriegssituation so unumstritten nicht mehr war«. (Vogel 1983, S. 99, 101 und 112)

Es bleibt also die Frage, ob die Selbständigkeitserfahrungen von Frauen in der Kriegs- und unmittelbaren Nachkriegszeit so prägend waren und so nachhaltig wirkten, daß sie eine stärkere gesellschaftliche Stellung der Frau mit neuer Partnerschaftlichkeit zwischen den Geschlechtern in und außerhalb einer Ehe ohne die traditionelle Arbeitsteilung (im Westen) hätten begründen können. So schreiben

z. B. Sibylle Meyer und Eva Schulze: »Unsere Gespräche haben gezeigt, daß die Frauen in den letzten Kriegsjahren und in der unmittelbaren Nachkriegszeit zur Selbständigkeit gezwungen waren. Sie haben diese Selbständigkeit überwiegend nicht gewollt oder gar gesucht, sondern die Abwesenheit von Männern ließ ihnen keine andere Wahl.« (Meyer/Schulze 1985[3],

Aufräumarbeiten in Berlin: Dienstverpflichtete Trümmerfrauen durchsuchen die Ruinen nach wiederverwertbaren Ziegeln und beseitigen Schutt und Steine, um 1945.

S. 180) Daraus wäre zu schließen, daß Frauen die traditionelle Männerrolle nur unter dem Zwang einer ökonomischen und staatlichen Krise, wie z. B. im Krieg und in der unmittelbaren Nachkriegszeit übernahmen, während ihre Glücksvorstellungen auf eine Rückkehr in die Kleinfamilie abzielten. Aus dem Empfinden der Überforderung heraus verstärkte sich die Sehnsucht nach einer emotional begründeten, durch den Wohlfahrtsstaat abgesicherten Kleinfamilie.

Eine Zusammenfassung dieser widersprüchlichen Entwicklungen von »Stabilisierung« und »Destabilisierung« der Familie bzw. der variationsreichen Literatur über dieses Thema in Ost und West ist schwer. Eine klare Herausarbeitung der Bedeutung der Kriegserfahrungen und der Nachkriegsnot für die Familie und die Familienbilder, eine Analyse der Wirksamkeit der in der SBZ und den Westzonen unterschiedlichen politischen Ansätze in der Familienpolitik gerät in die Gefahr, widersprüchliche Tendenzen zu vereinfachen.

Nahezu unbestritten ist die Tendenz Ende der vierziger, Anfang der fünfziger Jahre hin zur Kleinfamilie auf der Basis emotionaler Bindungen mit geringer Kinderzahl und nur geringer Einbeziehung der weiteren Verwandtschaft; dies im Rahmen des wirtschaftlichen Aufschwungs, der Zunahme sozialstaatlicher Absicherungen. Entgegen den Auffassungen, die in den fünfziger Jahren im Westen gängig waren, nämlich die von der Familie als tragfähiger und unabhängiger Institution in der tiefen gesellschaftlichen Krise, erweist sich die Familie der ersten Nachkriegsjahre nach neueren Untersuchungen jedoch als überfordert von den Aufgaben eines Sozialstatsersatzes. Die verwandtschaftlichen Notgemeinschaften der unmittelbaren Nachkriegszeit konnten zwar begrenzte Selbsthilfe leisten, aber um den Preis tiefer verwandtschaftlicher Konflikte, innerer Entfremdung, Isolierung der Familie von gesamtgesellschaftlichen Bindungen, »Jugendverwahrlosung« und Schwierigkeiten bei der Hilfe in Krankheits- und Notfällen. Das ersehnte Ziel, das schon die demographischen Begegnungen um das Kriegsende herum bestimmte, wurde mehr als zuvor die befriedigende familiäre Privatwelt, also die Kleinfamilie mit gehobenem Lebensstandard, abgesichert durch den Wohlfahrtsstaat, der seinerseits zur Zerschlagung der tradierten Familie beitrug. Der Sozialstaat erwies sich gerade nach diesen Erfahrungen der Überforderung der Familie zwar als notwendig, aber andererseits wurde nach Nationalsozialismus und Krieg der Griff des Staates in die Privatsphäre der Familie oder in die elterliche Erziehungsgewalt auch als bedrohlich empfunden. Der Wunsch nach einer intakten Kleinfamilie, für deren Absicherung der Staat nur den Rahmen stellen sollte, dürfte nach Krieg und Nachkriegsnot, nach Familientrennung und »Männermangel« vorherrschend gewesen sein.

Soldatengräber an der Havel
in Berlin, 1945.

Die Selbständigkeitserfahrungen von Frauen in der Kriegs- und unmittelbaren
Nachkriegszeit zeigen sich im Rückblick ambivalent bzw. in widersprüchlichen
Tendenzen: Einerseits erschienen sie den beteiligten Frauen als erzwungene Folge
der Familientrennung und Entwurzelung, die die Sehnsucht nach der Geborgenheit
in der Familie erhöhten, andererseits schufen sie ein neues Selbstbewußtsein, sich
unabhängig vom Mann behaupten und »typisch männliche« Aufgaben wahrnehmen
zu können; einerseits waren diese Souveränitätserfahrungen nicht stark genug, um
die Ehe als Institution in Frage zu stellen oder die Ehe zu verlassen, andererseits
aber doch so nachhaltig, daß den Töchtern in den Familien die Hoffnung auf eine
selbständigere Position in Ausbildung, Beruf und Ehe vermittelt wurde.

Diese allgemeinen Entwicklungen sind sowohl in der sowjetischen Besatzungszone
als auch in den Westzonen und schließlich in der DDR und BRD zu beobachten.
Auch in der SBZ dürfte der Wunsch nach der heimeligen Kleinfamilie dominant
gewesen sein. Allerdings gab es schon in den ersten Nachkriegsjahren Unterschiede
in der Familienpolitik, die vermutlich ebenfalls sehr ambivalente Auswirkungen
zeigten: Einerseits wurde die selbständige Rolle der Frau gegenüber dem Mann als
»Ernährer« und »Geldbeschaffer« oder »Herr im Haus« betont, und zwar sowohl
durch gesetzliche oder tarifliche Maßnahmen als auch durch zahlreiche Debatten in
den Zeitschriften und Zeitungen, besonders der Gewerkschaften. (Vgl. Badstübner-
Peters 1990, S. 140 ff., S. 158 ff.) Andererseits waren die Männer und Frauen der
Nachkriegszeit noch von anderen Familien- bzw. Männer- und Frauenbildern geprägt. Das scheint auch für die erste Aufbaugeneration der DDR zu gelten. Eine
erste erfahrungsgeschichtliche Pilot-Untersuchung zum Thema »Elternhaus und
Schule in der DDR« (Neumann/von Plato 1995) legt die These nahe, daß die staatlichen Förderungsmaßnahmen zur Eingliederung der Frau in die Produktion oder
die Angebote des Staates zur Übernahme elterlicher Erziehungsgewalt und sogar
die damit verbundenen Entwicklungen von Kindergärten und Horten anfänglich
nicht nur positiv begriffen wurden. Erst nachfolgende Generationen könnten hier
mehrheitlich positive Angebote gesehen haben.

Anmerkung zu Kapitel II:

1   Die Ausführungen, insbesondere zu den Umgesiedelten in der sowjetischen Besatzungszone,
     stützen sich vor allem auf von Plato/Meinicke 1991, auf Meinicke, Vertriebene 1995, außerdem
     auf die Arbeit von Lehmann 1991, der eine Vielzahl sehr unterschiedlicher Quellen nutzt.

Kapitel III

Politisches und kulturelles Leben

I. Besatzungspolitik und Beginn des Kalten Krieges

Am Ende des Zweiten Weltkrieges schien die Einheit zwischen den Alliierten nahezu ungebrochen, obwohl es schon während des Krieges einige Irritationen gegeben hatte: Der Hitler-Stalin-Pakt von 1939 wirkte nach und verlangte von den Westalliierten immer wieder Zugeständnisse an die sowjetische Verfälschung der Wirklichkeit[1] und an die sowjetische Hegemonialpolitik vor allem in Osteuropa. Die späte Eröffnung der »Zweiten Front« in der Normandie hatte bei den Sowjets tiefes Mißtrauen hinterlassen. Auseinandersetzungen gab es zwischen den Alliierten auch bezüglich der Reparationen und besonders in der Frage der künftigen Grenzen Polens im Osten wie im Westen. Hinzu kam neben dem Systemgegensatz die Dis-

Leipzig 1945.

krepanz in den Vorstellungen von Demokratie und Antifaschismus, die unmittelbar auf die Besatzungspolitik in Deutschland wirken sollten. Daher gab es viele Politiker unterschiedlicher Couleur – vom britischen Premierminister Churchill bis hin zum ehemaligen Führer der KPD-Opposition August Thalheimer –, die den Ausbruch fundamentaler politischer Auseinandersetzungen zwischen den Verbündeten nach den Kriegshandlungen erwarteten.

Reparationsfrage

Noch während des Krieges einigten sich die Alliierten, besonders auf der 2. Konferenz von Quebec (11. bis 16. September 1944) und der Konferenz in Jalta (4. bis 11. Februar 1945), darauf, daß das besiegte Deutschland »Wiedergutmachung« »für den verursachten Schaden« im Krieg zu leisten habe. Die sowjetische Delegation hatte die Reparationen neben der »Polenfrage«, d. h. den Grenzen Polens zur UdSSR und zu einem künftigen Deutschland, zu einem Kernpunkt ihrer Verhandlungen gemacht. Sie hatte stärker als z. B. die USA oder Großbritannien neben den weit über 20 Millionen Toten enorme Kriegszerstörungen, Beuteabzüge und andere Folgen der deutschen Kriegführung bzw. Besatzung zu beklagen.

Potsdamer Konferenz vom 17. Juni bis 2. August 1945

Außenministerkonferenz in London vom 10. September bis 2. Oktober 1945

Außenministerkonferenz in Moskau vom 16. bis 26. Dezember 1945

Außenministerkonferenz in Paris vom 25. April bis 12. Juli 1946

Außenministerkonferenz in Moskau vom 10. März bis 24. April 1947

Wie, woraus, wieviel und für wen Reparationen gezahlt werden sollten, wurde dann auf nachfolgenden Konferenzen in Potsdam, London, Moskau und Paris festgelegt und schließlich mit dem ersten Industriebeschränkungsplan vom März 1946 konkretisiert. Die Grundlinie war: Deutschland sollte – anders als nach dem Ersten Weltkrieg – Reparationen vor allem in Form von Sachleistungen zahlen. Dabei sollten alle Alliierten Reparationen aus »ihren« Besatzungszonen und den entsprechenden Auslandsguthaben entnehmen, aber die Sowjetunion sollte darüber hinaus auch einiges aus den westlichen Besatzungszonen erhalten. So heißt es in den Potsdamer Beschlüssen vom 2. August 1945:

»In Ergänzung zu den Reparationen, die die UdSSR aus ihrer Besatzungszone erhält, wird die UdSSR aus den westlichen Zonen zusätzlich erhalten:
a) 15 Prozent der brauchbaren und vollständigen grundlegenden Industrieanlagen, vor allem der Hütten-, der chemischen und der Maschinenbauindustrie, soweit sie für die deutsche Friedenswirtschaft nicht erforderlich und aus den westlichen Zonen Deutschlands zu entnehmen sind, im Austausch gegen den gleichen Wert an Nahrungsmitteln, Kohle, Kali, Zink, Holz, Keramikerzeugnissen, Erdölprodukten und anderen Waren nach Vereinbarung.
b) 10 Prozent der grundlegenden Industrieanlagen, die für die deutsche Friedenswirtschaft nicht erforderlich und aus den westlichen Zonen zur Übergabe an die Sowjetregierung auf Reparationskonto ohne Bezahlung oder Gegenleistung irgendwelcher Art zu entnehmen sind.
Die Entnahme von Ausrüstungen, wie sie oben in den Punkten a) und b) vorgesehen sind, soll gleichzeitig erfolgen.« (Zitiert nach: Fischer 1973[2], S. 398)

Sowohl in der Vereinbarung, daß die UdSSR aus den Westzonen Reparationen erhalten solle, als auch in den unterschiedlich auslegbaren Formulierungen der Bedingungen dieser Zahlungen war Konfliktstoff angelegt, der sich bald der kritischen Grenze näherte. Als sich die Widersprüche zwischen der Sowjetunion und den westlichen Alliierten zuspitzten, kam es zu »Reparationskrächen«. Aber auch zwischen den westlichen Alliierten gab es starke Unterschiede in der Reparationsfrage: Die Franzosen sahen deutlicher als die anderen die deutsche Industriekapazität als Konkurrenz und versuchten, sie niederzuhalten. Die Engländer hatten demgegenüber die Hauptsorge, daß die britische Besatzungszone zu einer unerträglichen finanziellen Belastung Großbritanniens werden würde, und traten eher für eine sich selbst tragende Wirtschaft in ihrer Besatzungszone ein, die nicht noch zusätzlich durch sowjetische Reparationsentnahmen belastet werden sollte. Daher wandten sich vor allem die Briten gegen den ersten »Level of Industry«-Plan, der noch weitgehend vom Ziel der Reduktion der deutschen Wirtschaftskraft getragen war und am 26. März 1946 verabschiedet wurde. Eine erste Revision des Industrieplanes erfolgte am 29. August 1947. Außerdem gab es Demontagelisten, besonders die vom 16. Oktober 1947, die die deutsche Industrie in verbotene, beschränkte und unbeschränkte Zweige teilten.

Zerstörte und demontierte Krupp-Werke in Essen, 1947.

Mit der Zuspitzung des Ost-West-Konflikts und der stärkeren politischen Bindung zwischen England und den USA gegen die UdSSR waren die USA schließlich bereit, englische Wirtschaftsinteressen zu berücksichtigen und eine Entschuldung Großbritanniens sowie eine wirtschaftliche Entlastung der britischen Zone begrenzt mitzutragen. Diese Politik mündete in die Gründung der Bizone, die am 1. Januar 1947 ein rechtsgültiges Gebilde wurde.

Im Zuge des Ausbaus der Bizone mußten die Briten unter der Labour-Regierung ihre öffentlich gemachte Sozialisierungsankündigung zurücknehmen. Das bedeutete in diesen Jahren einen politischen, mindestens politisch-symbolischen Umschwung, denn die Sozialisierung der Schwerindustrie war ein Kernstück damaliger gewerkschaftlicher und sozialdemokratischer Programmatik[2]. In Hessen hatten sich immerhin 71,9 Prozent der gültigen Stimmen für eine Sozialisierung ausgesprochen, ähnlich wie in Sachsen. Die Amerikaner, die die Frage der Sozialisierung zur Abstimmung gestellt hatten, wandten sich gegen die Briten, als diese im Sommer 1947 daran gingen, Treuhänder auf Landesebene als ersten Schritt in Richtung Sozialisierung zu ernennen. Folge all dessen war, daß die Briten am 23. August einem bereits verabschiedeten Düsseldorfer Landtagsgesetz über die Sozialisierung der Kohlebergwerke die Zustimmung verweigerten. Ebenso war im Mai 1947 ein Durchführungsgesetz zur Landesverfassung in Bayern über die Verstaatlichung des Bergbaus, der Energiewirtschaft und des öffentlichen Verkehrswesens ergangen. Die Amerikaner versagten ebenfalls die Zustimmung.

Insgesamt mußte die neue internationale Konstellation nicht nur zu einer Erhöhung des politischen Gewichts der USA in Europa führen, sondern auch zu einer Verschärfung der Interessenkonflikte zwischen Amerika und der Sowjetunion. Das bewirkte auch Änderungen früherer Verabredungen über die Begleichung sowjetischer Reparationsforderungen aus den Westzonen.

Besatzungsdauer

Die zunehmenden Meinungsverschiedenheiten zwischen den Westmächten und der Sowjetunion, die zur Bildung der Bizone beigetragen hatten, wirkten sich auch auf die Einschätzung der Besatzungsdauer aus. Auch in dieser Frage ergriffen die Amerikaner die Initiative, während die Sowjetunion reagierte. Als z. B. der amerikanische Außenminister Byrnes auf der Pariser Außenministerkonferenz 1946 die Besetzung Deutschlands auf 25 Jahre begrenzen und später auch die Aufhebung der Besatzung nicht mehr an die Erfüllung der Grundforderungen des Potsdamer Abkommens koppeln wollte, antwortete ihm Molotow, der sowjetische Außenminister: »Die Sowjetregierung ist der Meinung, daß Deutschland nicht für die Dauer von 25 Jahren, wie in dem Entwurf [von Byrnes] vorgesehen ist, sondern mindestens für die Dauer von 40 Jahren entwaffnet und entmilitarisiert bleiben muß. Die Erfahrung hat gezeigt, daß die kurze Zeitspanne, während der Deutschlands Rüstung nach dem ersten Weltkrieg eingeschränkt war, sich als völlig unzureichend erwies, um Deutschlands Wiedererstehen als einer für die Völker Europas und die ganze Welt gefährlichen aggressiven Macht zu verhüten. Nur 20 Jahre waren seit dem Ende des ersten Weltkrieges verstrichen, als Deutschland einen zweiten Weltkrieg entfesselte. Es ist klar, daß die friedliebenden Völker daran interessiert sind, Deutschland während eines möglichst langen Zeitraums im Zustand der Entwaffnung zu halten.« (Molotow 1949, S. 59)

Byrnes' Rede muß in den Ohren der meisten Deutschen natürlich wesentlich moderater geklungen haben als die Rede Molotows. Obwohl auch Molotow nur von einer vierzigjährigen Entwaffnung und Entmilitarisierung sprach, wurde seine Rede im Sinne einer vierzigjährigen Besatzung interpretiert. Das Dilemma der sowjetischen Außenpolitik wurde noch deutlicher, als Molotow die Bedingungen für die Aufhebung der Besatzung benannte: »Man darf nicht vergessen, daß die Anwesenheit der alliierten und der sowjetischen Truppen in Deutschland drei Ziele verfolgt: erstens, die militärische und wirtschaftliche Entwaffnung Deutschlands sicherzustellen und zu Ende zu führen; zweitens, die Demokratisierung des Regimes in Deutschland zu sichern; und drittens, die Reparationslieferungen zu gewährleisten. Solange diese Aufgaben nicht erfüllt sind, betrachten wir es als unbedingt notwendig, daß die Besatzungstruppen in Deutschland bleiben und die Besatzungszonen aufrechterhalten werden. Die Sowjetregierung besteht darauf, daß die Reparationen seitens Deutschlands in Höhe von zehn Milliarden Dollar unbedingt geleistet werden, weil sie nur in geringem Maße den ungeheuren Schaden ersetzen, den die Sowjetunion infolge der deutschen Okkupation erlitten hat. Es ist möglich, daß die Vereinigten Staaten von Amerika und Großbritannien, die unter der deutschen Okkupation nicht zu leiden hatten, die Bedeutung der Reparationen für die UdSSR etwas unterschätzen.« (Molotow 1949, S. 59)

Es ist verständlich, daß man in Deutschland vor allem die Absicht der Sowjets heraushörte, Deutschland über eine lange Zeit besetzen und Reparationen abziehen zu wollen – während man die Äußerungen über die Zerstörungen in der UdSSR durch deutsche Truppen als unvermeidliches Element des Krieges gesehen haben dürfte.

Die Äußerungen Molotows brachten die USA gegenüber der deutschen Bevölkerung in die politische Offensive: Die USA boten eine Beschränkung der Besatzung und im folgenden größere Selbständigkeit für Deutschland an, und die Sowjetunion antwortete darauf nur, daß die Besatzung erst aufgehoben werden könne, wenn die Grundforderungen des Potsdamer Abkommens erfüllt seien. Dabei blieb sogar noch unklar, ob dies erst in einem Zeitraum von vierzig Jahren oder früher geschehen könne. Besonders die Verknüpfung der Frage der Besatzung mit der Erfüllung der Reparationen mußte in Deutschland an die Querelen um die Repara-

Außenministerkonferenz in Paris vom 25. April bis 12. Juli 1946. Blick in den Sitzungssaal des Palais du Luxembourg während der Konferenz.

tionspläne der Weimarer Zeit nach dem Ersten Weltkrieg erinnern und auf Ablehnung stoßen. Schritt für Schritt mußte die Sowjetunion dann auf die amerikanische politische Offensive reagieren, bis sie sich schließlich gezwungen sah, 1947 auf der Moskauer Außenministerkonferenz am 14. April doch zu erklären:

»In dem amerikanischen Vertragsentwurf [für diese Konferenz] wird auch die Frage der Aufhebung der Besetzung Deutschlands aufgeworfen. Die Sowjetregierung ist damit einverstanden, daß der Vertrag, den wir erörtern, die Bedingungen für die Aufhebung der Besetzung festsetzt. [. . .] Unser Vorschlag zu dieser Frage hat im Auge, die Besetzung Deutschlands erst dann aufzuheben, wenn die verbündeten Mächte anerkennen, daß die Erreichung der Hauptziele der Besetzung Deutschlands gesichert ist. Deshalb schlagen wir vor, den fünften Artikel des Vertrages folgendermaßen zu formulieren: ›Die Hohen Vertragschließenden Teile kommen überein, daß, wenn sie die Erreichung der Hauptziele der Besetzung Deutschlands, und zwar

A) den Abschluß der Entmilitarisierung Deutschlands, einschließlich der Liquidierung seines Rüstungspotentials, gemäß den Vorschriften der verbündeten
Mächte,

B) die Wiederherstellung und Festigung einer demokratischen Ordnung in Deutschland,

C) die Erfüllung der festgelegten Reparationsverpflichtungen wie auch der anderen Verpflichtungen Deutschlands den Verbündeten gegenüber als gesichert betrachten, die verbündeten Mächte die Frage der Aufhebung der Besetzung Deutschlands prüfen werden . . .«« (Molotow 1949, S. 476 ff.)

Von einer zeitlichen Festlegung ist nicht mehr die Rede, jetzt reicht zur Aufhebung der Besetzung aus, daß die Alliierten die Erfüllung der Grundforderungen als gesichert betrachten.

Demontage und Reparationsumfang

Die UdSSR glaubte sich im Recht, als sie eingedenk ihrer Kriegsverluste eine schärfere Demontage- und Reparationspolitik in der SBZ betrieb als die Westmächte in ihren Zonen. (→ Dok. 92, 93) Es wurde 1985 aus westdeutscher Sicht folgende Rechnung über Reparationen an die Sowjetunion von 1945 bis Ende 1953 aufgemacht (DDR Handbuch, Bd. 2, 1985, S. 1122):

	Mrd. Mark
Verlust an Sach- und Kunstwerten durch Beuteaktionen	2,00
Schaden durch Demontagen	5,00
Leistungen, die mit erbeuteten Banknoten bezahlt wurden	6,00
Leistungen, die mit Besatzungsgeld bezahlt wurden	9,00
Warenlieferungen aus der laufenden Produktion, soweit sie über R[eparations]-Konto verrechnet wurden	34,70
Nebenkosten der R.-Lieferungen	2,85
Stopp-Preissubventionen an deutsche und SAG-Betriebe für R.-Lieferungen	3,30
Ausstattung der SAG-Betriebe mit Umlaufmitteln (vor 1950) und Kapitalentzug 1952/53	1,00
Rückkauf der SAG-Betriebe	2,55
Zusammen	66,40

In dieser Zusammenstellung sind folgende Kosten nicht enthalten:
– rund 16 Mrd. Mark Besatzungskosten für die Zeit bis Ende 1953,
– die Arbeitsleistung der in die UdSSR verbrachten deutschen Spezialisten und der Kriegsgefangenen in der UdSSR,
– die Ausbeute des Uranbergbaus der »Wismut«,
– Gewinne aus den Handelsgesellschaften in der SBZ/DDR und aus der Auswertung deutscher Patente.

Die »Wismut« war 1949 vermutlich einer der größten Betriebe mit bis zu 137 000 Beschäftigten (nach der Schätzung von Karlsch 1993, S. 141). Westliche Zeitungen äußerten in den fünfziger Jahren sogar Vermutungen von ca. 400 000 Beschäftigten.

»Bei einem Dollarkurs von 4,20 DM betrug die Gesamtentnahme aus ihrer Besatzungszone bzw. der DDR bis 1953 ca. 15,80 Mrd. Dollar. Auf der Konferenz von Jalta hatte die UdSSR 10 Mrd. Dollar an Entnahmen und jährlichen Lieferungen als Reparationen von Deutschland gefordert.« (DDR Handbuch, Bd. 2, 1985, S. 1122) Während des Kalten Krieges hatten die Schätzungen erheblich höher gelegen. Der »Telegraf« bezifferte die Reparationsentnahmen der UdSSR 1951 auf 240 Mrd. DM. Ulbricht forderte 1965 von der Bundesrepublik einen Reparationsausgleich für einseitige Reparationslasten von 120 Mrd. Mark, der Bremer Historiker Arno Peters bezifferte diesen Ausgleich mit 88 Mrd. DM und erhöhte ihn nach der Wende von 1989 auf heutige 727,1 Mrd. DM inklusive Zinsen, während die Bundesrepublik nur 2,1 Mrd. DM bezahlt habe. (Karlsch 1993, S. 11 ff.) Bis in die Gegenwart hinein ist die Frage der sowjetischen Reparationen ein kritischer Punkt in den Beziehungen

zwischen Ost- und West-
deutschen. Frühere DDR-Bürger
sehen gerade in den Demontage-
und Reparationsleistungen an die
UdSSR ihre größere »Buße« für
den Zweiten Weltkrieg, obwohl
doch alle Deutschen hätten gleichermaßen zahlen müssen.

Heutige Untersuchungen sprechen zwar auch von einer höheren
Reparationsleistung der SBZ/
DDR im Vergleich zu den West-
zonen/Bundesrepublik, bestätigen
aber mehr oder weniger die oben
in der Tabelle genannten Repara-
tionsberechnungen und damit die
Resultate der westlichen Forschung: 54 Mrd. Reichsmark oder
Mark der DDR zu laufenden

Uranbergbau der Wismut
AG, des größten Repara-
tionsunternehmens des
20. Jahrhunderts, im Erz-
gebirge. Ohne Rücksicht auf
Bewohner und Umwelt
werden in den ersten Jahren
der Uranförderung
Schächte auch inmitten von
Ortschaften errichtet. Das
Bild zeigt die Ortschaft
Oberschlema.

Preisen bzw. 14 Mrd. Dollar zu Preisen des Jahres 1938 (als Mindestangabe) werden
errechnet bzw. mit hoher Plausibilität geschätzt. (Karlsch 1993, S. 231)

Auch die westlichen Besatzungszonen bzw. die Bundesrepublik zahlten Reparatio-
nen und mußten Demontagen hinnehmen, wenn auch geringere als die SBZ/DDR.
(→ Dok. 92, 93) Diese führten zu erheblichen Protesten und sogar zu einer ge-
meinsamen Front von Unternehmern und Gewerkschaftern gegen die Alliierten.
Auch hier gibt es sehr unterschiedliche Schätzungen: von ca. 517 Mio. Dollar (Der
Neue Brockhaus 1992, Stichwort »Reparationen«), seinerzeit also 1,3 Mrd. Mark,
bis 1,3 Mrd. Dollar (Baade 1959, S. 566), also 5,4 Mrd. Mark. Rainer Karlsch (1993,
S. 232) erstellt in seinen jüngeren Berechnungen folgende Vergleichstabelle:

Substanzverluste in Milliarden RM (auf der Preisbasis von 1944)

	Bundesrepublik	DDR
Kriegssachschäden	40,50	12,70
Beuteaktionen	0,20	1,00
Demontagen	2,70	6,10
Insgesamt	43,40	19,80

Demontagen hätten in den Westzonen zu drei Prozent Kapazitätsverlusten der In-
dustrie (gemessen am Stand von 1944) geführt und in der SBZ zu ca. 30 Prozent.
Damit ergibt sich in der Frage der Demontagen ein Verhältnis von 1 : 10 zuun-
gunsten der SBZ. 30 Prozent der industriellen Kapazitäten gemessen am Stand von
1944 wurden demontiert, das entsprach 2 000 bis 2 400 demontierten Betrieben.
(Karlsch 1993, S. 233 und 290) Diese Zahlen, die die Belastungen der SBZ und
DDR-Wirtschaft deutlich hervorheben, werden allerdings relativiert durch die
Tatsache, daß die Bundesrepublik die Wiedergutmachung an Juden bzw. den Staat
Israel allein trug[3].

Auf dem Gebiet der Bundesrepublik wurde die Demontage Ende 1950 eingestellt,
mit Ausnahme von Salzgitter, wo sie bis zum April 1951 weiterging. In der DDR
dauerte sie bis zum 1. Januar 1954. Die UdSSR reagierte – ähnlich wie in der Frage
der Besatzungsdauer – mit ihren Demontage- und Reparationskürzungen auf entsprechende vorherige Schritte der USA.

Demontage-Stopp-Plakat in
Bergkamen im Juni 1949.

Für die Einstellung der Deutschen gegenüber den USA bzw. der UdSSR dürfte die Reparationsproblematik von erheblicher Bedeutung gewesen sein. Vermutlich nicht nur wegen der schlechten Handelsbilanz verfügte Lucius D. Clay, zunächst stellvertretender amerikanischer Militärgouverneur, ab März 1947 Oberkommandierender der amerikanischen Streitkräfte in Deutschland, im Mai 1946 einen Stopp der Demontagen in der US-Zone und leitete damit auch das Ende der Demontagelieferungen an die Sowjetunion ein.

Diese Kündigung der Reparationsleistungen und die Verweigerung eines Sechsmilliardenkredits an die Sowjetunion nur wenige Wochen nach der Gründung der Sozialistischen Einheitspartei (SED) in der sowjetischen Besatzungszone waren deutliche Signale einer Revision der amerikanischen Politik gegenüber der Sowjetunion. Beides hatte natürlich den Protest der Sowjets zur Folge. Bis dahin hatte die UdSSR aus der amerikanischen Zone 24 Fabriken erhalten. Weitere 130 Fabriken sollten folgen und dazu noch 262 aus der britischen Zone. (Berg-Schlosser 1979, S. 100)

Kalter Krieg

Die Motive für diese Politik Clays entsprangen wahrscheinlich nicht nur der wirtschaftlichen Situation in den westlichen Besatzungszonen, sondern auch der Entwicklung der deutschland- und weltpolitischen Interessen der Alliierten. Die Sowjetunion hatte zu offensichtlich ihren Einfluß auf Mitteleuropa ausgedehnt, so spitzte sich der Ost-West-Konflikt zu. In der Wahrnehmung der Westalliierten lief die sowjetische Politik in der SBZ auf eine langfristige sowjetische Interessensicherung hinaus, die zu einer unterschiedlichen Entwicklung der politischen und ökonomischen Systeme in Ost- und Westdeutschland führen mußte. Die Bodenreform, die Verstaatlichung der Schwer- und Schlüsselindustrien und des Bankwesens (1945/46) bildeten Voraussetzungen für die Einführung einer Planwirtschaft (im zweiten Halbjahr 1948) im Osten Deutschlands, wo zugleich die Parteienkonkurrenz durch die Gründung der SED und die Blockpolitik weitgehend ausgeschaltet wurde, so daß sich spätestens seit 1948 die Übernahme des sowjetischen Modells in der SBZ immer deutlicher abzeichnete. Umgekehrt sah die Sowjetunion in der amerikanischen Politik eine Abkehr von den gemeinsamen Potsdamer Beschlüssen.

Die Welt teilte sich. Der Kalte Krieg hatte begonnen. Im März 1947 wurde die Truman-Doktrin zur Eindämmung des Kommunismus proklamiert. Der Marshallplan, der die amerikanische Hilfe (und Dominanz) in Europa einleitete, folgte im Juni 1947. Die Antwort der Sowjets bestand Ende September 1947 in der Beschreibung der Welt als nun fundamental zweigeteilt und in der Gründung des Kommunistischen Informationsbüros (Kominform) – eines internationalen Zusammenschlusses kommunistischer Parteien unter sowjetischer Vorherrschaft, der im Westen als Nachfolgeorganisation der Kommunistischen Internationale mit dem Ziel einer »Internationalisierung des Klassenkampfes« betrachtet wurde. Deutschland war auf dem Weg zur Spaltung. Ende 1946 war bereits die Bizone entstanden, die Währungsreform am 21. Juni 1948 führte zu einer wirtschaftlichen Vereinigung der Westzonen, am 24. Juni wurde in der SBZ eine eigene neue Währung gültig. Am gleichen Tag begann auch die Blockade Westberlins, die bis zum 12. Mai 1949 andauerte.

Die Bundesrepublik Deutschland wurde am 23. Mai 1949 mit der Verkündung des Grundgesetzes geschaffen, die Konstituierung der DDR folgte am 7. Oktober 1949. Als erster Bundespräsident wurde Theodor Heuss und als erster Bundeskanzler Konrad Adenauer gewählt. Die provisorische Volkskammer der DDR bestimmte Wilhelm Pieck zum Präsidenten und Otto Grotewohl zum Ministerpräsidenten. Am 6. Juli 1950 unterzeichneten die Volksrepublik Polen und die DDR ein Abkommen, in dem die Oder-Neiße-Grenze als Staatsgrenze anerkannt wurde[4]. Am 4. April 1949 war die Nordatlantische Verteidigungsgemeinschaft (NATO) gegründet worden, nach einigen Vorstufen wurde unter sowjetischer Führung der Warschauer Vertrag am 15. Mai 1955 formell geschlossen: Wenige Tage, nachdem die Bundesrepublik Deutschland Mitglied der NATO geworden war, wurde die DDR als Mitglied des Warschauer Paktes aufgenommen.

Konrad Adenauer, der Präsident des Parlamentarischen Rates, während der Stimmauszählung am 8. Mai 1949, links die Abgeordnete Helene Weber (CDU). Das Grundgesetz wurde vom Plenum des Parlamentarischen Rates mit 53 gegen 12 Stimmen angenommen.

Eine rasante Entwicklung der Weltgeschichte: Von der (scheinbaren) Einigkeit der Siegermächte aus dem Jahr 1945, als man die Neuordnung der Welt durch die gemeinsam gegründete Organisation der Vereinten Nationen versuchte und zusammen die Niederhaltung Deutschlands gewährleisten wollte, war kaum etwas geblieben. Fast auf den Tag genau zehn Jahre nach der Kapitulation Deutschlands standen sich zwei deutsche Staaten in feindlichen Militärblöcken gegenüber. Durch Deutschland verlief die Grenze im Kalten Krieg zwischen Ost und West, der Graben zwischen dem amerikanisch geführten Bündnis im Westen und dem sowjetisch dominierten Ostblock.

7. Oktober 1949: Wilhelm Pieck verliest die Proklamation, mit der sich der »Deutsche Volksrat« zur provisorischen Volkskammer erklärt. Damit ist die DDR formell gegründet.

Hatten zunächst westliche Historiker dem Expansionsdrang der Sowjetunion die Hauptverantwortung an der Zuspitzung der Gegensätze im Kalten Krieg gegeben und östliche Historiker den Westmächten, besonders den USA, so sah die US-amerikanische »revisionistische Schule« in den sechziger und siebziger Jahren die Rolle der Westmächte für die Entstehung des Ost-West-Konflikts ebenfalls sehr kritisch. Heute ist eine Sichtweise vorherrschend, die diese Zuspitzung auf eine Reihe von gegenseitigen Mißverständnissen, Fehl- und Überreaktionen, vor allem aber auf grundsätzliche Interessenunterschiede zwischen den USA und der Sowjetunion zurückführt, die durch den Gegensatz der politischen und ökonomischen Systeme bedingt gewesen sind. (Loth 1983)

2. Aufbau deutscher politischer Institutionen in Ost und West

Die Entwicklung der Spaltung Deutschlands im Rahmen der globalen Blockbildung ist hauptsächlich zurückzuführen auf die Interessengegensätze der Großmächte. Aber sie wäre wohl kaum möglich gewesen ohne die Zustimmung der deutschen politischen Repräsentanten in den verschiedenen Besatzungszonen und ohne die Zustimmung oder mindestens die indifferente Haltung großer Teile der deutschen Bevölkerung.

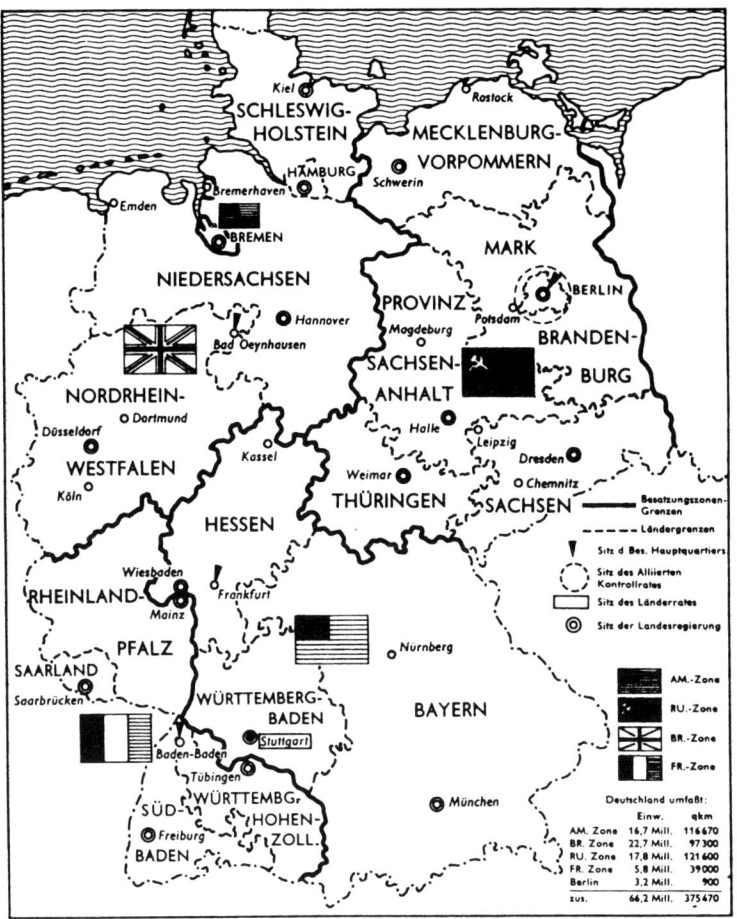

Die deutschen Länder unter den Besatzungsmächten bis 1949.
Quelle: H. Dollinger u. Th. Vogelsang (Hrsg.), Deutschland unter den Besatzungsmächten 1945–1949, München 1967, S. 148.

Grundorientierungen: West- versus Osteinbindung

Im Westen Deutschlands setzte sich eine Politik der Bindung an die Westmächte durch, besonders an die USA, die trotz aller verbaler Bekundungen des Einheitswillens faktisch die Teilung Deutschlands in Kauf nahm. Adenauer als der Hauptrepräsentant dieser Politik auf westdeutscher Seite fand sich damit im Interessenfeld der USA, was zugleich einen begrenzten, aber sich erweiternden Spielraum eigener Interessenpolitik ermöglichte. Denn die Deutschland- und Europapolitik der Vereinigten Staaten war nach dem Tod Präsident Roosevelts im April 1945 mit Trumans Politik der Eindämmung des Kommunismus von zwei Grundmotiven geprägt: Zum einen wollte man den Hegemonialansprüchen der Sowjetunion in Westeuropa begegnen; zum anderen sollte ein Wiedererstarken Deutschlands durch »kooperative Einbindung« Westdeutschlands verhindert werden. Das erste Element verlangte nicht nur eine kontrollierte Integration in den Westen, sondern auch einen gewissen Freiraum für eine westdeutsche Politik. Darauf setzte Adenauer.

Einer der Hauptvertreter dieser amerikanischen Politik, General Lucius D. Clay, beschrieb diese Motive in einem Brief vom 18. September 1948 an den ehemaligen Außenminister Byrnes: »Ich bin überzeugt, daß eine starke westdeutsche Regierung, die sich an Westeuropa orientiert, viel dazu beitragen würde, um das Gleichgewicht in Europa in unserem Sinne zu erhalten.« (Byrnes Papers, übersetzt nach: Link 1984, S. 22) Auch der spätere Außenminister John Foster Dulles verließ diese Grundpositionen trotz starker Verbindungen zur Adenauer-Regierung nicht und schrieb am 9. Mai 1958: »Mein Empfinden in bezug auf Deutschland ist, daß Deutschland keine Sicherheit für die Welt bietet, solange Deutschland nicht an andere Länder in der Weise gebunden ist, daß keine Ablösung mehr stattfinden kann. Die Integration Deutschlands mit Frankreich und den Niederlanden, dem Vereinigten Königreich (Großbritannien) und den USA – das ist es, was Deutschland sicher macht.« (Übersetzt nach: Link 1984, S. 22)

Adenauers Politik der Westorientierung eines halben Deutschlands brauchte ein paar Jahre, um sich durchzusetzen. Allerdings gab es keine wirklichen Gegenpositionen, die angesichts der weltpolitischen Konstellationen Chancen auf Realisierung gehabt hätten. Politikkonzepte des »Dritten Weges«, die Deutschland als neutralen Staat zwischen Ost und West festschreiben wollten, wurden zwischen den Blöcken des Kalten Krieges zerrieben. In der West-SPD mußte sich Kurt Schumacher gegen Otto Grotewohls Vorstellung einer SPD, die sich mit der KPD und damit mit der Sowjetunion verbündete, erst behaupten. Als dies geschehen war, zeigte sich die westdeutsche SPD in den Grundpositionen der Westorientierung nicht als wirkliche Alternative zur Adenauer-Politik: Auch Schumacher war nicht grundsätzlich gegen eine Westbindung, sondern nur gegen eine zu starke Preisgabe von Souveränitätsgeboten und einer gesamtdeutschen Option. Erst als diese Westintegration Anfang der fünfziger Jahre mit dem Schuman-Plan seiner Ansicht nach zu einer Zementierung der Spaltung Deutschlands führen würde, setzte er deutliche Akzente zugunsten der Einheit. Allerdings waren da die Weichen schon gestellt, und Schumacher war in der Sozialdemokratie mit dieser Meinung vermutlich nicht mehr auf dem Mehrheitsflügel. Sein Tod dürfte die SPD vor einer Zerreißprobe in dieser Frage bewahrt haben.

Der Schuman-Plan war eine Initiative Frankreichs und seines Außenministers Schuman. Dieser Plan, der am 9. Mai 1950 verkündet wurde, sah eine Fusion der deutschen und französischen Kohle- und Stahlproduktion vor, die auch anderen westeuropäischen Staaten offenstehen sollte. Er war der Vorläufer der sogenannten Montanunion.

In der sowjetischen Besatzungszone war die Bindung der KPD und dann der SED an die Sowjetunion von Beginn an eine Grundbedingung ostdeutscher Politik. Wie weit die Repräsentanten der KPD und SED in dieser Unterordnung unter die sowjetische Außenpolitik gingen, wurde spätestens mit der Öffnung der Archive nach dem Mauerfall deutlich. (Vgl. Badstübner/Loth 1994) Allerdings gab es auch hier Veränderungen: Von 1945 bis 1947 wurde in der KPD und in der SED der Akzent auf einen »eigenen Weg zum Sozialismus« gelegt, da die Niederlage des Nationalsozialismus, die Befreiung von außen durch die Alliierten und die Notwendigkeit der Schaffung einer parlamentarisch-demokratischen »Zwischenphase« als Voraussetzung für den Sozialismus einen anderen Weg zu diesem Ziel verlange als den, den die Sowjetunion eingeschlagen hatte. Diese »antifaschistisch-demokratische Umwälzung« erforderte ein Zusammengehen mit allen antifaschistischen Kräften, auch aus dem Bürgertum, eine Marktwirtschaft und eine parlamentarisch-repräsentative Demokratie, wie die KPD in ihrem ersten Aufruf vom 11. Juni 1945 betonte.

Aber schon in den beiden ersten Nachkriegsjahren wurde eine Politik betrieben, die Fundamente für eine Spaltung Deutschlands in ganz wesentlichen Bereichen legte: so mit der Bodenreform, die im September 1945 begann, mit der Gründung der SED im April 1946, der Enteignung der Banken und der Schwerindustrie im gleichen Jahr, den ersten volkseigenen Betrieben und der Gründung der Vereinigung Volkseigener Betriebe (VVB) in der sowjetischen Besatzungszone im April 1948.

Spätestens seit 1948 war es mit dem besonderen Weg zum Sozialismus vorbei. Der Hauptvertreter dieser Theorie, Anton Ackermann, mußte Selbstkritik üben und betonte nun ebenso wie die gesamte SED-Führung das Vorbild der sowjetischen Entwicklung auch für Deutschland. Die SED, gerade noch als sozialdemokratisch-kommunistische Gemeinschaftspartei, in der Toleranz und gegenseitiger Respekt herrschen sollten, aus der Taufe gehoben, wurde eine Partei nach dem Vorbild der KPdSU. Nun beschrieb der Begriff »Partei neuen Typs« nicht mehr – wie 1946 zumindest behauptet – die Gemeinsamkeit von KPD und SPD, sondern die bolschewistische Partei stalinistischer Prägung.

Ein fast paradoxes Element in dieser Grundentwicklung liegt unserer Ansicht nach darin, daß sich eher die Sowjetunion verschiedene Optionen in ihrer Deutschlandpolitik offenhielt. Auch neuere Forschungen widersprechen den bekannten Annahmen nicht, daß die UdSSR unter Stalin durchaus gesamtdeutsche Optionen hatte, falls sie dafür Gegenleistungen erhielte. Es war eher die Führung der SED, die auf Selbsterhalt drängte und gesamtdeutsche Lösungen, die sie seit 1945 postuliert hatte, bekämpfte – trotz aller anderslautenden Sonntagsreden. Dabei war sie es gewesen, die am 14. November 1946 eine gesamtdeutsche Verfassung für eine »Deutsche Demokratische Republik« vorgeschlagen, am 1. März 1947 einen »Volksentscheid für die Einheit Deutschlands« gefordert und den »Deutschen Volkskongreß für ›Einheit und gerechten Frieden‹« mit einer ersten Tagung am 6. und 7. Dezember 1947 ins Leben gerufen hatte. Aus diesem Volkskongreß, dem sich auch die Vertreter des Dritten Weges unterordnen sollten, ging die Volkskammer der DDR hervor.

Zeichnungszelt für das SED-»Volksbegehren für Einheit und gerechten Frieden« vom 23. Mai bis 13. Juni 1948 im sowjetischen Sektor der Stadt; die Westalliierten hatten die Durchführung einer Unterschriftensammlung in ihren Sektoren untersagt.

In beiden Teilen Deutschlands gab es also einen deutlichen Widerspruch zwischen den verbalen Einheitspostulaten und der Integration in den jeweiligen Block. Dieser Widerspruch zeigte sich auch in der Schaffung der Parteien, der Gewerkschaften, der Verbände und schließlich auch in allen anderen wesentlichen gesellschaftlichen Bereichen.

Aufbau von Parteien und Verwaltungen in der sowjetischen Besatzungszone

In der sowjetischen Besatzungszone wurde die Gründung von politischen Parteien früher als in den Westzonen gestattet, nämlich mit dem SMAD-Befehl Nr. 2 vom 10. Juni 1945. Die sowjetische Führung setzte mit der Gründung »antifaschistisch-demokratischer Parteien« auf ein Politikmodell, das sich nahezu ausschließlich über die von der Besatzungsmacht kontrollierten Parteien (und Massenorganisationen) definierte. Andere Gruppierungen, dezentrale oder föderale Organisationen oder auch die »Antifa-Ausschüsse«, verloren bald ihre Bedeutung oder wurden aufgelöst bzw. verboten.

Einen Tag nach dem SMAD-Befehl, am 11. Juni 1945, gründete sich die Kommunistische Partei Deutschlands (KPD) wieder und veröffentlichte ihren »Aufruf an das deutsche Volk«. Das Führungskorps der früheren KPD war durch den Nationalsozialismus bzw. durch den Stalinismus stark dezimiert worden – 19 Prozent der 456 KPD-Funktionäre der Weimarer Republik waren in Konzentrationslagern, Zuchthäusern oder Gefängnissen gewaltsam ums Leben gekommen, 10 Prozent unter Stalin bzw. später unter der SMAD- und SED-Herrschaft. (Weber 1969, S. 36 f.) Die meisten neuen Führungskader kehrten aus der Emigration zurück. Das stärkste Gewicht hatten die aus der Sowjetunion kommenden kommunistischen Emigranten. Sie waren dort auf die politische Führung in der sowjetischen Besatzungszone vorbereitet worden und sollten nun in einem ihnen fremd gewordenen Land Menschen regieren, die andere Erfahrungen als sie gemacht hatten. (→ Dok. 78, 79) Zunächst war die Position der KPD in der Frage des Zusammenschlusses mit der SPD keineswegs klar. Erst nach einigem Zögern ergriff sie unter sowjetischer Dominanz die Initiative für die Vereinigung mit der SPD.

Die Sozialdemokratische Partei Deutschlands (SPD) der SBZ hatte sich am 15. Juni 1945, also ebenfalls rasch nach dem SMAD-Befehl Nr. 2, konstituiert, und zwar unter der Führung von Otto Grotewohl in Berlin. Die programmatischen Äußerungen im Gründungsaufruf des Zentralausschusses der SPD liefen auf die Zielvorstellung »Demokratie in Staat und Gemeinde, Sozialismus in Wirtschaft und Gesellschaft!« hinaus. Im Sozialismus wurde die einzig mögliche Gesellschaftsform nach Nationalsozialismus und Krieg, nach Involvierungen der deutschen Industrie als politisch-gesellschaftliche Alternative zum Kapitalismus gesehen. Die »organisatorische Einheit der Arbeiterklasse« war eine weitere zentrale Forderung.

Die Christlich-Demokratische Union (CDU) gründete sich in der SBZ am 26. Juni 1945. Die CDU wollte und sollte die Spaltung zwischen den politischen Repräsentanten des Protestantismus und des Katholizismus aufheben. Ihre Führung setzte sich daher aus alten Vertretern des katholischen Zentrums, des eher konservativen Protestantismus und dem Führungskern der früheren Deutschen Demokratischen Partei (DDP) zusammen. In ihrem Gründungsaufruf betonte sie neben spezifisch christlichen Forderungen die Notwendigkeit von Strukturreformen, wie Verstaatlichung des Bergbaus und der Schlüsselunternehmen, Ausbau des ländlichen Genossenschaftswesens und eine einheitliche Gewerkschaftsbewegung. Die Führung der CDU mußte allerdings bald feststellen, daß ihr Spielraum in der SBZ gering war: Als sich einige ihrer Hauptrepräsentanten, nämlich Andreas Hermes, der aus der Widerstandsgruppe um Carl Goerdeler stammte, und Walther Schreiber, der zeitweise wegen antinationalsozialistischer Tätigkeit inhaftiert gewesen war, im Dezember 1945 gegen die Bodenreform aussprachen, wurden sie abgesetzt. Jakob Kaiser – ebenfalls im Nationalsozialismus inhaftiert – und Ernst Lemmer wurden unter dem Signet des christlichen Sozialismus die (zunächst) akzeptierten Führungspersonen.

Unter Massenorganisationen sind z. B. der Freie Deutsche Gewerkschaftsbund oder die Gesellschaft für Deutsch-Sowjetische Freundschaft, der Demokratische Frauenbund Deutschlands oder die Freie Deutsche Jugend, aber auch kleinere Organisationen wie der Kulturbund zu verstehen. Sie sollten zunächst parteiübergreifende Interessenvertretungen bestimmter Bevölkerungsgruppen sein, wurden aber von Anfang an unter politische Kontrolle gestellt. Nach wenigen Jahren waren sie zu »Transmissionsriemen« (Lenin) der Partei in die Bevölkerung geworden. Sie waren mit Ausnahme der Gesellschaft für Deutsch-Sowjetische Freundschaft nach 1949 in der Volkskammer der DDR durch eigene Fraktionen vertreten.

Befehl Nr. 2

des Obersten Chefs der Sowjetischen Militärischen Administration

den 10. Juni 1945   Berlin

Am 2. Mai dieses Jahres wurde die Stadt Berlin von den Sowjettruppen besetzt. Die Hitlerarmeen, die Berlin verteidigten, kapitulierten und einige Tage später unterzeichnete Deutschland die Urkunde über die bedingungslose militärische Kapitulation. Am 5. Juni wurde im Namen der Regierungen der Union der Sozialistischen Sowjetrepubliken, der Vereinigten Staaten von Amerika, Großbritanniens und Frankreichs die Deklaration über die Niederlage Deutschlands und über die Uebernahme der höchsten Autorität auf dem ganzen Territorium Deutschlands durch die Regierungen der benannten Länder veröffentlicht. Vom Augenblick der Besetzung Berlins durch die Sowjettruppen an wurde auf dem Gebiet der Sowjetischen Okkupationszone in Deutschland feste Ordnung hergestellt, die städtischen Organe der Selbstverwaltung organisiert und notwendige Bedingungen für die freie gesellschaftliche und politische Tätigkeit der deutschen Bevölkerung geschaffen.

Zu Vorstehendem BEFEHLE ICH:

1. Auf dem Territorium der Sowjetischen Okkupationszone in Deutschland ist die Bildung und Tätigkeit aller antifaschistischen Parteien zu erlauben, die sich die endgültige Ausrottung der Ueberreste des Faschismus und die Festigung der Grundlage der Demokratie und der bürgerlichen Freiheiten in Deutschland und die Entwicklung der Initiative und Selbstbetätigung der breiten Massen der Bevölkerung in dieser Richtung zum Ziel setzen.

2. Der werktätigen Bevölkerung der Sowjetischen Okkupationszone in Deutschland ist das Recht zur Vereinigung in freien Gewerkschaften und Organisationen zum Zweck der Wahrung der Interessen und Rechte der Werktätigen zu gewähren. Den gewerkschaftlichen Organisationen und Vereinigungen ist das Recht zu gewähren, Kollektivverträge mit den Arbeitgebern zu schließen sowie Sozialversicherungskassen und andere Institutionen für gegenseitige Unterstützung, Kultur-, Bildungs- und andere Aufklärungsanstalten und -organisationen zu bilden.

3. Alle in den Punkten 1 und 2 genannten antifaschistischen Parteiorganisationen und freien Gewerkschaften sollen ihre Vorschriften und Programme der Tätigkeit bei den Organen der städtischen Selbstverwaltung und beim Militärkommandanten registrieren lassen und ihnen gleichzeitig die Liste der Mitglieder ihrer führenden Organe geben.

4. Es wird bestimmt, daß für die ganze Zeit des Okkupationsregimes die Tätigkeit aller in Punkt 1 und Punkt 2 genannten Organisationen unter der Kontrolle der Sowjetischen Militärischen Administration und entsprechend den von ihr gegebenen Instruktionen vor sich gehen wird.

5. Auf Grund des Vorstehenden sind alle faschistischen Gesetze sowie alle faschistischen Beschlüsse, Befehle, Anordnungen, Instruktionen usw. aufzuheben, die die Tätigkeit der antifaschistischen politischen Parteien und freien Gewerkschaften und Organisationen untersagen und gegen demokratische Freiheiten, bürgerliche Rechte und Interessen des deutschen Volkes gerichtet sind.

Der Oberste Chef der Sowjetischen Militärischen Administration
Oberbefehlshaber der Sowjetischen Okkupationstruppen in Deutschland
Marschall der Sowjetunion G. K. Shukow

Der Stabschef der Sowjetischen Militärischen Administration
Generaloberst W. W. Kurasow

Mit dem Befehl Nr. 2 vom 10. Juni 1945 erlaubte der Oberste Chef der SMAD die Neugründung von antifaschistischen Parteien und Gewerkschaften in der SBZ.

Die Liberal-Demokratische Partei (LDP), die 1946 in der Wählergunst der SBZ knapp vor der CDU lag, gründete sich in der SBZ unter Führung des ehemaligen Reichsinnenministers, Wilhelm Külz, am 5. Juli 1945. Programmatisch zielte sie auf tradierte liberale Vorstellungen. In ihrem Gründungsaufruf hieß es: »Die Erhaltung einer einheitlichen deutschen Volkswirtschaft, des Privateigentums und der freien Wirtschaft ist die Voraussetzung für die Initiative und erfolgreiche wirtschaftliche Betätigung. Die Unterstellung von Unternehmungen unter die öffentliche Kontrolle ist nur gerechtfertigt, wenn die betreffenden Betriebe hierfür geeignet und reif sind, und wenn ein überwiegendes Interesse des Gesamtwohls dies gebietet. Dies gilt auch für landwirtschaftliche Betriebe einer übertriebenen Größenanordnung.« (Zitiert nach: Kleßmann 1991[5], S. 431) Damit schloß sie die Möglichkeit gemeinwirtschaftlicher Formen nicht aus. Als aus den Reihen der LDP Bedenken gegen die Bodenreform laut wurden, wurde sie ebenso wie die CDU an die Kandare der SMAD genommen. Ihre Führungsmannschaft kam im wesentlichen aus der Weimarer Zeit und hier vor allem aus den Reihen der DDP. (Krieg 1965)

Seit 27. Oktober 1951 wurde der Parteiname aus deutschlandpolitischen Gründen mit der Abkürzung LDPD versehen.

Protokoll der Gründungs-
sitzung der LDP vom
16. Juni 1945.

P r o t o k o l l der Gründungssitzung der
Liberal Demokratischen Partei am 16. Juni 1945.

Nachdem der Befehl Nr. 2 des Obersten Chefs der Sowjetischen-Militä-
rischen Administration vom 10.6.1945 die Bildung und Tätigkeit antifaschistischer Parteien erlaubt, beschlossen die heute zusammengekommenen
Unterzeichneten die sofortige Errichtung der Liberal Demokratischen
Partei.
Dr. Koch legte den Entwurf einer Satzung der Partei vor, der angenom-
men wurde.
Di-e nunmehr gegebene Mitgliederversammlung wählte entsprechend § 5
der Satzung sämtliche Mitglieder in den Hauptausschuss.
Die Versammelten konstituierten sich dann als Hauptausschuss. Sie
wählten zum Vorsitzenden der Partei Dr. Waldemar Koch. Ferner wurden in
den Vorstand die Herren Reichsminister a.D. Dr. Wilhelm Küls und der
Schriftsteller Franz Xaver Kappus gewählt.
Berlin, den 16. Juni 1945.

Oberbürgermeister Dr.
Arthur Werner (2.v.l.) mit
den Vorsitzenden der Berli-
ner Parteien (v.l.n.r.): Otto
Grotewohl (SPD), Andreas
Hermes (CDU), Wilhelm
Pieck (KPD), Waldemar
Koch (LDP), im Juli 1945.

Alle vier Parteien schlossen sich am 14. Juli 1945 zur »Einheitsfront antifaschistisch-
demokratischer Parteien« zusammen, dem späteren »antifaschistischen Block« –
oder sie wurden zusammengeschlossen. (Suckut 1993, S. 84 ff.) Der Block hatte
seine Repräsentanten nicht nur auf der höchsten Ebene, sondern auch auf der Landes-, Kreis- und Ortsebene, und wurde auch dort von der SMAD geführt.

Nach vielen Vorverhandlungen, Debatten und Veranstaltungen kam es am 21. und 22. April 1946 zur Gründung der Sozialistischen Einheitspartei Deutschlands (SED). (Gruner 1986) Die Frage, ob dies eine Zwangsvereinigung oder ein von den Mitgliedern gewollter Zusammenschluß gewesen war, blieb, insbesondere nach der Wiedervereinigung von 1990, ein Dauerthema der zeithistorischen Diskussion. (→ Dok.

Berlin, 21./22. April 1946: Vereinigungsparteitag der KPD und SPD zur SED. Der historische Händedruck zwischen Wilhelm Pieck und Otto Grotewohl. Im Vordergrund rechts: Walter Ulbricht.

83, 84, 85) Wenn man die Politik der SMAD betrachtet, den Druck, die Drohung und die Lockungen, wenn man die Dominanz der KPD untersucht, die mit hoher Wahrscheinlichkeit einen geringeren »Masseneinfluß« hatte, als behauptet wurde[5], und wenn man schließlich jene sozialdemokratischen Bedingungen ins Auge faßt, die nicht eingehalten wurden, und die Nichtzulassung sozialdemokratischer Gruppen bedenkt, die sich nicht der SED anschlossen, dann spricht viel für die Annahme der Zwangsvereinigung. Bestätigt wird diese These auch durch die weitere Geschichte der SED: Sie wurde bereits nach weniger als zwei Jahren zu einer Partei nach dem Vorbild der KPdSU. Sozialdemokratische Elemente wurden bekämpft und viele Funktionäre sozialdemokratischer Herkunft ausgeschlossen, von denen eine große Anzahl dann in den Westen ging.

Wenn man jedoch die Tendenzen unter den Mitgliedern der KPD und SPD, die für oder gegen den Zusammenschluß eintraten, untersucht, dann differenziert sich das Bild. Es gab (kleine) Gruppen in der KPD, die der Vereinigung mit der SPD aus eher linksradikalen Gründen mißtrauisch gegenüberstanden, oder Gruppen, die der SPD ihre Anpassungspolitik nach rechts vor 1933 verübelten. Auf der anderen Seite gab es Gruppierungen in der SPD, die das Ende der Weimarer Republik, den Hitler-Stalin-Pakt und die Rolle von Kommunisten während dieser Jahre nicht vergaßen. Es dürfte aber durchaus ernstzunehmende Tendenzen unter den Mitgliedern gegeben haben, die den Zusammenschluß wollten, gerade wegen der Erfahrungen am Ende der Weimarer Republik und während des Nationalsozialismus. Da es dazu keine statistischen Untersuchungen gibt, sondern nur Akten mit zahlreichen Aufrufen, Versammlungsbeschlüssen usw., kann man sich hier nur auf spätere Forschungen, die biographische Entwicklungen oder lebensgeschichtliche Erfahrungen zum Gegenstand haben, stützen und »plausibel spekulieren«. (→ Dok. 82)

Einem großen Teil der Wählerinnen und Wähler dürften diese engeren politischen Fragen fern gelegen haben, obwohl in West wie Ost eine Stimmung vorherrschend gewesen sein dürfte, die zumindest das Scheitern des Nationalsozialismus empfand und nun in dessen Hauptgegnern, den sozialistischen Strömungen, Repräsentanten der Zukunft sah. Da diese Strömungen im Osten durch die sowjetische Besatzungsmacht getragen wurden, fanden sie hier eine besonders starke Resonanz. Das zeigte auch der Volksentscheid in Sachsen über die Enteignung der »Betriebe und

Unternehmungen, die aktiv den Kriegsverbrechern gedient haben« vom 30. Juni 1946. 77,6 Prozent sprachen sich dafür aus – vermutlich nicht nur dank der geschickten Formulierung.

Die ersten Gemeindewahlen in der sowjetischen Besatzungszone fanden vom 1. bis 15. September 1946 statt. Zur Wahl konnten sich nur die Kandidaten der drei Parteien des »antifaschistischen Blocks« und der Massenorganisationen stellen. Am 20. Oktober 1946 folgten die Landtagswahlen. Bei den Vorbereitungen der Wahlen soll es viele »Unregelmäßigkeiten« gegeben haben, ganze Ortsgruppen der LDP und der CDU wurden nicht registriert. Die SED wurde stärkste Partei, obwohl sie in manchen Großstädten in der Minderheit blieb, wie in Dresden, Leipzig oder Zwickau. (Vgl. u. a. Weber 1991, S. 33)

Bei den Landtagswahlen vom 20. Oktober 1946 gab es folgendes Gesamtergebnis:

	SED	CDU	LDP	Massenorganisationen
Mandate	249	133	122	16
in Prozent	47,5	24,5	24,6	3,4

Die Wahlbeteiligung lag bei sehr hohen 91,6 Prozent. (Erdmann 1983[3], S. 399, zitiert nach: Wasmund 1986, S. 302) Interessant ist, daß CDU und LDP zusammen ziemlich genau gleich stark waren wie die SED und die Massenorganisationen. In manchen Landtagen waren CDU und LDP sogar stärker, das gilt für Brandenburg und Sachsen-Anhalt.

Plakataktion der SED für die Wahlen am 20. Oktober 1946.

Es sollte nicht lange dauern, da war es mit den postulierten antifaschistischen Gemeinsamkeiten vorbei. Die Blockparteien – zu denen 1948 auch die National-Demokratische Partei Deutschlands (NDPD) und die Demokratische Bauernpartei Deutschlands (DBD) kamen – wurden mit dem Ende der vierziger Jahre stärker als zuvor in den Griff genommen; seit dem Beginn der fünfziger Jahre waren sie nahezu ohne Spielraum der SED untergeordnet, um nicht von Gleichschaltung zu sprechen. Die meisten ihrer verbliebenen Führer haben sich dabei ohne wirklichen Widerstand gebeugt, zumeist sogar als willfährig erwiesen.

Diese Parteienentwicklung signalisiert nicht nur sowjetische Dominanz, sondern auch weitere Elemente der Spaltung Deutschlands im Kalten Krieg. Bis hin zu Jakob Kaiser, der später in den Westen ging und Minister für gesamtdeutsche Fragen unter Adenauer wurde, hat es zwar auch Versuche einer Gegensteuerung gegeben, die aber letztlich scheiterten. Die Parteien des antifaschistischen Blocks wurden selbst zu einem Instrument der Auseinanderentwicklung des politischen Lebens in Deutschland.

Die Exekutivgewalt in der sowjetischen Besatzungszone hatte die SMAD inne. Sie erlaubte im Juni und Juli 1945 Landesverwaltungen in Mecklenburg, Sachsen und Thüringen sowie Provinzialverwaltungen in Brandenburg und Sachsen-Anhalt, die erst 1947 Länderstatus erhielten. Mit dem SMAD-Befehl Nr. 17 vom 27. Juli 1945 wurde die Bildung von elf deutschen Zentralverwaltungen, die ähnlich wie Ministerien organisiert waren, gestattet. Diese deutschen Verwaltungen standen unter Kontrolle und Anleitung der SMAD. Mit dem Befehl Nr. 110 vom 22. Oktober 1945 erhielten die Provinzial- und Landesverwaltungen das Recht, Verordnungen und Gesetze zu erlassen. (Foitzik 1995, S. 78) Diese Verwaltungen sollten nicht nur unmittelbare verwaltungsübliche Aufgaben wahrnehmen, sondern sich als Vorläufer entsprechender Regierungsorgane bewähren. Daher wurde hier die Entnazifizierung besonders wirksam, wobei die KPD und dann die SED deutlich personelle Vorteile gewannen.

Befehl von Garde-Generaloberst Tschuikow, Chef der Sowjetischen Militäradministration in Thüringen, zur Verteilung wichtiger Ämter.

Aufbau von Parteien und Verwaltungen in den Westzonen

In den Westzonen gab es zunächst einige ähnliche Entwicklungen: Auch hier hatten in vielen Städten Ausschüsse ehemaliger Parteifunktionäre und Gewerkschafter aus den drei Hauptströmungen der Weimarer Zeit (Christen, Sozialdemokraten, Kommunisten) übergangsweise Verantwortung übernommen, nicht selten noch vor dem unmittelbar bevorstehenden Einmarsch alliierter Truppen. Sie nannten sich häufig »antifaschistische Ausschüsse«, manchmal auch nur »Sechserausschuß« oder ähnlich. (→ Dok. 6) Die oberste Exekutivgewalt übernahmen dann sofort die Besatzungsmächte. Sie machten nach unterschiedlich langen Zeiträumen die Parteien zu Trägern neuer politischer Einflußnahmen. Sie wurden hier etwas später als in der sowjetischen Besatzungszone zugelassen – zumeist im Herbst 1945; in der französischen Besatzungszone erfolgte die Lizenzierung sogar erst im Dezember 1945. Begründet wurde diese relativ späte Zulassung mit dem Argument, Parteien und Gewerkschaften sollten demokratisch, von unten nach oben, von der lokalen über die regionale und zonale bis zur nationalen Ebene aufgebaut werden. Die wichtigsten Parteigründungen lassen sich den vier Hauptgruppierungen zuordnen: der christlichen, der liberalen, der sozialdemokratischen und der kommunistischen.

Mit der Christlich-Demokratischen Union wurde eine überkonfessionelle christliche Volkspartei aufgebaut – das war das innovative Moment dieser wirklichen Neugründung. Sie knüpfte zwar an Traditionen des katholischen Zentrums an und organisierte eine große Zahl katholischer Funktionäre aus der Weimarer Republik, bezog aber zugleich das protestantische und das demokratische bzw. nationalliberale politische Lager ein. Die CDU wurde zu dem wirkungsmächtigen »bürgerlichen Sammelbecken« der Nachkriegszeit, das 1945 ihre Gründer erhofft hatten. Charakteristisch für die Frühgeschichte der CDU sind Parteigründungen auf regionaler Ebene, die sich vom programmatischen Ansatz her zum Teil deutlich

Verordnung Nr. 12

Bildung von politischen Parteien.

Um das Wachstum eines demokratischen Geistes in Deutschland zu fördern und um das Abhalten freier Wahlen an einem noch zu bestimmenden Zeitpunkt vorzubereiten, wird folgendes verordnet:

ARTIKEL I

Bildung von politischen Parteien.

1. Politische Parteien können auf einer Kreisgrundlage gemäß den hierin enthaltenen Bestimmungen gebildet werden.
2. Die Militärregierung kann einen Zusammenschluß der im Rahmen dieser Verordnung gebildeten Parteien in größeren Gebieten unter Erlassung von besonderen Bestimmungen und Bedingungen gestatten.
3. Die Mitgliedschaft zu politischen Parteien muß freiwillig sein.

ARTIKEL II

Form des Antrages.

4. Jede Person oder jede Gruppe von Personen, die den Wunsch hat, eine politische Partei für einen Kreis zu gründen, kann einen Antrag an die Militärregierung auf Genehmigung zur Bildung einer solchen Partei stellen. Solche Anträge müssen von den Antragstellern unterzeichnet werden. Die folgenden Schriftstücke sind beizufügen:
   a) Ein Entwurf der Satzungen und Richtlinien für die vorgeschlagene politische Partei;
   b) Ein ihre Ziele und Zwecke umfassendes Programm;
   c) Eine Liste der Namen und Anschriften der zu bestimmten Ämtern vorgeschlagenen Personen unter Angabe des, von jeder Person zu bekleidenden Amtes;
   d) Eine Erklärung über die Finanzierung der Partei;
   e) Eine Erklärung über die Höhe des von jedem Mitgliede zu zahlenden Beitrages.
5. Wenn zwei oder mehrere im Rahmen dieser Verordnung gebildete politische Parteien aus verschiedenen Kreisen einen Zusammenschluß wünschen, um eine Partei für ein größeres Gebiet zu bilden, können sie bei der Militärregierung einen Antrag auf Genehmigung des Zusammenschlusses stellen. Solche Anträge müssen von dem Vorsitzenden oder einem anderen Vorstandsmitgliede jeder Partei unterzeichnet werden. Die in dem vorhergehenden Absatze dieses Artikels aufgeführten Schriftstücke sind beizufügen mit einer Erklärung, die darlegt, wie die Ansichten jeder Partei festgestellt wurden.
6. Eine Mitteilung über die Genehmigung, sei es zur Bildung einer Partei oder eines Zusammenschlusses, wird den Antragstellern von der Militärregierung zugestellt werden. Diese Genehmigung (nachstehend Militärregierungsgenehmigung genannt) wird schriftlich erlassen werden und wird die Vorschriften und Bedingungen enthalten, unter welchen die politische Partei gebildet wird oder der Zusammenschluß erfolgen kann. Weder die Bildung noch der Zusammenschluß politischer Parteien können vor der Erteilung der Militärregierungsgenehmigung wirksam werden.
7. Die Erteilung einer Militärregierungsgenehmigung gemäß dieser Verordnung schließt nicht die Befugnisse ein, politische Versammlungen ohne eine Genehmigung gemäß der Verordnung Nr. 10 abzuhalten, oder öffentliche Umzüge ohne eine Genehmigung gemäß der Verordnung Nr. 11 zu veranstalten.

ARTIKEL III

Zulassung von politischen Parteien in der britischen Zone am 15. September 1945.

unterschieden. Die französische Zeitung »L'Ordre« beschreibt diesen Sachverhalt in ihrer Ausgabe vom 21. September 1946 treffend in dem Satz: »Diese Partei ist sozialistisch und radikal in Berlin, klerikal und konservativ in Köln, kapitalistisch und reaktionär in Hamburg und gegenrevolutionär und partikularisch in München.« (Zitiert nach: Kleßmann 1991[5], S. 143) Ihren wichtigsten Ausgangspunkt und ihre stärkste Bastion hatte sie im Rheinland. Bereits vor dem offiziellen Datum für die Erlaubnis zur Gründung von Parteien in der britischen Zone (15. September), nämlich am 2. September 1945, wurde die rheinisch-westfälische Christlich-Demokratische Partei gegründet, deren Leitsätze wegweisend für den weiteren Aufbau der Union waren. (→ Dok. 81) Vom 14. bis 16. Dezember 1945 fand die »Reichstagung« der christlichen Parteien in Bad Godesberg statt, wo man den Namen CDU beschloß. In Neheim-Hüsten (26. Februar bis 1. März 1946) wurde Konrad Adenauer endgültig zum Vorsitzenden gewählt.

Von Anfang an gab es zwei Flügel in der CDU: den Flügel der christlichen Arbeiterbewegung, der einige Wurzeln im alten Zentrum und in den früheren Christlichen Gewerkschaften hatte. Er wurde repräsentiert vor allem von Karl Arnold und schloß sich Ende 1946 in den Sozialausschüssen der CDU zusammen. Den sogenannten bürgerlichen Flügel repräsentierte Konrad Adenauer, der bereits im Mai 1945 von den Amerikanern als Oberbürgermeister von Köln eingesetzt, aber von den Briten am 6. Oktober wieder abgesetzt worden war. Adenauer gewann dadurch an Popularität und wurde zur entscheidenden Führungsfigur der CDU der ersten Nachkriegsjahrzehnte. Erst 1950 konstituierte sich die CDU als Bundespartei. (Becker 1987; Kleinmann 1993; Kaff 1991)

Am 10. Oktober 1945 wurde die Christlich-Soziale Union in Bayern gegründet unter Führung des christlichen Gewerkschafters Adam Stegerwald, der allerdings nur zwei Monate später starb. Josef Müller, im Widerstand gewesen und im Konzentrationslager inhaftiert, wurde der erste Vorsitzende der am 28. Oktober 1945 lizenzierten, aber erst am 8. Januar 1946 auf Landesebene zugelassenen Partei. Fritz Schäffer (CSU), von 1929 bis

1933 Vorsitzender der Bayerischen Volkspartei, war bereits zuvor von den Amerikanern zum Ministerpräsidenten Bayerns ernannt worden. Bei den Wahlen am 30. Juni 1946 bekam die CSU die absolute Mehrheit. Sie schloß sich mit der CDU am 5. und 6. Februar 1947 in Königstein/Taunus zu einer Arbeitsgemeinschaft zusammen.

Wahlkundgebung mit Konrad Adenauer auf dem Burgplatz in Essen, 24. August 1946.

In der Sozialdemokratie der Westzonen wurde das »Büro Dr. Schumacher« in Hannover zum Kristallisationspunkt des Aufbaus der SPD. (Kleßmann 1991[5], S. 155 ff.) Es setzte sich wegen grundsätzlicher Meinungsunterschiede von der Berliner SPD der sowjetischen Besatzungszone unter Grotewohl ab. Schon am 19. April 1945 hatte ein Treffen sozialdemokratischer Politiker stattgefunden, die den sofortigen Wiederaufbau der SPD beschlossen. Der Ortsverein Hannover wurde bereits am 6. Mai gegründet. Kurt Schumacher, der zehn Jahre im Konzentrationslager inhaftiert ge-

Im »Büro Schumacher« in Hannover beraten 1946 (v.l.n.r.) Egon Franke, Kurt Schumacher, Erich Ollenhauer, Alfred Nau und Fritz Heine.

SPD-Plakat, München 1946.

CDU-Plakat zur Kommunal-
wahl in Schleswig-Holstein
am 15. September bzw.
13. Oktober 1946.

wesen und schwer erkrankt entlassen worden war, blieb bis zu seinem Tode 1952 Parteivorsitzender der SPD. Vom 5. bis 7. Oktober 1945 fand auf einer Partei-konferenz in Wennigsen bei Hannover die entscheidende Auseinandersetzung mit dem Berliner »Zentralausschuß« unter Grotewohl statt, als dieser vorschlug, eine gemeinsame provisorische zentrale Leitung der Partei mit Vertretern der Westzonen, des Londoner Exilvorstandes und des Zentralausschusses zu bilden. Schumacher lehnte dies ab mit der Begründung, daß die Zoneneinteilung und die unterschiedliche Politik der Besatzungsmächte dies nicht erlaube. Der erste Parteitag der SPD in den Westzonen vom 9. bis 11. Mai 1946 bestätigte diese Politik Schumachers.

Die Sozialdemokratie in Ost und West konnte auf alte Führungspersonen zurück-greifen, die ihre politischen Erfahrungen in der Weimarer Republik gemacht hatten und im »Dritten Reich« entweder im Widerstand gewesen waren oder »stillge-halten« hatten. Auch ihre Erfahrungen stimmten nicht unbedingt mit der Mehrheit der deutschen Bevölkerung überein. Daß man sich in der SPD dieser Erfahrungs-unterschiede durchaus bewußt war, zeigt ein Weihnachtsartikel aus dem Jahre 1945 von Karl Schmid – er nannte sich später Carlo Schmid. Offensichtlich befürchtete er, daß »Schuld und Not«, die »das Land beherrschten«, zu falschen Schuld-zuweisungen führen könnten. Entweder würden »grausame Feinde« zu Verur-sachern aller Not gemacht oder allein Hitler und die SS »mit ihrer Schmach und Schande, für die nun wir, die Schuldlosen, unverdient büßen müßten«.

Das verzweifelte Bemühen Carlo Schmids, von »wir« – »du und ich« – zu sprechen, sich ständig mit einzubeziehen, wenn er eigentlich die anderen, die Schuldigen und Mitläufer, meinte, zeigt deutlicher als vieles andere, wie sehr die politischen Akti-visten jener Tage diese kritisierten Haltungen in der deutschen Bevölkerung ver-treten sahen und fürchteten. Sie fühlten sich von der Masse derer, die sich als die eigentlich Leidtragenden von jeglicher Verantwortung für den Nationalsozialismus freisprachen, getrennt und isoliert. Und darin lag das tiefere Problem jeglicher de-

Als Schuld und Not das Land beherrschten
Ein Wort zum Weihnachtsfest 1945, an dem die Deutschen die dunkelste Phase ihrer Geschichte erlebten, von Karl Schmid

Stuttgart. – Das deutsche Volk wird heuer das Weihnachtsfest in einer Freudlosigkeit feiern müssen, wie sie so dunkel und allgemein noch nie in der Geschichte, die wir übersehen können, über die Lande unserer Zunge eingebrochen ist. Hunderttausende werden hungern an diesem Tag; Hunderttausende werden frieren; Millionen wird der Gedanke an den Toten oder Verschollenen benagen; Millionen werden in der Fremde eingepfercht des Hauses gedenken, das sie und ihre Kinder warm hegte und das nun wüst in Trümmern liegt; und dort im Osten werden sich die Millionen Ausgestoßener um die spärlichen Feuer drängen, an denen der Elendszug für eine Nacht haltmachen mag, und mit leer geweinten Augen zu einem Himmel starren, der nur wenigen Antwort geben wird, und uns, die wir noch eine Heimat haben, wird dieses Bild vor Augen treten, wenn immer uns am Baum im gesparten Schmuck vergangener Jahre vor der genügsamen Freude der Kinder ein leichteres Schweigen durch die Seele rieseln will und unserer Freude die Unbefangenheit nehmen.

Da werden böse Gedanken uns umschleichen und uns um billigen Preis anbieten, Gedanken, die uns einen Schuldigen suchen helfen sollen, auf daß es uns leichter werde, uns selber angesichts dieser düsteren Wirklichkeit zu ertragen, die zu meistern uns nur dann möglich scheint, wenn wir selber – du und ich – nur Opfer und nicht Urheber dieses Gestern und Heute sind.

Die einen werden uns zuflüstern wollen, daß grausame Feinde uns quälen, die, ihr Wort von der besseren Welt, für die sie kämpfen wollten, brechend, die Dämonen auf uns losgelassen hätten; die andern aber werden, im Wahn gerechter zu sein, raunen, daß wir dies alles dem Hitler verdankten, der uns gezwungen und belogen habe, und der SS mit ihrer Schmach und Schande, für die nun wir, die Schuldlosen, unverdient büßen müßten.

Wie wohl wird es einem dabei, sich nur als Objekt zu wissen, und wie leicht läßt sich so in Galle und Erbitterung aufheben, was in der einzelnen Brust ausgetragen werden müßte, bis es reif geworden ist, sich in neue Glaubenskraft zu verwandeln: das ahnende Wissen um die eigene Schuld, um deine und meine Schuld. Denn wenn wir allzeit auf unser Gewissen willig hörten – du und ich –, auf diese stille Leuchte auf dem dunklen Grunde unseres Herzens ohne Verdrossenheit achteten, dann würden wir ja innewerden, daß wir alle, jeder für sich und nicht nur als Kollektivität – du und ich nämlich –, schuld sind an allem, was gestern und heute über uns alle, dich und mich, gekommen ist. Wir würden dann merken, daß wir alle, jeder einzeln für sich, den Menschen verraten haben, als der wir doch geboren wurden, indem wir das Erstgeburtsrecht der Freiheit, wir selbst zu sein – jeder einzelne er selbst – preisgaben für das Linsengericht der Verfallenheit an das »Es« der Umstände, von denen wir uns wie von einem Schicksal bestimmen ließen, während, sein unerbittliches Gesetz von Ursache und Wirkung hebe die Freiheit des Herzens auf, nach unverrückbaren Sternen allzeit zu dem Wesen unserer Bestimmung aufbrechen zu können.

Können wir denn bestreiten, daß all das, was den Nationalsozialismus und alles andere, das die Würde der Menschenwelt verkehrte, nur deswegen möglich wurde, weil wir uns alle an die falsche Lehre gewöhnt hatten, der Mensch sei nicht an und für sich ein Wert, sondern nur insoweit, als er für bestimmte – vor allem aus der Staatsraison geschöpfte – Zwecke tauglich sei. Weil wir uns nicht geschämt haben, in ihm ein »Material« zu sehen, mit dem sich bauen lasse, eine Sache also und darum ein Wesen ohne eigenen Sinn, etwas nur Zweckdienliches?

Dies sollten wir an diesem Weihnachtsfest bedenken, dann werden wir die Schuld an seiner Lichtlosigkeit nicht bei dem jeweils »anderen« suchen und nähren, was uns krank gemacht hat, den Unwillen, frei zu sein. Frei macht aber nur die Einsicht, daß die Schuld, die wir beim andern suchen, unsere eigene ist, die wir mit einem Taschenspieler-Kunststück auf ihn projizierten. Kehren wir also um in unserem Denken, jeder für sich – du und ich! Wenden wir es zurück auf uns selbst, vielleicht werden wir dann in dieser Weihnacht ein Licht aufgehen sehen, einen Stern, so einsam, wie jener war, der die Weisen nach Bethlehem führte.

Es wird dann, was uns leuchtet, ein wahres Licht sein, eines, das unseren Weg in die Nacht der Zukunft heil machen kann, und ein Meerstern, nach dem wir sicher steuern können. Dann wird der, der in einem vordergründigeren Sinne sich als mitschuldig an den Dingen bekennen muß, die zum Kriege geführt haben, um unser heutiges Unglück zu wirken, es ohne nagende Verdrossenheit auf sich nehmen, daß der Bumerang, den er mit auswerfen half, rückkehrend nun ihn streift, und jener andere, der in diesem vordergründigeren Sinne keine Schuld hat, aber in jenem anderen hintergründigeren wohl, wird in dem, der heute getroffen ward, einen Bruder in der Schuld und im Leid sehen, der im Geflecht derselben Unheilsverkettung heute »daran ist«, so wie gestern er »daran war«.

Das wird dann trotz allem, was der Welt Lauf nötig macht, die Kluft überwinden helfen können, die heute unser Volk neu und tief zu spalten droht, und Brücken schlagen, über die wir herüber und hinüber können, uns ohne Verdrossenheit hier und ohne Überheblichkeit dort die Hände zu reichen. Dann erst wird sich zum Guten auswirken und eine Zukunft haben, was heute schon in mühseliger Kleinarbeit und Fron da und dort von denen geleistet wird, die heute Verantwortungen auf sich nahmen, um das Chaos, in dem wir hausen, ordnend zu überwinden. Denn was hülfe uns auf die Dauer jeder wirtschaftliche und sonstige Wiederaufbau, wenn er erfolgte ohne sichtbaren Ausdruck dafür, daß Ursachen zu verantworten sind auf der einen Seite, und ohne die freudige Bereitschaft, denen, die dies erleiden, in die Zukunft hinein die Hand zu reichen auf der anderen?

Seien wir – du und ich – frei auch hier, treten wir zur Schar derer, die guten Willens sind, dann werden wir, in unseren Bereichen wenigstens, dem Frieden auf Erden eine Stätte bereitet haben!

Quelle: Zitiert nach: »Die Zeit«, Nr. 52 vom 22. Dezember 1995.

mokratischer Politik dieser Zeit. Dennoch gewannen diejenigen Kommunisten und Sozialdemokraten, die inhaftiert und nicht nur auf den »Persilscheinen« widerständig gewesen waren, Ansehen.

Die Gründung der Freien Demokratischen Partei erfolgte durch Zusammenschluß verschiedener liberaler Gruppierungen und Parteien: der Demokratischen Volkspartei in Württemberg, der Freien Demokratischen Partei in Bayern, der Liberal-Demokratischen Partei in Hessen. Der Aufbau der liberalen Partei gestaltete sich aus mehreren Gründen besonders schwierig. Die beiden Flügel des Liberalismus, der nationalliberale, also der Industrie verbundene Flügel, und der demokratische politische Liberalismus, fanden sich erst wieder nach dem Scheitern einer bürgerlichen – christlichen und liberalen – Sammlungspartei, die im Juli 1947 als einheitliche »Demokratische Partei Deutschlands« gegründet wurde, mit Repräsentanten aus allen vier Zonen und mit den beiden gleichberechtigten Vorsitzenden Theodor Heuss und Wilhelm Külz. Diese gesamtdeutsche liberale Partei zerbrach bereits im Januar 1948. Der Anlaß war die Zustimmung der LDP zum von der SED initiierten deutschen Volkskongreß, die von den westdeutschen Vertretern nicht gebilligt wurde. Die Alliierten behinderten die Bemühungen der Liberalen wegen ihrer nationalliberalen Politik am Ende der Weimarer Republik. Außerdem konnten sich die Liberalen kaum auf Reste früherer Parteiapparate oder auf eine

Repräsentanten verschiedener liberal-demokratischer Parteien treffen sich am 3. November 1947 auf einer interzonalen Parteitagung in Frankfurt a. M. (v.l.n.r.): August Martin Euler (Hessen), Thomas Dehler (Bayern), Wilhelm Külz (SBZ), Eberhard Wildermuth (Württemberg-Hohenzollern), Theodor Heuss und Wolfgang Haussmann (Württemberg-Baden), Carl Hubert Schwennicke (Berlin).

aktive Mitgliederbasis stützen. Die Partei wurde erst nach der Trennung von der LDP der sowjetischen Besatzungszone als westdeutsche Freie Demokratische Partei (FDP) am 11. und 12. Dezember 1948 in Heppenheim gegründet. (Kaack 1979; Kleßmann 1991[5], S. 147 ff.) Theodor Heuss wurde ihr Vorsitzender.

Die Kommunistische Partei Deutschlands blieb in den Westzonen und in der Bundesrepublik bis zu ihrem Verbot 1956 unter diesem Namen auch nach der Gründung der SED in der sowjetischen Zone bestehen.

Die ersten Wahlen waren neben verfassunggebenden Landesversammlungen in Bayern, Hessen und Württemberg-Baden am 30. Juni 1946 Gemeinderatswahlen, die in der britischen Zone am 13. Oktober 1946 durchgeführt wurden, und Landtagswahlen, die in Hamburg am 13. Oktober 1946 zur ersten Bürgerschaft, in Nordrhein-Westfalen am 20. April 1947 stattfanden.

FDP-Plakat von 1948.

Bemerkenswert an diesen Wahlen ist folgendes: Die CSU, CDU und die SPD wurden 1946 auf Anhieb die stärksten Parteien. Es gab eine Konzentration auf diese drei Parteien bei den Landtagswahlen 1946, in Bayern und in Hessen sogar mit über 80 Prozent. Das signalisiert eine relative politische Stabilität. Bei der Wahl zum ersten Bundestag wurde dies anders. Insgesamt erhielten die beiden Gruppierungen nur noch 60,2 Prozent, bis sie in den fünfziger Jahren wiederum große Mehrheiten auf sich vereinigen konnten. Die KPD war schwächer als allgemein erwartet oder befürchtet. Immerhin hatten die Briten aus Angst vor einer starken KPD und damit vor einem entsprechenden Einfluß der Sowjets im Westen die Bildung und Aktivität von Parteien und Gewerkschaften hinausgezögert. Die Westberliner Wahlen von 1946 zeigen im übrigen, daß auch die SED mit ihren 13,7 Prozent gegenüber einer dort selbständig antretenden SPD, die 51,7 Prozent der Stimmen erhielt, relativ schwach blieb. Zusammen stellten sie zwar über 60 Prozent, aber dieses »Zusammen« hat es dort eigentlich nie gegeben. (→ Dok. 84, 85, 86)

Ausgewählte Ergebnisse der ersten Wahlen für CDU/CSU, SPD, FDP und KPD in Prozent (Kaack 1971, S. 182 ff., nach Wasmund 1986, S. 295 ff.):				
Land	CDU bzw. CSU	SPD	FDP (LDP, LPD)	KPD bzw. SED
Bayern (Verfassunggebende Versammlung) 30. Juni 1946	58,3 (CSU)	28,8	2,5	5,3
Hessen (Verfassunggebende Versammlung) 30. Juni 1946	37,3	44,3	8,1 (LPD)	9,7
Hamburg (Erste Bürgerschaft) 13. Oktober 1946	43,1	26,7	18,2	10,4
Berlin (West, Stadtverordneten-versammlung) 20. Oktober 1946	24,3	51,7	10,3 (LDP)	13,7 (SED)
Niedersachsen (Erster Landtag) 20. April 1947	19,9	43,4	8,8	5,6
NRW (Erster Landtag) 20. April 1947	37,6	32,0	5,9	14,0
Erste Bundestagswahl 1949	31,0 CDU/CSU	29,2	11,9	5,7

Auch im Westen entstanden unter der Führung der Alliierten bald Verwaltungen in den Gemeinden, in den Kreisen und in den Ländern. Diese konstituierten sich zum Teil erst unter der Ägide der Besatzungsmächte oder in der jungen Bundesrepublik neu. So wurde beispielsweise das nördliche Baden 1945 Teil der amerikanischen Zone und 1946 mit dem nördlichen Württemberg zum Land Württemberg-Baden vereinigt. Das südliche Baden kam zur französischen Zone und bildete hier das Land Baden. Nach einer vom Bund angeordneten Volksabstimmung vom 6. Dezember 1951 entstand 1952 das Land Baden-Württemberg aus den Ländern Württemberg-Baden, Württemberg-Hohenzollern und Baden. Auch das Land Nordrhein-Westfalen entstand unter alliierter Hoheit, nämlich nach einer Verordnung der britischen Militärregierung vom 23. August 1946 aus dem nördlichen Teil der preußischen Rheinprovinz und der preußischen Provinz Westfalen. 1947 wurde auch das Land Lippe-Detmold angegliedert. Bis heute ist der Stempel zu spüren, den die jeweilige Besatzungsmacht »ihren« Verwaltungen aufdrückte, so besonders in der Frage der doppelten Spitze in Politik und Verwaltung: In der britischen Zone wurde der Bürgermeister gewählt und der Stadtdirektor eingesetzt, während in der amerikanischen Zone der gewählte Bürgermeister dem Rat wie der Verwaltung vorstand. Erst nach mehr als 50 Jahren werden diese Unterschiede zwischen den Ländern, die zur britischen oder amerikanischen Zone gehörten, ausgeglichen.

Nachdem am 1. Januar 1947 der Zusammenschluß der amerikanischen und der britischen Zone zur »Bizone« in Kraft getreten war, kam es schließlich am 25. Juni 1947 zur Bildung des Wirtschaftsrates mit Sitz in Frankfurt am Main. Seine 52 Abgeordneten waren nicht direkt, sondern von den Länderparlamenten gewählt worden. Damit war der Wirtschaftsrat die erste deutsche quasi-parlamentarische Einrichtung, die über die Grenze einer Zone hinaus wirksam werden konnte. SPD und CDU stellten je 20 Abgeordnete, die Liberalen 4, die KPD 3, die Deutsche Partei (DP) und das Zentrum je 2 und die Wirtschaftliche Aufbauvereinigung (WAV) einen Abgeordneten. Mit der Besetzung der »Direktoren«-Posten, d. h. der Minister, sollten die zukünftigen politischen und wirtschaftlichen Konstellationen maßgeblich beeinflußt werden. Insbesondere für das zukünftige Wirtschaftssystem wurden Weichen gestellt. Die SPD hatte im Juli 1947 in allen acht Ländern das Wirtschaftsministerium erhalten; sie stellte mit Viktor Agartz außerdem den Direktor des Verwaltungsamtes für Wirtschaft. Sie beanspruchte nun ebenso wie die CDU auch das Wirtschaftsdirektorium im Wirtschaftsrat. Die CDU unter Adenauer konnte sich in dieser Frage schließlich mit der Berufung von Ludwig Erhard durchsetzen und einen »bürgerlichen Block« aus CDU, FDP und DP organisieren, der auch die Anfänge der Bundesrepublik prägen sollte. Die SPD, die sich zugleich gegen eine Zusammenarbeit mit der KPD ausgesprochen hatte, verlor an Einfluß. Die CDU konnte ihre zunächst knappe Mehrheit im Wirtschaftsrat in dessen zweiter Phase nach dem 24. Februar 1948 ausbauen. Sie legte damit die »Marschroute« für die künftige Wirtschaftspolitik und zugleich für

Nach der Währungsreform sind die Schaufenster schlagartig mit Waren prall gefüllt.

die Anwendung der internationalen, besonders amerikanischen Hilfsfonds, unter anderem des Marshallplans, fest. Das Europäische Wiederaufbau-Programm ERP (European Recovery Program), das über die Marshallplan-Mittel verfügte, stellte bis 1952 1,537 Mrd. Dollar zur Verfügung. Außerdem erhielten die Westzonen seit 1946 insgesamt 1,62 Mrd. Dollar aus dem amerikanischen Hilfsprogramm für die besetzten Länder (GARIOA).

Die weiteren großen Schritte auf dem Wege zur Bundesrepublik sollen hier nur kurz skizziert werden:

● Die letzte Sitzung des Alliierten Kontrollrats der vier Besatzungsmächte in Berlin – eigentlich das gemeinsame höchste Exekutivorgan in Deutschland für alle Besatzungszonen – fand am 20. März 1948 statt.

● Die Währungsreform wurde im März 1948 für den Westen beschlossen und trat am 21. Juni 1948 in Kraft: zu 100 Prozent bei den Löhnen, Gehältern, Pensionen, Preisen und Mieten, zu 10 Prozent bei den Hypotheken und privaten Schuldverpflichtungen und zu 6,5 Prozent bei Bargeld und Sparguthaben. Alle öffentlichen Schulden und Kriegsanleihen verfielen ganz. Glücklich waren Personen, die Sachwerte und Immobilien hatten, möglichst keine Hypotheken, da diese später zu Lasten der Hypothekenschuldner umgestellt wurden. Ansonsten erhielten jeder Mann und jede Frau die berühmten 40 bzw. 60 DM. Der Siegeszug der »DM« nahm seinen Anfang und spaltete damit zugleich Deutschland tief. Die SBZ bzw. DDR konnte mit ihrer unmittelbar folgenden Währungsumstellung und ihrer »Mark«, die als »Tapetenmark« verspottet wurde, nicht nachziehen. Die Währungsreform wurde in den Köpfen der »Trizonesier« und Bundesrepublikaner die eigentliche Geburtsstunde der Bundesrepublik und auch der DDR. In den beiden Währungsreformen manifestierte sich der Riß zwischen Ost und West als wirkliche Spaltung im täglichen Leben.

● Zugleich mit dem Inkrafttreten der Währungsreform begann die »Berlin-Blockade«, die eine kaum zu überschätzende Bedeutung für die Herausbildung eines »Wir-Bewußtseins« im Westen hatte.

● Vom 10. bis 23. August 1948 tagte der Herrenchiemseer Konvent, um ein »Grundgesetz« für einen neuen Staat auf dem Gebiet der Westzonen vorzubereiten. Der Konvent bestand aus je einem Delegierten der Länder, 14 Mitarbeitern dieser Delegierten und vier weiteren Sachverständigen, er war also keine unmittelbar vom Volk gewählte verfassunggebende Versammlung. Er sollte dem Parlamentarischen Rat, dessen Mitglieder ebenfalls von den elf Länderparlamen-

Banknoten der Währungsreform West, in Umlauf gesetzt am 20. Juni 1948. Die neuen D-Mark-Scheine wurden in den USA gedruckt. Da das Metall knapp ist, gibt es anfangs auch Geldscheine für Werte unter fünf Mark.

Banknoten Ost: Mit aufgeklebten Spezialkupons markierte Geldscheine, wie sie nach der Währungsreform im Juni 1948 für kurze Zeit gültig sind. Der Volksmund nennt die markierten Reichs- und Rentenmarkscheine »Klebemark« oder »Tapetenmark«. Ab dem 25. Juli 1948 können diese »Kuponscheine« bereits gegen neue Banknoten umgetauscht werden. Die neuen Geldscheine für die SBZ wurden in Moskau gedruckt.

Eröffnung des Parlamentarischen Rates am 1. September 1948 im Bonner Museum Koenig: Ansprache des NRW-Ministerpräsidenten Karl Arnold; vorne ganz rechts sitzend Konrad Adenauer; links die Vertreter der westlichen Besatzungsmächte.

ten nach dem dortigen Parteienproporz bestimmt worden waren, Entwürfe unterbreiten. 27 Mitglieder gehörten der CDU an, 27 der SPD, 5 zählten zu den Liberalen, je 2 waren Mitglieder der KPD, der DP und des Zentrums. Nach Neuwahlen erhöhte sich die Zahl der Angehörigen des Parlamentarischen Rates. Da Adenauer im Gegensatz zu Schumacher Mitglied des Parlamentarischen Rates war, wuchs seine Popularität, die er, gemessen an der Beliebtheit Schumachers, vorher nicht besessen hatte. Am 8. Mai 1949 wurde schließlich das Grundgesetz verabschiedet. Nach der Zustimmung durch die Militärgouverneure wurde es am 23. Mai verkündet, die Bundesrepublik Deutschland als westdeutscher Teilstaat war gegründet. Am 7. Oktober 1949 folgte die Gründung der Deutschen Demokratischen Republik als ostdeutscher Teilstaat.

Sowohl die verfassunggebende Versammlung als auch die Praxis der sich entwikkelnden demokratischen Institutionen im Westen zeigten bald tiefe Unterschiede zu den neuen politischen und Verwaltungsstrukturen in der sowjetischen Besatzungszone. Im Westen waren die Besatzungsmächte, besonders die USA, zwar ebenfalls dominant, ließen jedoch demokratisch-parlamentarische Organe zunächst auf den

unteren, dann den Landesebenen (1946/47), schließlich auf bizonaler und Bundes-
ebene (1947 bis 1949) entstehen, die sich als demokratisch und über Jahrzehnte als
stabil erwiesen – allen Befürchtungen zum Trotz. Zu gleicher Zeit entwickelte sich
in der DDR neben einer Reihe sozialer Errungenschaften und Einrichtungen ein
»gemildert stalinistisches« System unter sowjetischer Hegemonie.

Kirchen

In der unmittelbaren Nachkriegszeit, als viele staatliche oder halbstaatliche Verwaltungen und Institutionen, politische Parteien und Sozialorgane zusammengebrochen und neue noch nicht aufgebaut worden waren, bekam die familiäre Selbsthilfe – wie beschrieben – eine wesentliche Bedeutung. Daneben erhielten private
und internationale Hilfsorganisationen, Kirchen sowie die Interessenvertretungen
der Arbeitnehmer und die Unternehmerverbände ein Gewicht, das sie in »normalen« Zeiten selten besessen hatten.

Die Kirchen, ihre Pfarrer, amtlichen und ehrenamtlichen Helferinnen und Helfer
arbeiteten über die Kapitulation hinaus in ungebrochenen Strukturen weiter,
während sich andere Institutionen mehr oder minder neu konstituieren mußten. Die
Rolle der Kirchen im Nationalsozialismus wurde zwar sofort diskutiert, aber die
Alliierten – West wie Ost – mischten sich nicht in diese »interne« Debatte im Sinne
einer »Entnazifizierung von außen« oder gar eines »permits« der Kirchen ein.

Prozession anläßlich der 700-Jahr-Feier des Kölner Doms in der stark zer-störten Stadt, 15. August 1948.

(→ Dok. 105, 107, 108)
Im Gegenteil, die Kir-
chen hatten bei den west-
lichen Besatzungsmäch-
ten einen Bonus. Für viele
Heimatlose, Heimkehrer,
entlassene Häftlinge aus
Zuchthaus und KZ, für
Kinder, die ihre Eltern
verloren hatten, für aus
der Evakuierung zurück-
kommende Frauen, die
keine Zuzugserlaubnis in
ihre Heimatstädte be-
kamen, und für viele an-
dere waren die Kirchen
erste Hilfsstationen. Ihre
Mittel waren beschränkt,
aber die Pfarrer und Ge-
meindehelfer kannten sich in ihren Orten aus und versuchten viel, um Hilfe zu organisieren. Offensichtlich war auch die seelsorgerische Betreuung der Kirchen gefragt.
(→ Dok. 106)

Im Gegensatz zum Westen wurde im Osten eine strikte Trennung von Kirche und
Staat verordnet. In der »Periode der antifaschistisch-demokratischen Umwälzung«
gab es trotz dieser Grundentscheidung eine begrenzte Kooperation. Der kirchliche
Grund- und Waldbesitz beispielsweise fiel nicht unter die Bodenreform und wurde
zu einem erheblichen Teil auch später nicht kollektiviert. Auch Krankenhäuser,
Pflege- und Kinderheime wurden in kirchlicher Trägerschaft weitergeführt. Das
kirchliche Arbeitsrecht blieb erhalten; die besonderen Bedingungen kirchlicher
Arbeit wurden im späteren Arbeitsgesetzbuch der DDR berücksichtigt. An den
sechs Universitäten gab es die evangelische Theologenausbildung.

Martin Niemöller predigt in der Lutherkirche in Offenbach a. M. zum Thema »Unser Erbe aus der Leidenszeit der Kirche«, 14. Januar 1946.

Nach der Verfassung der DDR von 1949 sollte die »Christenlehre«, wie das Fach Religionsunterricht genannt wurde, noch im zeitlichen und örtlichen Rahmen der Schulen unterrichtet werden. Die Wirklichkeit sah bald anders aus: Die »Christenlehre« wurde nach kurzer Zeit aus der Schule verbannt. Mit der Trennung von Staat und Kirche entfiel auch der Einzug der Kirchensteuer durch den Staat. Die ostdeutschen Kirchen wurden zur »Mitgliederkirche« und mußten nun selbst für »Mitgliedsbeiträge« sorgen. Die Austrittsbewegung aus der Kirche wurde durch die Partei- und Staatsführung gefördert. Was man in den Industriegesellschaften als quasi naturwüchsige Säkularisierung beobachten kann, wurde in der DDR durch staatliche Einflußnahme forciert. Kirchliche Feste und Riten von der Taufe über die Konfirmation bis zur Beerdigung sollten durch sozialistische Feiern, z. B. durch die Jugendweihe, ersetzt werden. Die Auseinandersetzungen nahmen besonders in den fünfziger und sechziger Jahren Formen an, die manche Kirchenleute als Kirchenkampf empfanden. (DDR Handbuch, Bd. 1 1985, Stichwort »Kirche«, S. 72; vgl. auch Dähn 1982) Dennoch blieb die Kirche die einzige ernstzunehmende Kraft mit einem eigenständigen Raum, der staatlich zwar beobachtet und abgelehnt wurde, aber keiner totalen Kontrolle unterlag. Das sollte für die Opposition in der DDR größere Bedeutung bekommen.

Gewerkschaften und Unternehmerverbände

Gewerkschaften und Betriebsräte

Arbeitnehmervertretungen, wie Gewerkschaften und Betriebsräte, sollen hier exemplarisch genauer untersucht werden, weil sie im Nachkriegsdeutschland zunächst die wichtigste Form gesellschaftlicher Einflußnahme auf die ökonomische und politische Entwicklung darstellten. Besonders Betriebsräte hatten in der frühen Nachkriegszeit ihre »heroische Zeit«, nicht nur im Westen, sondern für kurze Zeit auch im Osten. Viele von ihnen waren schon in der Weimarer Republik aktiv gewesen und hielten sich nun wieder bereit. Das hing sicher damit zusammen, daß in den Betrieben, sofern sie nicht zerstört waren, nach der Besetzung weiter oder schnell wieder gearbeitet wurde. Die Alliierten forderten sofort nach der Eroberung einer Stadt dazu auf, die Arbeit wieder aufzunehmen. In vielen Betrieben waren die Unternehmer untergetaucht oder desavouiert. Da bot es sich an, daß Vertreter der Belegschaft, die in der NS-Zeit unbelastet geblieben waren, zumindest kurzfristig leitende Funktionen übernahmen. (→ Dok. 76, 87) Betriebsräte waren außerdem maßgeblich am Aufbau der Gewerkschaften beteiligt.

Lange bevor der Alliierte Kontrollrat sein Betriebsrätegesetz erließ (10. April 1946), in vielen Städten sogar noch vor dem Einmarsch der Alliierten, hatten sich ehemalige Betriebsräte und Gewerkschafter getroffen, um über die Zukunft von Betriebsräten und Gewerkschaften zu beraten. Die Repräsentanten der drei Hauptströmungen der Arbeiterbewegung – Christen, Sozialdemokraten und Kommunisten – waren darin einig, daß rasch eine alle politische Richtungen umgreifende Einheitsgewerkschaft aufgebaut werden sollte. (→ Dok. 88) Schon am Ende der Weimarer Republik hatte es Gespräche zwischen christlichen und »freien« Gewerkschaften sowie den Hirsch-Dunckerschen Gewerkvereinen über einen Zusammenschluß gegeben – allerdings unter Ausschluß von Kommunisten. Die KPD ihrerseits hatte sich spätestens nach dem VII. Weltkongreß der Kommunistischen Internationale im Jahre 1935 für eine solche Einheitsgewerkschaft ausgesprochen. Diesen Wunsch nach Einheit gab es vermutlich nicht nur bei den Führungen der jeweiligen Parteien in der Emigration oder im Inland, sondern auch bei betrieblichen Vertretern und ehemaligen Gewerkschaftsfunktionären. Daher entstanden sehr früh informelle Treffen oder Zusammenschlüsse von Betriebsräten und Gewerkschaftern, die sich den örtlichen Aufbau von Gewerkschaftsorganisationen zum Ziel setzten.

Das verlief zunächst in Ost und West ähnlich. Der SMAD-Befehl Nr. 2 vom 10. Juni 1945 erlaubte nicht nur die Gründung von Parteien, sondern auch die Bildung von Gewerkschaften. Bereits am 15. Juni 1945 rief ein Gewerkschaftsausschuß zur Gründung freier Gewerkschaften auf. Beteiligt waren Vertreter der verschiedenen Grundrichtungen der Arbeiterbewegung, also selbstverständlich auch Kommunisten. Das war neu in ihrer Geschichte.

Im Westen hatte der Oberkommandierende der alliierten Streitkräfte Eisenhower bereits am 22. Dezember 1944 die Erlaubnis zur Gründung von Gewerkschaften in den besetzten Gebieten angekündigt. Trotzdem wurden nicht alle ersten örtlichen Gewerkschaftertreffen von den Besatzungsbehörden genehmigt, und jeder über-lokale Zusammenschluß war verboten. Gewerkschafts-gründungen erfolgten dann überall in den besetzten Städten, Regionen und Zonen in großer Vielfalt und mit unterschiedlichen Zielvor-stellungen. Gemeinsam ver-traten die Gründer aber die »drei großen Einheitsprin-zipien«: In jedem Betrieb sollte es nur eine Gewerk-schaft geben, Richtungs-gewerkschaften wurden ab-gelehnt, Arbeiter und Ange-stellte sollten in einer Ge-werkschaftsorganisation ver-einigt werden.

Am 18. März 1945 ver-sammelten sich 83 Aache-ner Gewerkschafter, um die erste Einheitsgewerkschaft auf deutschem Boden zu gründen. Man einigte sich auf den Namen »Freier Deutscher Gewerkschafts-bund (FDGB) Aachen«.

Aachen, den 16. März 1945.

Werter Kollege!
Zu der am Sonntag, dem 18. März 1945, vormittags 10 Uhr, im Gebäude der Handwerkskammer, Couven-straße stattfindenden

Versammlung

werden Sie dringend eingeladen.

Tages-Ordnung:

Wiedereröffnung der Gewerkschaften unter dem Namen „Allgemeiner Deutscher Gewerkschaftsbund".

Im Auftrage:

Matthias Willms.

Darüber hinaus enthielt die Einheitsvorstellung für viele Gewerkschafter ein nationales Element: Für alle vier Zonen sollte es einen gemeinsamen gewerkschaftlichen Verband geben. In der SBZ wurden Gewerkschaften zwar früh erlaubt, bis zur eigentlichen Gründung auf der ersten zentralen Delegiertenkonferenz des »Freien Deutschen Gewerkschaftsbundes« (FDGB) dauerte es jedoch bis zum Februar 1946 – vermutlich wegen der Einheitsverhandlungen zwischen KPD und SPD. (Gill 1991)

In den Westzonen wurde der überregionale Aufbau der Gewerkschaften von den Besatzungsbehörden in ungleichem Ausmaß gehemmt bzw. in konkurrierenden Formen zugelassen. Es überwog besonders bei den Briten die Tendenz, die neuen Verbände langsam »von unten nach oben« aufzubauen mit der Begründung, erst nach einem demokratischen Beginn auf unterer Ebene könne es zu einem wirklich demokratischen überörtlichen, regionalen, zonalen oder gar überzonalen Aufbau kommen. Hinzu kam, daß es sowohl unter den deutschen Gewerkschaftern selbst als auch zwischen ihnen und den Besatzungsbehörden in einer weiteren grundlegenden Frage Differenzen gab. Umstritten war, ob die neue Organisation eine einheitliche, zentralistische Gesamtorganisation mit beschränkten Kompetenzen der einzelnen Industrieverbände sein sollte oder umgekehrt ein eher föderalistischer Verband mit relativer Autonomie der einzelnen Industriegruppen bei relativ geringen Kompetenzen eines Dachverbandes. Bei den deutschen Gewerkschaftern gab es zunächst eine Mehrheit für das zentralistische Konzept, während die Besatzungsbehörden, insbesondere die Briten, das föderalistische Prinzip favorisierten. Als Begründung wurde von den Briten die Sorge vor einer vorschnellen Übernahme der Formen der »Deutschen Arbeitsfront« (DAF) genannt.

5. Interzonenkonferenz der Gewerkschaften vom 7. bis 9. August 1947 in Badenweiler: Hans vom Hoff, Mathias Föcher, Karl Böhm, Werner Hansen, Hans Böckler und Albin Karl (v.l.n.r.).

Unter diesen Bedingungen entstanden im Laufe des Jahres 1945 nach Programm und Form durchaus unterschiedliche, meistens lokale oder regionale Gewerkschaften (→ Dok. 88, 89), in Hamburg und Schleswig-Holstein bereits im Mai bzw. im Herbst 1945. Im Oktober 1945 entstand die »Allgemeine Gewerkschaft« in Niedersachsen unter Albin Karl. Am 7. Dezember 1945 fand eine Delegiertenkonferenz für den Bezirk Nordrhein statt, die sich für ein föderalistisches Organisationsprinzip aussprach, nachdem sich gezeigt hatte, daß die Briten einer zentralistischen Konzeption nicht zustimmen würden. In Westfalen ging die britische Besatzungsbehörde besonders restriktiv vor, so daß es hier zu einer örtlichen Vielfalt verschiedener »illegaler« Gewerkschaften kam: Im Oktober 1945 existierten hier 367 örtliche Gewerkschaften mit unterschiedlichen Organisationsformen.

Auch in der amerikanischen Zone bildeten sich einige hundert einzelne Gewerkschaftsorganisationen, die sich erst im April 1947 zu einem Zonensekretariat in Stuttgart mit geringen Kompetenzen zusammenschließen durften. In der französischen Zone wurde im September 1947 die Genehmigung für ein Zonensekretariat in Baden-Baden erteilt. In der britischen Zone kam es im Laufe des Jahres 1946 zur Zulassung regionaler Gewerkschaften, die sich auf der Konferenz vom 23. bis 25. April 1947 mit dem »Deutschen Gewerkschaftsbund – Britische Zone« einen

Dachverband unter dem Vorsitz Hans Böcklers geben durften. Am 27. April 1947 folgte der Bayerische und am 18. Juli der Badische Gewerkschaftsbund. Bald gab es in allen Besatzungszonen gewerkschaftliche Dachorganisationen. Auf dem Gewerkschaftskongreß vom 12. bis 14. Oktober 1949 in München wurde schließlich der bundesrepublikanische Deutsche Gewerkschaftsbund (DGB) unter Hans Böckler gegründet, nachdem bereits am 17./ 18. August 1948 mit der

Gründungskongreß des DGB vom 12. bis 14. Oktober 1949 in München.

IX. und letzten Interzonenkonferenz eine gesamtdeutsche Gewerkschaft gescheitert war. Der DGB wurde als Dachverband mit relativer Autonomie der Einzelverbände aufgebaut, so daß sich also die britische Vorstellung durchgesetzt hatte[6].

Die Gewerkschaften besaßen von Anfang an großen Zulauf: Mitte 1946 waren es bereits 2,5 bis 3 Millionen Mitglieder in den Westzonen; der »DGB – Britische Zone« repräsentierte schon bei seiner Gründung 1947 2 Millionen, und der gesamte DGB hatte 1949 bereits 4,9 Millionen Mitglieder. Trotz der Einheitsbemühungen spaltete sich im Sommer 1948 die Deutsche Angestelltengewerkschaft (DAG) ab; nichtsdestoweniger hatte der DGB bei seiner Gründung mehr Angestellte organisiert als die DAG, nämlich 530 000 gegenüber knapp 300 000 Mitgliedern der DAG.

Ein grundsätzliches Problem in der Politik der neuen Gewerkschaften war mit dem Neutralitätsprinzip der Einheitsgewerkschaft verbunden: Vorstellungen von politischer Unabhängigkeit gewannen die Oberhand, die programmatisch-politische Aktivitäten und Zielsetzungen aus Sorge vor einer eventuellen Gefährdung der Neutralität in der Einheitsgewerkschaft nahezu ausschlossen. Politische Auseinandersetzungen wurden weitgehend den Parteien überlassen und kaum aktiv beeinflußt. Das führte dazu, daß seit den Betriebsratswahlen 1947 (damals gab es noch jährliche Wahlen) die internen Richtungskämpfe in den Gewerkschaften zunahmen. In diesen Kämpfen sind Vorerfahrungen über das Verhältnis von Kommunisten und Sozialdemokraten aus der Endphase der Weimarer Republik zu spüren, die jetzt durch den Kalten Krieg verschärft wurden: In den ersten beiden Jahren gab es zwi-

schen kommunistischen und sozialdemokratischen Gewerkschaftern und Betriebsräten eine Kooperation in verschiedenen Bereichen. Schon in der ersten Hälfte des
Jahres 1947 aber wurde diese Kooperation durch Rivalitäten gestört, nachdem auch
die SPD und etwas später die CDU Betriebsparteigruppen aufgebaut hatten, wie sie
die KPD von 1945 an favorisiert und damit ihre Stellung im Betrieb zunächst behauptet hatte. (Kleßmann 1983, S. 272 ff.; Rüther 1991, S. 489 ff.; von Plato 1984,
S. 188 ff.) Man rivalisierte um die Führung im Betrieb und in den Gewerkschaften,
und diese Rivalität verschärfte sich notwendig im Kalten Krieg zu grundsätzlichen
politischen Richtungskämpfen in der Gewerkschaft. (→ Dok. 89)

So schrieb der Landesbezirksvorsitzende des DGB der britischen Zone, Werner
Hansen, in einem Brief vom 21. April 1947 an einen anderen führenden Gewerkschafter, Jupp Kappius: »Wir werden z. B. keinen Kommunisten in den Bundesvorstand hineinlassen, weil wir nicht wollen, daß die Unterhaltungen dieses Gremiums
der kommunistischen Partei und damit Moskau offen liegen.« Auf ähnliche Vorwürfe
hatte der kommunistische Bergbau-Gewerkschaftsführer, Willi Agatz, im Februar
1947 in einer programmatischen Schrift »Die Aufgaben der Kommunisten in den
Gewerkschaften« geantwortet, »daß wir Kommunisten die Verfolgung enger und
beschränkter parteiegoistischer Ziele in den Gewerkschaften grundsätzlich ablehnen. Unser Bekenntnis zur Gewerkschaftseinheit ist kein taktisches Manöver, um
im Trüben fischen zu können. Wir wissen genau: die gewerkschaftliche und auch die
politische Einheit der deutschen Arbeiterklasse ist die erste und wichtigste Voraussetzung für den Aufbau eines demokratischen Deutschlands ...« (Zitiert nach:
Kleßmann/Friedemann 1977, S. 116) Die sozialdemokratischen Gewerkschaftsführer hielten solche Ausführungen für taktische Fensterreden, besonders nach den
Erfahrungen von Sozialdemokraten im FDGB der sowjetischen Besatzungszone.

Die Repräsentanten der westlichen Gewerkschaften entschieden sich überdies
mehrheitlich nach relativ kurzer innergewerkschaftlicher Debatte zugunsten der
Westorientierung und damit auch des Marshallplans. Auf dem eigens zu dieser
Frage einberufenen »Außerordentlichen Bundeskongreß« des DGB der britischen
Zone vom 16. bis 18. Juni 1948 in Recklinghausen kam es zur grundlegenden Auseinandersetzung zwischen den beiden Hauptströmungen, die den Aufbau der Einheitsgewerkschaften wesentlich getragen hatten. Hans Böckler hielt das Hauptreferat: Es stünde die Frage an, wer die dringend notwendige ökonomische Hilfe für
die deutsche Wirtschaft gewähre. Vom Osten sei keine solche Hilfe zu erwarten, da
man dort »selbst hilfebedürftig« sei; deshalb müsse man sie von Amerika annehmen,
auch wenn vom »gesamtdeutschen Standpunkt« aus der Marshallplan »ein für uns
und unser Wollen nicht gerade sehr erbauliches Gesicht« zeige. Man sei »im Osten
als auch im Westen (Deutschlands) nur Objekt und nicht Subjekt«. (Protokoll des
Außerordentlichen Bundeskongresses des DGB [britische Zone] vom 16. bis 18. 6.
1948 in Recklinghausen, o. J., S. 39 f. u. 64)

Willi Agatz hielt das Gegenreferat, in dem er auf die politischen Folgen einer Anlehnung an die USA, die Spaltung Deutschlands und der deutschen Arbeiterbewegung und sogar auf die schädlichen Folgen für die Fertigwarenindustrie hinwies.
Auf dem Kongreß zeigte sich dann die Dominanz der Böcklerschen Position, die er
am Schluß zusammenfaßte: »Wir halten es als Realpolitiker, die wir sind, für richtig,
uns zum Marshallplan zu bekennen und alle Kräfte darauf zu konzentrieren, die
Vorteile restlos auszuschöpfen und all dem rechtzeitig zu begegnen, was wir als
Nachteile des Plans empfinden.« Böcklers Auffassungen erhielten schließlich eine
breite Mehrheit. Seitdem nahmen die Auseinandersetzungen zwischen sozialdemokratischen und kommunistischen Gewerkschaftern immer schärfere Formen
an, während sich die Kooperation zwischen SPD- und CDU-Gewerkschaftern
merklich verbesserte.

In der SBZ wurden 1948 mit den Bitterfelder Beschlüssen die traditionellen Ziele und Tätigkeiten der
Gewerkschaften im Freien Deutschen Gewerkschaftsbund (FDGB) verändert. Nun sollten die Entwicklung der Planwirtschaft und die Steigerung der
Arbeitsproduktivität im Vordergrund stehen neben
einigen Sozialaufgaben. Die Rolle der Betriebsräte
wurde zugunsten der Betriebsgewerkschaftsleitungen
(BGL) reduziert. Die Betriebsräte sollten in allen Betrieben aufgelöst werden, wo mehr als 80 Prozent der
Belegschaft im FDGB organisiert waren. Nach dem
Gesetz der Arbeit vom 19. April 1950 wurden die Betriebsräte ganz abgeschafft. (Suckut 1982) An ihre
Stelle traten die Betriebsgewerkschaftsleitungen. Auf
dem dritten FDGB-Kongreß 1950 wurde in der
FDGB-Satzung sogar der Führungsanspruch der SED
gegenüber den Gewerkschaften festgeschrieben.

Bei den ersten Betriebssprecher- oder bei den Betriebsratswahlen bekamen Kommunisten und Sozialdemokraten die meisten Stimmen. Betriebsräte mußten
unmittelbar nach Kriegsende vor allem für den Aufbau
der Betriebe sorgen, zerstörte Arbeitsplätze wieder
einrichten, bekamen oder erkämpften sich weitgehende
Mitbestimmungsrechte und übernahmen die Entnazifizierung im Betrieb. Vor allem
aber sorgten sie für die Versorgung der Belegschaften durch »organisierte Hamsterei«,
bauten die Gewerkschaften mit auf, saßen in Wohnungsausschüssen oder an ein-
flußreichen Stellen im Gemeinderat, im Arbeitsamt und ähnliches mehr.

Plakat des FDGB um 1946.

Das geschah zunächst spontan, bis das Alliierte Kontrollratsgesetz Nr. 22 vom
10. April 1946, das Betriebsrätegesetz, verkündet wurde. Danach bekamen die Gewerkschaften auch offiziell das
Recht, an Sitzungen des Be-
triebsrats bzw. der Betriebs-
leitungen mit beratender Stimme
teilzunehmen. Die Betriebsräte
waren per Gesetz für die Entnazifizierung im Betrieb verantwortlich, was ihre Position allgemein stärkte. Denn von den
ehemaligen »Gefolgschaftsfüh-
rern«, also Direktoren, hatten
einige »braunen Dreck am Stek-
ken«. Im Kampf gegen die
Demontage, den die Betriebsräte
im Westen häufig führten, um
»Arbeitsplätze« zu erhalten, gab
es jedoch auch gemeinsame Interessen mit den Unternehmern.
Im Osten allerdings, wo die Demontage am stärksten war, blieb
ihnen dieser Kampf untersagt.
(→ Dok. 80) Es war wohl vor
allem die Hilfe bei der Versor-

Gewerkschaftsplakat um
1947: Vollbeschäftigung,
Mitbestimmung, Über-
führung der Schlüssel-
industrien in Gemeineigen-
tum und volkswirtschaft-
liche Planung waren die
wichtigsten Forderungen,
die auf den gewerkschaft-
lichen Interzonenkonfe-
renzen von 1946 bis 1948
gestellt wurden.

gung der Belegschaften durch Betriebsräte und Gewerkschafter, die die Basis für das Vertrauen schuf, das beide im Westen seitdem in industriellen Ballungszentren genossen. (→ Dok. 76, 90)

Die ersten Gründer der Gewerkschaften und die ersten Großbetriebsräte waren bereits in der Weimarer Republik aktiv gewesen. An diesen »Alten« war aber das »Dritte Reich« nicht spurlos vorübergegangen: Sie hatten Narben davongetragen, waren individualistischer, mißtrauischer in ihre anpäßlerischen Kollegen, stärker leistungs- und aufstiegsorientiert geworden, hatten in ihrer schwejkschen Durchmogelei und Überlebensstrategie auch mal »fünfe gerade« sein lassen müssen. Die alten, in den zwanziger Jahren gerade gefestigten Arbeitermilieus und ihre einstigen politischen Zusammenhänge bekamen während des Nationalsozialismus – und nicht allein durch seinen Terror – tiefe Risse. Trotzdem blieben die meisten sozialistisch-kommunistischen Aktiven aus der Weimarer Zeit im großen und ganzen ihrer Überzeugung treu und standen 1945 wieder zur Verfügung. Wer Krieg und Konzentrationslager überlebt hatte oder am Arbeitsplatz (freigestellt vom Wehrdienst) bleiben konnte, übernahm jetzt – 1945 – die ersten Betriebsfunktionen, erlebte nun »seine große Zeit«.

Gewerkschaftsplakat zum Tag der Arbeit, 1. Mai 1946.

Jüngere spielten als Funktionsträger noch keine große Rolle im Betriebsrat und in der Gewerkschaft, auch wenn ungefähr ein Drittel der Gewerkschaftsmitglieder von 1948 den Jahrgängen nach 1920 entstammte. (Diese Berechnung basiert auf dem Geschäftsbericht der IG-Metall, Ortsverwaltung Essen 1948, S. 10. Die Altersstruktur dürfte anderswo ähnlich gewesen sein.) Diese jüngeren Gewerkschafter kannten die alten Solidarorgane der Arbeiterbewegung nicht oder nur vom Hörensagen. Fast alle begannen ihre Ausbildung, die Lehre oder den Beruf nach 1933; die meisten von ihnen waren über kürzere oder längere Zeit im Deutschen Jungvolk oder bei den Jungmädeln, in der Hitler-Jugend (HJ) oder beim Bund Deutscher Mädel (BDM) gewesen. Am Ende des Krieges war die Individualisierung bei diesen Jüngeren stärker als bei den Alten, die sich in ihrer erzwungenen Privatisierung wenigstens abstrakt mit den verschiedenen Strömungen der alten Arbeiterbewegung identifizieren konnten; denn diese jüngeren Befragten hatten entweder bereits zuvor persönliche Interessen verfolgt, sich individuell durchgeschlagen oder mußten nun den Verlust der bislang sinnstiftenden NS-Organisation verarbeiten.

Die Jungen wie die Alten zeigten – wenn auch aus unterschiedlichen Gründen – ein ausgeprägtes Arbeitsethos mit Stolz auf die eigene Arbeit, ein technisch-ökonomisches Fortschrittsdenken und eine gewisse Technikfaszination. Mehr als die Alten verbanden die Jüngeren in ihren Selbstdeutungen Aufstiegsdenken und Leistungsbewußtsein mit sozialem Engagement. Sie wollten sich nie wieder politisch engagieren (»nie wieder eine Partei«). Erst nach Gefangenschaft, Ausbildung oder Berufsaufnahme wurden sie aktiv, zunächst in der Gewerkschaft oder dem Betriebsrat – gerade weil man diese Institutionen damals noch als unpolitische, »rein soziale« Institutionen begriff – und dann erst in der Politik, zumeist in der SPD. Die Einheitsgewerkschaft wurde zur »Durchgangsschleuse« für frühere HJler, für ehemalige Kommunisten und Zentrumsleute auf ihrem Wege zur SPD. Diese »HJ-Generation«, die ihre ersten Erfahrungen im Nationalsozialismus machen mußte, bekam in der Aufbauzeit der Bundesrepublik wachsende Bedeutung.

Anders als es in den schriftlichen Quellen zum Ausdruck kommt, erscheint in lebensgeschichtlichen Untersuchungen die Basis der Linken in der Arbeiterbewegung von 1945 bis 1948 auf den zweiten Blick schwächer als auf den ersten. Und gerade in der Nachkriegszeit mußten sich viele dieser Kollegen auf die persönliche Bewältigung der Nachkriegsnot konzentrieren, so daß hier eine der Ursachen für das zu beobachtende »patriarchalisch-fürsorgliche Stellvertreterbewußtsein« der alten Gewerkschafter und Betriebsräte liegen könnte. Es ging eben auch in der Arbeiterschaft hauptsächlich um die materielle Sicherung des persönlichen Überlebens und um die familiäre Versorgung; die großen politischen und weltanschaulichen Entwürfe standen hintan. Speck kam eben vor Sozialisierung. (Borsdorf 1979, S. 345 ff.) Eine Sozialdemokratie, die sich auf dem Weg zum Godesberger Programm befand, repräsentierte offensichtlich die Mehrheit der Arbeiterschaft im Westen und gewann hier die Hegemonie über alte katholische und kommunistische Strömungen.

Die sogenannte »linke Hegemonie« in den Betrieben der Nachkriegszeit war also wohl eher das Produkt einer (noch gemeinsamen) Besatzungspolitik der Alliierten, die sich gegen die Nachwirkungen des Nationalsozialismus richtete, und Folge der Übernahme betrieblicher und gewerkschaftlicher Funktionen durch eine Generation von älteren Funktionsträgern, die bereits in der Weimarer Republik ihre politische und gewerkschaftliche Sozialisation erlebt hatten.

Unternehmer

Auch die Unternehmer (Plumpe 1987, Plumpe 1990, Petzina/Euchner 1984) organisierten sich früh, ohne daß ihnen dies sofort von den Besatzungsmächten erlaubt worden wäre. Die Industriellen bildeten eine der gesellschaftlichen Gruppen, die am Ende des Krieges neben den nationalsozialistischen »Goldfasanen«, die in der allgemeinen Katastrophe ihr Schäfchen ins Trockene gebracht hatten, am stärksten desavouiert waren. (→ Dok. 91) Das Potsdamer Abkommen vom 2. August 1945 hatte nicht nur Folgen für die Industrie, die dezentralisiert oder vernichtet werden sollte, sondern auch für Manager und Unternehmer. Viele Betriebe, vor allem der Industrie, waren Teil der Kriegswirtschaft gewesen. Von einer »Liquidierung der gesamten Industrie, die zur Kriegsproduktion benutzt werden kann«, war in den Potsdamer Beschlüssen die Rede. Alle mehr als nominellen NSDAP-Mitglieder und »alle anderen Personen, die den alliierten Zielen feindlich gegenüberstehen, sind aus den öffentlichen oder halböffentlichen Ämtern und von den verantwortlichen Po-

Der Industrielle Fritz Thyssen vor der Spruchkammer des Entnazifizierungsausschusses am 17. August 1948, die ihn als minderbelastet einstufte.

sten in wichtigen Privatunternehmungen zu entfernen.« (Zitiert nach: Fischer 1973[2], S. 394) Der Alliierte Kontrollrat nannte im Kontrollratsgesetz Nr. 10 »Bestrafung von Personen, die sich eines Kriegsverbrechens, eines Verbrechens gegen Frieden und Menschlichkeit schuldig gemacht haben« explizit Personen in gehobener Stellung unter anderem aus dem »finanziellen, industriellen oder wirtschaftlichen Leben«, die bestraft werden sollten. (Lochner 1955, S. 293)

Unmittelbar nach dem Kriege waren daher auch viele führende Unternehmen von Maßnahmen im

Gründungsprotokoll des
Arbeitgeberverbandes der
Eisen- und Metallindustrie
für Gelsenkirchen vom
25. April 1946.
Quelle: 50 bewegte Jahre,
hrsg. vom Arbeitgeber-
verband Gelsenkirchen und
Umgebung e. V., Köln 1969.

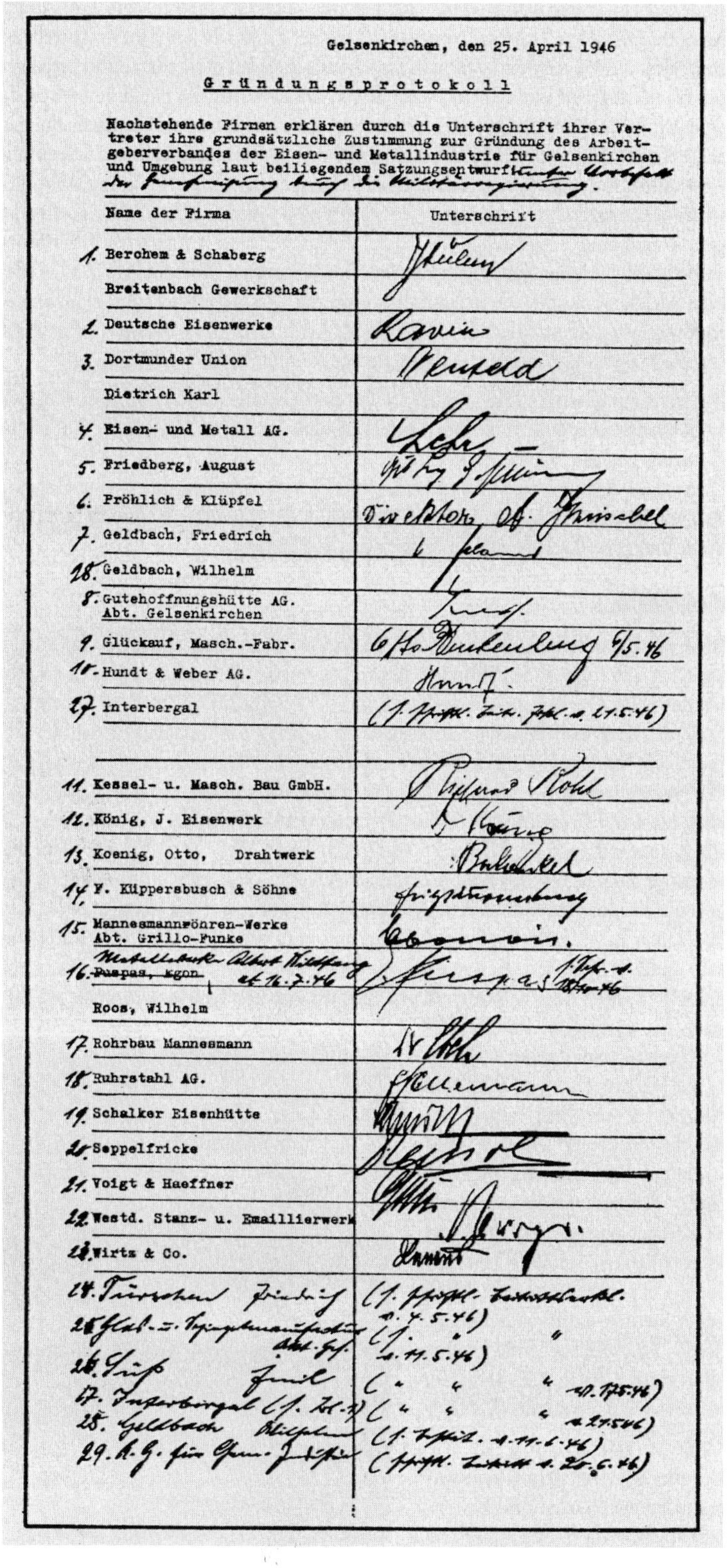

Rahmen der Entnazifizierung betroffen. Laut Lochner (1955, S. 283/294) sei bei Mannesmann nur ein Vorstandsmitglied verblieben, bei Hoesch nur ein stellvertretendes Vorstandsmitglied. Von Krupp hätten sieben Vorstandsmitglieder eingesessen, und in der Gruppe Klöckner seien 75 leitende Posten vakant geworden. In der sowjetischen Besatzungszone, wo politische und ökonomische Entscheidungen grundlegend gegen Unternehmer und sogar den Mittelstand gerichtet waren, wie z. B. durch Enteignungen und Verstaatlichungen, wurde ihre Stellung extrem geschwächt. Prozesse gegen Nazis und Kriegsverbrecher folgten. Allerdings sollte man sich über deren Umfang keine übertriebenen Vorstellungen machen: Bereits Anfang der fünfziger Jahren waren auch in der DDR »nominelle Mitglieder« der NSDAP wieder in verantwortlichen Positionen. (→ Dok. 111)

Auch im Westen mußten Unternehmer um »permits« kämpfen, wurden ihre Betriebe wegen Beteiligung an der Kriegswirtschaft kontrolliert oder mit Verboten belegt, wurden ihre Betriebe entflochten oder durch Demontageankündigungen bedroht, und mancher Industrielle wurde sogar interniert. Um so erstaunlicher ist die hohe Kontinuität, die zwischen 1944 und 1949 in wichtigen Repräsentationsorganen der Industrie zu beobachten ist: »23 von 28 Geschäftsführern von Kammern, Reichs- und Wirtschaftsgruppen des Jahres 1944 waren 1950 wieder oder noch in einer entsprechenden Position.« (Kleßmann 1991[5], S. 116) (→ Dok. 91)

Unternehmer betonten häufig, daß auch sie von Repressionsmaßnahmen während des »Dritten Reiches« betroffen waren, daß die Industrie- und Handelskammern durch Gauwirtschaftskammern ersetzt, daß ihre Verbände kontrolliert oder sogar aufgelöst bzw. NS-Behörden unterstellt worden waren. Allerdings kann – bei genauerer Betrachtung – von einer unternehmerfeindlichen Haltung bei der politischen Führung des »Dritten Reiches« nicht die Rede sein. Im Gegenteil, ihre Stellung war gerade gegenüber der früheren Arbeiterbewegung außerordentlich gestärkt worden, ebenso ihre Rolle in der Politik, und von der aufstrebenden Konjunktur bis hin zur Kriegswirtschaft profitierten die meisten Betriebe.

Nach dem Krieg hatten Unternehmer und Industrielle trotz des Verbots eigenständiger überregionaler Verbandsbildungen schnell in den Industrie- und Handelskammern gegen den Willen der Gewerkschaften wichtige Vertretungsmöglich-

Erhard mit Industriellen auf der Tagung der Eisen- und Stahlindustrie am 19. Mai 1949.

keiten und bauten halb- oder illegal nach informellen Treffen ihre Branchenorganisationen wieder auf. (Plumpe 1987) Bereits im Oktober 1945 wurden in der britischen Besatzungszone Zusammenschlüsse von Fachverbänden auf Zonenebene erlaubt, »zu einem Zeitpunkt also, an dem die Gewerkschaften noch auf die lokale Ebene beschränkt waren.« (Grebing/Pozorski/Schulze 1980, Bd. a, S. 107)

Unternehmerverbände wurden – ähnlich wie die Gewerkschaften – zunächst auf unterer Ebene zugelassen, aber bereits im Herbst 1946 gab es eine Konferenz der Verbandsgeschäftsführer aller Zonen. Am 19. Oktober 1949 wurde ein »Ausschuß für Wirtschaftsfragen industrieller Verbände« gegründet, der dann zu Beginn des Jahres 1950 in den »Bundesverband der deutschen Industrie« (BDI) umbenannt wurde, der bis heute existiert.

Auch wenn es also eine relativ rasche Rehabilitierung der Industriellen und Unternehmer in den Westzonen gab und eine hohe Kontinuität in den verantwortlichen Positionen zwischen 1944 und 1950 bestand, so waren dennoch auch die Unternehmer nicht einfach die alten geblieben, an denen die Entwicklung seit 1941 spurlos vorübergegangen wäre.

Eine lebensgeschichtliche Untersuchung im Ruhrgebiet zeigt, daß die frühere antigewerkschaftliche Orientierung bei einem Großteil der Montanindustriellen zugunsten einer Kooperation zwischen Staat, Industrie und Gewerkschaften zurücktrat. (von Plato 1993, S. 377; von Plato 1992, S. 283 ff.) Viele frühere NS-»Gefolgschaftsführer« dachten nun in solche Richtungen. Der »Unternehmer-Stand« durchmischte sich auch durch den Nachkriegsaufbau: Es kamen nicht nur erfolgreiche Unternehmer aus der alten Elite in verantwortliche Positionen zu den gebliebenen Industriellen hinzu, sondern auch plebejische »Neureiche«, die man zwar als »Unbelastete« in den Repräsentationsorganen benötigte, deren Habitus man jedoch in jeder Hinsicht mit Verachtung strafte.

Von den Gewerkschaftern und Betriebsräten hielten die meisten Unternehmer zunächst wenig, aber einige erfuhren auch Positives durch »ihre« Betriebsräte und Belegschaften: Es »packten alle mit an«, nach Lohn und Überstundenbezahlung wurde »nicht gefragt«, und mancher Betriebsrat bescheinigte belasteten Unternehmern, daß sie so schlimm nicht gewesen seien. Im Rückblick der Unternehmer war die Nachkriegszeit eine Hochzeit der Partnerschaft, die erst durch die »marxistischen Gewerkschafter« in den sechziger Jahren zu einem Ende gebracht wurde, als sich die Verteilungskonflikte verschärften.

3. Die offizielle Entnazifizierung

Seit dem Kriegsende wurde die Frage nach der Schuld, nach dem Wissen um die nationalsozialistischen Verbrechen für die Nachkriegsgesellschaften in Ost und West zu einem zentralen Orientierungsproblem: Kollektivschuld-Vorwürfe auf der einen Seite, Schuldabwehr, Betonung des Nichtwissens auf der anderen Seite. Die Frage nach der »Schuld der Deutschen« teilte Politiker der alliierten Sieger in zwei Lager: Die einen hofften zunächst auf eine massenhafte Zahl von Gegnern des Nationalsozialismus, setzten auf »antinationalsozialistische Gegeneliten«. Die anderen gingen von einer Kollektivschuld der Deutschen aus, die auch zu deren kollektiver Bestrafung führen müsse. Als das bekannteste Beispiel dieser Politik gilt der Morgenthau-Plan, der eine weitgehende Vernichtung der industriellen Potenz Deutschlands vorsah. Im Prinzip wurde in allen Besatzungszonen eine »Denazification«, eine Entnazifizierung, durchgeführt.

Kriegsverbrecherprozeß vor dem Internationalen Militärgerichtshof in Nürnberg vom 20. November 1945 bis 1. Oktober 1946: Blick zur Anklagebank, vor den Angeklagten die Verteidiger.

Als Teil der *offiziellen Entnazifizierung* sollten die höchsten Funktionsträger und Kriegsverbrecher vor ein internationales Gericht gestellt werden. Die USA, die UdSSR, Frankreich und Großbritannien bildeten einen Internationalen Militärgerichtshof mit Sitz in Nürnberg, vor dem am 18. Oktober 1945 Anklage gegen 22 Hauptkriegsverbrecher erhoben wurde. Die vier Anklagepunkte lauteten: Verschwörung zu einem Verbrechen gegen den Frieden, Planung und Durchführung eines Angriffskrieges, Kriegsverbrechen, also Verletzung der internationalen Kriegskonventionen, und Verbrechen gegen die Menschlichkeit, vor allem Völkermord. Nach einjähriger Prozeßdauer wurden folgende Urteile gefällt (Handbuch der Verträge 1968, S. 407):

Angeklagter	Verurteilung nach Anklagepunkt	Strafmaß
Göring	1, 2, 3, 4	Tod durch den Strang
Heß	1, 2	Lebenslängliches Gefängnis
Ribbentrop	1, 2, 3, 4	Tod durch den Strang
Keitel	1, 2, 3, 4	Tod durch den Strang
Kaltenbrunner	3, 4	Tod durch den Strang
Rosenberg	1, 2, 3, 4	Tod durch den Strang
Frank	3, 4	Tod durch den Strang
Frick	2, 3, 4	Tod durch den Strang
Streicher	4	Tod durch den Strang
Funk	2, 3, 4	Lebenslängliches Gefängnis
Schacht	nicht schuldig	
Dönitz	2, 3	10 Jahre Gefängnis
Raeder	1, 2, 3	Lebenslängliches Gefängnis
Schirach	4	20 Jahre Gefängnis
Sauckel	3, 4	Tod durch den Strang
Jodl	1, 2, 3, 4	Tod durch den Strang
von Papen	nicht schuldig	
Seyß-Inquart	2, 3, 4	Tod durch den Strang
Speer	3, 4	20 Jahre Gefängnis
Neurath	1, 2, 3, 4	15 Jahre Gefängnis
Fritzsche	nicht schuldig	
Bormann	3, 4	Tod durch den Strang

Ilse Koch, die Frau des Kommandanten des Konzentrationslagers Buchenwald, vor dem Dachauer US-Militärgericht. Wegen sadistischer Quälereien von Häftlingen erhält sie eine lebenslange Haftstrafe, die später auf vier Jahre reduziert wird. Nach vorzeitiger Entlassung verurteilt sie das Landgericht Augsburg erneut lebenslänglich. 1967 nimmt sie sich in einer bayerischen Haftanstalt das Leben.

Rechte Seite:
Auszug aus dem von Konrad Adenauer ausgefüllten Fragebogen der britischen Militärregierung.
Quelle: Stiftung Bundeskanzler-Adenauer-Haus.

Neben den Hauptkriegsverbrechern sollten nun auch andere Repräsentanten des »Dritten Reiches« und darüber hinaus auch Mitglieder der NSDAP, der SS und anderer Organisationen des Nationalsozialismus je nach ihrem Belastungsgrad eingestuft werden mit unterschiedlichen Folgen für deren weitere öffentliche Wirksamkeit[7].

Die Entnazifizierung stand bald in dem Widerspruch zwischen politischer Verfolgung und ökonomischer Einbeziehung von Funktionseliten, auch wenn deren Repräsentanten mehr oder minder belastet waren. In Ost und West hatte der ökonomische Aufbau bald Vorrang vor der politischen Bestrafung, konzentrierte man sich auf die »aktiven« Nazis, versuchte die »nominellen PGs« schnell zu überprüfen und nachsichtig zu behandeln. Damit sollte die Voraussetzung geschaffen werden, Personen aus Technik und Verwaltung, die nur wenig belastet waren, in den Aufbau zu integrieren. Dieser Wunsch bestand gerade auf deutscher Seite seit 1945, während die Alliierten zunächst eine scharfe Umsetzung der Entnazifizierung verlangten, aber spätestens seit 1946/47 einer differenzierten Behandlung zustimmten. Der große bürokratische Aufwand verhinderte die rasche Umsetzung, zumal 80 bis 90 Prozent der Richter und Justizbeamten NSDAP-Mitglieder gewesen waren[8]. (Vgl. z. B. Rößler 1994, S. 27) Überdies war die Zahl derer, die zu überprüfen waren, sehr hoch:

- Die NSDAP hatte am 1. Mai 1945 insgesamt 6 542 261 Karteimitglieder, von denen 3,5 Prozent gefallen bzw. vermißt waren.
- Die Mitgliederhauptkartei der NSDAP, die von amerikanischen Truppen kurz vor ihrer Vernichtung in einer Papiermühle sichergestellt wurde, enthielt 10,7 Millionen Personen, die zu irgendeinem Zeitpunkt NSDAP-Mitglieder waren, und 600 000 Aufnahmeanträge, (→ Dok. 109)
- außerdem 491 000 Namen von Mitgliedern des NS-Lehrerbundes,
- 72 000 des NS-Ärztebundes
- und die Personalakten von 238 000 SS-Mitgliedern und 61 000 SS-Führern.

Rund jeder sechste der erwachsenen deutschen Bevölkerung war damit im Feld der NSDAP organisiert gewesen. (Meinicke 1995, Entnazifizierung, S. 1) Diese Zahlen machen verständlich, warum auf der Seite der Alliierten die These der Kollektivschuld wirksam war und warum die Deutschen in einer allgemeinen Fragebogenaktion entnazifiziert werden sollten.

Die Entnazifizierung verlief je nach Bereich (Justiz, Polizei, Schule bzw. private Wirtschaft usw.) und je nach Provinz im Westen wie im Osten sehr unterschiedlich. Allgemeine Ergebnisse der Entnazifizierung in Zahlen, die diese Unterschiede allerdings verwischen, sind: In den drei Westzonen wurden bis zum Februar 1950 ca. 6 Millionen Fälle behandelt. 1 667 wurden als Hauptschuldige, 23 060 als Belastete, 150 425 als Minderbelastete, 1 005 854 als Mitläufer und 1 213 873 als Entlastete eingestuft. In der britischen Zone beispielsweise wurden bis zum September 1946 156 000 Personen zeitweilig oder auf Dauer vom Dienst suspendiert – unter ihnen 25 000 Lehrer. (Welsh 1991, S. 69) (→ Dok. 110)

MILITARY GOVERNMENT OF GERMANY
FRAGEBOGEN
PERSONNEL QUESTIONNAIRE

WARNUNG. Im Interesse von Klarheit ist dieser Fragebogen in deutsch und englisch verfaßt. In Zweifelsfällen ist der englische Text maßgeblich. Jede Frage muß so beantwortet werden, wie sie gestellt ist. Unterlassung der Beantwortung, unrichtige oder unvollständige Angaben werden wegen Zuwiderhandlung gegen militärische Verordnungen gerichtlich verfolgt. Falls mehr Raum benötigt ist, sind weitere Bogen anzuheften.

WARNING. In the interests of clarity this questionnaire has been written in both German and English. If discrepancies exist, the English will prevail. Every question must be answered as indicated. Omissions or false or incomplete statements will result in prosecution as violations of military ordinances. Add supplementary sheets if there is not enough space in the questionnaire.

A. PERSONAL
PERSONNEL

Name / Name	Adenauer Hermann Joseph Konrad	Ausweiskarte Nr. / Identity Card No.	H 655
Zuname / Surname		Vornamen / Middle Name Christian Name	
Geburtsdatum / Date of birth	5.1.1876	Geburtsort / Place of birth	Köln
Staatsangehörigkeit / Citizenship	Deutscher	Gegenwärtige Anschrift / Present address	Rhöndorf-Honnef, Zennigs-
Ständiger Wohnsitz / Permanent residence	Rhöndorf-Honnef/Rhein	Beruf / Occupation	früher Oberbürgermeister Weg 8a Stadt Köln
Gegenwärtige Stellung / Present position		Stellung für die Bewerbung eingereicht / Position applied for	
Stellung vor dem Jahre 1933 / Position before 1933	Oberbürgermeister der Stadt Köln		

B. MITGLIEDSCHAFT IN DER NSDAP   B. NAZI PARTY AFFILIATIONS

Sie jemals ein Mitglied der NSDAP?   Have you ever been a member of the NSDAP ... no ...

Anlage zum Fragebogen von Oberbürgermeister a.D. Dr.Konrad Hermann Joseph A d e n a u e r.

— —

Zu D Schriftwerke und Reden.

Ich habe seit 1923 sehr zahlreiche Reden gehalten bei den verschiedensten Gelegenheiten, insbesondere als Mitglied der Zentrumspartei und als Oberbürgermeister der Stadt Köln. Die Reden waren z.T. politischer Natur und zwar sowohl innenpolitischer wie aussenpolitischer. Die Reden aussenpolitischer Natur wurden gehalten beim Empfang von Vertretern anderer Länder. Sie hatten ausschliesslich zum Gegenstande internationale Annäherung.

Zu I. Politische Mitgliedschaft.

Ich war bis März 1933 Präsident des Preussischen Staatsrates. Nach der Preuss.Verfassung konnten der Ministerpräsident, der Präsident des Landtages und der Präsident des Staatsrates durch Mehrheitsbeschluss den Preuss.Landtag auflösen. Ich habe als Präsident des Staatsrates Februar 1933 den Antrag des Landtagspräsidenten und des Reichskommissars für Preussen von Papen, den Landtag aufzulösen, abgelehnt und gleichzeitig bestritten, dass von Papen verfassungsrechtlich zur Stellung eines solchen Antrages legitimiert sei.

Als Hitler im Februar 1933 Köln besuchte, habe ich als Oberbürgermeister von Köln die Hakenkreuzfahne, die die Nationalsozialisten auf den Pylonen der Rheinbrücke gehisst hatten, unter Einsatz von bewaffneten Polizeimannschaften gegen den Widerstand der NSDAP entfernen lassen. Wegen meiner antinationalsozialistischen Haltung wurde ich im März 1933 mit Gewalt aus meinem Amte als Oberbürgermeister von Köln entfernt. Ich durfte Jahre lang Köln nicht betreten. Am 30.6.1934 wurde ich im Zusammenhang mit den Verhaftungen aus Anlass der Röhmaffäre in Berlin verhaftet und mit dem Tode bedroht, nach einigen Tagen wieder entlassen. — Juli 1944 fanden tagelange Haussuchungen durch den SD und die Gestapo bei mir statt. Am 23.8.1944 wurde ich verhaftet und in das Lager Köln-Messe gebracht. Wegen lebensgefährlicher Erkrankung wurde ich nach 14 Tagen entlassen, nach zwei Wochen wieder verhaftet und in das Gestapogefängnis Brauweiler bei Köln gebracht. Aus diesem wurde ich Ende November entlassen. Bei der Entlassung wurde mir sofortige Wiederverhaftung für den Fall des weiteren Vordringens der Alliierten angekündigt.

Während der ganzen Jahre war mein Haus, mein Briefwechsel, mein Telefon ständig unter Kontrolle.

Finanziell wurde ich sehr geschädigt.

Durch die Ächtung durch die NSDAP wurde mir jede Tätigkeit in den 12 Jahren unmöglich gemacht.

(Adenauer)

Abtransport von Nazi-
funktionären in Inter-
nierungslager.

In der sowjetischen Besatzungszone verlief die Entnazifizierung anders. Folgt man der SED-Geschichtsschreibung, wurde die Basis des Nationalsozialismus durch die Enteignung des Großgrundbesitzes, der großen Industrien und Banken zerschlagen. Auch durch ihre sonstige Säuberungspolitik sei die sowjetische Besatzungsmacht schärfer gegen Nazis und Kriegsverbrecher vorgegangen als die Alliierten im Westen. Insgesamt wurden in der SBZ seit Beginn der Entnazifizierung 520 000 Personen entlassen bzw. nicht wieder eingestellt. Dennoch hat die SED auch eine andere Politik als diese hier demonstrierte Härte betrieben. Zunächst war sie eine der ersten, die eine Einbeziehung wenig belasteter Personen in den Wiederaufbau forderte. (→ Dok. 111)

Nach dem SMAD-Befehl Nr. 35 vom 26. Februar 1948 stellten die Entnazifizierungskommissionen ihre Tätigkeit ein. Zugleich erhoben die Parteien des antifaschistischen Blocks erneut die Forderung, die einfachen, nominellen NSDAP-Mitglieder aktiv in die antifaschistisch-demokratische Ordnung zu integrieren und damit für den Neuaufbau zu aktivieren.

Inzwischen hatte die SED die Entnazifizierung in einem anderen Sinne genutzt: Sie hatte die wesentlichen Positionen in Gesellschaft, Ökonomie und Politik erobert und glaubte, ohne eine weitere Entnazifizierung, quasi durch deutliche Machtverteilung und per Dekret von oben, Angehörige von NS-Funktionseliten einsetzen zu können. (→ Dok. 115) Beispielsweise gehörten in Mecklenburg von 883 Beschäftigten der Landesregierung insgesamt 46 Prozent der SED an, nur 9,1 Prozent der CDU und 2,1 Prozent der LDP. 42,7 Prozent waren parteilos. Von den Angestellten der nachgeordneten Dienststellen der Landesregierung waren 42,2 Prozent Mitglieder der SED, aber nur 3,8 Prozent der CDU und 1,7 Prozent der LDP. Von den leitenden Angestellten in Brandenburg waren bereits am 3. Januar 1947 insgesamt 47,6 Prozent in der SED, 8,7 Prozent in der CDU und 1,2 Prozent in der LDP.

Noch ist die Forschung über die Geschichte der sowjetischen Besatzungszone und der DDR nicht weit genug, um allgemeine Aussagen über den Umfang der Rückkehr alter Funktionseliten in frühere Stellungen machen zu können. Einige Schlaglichter sind jedoch möglich: Einerseits hat es eine zahlenmäßig bedeutsame Flucht von Personen aus der SBZ/DDR in den Westen gegeben – mindestens 2,7 Millionen bis 1961 –, von denen die meisten in ihren jeweiligen Berufen höher als der Durchschnitt der Bevölkerung qualifiziert waren. Das bedeutet, daß vor allem Mitglieder von Funktionseliten, die insgesamt stärker belastet waren als der Durchschnitt der Bevölkerung, in den Westen flohen. Außerdem waren die »Republikflüchtigen« aus der DDR im Durchschnitt jünger als die Masse der Bevölkerung. Auf der anderen Seite zeigen erste Mikrountersuchungen, daß die SED erfolgreich war bei der Gewinnung hochqualifizierter früherer Funktionsträger in der Industrie, um der Flucht und der beobachteten erschreckenden Ineffizienz und Inkompetenz Herr zu werden. So waren im Juli 1953 in sämtlichen Werken des Mansfeld-Kombinates 25 Prozent der Werkleiter, 83,3 Prozent der technischen Leiter, 42,9 Prozent der kaufmännischen Leiter und insgesamt 57,9 Prozent der leitenden Angestellten ehemalige Mitglieder der NSDAP.

Ähnliche Zahlen liegen aus der Hauptverwaltung des Staatssekretariats Chemie vor: 33,3 Prozent der Werkleiter, 40,4 Prozent der technischen Direktoren und 38,1 Prozent der kaufmännischen Direktoren waren hier früher in der NSDAP gewesen, erklärtermaßen nur nominelle Parteimitglieder. Auch in der Hauptverwaltung der Nichteisenmetallindustrie waren im Juni 1954 26,7 Prozent der Werkdirektoren, 50 Prozent der technischen Direktoren und 35 Prozent der kaufmännischen Direktoren »Nominelle« gewesen. (Meinicke 1995, Entnazifizierung, S. 3)

Im Westen war es ähnlich und doch anders: Auch hier hatte es unmittelbar nach Kriegsende, besonders in der amerikanischen Zone, eine vergleichsweise harte Entnazifizierungspolitik und Bestrafung von Nazis und Kriegsverbrechern gegeben. Allerdings war die Internierung von Nazis in der SBZ wesentlich durchgreifender: Mindestens 127 000 Personen, wahrscheinlich mehr, waren nach der Kapitulation in der SBZ interniert[9]. (→ Dok. 116) In der US-Zone waren es ca. 100 000, in der britischen Zone 90 800. In der SBZ sollen in den Internierungslagern ca. 42 000 Menschen umgekommen sein, erheblich mehr als in den Westzonen, wo es nach kurzer Zeit eine bessere Ernährung gab, bereits 1946 die Internierung eingestellt wurde und bald Einzelprüfungsverfahren vorgenommen wurden. Über die sowjetischen »Spezlager« gab es keine Öffentlichkeit in der SBZ und DDR, und ehemalige Häftlinge taten gut daran, nicht über ihre Erlebnisse zu sprechen[10]. Diese »verschwiegene Erfahrung« dürfte zugleich mit anderen Willkürerfahrungen und mit der Einführung neuer Rechtsnormen in der sowjetischen Besatzungszone ein tiefes Mißtrauen in die »Rechtsförmigkeit« der neuen Strukturen hinterlassen und das Verhältnis zu den Sowjets mitgeprägt haben. (→ Dok. 117)

Speziallager Nr. 2 in Buchenwald.
Blick auf den Wachturm Nr. 1, das Osttor und das ehemalige DAW-Gelände vom Bärenzwinger aus gesehen, um 1951.

Auch in den westlichen Besatzungszonen und in der frühen Bundesrepublik wurde das Argument der Einbeziehung früherer Funktionseliten in den Wiederaufbau tragend. So waren neben vielen institutionellen Neuanfängen (in der radikal umgestalteten Publizistik oder in der neuen Einheitsgewerkschaft) »Rückkehrer« aus alten Führungspositionen zu beobachten: (→ Dok. 110, 114) am deutlichsten in der Justiz, in der Beamtenschaft seit den »Blitzgesetzen« der Adenauer-Regierung von 1950, später im Führungskorps der Bundeswehr, in der Industrie usw. Sogar in der Publizistik, wo institutionelle Neuanfänge vorherrschten, waren viele Redakteure – nicht gerade die in höchster Position – während des Nationalsozialismus in journalistischen oder ähnlichen Berufen gewesen, so zwei Drittel der Redakteure im Kölner Ableger des Nordwestdeutschen Rundfunks. (Möding/von Plato 1989, S. 46) In der Industrie waren zwar unmittelbar nach dem Kriege viele führende Unternehmen von Entnazifizierungsmaßnahmen betroffen (Lochner 1955, S. 293 f.), aber dennoch gab es – wie beschrieben – eine hohe Kontinuität in wichtigen Repräsentationsorganen der Industrie zwischen 1944 und 1949.

Zusammenfassend heißt dies, daß es in den westlichen Zonen und in der Bundesrepublik einschneidende Entnazifizierungsmaßnahmen gab, doch fehlten hier die

Reeducation-Plakat der US-Army, 1947.

sonstigen radikalen Einschnitte in das gesellschaftliche Leben wie in der SBZ und in der DDR durch die sowjetische und die SED-Politik (Bodenreform, Enteignung von Großindustrie und Banken). Dennoch hat sich die Befürchtung eines bedeutsamen Wiedererstarkens eines rechtsradikalen bzw. nationalsozialistischen Lagers in der Bundesrepublik als irrig herausgestellt. Hier konnten zwar – als das bekannteste Beispiel – »Globkes« oder Wehrmachtsoffiziere Karriere machen, aber hätten sie sich im nationalsozialistischen Sinne politisch betätigt, wären sie politisch desavouiert gewesen. In der DDR gab es verschwiegene Karrieren von ehemaligen Mitgliedern der NSDAP, aber auch sie hätten keine Chance gehabt, wenn sie aktiv und öffentlich im nationalsozialistischen Sinne gehandelt hätten. Allerdings wurde unter dem Deckmantel einer antifaschistisch-demokratischen Erziehungsdiktatur der SBZ/DDR eine neue antidemokratische Politik und schließlich eine Diktatur unter sowjetischer Vorherrschaft installiert.

Die Folge der Entnazifizierung – so läßt sich zusammenfassen – war eine Integration der »kleinen PGs«, der weniger belasteten Parteigenossen, eine »Integration der Mitläufer« in die Nachkriegsgesellschaften in Ost wie West. Wie es in den Köpfen der Masse der Bevölkerung aussah, wie sich die einzelnen Menschen mit ihrer Vergangenheit arrangierten, ob es eine verschwiegene Entnazifizierung gab oder eher eine trotzige Selbstbehauptung gegen die Sieger – das läßt sich aus der »offiziellen Entnazifizierung« nicht entnehmen und soll im Schlußkapitel erörtert werden.

Hans Globke war beteiligt an der Ausarbeitung der »Rassegesetze« im »Dritten Reich« und wurde später im Range eines Staatssekretärs Chef des Kanzleramtes unter Adenauer (1953–1963).

4. Bildung und Kultur

Künste

Es waren vor allem die verschiedenen Felder der Kultur, auf denen die Besatzungsmächte die Nachkriegsgefechte um die Umerziehung der Deutschen austrugen – und erstaunlich dauerhaft siegreich blieben: Ob in den Zeitungen oder dem Hörfunk, den Schulen oder Universitäten, den Theatern oder den Kinos, den Kunstausstellungen oder der Literatur – überall sollte der »alte Geist« des Nationalsozialismus ausgerottet und das Reich des »neuen Geistes« errichtet werden. »Nationalsozialistisches Gedankengut« konnte dort weiter existieren, wo es inaktiv blieb, hatte aber kaum eine Chance, wo es sich in der Kultur aktiv bemerkbar machen wollte. Das Erstaunlichste: Es war nach kurzer Zeit auch nicht mehr »en vogue«, sondern Toleranz und Vielfältigkeit herrschten vor. Das ist deshalb so bemerkenswert, weil es andere Felder gab, in denen personelle Wechsel bzw. die Umerziehung alter Eliten keineswegs so erfolgreich waren wie in den ökonomischen oder militärischen Bereichen (z.B. Unternehmerverbände, Generalität). Und es ist deshalb beachtlich, weil auch in der Kultur neben Emigranten und Oppositionellen durchaus viele tätig blieben, die während des »Dritten Reiches« einschlägige Berufe ausgeübt, sich angepaßt oder die »Hände schmutzig gemacht« hatten.

Diese allgemeinen Feststellungen treffen für die ersten beiden Nachkriegsjahre im wesentlichen für West und Ost zu. In dieser Zeit bemühten sich auch sowjetische und kommunistische Kulturpolitiker um den gemeinsamen Aufbau der Kultur mit Repräsentanten anderer politischer Richtungen, beschworen die guten Traditionen eines »anderen Deutschland«, von Schiller und Goethe, Thomas und Heinrich Mann, Beethoven und Schubert, Hegel und Marx.

Im Westen wie im Osten blieb das Buch wegen notorischer Papierknappheit lange Zeit Mangelware. Dafür boten Rundfunk und Kino bald bemerkenswert viele

Dreharbeiten zu dem Film
»Zwischen Gestern und
Morgen« in München mit
Hildegard Knef (Regie:
Harald Braun), der am
11. Dezember 1947 in
München uraufgeführt
wurde.

Szenenfoto aus dem Film:
»Die Mörder sind unter
uns« mit Hildegard Knef in
der Hauptrolle, unter der
Regie von Wolfgang Staudte.
Dieser erste deutsche
Nachkriegsfilm ist eine
Abrechnung und Aus-
einandersetzung mit der
NS-Vergangenheit.
Er erzählt die Geschichte
eines Fabrikanten, der im
Osten zum Kriegs-
verbrecher wurde, und
spielt in der Trümmerland-
schaft Berlins.

Möglichkeiten der Information und Unterhaltung. Von den 6 484 Lichtspielhäusern des Jahres 1944 hatten bis Ende 1945 immerhin 1 150 in den westlichen Besatzungszonen wiedereröffnen können. Bis Ende 1949 waren es dann 3 360. (Glaser 1991, S. 119) Die DEFA (Deutsche Film-Aktiengesellschaft), die seit ihrer Lizenzierung im Mai 1946 Filme in der SBZ produzierte, beeindruckte durch ihre ersten Filme das Publikum über die Grenzen der SBZ hinaus.

Dem Informationsbedürfnis trugen neben den Zeitungen die Wochenschauen Rechnung: im Osten der »Augenzeuge«, im Westen die »Welt im Film«. Als erster deutscher Spielfilm nach dem Krieg kam am 15. Oktober 1946 der von der DEFA in Zusammenarbeit mit der SMAD produzierte Streifen »Die Mörder sind unter uns« in die Kinos. Die ersten Filme mit britischer Lizenz waren das Lustspiel »Sag die Wahrheit« und im Juni 1947 der Episodenfilm »In jenen Tagen«, der deutsche Schicksale vorstellt – von nationalsozialistisch Verfolgten und Ermordeten bis hin zu Flüchtlingen und im Krieg Umgekommenen. Im Dezember 1947 folgte der erste amerikanisch lizenzierte Film. In »Über uns der Himmel« spielt Hans Albers einen Kriegsheimkehrer, der in der amoralischen Berliner Nachkriegswelt auf die schiefe Bahn gerät.

Vgl. dazu den Bildteil, S. XVIII und XIX.

Tanzgirls aus der Revue »Konfetti«, die im Juni 1945 im Bürgersaal des Rathauses Schöneberg aufgeführt wurde.

Ebenfalls hoch in der Gunst des unterhaltungsbedürftigen Publikums standen Musik-, Schauspiel- und Kabarettveranstaltungen. In Berlin, wo das enge Nebeneinander aller Besatzungsmächte einen kulturellen Wettbewerb entfachte, fanden von Juni bis Dezember 1945 121 Premieren statt, und im Herbst 1945 lagen dem Magistrat Berlins 400 Anträge zur Eröffnung von Theatern und etwa 1 000 für Kabaretts vor. (Glaser 1991, S. 105 f.)

Der Stadtkommandant von Berlin, Generaloberst Bersarin, soll sich 1945 persönlich für die schnelle Öffnung der Berliner Theater eingesetzt haben. (→ Dok. 98) Ein Befehl der Sowjetischen Militäradministration vom 16. Mai schuf dafür die Voraussetzungen. Die erste Nachkriegsaufführung im zerstörten, aber noch ungeteilten Berlin fand am 27. Mai 1945 im Berliner Renaissancetheater statt, nach zwei vergeblichen Anläufen wegen Stromausfalls. Es war kein Stück, das man hätte erwarten können, sondern ein Schwank, »Der Raub der Sabinerinnen«. Als ein Höhepunkt

Hans Quest als Beckmann in der Uraufführung »Draußen vor der Tür« im Hamburger Schauspielhaus 1947.
Unten: Handschriftliche Notiz von Wolfgang Borchert.

des Nachkriegstheaters in Berlin galt die deutsche Uraufführung des Dramas »Der Schatten« von Jewgenij Schwarz (Jäger 1994, S. 5 ff.), die Gustaf Gründgens inszenierte – ausgerechnet jener Gustaf Gründgens, der als Intendant des Staatlichen Schauspielhauses in Berlin von 1934 bis 1945 gearbeitet und mit den Größen des »Dritten Reiches« deutlich paktiert hatte[11]. Gründgens wechselte 1947 nach Düsseldorf und 1955 nach Hamburg. Vermutlich wurde Gründgens' Rolle 1945 aus Gründen sowjetischer »Bündnispolitik« nicht so scharf verurteilt wie später, und es wurde als Zeichen sowjetischer Toleranz gewertet, daß er unmittelbar nach Kriegsende eine solche Position in der Kultur – er war Leiter des Preußischen Staatstheaters – einnehmen konnte.

Von den 262 Theatergebäuden im Reichsgebiet von 1937 waren bei Kriegsende 28 zerstört, kaum eines unbeschädigt. (Glaser 1991, S. 104 f.) Nicht selten wurden die unzerstörten Gebäude von den Besatzungsmächten als Soldatenclub oder -kino genutzt. Daher mußten viele Theater ihre erste Nachkriegsspielzeit in Behelfsgebäuden beginnen. Der Mangel an Requisiten, Kostümen und Kulissen wurde dabei durchaus als künstlerische Herausforderung begriffen. Der notwendig karge Inszenierungsstil trüge zur Besinnung auf die elementaren Grundwahrheiten bei – so der Tenor einer Tagung von Bühnenbildnern und technischen Bühnenvorständen im August 1947.

In den Westzonen begann der Theaterbetrieb etwas später. Daß trotz aller äußeren Unbilden auf den Bühnen lebendige Auseinandersetzung mit der Nachkriegswirklichkeit stattfand, zeigen einige Stücke, die zum Inbegriff des Nachkriegstheaters geworden sind: Borcherts »Draußen vor der Tür«, Zuckmayers »Des Teufels General« oder auch Wilders »Unsere kleine Stadt«. In der Entstehungs-

geschichte der »Ruhrfestspiele« kommen einige Aspekte
zusammen, die für das Theater in der Nachkriegszeit
Bedeutung hatten. Sie sei deshalb hier kurz erzählt, auch
wenn die Grenze zur Legende stellenweise überschritten
zu werden scheint. (Schmieding 1977, nach: Glaser 1991,
S. 108) Weil im kalten Nachkriegswinter 1946/47 einige
Schauspieler in den Streik getreten waren, fuhr Otto
Burrmeister, der damalige Verwaltungsdirektor des
Hamburger Schauspielhauses, mit einigen Mitarbeitern
und Betriebsräten mit Lastwagen ins Ruhrgebiet, um
Kohle zu beschaffen. An einem Seiteneingang der Zeche
»König Ludwig 4/5« in Recklinghausen-Suderwich tra-
fen sie auf einen Wachposten, der als früherer Seemann
viel Sympathie für das Anliegen der Hamburger hatte
und einen Betriebsrat der Zeche überreden konnte, die
mitgebrachten Lkws mit Kohle zu füllen. Für diese ille-
gale Kohlelieferung bedankten sich die Hamburger
Theater mit Gastspielen in Recklinghausen im folgenden
Sommer: Gegeben wurden »Figaros Hochzeit«, »Don
Pasquale«, Einakter von Tschechow und Tolstoi und
»Das verschlossene Haus«. Die Kosten von 25 000
Reichsmark trug der Hamburger Senat; die Stadt Reck-

Paul Wegener als Nathan
der Weise in einer In-
szenierung von Fritz Wisten
am Deutschen Theater
Berlin, Premiere am
7. September 1945; Feder-
zeichnung von Graf
Luckner.

linghausen und die Zeche organisierten die Aufführungen, wobei die Hälfte der
Karten an die Bevölkerung, die andere Hälfte an Zechenangehörige verkauft wurde.
Wegen des großen Erfolges dieser Aktion entstand die Idee der Ruhrfestspiele, die
seither mit Unterstützung der Stadt Recklinghausen und des Deutschen Gewerkschaftsbundes alljährlich im Anschluß an die Feier zum 1. Mai stattfinden.

Überall in Deutschland wurde bei dem interessierten Publikum ein Nachholbe-
dürfnis spürbar, all jenes zu sehen, das in den vergangenen Jahren verboten oder
zensiert war. (→ Dok. 98, 99) Das betraf vor allem jüdische Autoren oder Musiker
(z. B. Mendelssohn-Bartholdy), aber auch amerikanische, russische und andere. So
war das meistgespielte Stück in der sowjetischen Besatzungszone Lessings »Nathan
der Weise«, das von 1945 bis 1949 immerhin 446mal aufgeführt wurde, nachdem es
im Nationalsozialismus verboten gewesen war. Im kulturellen Leben schien man ein
allgemeines Aufatmen im ganzen Land hören zu können, die Erleichterung über
den Aufbruch aus den Zwängen der Zensur, aus der provinziellen Abgeschlossen-
heit von den Entwicklungen der großen Kultur in der Welt. (→ Dok. 96, 100)

Der Hunger nach Bildern wurde schon wenige Monate nach Kriegsende in den
ersten Kunstausstellungen gestillt. Bereits im Juli 1945 zeigte die »Kammer der
Kunstschaffenden« in Berlin eine Ausstellung mit Werken von Erich Heckel, Ernst
Ludwig Kirchner, Gerhard Marcks, Heinrich Ehmsen, Karl Hofer und Oskar
Nerlinger. Hier standen die expressionistische Malerei und ein sozial engagierter
kritischer Realismus im Mittelpunkt. Im folgenden Monat eröffnete Gerd Rosen
wieder die erste Privatgalerie in Berlin, die sich auf surrealistische und abstrakte
Kunst spezialisierte und schon bald zu einem lebendigen Diskussionszentrum werden sollte. Diese Initiativen illustrieren die beiden Haupttendenzen, die sich in den
nächsten Jahren in der bildenden Kunst herauskristallisieren sollten. Während viele
Künstler in der sowjetischen Besatzungszone, vor allem in Dresden, an die künstlerischen Traditionen der zwanziger Jahre – Expressionismus und sozial-kritischen
Realismus – anknüpften, dominierte in den westlichen Besatzungszonen im Anschluß an die Künstlergruppe »Blauer Reiter« und unter dem Einfluß der zeitgenössischen internationalen Moderne die abstrakte Kunst. Die Zentralverwaltung

Mit dem von Heinz Trökes entworfenen Plakat »Ausstellung junger Kunst« wurde am 3. August 1945 die Galerie Gerd Rosen als erste Privatgalerie Berlins eröffnet.

für Volksbildung hatte im Mai 1946 im beschädigten Berliner Zeughaus Unter den Linden die »1. Deutsche Kunstausstellung« organisiert. Sie war ein bescheidener Vorläufer für die »Allgemeine Deutsche Kunstausstellung«, die am 25. August 1946 in Dresden eröffnet wurde. Von 250 Künstlern aus Deutschland, mit Ausnahme der britischen Besatzungszone, wurden 600 Werke gezeigt, die alle zeitgenössischen Kunstrichtungen repräsentierten. Auch die von den Nationalsozialisten als »entartet« diffamierten Künstler der klassischen Moderne, darunter Ernst Barlach, Max Beckmann, Lyonel Feininger, George Grosz, Paul Klee, Oskar Kokoschka, Käthe Kollwitz, Wilhelm Lehmbruck, Oskar Schlemmer und Karl Schmidt-Rottluff, erfuhren auf dieser Ausstellung eine eindrucksvolle Würdigung.

Der Kulturoffizier der sowjetischen Besatzungsmacht, Alexander Dymschitz, hatte die Realisierung dieser Ausstellung, die in zwei Monaten 74 000 Besucher zählte, als Ausdruck für den »Sieg der humanistischen Weltanschauung« interpretiert und damit einen gemeinsamen Nenner für den Stilpluralismus benannt, der allerdings bei vielen Besuchern kurz nach dem Ende der NS-Diktatur auf Unverständnis stieß. Der deutsche Bildhauer Herbert Volwahsen, der neben Will Grohmann zu den Organisatoren der Dresdner Kunstschau gehörte, betonte in seiner Eröffnungsrede: »Vor allem aber wollen wir die Jugend wieder die internationale Sprache der Kunst lehren, die in allen Ländern verstanden wird und deren versöhnende Kraft die Völker eint. Sie ist berufen, einen vom Wahnsinn des Krieges zerrissenen und aus vielen Wunden blutenden Erdteil zu heilen.« (Zitiert nach: Kunst in Deutschland 1945–1995, S. 112)

Im Osten Deutschlands wurde die Auseinandersetzung mit Krieg und Barbarei, aber auch die Erinnerung an den antifaschistischen Widerstand zu einem vorherrschenden Thema künstlerischer Gestaltung. In den westlichen Besatzungszonen rückte dagegen schon nach kurzer Zeit die abstrakte Kunst in den

Plakat der »Allgemeinen Deutschen Kunstausstellung«, Dresden 1946.

1   Wilhelm Lachnit, Der Tod von Dresden, 1945.
Öl auf Leinwand, 200 × 113,5 cm. Staatliche
Kunstsammlungen Dresden, Gemäldegalerie Neue
Meister

2   Hermann Bruse, Hungermarsch 1945, 1946. Öl auf Hartfaserplatte, 127 × 93,5 cm. Stadtmuseum Berlin

3   Hans Grundig, Opfer des Faschismus, 1946/47. Öl auf Hartfaser, 110 × 200 cm. Museum der bildenden Künste, Leipzig

4   Oskar Nerlinger, Eine deutsche Landschaft von 1945, 1945. Kasein-Tempera auf Hartfaser, 75 × 100 cm. Staatliche Kunstsammlungen Dresden, Gemäldegalerie Neue Meister

5   Karl Hofer, Im Neubau, 1947. Öl auf Leinwand, 75 × 115 cm. Privatbesitz

6 Rudolf Schlichter, Der Terror, 1945. Aquarell, 7 Heinz Trökes, Barbaropa, 1947. Öl auf Leinwand,
73 × 50 cm. Stadtmuseum Düsseldorf   35,5 × 28 cm. Privatbesitz

8 Franz Radziwill, Die Klage Bremens, 1946. Öl auf Leinwand, 118 × 169 cm. Senatskanzlei Bremen

9   Werner Heldt, Ohne Titel (Traumzeichnung), 1945.
Aquarell auf Papier, 29 × 19 cm. Berlinische Galerie,
Berlin

10   Jeanne Mammen, Tür zum Nichts, nach 1945. Öl auf
Pappe, 100 × 70 cm. Berlinische Galerie, Berlin

11   Alexander
Camaro, Vor-
stadtkino, nach
1945. Öl auf
Hartfaserplatte,
62 × 87 cm.
Berlinische
Galerie, Berlin

12   Fritz Winter, Zerstörung, 1944. Öl auf Leinwand, 115 × 90 cm. Fritz-Winter-Haus, Ahlen/Westf.

13   Georg Meistermann, Fenster mit Eiszapfen, 1945. Öl auf Leinwand, 124 × 65 cm. Museum Baden, Solingen

14   Willi Baumeister, Schwarze Harfen auf Gelb, 1945. Öl auf Hartholz, 54 × 73 cm. Archiv Baumeister, Stuttgart

15 Max Ackermann, Ohne Titel (konstruktivierende Komposition) 1945. Öl und Tempera auf Malpappe, 33,2 × 24,7 cm. Max-Ackermann-Archiv, Bietigheim-Bissingen

16 Ernst W. Nay, Herbstlied, 1945. Deckfarben auf Papierkarton, 50,5 × 45 cm. Staatliche Museen zu Berlin – Preußischer Kulturbesitz, Kupferstichkabinett

17 Julius Bissier, Zwei diagonale Formen, 1945. Tusche auf weißem Ingres-Papier, 48 × 62,8 cm. Kunstsammlung Nordrhein-Westfalen, Düsseldorf

18   Hermann Glöckner, Rechtecke, abgedruckt, 1946. Collage, Pinsel, Abdruck auf Papier, 21,5 × 30,7 cm. Staatliche Kunstsammlungen Dresden, Kupferstich-Kabinett

19   Werner Gilles, Stadt der Toten, 1946. Öl auf Papier, 43 × 60 cm. Privatbesitz

Berlin, 24. Dezember 1945
Jahrgang 1, Nummer 1

60 Pfennig

ULENSPIEGEL

LITERATUR · KUNST · SATIRE

HERAUSGEGEBEN VON HERBERT SANDBERG UND GÜNTHER WEISENBORN

DORNRÖSCHEN ERWACHE!

Zeichnung von Herbert Thiele

Die Kunst: „Nanu, stand da nicht eben noch das Tausendjährige Reich?"

Jahrgang 1, Nummer 3
Zweites Januarheft 1946   60 Pfennig

ULENSPIEGEL

LITERATUR · KUNST · SATIRE

HERAUSGEGEBEN VON HERBERT SANDBERG UND GÜNTHER WEISENBORN

M O R A L   Zeichnung von Herbert Sandberg

„Die Menschen werden immer schlechter, sie sind einfach zu faul, auf den Schwarzen Markt zu gehen . . . lieber verhungern sie."

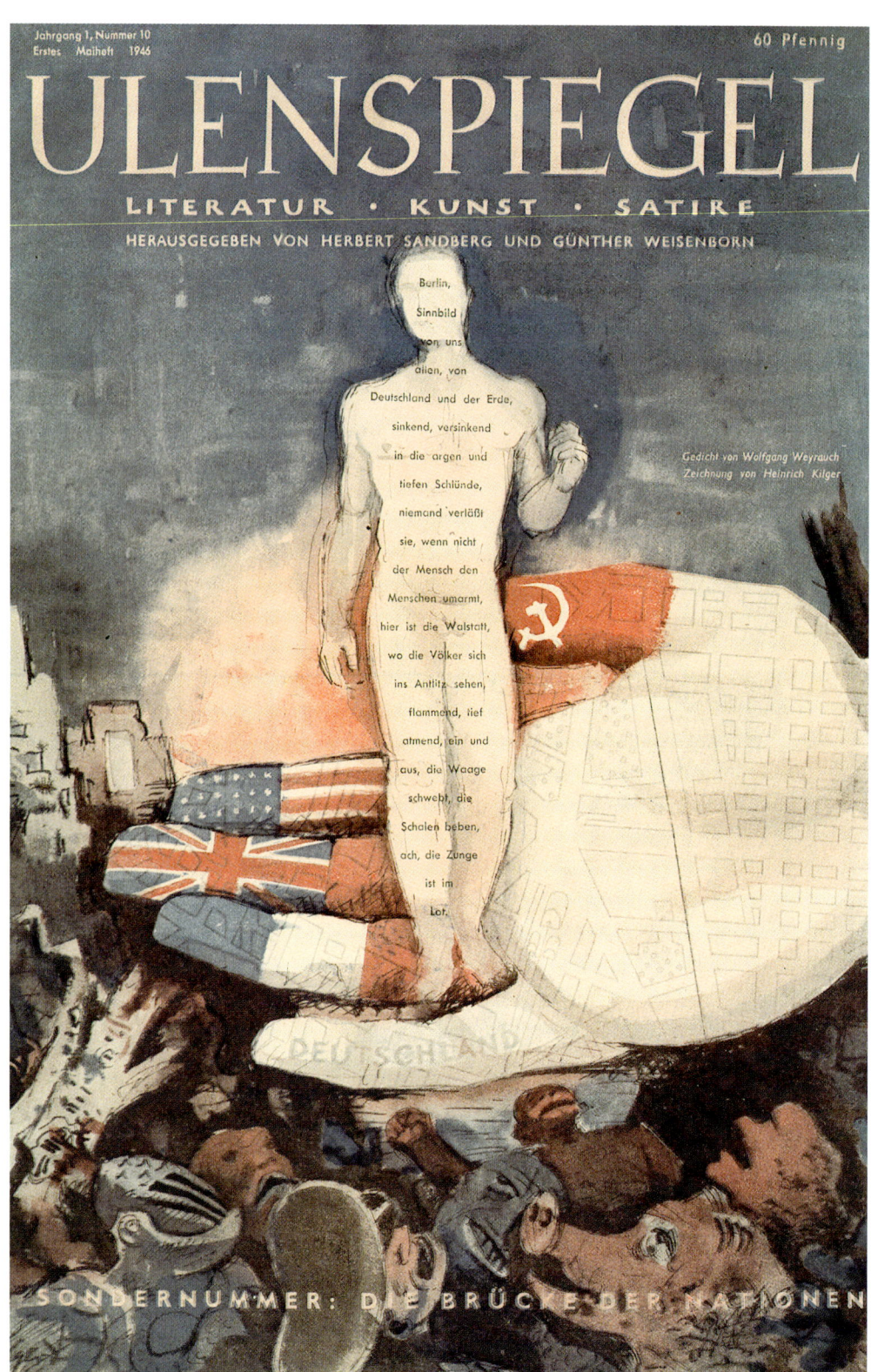

Jahrgang 1, Nummer 10
Erstes Maiheft 1946

60 Pfennig

ULENSPIEGEL

LITERATUR · KUNST · SATIRE

HERAUSGEGEBEN VON HERBERT SANDBERG UND GÜNTHER WEISENBORN

Berlin,
Sinnbild
von uns
allen, von
Deutschland und der Erde,
sinkend, versinkend
in die argen und
tiefen Schlünde,
niemand verläßt
sie, wenn nicht
der Mensch den
Menschen umarmt,
hier ist die Walstatt,
wo die Völker sich
ins Antlitz sehen,
flammend, tief
atmend, ein und
aus, die Waage
schwebt, die
Schalen beben,
ach, die Zunge
ist im
Lot.

Gedicht von Wolfgang Weyrauch
Zeichnung von Heinrich Kilger

DEUTSCHLAND

SONDERNUMMER: DIE BRÜCKE DER NATIONEN

Jahrgang 1, Nummer 11
Zweites Maiheft 1946

60 Pfennig

ULENSPIEGEL

LITERATUR · KUNST · SATIRE

HERAUSGEGEBEN VON HERBERT SANDBERG UND GÜNTHER WEISENBORN

ZUR ERINNERUNG

Zeichnung von Jaro Kubiček

THIS MAN IS AN AMERICAN SOLDIER. HE HAD BEEN A GERMAN PRISONER FOR THREE MONTHS. THIS IS HOW HE LOOKED WHEN U.S. TROOPS FREED HIM LAST WEEK

Gebrauchsanweisung: Betrachten Sie dieses Bild nur drei Minuten lang,
wenn Sie vor Wut über den Augenblick zur Vergeßlichkeit neigen.

Jahrgang 1, Nummer 17
Erstes Augustheft 1946

Preis 60 Pfennig
Auswärts 70 Pfennig

ULENSPIEGEL

LITERATUR · KUNST · SATIRE

HERAUSGEGEBEN VON HERBERT SANDBERG UND GÜNTHER WEISENBORN

DAS DEUTSCHE GEBÄUDE

Zeichnung von Herbert Sandberg

Da baut nun jeder seine Ecke. Wie soll das mal unter ein Dach?

ULENSPIEGEL

LITERATUR · KUNST · SATIRE

HERAUSGEGEBEN VON HERBERT SANDBERG UND GÜNTHER WEISENBORN

Jahrgang 1 · Nummer 24 · 2. Novemberheft 1946 · Preis 60 Pfennig, auswärts 70 Pfennig

Ja, der hat's gut, der lebt unter einem besseren Himmel

Zeichnung von Karl Holtz

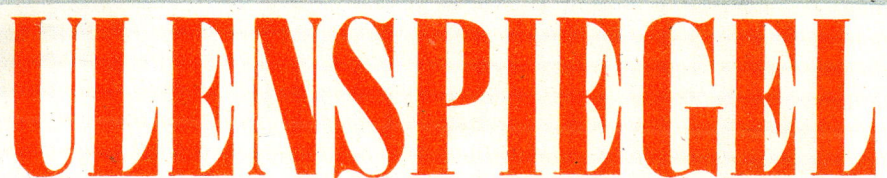

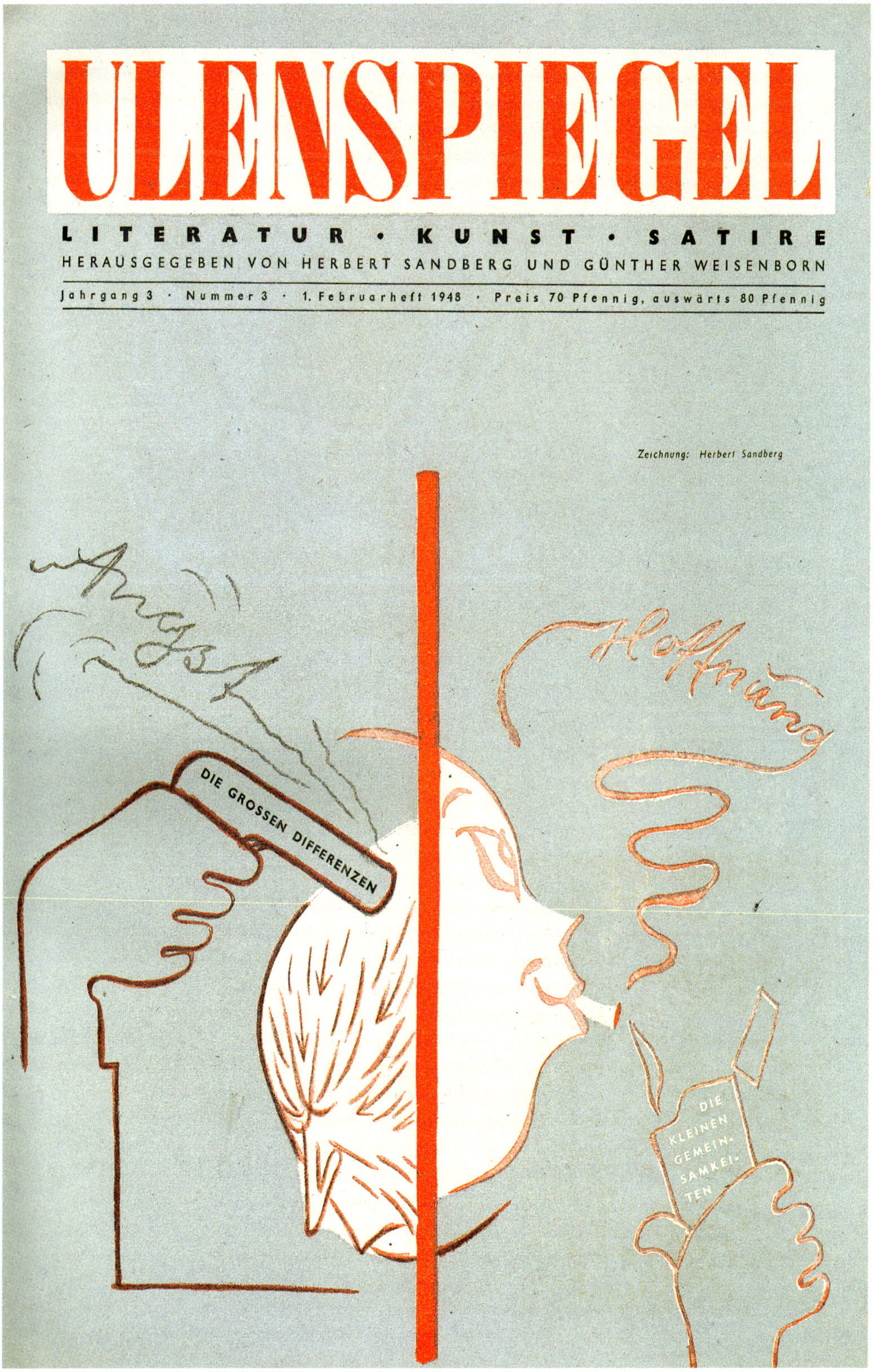
ULENSPIEGEL
LITERATUR · KUNST · SATIRE
HERAUSGEGEBEN VON HERBERT SANDBERG UND GÜNTHER WEISENBORN
Jahrgang 3 · Nummer 3 · 1. Februarheft 1948 · Preis 70 Pfennig, auswärts 80 Pfennig
Zeichnung: Herbert Sandberg
Angst
Hoffnung
DIE GROSSEN DIFFERENZEN
DIE KLEINEN GEMEINSAMKEITEN

Zeichnung: Jürgen Freese

Vordergrund und überlagerte die bildnerische Beschwörung des faschistischen Alptraums. Sie hatte auch in der deutschen Kunst, vor allem bei Paul Klee und dem »Blauen Reiter«, später bei Willi Baumeister und Fritz Winter, wichtige Vorbilder und Anreger, doch erklärt sich der »Sieg des Großen Abstrakten über das Große Reale« (Karin Thomas 1985, S. 9) vor allem aus dem aktuellen Einfluß des damaligen Weltkunstzentrums Paris. Auf Initiative der französischen Militärverwaltung war bereits im Oktober 1946 im Weißen Saal des teilzerstörten Berliner Schlosses eine Ausstellung französischer Malerei vom Impressionismus bis zur Gegenwart gezeigt worden, der im folgenden Jahr eine entsprechende Skulpturen-Schau folgen sollte. Vor allem jüngere Künstler waren von der grenzenlosen Weltsprache der Abstraktion fasziniert, während viele Deutsche diesen neuen bildnerischen Ausdrucksformen häufig verständnislos und mitunter auch aggressiv gegenüberstanden. Der junge Maler Bernard Schultze hat diese Situation anschaulich beschrieben: »Mit der abstrakten Kunst sollte dem Betrachter das Moment des Psychologischen, der eigentlich nicht aussprechbaren Empfindungen vermittelt werden. [...] Das Volk war total verbildet durch die Nazikunst in Deutschland. Die haben die 12 Jahre, die die Nazis am Ruder waren, nur diese deutsche Kunst gesehen, und es war wichtig, das rauszubringen und auch den internationalen Anschluß an die Weltkunst zu kriegen.« (Zitiert nach: Grauzonen-Farbwelten 1983, S. 284)

Vgl. dazu den Bildteil, S. I–VII.

Aufbruchstimmung und Experimentierlust, die viele Künstler nach dem Ende der NS-Diktatur ergriffen hatten, wurden auch durch die rasche Wiedereröffnung zahlreicher Kunstakademien in ganz Deutschland unterstrichen. Wie schwierig die Arbeitsbedingungen der Künstler unmittelbar nach Kriegsende waren, illustriert ein Brief, den der junge Maler K. O. Götz am 20. November 1945 aus Königsförde an den prominenten Kunstkritiker Will Grohmann gerichtet hat: »Vorgestern aus der Gefangenschaft zurück. Wohne hier auf dem Lande. [...] Ich sehe mich gezwungen, mit Kaffeersatz auf Klosettpapier zu malen. Trotzdem, die Zeit ist für uns! In Hannover-Herrenhausen waren Klee-Marc-Barlach ausgestellt. [...] Bitte geben Sie bald ein Lebenszeichen, wenn Sie dazu noch in der Lage sind.« (Zitiert nach: Gutbrod 1968, S. 186)

Die Organisation, die in der sowjetischen Besatzungszone auf dem kulturellen Feld Intellektuelle unterschiedlicher politischer Richtungen zur Erhaltung und Wieder-

Johannes R. Becher am Rednerpult auf dem ersten Bundeskongreß des Kulturbundes zur demokratischen Erneuerung Deutschlands am 20./21. Mai 1947 im Klub der Kulturschaffenden in der Jägerstraße in Berlin. Auf diesem Kongreß wird Johannes R. Becher zum Präsidenten gewählt.

Anna Seghers spricht am
10. Mai 1946 anläßlich des
»Tages des freien und des
verbrannten Buches« vor
der Humboldt-Universität,
Berlin.

gewinnung des »kulturellen Erbes« und des »Humanismus« zusammenführen sollte, war der »Kulturbund zur demokratischen Erneuerung«, der im Juni 1945 seine Lizenz von der SMAD erhielt. Er sollte die geistige Erneuerung Deutschlands durch einen antifaschistischen Konsens begründen und auf diese Weise die »Einheit der deutschen Kultur« gewährleisten. Der kommunistische Emigrant Johannes R. Becher[12], der als einer der ersten aus Moskau in die sowjetische Besatzungszone zurückgekehrt war, wurde am 8. August 1945 zum Präsidenten dieser Organisation gewählt, die sich in ihren »Leitsätzen« unter anderem die »Bildung einer nationalen Einheitsfront der deutschen Geistesarbeiter«, die »Wiederentdeckung und Förderung der freiheitlichen humanistischen, wahrhaft nationalen Traditionen« und die »Neugeburt des deutschen Geistes im Zeichen einer streitbaren demokratischen Weltanschauung« zum Ziel gesetzt hatte. Der »Kulturbund« hatte für die Reorganisation des geistigkulturellen Lebens in der sowjetischen Besatzungszone zunächst eine zentrale Bedeutung.

Am 18. August 1945 wurde der Aufbau-Verlag lizenziert, der zum entscheidenden Multiplikator neuerer deutscher oder auch russischer Literatur wurde. Hier erschienen Texte, die schon 1947 große Auflagen erlebten, neben Auswahlbänden klassischer deutscher Literatur (Lessing, Goethe, Schiller, Heine), unter anderem Werke von Heinrich und Thomas Mann, Arnold Zweig, Anna Seghers, Bertolt Brecht, Friedrich Wolf, Johannes R. Becher, Erich Weinert, aber auch Bücher von Else Lasker-Schüler, Ernst Wiechert, Ricarda Huch und Luise Rinser. Ein solches Verlagsprogramm dokumentierte auf hoffnungsvolle Weise die pluralistische Orientierung des Neuanfangs. Im Aufbau-Verlag erschienen auch Texte, die sich mit der Geschichte des Nationalsozialismus kritisch auseinandersetzten: Alexander Abuschs »Der Irrweg einer Nation« (Auflage: 80 000), Horst Lommers Satiren »Das Tausendjährige Reich« (Auflage: 70 000) sowie der berühmte Roman von Anna Seghers »Das siebte Kreuz« (Auflage: 60 000). Im gleichen Verlag erfolgte auch die Erstveröffentlichung von Theodor Pliviers eindringlichem Kriegsbericht »Stalingrad«, der mit 154 000 Exemplaren bis 1947 eine besonders hohe Auflage erreichte und wenig später als einer der ersten »Rowohlt Rotations Romane« (rororo) erschien. (Rüdiger Thomas 1990, S. 396 f.; Jäger 1994, S. 14)

Umschlag des Buches
»Stalingrad« von Theodor
Plievier, 1947.

Ein großer Nachholbedarf an Belletristik herrschte in Ost und West, nicht nur an deutschsprachiger, auch an moderner englischer, amerikanischer und französischer Literatur. Die Kritik am »Formalismus«, die in der sowjetischen Besatzungszone seit 1948 verstärkt einsetzte, hatte jedoch zur Folge, daß die moderne westliche Literatur aus den Verlagsprogrammen und von der Bühne verdrängt wurde, noch bevor das staatliche Zensursystem institutionell etabliert war. Nachdem sich die politische Ost-West-Konfrontation zunehmend ausprägte, geriet der »Kulturbund« in den Sog des Kalten Krieges und wurde nach dem Schriftstellerkongreß vom 4. bis 8. Oktober 1947 schließlich in Westberlin verboten, als sich die Kontroversen um die »Freiheit der Kultur« als unüberbrückbar erwiesen hatten.

Während Intellektuelle in beiden Teilen Deutschlands ihren Bildungshunger stillten und sie zumindest im westlichen Deutschland den französischen Existentialismus, die amerikanische Literatur und die abstrakte Kunst entdeckten, herrschte in weiten Teilen der Bevölkerung das Bedürfnis nach Unterhaltung und Ablenkung vor. Beides konnte in jenen ersten beiden »Frühlingsjahren« nach dem Kriege befriedigt werden, denn vorherrschend war der Versuch in West- und Ostdeutschland, nicht mit allzu scharfer Hand gegen die kleinen Nazis oder die vielen Mitläufer in der Kultur vorzugehen. Viele der Schauspieler, die den Deutschen seit der großen UFA-Zeit liebgeworden waren, blieben nach wie vor Publikumsstars. Auf die »Drei von der Tankstelle« brauchte nach 1945 niemand zu verzichten. Um nur das bekannteste Beispiel zu nennen: Heinz Rühmann, dieser nette, schüchterne Junge von nebenan, der sich nicht unterkriegen ließ, hatte eben nur kleine braune Flecken auf seiner weißen Weste – wie alle anderen auch. Und Hans Albers, der Hamburger Junge, war auch nach 1945

Plakat der Eröffnungspremiere der Komischen Oper »Die Fledermaus« von Johann Strauß in der Inszenierung von Walter Felsenstein.

»auf der Reeperbahn nachts um halb eins«[13] zu Haus, die nun – obwohl in der britischen Besatzungszone gelegen – zum Hauptumschlagplatz für »Camels gegen Blondy« wurde. Auch wenn den zurückkehrenden Emigranten diese stille Duldung der »kleinen Anpäßler« und »inneren Emigranten« in der deutschen Kultur ein Dorn im Auge gewesen sein mußte, die allgemeine Verpflichtung zur Zusammenarbeit für ein neues Deutschland half über solche Bedenken hinweg.

Jugend- und Bildungspolitik

Innerhalb der »Umerziehungspolitik« aller Besatzungszonen spielte der »Kampf um die Jugend« eine entscheidende Rolle. In den Schulen, Hochschulen und Universitäten bemühten sich die verantwortlichen Besatzungsoffiziere, sowohl die Inhalte deutschtümelnder bis nationalsozialistischer Literatur, Geschichte und Geographie aus den »pädagogischen Anstalten« zu verbannen als auch die Jugendlichen von jenen Lehrern zu befreien, die noch kurz zuvor in Uniform Appelle abgenommen hatten. (→ Dok. 102, 103, 104) Das war dreifach schwer: Zum einen war es nicht einfach, die »echten Nazis« von den reformpädagogischen Anpäßlern und Mitläufern zu unterscheiden; zum anderen fehlte es überall an unbelastetem Lehrpersonal. Und zum dritten war es mühsam, in kurzer Zeit neue Lehrmittel herzustellen. In diesem Dilemma haben sich die sowjetische Besatzungsmacht und die sozialistischen Kulturpolitiker für eine härtere Linie als in anderen Bereichen

Rückgabe von Nazibüchern in der Schule, um 1945.

entschieden: Die »Säuberung der Schulen« stand im Vordergrund gegenüber der Nutzung pädagogischer Erfahrung. Man entließ viele belastete Lehrer und bildete Tausende von »Neulehrern« in Schnellkursen aus, bei denen die Gesinnung vor der Erfahrung oder Qualifikation stand. Die Neulehrer waren zumeist ohne universitäre Ausbildung oder fachliche Kenntnis, und es sollten jene bevorzugt werden, die aus der Arbeiterklasse oder der Bauernschaft stammten. Auf diese Weise wollte man einen harten Schnitt zur nationalsozialistischen Schule machen. (→ Dok. 102)

Auch in der SBZ konnte man jedoch nicht ganz auf alte Lehrbücher verzichten, mußte Vorhandenes umschreiben, Seiten auslassen oder einiges schwärzen. Trotz der Bemühungen um Neulehrer blieben auch alte Lehrer im Amt. Neuere lebensgeschichtliche Untersuchungen zeigen, daß auch bei den Neulehrern in vielen Fällen die lupenreine Herkunft und Haltung falscher Schein waren, überwiegend sollen sie nicht einmal aus der Arbeiterklasse gekommen sein. Dennoch war hier der Bruch mit der Vergangenheit weit ausgeprägter als in den Westzonen: 1947 waren ca. 66 Prozent, 1949 88 Prozent aller Lehrer der SBZ Neulehrer. Damit kann von einem weitgehenden personellen Wechsel in der Lehrerschaft nach 1945 gesprochen werden. (Gruner 1995, S. 943 ff.; Hohlfeld 1992)

Erste Vorlesung an der Humboldt-Universität, Berlin, am 11. Februar 1947.

Im Westen – abgeschwächt auch in der DDR – wurden in den frühen fünfziger Jahren viele alte Lehrer und Beamte mit den »Blitzgesetzen« in ihre früheren Funktionen zurückgeholt. Dennoch dürfte die Zeit der ersten Nachkriegsjahre nachhaltig auf das Lehrpersonal an Schulen und Universitäten gewirkt haben, trotz solcher früherer NS-Lehrer mit ihren spezifischen Vorstellungen von Erziehung zur Härte und Unterordnung. Ganz so wie früher wurde es nicht mehr.

Aus dem Aufbruch in eine neue Zeit der Demokratie, des Friedens und des Humanismus wurde ein Aufbruch in die Zeit eines neuen Dogmatismus. Der Kulturbund verengte sich zu einer sozialistischen Intellektuellenorganisation der SED. Die Schulen bekamen den Auftrag, die Politik der SED und ihres Arbeiter-und-Bauern-Staates DDR durchzusetzen. An Schulen und Universitäten sollte die FDJ diese Neuorientierung unterstützen. Der bürgerliche Einfluß sollte durch die bevorzugte Zulassung von Arbeiterkindern zum Studium zurückgedrängt werden. Sie konnten seit 1948 in Vorstudienanstalten, die 1951 in die Arbeiter-und-Bauern-Fakultäten umgewandelt wurden, nachträglich die Hochschulreife erwerben. Anfang der fünfziger Jahre wurde ein marxistisch-leninistisches Grundstudium für alle Studierenden obligatorisch. Doch blieb vieles aus der ersten Zeit des »unglaublichen Frühlings« in den Köpfen von Intellektuellen, Lehrern und »Kulturschaffenden« hängen – zumindest als enttäuschte Sehnsucht.

Auch in den Westzonen bemühten sich die Besatzungsmächte und die deutschen Politiker um *die* Jugend. Unter nationalsozialistischen Bedingungen aufgewachsen, hatte sie ihre ersten politischen Erfahrungen in den nationalsozialistisch dominierten Schulen, in den NS-Jugendorganisationen oder gar in militärischen oder vormilitärischen Organisationen gemacht. Diese Jugend sollte nun im Geist der

Jugendlager auf der Loreley, das vom 20. Juli bis 6. September 1951 vom Bundesjugendring veranstaltet wurde.

Demokratie und der Toleranz zur Selbstverantwortung erzogen oder besser umerzogen werden. Dazu schuf oder reorganisierte man in den Westzonen neue Jugendorganisationen. Jugendverbände schlossen sich zur Durchsetzung gemeinsamer Interessen häufig in Stadt-, Kreis- und Landesjugendringen zusammen. Als Dachorganisation wurde am 3. Oktober 1949 der Deutsche Bundesjugendring gegründet.

Vor allem in der amerikanischen Zone wurden schon früh Jugendgruppen und Kreisjugendausschüsse, Jugendzeitungen oder -parlamente gebildet. Bis zum 1. August 1946 existierten hier »186 Kreisjugendausschüsse, die 2 866 lizenzierte Jugendgruppen mit nicht ganz einer halben Million Jugendlichen betreuten.« Damit waren in kurzer Zeit knapp ein Viertel aller Jugendlichen in der Altersgruppe zwischen 10 und 18 Jahren in dieser Form organisiert und profitierten von der Unterstützung der öffentlichen Jugendarbeit. Und 1949 besuchten ca. 700 000 Jugendliche die amerikanischen Jugendheime, die von den deutschen staatlichen Stellen unabhängig waren. (Füssl 1994, S. 120 und 163)

Diese Zahlen sind angesichts der beschriebenen Lebensbedingungen für Kinder und Jugendliche und angesichts weitgehender politischer Abstinenz erstaunlich hoch. Die demoskopischen Befragungen aus dieser Zeit lassen eher eine politisch wenig interessierte und wenig aktive Jugend aufscheinen. Immerhin soll es im März 1948 eine knappe Mehrheit gegeben haben, die für demokratische Prinzipien eintreten wollte, gegenüber einer starken Minderheit, die autoritäre Prinzipien befürwortete. Von den Amerikanern lernen wollten nur qualifizierte Minderheiten, z. B. in der Politik nur 17 Prozent, in Kultur und Kunst immerhin 44 Prozent, in Bildung und Erziehung nur 22 Prozent, im Bereich Arbeit und Wohlfahrt 34 Prozent. Insgesamt waren bei einer Befragung von 1950 70 Prozent der Jugendlichen politisch vollkommen desinteressiert, 40 Prozent kannten Bundeskanzler Adenauer nicht. Gleichzeitig gaben 51 Prozent der europäischen Einigung den Vorzug vor einem starken Deutschland. (Ergebnisse einer Reihe von amerikanischen Untersuchungen, zitiert nach: Füssl, 1994, S. 164 ff.)

John Gimbel, der amerikanische Historiker und Politologe, der in jenen Jahren in Deutschland Untersuchungen durchführte, schlüsselte solche Ergebnisse auch nach Altersgruppen auf: »Die Initiative in den Parteien ging von oben, nicht von unten aus, und die politische Apathie der Deutschen verschwand nicht, auch wenn die meisten an den Wahlen teilnahmen. Eine 1950 veranstaltete Umfrage ergab, daß 75 Prozent der Befragten zwischen 15 und 19 Jahren, 65 Prozent der 20- bis 25jährigen und 63 Prozent der über 25jährigen kein Interesse an Politik hatten.« (Gimbel 1964, S. 211)

Eine Mehrheit der Jugend glaubte, daß ihnen im Westen größere Aufmerksamkeit gewidmet würde als im Osten, und begründete dies unter anderem mit freieren Gestaltungsmöglichkeiten und weitreichenden Grundrechten. Bei Jugendlichen mit gymnasialer Schulbildung zeigten sich hier allerdings umgekehrte Mehrheitsverhältnisse. Größte Enttäuschung bereiteten den amerikanischen Jugendpolitikern die Ergebnisse solcher Befragungen, die auf die Akzeptanz des Nationalsozialismus abzielten. 40 Prozent der befragten Jugendlichen wollten einige Elemente nationalsozialistischer Jugendpolitik wieder eingeführt sehen, vor allem Landjahr, Pflichtjahr oder Landdienst. Bei den Jugendlichen mit gymnasialer Ausbildung waren es sogar zwischen 50 und 59 Prozent. Für die Amerikaner das offensichtlich erschreckendste Ergebnis: 60 Prozent aller Jugendlichen der US-Zone sprachen sich für eine Staats- oder Einheitsjugend aus. Bei Jugendlichen aus Kleinstädten lagen diese Zahlen sogar noch höher, nämlich bei 71 Prozent, und bei Flüchtlingsjugendlichen bei 68 Prozent. Etwas relativiert wird dieses Ergebnis dadurch, daß fast ein Viertel der Befragten für eine uniformierte Staatsjugend war. (Ergebnisse einer amerikanischen Untersuchung vom 9. Oktober 1950, zitiert nach: Füssl 1994, S. 165 ff.) Nach diesem Schrecken wurde von den Amerikanern noch im gleichen Jahr 1950 eine neue Umfrage unter 2 000 Jugendlichen durchgeführt, wonach nur noch 45 Prozent für eine Einheitsjugend votierten und nur jeder dritte dagegen. Allerdings waren über 25jährige mitbefragt worden; wenn man diese berücksichtigt, dann sind es wieder 55 Prozent, die einer Einheitsjugend das Wort redeten (Füssl, 1994, S. 166) Und ein weiteres Ergebnis: Unter den organisierten Jugendlichen waren ehemalige Mitglieder der HJ und des BDM besonders aktiv, während bei den nichtorganisierten Jugendlichen die HJ-Vergangenheit eine geringere Rolle spielte, vermutlich vor allem in den Ansichten. (Füssl 1994, S. 164)

Diese Studien zeigen, daß nicht nur in der Freien Deutschen Jugend (FDJ) der DDR viele Jugendliche aktiv wurden oder blieben, die zuvor Aktivisten in der HJ oder im BDM gewesen waren. (Wierling 1993, S. 107 ff.) Sie erlauben den Schluß, daß bei den Jugend-

Der Antrag auf Zulassung der FDJ gilt als die eigentliche Gründungsurkunde des Jugendverbandes, unterschrieben von den Mitgliedern des Zentralen Jugendausschusses, 26. Februar 1946.

Gründungsbeschluß

Die am 26. Februar 1946 im Sitzungssaal des Magistrats der Stadt Berlin, Parochialstraße, anwesenden Mitglieder des Zentralen Jugendausschusses für die sowjetische Besatzungszone Deutschlands bekunden hiermit einmütig ihren Willen, sich zwecks Gründung einer überparteilichen, einigen, demokratischen Jugendorganisation

"Freie Deutsche Jugend"

an die sowjetische Militärverwaltung in Deutschland zu wenden.

Die Grundlagen hierzu bilden die von allen Unterzeichneten angenommenen und der Urkunde beigefügten Ziele und Satzungen der Freien Deutschen Jugend.

Berlin, den 26. 2. 1946

lichen weniger konkrete politische Ziele im
Vordergrund standen, sondern vielmehr das
Bedürfnis nach Aktivitäten, Treffen mit
anderen Jugendlichen, vor allem mit denen
des anderen Geschlechts, und nach Bewährung in einer Gemeinschaft. Ähnliche Ergebnisse haben auch westliche Untersuchungen über junge Gewerkschafter und
Betriebsräte im Ruhrgebiet oder über ehemalige BDM-Mitglieder gezeigt. (Vgl. dazu
von Plato 1995; von Plato 1984; Möding
1985, S. 256 ff.)

In der sowjetischen Besatzungszone gab es
jene einheitliche Jugendorganisation, die
mindestens der Form nach der früheren
Staatsjugend immer ähnlicher wurde, die
FDJ. (Mählert/Stephan 1996) Sie wurde,
wie es Walter Ulbricht bereits auf der Ersten Funktionärskonferenz der KPD am
25. Juni 1946 wörtlich formuliert hatte,
nicht als kommunistische Jugendorganisation gegründet, sondern als »einheitliche,
freie Jugendbewegung«. Die SMAD sank-
tionierte schon im Juli 1945 die Antifaschistischen Jugendausschüsse, die unter
anderem die Gründung der FDJ vorbe-
reiteten. Schon in dieser Phase war die

FDJ: Jungaktivisten/Aufbau-
arbeiter der FDJ auf einer
Lokomotive, 1949.

Hand der KPD und der Sowjetischen Militäradministration stark spürbar, was auch
durch die Person des ersten Vorsitzenden, Erich Honecker, deutlich wurde. Die
Gründung der FDJ fand bereits am 7. März 1946 statt, also noch einen Monat vor
der SED. Wie das 1. Parlament der FDJ im Juni 1946 bestätigte, sollte die FDJ eine
Organisation der ganzen Jugendgeneration sein. Die Gründungsdokumente vermeiden den Bezug zur SED als Führungskraft, der parteiübergreifende Bezugs-
punkt sollte der Antifaschismus sein. Forderungen der FDJ waren unter anderem
die Herabsetzung des Wahlalters auf 18 Jahre, die Verbesserung des Arbeits-
schutzes, gleicher Lohn für gleiche Arbeit, das Recht auf Bildung. Die Uniformie-
rung mit »Blauhemden« wurde auf dem 2. Parlament der FDJ im Mai 1947 eingeführt, zugleich mit einer deutlicheren politischen Akzentuierung. Schon im Jahr
1949, auf dem 3. FDJ-Parlament, gab es dann auch den organisatorischen Nach-
vollzug einer längst deutlich gewordenen Entwicklung: Es wurde eine neue FDJ-
Verfassung verabschiedet, in der sich die FDJ den Zielen der SED anschloß und die
geheimen Verbandswahlen abschaffte. Und 1952, auf dem 4. FDJ-Parlament, un-
terwarf sich die FDJ der führenden Rolle der SED.

Damit hatte sich die FDJ von einer überparteilichen antifaschistischen Jugendorganisation, wie sie zumindest dem propagierten Anspruch nach aufgebaut worden war, zur uniformierten Staatsjugend unter der Ägide der SED gewandelt. Ende
1947 hatte sie 492 000, 1981 2,3 Millionen Mitglieder. (Mählert/Stephan 1996, S. 63)
Die FDJ war einerseits eine Staatsjugendtruppe, in der Jugendliche in den Griff genommen wurden, wie gerade jüngere Forschungen über die Kontrolle von mißliebigen Schülern und Studenten durch die FDJ zeigen. Andererseits entwickelte
sich unter dem Mantel der FDJ auch ein eigenständiges Jugendleben, in dem die
Politik weniger wichtig war als die Begegnungs-, Tanz- oder Reisemöglichkeiten.

Medien

Wichtigste Organe der Umerziehung im Nachkriegsdeutschland waren die Medien. Dieses Land, dessen Bevölkerung in unterschiedlichen Graden von den Sorgen der Nachkriegsnot erfüllt, von der Suche nach alter oder neuer Heimat, nach Angehörigen und Freunden bewegt war und politische Umbrüche zu verarbeiten hatte, sollte nun »zur Demokratie geführt« werden – und zwar »von oben« mit den Mitteln militärischer Besatzungsbehörden. Die Demokratisierungs- bzw. »Reeducation«-Programme waren je nach Besatzungsmacht verschieden; ihre Instrumente waren neben der Veränderung des Bildungssystems vor allem Rundfunkanstalten, Wochenschauen, die Tagespresse, Zeitschriften und eigene Bildungseinrichtungen wie die Amerika-Häuser bzw. die entsprechende Institution der Briten, »Die Brücke«.

Zunächst wurde per Gesetz jede eigenständige deutsche Publikationstätigkeit verboten. Rundfunkanstalten bzw. Zeitungen wurden von den zuständigen Militärbehörden eingerichtet und kontrolliert – anfänglich unter starker Beteiligung deutscher Emigranten verschiedenster politischer Couleur wie Hans Habe, Hans Wallenberg, Stefan Heym. So nahm »Radio Hamburg« schon am 4./5. Mai 1945 seine Sendungen auf, und im Laufe des Jahres entstanden Rundfunkstationen der Besatzungsbehörden in Frankfurt am Main, München, Bremen und Stuttgart, in Köln, Saarbrücken, Koblenz und Berlin; seit dem Herbst 1948 wurden diese Sender der Westzonen in deutsche Regie entlassen. (→ Dok. 96)

Verkauf der ersten Ausgabe der »Berliner Zeitung«, herausgegeben im Auftrag des sowjetischen Stadtkommandanten, 20. Mai 1945.

Schon im Sommer 1945 gab es in 13 deutschen Städten von den Amerikanern herausgegebene Militärzeitungen: Der »Kölnische Kurier« erschien am 2. April 1945 mit 400 000 Exemplaren, dann die »Frankfurter Presse« mit ca. 550 000 und die »Hessische Post« mit ungefähr einer Million. Insgesamt sollen diese Zeitungen Ende Juni 1945 eine Auflage von 4,6 Millionen Exemplaren gehabt haben und auf großes Interesse gestoßen sein. Aber schon ab dem Herbst 1945 wurden diese Blätter im Sinne der Demokratisierungskonzepte der Alliierten zugunsten von lizenzierten Organen eingestellt, die je nach Besatzungszone unterschiedlich strukturiert waren. (→ Dok. 95, 97) Eugen Kogon beschrieb diese neu entstandene Presse folgendermaßen: »Eine reine Parteipresse im Osten (...); eine parteiorientierte Presse in der Nordzone [der britischen], eine meist aus Vertretern mehrerer Parteien zusammengesetzte, überparteilich genannte Presse in der US-Zone; eine unter Vorzensur gestellte, ›unabhängige Presse‹ in der französischen Zone.« (Kogon 1948, S. 614 ff.)

Unter diesen Bedingungen entstanden z. B. die »Neue Zeitung« in München unter Hans Habe mit einer Höchstauflage von ca. 2 Millionen, die »Süddeutsche Zeitung« mit 200 000 Exemplaren oder »Die Zeit«. Insgesamt wurden in den folgenden Jah-

Die Lokalredaktion der »Süddeutschen Zeitung« in ihren noch zerbombten Arbeitsräumen, Anfang 1946.

ren in den drei westlichen Zonen 155 Lizenzblätter produziert – je 61 in der englischen und in der amerikanischen, 33 in der französischen Zone. Die Lizenzvergabe wurde, nachdem sie auf deutsche Behörden übertragen worden war, im September 1949 ganz aufgehoben.

Kritik an den Besatzungsmächten war immer Gefährdungen oder Zensuren ausgesetzt. Auseinandersetzungen um kritische Beiträge über die Besatzungsmächte in Zeitungen und Zeitschriften gab es in Ost und West. Zu Anfang bestand zumindest bei der amerikanischen Information Control Division (ICD), die für die Presse verantwortlich war, noch die Vorstellung von Gemeinsamkeiten zwischen den Besatzungsmächten. Die »Süddeutsche Zeitung« durfte beispielsweise vier Wochen lang nur mit vier statt mit sechs Seiten erscheinen, nachdem sie im Juni 1946 die Ausweisung der Sudetendeutschen aus der Tschechoslowakei und einige Verhältnisse in der SBZ kritisch beleuchtet hatte. Mit den »Richtlinien für die deutschen Politiker und die deutsche Presse« vom 12. Oktober 1946 verbot der Alliierte Kontrollrat, Nachrichten oder kritische Beiträge zu veröffentlichen, die geeignet seien, »die Einheit unter den Alliierten zu beeinträchtigen oder eine mißtrauische oder feindliche Einstellung des deutschen Volkes gegenüber einer Besatzungsmacht hervorzurufen«. Die sowjetische Besatzungsmacht schränkte mit der Verschärfung des

Sowjetische Offiziere in der Redaktion der »Täglichen Rundschau«, die als erste Zeitung am 15. Mai 1945 erschien.

Ost-West-Klimas den interzonalen Kulturaustausch ein und erließ im Juli 1947 ein Ausreiseverbot für SBZ-Künstler.

In der sowjetischen Besatzungszone wurden die Tageszeitungen von den Parteien und Massenorganisationen des antifaschistischen Blocks herausgegeben. Die einzige Ausnahme im formellen Sinn war das Organ der sowjetischen Besatzungsmacht, die »Tägliche Rundschau«, die anfänglich als Frontzeitung der Roten Armee konzipiert war. Die Lizenzvergabe erfolgte durch die SMAD, anknüpfend an den SMAD-Befehl Nr. 90. (Holzweissig 1991, S. 67) Sie erschien seit dem 15. Mai 1945 als erste reguläre Tageszeitung nach dem offiziellen Kriegsende. Die ersten Auflagen überstiegen kaum 150 000 Exemplare. Ab Mitte September 1945 belief sich die Auflagenhöhe auf etwa 400 000. (Strunk 1996, S. 36 und 42) Unabhängige Zeitungen konnten nicht gegründet werden; ihre Grundorientierung wurde durch die Ausrichtung des antifaschistischen Blocks bestimmt. Zensiert wurde wie in den westlichen Zonen zunächst dann, wenn die Alliierten Besatzungsmächte, insbesondere die sowjetische, angegriffen oder nationalsozialistische Gedanken vermutet wurden.

Die meisten großen Tageszeitungen, die in den ersten Nachkriegsjahren lizenziert wurden, blieben mit Ausnahme des Organs der sowjetischen Besatzungsmacht auch in der DDR führend. Die Parteipresse der SED, an der Spitze ihr Zentralorgan »Neues Deutschland«, erzielte mit der deutlichen Bevorzugung durch die sowjetische Besatzungsmacht (unter anderem bei der Papierzuteilung) die höchsten Auflagen. Das »Neue Deutschland« erschien erstmals am 23. April 1946. Bei der anfangs erstrebten Auflagenhöhe von 400 000 Exemplaren kam es aufgrund fehlenden Papiers wiederholt zu Auflagenschwankungen. Die Zeitungen, die von der CDU (»Neue Zeit« mit einer anfänglichen Auflagenhöhe von rund 100 000 Exemplaren) und der LDP (»Der Morgen« mit einer Auflagenhöhe von 100 000 Exemplaren) publiziert wurden, vertraten in den ersten Nachkriegsjahren durchaus noch eigenständige Positionen, bevor sie seit 1948 einer scharfen Kontrolle unterworfen wurden. (Strunk 1996, S. 73, 77, 81) Das Organ des Zentralrats der FDJ, die Tageszeitung (!) »Junge Welt«, zählte neben der Tageszeitung des Freien Deutschen Gewerkschaftsbundes (FDGB), »Tribüne«, zu den auflagenstärksten Blättern. (Holzweissig 1991, S. 67; DDR Handbuch 1985, Bd. 2, Stichwort »Presse«, S. 1044 ff.)

1950 wurde die Lizenzvergabe von der SMAD auf DDR-Organe übertragen. In einem Brief teilt der Ministerpräsident der DDR, Otto Grotewohl, dem Leiter des Amtes für Information, Gerhart Eisler, mit (Holzweissig 1991, S. 66):

Sehr geehrter Herr Professor!

Die Sowjetische Kontrollkommission hat den Beschluß gefaßt, die Ausübung der Funktionen, die aus dem Befehl Nr. 90 des Obersten Chefs der SMAD vom 17. April 1947 und den dazu gehörigen Instruktionen hervorgehen – einschließlich der Lizenzierung von Druckerzeugnissen, der Papierkontingentierung usw. – dem Amt für Information zu übertragen.

Werbeplakat der SED-Zeitung »Neues Deutschland«, 1946.

NEUES DEUTSCHLAND
ZENTRALORGAN DER SOZIALISTISCHEN EINHEITSPARTEI DEUTSCHLANDS
Die Zeitung des schaffenden Volkes!

Ich ersuche Sie hiermit, die Ausübung dieser Funktionen zu übernehmen und sie nach den Bestimmungen des obengenannten Befehls Nr. 90 und der dazu gehörigen Instruktionen durchzuführen.

Mit vorzüglicher Hochachtung!

gez. O. Grotewohl

Nachfolger des Amtes für Information wurde 1953 das Presseamt. Dort war man zuständig für die Lizenzvergabe an Tages-, Wochen- und Kirchenzeitungen. Die Kulturabteilungen der ehemaligen Räte der Bezirke erteilten Lizenzen für Betriebszeitungen und Mitteilungsblätter auf regionaler Ebene. Die Lizenzerteilung erfolgte über eine Vorlage des Fachministeriums an die Fachabteilung des ZK der SED und mußte vom Sekretariat des ZK der SED bestätigt werden. Es gab ein staatliches Vertriebsmonopol, den Postzeitungsvertrieb. Nur Publikationsorgane, die in die Postzeitungsliste aufgenommen worden waren, durften vertrieben werden. Diese Erscheinungsbedingungen der Presseorgane und der Verlage der DDR blieben über Jahrzehnte hindurch gleich.

Die Auswirkungen des Kalten Krieges und die Folgen der Währungsreform auf die Publizistik, besonders auf die Tagespresse, waren groß: Mit dem 21. September 1949 wurde in der soeben gegründeten Bundesrepublik Deutschland die Lizenzpflicht für Publikationsorgane aufgehoben, jeder Westdeutsche konnte jetzt Zeitungen ohne das vordem notwendige Plazet der Besatzungsmächte (die politische Unbedenklichkeit betreffend) herausgeben, sofern nur genügend Kapital vorhanden war. Die Folge war eine Flut von neu- oder wiedergegründeten Zeitungen: Allein in Nordrhein-Westfalen nahm die Zahl der Zeitungen von Oktober 1949 bis März 1950 um 70 zu, nachdem es vorher nur 24 gegeben hatte. (Frei 1983, S. 293 ff.) Insgesamt kamen bis Ende 1949 zu den bisherigen ca. 150 Lizenzblättern 400 hinzu, bis Ende 1950 weitere 80. Ein Konkurrenzkampf entbrannte, den es zuvor wegen der faktischen Monopolstellung der Lizenzblätter nicht gegeben hatte. Der oberste US-Presseoffizier in Bayern, Ernest Langendorf, hatte bereits Ende 1947 befürchtet, daß nach der Lizenzära allein in Bayern mit 106 weiteren Zeitungen zu rechnen sei, deren Herausgebern und Redakteuren bis dato eine Lizenz verweigert worden war »wegen ihrer nationalsozialistischen Vergangenheit«. Im August 1947 baute die »Neue Presse« diesen Bericht mit Stoßrichtung gegen die neu entstehende Presse aus und erklärte, daß diese Blätter »chauvinistisch, unruhestiftend, antidemokratisch, antisemitisch, D(isplaced)P(ersons)-feindlich und amerikafeindlich« sein würden.

Spiegelausgabe Nr. 1 vom 4. Januar 1947.

Aber die befürchteten Folgen blieben aus: Es gab zwar besonders unter den »Heimatblättern« einige mit offen reaktionärer Tendenz, vergleicht man aber die Auflagenhöhe der Lizenzpresse mit der der neu- oder wiedererstandenen Zeitungen, ergibt sich eine Quote von 3 : 1 für die lizenzierten Blätter gegenüber einer umgekehrten Relation in der Zeitungsanzahl, die 1 : 6 betrug. Die ehemaligen Lizenzzeitungen hatten also in den Jahren zuvor einen Vorsprung gewonnen, der nicht aufgeholt wurde; fast alle heute noch führenden Tageszeitungen sind als Lizenzorgane entstanden, ebenso die großen Verlagshäuser von Augstein bis Burda, von

Gruner & Jahr bis Springer. In Nordrhein-Westfalen, besonders im Ruhrgebiet, verlief die Entwicklung etwas anders, da die Briten nur wenige Lizenzen – zwischen 20 und 24 – von 1945 bis 1949 nach einem komplizierten System vergeben hatten, das besonders die Kriterien politischer Zugehörigkeit und regionale Besonderheiten wie ländliche bzw. städtische Leserschaften miteinander verband. Diese Lizenzzeitungen hatten eine andere Tradition als die deutschnationale, völkische oder gar nationalsozialistische Presse der Weimarer Republik; allerdings verpflichtete sie ihre Entstehungsgeschichte – trotz mancher kritischer Seitenhiebe – auf die jeweilige Besatzungsmacht. (Möding/von Plato 1989)

Statt der erwarteten bzw. befürchteten chauvinistischen Tendenzwende trat jedoch eine andere ein, nämlich das Einschwenken auf den Kalten Krieg, das in den meisten dieser Zeitungen zu beobachten ist. Fast überall brachte diese Wende personelle Veränderungen, die im Westen vor allem Sozialisten und Kommunisten und im Osten »bürgerliche oder partei- bzw. sowjetfeindliche Elemente« traf: Redakteure, die der neuen Politik und Publizistik skeptisch gegenüberstanden, bekamen Schwierigkeiten nicht nur von »oben«, sondern auch von »unten«. Denn nicht nur bei Politikern, Herausgebern und Verlegern, sondern auch bei weiten Teilen der Leserschaft waren – wie die Untersuchung der Erfahrungsstrukturen zeigte – »weder linke noch rechte Extreme« erwünscht.

Nachkriegszeitschriften – ein erster Markt für die wiedergewonnene freie Meinungsäußerung.

In den Jahren 1945 bis 1949 erlebte Deutschland eine Blüte literarisch-politischer Zeitschriften, wie sie später nicht wieder erreicht wurde. In ihnen spiegelte sich die Suche nach neuen Orientierungen oder die Neuaufnahme früherer Traditionen deutschen Geisteslebens wider: Das Spektrum reichte von liberal-konservativen

über christlich-kirchliche bis hin zu sozialistischen
Publikationen. Rund 1 400 Zeitschriften suchten in
den Jahren 1945 bis 1948 ihre Käufer – und fanden sie;
etwa 150 bis 200 dieser Blätter waren im engeren Sinne
kulturell-politisch-literarische Organe. Aber es ist
schwer, die Trennungslinie zwischen den verschiedenen Genres zu ziehen, da sich auch andere Blätter mit
kulturellen, philosophischen, historischen oder politischen Themen befaßten. (von der Brelie-Lewien/
Laurien 1983, S. 406 ff.)

Titelzeile »Neues Europa«,
Halbmonatsschrift für Völ-
kerverständigung. Kultur,
Kunst, Politik, Wissenschaft.
Herausgeber: Walter
Lehning. Das Heft I des
1. Jahrgangs erschien im Juli
1946.

Die Auflagenhöhe der wichtigsten politisch-literarischen Publikationen reichte von
12 000 (»Ende und Anfang«) bis 150 000 Exemplaren (»Aufbau«, Zeitschrift des
Kulturbundes der sowjetischen Besatzungszone); im Durchschnitt besaßen die
wichtigsten westlichen kulturpolitischen Zeitschriften Auflagen zwischen 30 000
und 50 000 Exemplaren, also zum Teil mehr als einige Tageszeitungen, von denen
bis 1949 in der amerikanischen Zone durchschnittlich 79 246 und in der britischen
Zone 131 987 Exemplare verkauft wurden. (von der Brelie-Lewien/Laurien 1983,
S. 406 ff.)

»Hinzu kamen eine Fülle von Essays in Broschürenform, die die Lebendigkeit des
damaligen intellektuellen Klimas bezeugen. Die Produktion und der Vertrieb solcher Zeitschriften entwickelten sich regional und zonal sehr unterschiedlich: Zen-
tren waren das Rhein-Main-Gebiet, Südwürttemberg und Südbaden und die großen
Städte wie Berlin und München. Nicht die verlegerische Kapitalkraft entschied in
den ersten Jahren über die Existenz und die Behauptungskraft der Zeitschriften,
sondern in erster Linie die Lizenzen der Besatzungsmächte, die sie an vom Nationalsozialismus nicht belastete Personen nach vorheriger Prüfung vergaben, dann die
Zensur, die Festsetzung der (Mindest-)Auflagenhöhe und die Papiervergabe durch
die alliierten Stellen (die sich auch auf die Zahl der verkaufbaren Exemplare
auswirkte) und schließlich die inhaltliche Attraktivität. Konkurrenz um die Käufer gab es zunächst kaum, denn die »Buchproduktion (lief) erst langsam an, und
auch andere Medien öffentlicher Verständigung (also Radio, politische Parteien,
Institutionen, Hochschulen, Volkshochschulen etc.) waren noch im Aufbau oder
fehlten ganz. So wurden sie von den Zeitschriften ersetzt, die in den Buchhandlungen offenbar reißenden Absatz fanden.« (von der Brelie-Lewien/Laurien
1983, S. 406 f.)

Die spärlichen Quellen zu diesem Thema lassen vermuten, daß die Leserschaften
dieser Zeitschriften überwiegend dem akademisch gebildeten Bürgertum zugeordnet werden können. Das legen die wenigen untersuchten Stichproben von Le-
serbriefen nahe. Die umfassendste Leseruntersuchung haben die »Frankfurter
Hefte« im Jahre 1947 durchgeführt: 2 700 »Bezieher« der Zeitschrift, das waren 5,4
Prozent, hatten auf eine Umfrage geantwortet. Davon gaben 63,6 Prozent (bzw.
45,3 Prozent der weiblichen) als höchste Ausbildung eine universitäre an, weitere
12,4 Prozent (bzw. 16,3 Prozent der weiblichen) hatten eine höhere Schulbildung;
ca. 11 Prozent aller Bezieher waren Frauen. Unter den Lesern war die Gruppe der
35- bis 49jährigen mit 43,4 Prozent die stärkste. Die Berufsstatistik zeigt, »daß die
meisten Bezieher in ihrem Beruf leitende oder ›gehobene‹ Funktionen ausüben oder
als Selbständige tätig sind«. Nach den wissenschaftlichen, geistigen, künstlerischen
und freien Berufen mit 37,3 Prozent folgen die Kaufmanns-, Büro- und Verwal-
tungsberufe mit 27,4 Prozent, und die Geistlichen machen mit 13,6 Prozent die
drittstärkste Berufsgruppe aus. 41 Prozent gaben überdies an, daß sie durch die
Kriegs- und Nachkriegsereignisse überdurchschnittlich beeinträchtigt waren.

»Dramaturgische Blätter«,
Monatszeitschrift für
Dichtung und Bühne. Im
1. Jahrgang 1947 erschienen
sechs Hefte, der 2. Jahrgang
umfaßte bis zum Datum
seiner Einstellung im Juli
1948 sieben Hefte.

Nachdenklich stimmt fernerhin, daß die Themen über Religion, Kirche und Christentum mit 17,4 Prozent am stärksten gewünscht waren, gefolgt von Politik und Zeitgeschehen mit 14,9 Prozent, soziale Fragen und Sozialismus mit 9,8 Prozent. Regional verteilte sich die Leserschaft wie folgt: aus der sowjetischen Zone 8,6 Prozent, aus der französischen 12,4 Prozent, aus der amerikanischen Zone 34,7 Prozent und aus der britischen 45,8 Prozent (33,9 Prozent aller Bezieher stammen aus Nordrhein-Westfalen). Der Rest kam aus Berlin, dem Saargebiet oder dem Ausland. (Siebrecht 1947, S. 1260–1268) Ähnliche Ergebnisse zeigen auch Stichproben anderer Zeitschriften wie der »Wandlung« oder der »Amerikanischen Rundschau«. (von der Brelie-Lewien/Laurien 1983, S. 417 und 425)

Die wichtigsten kulturpolitischen Zeitschriften können, bei vielfältigen Überschneidungen, drei Strömungen zugerechnet werden: einer katholischen, einer linksintellektuellen, die sich entweder als unabhängig begriff oder der sozialistischen Arbeiterbewegung nahestand, und einer liberal-bürgerlichen, der größten. Man vertrat allgemein einen Pluralismus, der sich jedoch um eine dieser Richtungen gruppierte.

Die meisten Herausgeber, Redakteure und Autoren hatten den Nationalsozialismus in Deutschland erlebt. (Emigranten blieben Ausnahmen wie Alfred Döblin (Jg. 1878) mit dem »Goldenen Tor« oder Alfred Kantorowicz (Jg. 1899) mit »Ost und West«). (→ Dok. 94) Sie waren häufig schon 60 Jahre alt und brachten Erfahrungen aus der Weimarer Republik oder sogar dem Kaiserreich mit, so z. B. die illustren Mitherausgeber der liberal-konservativen »Wandlung«, Karl Jaspers (Jg. 1883), Werner Krauss (Jg. 1884) und Alfred Weber (Jg. 1868), die dem kaum 40jährigen Dolf Sternberger zur Seite standen; oder der Herausgeber der »Deutschen Rundschau«, Rudolf Pechel (Jg. 1882). Es gab auch »neue Gesichter«, die nur geringe Erfahrung mitbrachten und zur jungen Generation um 40 Jahre gehörten, wie z. B. die beiden Herausgeber der »Frankfurter Hefte«, Walter Dirks (Jg. 1901) und Eugen Kogon (Jg. 1903), Hans Werner Richter (Jg. 1908) und Alfred Andersch (Jg. 1914) vom »Ruf«, Johann Ludwig Döberlein (Jg. 1909) von »Ende und Anfang«.

»Die Wandlung« übte vor allem mit ihrer Artikelserie »Aus dem Wörterbuch des Unmenschen« eine wichtige Funktion sprachpolitischer Aufklärung aus. Die »Frankfurter Hefte«, die seit April 1946 erschienen, publizierten in ihrer ersten Ausgabe unter anderem das Schlußkapitel aus Eugen Kogons Buch »Der SS-Staat«, einem Erfahrungsbericht aus dem Konzentrationslager Buchenwald mit weitergehenden Überlegungen zum Unterdrückungssystem des NS-Staates.

Die großen Themen dieser Zeitschriften, die ein eminentes Gewicht in den Diskussionen um die weitere Entwicklung, ja sogar »quasi parlamentarische Ersatzfunktionen« (Benz 1979, S. 16) erlangen sollten, waren:
- die neue soziale, politische und ökonomische Ordnung Europas und Deutschlands;
- der Nationalsozialismus und die Folgen für die deutsche Kultur und Politik – die Frage nach der »Schuld« am Nationalsozialismus;
- die Besatzungsmächte und ihre Deutschlandpolitik;
- die »neue Kultur«.

Die ersten Ausgaben dieser Zeitschriften zeugen – unabhängig von ihrer Couleur – mit Pathos von dem Bewußtsein einer Zeitenwende: »Deutschland besitzt aus der unglaublichen Gunst seiner totalen Niederlage heraus«, meinte der junge Alfred Andersch, der dem linken Spektrum zuzurechnen war, »die Kraft zur totalen Wandlung«. Er betonte, »daß wir uns im Prozeß einer Weltenwende befinden«. (»Der Ruf«, Nr. 1 vom 15. August 1946, zitiert nach Eschenburg, in: Franck 1983, S. 9) Karl Jaspers schrieb im Geleitwort der Herausgeber und des Verlegers der liberal-konservativen »Wandlung«: »Wir haben fast alles verloren: Staat, Wirtschaft, die gesicherten Bedingungen unseres physischen Daseins, und schlimmer noch als das: die gültigen uns alle verbindenden Normen, die moralische Würde, das einigende Selbstbewußtsein als Volk. (...) Vor dem Nichts raffen wir uns auf.« (Zitiert nach: von der Brelie-Lewien/Laurien 1983, S. 409)

Axel Eggebrecht und Peter von Zahn, Publizisten des Nordwestdeutschen Rundfunks und Herausgeber der »Nordwestdeutschen Hefte«, schrieben in der ersten Nummer dieser Zeitschrift: »Wir sind gerade erst aus dem Alptraum erwacht und blicken uns um. Wir müssen wieder lernen unbefangen zu sehen, furchtlos zu erkennen und redlich zu werten. Dazu wollen diese Hefte mithelfen. Sie sind auf kein Programm festgelegt, kein Thema ist grundsätzlich ausgeschlossen. Politik und Wirtschaft, Recht und Kunst gehören so gut hierher, wie die Betrachtung des Gewesenen oder die nahen Sorgen unseres Alltags.« (Zitiert nach: Schüddekopf 1980, S. 9)

»Das Gewesene« machte etwa ein Drittel aller Beiträge der »Nordwestdeutschen Hefte« aus. Eggebrecht meinte, daß es den »Kahlschlag«, also den Neuanfang, gegeben habe, dessen Chancen jedoch nicht genutzt worden seien; Walter Dirks dagegen schrieb: »... und es gibt keine tabula rasa, sondern nur den nächsten Schritt. Wir stecken mittendrin. Wir fangen nicht von vorn an.« Und der Theologe Karl Barth warnte im November 1945, die Deutschen dürften sich nicht darauf versteifen, »nun möglichst schnell und völlig zu den Zuständen vor 1933 zurückzukehren. (...) Wer zu jenen Zuständen zurückkehren will, der will dahin zurückkehren, von wo das Übel seinen Anfang nahm. (...) Restauration kann eine gutgemachte Sache sein, aber Restauration tut's heute nicht.« (Zitiert nach: Schüddekopf 1980, S. 45)

»Der Ruf«, Unabhängige Blätter der jungen Generation. Herausgeber: Alfred Andersch. Heft 1 des 1. Jahrgangs erschien am 15. August 1946.

In der ersten Nummer der Zeitschrift »Der Ruf – Unabhängige Blätter der jungen Generation« vom 15. August 1946 schrieb Alfred Andersch einen Artikel »Das junge Europa formt sein Gesicht«, in dem die neuen deutschen Tendenzen mit denen in Europa in Beziehung gesetzt wurden, mit dem Existentialismus in Frankreich oder »Experimentierzellen« in den dortigen Parteien (z. B. dem Schriftsteller Louis Aragon in der KPF), mit aus der Emigration zurückgekehrten Dichtern in Italien wie »Ignazio Silone, der eine Synthese von Sozialismus und religiösem Denken versucht«. (Kleßmann 1991[5], S. 446) In diesem Artikel von Alfred Andersch wurden die programmatischen Bereiche und Orientierungen genannt, die auch in den anderen kulturell-politischen Zeitschriften – bei unterschiedlicher Gewichtung je nach politischer Provenienz – größte Bedeutung hatten: Deutschland in einem neuen, jungen Europa, humanistischer Sozialismus, Verbindung von Sozialismus und Religion.

So lange die Zonengrenzen noch keine geistigen Schranken markierten, war die gesamtdeutsche Dialogkultur – auch wenn über Wege und Ziele der Entwicklung gestritten wurde – ein selbstverständlicher Bestandteil des Neuanfangs. Viele Zeitschriften setzten dabei prononciert politisch-programmatische Akzente, einige wenige waren vor allem bestrebt, weltanschauliche Pluralität und gesamtdeutsche Orientierung in den Mittelpunkt zu rücken. In diesem Zusammenhang sind vor allem der »Ulenspiegel« sowie »Ost und West« hervorzuheben, die – kaum zufällig – in der Viersektorenstadt Berlin beheimatet waren. Am 24. Dezember 1945 erschien das erste Heft des »Ulenspiegel«, initiiert von dem kommunistischen Zeichner und Karikaturisten Herbert Sandberg, der die »Zeitschrift für Literatur, Kunst und Satire« gemeinsam mit Günther Weisenborn herausgab. Sie war zunächst und bis zur Währungsreform 1948 im amerikanischen Sektor Berlins lizenziert worden. Aufgrund seiner Themenvielfalt, die von der Auseinandersetzung mit der NS-Diktatur über die Alltagsprobleme bis zur Information über die neue Philosophie des Existentialismus reichte, und einer einzigartigen Mischung aus Text- und Bildbeiträgen erfreute sich der »Ulenspiegel« einer breiten Resonanz. Hier konnten auch junge Autoren ihre neuen Texte präsentieren. (Rüdiger Thomas 1990, S. 397) So finden wir in der ersten Nummer des Jahrgangs 1948 einen Beitrag des gerade 18jährigen Günter Kunert – eine seiner ersten Veröffentlichungen, die ein Schlaglicht auf die nationalen Identifikationsprobleme der Deutschen wirft:

Zum »Ulenspiegel« vgl. den Bildteil VIII–XV.

Mit freundlicher Genehmigung von Günter Kunert, zitiert nach dem Erstdruck im »Ulenspiegel«, Nr. 1, 1948, S. 4.

DIE FRAGE
Frage einen Milchhändler.
In Paris.
Was bist Du?
Er wird sagen:
Ich bin Franzose.
Frage einen Zeitungsverkäufer.
In New York.
Was bist Du?
Er wird sagen:
Ich bin Amerikaner.
Frage einen Schiffer.
In Amsterdam.
Was bist Du?
Er wird sagen:
Ich bin Niederländer.
Frage einen Bürger.
In Berlin.
Was bist Du?
Er wird sagen:
Ich bin Oberpostausträgeranwärter.
Das ist zum Lachen?
Nein.
Zum Weinen.

»Ost und West« hatte Alfred Kantorowicz programmatisch seine »Unabhängige deutsche Monatsschrift« betitelt, die zwischen Juli 1947 und Ende 1949 erschien. In seinem Lizenzantrag (→ Dok. 94), den er gleichzeitig an die amerikanische und sowjetische Besatzungsmacht gerichtet hatte, schrieb der Herausgeber über das Konzept dieser Zeitschrift: »Sie soll bestehen auf dem Grundsatz, daß Deutschland, anstatt der Zankapfel zwischen den Mächten zu werden, die friedliche Brücke zwischen ihnen zu werden versuchen soll … Repräsentative Wortführer der ver-schiedenen weltanschaulichen Richtungen werden eine Freistatt der Meinungsäuße-rung in diesem Blatte finden. Die Zeitschrift will eine freimütige Diskussion der Grund-probleme unserer Zeit fördern, sie will in-dessen keineswegs zum Schlachtfeld partei-politischer Polemiken werden.« (Zitiert nach: Kleßmann 1991[5], S. 450) Exemplarisch wird hier das Programm einer Dialogkultur formuliert, das sich in der Eiszeit des Kalten Krieges schon bald als chancenlos erweisen sollte.

In vielen der nach und nach eingestellten literarisch-politischen Blätter der Westzonen hatte man in den ersten Nachkriegsjahren bezeichnenderweise auch Überlegungen zu einem blockfreien Deutschland als »Brücke zwischen Ost und West« (so der CDU-Poli-tiker Jakob Kaiser) finden können, die der

Titelblatt der ersten Aus-gabe der von Alfred Kanto-rowicz herausgegebenen Zeitschrift »Ost und West«.

Historiker Hans-Peter Schwarz folgendermaßen beurteilt: »Die Brückekonzeption Jakob Kaisers zielte in erster Linie darauf ab, Deutschland aus den in Ost und West entstehenden Blöcken herauszuhalten. Das blieb, wenn man die Idee einer Mittler-funktion des Reiches als agitatorisch wirksamen, aber unrealistischen Zierat beiseite schob. Gespeist wurde diese Tendenz zur Blockfreiheit aus einer effektvollen Kombination von Nationalgefühl, Sozialismus, demokratischem Impuls und links-katholischer Soziallehre. Daß der Gedanke einer Synthese der positiven Tendenzen von Ost und West auch auf der Verbindung mit anderen ideologischen Elementen aufbauen konnte, zeigte eine der erfolgreichsten Zeitschriften jener Tage, ›Der Ruf‹. (…) Die Brücke-Ideologie des Berliner Politikers (Kaiser) wie der Münchener In-tellektuellen (des Rufs) entsprach damals wichtigen Tendenzen des deutschen poli-tischen Bewußtseins und zugleich sichtbaren Entwicklungsmöglichkeiten der europäischen Politik.« (Schwarz 1980, S. 347)

Und Hans Werner Richter, der selbst eine Reihe von Artikeln mit »Brücke«-Ten-denz veröffentlicht hatte, erklärte 1985 in einem Interview aus der Rückschau seine publizistische Tätigkeit in der Nachkriegszeit folgendermaßen: »es geht ja immer um den dritten Weg, wie kann man sozialistische Wirtschaftsordnung mit einer Demokratie verbinden. Wir waren davon überzeugt, daß das eigentlich der Weg ist, und das merkt man auch dem ›Ruf‹, glaube ich, an, heute noch, (…) wir konnten uns eine Teilung Deutschlands überhaupt nicht vorstellen. (…) Der Europage-danke, alle Gedanken eigentlich, die entscheidenden Gedanken, sozialistische Ge-danken, die waren allgemein damals, auch das Ahlener Programm der CDU hat sozialistische Forderungen, ebenso allgemein war der Europagedanke, der von Churchill ausging, also wir waren gar keine Sonderlinge, die etwas Exaktes wollten, nur wir blieben dabei, die anderen haben dann im Laufe der Jahre das schnell ver-gessen.« (Brusis 1985 S. 386) In der Tat verschwand auch diese Tendenz mit dem Kalten Krieg weitgehend aus der Publizistik.

Konfrontiert man diese in sich sehr heterogenen und häufig mit dem Elan des Neuanfangs vorgetragenen Ansichten in den literarisch-politischen Publikationen mit den Erfahrungsstrukturen in weiten Teilen der Bevölkerung, dann offenbart sich eine tiefe Kluft: hier der private Pragmatismus in der Bewältigung der Nachkriegsnot bei Abwehr großer weltanschaulicher oder politischer Entwürfe, dort der Versuch einer neuen öffentlichen, pluralistischen Debatte, die mit unterschiedlicher analytischer Kapazität und politischer Stoßrichtung über die Vergangenheit, Gegenwart und Zukunft eines neuen Deutschland geführt wurde.

»Das Wespennest«, zu Anfang noch mit dem Untertitel »Politisch-satirische Wochen-Zeitschrift«, erschien erstmals am 23. Februar 1946 und wurde im 4. Jahrgang 1949 mit Heft 10 eingestellt.

Auf die Alltagsbanalitäten ließen sich dabei weder die Repräsentanten der hehren Kunst mit ihrem Drang zum »Höheren« ein noch jene, die im »Wechselspiel von Geist und Macht« verunsichert waren und einen neuen Stellenwert des »Geistigen« im gesellschaftlichen Leben suchten. Aber auch die radikalen »jungen« Kritiker, die eine fundamentale Kritik des Nationalsozialismus mit Neuordnungsvorstellungen zu verbinden trachteten und sich dabei mit ihnen fremd gewordenen »Geistestraditionen« auseinanderzusetzen hatten, waren Außenseiter. Sogar jene Literatur, die sich der sozialen Wirklichkeit und ihrer Widersprüche auf der Ebene der unmittelbaren Wahrnehmung annahm, schildert vor allem »das Desaster der menschlichen Erniedrigung, die zu ertragen ist, um zu überleben«, wobei es weniger um die »großen sozialen Widersprüche« ging als vielmehr um die Erfahrungen der durch Flucht, Ausbombung, Berufsabbruch, Gefangenschaft und Armut deklassierten Intellektuellen und Literaten. (Scherpe 1983, S. 35 f.) Nur Teile der Reportageliteratur der ersten Nachkriegsjahre dürften massenhaft Erfahrenes zum Ausdruck gebracht haben.

Trotz der hohen Auflagen der kulturell-politischen Zeitschriften kann man sich also des Eindrucks nicht erwehren, daß es – bezogen auf die gesamte Bevölkerung und auch auf das bürgerliche akademische Milieu – politisch und intellektuell aktive Minderheiten waren, die die Debatten bestimmten und in einer Zeit der Verunsicherung auf reges Interesse bei Akademikern rechnen konnten; und es waren Minderheiten, die von den alliierten Besatzungsbehörden dafür ausgesucht und lizenziert worden waren, publizistisch die Nachwirkungen des Nationalsozialismus zu bekämpfen und ein neues demokratisches Bewußtsein zu begründen. Aber immerhin waren es Minderheiten, die noch weit in die Geschichte der Bundesrepublik hinein – teilweise bis heute – ihre Stimmen vernehmen ließen und gerade für die Literaturentwicklung lange wirksame Ausstrahlungskraft besaßen (wie z. B. die Gruppe 47).

Die Frage war jedoch, wie dauerhaft der Versuch sein würde, ein neues, demokratisches Bewußtsein zu verankern, wenn die antifaschistischen Gemeinsamkeiten der Alliierten zerbrechen, der freie Publikationsmarkt die Lizenzpresse ablösen und eine Leserschaft frei über den Kauf entscheiden würde, die in ihrem »Überlebenspragmatismus« diesem »Demokratisierungsversuch« mit einiger Fremdheit gegenüber gestanden haben dürfte; darüber hinaus stellte sich die Frage, wie sich die verschiedenen Gruppierungen dieses intellektuellen Milieus verhalten würden, wenn die Zeit der Orientierungslosigkeit und Verunsicherung durch einen breiten Konsens mit der Sicherheit neuer Orientierungen abgelöst sein würde.

Die Geschichte brauchte nicht lange, um diese Fragen zu beantworten. Die deutschen lizenzierten politisch-literarischen Zeitschriften und deren Herausgeber-Elite erlebten mit dem Kalten Krieg, der Währungsreform und der Gründung der Bundesrepublik und der DDR bzw. mit der Aufhebung der Lizenzpflicht einen wirklichen Einbruch. Fast alle stellten ihr Erscheinen ein: »Der Ruf« erschien das letzte Mal im Februar/März 1949, ebenso »Ende und Anfang«. »Zukunft«, »Horizont« und »Wir und heute« gaben bereits 1948 auf; »Die Kommenden« überlebte bis 1952. Auch die Zeitschrift »Ost und West« war von dieser Entwicklung betroffen und mußte im Dezember 1949 ihr Erscheinen einstellen, ebenso der (Ost-) Berliner »Ulenspiegel« im Jahre 1950. Aus anderen Gründen, aber doch im Zusammenhang mit der veränderten politischen Landschaft, stellte die FDJ-Zeitschrift »Neues Leben« 1950 ihr Erscheinen ein. Überlebt haben von den wichtigsten Zeitschriften z. B. die »Frankfurter Hefte« bis heute (nach einigen verlegerischen Umorientierungen und personellen Veränderungen) und in der SBZ/DDR der »Aufbau« bis 1958.

Der Kalte Krieg, die Währungsreform und der »freie Pressemarkt« hatten die Öffentlichkeit für verunsicherte gebildete Minderheiten stark verändert. Die großen Debatten in den literarisch-politischen Zeitschriften, die zum Teil eigenständige politische Entwürfe zwischen den weltpolitischen und ideologischen Blöcken entwickelt hatten, gehörten der Vergangenheit an. Sie waren möglich gewesen als Folge noch wirkender Gemeinsamkeiten zwischen den Siegermächten, waren Ausdruck einer noch unsicheren Orientierungssuche interessierter akademischer Leserschaften und einer Lizenzvergabe an engagierte Autoren, die den Nationalsozialismus überwiegend als Gegner oder »innere Emigranten« überlebt hatten. Diese Voraussetzungen hatten sich in dem neuen Umbruch gewandelt: Antikommunismus und Westbindung auf der einen Seite schienen neue Orientierungssicherheit zu geben und nur mäßige Aufarbeitung der Vergangenheit und ihrer Schuld zu fordern. Ähnliche Funktion übernahmen im Osten der offizielle Antifaschismus, der die Entstehung einer neuen Diktatur nur notdürftig verhüllte. Einbindung in den sowjetischen Block und rigider Dogmatismus der DDR-Oberen dürften nur für eine kleine Minderheit Orientierungshilfe gewesen sein. Der ökonomische Aufschwung kündigte sich an und verlangte nicht mehr nur individuelles Organisieren im Überlebenskampf mit unsicherer Zukunft, sondern vor allem individuelles Engagement in neugewonnener Etablierungs-Perspektive. Die Zeit der Weltenwende hatte neue Konstellationen geschaffen – wer wollte da noch Vergangenes bewältigen und sich zwischen den Blöcken einnisten. Die engagierten Minderheiten wurden zwischen den Mühlsteinen der großen Politik und der zunehmenden »Ohnemich-Tendenz« bei den Lesern zerrieben. Viele der Autoren, Redakteure und Herausgeber mußten sich entscheiden, ob sie im Abseits einer illusionär gewordenen Hoffnung bleiben oder sich dem Aufbruch mit neuer ökonomischer und normativer Sicherheit zur Verfügung stellen wollten. Einige im Westen – wie Axel Eggebrecht, Eugen Kogon, Walter Dirks – behielten eine Nebenrolle als Rufer und Mahner. Im Osten wurde eine Reihe von ihnen politisch enttäuscht, sie verließen im Zuge der weiteren Geschichte die DDR, wie z. B. Alfred Kantorowicz, Ernst Bloch oder Hans Mayer. Andere knüpften an alte deutsche Intellektuellentradition

»Diogenes«, eine freie studentische Zeitschrift, herausgegeben von Heidelberger Studenten: Werner Kahle, Franz Simon, Hans Joachim Stecker; Heft I erschien im Juli 1946.

an und entschieden sich im »Spannungsfeld zwischen Geist und Macht« für das »Geistige« abseits der Macht – oder auch für die Macht, wie viele enttäuschte Emigranten im Osten. Im Westen konnten Kritiker der Entwicklung im übrigen durch die Tatsache versöhnt werden, daß man sich privat gut einrichten konnte in diesem Staat, den man entweder nicht oder so nicht gewollt hatte.

Trotzdem: Alle diese Strömungen und ihre Repräsentanten prägten die politisch-publizistische Kultur der jungen Bundesrepublik. Ohne die Lehrjahre der Lizenzzeit, so kann man vermuten, hätte sich die Publizistik hierzulande nicht zur »Vierten Gewalt« entwickeln können; aber – es waren abgebrochene Lehrjahre. Was waren sie im Osten, wo eine sehr kurze demokratische »Zwischenkultur« versank? Dort waren es vermutlich Erfahrungen einer Fülle gescheiterter Versuche und intellektueller Ohnmacht.

Anmerkungen zu Kapitel III:

1 So bestritt die Sowjetunion zum Beispiel bis fast an ihr Ende die Existenz des Geheimen Zu-
   satzabkommens zum Hitler-Stalin-Pakt von 1939, das Osteuropa zwischen den Einflußsphären
   des »Dritten Reiches« und der Sowjetunion aufteilte; von der Besetzung Ostpolens, der Ein-
   verleibung Südostpolens und der Ermordung Tausender polnischer Offiziere bei Katyn ganz zu
   schweigen.

2 Kurt Schumacher auf dem Hannoveraner Parteitag der SPD vom 9. bis 11. Mai 1946: »Das ist
   die Aufgabe des Tages: Entweder wird es uns gelingen, Deutschland in seiner Ökonomie sozialistisch und in seiner Politik demokratisch zu formen, oder wir werden aufhören, ein deutsches
   Volk zu sein.« (Protokoll des Parteitages, S. 37)

3 Geregelt durch den Vertrag zwischen der Bundesrepublik Deutschland und Israel vom 27. März
   1953. (Vgl. dazu Fisch 1992)

4 Obwohl die Oder-Neiße-Grenze offiziell gefeiert wurde, gab es natürlich auch Kritik in der
   SED, nicht nur von Johannes R. Becher als bekanntestem Beispiel; sie werde auch von anderen
   »eigenen Genosse nicht verstanden«, wie der Sekretär Piecks, Walter Bartel, am 19. Juli 1949
   an seinen Chef schrieb. (Siehe dazu den Nachlaß Piecks in der Stiftung Archiv der Parteien und
   Massenorganisationen der DDR im Bundesarchiv, NY 4036/744 Lösung der Umsiedlerfrage,
   Bl. 66–74) Vgl. auch die Memoiren des sog. »Nationalrevolutionärs« Ernst Niekisch, in denen
   er beschreibt, wie er als »Ghostwriter« Grotewohls auf dem Gründungsparteitag der SED
   1946 den Mitgliedern u. a. in der Frage der Oder/Neiße einiges zugemutet habe. (Niekisch
   1974)

5 Das zeigen nicht nur die übertriebenen Papierzuteilungen für die KPD-Zeitungen auch im
   Westen, die bei Zulassung des freien Verkaufs der Zeitungen sofort ihre Auflagenhöhen redu-
   zieren mußten, sondern das demonstrieren auch die Wahlen im Berlin der Nachkriegszeit, als
   die SED mit der SPD noch konkurrieren mußte.

6 Frauen konnten sich in gesonderten Frauenausschüssen, Jugendliche in den Jugendausschüssen
   organisieren. Frauen waren im Funktionärskörper der DGB-Gewerkschaften erheblich unter-
   repräsentiert. (Vgl. Leh 1992)

7 Zur Entnazifizierung stütze ich mich vor allem auf die unveröffentlichten Untersuchungen von
   Wolfgang Meinicke (Entnazifizierung in der sowjetischen Besatzungszone), Lutz Niethammer
   (allgemein und in der amerikanischen Besatzungszone), Christoph Kleßmann (allgemein) und
   Ruth-Kristin Rößler (SBZ).

8 Zu den Juristen im Nationalsozialismus und deren Bedeutung für den Westen (mit Rück-
   schlußmöglichkeiten für den Osten) vgl. die immer noch interessante Untersuchung von Müller
   1978. Zur DDR-Justiz siehe Fricke 1990. Heute liegt nach Öffnung der Archive eine umfassende
   Untersuchung für die Justiz in der SBZ/DDR vor: Rottleuthner 1994.

9 Unserer Ansicht nach muß man auch jene Personen hinzurechnen, die während des Vor-
   marsches der Roten Armee, insbesondere der 1. Belorussischen Front, östlich der Oder und
   Neiße verhaftet worden waren. Selbst wenn man von diesen Internierten jene abzieht, die nach
   Auskünften des Vizedirektors des Archivs der Russischen Föderation, Wladimir Kozlow, innerhalb weniger Wochen wieder entlassen wurden, bleiben nach unserer Rechnung noch
   85 000 Personen übrig, die zu den »Internierten«, also zu den Insassen der Sonderlager, zu
   rechnen sind.

10 Vgl. zu den Internierungslagern allgemein in der Bibliographie am Ende dieses Buches die ein-
   schlägigen Arbeiten von Erler (1990), Kilian (1993), Lipinsky (1994), Niethammer (1995), Ochs
   (1993 und 1994), von Plato (1992b), Prieß (1991), Ritscher (1993).

11 Klaus Mann hat die Rolle von Gustaf Gründgens im frühen nationalsozialistischen Deutschland
   in seinem 1936 geschriebenen Roman »Mephisto« zum Thema gemacht.

12 Johannes R. Becher, Jahrgang 1891, Schriftsteller und Dramatiker, redigierte in der sowjetischen
   Emigration »Internationale Blätter, Deutsche Blätter«, wurde 1954 Minister für Kultur in der
   DDR, starb 1958. Er geriet 1950/51 zeitweilig in die Kritik, als der damalige Minister für
   Staatssicherheit, Wilhelm Zaisser (1893–1958), Johannes R. Becher angriff, unter anderem
   wegen dessen Definitionen des »Revolutionärs«, der weniger als Sozialrevolutionär denn als
   Revolutionär für Frieden, Demokratie und Patriotismus gefaßt wurde. (Vgl. dazu den Nachlaß
   Wilhelm Piecks in der Stiftung Archiv der Parteien und Massenorganisationen der DDR im
   Bundesarchiv NY 4036/662, Kaderfragen A–G, Bl. 16–49.)

13 So lautet der Titel eines Liedes aus dem Film »Große Freiheit Nr. 7« mit Hans Albers in der
   Hauptrolle von Helmut Käutner aus dem Jahre 1944, der aber erst nach dem Kriege aufgeführt
   wurde.

Kapitel IV

»Geteilte Erfahrungen«

1. Erfahrungsstrukturen der Nachkriegszeit in Ost und West

Nicht nur die Politiker, auch die deutsche Bevölkerung war nach 1945 gespalten in die Masse der »Mitläufer«, der »Mitschuldigen« oder Verantwortungsträger auf der einen und die Emigranten, Widerstandskämpfer, vorsichtigen Gegner und Opfer des Nationalsozialismus auf der anderen Seite. Sie unterschieden sich tief in den Erfahrungen und Beurteilungen des Nationalsozialismus. Aber erst 20 Jahre später wurden diese Differenzen so virulent, daß ganze Familien zerbrachen, als nachrük-

Vgl. zu diesem Kapitel insbesondere die Dokumente 118–128.

kende Generationen den Eltern und Großeltern den doppelten Vorwurf machten, sich erst am Nationalsozialismus beteiligt und dann später jede kritische Aufarbeitung des »Dritten Reiches« verweigert zu haben.

Heißt dies, daß es zuvor – nach 1945 und in den fünfziger Jahren – alte Nazis leicht hatten? Daß die jeweils Gestrigen mit heimlicher Zustimmung bei der Masse der Bevölkerung rechnen konnten? Daß im Westen und auch im Osten nur verdrängt wurde, um den Wiederaufbau oder die eigene Karriere unbelastet forcieren zu kön-

Plakat: »Wir fordern Sühne«, 1945/46.

nen, statt sich an die Untersuchung der Vergangenheit zu machen? Oder daß man sich anpaßte an die offiziellen Bilder vom Faschismus bei den Alliierten oder der SED, obwohl man persönlich andere Erfahrungen gemacht hatte?

Sollte also nach 1945 die Masse der Individuen ihre Vergangenheit einfach »verdrängt« haben, »unfähig zur Trauer« über die Verbrechen der NS-Zeit, insbesondere über den Holocaust, oder über die Opfer des Krieges, ohne die private Verantwortlichkeit in der öffentlichen Geschichte zu bestimmen? Alle diese Fragen und Vorwürfe könnten auch falsch sein, weil sie an den Erfahrungen der jeweiligen Zeitgenossen vorbeigehen und wir heute mit einem fundamental anderen Blick als die Mehrheit der Menschen damals die Geschichte betrachten, so daß es keine Brücke des Begreifens mehr gibt.

Um mögliche Antworten auf solche und andere Fragen zu finden, möchten wir im folgenden – eher essayistisch – unsere Überlegungen aus einer Reihe von erfahrungsgeschichtlichen Forschungen der letzten 20 Jahre, in denen Zeitzeugen befragt wurden, zusammenfassen.

Geschichte und politisches Bewußtsein

Grundsätzlich zeigen Interviews mit Zeitzeugen und andere subjektive Erinnerungszeugnisse, daß es zwei Folien in der Geschichtsbetrachtung gibt: Es gibt die geschriebene Hochschul- und Schulgeschichte, und es gibt die erlebte Geschichte – beide sind keineswegs identisch, sollten jedoch gemeinsam berücksichtigt werden, will man eine umfassende Sicht von Geschichte vornehmen. Gerade nach den Brüchen von 1945 und 1989 zeigt sich, welche politische Brisanz angestaut wird, wenn man die realen historischen Erfahrungen großer Teile der Bevölkerung an den

Stamm- oder Familientisch verbannt. Auch die Geschichtswissenschaft bedarf der Untersuchung dieser Erfahrungen, will sie – zum Beispiel – die Attraktionen, die Nachwirkungen und Verarbeitungen des Nationalsozialismus bei den beteiligten Menschen analysieren.

Wie schwierig das ist, zeigt bereits das Mißtrauen von Zeitzeugen gegenüber Historikern und Journalisten, wenn sie erklären, man erlebe die Geschichte zweimal, zum einen, wie man sie erfahren habe, zum anderen, wie man sie hinterher lesen, hören oder sehen müsse. Resigniert erklären sie dann: »Das kann man niemandem heute mehr begreiflich machen, was damals war. Das kann nur verstehen, wer dabei gewesen ist.«

Reeducation-Plakate aus Köln, um 1945.

Daß diese Resignation in Erbitterung umschlagen kann, wenn man – wie nach 1945 – aus den Fragebögen der alliierten Besatzungssoldaten, aus den Sendungen im Hörfunk oder in den Nachfragen der Kinder Vorwürfe über die mangelnde politische Widerstandshaltung spürt, demonstriert das folgende Beispiel: Herr M., Jahrgang 1913, niemals Mitglied der NSDAP, Etappensoldat, vor dem Krieg kleiner Kfz-Zubehörhändler, fängt mitten im Interview an zu weinen, als er sagt: »Heute wird ja

nur kritisiert, ob einer in der Partei war oder nicht. Ob er auch fleißig war und (sehr laut) sich nicht unterkriegen ließ und den Beruf für die Zukunft aufrecht erhielt – davon wird nicht gesprochen. Aber das war das Wichtigste! (...) Das kann man der heutigen Generation nicht mehr so klarmachen, nicht ... Es war eine große Zeit! Das hat nichts damit zu tun, ob man überhaupt die Zeit bejaht. Wir waren keine Nationalsozialisten. Wir haben gearbeitet! Wir waren fleißig! Das war unser Weltbild! Fleißig sein. Nicht nur unser – Millionen Frauen und Männer. Die haben doch schon da die Voraussetzungen geschaffen, daß es nach dem Kriege wieder aufwärts ging. Denn es war doch alles zerschlagen. Nur dieser Mut, dieser Fleiß, der war nicht zerschlagen.« (Es entsteht eine Pause, da Herr M. leise vor sich hin weint.)

Soweit von der Trauer des Herrn M. und seiner Erbitterung darüber, daß die dreißiger Jahre heute nur nach den großen und kleinen Nazis, nach den Globkes und Höfers abgeklopft werden. Ist diese Verbitterung nur gespielt, um sich von der

Verantwortung im Nationalsozialismus zu entschulden? Oder ist sie aus der Annahme geboren, daß von den Alliierten bis zur heutigen Jugend die »positiven Erfahrungen«, die man im Nationalsozialismus gemacht hat, verkannt werden? So unterscheiden Zeitzeugen »gute« und »schlechte« Jahre anders, als wir dies in den politischen Einteilungen tun: »Gute« Jahre sind dann z.B. die von 1935 bis 1941, die »schlechten« die von 1942 bis 1948, bis zur Währungsreform. (Vgl. Herbert, in: Niethammer 1983, S. 67 ff.)

Reeducation-Plakate aus Köln, um 1945.

Aus diesen wenigen Andeutungen, aber auch aus dem Teil der Dokumente, der in diesem Buch die Sicht der sogenannten schweigenden Mehrheit wiedergibt, wird ersichtlich, daß *die* Politik für die beteiligten Zeitzeugen – mit Ausnahme der politischen Aktivisten – nicht die entscheidende Bedeutung hatte, wie sie uns im nachhinein erscheint. Bei der großen Mehrheit der befragten Zeitzeugen standen politische Betrachtungsweisen weit hinter »lebenspragmatischen« Haltungen zurück: Man versuchte, sich durch die Zerklüftungen der in Deutschland zahlreichen politischen Wechsel zu schlagen, die Vorzüge für sich zu nutzen und nicht allzusehr von der Politik gebeutelt zu werden, die einem eher als Fremdes, aber Forderndes gegenübertrat. Wer sich als fremdbestimmt begreift, kann auch nur wenig von Verantwortung sprechen, z. B. davon, ob man in der Kriegsproduktion tätig war und wofür, welche Folgen die eigene NS-Wahlstimme hatte oder ob man als Frontsoldat töten mußte oder nicht – verweigern konnte man sich ohnehin nicht. Und je höher man in der gesellschaftlichen Hierarchie kam, desto wichtiger wurde in den Berichten unserer Zeitzeugen nicht etwa *die* Politik, sondern die Nutzung der politischen Sphäre für die Karriere, das persönliche Fortkommen oder den Aufschwung des eigenen Geschäftes.

Trotzdem wäre es natürlich falsch zu behaupten, daß Politik keine oder nur eine geringe Bedeutung für das Leben der meisten Menschen gehabt hätte; aber Politik hatte für sie einen anderen Stellenwert: Sie war und ist offensichtlich weniger existentiell bedeutungsvolles Credo in den Köpfen der Beteiligten oder etwas, für das man als passives oder aktives Subjekt verantwortlich zeichnet, sondern etwas, das man pragmatisch zu nutzen hat oder dem auszuweichen ist. Dem politischen Credo steht das subalterne Glaubensbekenntnis des »Nur nicht auffallen, nur nicht anecken« als eine der Haupttendenzen gegenüber, wie sie in dem Roman »Null-Acht-Fünfzehn« von Hans Hellmut Kirst (1954/1955) bereits beschrieben wurden. (Vgl. auch Rosenthal 1988, S. 27–38) Die »schweigende Mehrheit« hatte sich durch die Geschichte mehr schlecht als recht geschlängelt, froh, überhaupt in den politischen Wirrnissen der Zeitläufe überlebt zu haben, für die man sich nicht verantwortlich fühlte. Daher stand man *der* Politik nach 1945 noch mißtrauischer als zuvor gegenüber. Von diesen Menschen wurde Politik im engeren Sinne, trotz ihrer ständigen Bedeutung auch für das Private, nur dann in dieser Gewichtung wahrgenommen und akzeptiert, wenn sie unmittelbar in das Alltagsleben eingriff, sei es positiv im Sinne des wachsenden Konsums ab Mitte der dreißiger Jahre bzw. in der »Blitzkriegsphase« oder nach der Währungsreform; sei es brutal im Bombenkrieg, als im wahrsten Sinne der Wörter »die ganze Geschichte von oben hereinbrach«.

Antikriegsbilder von Kindern der Reinickendorfer Volksschulen: Am 1. Oktober 1945 hatte das Volksbildungsamt Reinickendorf zu einem Malwettbewerb unter dem Motto »Denkt ihr noch an den Krieg? . . .« aufgerufen. Aus den Zeichnungen wurde Ende Oktober eine Ausstellung zusammengestellt.

Allerdings nimmt – das sollte man nicht unterschätzen – auch die schweigende Mehrheit Politik dann wahr, wenn sie sichtbar, d. h. auch im privaten Bereich, »unmenschlich«, »verrückt« oder »fanatisch« wird. Dann wird gerade bei denen, die sich der Politik »eigentlich« fern fühlen, scharf geurteilt, und man scheint häufig so gehandelt zu haben, wie man es persönlich für menschlich hielt. Beide Blickwinkel, also sowohl der Blick »von oben« in die politischen Entscheidungszentren als auch der Blick »von unten« in die Erfahrungsdimension der verschiedenen Teile der Bevölkerung, sind notwendig, wenn man nicht einen verkürzten Begriff von Politik vertreten will, sondern eine umfassende Sicht der »Hegemonie« bestimmter Anschauungsweisen, politischer Wirksamkeit und der Wechselwirkung von politisch-gesellschaftlichen Eliten und unterschiedlichen Bevölkerungsgruppen.

Konsens und Dissens im Nationalsozialismus

Welches waren nun die wichtigsten Konsens- bzw. Dissenselemente im Nationalsozialismus, deren Kenntnis für das Verstehen von Nachkriegshaltungen notwendig ist? Die Zustimmung zum »Dritten Reich« war während der sogenannten Blitzkriegsphase am größten, aber die meisten Konsenselemente wurden schon seit 1935 wirksam. Wie man sich in Kenntnis der Nachkriegsmythen unschwer vorstellen kann, waren die wesentlichen konsensstiftenden Erfahrungen:

– die Abschaffung des »Millionenheers« der Arbeitslosen; die allgemeine Verbesserung der Lebensbedingungen vom Lohn über den Urlaub mit der Hitler-Jugend, dem Bund Deutscher Mädel, der »Kraft durch Freude« (KDF), einer »Freizeit«-Unterorganisation der Deutschen Arbeitsfront (DAF), von den ersten Autos bis hin zu prinzipiell gewachsenen Zukunftshoffnungen;

– die Gemeinschaftserfahrungen vor allem in den Jugendorganisationen, aber auch in klassen- oder generationsübergreifenden Gemeinschaftsprojekten beispielsweise beim Reichsarbeitsdienst (RAD), wie Sümpfe trockenlegen, Deichbau und ähnliches. Dort sollen – glaubt man unseren Zeitzeugen – Bürger- mit Arbeiterkindern, Tagelöhner mit Ärzten, Dienstmädchen mit Lehrerinnen usw. zusammengekommen sein, dadurch wurden die bisherigen Abschottungen der Schichten und ihrer Milieus als durchlässiger wahrgenommen.

– befriedigter Nationalstolz nach Durchbrechung des »Versailler Schandvertrages«;

– Zufriedenheit mit dem »Recht-und-Ordnungsstaat« nach dem »Weimarer Chaos«;

– hinzu kam, daß sogar am Ende des Krieges die Versorgung auf dem Gebiet der späteren Besatzungszonen im allgemeinen besser als unter den Alliierten funktionierte, was sicherlich eine Belastung für alle Demokratisierungsversuche der Besatzungsmächte war.

Vom Nationalsozialismus angezogen waren eher Menschen in höheren Funktionen als Arbeiter, mehr damals Jüngere als Ältere und – zumindest in lebensgeschichtlichen Befragungen – eher Männer als Frauen. Seit Mitte der dreißiger Jahre, besonders zwischen 1938 und 1941, scheint der Nationalsozialismus auch wachsende Teile der Arbeiterschaft, die zuvor dem NS-Regime mit größerer Reserviertheit gegenübergestanden hatten, und Frauen der jüngeren Jahrgänge gewonnen zu haben. Insgesamt kann man sagen, daß die Zuwendung zum Nationalsozialismus erstens von der sozialen Lage abhing, zweitens von der Generation, drittens vom Geschlecht – und zwar in dieser Reihenfolge.

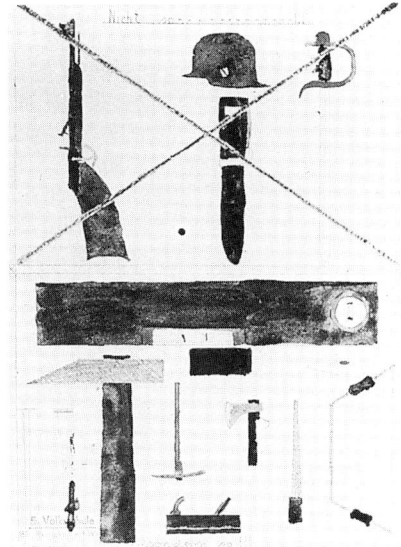

Abgelehnt wurden im Nationalsozialismus vor allem:

– die weitgehende Vernichtung der europäischen Juden. Sie wird sogar von Befragten mit antisemitischem Einschlag verurteilt; auch der Antisemitismus selbst wird bei den meisten Befragten mindestens im nachhinein abgelehnt, manchmal mit Tendenzen zum betonten Philosemitismus[1]. An ermordete Sinti und Roma, Zwangsarbeiter oder Homosexuelle erinnerten sich unsere Zeitzeugen aus beiden deutschen Nachkriegsstaaten kaum. (Zimmermann 1989 und 1996)

– der Krieg, besonders der Angriff auf die Sowjetunion, der die Niederlage vorprogrammiert habe. Die Niederlage ist es, die dem Nationalsozialismus vor allem angelastet wurde.

– die »Überorganisierung des Privaten« und der Drill in den NS-Organisationen.

Häufig finden sich Zustimmung und Ablehnung des Nationalsozialismus bei ein- und derselben Person, wie z. B.: »Hitler hat etwas getan für den kleinen Mann, nur hätte er den Krieg gegen Rußland nicht beginnen dürfen.« Oder: »Außenpolitik war Mist, Innenpolitik hat was gebracht.« »Die Juden hätten sie nicht umbringen dürfen, alles andere war nicht so schlecht.«

Antikriegsbilder von Kindern der Reinickendorfer Volksschulen, 1945.

Das alles scheint auch in seiner Grobschlächtigkeit bekannten Nachkriegsmythen zu entsprechen, wird jedoch sofort weniger grob, wenn man in die einzelne Biographie geht; dann wird in der persönlichen Trauer, in den Schilderungen der Bombennächte oder der Evakuierungen bzw. der Flucht erklärbar, welche Quellen diese Mythen speisten und warum sie so akzeptiert bzw. bis heute so wirksam sind in den beteiligten Generationen.

Bedeutung für die Nachkriegszeit

Betrachtet man nun diese Konsens- und Dissenselemente in ihrer Bedeutung für die weitere Nachkriegszeit, so springen folgende Aspekte ins Auge:

– Gerade deshalb, weil man »ja nicht einfach dafür oder dagegen gewesen war«, fühlte man sich nach 1945 zutiefst getroffen, wenn man »nur« auf die zustimmenden Haltungen zum Nationalsozialismus festgelegt wurde, obwohl man sich selbst ohne Verantwortung sah und überdies »Mensch geblieben« war, soll heißen: niemandem etwas Böses angetan hatte. Die Lehre daraus war: noch weniger faßbar zu sein, gerade auf politischem Gebiet. Die »politische Mitte«, was das auch immer in den verschiedenen Zeitläufen gewesen sein mag, wird die politische Heimat der so einseitig Kritisierten, und die Extreme werden im Laufe der weiteren Nachkriegszeit suspekter als zuvor; denn schließlich hatte man in nur einer Generation erlebt, wie zunächst Sozialisten und Kommunisten verfolgt worden waren und wie dann, nach 1945, die eben noch mächtigen Nationalsozialisten verurteilt wurden oder werden sollten.

– Der Nationalsozialismus wurde am Ende des Krieges nicht als System verurteilt; man kritisierte sein Scheitern im Krieg, seine »Auswüchse«, z. B. den Holocaust an den Juden, der zumeist erst später geglaubt wurde. Das nationalsozialistische System funktionierte zunächst in den Augen der Mehrheit unserer Befragten, und zwar zum Wohle der Bevölkerung.

– Auch Gegner des Nationalsozialismus blieben durch die zwölf Jahre Nationalsozialismus nicht unverändert: Viele Sozialisten waren erschüttert, daß so viele Genossen und so viele Arbeiter seit 1933 »Heil Hitler« geschrien hatten oder daß dieser Hauptfeind der Arbeiterbewegung doch einige »soziale Errungenschaften« einführte. Massenbewegungen und ideologisch-weltanschauliche Großerklärungen wurden stärker abgelehnt als zuvor.

– Es war gerade die damals jüngere Generation, die ihre ersten öffentlichen Erfahrungen im Nationalsozialismus machte und von ihm angetan oder gar begeistert war und die dann die zweite Aufbaugeneration der Bundesrepublik und der DDR nach der anfänglichen Dominanz der Alten wurde.

Hier wird besonders deutlich, daß der Nationalsozialismus eben auch Vorgeschichte der Bundesrepublik und der DDR war.

Ausweis für Opfer des Faschismus, mit russischer Übersetzung am 12. Dezember 1945 im Verwaltungsbezirk Berlin – Prenzlauer Berg ausgestellt.

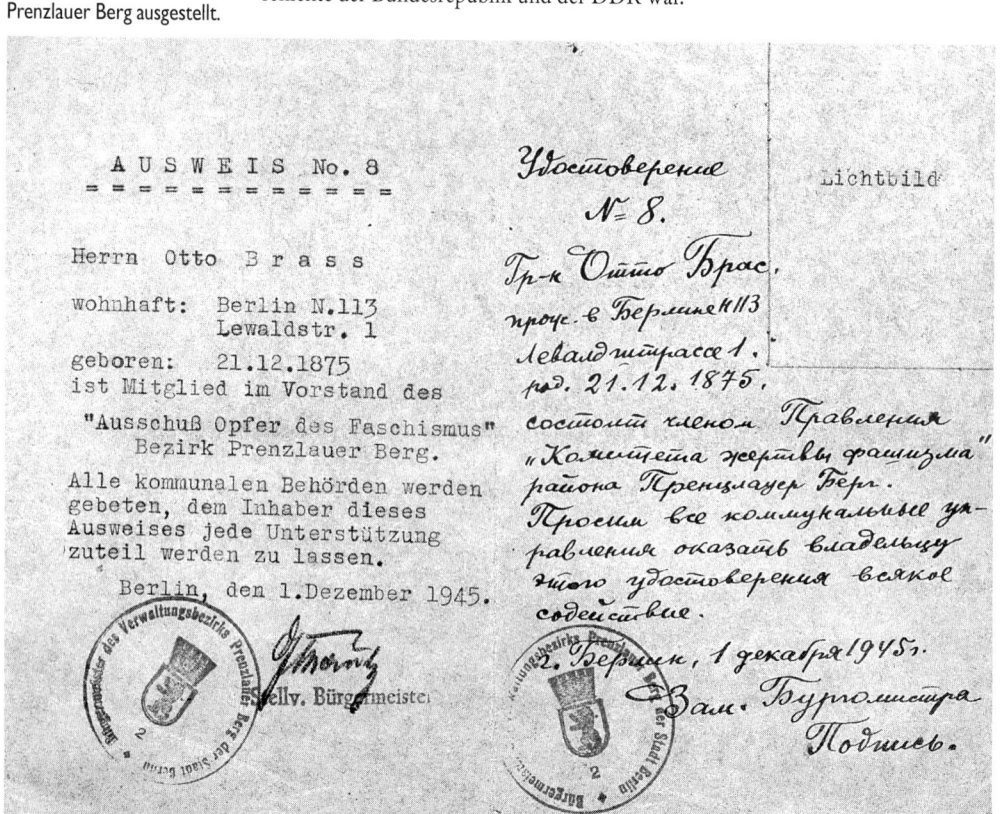

Die private Entnazifizierung oder: »Wir haben genug gebüßt!«

Zur Erklärung, vielleicht auch zur Entschuldigung der eigenen Haltung im Nationalsozialismus oder der Verwicklung in den Nationalsozialismus, auch zur Abwehr aller Verurteilungen werden im Westen und im Osten folgende Hauptargumente angeführt, die eine vorsichtige persönliche Loslösung vom Nationalsozialismus und damit eine »private Entnazifizierung« andeuten, die nicht mit einer kritischen Abrechnung verwechselt werden sollte.

Das erste Argument lautet, man habe »von allem nichts gewußt«. Das Nichtwissen wird zur konstitutiven politischen Lebensphilosophie großer Teile der Bevölkerung in Ost und West, und es wird auch zur Hauptlehre für die weitere Nachkriegszeit. Eine Folge ist die Verstärkung der Bastion des Privaten, weg von der »schmutzigen Politik«, hin zur »Stellvertreterpolitik« durch andere. Das politische Interesse großer Teile der Bevölkerung wird in den Jahren der Nachkriegszeit geringer. Die umgekehrte Lehre wird nur von einer

Gedenkveranstaltung im September 1947 für die Opfer des Faschismus vor dem Alten Museum in Berlin.

kleinen Gruppe gezogen, nämlich die, daß auch das Nichtwissen bzw. die passiv-unpolitische Haltung mitverantwortlich gemacht habe und nach 1945 zur politisch-kritisch informierten Wachheit verpflichte.

Überdies ist mit »Nichtwissen« zumeist allein die Unkenntnis über das Ausmaß der Judenvernichtung gemeint. Von der Reichspogromnacht, dem Judenstern, der Kommunistenverfolgung, dem »Abholen« von Mißliebigen haben sehr viele gewußt. Daß man das überwiegend nicht unter das Wissen über die nationalsozialistischen Verbrechen subsumiert, zeigt eine weite Abstumpfung der Gesellschaft, die zusammen mit dem privaten Aufstiegswillen auch für die Nachkriegszeit Bedeutung gehabt haben dürfte.

Ein zweites Erklärungsargument liegt in der Absetzung des unverdächtigen pragmatischen Privatmenschen vom politischen, des Idealisten vom machtbesessenen Dämon. Der pragmatische Privatmensch ist unschuldig, weil dessen Engagement für Familie und persönliches Wohlergehen verstehbar und akzeptabel ist, auch dann, wenn man um dieser Interessen willen in die Partei gegangen ist (also z. B. deshalb, um das Geschäft voranzubringen oder sich Aufträge zu verschaffen). Sogar derjenige, der um seiner Karriere willen in die SS eintrat, wird in diesem »unschuldigen« Sinne auch in der weiteren Nachkriegszeit verstanden, ebenso wie der Idealist, der an die Ziele des Nationalsozialismus – über die dann nicht mehr gesprochen zu werden braucht – glaubte und der sich in seinem Idealismus »verheizt« fühlte. Trotz oder wegen der Erfahrung, ohne Einfluß zu sein, bewahrten sich jedoch vor allem Frauen mitmenschlich-fürsorgliche Maßstäbe, die sie vom Nationalsozialismus verletzt sahen.

Ein drittes Entschuldungsargument: Man konnte nichts machen, Widerstand hätte ins Konzentrationslager geführt. So real hinter diesem Satz die Subalternitäts- und Bedrohungserfahrung steht, so suspekt wird er, wenn er aus dem Munde von Per-

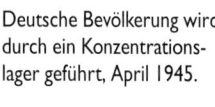

Deutsche Bevölkerung wird durch ein Konzentrations-lager geführt, April 1945.

sonen kommt, die gerade erklärt hatten, niemals vor 1945 von Konzentrationslagern gehört zu haben, oder die aus Opportunitätsgründen in die NSDAP gegangen wa-ren. Diese verschiedenen Verteidigungshaltungen gegen vermutete oder reale Vor-würfe deuten bereits darauf hin, daß man in Ost wie West eine Bestrafung durch die Siegermächte befürchtet, vielleicht sogar erwartet hatte. Auch andere Quellen machen dies deutlich, wie z.B. Berichte der Alliierten, der Armeen oder erster Emigrantenreisen.

Ein viertes Argument: »Wir haben genug gebüßt« für die Verbrechen der Natio-nalsozialisten durch gefallene Angehörige, verlorene Freunde und Freundinnen, durch Verwundung, Ausbombung, Heimatverlust usw., aber auch durch Orientie-rungsverluste, durch die Individualisierung in den Städten, nachdem die Wärme der alten Nachbarschaften oder des alten Milieus weitgehend verloren war. Dieses Ar-gument ist wahrscheinlich das gewichtigste, denn die Verluste waren real. Die Ver-bitterung wuchs, je mehr über die Verbrechen der Deutschen geredet wurde, aber über die Verbrechen an den Deutschen bzw. über deren große Verluste, die man im persönlichen Umfeld erlitten hatte, schweigen mußte. Zugleich wußte jeder, daß man Dresden nicht gegen Coventry, die ermordeten Juden nicht gegen die toten Flüchtlinge aufrechnen durfte: »Was also blieb übrig? Man hielt die Schnauze und verzehrte sich vor Wut und Schmerz«, wie es ein westlicher Gesprächspartner aus-drückte.

So wird in der weiteren Nachkriegszeit die subalterne Opfermentalität der pflicht-erfüllten, fleißigen Mitläufer, die von nichts gewußt, aber viel gelitten haben und den persönlichen Vorteil mit dem Nimbus des Unschuldig-Unverdächtigen umhüllen, zu der bestimmenden Aufbaumentalität – und zwar nicht nur im Westen, sondern auch im Osten. Es gibt darüber hinaus auch die Entschuldigungsfiguren, die – wie

sich Hannah Arendt nach ihrem ersten Besuch im Nachkriegsdeutschland aus-
drückte – eher den Sündenfall Adams und Evas für die Verbrechen des Nationalsozialismus verantwortlich machten als das nationalsozialistische System, wie z.B.:
Der Mensch sei »an sich schlecht«, besonders in »Ausnahmesituationen«; es hätten
»nicht nur die Deutschen« Verbrechen begangen, sondern alle anderen auch und
immer wieder in der Geschichte. (Arendt 1982, S. 17–36) Wo soll innerhalb eines
solchen Wustes von Beschuldigung und Abwehr Raum bleiben für eine analytische
Sicht auf den Nationalsozialismus sowohl in seiner politisch-öffentlichen wie in
seiner scheinbar nur privaten Dimension?

Westliche Zeitzeugenberichte machen überdies auf eine erstaunliche Parallelität in
den Maßstäben dessen aufmerksam, was in den »guten dreißiger Jahren« ebenso wie
in den »guten fünfziger Jahren« für positiv gehalten wurde: Es waren der wirtschaftliche Aufschwung, die bessere Bezahlung, die Abschaffung der Not und der
Arbeitslosigkeit, die allgemeine Bereitschaft, in großem Arbeitsethos zuzupacken,
die Ordnung, das Recht und die Sicherheit, sei es die des Arbeitsplatzes, sei es die
der Zukunft: Mit dem Slogan »Keine Experimente« war die CDU in den fünfziger

»Diese Schandtaten: Eure
Schuld!« Fotos aus den
Konzentrationslagern sind
in Bad Mergentheim aus-
gestellt, Juli 1945.

Jahren sehr erfolgreich. Auch darin, daß man
nach einer Zeit der Verunsicherung wieder
Orientierungssicherheit gewann, die wiederum mit einer Anerkennung der Deutschen im internationalen Kräftespiel ein-
herging, zeigen sich Parallelen zwischen diesen beiden Jahrzehnten. Sogar der Begriff des
»Wirtschaftswunders« wurde bereits für den
Aufschwung der Kriegsproduktion in den
dreißiger Jahren geprägt. Die beteiligten
Personen wissen sehr wohl von diesen Parallelen gerade im Bereich des privaten Bes-
sergehens und im Bereich der Normen und
Konventionen: Denn »geschniegelter« ging
man in den Dreißigern als in den Zwanzi-
gern, besser angezogen in den Fünfzigern als
in der Nachkriegszeit; und die äußere anständige Form wurde um so wichtiger, je
mehr man gerade dem Ausland zeigen
wollte, daß man trotz Braunhemd persönlich
sauber geblieben war.

Aber viele hatten in sehr unterschiedlichem
Sinn »Dreck am Stecken«, entweder als aktive
Nazis oder als Angepaßte, oder auch nur
deshalb, weil man »mal geschwiegen hatte«.
Und später hatte man gelernt, sich auch bei
den Besatzern durchzumogeln, hatte in der
Entnazifizierung »geflunkert« und gleichzeitig gewußt, daß es so fast alle machten:
Man lebte – nach Hannah Arendt – in einer Interessengemeinschaft, in der Menschen aus unterschiedlichen Schichten und verschiedenen Belastungen enger zu-
sammenrückten (Arendt 1982, S. 17 ff.) in einem »stillen Bündnis« zu einer »Verschweigensgemeinschaft« (Möding/von Plato 1989, S. 67). Oder mit den Worten
eines Interviewpartners: Es gab eine »Solidarität innerhalb der beteiligten Generation«, d.h., man fühlte sich nur heimisch im Kreise der eigenen Generation mit
ähnlichen, aber »so häufig mißverstandenen« Erfahrungen: ob das der bekannte

UFA-Schauspieler war, der auch Kriegspropaganda-Filme gemacht hatte, oder der »göttliche« Schauspieldirektor der Vor- und Nachkriegszeit oder der pflichtbewußte, ehrenhafte Wehrmachtsoffizier, der die Bundeswehr mit aufbaute, oder der anständige Jungenschaftsführer von nebenan, der »Pimpfengeneral«, der nach 1945 in einer sozialen Organisation Karriere machte, oder »das Blitzmädel« aus der Nachbarschaft, das als »Krankenhaus-Dragoner« die Patienten der fünfziger Jahre einschüchterte.

Alle diese Erklärungen, Verantwortungs-Abwehren, Durchmogeleien oder Entschuldigungen, alle die halblauten Witze aus der »Verschweigensgemeinschaft« und ihr solidarischer Zusammenhalt gegen die Alliierten und deutschen »Nestbeschmutzer«, aber auch das Wissen um die »positiven Erfahrungen« im Nationalsozialismus, besonders in den nationalsozialistischen Jugendorganisationen, gehören zum Standardrepertoire der Nachkriegsmythen. Im Westen sind sie bekannter als im Osten, wo die Vorerfahrungen nur im Kreis engster Freunde oder der Familie besprochen wurden.

Aber all diese Charakterisierungen der Nachkriegshaltungen greifen zu kurz ohne die folgenden Erweiterungen: Diese Mythen wurden auch Einverständnisbrücken zwischen Menschen, die »eigentlich« in getrennten gesellschaftlichen Bereichen lebten, die »eigentlich« in ihrer materiellen Lebenslage sehr unterschieden waren, die »eigentlich« auch sehr unterschiedlich in die NS-Vergangenheit involviert waren: Jetzt konnten die echten Nazis mit Sympathie bei den sogenannten Mitläufern rechnen, wenn sie sich auch als Menschen mit privaten Interessen darstellten, die von »vielem nichts gewußt«, die nur »ihre Pflicht« getan hatten bzw. nur ihre ökonomischen Interessen oder nur ihre Familie im Sinn hatten, als sie sich mit den Nazis einließen; der nationalsozialistische Industriemandarin konnte plötzlich von »tragischer Verstrickung« sprechen ebenso wie der passive Lehrer, der in die »innere Emigration« gegangen war und nach 1945 über die »existentielle Geworfenheit des Menschen in Ausnahmesituationen« nachdachte. Der Ortsgruppenleiter, wenn er nicht gar zu »verrückt« und »fanatisch« war, konnte mit dem Argument der »ohnmächtigen Hilflosigkeit« gegenüber der NSDAP-Spitze auf Verschwiegenheit oder sogar Sympathie bei jenen hoffen, die wirklich ohnmächtig gewesen waren, sich nun aber einer Kollektivschuld-These ausgesetzt sahen.

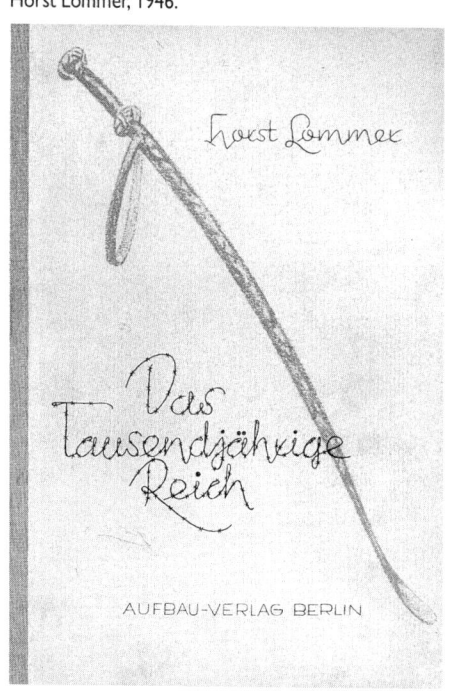

Umschlag des Buches »Das Tausendjährige Reich« von Horst Lommer, 1946.

Sowohl die Erklärungsmuster der eigenen Haltung im Nationalsozialismus als auch die Einverständnisbrücken zwischen ganz unterschiedlich Verantwortlichen zeigen dennoch eines deutlich: Der Nationalsozialismus war vermutlich im Westen wie im Osten zwar nicht im analytischen Sinne »bearbeitet«, »verarbeitet« oder »systematisch erforscht«, aber er war gleichwohl desavouiert. Er hatte in den Augen der Bevölkerung, so kann nach späteren erfahrungsgeschichtlichen Untersuchungen angenommen werden, zwar große Attraktivität wegen seiner »sozialen Seiten« besessen, wegen der Überwindung von Weltwirtschaftskrise und der Versailler »nationalen Demütigung«; aber er hatte Deutschland und die Bevölkerung in eine Katastrophe geführt, die ungleich tiefer die Fundamente getroffen hatte als die nach dem Ersten Weltkrieg. Er hatte so weitgehend Menschlichkeit und Menschenrechte verletzt, daß die Berichte aus dieser Zeit unglaublich, wie eine Verlängerung feindlicher Kriegspropaganda, erschienen.

Auschwitz hatte auch jeden einzelnen Deutschen auf die Anklagebank gesetzt und die Frage nach individueller Verantwortung in der Politik, auch in einer Diktatur, mit aller Schärfe gestellt.

In diesem Gemisch aus Erklärungsmythen und Abwehrelementen, aus wachsendem Schuldgefühl und Erkenntnis über den Nationalsozialismus liegen die zwiespältigen Lernpotentiale nach der persönlichen und nach der offiziellen Entnazifizierung in der Nachkriegszeit.

Chiffren der Umerziehung

In der Erinnerung erscheint also die »persönliche Entnazifizierung« eher ambivalent, aber in dem latent schlechten Gewissen wegen der Verbrechen des National-
sozialismus, das sich zunächst trotzig gegen Verantwortung wehrte, dennoch wirksam für den westlichen Demokratisierungsprozeß. Sie beeinflußte auch die schuldbewußte, passive Akzeptanz der »antifaschistischen Erziehungsdiktatur« im Osten, unter deren Mantel sich stalinistische Strukturen installieren ließen. Die »offizielle Entnazifizierung« ist in der Erinnerung zwar scharf konturiert – vielleicht sogar eindeutiger, als sie in Wirklichkeit war –, aber es sind häufig andere Elemente der Politik der Besatzungsmächte, die Neuorientierungen bewirkten. Sie prägen als Chiffren diese Erinnerung

bis heute, und manche erlangten nahezu Symbolcharakter. Zunächst die als negativ empfundenen Elemente:

Alliierte Umerziehungs-maßnahmen aus der Sicht eines Karikaturisten.

– Vor allem gegen die Kollektivschuldthese wurden Selbstvergewisserungen in einer Weise eingeschliffen, daß sie bis in die Gegenwart in Interviews oder in Autobiographien von Zeitzeugen explizit oder implizit angeführt werden. Der Vorwurf einer Kollektivschuld wurde zwar abgewehrt, stellte dennoch jeden einzelnen vor die Frage nach seiner persönlichen Verantwortung, sei es durch die Besatzungsbehörden, sei es zunehmend durch die heranwachsenden Kinder, und dies so drängend, daß auf ihn reagiert werden mußte. (Im übrigen war der Vorwurf einer Kollektivschuld zwar immer wieder diskutiert worden, spielte aber letztlich real in der Entnazifizierungspolitik im Westen eine eher geringe Rolle; denn nach dem Chaos der unmittelbaren Besetzung stand hier eine Einzelfallprüfung im Vordergrund.) Auch im Osten war die Anklage einer kollektiven Verantwortung zwar dauernd zu spüren – so in den Variationen des Satzes, daß die Deutschen es nicht geschafft hätten, den Faschismus »von innen heraus zu stürzen«. Dennoch wurde auch hier die Kollektivschuldthese durch die frühe Debatte um die »Einbeziehung und Bewährung der nominellen PGs« (der einfachen Parteigenossen) relativiert. Auch der Stalin zugeschriebene Satz über die Hitlers, die kommen und gehen, während das deutsche Volk bleibe, ist in der Erinnerung der meisten älteren befragten Ostdeutschen präsent.

– Ähnliches gilt für den Morgenthau-Plan, der in der Wirklichkeit der amerikanischen Besatzungspolitik nur anfänglich eine Rolle spielte, den gleichwohl viele deutsche Zeitzeugen erwähnen – vielleicht um nachgeborenen Kritikern zu zeigen, wie ungerecht die Sieger waren oder wie »rachsüchtig« ein Jude wie Morgenthau. Sogar Elemente der Nürnberger Kriegsverbrecherprozesse werden in ähnlicher Weise erwähnt, nicht nur wenn eine Minderheit unserer Befragten von »Siegerjustiz« spricht, sondern wenn der Sohn des eigentlich angeklagten Krupp, der »für den Vater ins Gefängnis gehen mußte«, angeführt wird als Beispiel für alliierte Ungerechtigkeit.

- Besonders der Fragebogen der Alliierten ist es, der zum allseits erinnerten Symbol des umfassenden Verdachts gegen alle Deutschen wurde, obwohl er eher zur Einzelfallprüfung einerseits und zur Verlogenheit andererseits beitrug; ebenso der »Persilschein«, den man brauchte und sich notfalls durch falsches Zeugnis beschaffte, um wieder etwas werden zu können. Dieser Begriff »Persilschein« – Namensgeber war das Waschmittel »Persil« – ist wahrscheinlich derjenige, der am besten die Haltung vieler Deutscher in der Umerziehung symbolisiert: Es gab etwas auf der staatsbürgerlichen Weste, das weggewaschen werden mußte, damit man unter neuer politischer Herrschaft, diesmal der Alliierten, überhaupt etwas werden konnte; andererseits konnte dies auch gelingen dank einfacher Mittel, und seien sie nur kosmetisch, oberflächlich listig oder nicht ganz sauber – sprich: nicht ganz ehrlich.

- Auch die Demontage, die im Osten und im Westen sehr unterschiedliche reale und symbolische Bedeutung hatte, gehört in diesen Erinnerungszusammenhang. Im Westen wurde die Demontage sehr viel weniger einschneidend durchgeführt als angekündigt, was positiv erinnert wird, während sie im Osten sehr viel umfassender war, als öffentlich zugegeben wurde, was deutlich negativer bewertet wird. Um die Anerkennung von Ansprüchen auf »Wiedergutmachung« geht es den Zeitzeugen weniger als um deren Abwehr mit Hilfe des Beweises der Unsinnigkeit der Demontage. Die Demontage wurde zum Symbol einer vollkommen verfehlten, offensichtlich ökonomisch begründeten Konkurrenzpolitik gegenüber den Deutschen und ihrer Wirtschaft, da die abgebauten Betriebe »nirgends funktioniert« hätten, vor allem deshalb nicht, weil die deutschen Facharbeiter und Wissenschaftler fehlten. Die Verlogenheit der Entnazifizierung wird auch durch das Abziehen oder die Deportation von hochqualifizierten deutschen Wissenschaftlern und Fachleuten seitens der Alliierten »bewiesen«, zum Beispiel durch die »Abwerbung« von Raketen- und Atomwissenschaftlern wie Wernher von Braun, der »den Amis die Rakete baute« und der zum Symbol des klugen und damit »guten Deutschen« wurde, oder Manfred von Ardenne, der von den Sowjets »geklaut« wurde und von 1945 bis 1955 ein Forschungsinstitut in der Sowjetunion leitete. An diesen Beispielen konnte man belegen, daß die nützliche Qualifikation auch bei den Alliierten vor der Entnazifizierung rangierte.

In der sowjetischen Besatzungszone sind es vor allem Bilder der Gewalt und der Willkür, die rekapituliert werden: so z.B. die Szene des einfach von der Straße weg verhafteten Zivilisten, der nur verhaftet wurde, um die ursprüngliche Zahl in einer Gefangenenkolonne nach Flucht oder Tod von Häftlingen wiederherzustellen; die Vergewaltigungen sogar von Großmüttern durch eine »Horde« von »Tartaren« oder »Mongolen«; die Peitsche des sowjetischen Offiziers gegenüber seinen »einfachen Muschiks«, wenn sie marodierten und vergewaltigten usw.

Auf der anderen Seite gab es aber auch die positiven Erinnerungen, die in den Erzählungen von Zeitzeugen wie Chiffren oder gar Symbole erscheinen. Mit ihnen wird die Integration in die Nachkriegszeit samt ihrer notwendigen Umorientierungen erläutert:

Das offizielle Fraternisie-
rungsverbot für US-Solda-
ten war nicht besonders
wirksam und die umwor-
benen »Fräuleins« freuten
sich über die Flucht aus dem
tristen Alltag, 1946.

– So sind z. B. in allen Besatzungszonen die ersten alliierten Soldaten, denen man
  begegnete, besonders kinderfreundlich, die Amerikaner sind manchmal zwar
  erschreckend schwarz, verteilen jedoch Kaugummi, Schokolade oder andere
  schöne Dinge einer neuen Welt. Sogar in der SBZ seien die ersten Besatzer zumindest zu Kindern häufig anständiger gewesen, als nach den Berichten über
  den Einmarsch in Ostpreußen und über die Besetzung Berlins zu befürchten
  war.

– Im Westen wird der Satz Churchills vom »falschen Schwein, das man ge-
  schlachtet« habe, bis heute bei Angehörigen der Kriegs- und ersten Nach-
  kriegsgenerationen als Bestätigung des heimlichen Konsenses darüber gewertet,
  daß es 1945 eigentlich eine Koalition gegen die Rus-
  sen hätte geben müssen – und wird damit zu einer
  späten Rechtfertigung zumindest der Ziele des
  Rußlandfeldzuges. Dieser Ausspruch von Churchill
  ist bis heute in der kollektiven Erinnerung der älteren Deutschen.

Erste Carepakete trafen am
15. Juli 1946 ein.

– Das vorbildhafte demokratische Verhalten des britischen Offiziers, der selten vorverurteilte, sondern
  die Verantwortung des einzelnen gesehen habe.
  Selbst der »lässige Ami« (obwohl er mit »Camels«
  »Blondies« lockte) wurde zum positiven Symbol
  einer neuen gelockerten Haltung auch in den
  offiziellen Exekutivorganen der Besatzungsmacht,
  anders als die verstockte Haltung deutscher Büro-
  kraten. Demgegenüber fallen die russischen Soldaten ab: Sie erscheinen in der Erinnerung nicht nur als
  tartarische Marodeure, sondern auch als liebens-
  würdige plumpe Bären, die allerdings so unzivilisiert
  waren, daß sie von den deutschen Kindern, mit
  denen sie friedfertig spielten, sogar das Fahrrad-
  fahren lernen mußten oder schlimmer noch: die die
  Toilette für ein Trinkwasserbecken hielten. Und der
  französische Offizier erscheint in der Erinnerung als
  »deutschfeindlich« und nur begrenzt zu einer

Lesesaal des Amerika-Hauses in Berlin, das im Mai 1947 offiziell den Rang eines »U.S. Information Center« erhielt.

Organisierung der Besatzungsexekutive fähig. Als »deutschfeindlich« wird dabei häufig das bezeichnet, was antinationalsozialistisch gemeint gewesen sein dürfte.

– Die hauptsächlichen positiven Symbole sind jedoch die »Carepakete«, die mit vielen Überraschungen von der »süßen Kondensmilch« über die dicke Schokolade und den Kaugummi bis hin zu »Libby's Fleischextrakt« in der kollektiven Erinnerung der älteren Westdeutschen ein Gewicht haben, das weit über ihre materielle Hilfe hinausgeht. Ähnliches gilt für den »Marshallplan«, der wie eine ausgestreckte Hand der Westmächte an die niedergeschlagenen Deutschen erscheint, oder die Berlin-Blockade, die nicht nur neues Symbol der Hilfe war, sondern eine Aufnahme des neuen demokratischen Deutschland in die freie Völkergemeinschaft signalisierte (siehe dazu den nächsten Abschnitt). Begleitet wurde all dies von »flotter« amerikanischer Musik aus dem AFN, von Hollywood-Filmen für die breite Masse, die auf den dort demonstrierten Lebensstil hoffte, mit erster Hemingway-Lektüre, die Intellektuelle aus den »Amerika-Häusern« oder den britischen Pendants, »Die Brücke«, holten. Und die deutsche Hausfrau konnte sich bald an Waschmitteln erfreuen, die von »amerikanischen Hausfrauen bereits getestet« waren. Gerade in diesen Bereichen hatten die Sowjets nichts anzubieten, was die gleiche einprägsame positive Wirkung gehabt hätte.

– Der frühe Demontagestopp der Amerikaner, der eine »vernünftige« Besatzungspolitik signalisierte, wird ebenso vermerkt wie die Demontage jeweils eines Bahngleises im östlichen Deutschland durch die Sowjets.

Positive Symbole werden in der sowjetischen Besatzungszone ebenfalls rekapituliert, aber nicht so häufig und nicht so konstitutiv (vgl. zum ambivalenten »Russenbild« Niethammer 1989, S. 114 ff.): Da gibt es in der Erinnerung der befragten Vertreter der unpolitischen schweigenden Mehrheit der SBZ den ehemaligen KZ-Häftling, der nach 1945 Direktor eines Betriebes wurde, der sich als Autodidakt bildete und hervorragende Arbeit geleistet habe; oder den Neulehrer, der mit wenig Ausbildung, aber viel Engagement ein guter Pädagoge wurde; die russische Ärztin, die einem todkranken deutschen Häftling in den sowjetischen Sonder- oder Kriegsgefangenenlagern half; oder auch den russischen Offizier, der scharf, vielleicht sogar erschreckend scharf, den einfachen Soldaten bei Fehlverhalten gegenüber der deutschen Bevölkerung mit Arbeitslager oder der erwähnten Peitsche bestrafte. Vorherrschend sind dennoch die Berichte über Übergriffe von Rotarmisten in der SBZ.

Es waren gerade die negativ und die positiv besetzten Symbole der persönlichen Entnazifizierung, die mehr noch als die Realität der offiziellen Entnazifizierung die Haltungen gegenüber den neuen Machthabern und gegenüber ihrer Glaubwürdigkeit prägten und bedeutsam für die Einstellungen gegenüber den neuen Systemen wurden. Hier dürfte sich trotz gemeinsamer Vorerfahrungen in der sowjetischen Besatzungszone eine andere Erinnerungskultur als im Westen gebildet haben, die sich auf das Kriegsende und die Besetzung bezog.

Zwei Politikmodelle herrschten im Deutschland oder in den Deutschlands der Nachkriegszeit vor, die beide von »Angst vor dem Volke« nach den Erfahrungen mit dem populistischen Nationalsozialismus geprägt waren: in Westdeutschland die Vorstellungen von einer repräsentativen Demokratie, die auch die Verfassungsdiskussionen sehr weitgehend bestimmte; und in der SBZ und DDR die mehr oder minder offen formulierte Vorstellung einer »antifaschistischen Erziehungsdiktatur«, unter deren Mantel stalinistische Strukturen installiert und gerechtfertigt wurden. Die Frage stellt sich, ob nicht das westdeutsche Modell unter anderem deshalb soviel erfolgreicher war, weil es dem eher unpolitischen Massenbewußtsein in der Nachkriegszeit, das wesentlich auf die unmittelbare Versorgung gerichtet war, Rechnung trug: repräsentative Demokratie – ja, aber aktive plebiszitäre Mobilisierung oder Mitentscheidung – nein. Die SED ging den scheinbar umgekehrten Weg: ständige politische Massenmobilisierungen – ja, aber demokratische Einflußmöglichkeiten – kaum oder gar nicht. Die Bundesrepublik gewann ihre eigenständige Bedeutung und ein eigenes Selbstbewußtsein überdies durch den wirtschaftlichen Aufschwung, durch das sogenannte Wirtschaftswunder, das die instabilen Verhältnisse der Gründungszeit beendete. Die DDR war ökonomisch zunächst auch nicht ohne Erfolg, hinkte jedoch der Bundesrepublik bis zu ihrem Ende hinterher.

Plakat zur Bekanntgabe des Sendebeginns von DIAS (»Drahtfunk im amerikanischen Sektor«) am 7. Februar 1946.

2. Ausblicke

Der Kalte Krieg und die Spaltung Deutschlands brachten neue Erfahrungsunterschiede zwischen Ost und West und verstärkten die Entwicklung unterschiedlicher Erinnerungskulturen.

Die Initiation zu Demokraten im Westen

Die Blockade Berlins durch die Sowjets 1948/49 und die Luftbrücke zwischen Westdeutschland und West-Berlin (vgl. z. B. Prell 1987) wurden Weichenstellungen für ein neues »westliches Bewußtsein« in Westdeutschland. Die Blockade stellte die

Westberliner, aber auch die westdeutsche Gesellschaft an die Front – um in der damaligen Terminologie zu bleiben – gegen den sowjetischen Expansionismus und Totalitarismus. Das gab zugleich die Gelegenheit, sich als Demokraten zu bewähren und sich von den Belastungen durch die nationalsozialistische Diktatur zu befreien. Und diese neuen Bewährungsmöglichkeiten gab der Kalte Krieg in unterschiedlichem Ausmaß während der gesamten fünfziger und sechziger Jahre.

Berlin-Blockade 1948/49: Berliner Kinder bejubeln die Ankunft einer Maschine mit Hilfsgütern.

Zur Illustration dieser Haltung ein Beispiel aus der ersten Zeit der Blockade: Am 11. Juli 1948 wandte sich auf einer SPD-Kundgebung vor dem Schöneberger Rathaus in Berlin ein Gewerkschaftsführer gegen die Politik der Sowjetunion: »Wir haben diese Methoden bei Hitler gekannt, und wir wissen genau, daß diese Methoden neuerdings in zweiter, verbesserter und vermehrter Auflage uns serviert werden sollen (Beifall) und wir haben nicht die Absicht, diese zweite und vermehrte Auflage zu genießen. [...] Die Einheit Deutschlands wird nicht durch Volksbegehren und Volksräte und Volkskongresse vollzogen [die von der SED organisiert wurden], die Einheit Deutschlands vollzieht sich und entwickelt sich wieder im großen gemeinsamen politischen Erlebnis, und ein solches großes gemeinsames, politisches Erlebnis ist das, was jetzt der Westen und wir zusammen erleben. Sie begreifen, daß wir hier der Vorposten ihrer Freiheit sind [...]. Aber wenn wir klaren, freien Zugang zum Westen haben, dann wird die in uns ruhende Tendenz, mit dem Westen Handel zu treiben, ganz von selbst stärker werden, denn welche von den beiden Marken, die Mark, die der Berliner so freundlich die Tapetenmark nennt, oder die D-Mark die bessere ist, das brauche ich Ihnen nicht auseinanderzusetzen. Diese Frage beantwortet die Bevölkerung eindeutig jeden Tag. Worauf es bei der endgültigen Auseinandersetzung ankommt, das ist nur das eine: Die Welt muß klar erkennen, daß hier eine Welle gebrochen worden ist und daß hier ein Ansturm zum Stillstand gekommen ist [...]. Stalingrad wurde der Wendepunkt der großen Auseinandersetzung. Wir in Berlin sind das Stalingrad der deutschen Freiheit!«

Und der Berliner Oberbürgermeister Ernst Reuter erklärte in seiner berühmten Rede auf einer anderen großen Berliner Protestkundgebung vor dem Reichstagsgebäude am 9. September 1948: »Wenn wir darum heute in dieser Stunde die Welt rufen, dann tun wir es, weil wir wissen, daß die Kraft unseres Volkes der Boden ist, auf dem wir groß geworden sind und größer und stärker werden, bis die Macht der Finsternis zerbrochen und zerschlagen sein wird [...] Wenn er eines Tages zu uns kommen wird, der Tag des Sieges, der Tag der Freiheit, an dem die Welt erkennen wird, daß dieses deutsche Volk neu geworden, neu gewandelt und neu gewachsen, ein freies, mündiges, stolzes, seines Wertes und seiner Kraft bewußtes Volk geworden ist, das im Bunde gleicher und freier Völker das Recht hat, sein Wort mitzusprechen, dann werden unsere Züge wieder fahren nicht nur nach Helmstedt, sie werden fahren nach München, nach Frankfurt, nach Dresden, nach Leipzig, sie werden fahren nach Breslau und nach Stettin. (Beifall) [...] Ihr Völker der Welt, ihr Völker in Amerika, in England, in Frankreich, in Italien! Schaut auf diese Stadt und erkennt, daß ihr diese Stadt und dieses Volk nicht preisgeben dürft, nicht preisgeben könnt! Es gibt nur eine Möglichkeit für uns alle: gemeinsam so lange zusammenzustehen, bis dieser Kampf gewonnen, bis dieser Kampf endlich durch den Sieg über die Feinde, durch den Sieg über die Macht der Finsternis besiegelt ist.« (Zitiert nach: Weber 1980, Bd. 2, S. 227)

Berlins Oberbürgermeister Ernst Reuter während seiner berühmten Rede »Ihr Völker der Welt...« am 9. September 1948 vor dem Reichstagsgebäude vor 350 000 Menschen (rechts neben ihm der SPD-Vorsitzende F. Neumann).

Es waren nicht nur die großen Kundgebungen, auf denen der Gedanke geäußert wurde, der Kampf um die Freiheit gegen die östliche Tyrannei und den roten Faschismus sei die Initiation für die Aufnahme in den Bund freier Völker. Auch die Durchsicht der Tageszeitungen jener Monate zeigt, daß die Berlin-Blockade und die Luftbrücke ein neues Selbstwertgefühl der Westdeutschen signalisierten, das durch den Kampf gegen den Totalitarismus, durch die Entscheidung für Freiheit und Demokratie westlicher Prägung die Befreiung von der Schuld der Vergangenheit und die Anerkennung eines neuen Bewußtseins der Bevölkerung durch die westlichen Demokratien ermöglichen sollte. So schrieb z. B. die »Westdeutsche Allgemeine Zeitung« am 29. Juni 1948: »Die Berliner Bevölkerung jedoch ist einig in ihrem Protest gegen die kommunistische Politik der Überrumpelung und Vergewaltigung. Ausländische Beobachter sprechen offen ihre Bewunderung für die Entschlossenheit der Berliner aus. Die Haltung der Bevölkerung der deutschen Hauptstadt dokumentiert den deutschen Willen, nicht noch einmal das Opfer tyrannischer Politik zu werden [...] Mag Frankreich schwanken. Manche Zeichen sprechen dafür, daß die angelsächsischen Mächte ihre Beschlüsse im Bewußtsein ihrer Erfahrungen mit einem Jahrzehnt totalitärer Politik fassen werden.«

Es entstand nicht nur eine politische Bindung an den Westen, sondern auch eine habituelle und kulturelle Verbundenheit, besonders mit den Amerikanern. Diese neuen Bindungen mit neuen Orientierungen und Haltungen konnten unter anderem deshalb so tief greifen, weil im Kalten Krieg mit dem Kampf um die Freiheit die Exkulpation von der nationalsozialistischen Vergangenheit stattfand. Dieser antitotalitäre Akt war es erst, der den Eintritt in die freie demokratische Völkergemeinschaft verschaffte.

Überdies bekam dank der Feindkonstellationen im Kalten Krieg der »heiße« Krieg Deutschlands gegen die Sowjetunion doch wieder eine andere, eine positivere Bedeutung. Man konnte sich erneut bewähren im Kampf gegen »die Russen«. Dabei mußte man nicht auf die Frontstellungen der kaiserlichen, der deutschnationalen oder der nationalsozialistischen Vergangenheit verzichten. Denn gegen die Russen und deren Expansionismus, ob unter Zar Nikolaus, Lenin oder Stalin, hatte man in dieser Sicht immer auf der richtigen Seite gestanden.

Vielleicht liegt in diesem Gemisch aus alten Feindbildern aus der Zeit vor 1945 und den neuen Feindbildern im Kalten Krieg, die sich im Denken jener Zeit zusammenfügen ließen, das Geheimnis des Konsenses der Adenauer-Ära. Diese Mischung aus Rückgriff und Exkulpation wurde unterstützt durch die Erfolge des Wirtschaftswunders und durch die Westorientierung. Insofern wird verständlich, daß die Währungsreform, die die Berlin-Blockade auslöste, im Westen vielfach als der eigentliche Beginn der Bundesrepublik gilt.

Hier liegen auch Ursachen dafür, daß die Adenauer-Ära Menschen, die im Nationalsozialismus unterschiedliche Verantwortungsbereiche repräsentierten, ihr Schweigen und ihre Erklärungsmythen lassen konnte. Dieses stille Einverständnis oder gar die offene Solidarität in der Verschweigensgemeinschaft wurden neben den Neuorientierungen im Kalten Krieg wichtige Elemente in dem dauerhaften Konsens der Aufbauzeiten der Bundesrepublik. Hier liegen aber auch zugleich Elemente des Bruches gegenüber jüngeren Generationen. Denn diese »Verschweigensgemeinschaft« kann nur zwischen Menschen mit ähnlicher Erfahrung funktionieren und mußte ohne diesen Erfahrungshintergrund scheitern.

Im übrigen steckten in diesem Konsens gewichtige demokratische Lernpotentiale gegenüber dem »Dritten Reich«: Hier im Westen der fünfziger Jahre wurde nun die Demokratie vor der Diktatur, die Privatsphäre vor der großen Politik oder vor umfassender staatlich-politischer Organisierung verteidigt. Die großen gesellschaftlichen Welterklärungen und Gesellschaftsentwürfe wurden abgelehnt, so daß man sich nach den Erfahrungen des Nationalsozialismus durchaus »reif« für die parlamentarische Demokratie fühlen und Menschlichkeit, Pragmatismus und Skepsis gegenüber den politischen Institutionen und ihren Repräsentanten betonen konnte.

Mit dem Wirtschaftsaufschwung nach der Währungsreform kommt auch der Wohnungsbau in Gang.

Neubausiedlung in Essen, 1949.

Das nur scheinbar Paradoxe liegt darin, daß die Berlin-Blockade, der Kalte Krieg und die Aufnahme Westdeutschlands in die »Gemeinschaft der freien Völker« eine fundamentaldemokratische Abrechnung mit der nationalsozialistischen Vergangenheit zwar überflüssig zu machen schienen, aber dennoch eine demokratische kulturelle Hegemonie initiierten. Eine tiefe Auseinandersetzung um demokratische Werte und Nationalsozialismus fand unter anderem deshalb erst seit den sechziger Jahren statt, als KZ-Prozesse, Spiegel-Krise und 68er-Bewegung neue demokratische Aufbrüche in der Gesellschaft des Westens evozierten. Es ging bald nicht mehr nur um die Akzeptanz neuer demokratischer westlicher Werte, wie sie durch amerikanische oder britische Spielregeln repräsentativer Demokratien vorgegeben waren, sondern um die Werte, die seit der Aufklärung und der Französischen Revolution propagiert wurden. Zugleich mit der Westbindung gingen in der damaligen Bundesrepublik auch frühere außenpolitische Orientierungen, die auf eine Hegemonie über »Ostmitteleuropa« gerichtet waren, zumindest zeitweilig verloren.

Der Kalte Krieg und die Grenze zwischen Schuld und Unschuld im Osten

Anders verlief die Entwicklung »drüben«, auf der östlichen Seite der Elbe: Die Ostdeutschen hatten nach 1945 nicht die Chance, per Grenzziehung zu Demokraten werden zu können, sondern sie wurden im Gegenteil einer neuen diktatorischen Herrschaft unterworfen. Dabei schienen auch die Ostdeutschen zu Beginn nach 1945 »Glück« zu haben: Sie durften von den Siegern lernen, denn auch die Sowjetunion schien Antifaschismus und damit ebenfalls Exkulpation zu signalisieren. Sogar ökonomische Erfolge deuteten sich nach kurzer Durststrecke auch unter einer sozialistischen Planwirtschaft an.

Ein Slogan der SBZ/DDR hieß: »Von der Sowjetunion lernen, heißt siegen lernen.«

In der SBZ gab es ebenfalls pflichtbewußte, leistungsbereite Deutsche, die sich mit der Besatzungsmacht zusammentaten, um nach Kriegszerstörungen und persönlichen Verlusten ihre Lebenssituation zu verbessern – aber hier war es eben eine diktatorische Macht. Und mit deren Vertretern mußten sie sich in einer Art »Sozialvertrag« verbinden: Die eine Seite, die neue politische Führung, bot Aufstiege als Ersatz für die in den Westen geflohenen Funktionseliten. Die andere Seite, repräsentiert von den leistungskräftigen Arbeitern und Angestellten, gab die geforderte Leistung bei politischem Wohlverhalten, bei Anpassung oder sogar bei wirklicher Übernahme sozialistischer Überzeugungen. Dieser Sozialvertrag lieferte sozialen Kitt für die neue Gesellschaft der SBZ/DDR; er hatte durchaus konservative Seiten, da auch hier der ökonomische Wiederaufbau Leistung und Pflichtbewußtsein vor politische Verantwortung stellte. Damit waren die Konsequenzen einer neuen Subalternität und eine weitere Trennung zwischen privater und öffentlich demonstrierter Haltung vorprogrammiert.

Widerstand gegen den Export des sowjetischen Systems nach Mitteleuropa endete in Niederlagen: Schon 1947 wurde der zuvor propagierte »eigene deutsche Weg zum Sozialismus« dem einzig gültigen sowjetischen Vorbild geopfert. Der 17. Juni 1953, der Ungarn-Aufstand 1956, der Prager Frühling 1968 scheiterten und blieben auch in der kollektiven Erinnerung der Ostdeutschen als Ohnmachtserfahrung gegenüber übermächtigen politischen Herrschaftsapparaten haften. Eine Ostorientierung, eine ähnlich fundamentale Bindung wie im Westen an die USA, hat es in der DDR an die Sowjetunion nicht gegeben, oder sie fand nur in offiziellen Sonntagsreden statt.

Für viele Intellektuelle und Künstler allerdings, die in den ersten Nachkriegsjahren, wie beispielsweise Bertolt Brecht, bewußt in die DDR gegangen waren, war dieses das »andere Deutschland«, gerade wegen dessen vorgeblich »antifaschistischer Erziehungsdiktatur«. Erst später entpuppte sich dieses »neue Deutschland« für einige von ihnen als ein neues diktatorisches System, in dem die antifaschistische Floskel zum Herrschaftsideologem verkommen war. Auch westdeutsche Linke hatten Mühe, die DDR zu kritisieren, da sie sich nicht als »Kalte Krieger« an der Seite Adenauers sehen wollten. Für viele von ihnen war die Spaltung Deutschlands und die Vertreibung der Deutschen aus dem Osten die Buße für die Verbrechen des Hitler-Faschismus. Manche andere Intellektuelle aus der DDR waren oder sind bis heute an dieser Stelle ohne jede Ambivalenz: Sie haben den DDR-Antifaschismus bis in die Gegenwart als trotziges Selbstbehauptungselement konserviert. Damit wird erklärbar, warum so viele auf beiden Seiten über die Wende von 1989 hinaus die Grenze im Kalten Krieg als eine Grenze zwischen Schuld und Unschuld jeweils für sich reklamieren können.

Edmund Kesting »Tod über Dresden – Blick über Skelett vom Anatomiesaal der Kunstakademie auf Trümmer der Frauenkirche«, Ende 1945. Negativ-Positiv-Montage mit Zeichnung.

Schlußbemerkung: Geteilte Erinnerungskulturen

Man sieht, der Kalte Krieg verstärkte die unterschiedlichen Erinnerungskulturen in West und Ost aus der Besatzungszeit. Bis heute haben sie etwas zu tun mit der Verarbeitung des Nationalsozialismus und – natürlich – des Kalten Krieges. Es gibt Vertreter jeder Seite, die glauben, die sinnvollere Auseinandersetzung mit dem Nationalsozialismus geleistet zu haben; unter ihnen sind vor allem Intellektuelle und im DDR-System Aktive zu finden. Darüber hinaus wirkt die Grenze zwischen Ost und West unter anderem auch deshalb so lange nach, weil sich so viele aus den eher schweigenden Mehrheiten in der früheren DDR zu Unrecht unter Totalitarismusverdacht der Westdeutschen sehen und weil sie glauben, den Krieg deutlicher verloren zu haben als die Westdeutschen: Zunächst unterlagen sie wie alle Deutschen im Krieg gegen die Alliierten, dann verloren sie ein weiteres Mal, als sie unter das Joch sowjetischer Besatzung kamen, das die Ostdeutschen nicht nur unterdrückte, sondern auch ökonomisch schlechter stellte und ihnen durch die umfassendere Demontage die Hauptlast des Krieges aufbürdete – wobei die spätere westdeutsche Wiedergutmachung vor allem an Juden oder Osteuropa nicht in Rechnung gestellt wird. Die Hauptbuße für den Hitler-Faschismus und dessen Krieg hätten also in dieser Sicht die Ostdeutschen getragen. Hier zeigt sich eine Kontinuität der vom Westen unterschiedenen Erinnerungskultur bis heute. Und schließlich meinen viele Ostdeutsche – hier gibt es allerdings große Unterschiede zwischen den Opfern und den Trägern des DDR-Systems –, es sei noch nicht sicher, ob sie heute als Gewinner der Einheit von 1990 zu betrachten seien. In jedem Falle gäbe es westdeutsche Sieger. Über politische Unterschiede hinweg sind sich heute jedoch große Teile der DDR-Bevölkerung einig, daß sich niemand, der nicht die DDR erlebt habe, besonders kein Westdeutscher, ein Urteil über sie erlauben könne, da er keine Ahnung von den Lebensbedingungen in der DDR habe. (Vgl. diverse demographische Studien, so z. B. Noelle-Neumann 1992, S. 8)

Umgekehrt glauben Westdeutsche bei Ostdeutschen ganz ähnliche »prophylaktische Verteidigungsargumente« gegen den Totalitarismusverdacht und den Mangel an persönlich-politischer Verantwortung zu hören, wie sie auch nach 1945 üblich waren: Es sei nicht alles schlecht in der DDR gewesen, man habe sein Leben durchaus leben können, man sei von Informationen abgeschnitten gewesen, habe von den Bösartigkeiten des Systems nichts gewußt und sich nichts zuschulden kommen lassen; oder sei nur in die Partei gegangen, um das Beste aus der Situation zu machen, um die eigene Karriere nicht zu gefährden oder der Familie nicht zu schaden usw. In der damaligen Bundesrepublik habe sich außerdem – so betonen viele Westdeutsche – seit den sechziger Jahren eine demokratische Kultur entwickelt, die weit über das Maß der fünfziger Jahre hinausgeht, als die Grenzziehung zwischen Ost und West den Westdeutschen diese Chance gab.

All dies zeigt, daß die Fremdheiten zwischen Ost- und Westdeutschen im heutigen Deutschland ihre Ursachen eben nicht nur in den Entwicklungen und Erfahrungen nach 1989 haben, sondern auch in den Voraussetzungen unterschiedlicher Erinnerungskulturen und Auseinandersetzungsweisen mit ihren Vergangenheiten, vor allem mit den beiden Diktaturen Nationalsozialismus und DDR-System sowie mit den unterschiedlichen Erfahrungen im Kalten Krieg. In vielfältiger Weise steht die »Entnazifizierung« von 1945 als Modell für die »Entstalinisierung« 1989. Auch daraus gewinnen die deutsch-deutschen Fremdheiten ihre Virulenz, und sie werden sicherlich noch länger bestehen bleiben. Dennoch sei uns zum Schluß erlaubt, einen Bogen zum Beginn dieses Buches zu schlagen: Man kann sich fragen, ob nicht gerade die so gewachsene Fremdheit zwischen den Deutschen einen überbordenden Nationalismus nach 1989 verhindert hat. Ein solcher Nationalismus ist nicht die

Gefahr, die gegenwärtig in Deutschland droht. Mehr als 50 Jahre nach Kriegsende ist ein nationalsozialistisch geprägter Rechtsradikalismus als Massenphänomen weder in Ost- noch in Westdeutschland wirksam – anders als es die Alliierten 1945 befürchteten und deshalb von einer 50jährigen Besatzung und Erziehungspflicht ausgingen.

Anmerkung zu Kapitel IV:

1   Dieser demonstrierte Philosemitismus ist bei östlichen Befragten seltener. Dagegen sind die Millionen toten sowjetischen Kriegsgefangenen oder Ost-Zwangsarbeiter im Westen weitgehend unbekannt gewesen – ein Zeichen dafür, daß in der Nachkriegszeit, im Kalten Krieg, diese zuletzt genannten NS-Verbrechen in der Bundesrepublik außerhalb der Wahrnehmung und der offiziellen Verarbeitungsangebote lagen und damit »verdrängt« werden konnten. Dies war im Osten anders, da dort die sowjetische Besatzungsmacht und die KPD/SED dafür sorgten, die Verbrechen des Nationalsozialismus, auch der Wehrmacht, vor allem an den Völkern der Sowjetunion bekannt zu machen, während hier die Verfolgung der Juden der allgemeinen politischen Unterdrückung zugerechnet wurde.

Dokumente

Kapitel III
Politisches und kulturelles Leben

Orthographie und Interpunktion der Dokumente wurden in einzelnen Fällen behutsam korrigiert. Redaktionelle Zusätze im Dokumententeil sind durch eckige Klammern kenntlich gemacht.

1945 – Ein Volk unterwegs

| I |

Ein Kommentar von Lindley Fraser für die BBC, 11. April 1945

Der seinerzeit sehr bekannte englische Rundfunkjournalist Lindley Fraser schrieb im Früh-jahr 1945 den folgenden Kommentar für die BBC, die British Broadcasting Corporation. Diese britische Rundfunkgesellschaft war während des Krieges mit ihrem für Deutschland produzierten Rundfunkprogramm eine wichtige Informationsquelle, die von vielen Deut-schen genutzt wurde, obwohl das Hören dieses »Feindsenders« in Nazideutschland unter Strafe stand.

Am 1. April richtete der Leiter der Parteikanzlei, Martin Bormann, einen Aufruf an alle Parteibeamten im unbesetzten Teil Deutschlands. Der Aufruf wurde im deut-schen Rundfunk ausgesandt. Bormann appellierte an die Gauleiter, Kreisleiter und andere Unterfuehrer der Partei-Organisation, sie sollen unbedingt in ihren Amts-bereichen bleiben und dort kaempfen bis zum letzten Atemzug. Parteibeamte, die beim Herannahen der britischen, amerikanischen und russischen Truppen die Flucht ergriffen hatten, wurden als Feiglinge gebrandmarkt und mit Tod bedroht.

Soweit Bormanns Aufruf. Ein derartiger Appell waere normalerweise wohl kaum ueber den Rundfunk verbreitet worden – er ist ja nichts anderes als ein offenes, ja so-gar amtliches Eingestaendnis, dass die politischen Leiter der Partei schmaehlich ver-sagt haben. Aber Bormann hatte keine andere Wahl als den Rundfunk; teils, weil die Zahl der Parteideserteure so gewaltig gestiegen war, dass die Sache nicht mehr tot-zuschweigen war, teils, weil bei dem voelligen Zusammenbruch im deutschen Post- und Verkehrswesen der Rundfunk die einzige Moeglichkeit bot, sie zu erreichen.

Und nun hat Hitler eine Bestimmung erlassen, die die Personalunion zwischen Partei- und Staatsbeamten vom Kreisleiter abwaerts aufhebt. Dieser Erlass steht natuerlich im krassen Gegensatz zu dem gesamten Entwicklungsgang der national-sozialistischen Politik waehrend der letzten 12 Jahre. Das Dritte Reich hat von Anfang an den Grundsatz vertreten, Partei und Staat seien ein und dasselbe. Nur in den Faellen, wo etwas so schief ging, dass es zu einem Skandal kam, haben sich die hoeheren Parteiführer aus dem Verwaltungsapparat zurueckgezogen und es den Ortsbehoerden ueberlassen, die Schuld auf sich zu nehmen. Jetzt geht alles schief, ueberall. Und ueberall soll jetzt Partei und Staat wieder getrennt werden. Die Par-teibeamten bleiben einfach nicht mehr auf ihren Posten, wenn es soweit ist. Sie verschwinden und ueberlassen die Bevoelkerung dem Chaos – gerade dann, wenn die militaerische Notwendigkeit es erfordert, dass in frontnahen Gebieten Ordnung herrscht und dass der Verwaltungsapparat klappt.

Aber das ist nur einer der vielen Beweise fuer den wachsenden Zusammenbruch im Verwaltungssystem des Dritten Reiches. Viele andere Beispiele kennt jeder, der heute im unbesetzten Teile Deutschlands wohnt; das Versagen der Lebensmittel-belieferung, der Verlust von amtlichen Akten, das Problem der Millionen von Fremdarbeitern, Volksdeutschen und Reichsdeutschen, die ohne Papiere oder mit gefaelschten Papieren sich in Stadt und Land herumtreiben. Und der Soldat weiss, dass auch in der Wehrmacht die Organisation zusammenbricht. Es gibt keine ein-heitliche Strategie mehr. Truppenfuehrer und andere Offiziere muessen nach eige-nem Gutduenken entscheiden; [. . .]

Quelle: Stiftung Bundes-kanzler-Adenauer-Haus, Rhöndorf.

2

Ein Bericht über die Konzentrationslager Dachau und Buchenwald

Andreas Christ in russischer Kriegsgefangenschaft

Den folgenden Bericht schrieb der aus Marburg stammende Andreas Christ 1944 in russischer Kriegsgefangenschaft. Andreas Christ war aus nicht bekannten Gründen von August 1940 bis Anfang Juni 1944 in den Konzentrationslagern Dachau und Buchenwald inhaftiert gewesen und berichtet u. a. von furchtbaren »medizinischen« Experimenten, die dort mit Häftlingen durchgeführt wurden. Im Juni 1944 wurde Andreas Christ in eine Bewährungskompanie der Deutschen Wehrmacht entlassen, mit der er nach Rußland kam. Bewährungskompanien wurden bevorzugt für besonders gefährliche militärische Einsätze verwandt. Dort begab er sich absichtlich in russische Kriegsgefangenschaft, um der Bewährungskompanie zu entkommen. Der Bericht ist möglicherweise im Zuge einer Vernehmung oder Untersuchung von Andreas Christ entstanden, wie sie sowjetische Politoffiziere oder deutsche Emigranten unter den Kriegsgefangenen durchführten. Er ist ein frühes Dokument der unmenschlichen Zustände in deutschen Konzentrationslagern.

August 1940 kam ich in das K. L. [Konzentrationslager] Dachau. Da erlebte ich gleich, dass man bei Neuzugängen den Bock aufstellte und etwa 50 Mann mit dem Ochsenziemer je 25 Schläge verabreichte. Ich selbst kam in ein Aussenkommando, Feldafing am Starnberger See. Dort mussten wir täglich 12 – 14 Stunden arbeiten. Schläge gab es hier täglich. Auf dem Arbeitsplatz erklärte uns Oberscharführer Vogelsberger, dass wir hier in der Hölle am Waldrand seien. Wir waren 70 Mann. Er betonte täglich, dass wir alle verrecken könnten, in Dachau seien noch genug Reichstagsbrandstifter, die auf den Tod warten. Hernach gingen wir zur Arbeit, wobei Vogelsberger uns Steine auf den Kopf und in das Kreuz warf. Es wurde dort die Reichsführerschule gebaut. Die Zivilbevölkerung sah, dass wir uns kaum auf den Beinen halten konnten. Eine Schwester von der genannten Schule machte Vogelsberger den Vorschlag, sie wolle uns täglich das übrige Essen schicken, worauf Vogelsberger erwiderte, wir hätten Essen genug, wir wären nur zu faul zum Essen. Sie solle es dem Schweinezüchter geben, dort wäre es auch angebracht. So kamen fast täglich mehrere meiner Leidensgenossen zurück ins Hauptlager Dachau und wurden wieder durch neue ersetzt.

Im Winter 1941/42 kamen wir geschlossen zurück ins K. L. Dachau. Da wurden plötzlich mehrere Gefangene bestimmt als Versuchskarnickel für das Revier. Es wurden Höhenluftversuche gemacht. Zwei grosse Autobusse standen da. Darinnen waren zwei Kabinen. In diese wurden die Gefangenen hineingesetzt. Durch Pumpen wurde ihnen Luft zugeführt und entzogen. Hunderte Gefangene haben da ihr Leben gelassen, die meisten mit Absicht. Den Toten wurde das Herz und das Gehirn herausgenommen und in Gläsern eingemacht. Ich selbst machte den Versuch drei Monate lang mit. Ein russischer Kriegsgefangener wurde auf der Bahre herbeigetragen. Auch dieser wurde mit Absicht »weggemacht«. Einen amerikanischen Kriegsgefangenen brachte man herbei, sperrte ihn ebenfalls in diese Zelle. Als wir ihn tot wegtrugen, erzählte uns der Mörder, Oberstabsarzt Rascher im Range eines Hauptmanns, dass der gefangene Amerikaner doch ein Hund war, denn er müsse es gemerkt haben, dass es um sein Leben geht, und habe deshalb schwer getobt. Aber er habe ihm dafür gegeben, dem Schweinehund. Soviel ich hörte, handelte es sich um einen amerikanischen Flieger. So lagen täglich im Waschraum die Toten und wurden zuerst zerstückelt und hinterher verbrannt. In die Heimat kam dann die Nachricht, an Herzschlag oder Lungenentzündung gestorben. So ging das drei Monate lang. In den letzten drei Tagen wurde sogar Nachtschicht gemacht. Da lagen die Toten schon morgens, wenn wir aufstanden, in allen Ecken. Für was das alles war, erfuhr niemand. Als dieser Versuch zu Ende war, mussten wir dieselben Autos volladen mit lauter Gehirn und Herz, was in Gläsern eingemacht war. Einige Tage nachher haben wir erfahren, dass in der Zeitung stand, dass in der Nähe Münchens Fallschirmabspringversuche bis zu 18 000 Meter mit grossem Erfolg ausprobiert worden sind.

Als ich am 1. April von Dachau nach Buchenwald kam, habe ich erfahren, dass immer noch Versuche gemacht werden, und zwar das Gegenteil von den Luftversuchen – nämlich Wasserversuche. Das Wasserbecken ist mir selbst bekannt. Umfang 8 Kubikmeter Wasser. Da werden die Gefangenen hereingeworfen. Im Wasser befindet sich Salz, und es hat genau dieselbe Temperatur wie das Meerwasser, und da wurde festgestellt, wie lange das Herz aushält. Da sind stets zwei Leichenträger stark beschäftigt, die Leichen wegzuschaffen. Als wir den Höhenluftversuch bereits beendet hatten, besuchte uns Himmler und erklärte uns, dass zu dem nächsten Versuch keine Deutschen mehr genommen werden sollen, es seien Polacken und Russen genug hier zum Draufgehen. Er sagte dies und lächelte dabei höhnisch.

Am 1. April 1944 erhielt ich plötzlich Befehl, dass ich heute noch wegkäme nach Buchenwald. Es wurden mir zwei Bogen vorgelegt: 1. dass ich mich freiwillig zur SS gemeldet habe und 2. dass ich nie darüber sprechen werde, was ich im K. L. mitgemacht oder gesehen habe. Wenn ich nicht schweigen könnte, wüsste ich selbst, was mit mir passieren wird. Ich unterschrieb das alles, denn ich wußte, jetzt kommt meine Freiheit. Als ich in Buchenwald ankam, traf ich dort bereits 300 meiner Leidensgenossen. Da erfuhr ich auch von meinen Kameraden, dass das Massensterben hier genauso ist, am schlimmsten in dem Chemischen Werk Dora Thüringen. Dort kamen monatlich hunderte Gefangene hin, aber keiner mehr lebend zurück. Aber auch hier in Buchenwald hat man Versuchsstationen, wo es täglich viele Opfer kostet. Besonders die Juden haben dort viel gelitten, und von den vielen Tausenden, die nach Buchenwald kamen, sind keine hundert mehr, alles getötet.

Zum Chemischen Werk Dora Thüringen vgl. auch das folgende Dokument.

Von dort kam ich am 4. Juni weg nach Russland zur Ausbildung (Bew.[ährungs-] Kompanie). Am 13. Juni kam ich an meinem Bestimmungsort an. Am 28. hiess es, auf, die Russen kommen. Dann ging es im Dauerlauf davon. So ging ich mit bis zum 4. Juli. Dann blieb ich 2½ Tage zurück in einem Dorf ca. 40 Kilometer vor Lida, bis endlich zwei von der Roten Armee kamen und mich dahin brachten, wo ich heute bin und schon lange hin wollte. Möchte jedem meiner Kameraden wünschen, dass es ihm so gut geht wie mir, denn hier hat kein Kriegsgefangener zu klagen. Ihr könnt Euch denken, wie ich mich fühle, nach jahrelanger Marter endlich in Ruhe leben zu können.

Quelle: Stiftung Archiv der Parteien und Massenorganisationen der DDR im Bundesarchiv, Berlin, NY 4036/579.

3

Der lange Weg nach Schmallenberg

Hans Frankenthal kehrt zurück

Ein weiteres Interview mit Hans Frankenthal siehe Dok. 127, S. 377 f.

Hans Frankenthal, 1926 in Schmallenberg/Sauerland geboren, entstammt einer gläubigen jüdischen Viehhändlerfamilie. Im März 1943 wurde er – 16jährig – zusammen mit seiner ganzen Familie nach Auschwitz deportiert. Er überlebte zusammen mit seinem Bruder zwei Jahre härteste Arbeit in den IG-Farben Bunawerken in Auschwitz-Monowitz. Am 18. Januar 1945 wurden beide auf einen Evakuierungstransport Richtung Westen geschickt.

Wir glaubten jetzt, wir waren wirklich in der Hoffnung, von der Roten Armee befreit zu werden, und wir haben uns wieder mal getäuscht. Am 18. Januar 1945 abends spät ging nochmal die Appellglocke. Es kam der Befehl: Alles raustreten, und diejenigen, die nicht laufen können, bleiben zurück, und alle andern mit einer Decke: Marsch. Wir marschierten bei 40 Zentimeter Schnee, grimmiger Kälte, 20, 25 Grad Kälte, zwei Tage und zwei Nächte nach Gleiwitz. Also, wir waren mit 35 000 Menschen auf dem Weg. Auf diesem Marsch wurden circa 7 000 bis 8 000 Menschen erschossen. Jeder, der nicht mehr laufen konnte, wurde erschossen. Das war für uns das Unerklärliche. Der Krieg war verloren, die Rote Armee war hinter uns. Was sollte das bedeuten, daß man uns jetzt noch in Richtung Westen marschieren ließ?

Auf dem Bahnhof wurde sofort angefangen zu verladen, überwiegend in offene Kohlenwaggons. Beim Einsteigen in den Waggon kriegte ich dann von einem SS-Mann einen Kolbenschlag auf mein Knie, mit Folgen, die ich ja nun mein Leben lang behalten hab. Es war sehr kalt, und es schneite Tag und Nacht, und das war das einzig Gute, daß es schneite. Denn wir haben uns den gefallenen Schnee nachts mit unseren Decken aufgefangen und uns von diesem Schnee ernährt. Die Züge hielten gegen Morgen, da mußten wir die Toten rausschmeißen. Ich nehme an, daß auf diesem Transport mit den Kohlenwaggons ungefähr 30 Prozent erfroren oder verhungert sind. Wir wußten nicht, wie spät es war, und wir wußten auch nicht, welcher Tag es war. Irgendwann sind wir in Buchenwald angekommen. Dort gab es Streit zwischen der SS und unseren SS-Leuten, denn das Lager Buchenwald war überfüllt, und man wollte uns nicht aus den Waggons lassen; wir sind dann aber doch eine Nacht rausgekommen, und am nächsten Tag sind wir wieder in dieselben Waggons eingeladen worden und sind dann mehrere Tage nochmal wieder unterwegs gewesen.

»Dora-Mittelbau« war ein seit August 1943 existierendes Konzentrationslager bei Nordhausen in Thüringen, mit Namen »Mittelbau«, Deckname »Dora«, angelegt für die Belange der GmbH »Mittelwerk«, die mit der Produktion der geheimen V 1- und V 2-Waffen betraut war. Aus Geheimhaltungs- und Sicherheitsgründen waren Produktionsstätten und bis April 1944 auch die Häftlingsunterkünfte in einem unterirdischen Tunnelnetz untergebracht.

Wir kamen dann in Dora-Mittelbau an, dort oben an dem Lager. Das Lager war wieder mal überfüllt, und wir sind dann wieder zurücktransportiert worden in die Stadt Nordhausen. Dort kamen wir in die Boelcke-Kasernen. Das waren ehemalige Flugzeugkasernen, aber aus den Magazinen war ein Konzentrationslager gemacht worden. Und jetzt muß ich das Wort brauchen, was wir auch im Lager gebraucht haben, die Boelcke-Kasernen waren praktisch Verreck-Kasernen, so wurden sie von den Häftlingen betitelt. Alles, was in Dora nicht mehr konnte, wurde in die Boelcke-Kasernen gebracht zum Verrecken, auf deutsch gesagt. Aber jetzt kamen so viele Häftlinge an, und dann hat man da Platz gemacht. Es war ja ganz einfach, wie die das konnten. Unser Kommandant Schwarz war dabei, der ließ dann auf dem Gelände der Boelcke-Kaserne Scheiterhaufen aufrichten und hat lebende und tote Menschen dort verbrannt.

Da hatte sich aber schon mein Knie entzündet, und ich bin höchstens noch 14 Tage in den Stollen drin gewesen. Mein Bruder und ich haben wieder mal, weil wir Schlosser waren, an den Raketen selber gearbeitet. Wir haben da wieder grausame Sachen erleben müssen, weil jeder, der irgend etwas falsch machte, als Saboteur angesehen wurde und direkt über der Arbeitsstelle erhängt wurde. Und wir kamen gerade in der Zeit an, wo circa 200 Raketen zurückkamen von den Rampen, die alle nicht funktionsfähig waren, die sind sabotiert worden. Ich blieb dann in der Boelcke-Kaserne eine Zeitlang im Lager, wieder bei Ede Besch. Er hat mich in Decken gepackt, weil ich jetzt schon ziemlich runtergekommen war, allein bedingt durch das Bein, das hatte sich ganz schlimm entzündet.

Hans Frankenthal hatte Ede Besch als Blockältesten in Auschwitz kennengelernt. Später wurde er dieser Funktion enthoben, weil er sich einem Mitglied der SS-Wachmannschaft widersetzt hatte. Er kümmerte sich als eine Art väterlicher Freund um Hans Frankenthal.

Am 3. April wurde Nordhausen bombardiert. Ich vergesse nie, wie die Flugzeuge die Blockführerstube beschossen mit Maschinengewehren. Am 4. April griffen die Amerikaner Nordhausen an und auch den Flughafen, den Feldflughafen, und bombardierten die Boelcke-Kaserne. Und bei diesem Bombardement, wir lagen oben im zweiten Stock, gab es über tausend tote Häftlinge, verbrannt. Also, ich hab immer noch dies Bild genau vor mir, wie wir oben aus dem Fenster rausgesprungen sind, der Ede Besch, mein Bruder und ich, rausgelaufen zum Flughafen. Dann haben wir die vielen verbrannten Häftlinge gesehen, zusammengeschrumpfte Menschen, verkohlte Menschen. Die Amerikaner sind dann sechs oder sieben Tage später in Nordhausen reinmarschiert und haben diese Häftlinge alle da rausgeholt und haben die dann vor die Kaserne hingelegt.

Nach diesem Bombardement sind wir rausgelaufen, mein Bruder und ich, und da kriegte ich irgendwie einen Stein oder einen Ackerklumpen auf dieses kaputte Knie, hab denn auch aufgeschrien, und dann haben wir einen Fehler gemacht. Wir sind nach Nordhausen ein Stück rein, ganz Nordhausen war am Brennen, und dann haben wir ein Schild gesehen: Nach Kassel. Wir haben geglaubt, wir könnten uns jetzt bis Schmallenberg durchschlagen. Wir hatten uns so ungefähr ausgerechnet, 170, 180 Kilometer, wurden aber dann von Volkssturmmännern aufgegriffen, denen wir sogar versucht haben zu erklären, daß doch Deutschland wohl den Krieg verloren hätte und man sollte uns laufen lassen. Die haben sich aber nicht erweichen lassen und haben uns dann wieder bei der Gestapo [Geheime Staatspolizei] abgeliefert.

Wir wurden nach Halle an der Saale gebracht, da war ein riesengroßes neues Konzentrationslager, kaum belegt. Dort kamen wir in Baracken, da gab's auch ein Bombardement. Da mußten wir auch wieder raus. Dann sind wir nach Halle reingelaufen oder geführt worden, das weiß ich nicht mehr. Dann wurden wir von der Straße weggetrieben, wurden in eine hohe Mühle, sechs, sieben Stockwerke hoch, reingejagt. Wir konnten von da aus auf die Saale gucken und sahen nach dem Bombenangriff, wie auf der Saale Hitler-Bilder schwammen, ein oder zwei Hitler-Bilder. Sie können sich ja vorstellen, was das für uns für eine Genugtuung war.

Wir sind dann wieder verladen worden in Viehwaggons, aber diesmal war's Frühjahr 1945. In diesen Waggons kriegte ich Typhus. Wir sind dann hin- und hergeschoben worden. Manchen Tag des Morgens, wenn wir rausguckten, waren wir wieder an derselben Stelle, wo wir abends weggefahren waren. Aber dann setzte sich der Zug doch noch eine längere Zeit in Bewegung, und wir sind dann in Theresienstadt angekommen. Also, ich weiß nicht mehr, wie wir in Theresienstadt angekommen sind, da war ich schon unter Fieber, im Dauerschlaf. – Am 5., 6. oder 7. Mai, das weiß keiner, sind wir von der Roten Armee befreit worden.

[...]

Dann kamen die DP-Leute, die jüdischen Organisationen, und stellten uns die Frage: Wo wollt Ihr hin? Man bot uns einige Länder an, Palästina oder das heutige Israel, England, Amerika, Neuseeland, Kanada. Mein Bruder und ich gaben zur Antwort: Wir wollen nach Schmallenberg. – Dieses Versprechen hatten wir unserem Vater in Auschwitz geben müssen. – Da kam nun automatisch die weitere Frage: In welchem Land liegt Schmallenberg? Wir haben dann gesagt: Schmallenberg liegt in Deutschland. Dann haben die uns furchtbare Worte gesagt: Wie kann man in so ein Land zurückgehen, was Euch so Furchtbares angetan hat? Das war der Fehler meines Vaters, und wir glaubten, wir müßten ihm gehorchen. Aber ich muß auch noch dazu sagen, uns blieb normalerweise gar nichts anderes übrig, als erstmal wieder nach Deutschland zurückzugehen, vor allen Dingen nach Schmallenberg. Wir wußten ja nicht, wer hat denn überlebt? Und wenn jemand überlebt hat, können wir sie nur da treffen, wo der Ausgangspunkt war. Man darf nicht vergessen, das war immer noch unsere Heimat. Das Heimatgefühl hatte man immer noch.

[...]

Mein Vater hatte direkt überm Bahnhof gebaut und hatte einen Privatweg zum Bahnhof, wo wir unser Vieh verladen hatten. Den Weg sind wir raufgegangen und ... in unser Haus, wo aber die beiden Söhne meiner Tante wohnten. Die machten kein erfreutes Gesicht, als sie meinen Bruder und mich sahen, denn ich habe hinterher erfahren, daß die beiden Vettern schon in Fredeburg am Amtsgericht gewesen waren und versucht hatten, einen Erbschein zu bekommen, in dem Glauben, daß von unserer ganzen Familie keiner am Leben geblieben wäre. Dann wären sie zu Recht Erben des gesamten Vermögens Frankenthal geworden. Man merkte ihnen die Enttäuschung an.

Vermutlich Angehörige der UNRRA (United Nations Relief and Rehabilitation Administration), der 1945 von der UN übernommenen Hilfsorganisation zur Betreuung der Flüchtlinge und Verschleppten (Displaced persons) in den von den Alliierten besetzten Gebieten. Displaced persons (DPs) waren Personen fremder Staats- oder Volkszugehörigkeit, die während des Krieges von den Deutschen oder deren Verbündeten aus ihren Heimatländern verschleppt worden waren oder die sich bei Kriegsende als Flüchtlinge im ehemaligen deutschen Reichsgebiet aufhielten, aber auch aus Konzentrationslagern Befreite, die Deutschland verlassen wollten.

Quelle: Aus einem Interview mit Hans Frankenthal, geführt 1994 von Leonie Wannenmacher, Archiv »Deutsches Gedächtnis«, Lüdenscheid.

In der Nachkriegszeit nur mit halbem Gesicht

Siegfried Ehrlichs schwere Verwundung

Siegfried Ehrlich wurde 1926 in Duisburg geboren, wo der Vater als Gärtner arbeitete. 1933 wurde dieser arbeitslos. Nach einer Umschulung zog die Familie nach Oranienburg, weil der Vater dort eine Arbeit im Flugzeugbau fand. Siegfried Ehrlich machte nach der Volksschule eine Lehre als Metallflugzeugbauer. Im Krieg war er »Flieger« bei den Bodentruppen in Frankreich. Im folgenden Interviewausschnitt geht es vor allem um seine Verwundung, auf die sich auch die Dokumente beziehen: das Zeugnis über das Verwundeten-Abzeichen in Silber, die Vermißtmeldung an seine Eltern und die Ablehnung seines Antrages auf Gewährung einer Rente.

Ein weiteres Interview mit Siegfried Ehrlich siehe Dok. 70, S. 276 ff.

Siegfried Ehrlich (E.): Als im August 1944 die Invasion im Süden Frankreichs begann, kamen die Amerikaner sehr schnell das Rhonetal hoch in unsere Richtung. Ich war damals im ersten Fliegerausbildungsregiment, mit insgesamt 17 Kompanien und etwa 4 Bataillonen. Ende August haben wir diesen Flugplatz verlassen müssen, haben die Maschinen, die wir nicht mehr flugfähig kriegten, zerstört und auch die Hangars. Dabei wurden wir von den französischen Widerstandskämpfern, den Maquis, beschossen. Auch unser Lkw, auf dem unser ganzes Gepäck war, wurde gleich hinter dem Flugplatz in Brand geschossen, so daß ich den Rest des Kriegs nur mit Sommerkleidung zubrachte, also nur mit Hemd, einer Tarnjacke, Hose, Stiefeln und einer Mütze. Weder Stahlhelm noch eine Gasmaske oder sonstwas. Aber auch damit *(ironisch)* ließ sich der Krieg noch bis zum Ende, bis zu meiner Verwundung, machen. Wir wurden dann bis nach Mülhausen an die Grenze zurückgeschickt. Als von dem ganzen Regiment nur noch eine Bataillonsstärke übriggeblieben war, die anderen waren versprengt, tot oder in Gefangenschaft *(Herr Ehrlich macht eine kleine Pause)*, wurde dieses Bataillon einem Grenadierregiment zugeordnet. Jeder wurde um einen Dienstgrad erhöht. Ich als Flieger, als einfacher Soldat bei der Luftwaffe, wurde Obergrenadier. An verschiedenen Stellen wurden wir eingesetzt, waren schlecht bewaffnet und hatten große Verluste. Wir standen den Amerikanern gegenüber, die uns mit ihrem Material weit überlegen waren. Wir waren Ende November 1944 noch auf französischem Boden. Unsere Einheit wurde aufgerieben. *(Lange Pause, weil Herr Ehrlich sehr bewegt ist.)* Und am 25. November 1944 waren von unserer ursprünglichen Einheit nur noch sieben Mann übrig. *(Herr Ehrlich kann kaum weitersprechen.)* Von einem ganzen Regiment. Ich will nicht sagen, daß alle tot waren, auch versprengt, in Gefangenschaft. Wir sieben sollten die Verbindung zwischen zwei Divisionen halten; in einem Wald, in der Nähe eines kleinen Ortes Fontaine. Es gibt mehrere Orte dort mit diesem Namen, das habe ich gemerkt, als ich jetzt da war. Dort passierte es dann. Die erste Salve konnte man nicht hören *(mühsam)*. Wir waren mit zwei Mann. *(Pause)*
Interviewer (I.:) Wir müssen nicht weitermachen, Herr Ehrlich.
E.: Wir waren noch von dem ehemaligen Fliegerregiment übriggeblieben. Dem anderen, einem Unteroffizier, riß es das *(zeigt auf sein rechtes Bein)* ab. Ich wußte, daß in dem anderen Dorf hinter uns ein Verbandsplatz war. Ich bin dann noch mit zwei anderen hingelaufen. Na ja, in der Nacht kam dann ein Sanka [Sanitätskraftwagen]. Wir sind ab Richtung Deutschland. *(Herr Ehrlich kann kaum weitersprechen.)*

Mir, dem Interviewer, begann langsam klarzuwerden, daß auch Siegfried Ehrlich mit der gleichen Salve wie der Unteroffizier verwundet worden war, er aber nicht davon gesprochen hatte oder nicht sprechen konnte. Nach einer Weile fragte ich nach:

I.: Ich möchte Ihnen nicht zu nahe treten, aber bisher haben Sie nur von der Verwundung Ihres Unteroffiziers gesprochen. In der gleichen Nacht sind Sie aber wohl auch . . .
E. *(laut):* Von der gleichen Granate!
I.: Ach, von der gleichen Granate?

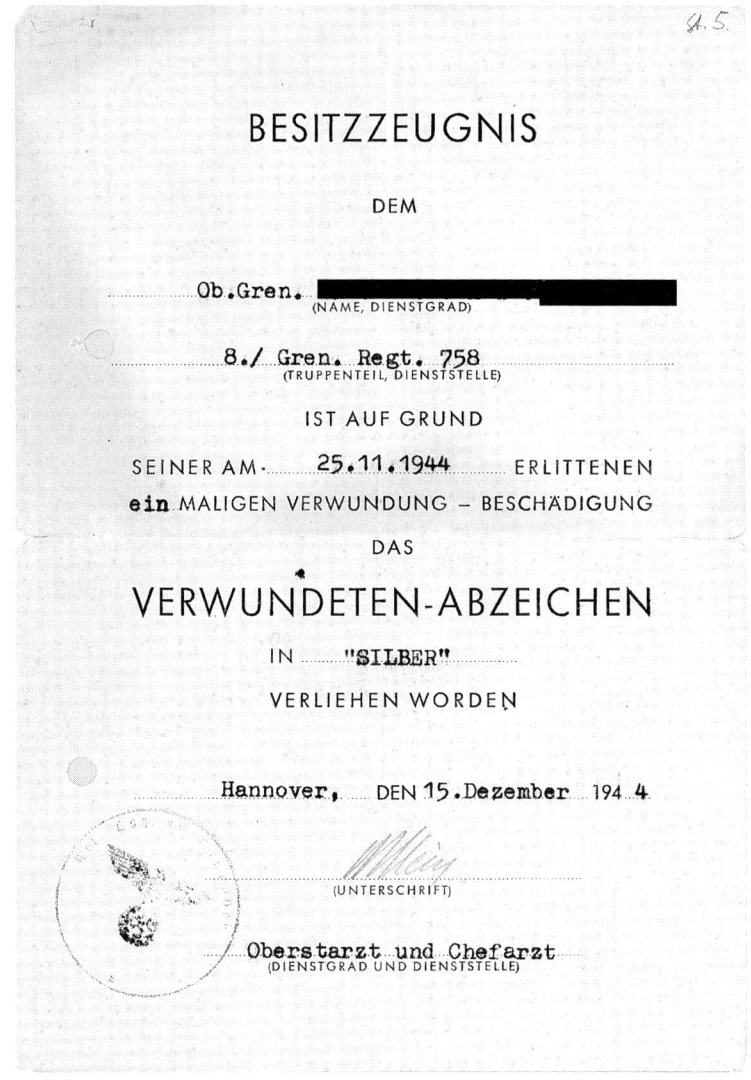

E.: Ja, von der gleichen Granate! Wir standen beide so *(hintereinander),* wollten unsere Klamotten zusammentragen, weil wir endlich abgelöst werden sollten, in die Reserve nach hinten gehen konnten. In dem Moment blitzte es vor mir auf. Und dann ist es passiert.

I.: Wie weit war das entfernt?

E.: Ach, nur wenige Meter vor uns.

I.: Nur wenige Meter? Mit einem 100-mm-Geschütz?

E.: Ja, die hatten meistens 10,5, also 105-mm-Geschütze. Ja, also dann kam ich nach Badenweiler, wurde notdürftig versorgt. Der Stabsarzt dort versuchte den Kiefer zu schienen, hatte aber kein Material.

I.: Für die, die das nur lesen oder vom Tonband hören, muß man sagen: Es ist Ihnen der gesamte Kiefer weggeschossen worden.

E.: Na ja, vom rechten Auge zum Ohr und runter zum Kiefer war alles weg. Die Haut hat sich erst später wieder nachgebildet. Also das halbe Gesicht war weg.

I.: Was auch Ihre Sprechweise beeinträchtigt.

E.: Ja. Von Badenweiler ging es dann nach Hannover. Dort war ein Reservelazarett mit einer speziellen Abteilung für Kiefer- und Gesichtschirurgie. Das lag im Bismarck-Gymnasium. Dort blieb ich bis Ende 1947, Anfang 1948. Da war es schon kein Lazarett mehr, sondern eine Krankenanstalt.

I.: Wann ist das umgewandelt worden?

E.: Ich nehme an, im Laufe des Jahres 1946.

I.: Und wovon lebten Sie in der Zeit?

E.: Na, wir bekamen ungefähr ein Taschengeld von 50 Reichsmark im Monat.

I.: Von den Briten?

E.: Von der Krankenanstalt, von der Versicherung. Während der Gefangenschaft bekamen wir gar nichts.

I.: Bis wann galt das als Gefangenschaft?

E.: Na, ungefähr bis Mitte 1946. Ich bin dort in Hannover 22 Mal operiert worden. *(Kann nur mühsam sprechen.)* Ja, dann machen wir jetzt eine kleine Pause.

I.: Ja, sicher.

E.: Und dann erzähle ich von meinen Schwarzmarktgeschichten.

I.: Ich verstehe ja, daß es für Sie ...

E.: Ja, ich habe gerade den 50. Jahrestag *(lacht ironisch)* dort in der Nähe gefeiert – in Frankreich.

Siegfried Ehrlich blieb zwar bis Anfang 1948 im Hannoveraner Lazarett, ließ sich aber schon manchmal »beurlauben«, um seinen Geschäften nachzugehen. Er wurde in seinem Leben noch zig Mal im Gesicht operiert. Obwohl die Verwundung ihn entstellt hatte, war er – so seine Familie – voller Kraft und Selbstbewußtsein. Er selbst hat über die Auswirkungen der Verwundung auf sein Selbstbewußtsein nicht gesprochen. Herr Ehrlich kam durch seinen eigenen Vater zum Schwarzmarkt und schmuggelte vor allem Pferde zwischen den Besatzungszonen.

Vgl. dazu das weitere Interview, Dok. 70, S. 276 ff.

Vermißtenmeldung

Löser, Lt. u. Kp.-Fhr.,
Dienststelle 67.545 M.   Gef.Std., den 10. Januar 1945

Sehr geehrter Herr Ehrlich!

Schon lange werden Sie auf ein Lebenszeichen von Ihrem Sohn gewartet haben. Durch den Ausfall des Kompaniechefs und aufgrund der Kampfhandlungen war es leider nicht eher möglich, Ihnen eine Nachricht über den Verbleib Ihres Sohnes zukommen zu lassen.

Ich habe nun die Pflicht, Ihnen mitteilen zu müssen, dass Ihr Sohn, welcher Angehöriger der 5. Kompanie, Grenadierregiment 758 war, im Verlauf der Kampfhandlungen in der Burgundischen Pforte zu seiner Kompanie nicht zurückgekehrt ist und seit Ende November v. J. als vermisst gilt. Es ist keinesfalls ausgeschlossen, dass Ihr Sohn in Gefangenschaft geraten ist, von wo aus über das Rote Kreuz in nicht allzulanger Zeit mit dem Eingang eines Lebenszeichens zu rechnen ist.

Ihr Sohn war bei den Vorgesetzten wie auch bei allen übrigen Kompanieangehörigen beliebt und allen ein guter Kamerad, in den Tagen des schweren Einsatzes ein tapferer, vorbildlicher Soldat und Kämpfer.

Sobald ich über den Verbleib Ihres Sohnes noch irgend etwas in Erfahrung bringen kann, werde ich Sie davon in Kenntnis setzen. Ich bitte Sie, auch mir gegenüber dasselbe zu tun.

Heil Hitler!

Ihr Löser
Leutnant.

Ablehnung des Rentenantrags

Auf den Antrag vom *20. 3. 46*

Ihr Antrag auf Gewährung einer Rente wird abgelehnt.

Dieser Bescheid wird rechtskräftig, wenn Sie nicht binnen einem Monat nach der Zustellung Berufung beim Oberversicherungsamt in *Hannover* einlegen (§ 128 Abs. 1, § 1675 RVO.).

Falls das Rechtsmittel eingelegt wird, sollen die Parteien den Gegenstand des Anspruchs und den Bescheid der Versicherungsanstalt bezeichnen, einen bestimmten Antrag stellen und die zur Begründung erforderlichen Tatsachen und Beweismittel angeben. Wird ein Schriftsatz eingereicht, so ist eine Abschrift beizufügen.

Die Berufung kann auch bei der oben bezeichneten Außenstelle der Landesversicherungsanstalt selbst eingelegt werden. Dies empfiehlt sich zur Beschleunigung des Verfahrens, da dann diese Stelle ihre Akten zugleich an das Oberversicherungsamt weitergibt. Auch in diesem Falle ist eine Abschrift der Berufungsschrift beizufügen.

Gründe:

Die Militärregierung hat angeordnet, daß Kriegsrenten nicht mehr gezahlt werden. Nach § 1253 Reichsversicherungsordnung erhält der Versicherte Invalidenrente, der

1) dauernd invalide ist oder

2) vorübergehend invalide ist, wenn die Invalidität ununterbrochen sechsundzwanzig Wochen gedauert hat oder nach Wegfall des Krankengeldes noch besteht oder

3) das fünfundsechzigste Lebensjahr vollendet hat, wenn die Wartezeit erfüllt und die Anwartschaft erhalten ist.

Invalide ist nach § 1254 der Versicherte, der infolge von Krankheit oder anderen Gebrechen oder Schwäche seiner körperlichen oder geistigen Kräfte nicht imstande ist, durch eine Tätigkeit, die seinen Kräften und Fähigkeiten entspricht und ihm unter billiger Berücksichtigung seiner Ausbildung und seines bisherigen Berufes zugemutet werden kann, ein Drittel dessen zu erwerben, was körperlich und geistig gesunde Personen derselben Art mit ähnlicher Ausbildung in derselben Gegend durch Arbeit zu verdienen pflegen. [...]

Anstelle der Militärversorgungsgesetze sind nach der britischen Sozialversicherungsordnung Nr. 11 die Grundsätze der Invalidenversicherung anzuwenden.

Als Dienstbeschädigungsfolge besteht bei Ihnen zwar

Knochensubstanzverlust am Ober- und Unterkiefer, herabgesetzte Sehschärfe rechts.

Sie können aber noch Arbeiten verrichten und sind im allgemeinen Arbeitseinsatz noch nicht invalide. [...]

Für die anerkannten Dienstbeschädigungsfolgen wird Ihnen freie Heilfürsorge – ohne Geldleistungen – gewährt. Bei Inanspruchnahme von Heilfürsorge dient dieser Bescheid als Ausweis gegenüber der Krankenkasse. [...]

Die Benachrichtigung von Juli 46 ist umgehend nach A. hier zurückzusenden.

ausgefertigt, Hannover, den 2. 12. 46

gez. Dr. Bögner

Quelle: Aus einem Interview mit Siegfried Ehrlich (Pseudonym), geführt 1995 von Alexander von Plato, Archiv »Deutsches Gedächtnis«, Lüdenscheid.

Ein dienstbeflissener Unteroffizier, das »letzte Aufgebot«
und ein Deserteur

Margret Kaup erlebt das Kriegsende im Ruhrgebiet

Margret Kaup wurde 1919 in Essen geboren. Der Vater war Angestellter, dann wegen Erblindung Frührentner. Die Mutter besserte die kleine Rente durch Putzen auf. Die Eltern waren katholisch und wählten Zentrum. Ein jüngerer Bruder ist im Krieg vermißt. Margret Kaup ist ausgebildete Volksschullehrerin, wechselte aber im Krieg in eine Bürotätigkeit.

Als der Krieg dann, die Schlacht müßte man sagen, hier ins Ruhrgebiet kam, da waren in der Baracke, neben dem Zimmer, das ich mit einer anderen Kollegin innehatte, deutsche Soldaten untergebracht. Diese jungen Kerle, 17, 18, 19 Jahre alt, wurden dann unter Alkohol gesetzt und wurden, ich sag das mal mit meinen Worten, weggetrieben, damit sie Bredenscheid, bei Hattingen ist das, damit sie das noch verteidigten. Und der Herr Unteroffizier, der war plötzlich wieder da. Das dauerte gar nicht lange. Der war also offensichtlich gar nicht mitgegangen. Das müssen Sie sich vorstellen: Seit August 1944 war mein Bruder vermißt. Und da schickt dieser Kerl diese Kerlchen, diese Jüngskes, noch in ihren, für mein Gefühl, sicheren Tod. Und er selber erscheint plötzlich wieder bei mir im Büro. Und was suchte er? Er suchte einen Mann, der ein paar Tage zuvor vorbeigekommen sei, der war also desertiert und hatte nach Zivilkleidung gefragt und hatte die auch bekommen von meinem damaligen Freund, der nicht im Kriege war. Von dem habe ich einfach was kassiert. Und da erscheint also dieser Unteroffizier in meinem Zimmer und sucht diesen Deserteur. Und dann hab ich dem erstmal fürchterlich Bescheid gesagt, was ihm wohl einfiele, wo denn nun die Jungs wären. Aber er ließ sich nicht einschüchtern. Und dann kam er und hatte diesen Mann – ich kannte den nicht, hab den auch nicht wieder gesehen –, den hatte er dann ausfindig gemacht, trieb ihn zu mir ins Zimmer rein und wollte den vor meinen Augen erschießen. Ich vergeß das nie in meinem Leben. Ohne zu überlegen, versetzte ich dem Schützen von hinten einen Schlag, der fiel bewußtlos zu Boden, und der Schuß ging in die Luft. Der Deserteur rannte weg. Und ich hatte das Gefühl, daß das eine absolut gerechte Sache war. Ich war sicher, daß mir eigentlich gar nichts passieren könnte. Ich bin dann ebenfalls abgehauen. Da war solch ein Waldstück. Zunächst habe ich mich in den Bunker geflüchtet, der da war. Aber da bekam ich gesagt: »Da sucht jemand die Rothaarige.« Und dann bin ich in meiner Angst – da kapierte ich das – weggelaufen, unterhalb des Berges. Und am andern Morgen waren die Amerikaner da. Und mit meinen ganz perfekten Englischkenntnissen hab ich dann die ersten Amerikaner, die ich traf, gefragt: »Are there still German soldiers on the top of the hill?« Und die sagten mir dann, nein, es seien keine mehr da. Guckten mich zwar fragend an. Sie konnten sich sicherlich nicht vorstellen, daß das für mich die beste Antwort war, die ich überhaupt bekommen konnte. Denn sonst hätte ich mich da oben nicht mehr raufgetraut.

Quelle: Aus einem Interview mit Margret Kaup (Pseudonym), geführt 1986 von Almut Leh, Archiv »Deutsches Gedächtnis«, Lüdenscheid.

»Nun ist die Stunde des Pöbels gekommen«

Aus einer Tagebuchaufzeichnung über die letzten Tage des Krieges in Dortmund

In seinen Aufzeichnungen schrieb der 1974 in Dortmund verstorbene Kommunist O. Bettgenhäuser u. a. über die Verhaftung und Ermordung von KPD-Genossen durch die Gestapo im März 1945 und über die von den wenigen verbliebenen Dortmunder Kommunisten ins Leben gerufene antifaschistische Organisation »Bund Freies Deutschland«. Diese trat in Dortmund seit dem 16. April öffentlich in Erscheinung, wurde nach Auskunft von Bettgenhäuser aber schon am 9. Mai durch die Besatzungsmacht verboten. Das Tagebuch umfaßt die Zeit vom 30. März bis zum 22. Mai 1945.

Montag, den 9. April 1945

Bin seit heute ganz früh auf dem Trapp, um etwas zu ergattern, zum Südbahnhof, Hauptbahnhof, zum Hafen, nichts erwischt, am Hafen gab es hochprozentigen Spritt, aber was soll ich mit Spritt, dafür kann man auch heute kein Fett mehr eintauschen. Bin nochmals zum Hafen gegangen und habe 50 Pfd. Kartoffeln wegschleppen können, aber mich ekelt, wenn ich daran zurückdenke. Nein, Tausende von Menschen – nein, keine Menschen, Tiere waren es, die Hälfte der Kartoffeln wurde zertrampelt, Menschen umgerissen, verschiedene brüllten wie Tiere, und alle stellten sich an, als wären sie am verhungern. Wachen wurden beiseite gedrückt, ein Soldat schoß sogar, man achtete nicht darauf, Vollalarm, man hörte nichts, man sah nur Kartoffeln. Die Gier nach Kartoffeln war größer als die Angst vor dem Tode. Hier nahm keiner auf keinen Rücksicht.

Heute nachmittag hat sich das Ari-Duell [Artillerie] verstärkt. Der Mensch nimmt keine Notiz mehr davon, er hat andere Sorgen. Metzgerläden sind geschlossen. Das Wetter ist sehr schön, verschiedene Bäume blühen, alles ist grün und die Jabos [Jagdbomber] sind auch wieder da. Heute sollen die Hafenbrücken gesprengt werden. Huiii — gehen die Ari-Geschosse ihre Bahn. Es gab Menschen, die sagten, der Krieg sei eine große Zeit, ich glaube, auch diese Sorte Maus hat heute umgelernt. Das Ari-Feuer hat sich heute nachmittag verstärkt. Im Sonnenbunker hat man 20 000 Ltr. Wein verteilt. Schade, ich habe keine Kleiderkarte, die wird hier abgestempelt, und dann kann man Schuhe usw. kaufen. Ich glaube, man macht Ausverkauf, es geht zu Ende, aber durch den jetzigen Ausverkauf wird die Not nachher nur um so größer. Man will das Chaos, wenn alle Lebensmittel aufgebraucht oder zertrampelt sind, dann verschwindet man und macht dann den Amerikaner für den Hunger verantwortlich.

Dienstag, den 10. April 1945

Die Nacht über verstärktes Ari-Feuer, heute morgen ziemlich ruhig. Der Amerikaner soll in Dorstfeld sein und in Eving am Scharfen Eck. Bin heute morgen zum Werk gewesen, alles tot – habe aber mein Gehalt für April geholt, alles wartet auf die Dinge, die da kommen sollen. PGs [Parteigenossen der NSDAP] sieht man fast gar nicht mehr, die Abzeichen sind verschwunden, es will auch keiner mehr PG gewesen sein, wird ihnen wohl kaum glücken.

Mittwoch, den 11. April 1945

Heute kleinen Rundgang durch die Stadt gemacht, ½ Ltr. Petroleum erwischt, sonst nichts zu machen, 2 Stunden Schlange gestanden, war in einem Bonbonladen, keine mehr bekommen. Ari-Beschuß wieder mit einzelnen Feuerstößen in Dortmund hinein, es gab wieder in den einzelnen Stadtteilen Tote und Verletzte.

Ortsgruppenleiter [der NSDAP] Halstand gesehen, läuft jetzt in Polizeiuniform herum, sagte, daß er mit der Wehrmacht Dortmund verlasse, er ließe sich von dem Mob nicht totschlagen. Volkssturm aufgelöst. Nur Freiwillige dürfen noch bleiben. Die Straßenschilder (Namen) werden entfernt. Heute auch wieder Jagdbomber über der Stadt. Es gibt kein Fleisch in Dortmund; in Kamen, wo das Fleisch für Dortmund herkam, sind gestern die Amerikaner eingerückt. Läden fast alle geschlossen (ausverkauft), alles sehnt sich nach einem Ende, so oder so – denn es wird immer unerträglicher.

Freitag, den 13. April 1945

Amerikanische Sicherungstruppen haben die Stadt besetzt, lautlos, kein Mensch wußte woher, auf einmal waren sie längs der Bahn gegangen und am Hauptbahnhof, hatten alle Schlüsselpunkte besetzt. Jetzt warten wir auf den eigentlichen Einmarsch, sonst ist alles ruhig, der Einmarsch ist da, alles motorisiert, alles junge Kerls, tadellos ausgerüstet.

Nun ist die Stunde des Pöbels gekommen. Nein, auch ich könnte einen Anzug oder Fett gebrauchen, aber nie könnte ich Pöbel sein, diese Tiere in Menschengestalt plündern alles, Deutsche und Ausländer wetteifern im Stehlen, alles wird genommen, zerrissen, beschmutzt, gierig wie die Schakale reißen sich diese Kreaturen alles aus den Händen, Schnapsläden werden geplündert, besoffen torkeln sie durch die Stadt, ja man hat sogar einen Waggon Medikamente erbrochen, zerschlagen, alles fliegt umher, für Kranke ist nichts da, die können verrecken. Im Fett wühlen diese Schweine mit den Händen herum und schlagen sich damit gegenseitig um die Köpfe, ein grauenhaftes Bild menschlicher Verkommenheit, Bosheit und nationalsozialistischer Erziehungsarbeit.

Sonntag, den 15. April 1945

Wie im Frieden, so ruhig war die Nacht, die Besatzungstruppe ist immer noch nicht da, es wird Zeit, daß dieselbe kommt, der Mob macht mir Sorge. Dieses Lumpenproletariat ist immer noch am plündern, und die Amerikaner sind zu human, um energisch dagegen vorzugehen. Wir können gar nichts dagegen tun, denn wir wurden vor 4 Wochen von der Gestapo [Geheime Staatspolizei] ausgehoben, rund 81 Mitglieder verhaftet, und der Rest kann im Augenblick nicht als aktionsfähig angesehen werden.

Montag, den 16. April 1945

Heute nach einer ruhigen Nacht habe ich endlich nach langem Suchen die nötige Verbindung wieder anknüpfen können. Hat viel Arbeit und Zeit gekostet. Von den vor 4 Wochen Verhafteten sollen 72 Mann tot sein, Emil Heyn ist auch dabei.

Heute wurden die ersten größeren Transporte von Ostarbeitern abtransportiert. Für den Bund Freies Deutschland haben wir heute den Laden, wo der Luftschutzwart Tesmer drin saß, beschlagnahmt. Ich habe ein großes Plakat angefertigt, jetzt stauen sich die Menschen vor dem Laden, die Organisierung beginnt.

Mittwoch, den 18. April 1945

Seit Tagen keine richtige Ruhe gehabt, neben der laufenden Arbeit für den Bund Freies Deutschland haben wir unermüdlich nach Massengräbern gesucht von Genossen, die in den letzten Wochen verhaftet wurden und dann von der Gestapo ermordet wurden. Heute haben wir im Romberg-Park ein Massengrab gefunden. In einem Bombentrichter, lose mit Erde bedeckt. Jetzt werden alle Bombentrichter in der Umgebung – und das sind viele – abgesucht, denn es sind 80 Genossen, die kurz vor Ostern verhaftet wurden und von denen man nichts weiß.

Ein furchtbares Bild bieten diese erschlagenen Genossen, zu einem Knäuel verflochten liegen sie da, manche sind mit Draht aneinander gekettet. Diese Mordtat der Nazis wird in die Geschichte eingehen als der Massenmord von Dortmund.

Quelle: Archiv »Deutsches Gedächtnis«, Lüdenscheid.

Von der Besatzungsmacht sieht und hört man nichts, es sind im übrigen nur ganz wenige Amerikaner in Dortmund. Wasser und Licht gibt es immer noch nicht.

Arthur Pieck an seinen Vater Wilhelm

Ein Kuriosum

Arthur Pieck wurde 1899 als Sohn Wilhelm Piecks in Bremen geboren. Nach Volksschule und Schriftsetzerlehre hatte er verschiedene Funktionen in der sozialistischen Arbeiterjugend inne, war Mitbegründer der KPD und im Internationalen Revolutionären Theaterbund tätig. 1933 emigrierte er in die UdSSR, wo er die Leitung des deutschen Theaters in Moskau übernahm. Von Juli 1941 bis Mai 1945 war er Offizier in der Politischen Hauptverwaltung der Roten Armee und betrieb in dieser Funktion Propagandaarbeit an der Front und in Kriegsge-

Quelle: Stiftung Archiv der Parteien und Massenorganisationen der DDR im Bundesarchiv, Berlin, NY 4036/375.

fangenenlagern. Nach dem Krieg kehrte er nach Deutschland zurück, wo er zunächst in der Verwaltung von Groß-Berlin, dann in der Deutschen Wirtschaftskommission tätig war. Die Deutsche Wirtschaftskommission (DWK) wurde am 14. Juni 1947 als zentrale Verwaltungsinstitution in der SBZ durch Befehl 138 der Sowjetischen Militäradministration in Deutschland (SMAD) eingesetzt. Sie sollte die Wirtschaftsplanung koordinieren und erhielt nach einer Reorganisation in März 1948 Gesetzgebungsrecht für die gesamte SBZ. Seit 1949 bekleidete Arthur Pieck verschiedene Regierungsämter in der DDR, zunächst im Personal- und Schulungsbereich, zuletzt, von 1955 bis 1965, im Verkehrswesen und in der zivilen Luftfahrt. Er starb 1970.

Sein Vater, Wilhelm Pieck, wurde 1876 in Guben als Sohn eines Kutschers geboren. Nach Volksschule und Tischlerlehre arbeitete er als Tischler in Bremen. Er engagierte sich im Holzarbeiterverband und in der SPD, in der er auch hauptamtliche Funktionen übernahm. Seit Gründung der KPD war er Mitglied des Zentralkomitees der KPD und in wechselnden Funktionen hauptamtlich für die Partei tätig. 1933 ging er zunächst nach Paris, 1934 dann in die UdSSR ins Exil. Dort war er Mitbegründer und Mitglied des Nationalkomitees »Freies Deutschland« – einer im Juli 1943 in Moskau gegründeten Organisation deutscher kommunistischer Emigranten, Überläufer und Kriegsgefangener, die zum Widerstand gegen Hitler und zur Beendigung des Krieges aufrief – und an der Entwicklung von politischen Konzepten für die Nachkriegszeit beteiligt. Im Juli 1945 kehrte er nach Deutschland zurück. Er war Mitbegründer der SED und bis 1954 gemeinsam mit Otto Grotewohl deren Vorsitzender. Im Oktober 1949 wurde er erster Präsident der DDR. Er starb 1960.

Den oben abgebildeten kurzen Brief auf dem Briefpapier der Berliner Reichskanzlei schrieb Arthur Pieck als Offizier der Roten Armee in Berlin an seinen Vater, der zu dieser Zeit noch in Moskau war, dessen Rückkehr nach Deutschland – wie Arthur Pieck schreibt – von den dortigen Genossen aber für die nächste Zukunft erwartet wurde.

8

»In einer halben Stunde kommen die Russen«
Ein kleines Dorf in Sachsen

Der folgende Text ist einer von rund 80 000 Erlebnis- und Besinnungsaufsätzen, die das Pädagogen-Ehepaar Wilhelm und Elfriede Roeßler mit Unterstützung der Schulämter und Kultusministerien Mitte der fünfziger Jahre im ganzen Bundesgebiet schreiben ließ. Dieses großangelegte, mehrjährige Projekt sollte Aufschluß über die Jugend nach dem Krieg geben. Schüler und Schülerinnen aller Altersstufen und Schultypen wurden aufgefordert, innerhalb des Deutschunterrichts unbenotete Aufsätze zu schreiben. Themenbereiche waren: Familie und deren Umwelt, Verhältnis zum eigenen Körper, Verhalten zu den Erwachsenen und untereinander, Einstellung zur Schule und zum Beruf, Freizeit, Einstellung zu verschiedenen Feldern des öffentlichen Lebens und Erinnerungen an die Kriegs- und Nachkriegszeit. Eine erste Auswertung veröffentlichte Wilhelm Roeßler 1957 unter dem Titel »Jugend im Erziehungsfeld«. Die Aufsatzsammlung wird heute als »Roeßler-Archiv« durch das Archiv »Deutsches Gedächtnis« im Institut für Geschichte und Biographie der Fernuniversität Hagen verwaltet. Leider sind die Angaben zum Entstehungsdatum der Aufsätze und zu den Verfassern – wie Alter, Geschlecht oder soziale Herkunft – oft sehr unvollständig. Den nachfolgenden Aufsatz schrieb ein Oberprimaner der Friedrich-von-Bodelschwingh-Schule in Bethel bei Bielefeld 1956.

»In einer halben Stunde kommen die Russen!« das war der Ausruf, mit dem ein Radfahrer ins Dorf gefahren kam, ein kleines Dorf in Sachsen am 5. Mai 1945.

Der Bürgermeister fuhr von Haus zu Haus: »Wir wollen eine weiße Fahne aus dem Fenster hängen!« Das wurde dann auch getan.

Wenige Tage vorher hatten die Tiefflieger die unendlichen Schlangen deutscher Lastkraftwagen angegriffen. Ich hatte das Knattern noch deutlich im Ohr. Im Augenblick war aber nichts zu hören. So sollten die Russen kommen? Wozu waren denn vor wenigen Wochen die Panzergräben gezogen worden?

Würden wohl vorher die deutschen Soldaten kommen? Würde es im Dorf noch einen Kampf geben?

Da kamen schon die ersten russischen Panzerspähwagen. Außer einem kleinen Jungen ist die Straße leer. Alles steht hinter den Gardinen. Der erste Wagen hält an. Man winkt dem kleinen Jungen vom Wagen her und gibt ihm Keks. Das sehen verwundert die Menschen an ihren Fenstern ... Doch dann kommen die ersten russischen Panzer. Der Schrecken geht los. Die Soldaten kommen in die Häuser. »Urr ... Fahrrad ...!« Sie fangen an zu plündern. Ich höre, wie unsere Hauswirtin die Soldaten beschwichtigen will, die mit Gewehren ins Haus dringen: »Hitler schlecht ... Göring schlecht ...« Dann kommt die erste Nacht. Die Mädchen und jungen Frauen beschließen, auf dem Dach der Schmiede zu schlafen.

Plötzlich kommt auf einen großen Bauernhof ein russischer Lastwagen mit verdecktem Nummernschild. Sie erschießen ein Schwein, laden es auf, und bevor der Kommandant benachrichtigt ist, findet man von dem Wagen keine Spur mehr.

Wenige Tage später kommt ein Mann in die Häuser – man sagt, er war im K.Z. [Konzentrationslager] – und befiehlt großzügig: »Jedes Radio muß abgeliefert werden! Ich weiß genau, wer von euch ein Radio hat.« Später wurde er Bürgermeister.

Als ich mit meiner Mutter zwei Jahre später schwarz in die W.Z. [Westzone] gehen wollte – es war in der Nacht –, fragten wir einen Passanten, wo die Grenze sei. Nun merkten wir, daß es ein Russe war. Er verlangte: »Paß.« Wir hatten natürlich keinen. Also, Koffer auf! Er machte sich sofort über die Nüsse her, die zu Weihnachten für mich bestimmt waren. Meine Mutter erklärte ihm dieses. Er schien zu verstehen, denn er gab uns die Nüsse wieder. Wir durften sogar weitergehen.

Diese Eindrücke sind es, die in mir immer dann aufflammen, wenn jemand über die Russen spricht.

Quelle: Roeßler-Archiv im Archiv »Deutsches Gedächtnis«, Lüdenscheid.

| 9 |

»Aber ich hatte nicht den Eindruck, daß der scharf gezielt hätte . . .«

Wie Bernd Raubarth den letzten Kriegstag überlebte

Bernd Raubarth wurde 1928 in Leipzig geboren. Der Vater war Polizeimeister, die Mutter Hausfrau. 1940 zog die Familie wegen einer Versetzung des Vaters nach S. in Schlesien, wo Bernd Raubarth bis Ende 1943 ein Gymnasium besuchte. Als gerade 15jähriger wurde er dann zur »Heimatflak« eingezogen. Als S. zur Festung erklärt wurde, gelang es dem Vater, Frau und Sohn herauszuschleusen und beide nach Ratibor in Oberschlesien zu bringen. Dort wurde Bernd Raubarth zum Reichsarbeitsdienst (RAD) dienstverpflichtet und kam in ein RAD-Lager im Sudetengebiet. Im Reichsarbeitsdienst wurde seit 1935 eine halbjährliche Arbeitsdienstpflicht für Männer und Frauen zwischen 18 und 25 Jahren organisiert. Ursprünglich wurden die Arbeitskräfte zur Bodenkultivierung eingesetzt, ab 1938 bereits z. T. als militärische Hilfskräfte und nach Kriegsbeginn zunehmend als Bautruppe der Wehrmacht.

Anfang Mai 1945 war ich also in diesem RAD-Lager im Sudetengebiet bei Kreibitz. Da war eigentlich die Welt schon zusammengebrochen, an die man früher mehr oder weniger geglaubt hatte, in die man hineinoktroyiert worden war. Ich war 17 und hatte jedenfalls schon eine Weile nicht mehr daran geglaubt – auch einige Kameraden nicht. Und dann kamen wir auf den Einfall, jetzt packen wir unsere Sachen und gehen nach Hause. Das war natürlich ein ausgesprochen dummer Einfall. Wir sind in der Nacht vom 7. zum 8. Mai los *(lacht)*, mit Gewehr. Es war eine mondhelle Nacht. Es war eine waldige Gegend. Das ganze war noch das Kampfgebiet der Kampfgruppe Schirner. Diese Kampfgruppe Schirner hat ja noch nach der Kapitulation gekämpft. Wir kamen dann zu einer schroffen Biegung der Straße. Und hier an dieser Biegung *(Herr R. zeigt die Stelle auf einer Landkarte)* stand eine Wehrmachtseinheit, machte Rast. Standen relativ ruhig und hörten natürlich uns in der Nacht mit unseren Nagelstiefeln die Straße entlang kommen. Als wir um die Ecke bogen, riefen sie: »Halt, wer da? Was macht ihr hier? Ach so, na also, Entfernung von der Truppe . . .« usw.

Wir waren darauf überhaupt nicht eingestellt. In diesen letzten Kriegstagen waren natürlich bei den Truppenteilen, die weiterkämpften, völlig fanatische, unduldsame Menschen. Jedenfalls sagte der Offizier, der da das Kommando hatte – ich konnte den nicht erkennen –, zu dem Feldwebel: »Gehen Sie mit denen mal zur Seite. Sie wissen ja, was Sie zu tun haben.« Und der gab uns Kommando: »Stillgestanden. Rechts um und Marsch!« Wir marschierten dann wieder die Straße ein Stück zurück. Der entsicherte sein Gewehr. Und als wir ein ganzes Stück weg waren, vielleicht so 50 Meter – sagte der plötzlich leise zu uns: »Mensch, haut bloß ab, ihr Idioten!«

Na ja, wir haben natürlich sofort reagiert *(lacht)* und sind also runter von der Straße und in den Wald rein. Der hat hinter uns hergeschossen, nicht. Aber ich hatte nicht den Eindruck, daß der scharf gezielt hätte. Mir ist keine Kugel um die Ohren geflogen. Wir sind ein ganzes Stück gerannt. Als wir stehenblieben, merkten wir, daß keiner hinter uns herlief. Wir haben überlegt, was wir machen sollen, und sind dann

zurück in das RAD-Lager gegangen. Dort hatte noch keiner gemerkt, daß wir abgehauen waren. Es waren auch nur zwei Kilometer gewesen, als die uns erwischten.
(Lacht) Wir konnten unbemerkt wieder rein, es war kaum bewacht, und uns wieder
ins Bett legen. Damit haben wir diese Geschichte noch einmal glimpflich überstanden. Und am nächsten Tag marschierte das Lager – es bestand ja noch ein Be-
fehlsverhältnis – zur deutschen Grenze. Da kam dann das erste Mal die Nachricht
auf: Kapitulation!

Als sie auf sowjetische Truppen stießen, lief alles in verschiedene Richtungen auseinander.
Zusammen mit einem Kameraden aus Stuttgart überquerte Bernd Raubarth wenige Tage später vor Altenburg die Grenze, fand in der Nähe von Zwickau seine Mutter
wieder. Die Mutter war, ohne es zu wissen, mit dem letzten Zug für Reichsbahnbeamte von
der geschlossenen Festung S. aus über Brünn, Wien, München, Hof und Zwickau gekommen.
Vom Vater haben sie nie wieder etwas gehört. Nach vielen Umwegen über Leipzig und West-
Berlin, nach mehreren Berufsanfängen, unter anderem als Knecht, machte Bernd Raubarth
schließlich das Abitur, ging von West- nach Ost-Berlin, studierte an einer Pädagogischen Anstalt, wurde Lehrer und schließlich Professor in der DDR.

Quelle: Aus einem Interview
mit Bernd Raubarth (Pseud-
onym), geführt 1995 von
Alexander von Plato, Archiv
»Deutsches Gedächtnis«,
Lüdenscheid.

10 Szenen aus einem besetzten Dorf in Niedersachsen

Edwina von Schöller berichtet

Edwina von Schöller, 1912 in der Neumark geboren, hatte acht Geschwister. Ihr Vater war
Soldat und Landwirt, die Mutter Hausfrau. Edwina von Schöller besuchte eine zweijährige
Höhere Handelsschule und heiratete dann einen Gutsbesitzer in einem kleinen Ort in Nie-
dersachsen. Während des Krieges bekam sie zwei Kinder.

Interviewer (I.): Also, Ihr Mann kam am 9. April 1945 zurück. Wie kam er zurück?

Edwina von Schöller (Sch.): Mit einem Holzgaswagen. Kennen Sie so was? Ja, mit
so einem Holzauto, Holzdampfer nannte man die. Er war mit einem Holzgasmotor
ausgerüstet. Ja, mein Mann kam in der Nacht nach Hause. Ich schlief auf dem roten
Sofa vor dem Kamin. Da fühlte ich eine Hundeschnauze im Gesicht und wußte im
selben Augenblick, er ist zurück. Ich hatte keine Liege für ihn – das Haus war schon
voll mit Flüchtlingen, ehemaligen Soldaten und Verwandten. Wir hatten auch
nichts, worauf er liegen konnte. Er hat sich dann auf dieses schmale Sofa gelegt.
Dort hat er geschlafen, und dann haben wir uns ein bißchen gekuschelt. Ach, das
war schön.

Nun ja, er war dann, Gott sei Dank, da, als die ersten Amis kamen. Was unange-
nehm war, waren eigentlich nicht die Amerikaner, sondern die nun losgelassenen
Gefangenen aus den Lagern. [In der Nähe befanden sich einige Fremdarbeiterlager,
wo vor allem polnische und russische Arbeiter einquartiert waren, die von dort aus
jeden Morgen zur Arbeit gehen mußten und jeden Abend zurückkamen. Sie waren
zum Teil sehr schlecht von den Bauern oder Handwerkern behandelt worden.
Frau von Schöller betont demgegenüber, daß sie wie viele andere auch ein gutes
Verhältnis zu »ihren Gastarbeitern« gehabt, sogar deshalb Schwierigkeiten bekommen habe.] Wir haben gehört, daß die ukrainischen Familien sehr viel geplündert haben sollen, aber bei uns nicht. Die haben in ihrer Wohnung gesessen
und haben gewartet, bis sie abgeholt wurden. Davon haben wir auch nicht viel
gesehen, nicht einmal, wann das eigentlich nun stattgefunden hat. Wer mag das
organisiert haben? Das war ein ganzes Kapitel für sich, diese Bande. Aber im
Kreise waren eben einige Lager von polnischen und russischen Familien, und die
haben enorm geplündert. Es fällt mir jetzt ein: Auch bei uns versuchten sie es im
Keller. Da war aber nichts zu plündern.

I.: Wie?

Sch.: Ich kam aus dem Keller nach draußen, neben der Haustreppe, und da kamen uns welche entgegen, finstere Gestalten. Natürlich, jeder Gefangene sieht nach einer Weile finster aus, unrasiert. Aber die kamen mit Pistolen, das durften sie eigentlich nicht. Wo sie die Waffen her hatten – geklaut wahrscheinlich, und bedrohten mich. Warum, weiß ich eigentlich nicht. Die dachten wohl, wir wollten ihnen den Eintritt verwehren, aber so dumm waren wir auch nicht. Wir haben uns also vorbeigedrückt und haben die ins Haus gelassen. Da haben sie alles mögliche mitgenommen. Wissen Sie, worauf die am meisten scharf waren? In sämtlichen Häusern und Höfen haben sie die einheimischen Trachten genommen. Daher war nach dem Krieg kaum noch eine Tracht zu finden. Jedes Haus hatte noch truhenweise schöne Trachten gehabt, das haben sie alles mitgenommen. War ja nun nicht das Schlimmste. Außerdem das, was sie an Lebensmitteln fanden, und das, was wir nicht vergraben hatten.

An einem der nächsten Tage wurde mein Mann von einem Jeep, mit einem Offizier, abgeholt. Der war sehr höflich, mein Mann solle ins Dorf kommen, Aussagen machen. Sie waren sehr höflich, er ging ja noch an zwei Stöcken wegen einer Verwundung. Sie haben ihm also die Treppe runtergeholfen und in den Wagen. Das fand ich sehr beruhigend. Ich hab mich überhaupt nicht aufgeregt. Warum soll er nicht Aussagen machen?

Nach einer Weile kommt der Konrad, ich weiß nicht, ob nach einer Stunde oder zwei. Der konnte so aufgeregt aussehen und sagte: »Ihren Mann haben sie umgebracht!« Ich sag: »Um Gottes Willen, haben Sie das gesehen? Das kann doch gar nicht sein! Warum sollten sie denn?« – »Ja, ja, ich war im Dorf, und die Leute haben erzählt, sie haben ihn abgeführt. Und dann habe ich selber gesehen, da lag ein Häufchen Asche, die noch glimmte. Und seine Mütze obendrauf.« *(Lacht)* Das war für ihn der Beweis, daß mein Mann umgebracht worden wäre. Wissen Sie, da blühen ja in so einer aufgeregten Zeit Geschichten . . .

I.: Na, Sie waren doch erschreckt, wahrscheinlich?

Sch.: Natürlich war ich erschreckt. Natürlich habe ich mich gleich aufs Rad geschwungen, bin ins Dorf gefahren. Da war er da noch in der Schule zum Verhör und kam gerade heraus. Er war sehr ordentlich behandelt worden.

Immerhin, so erläutert Herr von Schöller, wurde ihm später der Prozeß gemacht wegen »unerlaubten Waffenbesitzes«. Darauf stand damals die Todesstrafe. Der Hintergrund: Flüchtlinge von einem durchziehenden Treck hatten ein Gewehr liegengelassen – sehr zum Ärger von Herrn von Schöller, der alle seine eigenen Jagdwaffen kunstreich versteckt hatte. »Wissen Sie, wie man Waffen am besten versteckt?« Er fragt das so, als ob ich seine Tips noch einmal brauchen könnte: »Das beste ist, man legt sie einfach eingefettet ins Wasser; in einen Tümpel oder See – dort suchen sie nie. Und halten tun die Gewehre auch. Meine Büchse benutze ich noch heute.« Daß er nach dieser Umsicht nun wegen fremder Waffen mit der Todesstrafe bedroht wurde, hat seine Liebe zu Flüchtlingen und insbesondere zu verwandten Flüchtlingen nicht wachsen lassen. Herr von Schöller wurde jedoch dank falscher Zeugenaussagen, die man damals gerne gegen die ersten Besatzer angeboten habe, freigesprochen.

Zurück zu Frau von Schöller.

Sch.: Als ich wieder zurückfahren wollte mit dem Fahrrad, sah ich es auf dem Lindengut brennen. Das sah gewaltig aus. Wir dachten, da brennt womöglich das Haus. Ich fahre also rüber. Es war keineswegs das Haus, sondern die Scheune war bis auf den Grund niedergebrannt. Und ich geh ins Haus. Das erste, was ich sah, war ein amerikanisches uniformiertes Mädchen, das die Edith, die Blitzmädel [Nachrichtenhelferin bei der Wehrmacht] gewesen war, die Treppe raufjagte. Immer rauf und immer wieder runter. Die hatte irgendeinen Gegenstand in der Hand. Die Amerikanerin wollte deren Blitzmädchen-Mütze als Souvenir haben. Und Edith wollte sie nicht rausrücken. Also, ich hätte mich nie geweigert, glaube ich. »Souvenir« brüllte die dann immer ganz laut. Und Edith rief: »Meine drei Kinder, meine drei kleinen Kinder! Und ihr behandelt mich so schlecht.« Auf Englisch, die waren ja lange in Amerika gewesen, die konnten sich an sich verständigen. Dann braußten sie beide oben ab wie ein paar Hunde. Ich gehe in die Halle, ich wollte Rete [die Besitzerin vom Lindengut] eigentlich suchen. In der Halle war also auch ein Haufen Amerikaner, und keiner kümmerte sich um mich. Nach einer Weile ging ich ins andere Zimmer, von einem Zimmer zum andern, überall waren sie und waren damit beschäftigt, Madys Platten zum Fenster rauszuwerfen, um dann auf sie zu schießen, nicht wahr.

I.: Die Grammophonplatten?

Sch.: Die Grammophonplatten. Und dann ging ich weiter durchs Eßzimmer in die Küche, da waren auf den Decken alle die feinen Sachen, die sie klauen wollten. Also, mich hat niemand angesprochen, mich hat auch keiner ... Ist das nun Krieg oder Kriegsende? Es war so merkwürdig alles – wie, wie Theater, nicht wahr.

Herr von Schöller: »Bei uns haben sie gedroht, mit der Panzerfaust den Safe aufzuschießen. Dabei wäre das ganze Haus kaputtgegangen. Da habe ich lieber den Safe geöffnet. Am meisten hat die Amis beeindruckt, daß da die Mokassins lagen. 170 Jahre alt, die der Urururgroßonkel Riedesel mitgebracht hat. Die waren natürlich sofort weg, ebenso wie der Tomahawk. Das Silber hatten wir ja vergraben.«

Sch.: Schließlich habe ich Rete über dem Pferdestall im Heu gefunden. Da lag sie und weinte und weinte. Ich dachte wunder, was ist. Die hatten sie nur sofort ausquartiert. Wir kamen ja erst später dran. Sie waren alle ins Heu gezogen und ins Gewächshaus. Da lag sie und weinte und konnte sich nicht beruhigen. Aber hauptsächlich weinte sie über Senta, ihre Schäferhündin, die sie von einem der Zahlmeister, die dort einquartiert gewesen waren, bekommen hatte. An der hing sie sehr. Und die hatten die Amis erschossen. Darüber war sie zusammengebrochen. Das ist ja manchmal nur so ein Anlaß, nicht wahr. Sonst war aber alles in Ordnung und gesund. Na ja.

Ich fuhr zurück ins Dorf, und auf der Dorfstraße wanderte das Ehepaar Leipe, Willi und Elsbeth, auf und ab. Sie hing an seinem Arm mit leidendem Gesicht. Ich bin da aber nicht hingegangen, aber ich kriegte erzählt, sie sei vergewaltigt worden. Nun ging sie da also auf und ab und erzählte, wie es war. Daß Willi im Keller eingesperrt worden war und daß oben die Amerikaner sie vergewaltigt hätten. Und das erzählten sie jedem, der vorbeikam. Es sprach sie wahrscheinlich auch jeder an, denn sonst kann man ja gar nicht so ein Los erzählen. Und wenn man so jemand sieht, die bedauert werden möchte, dann spricht sie wahrscheinlich auch jeder an. In so einem Fall habe ich mich eben nicht rangetraut. Und dann hatten sie auch noch Mutter Gerke – die war so alt wie ich – hinterm Teich vergewaltigt, und die hat mir das ganz genau erzählt. Erstens sei es ein Schwarzer gewesen, aber ein schicker Mann, und zwar ging er immer verkehrt rum. »Kennen Sie das? Im Mund wollte er mich auch immer. Hat jemand das mit Ihnen auch gemacht?« *(Lacht)* Die hat das so – ich glaube, es hat ihr Spaß gemacht. Sie hatte auch keinen Mann mehr, also fand sie das wahrscheinlich ganz schön.

I.: Wie? Meinen Sie nicht, daß die – hatten Sie zum Beispiel keine Angst vor Vergewaltigung?

Sch.: Doch, hatten wir alle, hatten wir alle.

I.: Ja. Sie erzählen das so ...

Sch.: Es war ja auch sehr die Frage, ob die [Amerikaner] überhaupt weiterziehen sollten nachher, nach Kriegsende. Denn es hieß, die Russen würden bei uns untergebracht [als Besatzungsmacht]. Und die waren ja nun in Berlin. Da hatte man furchtbare Angst vor Vergewaltigung. Daß die Amerikaner das täten, hätte ich gar nicht gedacht. Die sind auch sehr bestraft worden. Es hieß nachher, sie wären erschossen oder strafversetzt ... Vor den Russen hatten wir schon Angst. Wir haben immer zusammen telefoniert, meine Freundin Gerdi und ich: »Was machen wir, wenn wir hier Besetzung kriegen? Wie versteckt man sich? Versteckt man sich überhaupt und so was alles, nicht wahr?« [...]

I.: Also, das war Gesprächsstoff zwischen Frauen?

Sch.: Ja, na sicher.

I.: Woher? Also hatte man soviel gehört oder weshalb?

Sch.: Woher wir auf den Gedanken kamen?

I.: Ja.

Sch.: Ja, das hörte man, ob das in den Zeitungen stand, daß die Russen das immer täten oder daß sie es in Berlin getan hätten. Wir hatten da aber auch schon lange Flüchtlinge aus Pommern und Ostpreußen. Doktor Stocks 90jährige Mutter haben sie vor seinen Augen – haben ihn angebunden an den Treckwagen und seine 90jährige Mutter vor seinen Augen zu Tode vergewaltigt. Die Töchter, seine Frau und vier Töchter haben nichts abgekriegt. Ja, solche Geschichten hörte man. Und man erzählte so was ja nicht als Gerücht, sondern eben als entsetzliches Erlebnis. Und es gab wahrscheinlich noch mehr von der Sorte, da hatte man natürlich Angst.

Quelle: Aus einem Interview mit Edwina von Schöller (Pseudonym), geführt 1985 von Alexander von Plato, Archiv »Deutsches Gedächtnis«, Lüdenscheid.

11

»Am 10. Mai 1943 war die Kapitulation«

Walter Faust als »999er« bei der Rommel-Armee

Walter Faust kam 1908 in einer katholisch-sozialdemokratischen Familie im Ruhrgebiet zur Welt. Der Vater war Bergmann, die Mutter Hausfrau. Er hatte drei Geschwister. Nach Volksschule und abgebrochener Anstreicherlehre wurde er Former in einer Gießerei. 1923 trat er in den Deutschen Metallarbeiterverband ein und wurde in der gewerkschaftlichen Jugendarbeit aktiv. 1932 heiratete Walter Faust und wurde im gleichen Jahr Betriebsrat. 1933, nach der Gleichschaltung der Gewerkschaften, berichtet er, sei der Betriebsrat durch die Nationalsozialistische Betriebszellenorganisation (NSBO) aufgelöst worden, und er und sein Kollege seien »im hohen Bogen« aus dem Betriebsrat »rausgeflogen«. Wegen Verteilens oppositioneller Flugblätter wurde Walter Faust im Januar 1934 verhaftet und wegen »Vorbereitung zum Hochverrat« zu zwei Jahren Zuchthaus verurteilt. Außerdem wurden ihm die Ehrenrechte aberkannt, womit er auch »wehrunwürdig« wurde. 1936, nach seiner Entlassung aus dem Zuchthaus, fand er in seinem früheren Betrieb wieder Arbeit. Seit 1941 wurde ihm mehrfach bedeutet, er könne seine »nationale Ehre« und »Wehrwürdigkeit« durch eine freiwillige Meldung zum Militär wieder herstellen. Walter Faust lehnte ab. Im Sommer 1942 wurde er dennoch eingezogen, und zwar zum Strafbataillon 999. Solche sogenannten »Bewährungs-« oder »Strafbataillone« wurden aus Männern gebildet, die zuvor als Kriminelle, aus weltanschaulichen oder politischen Gründen Haftstrafen abgesessen hatten. Als »bedingt wehrwürdig« sollten sie nun den Rückzug der Wehrmacht decken, die zunehmende Verluste zu verzeichnen hatte. Die Vernichtung dieser Bataillone wurde dabei stillschweigend in Kauf genommen. Ihre Einsatzgebiete waren unter anderem Griechenland und Afrika; Walter Faust gehörte mit seinem Strafbataillon zum Afrika-Korps von Generalfeldmarschall Erwin Rommel, der sogenannten »Rommel-Armee«. In diesem Teil der Welt endete der Zweite Weltkrieg mit einer frühen Kapitulation der deutschen und italienischen Truppen am 13. Mai 1943. Walter Faust war bis 1947 als Kriegsgefangener in Afrika. Nach seiner Heimkehr wurde er Betriebsratsvorsitzender in einem Großbetrieb des Ruhrgebiets und Mitglied der SPD-Fraktion im Stadtrat einer Großstadt.

Wir wurden da eingesetzt bei der Rommel-Armee. Und als 999er habe ich an den gefährlichsten Punkten den Afrika-Feldzug miterlebt. Am 10. Mai 1943 war die Kapitulation [tatsächlich am 13. Mai 1943]. Wir haben die Kapitulation in einem kleinen Kreis gut überstanden, und zwar aus folgendem Grund: Zwei Tage vorher

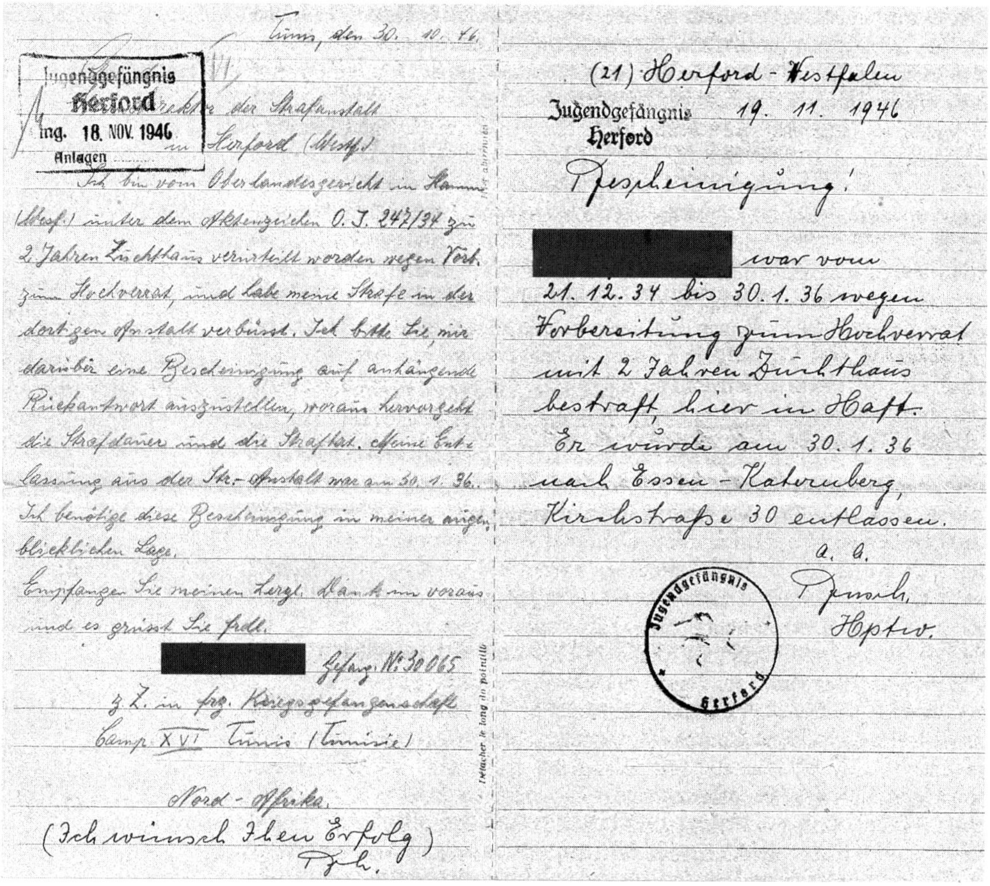

[Handschriftliches Schreiben, linke Seite:]

Tunis, den 30. 10. 46.

An die Direktion der Strafanstalt in Herford (Westf.)

Ich bin vom Oberlandesgericht in Hamm (Westf.) unter dem Aktenzeichen O. J. 247/34 zu 2 Jahren Zuchthaus verurteilt worden wegen Vorb. zum Hochverrat, und habe meine Strafe in der dortigen Anstalt verbüßt. Ich bitte Sie, mir darüber eine Bescheinigung auf anhängende Rückantwort auszustellen, woraus hervorgeht die Strafdauer und die Strafart. Meine Entlassung aus der Str.-Anstalt war am 30. 1. 36. Ich benötige diese Bescheinigung in meiner augenblicklichen Lage.

Empfangen Sie meinen herzl. Dank im voraus und es grüßt Sie frdl.

[geschwärzt]   Gefang. Nr. 30 065

z. Z. in frz. Kriegsgefangenschaft

Camp XVI Tunis (Tunisie)

Nord - Afrika.

(Ich wünsche Ihnen Erfolg)

[Handschriftliches Schreiben, rechte Seite:]

(21) Herford - Westfalen

Jugendgefängnis   19. 11. 1946
Herford

Bescheinigung!

[geschwärzt]   war vom

21. 12. 34 bis 30. 1. 36 wegen Vorbereitung zum Hochverrat mit 2 Jahren Zuchthaus bestraft, hier in Haft. Er wurde am 30. 1. 36 nach Essen - Katernberg, Kirchstraße 30 entlassen.

a. a.

[Unterschrift]

Hptw.

Bescheinigung des
Jugendgefängnisses
Herford.

Walter Faust (rechts)
als Küchenhelfer
in der Offiziersmesse
in Tunis.

hat ein Funker den englischen Rundfunk gehört, und darin wurde erklärt, daß die Rommel-Armee in der Gegend von Saguan eingekreist war. Wir wollten das selbst erst nicht glauben, aber die Meldung war Tatsache. Zwei Tage später kamen wir dann in Gefangenschaft, nach einer langen Hungerzeit, etwa sechs Wochen, mit den Resten des Afrika-Korps – das waren 12 000 Deutsche und 10 000 Italiener – in zwei großen Lagern. In dem Lager der Deutschen waren sehr, sehr viele Tote, die an Typhus, Amöbenruhr und ähnlichen Krankheiten eingegangen sind. Die ersten drei Tage und drei Nächte kriegten wir überhaupt nichts zu essen und zu trinken. Am vierten Tag kam der erste Wasserwagen ins Lager, da waren von den 12 000 Kriegsgefangenen Hunderte tot, die sich totgetreten haben an dem Wasserwagen. Dann bekamen wir 14 Tage mit 15 Mann ein Kilo Brot. Das war eine ganz furchtbare Zeit.

Und später suchte man in dem Lager Leute, die arbeiten wollten. Und ich war auch einer der ersten, die aus dem großen Lager kamen, und zwar direkt nach Tunis zum Aufbau eines Kriegsgefangenenlagers. Und wir bauten dann dieses Kriegsgefangenenlager 16 auf. Als das Lager fertig war, kamen wir zu einem Arbeitskommando. Ich hatte das Glück, bei einem Dreschkommando zu sein, und konnte mich da gesundheitlich so einigermaßen aufmöbeln. Danach kamen wir zurück ins Lager, dann zu einem Eisenbahnkommando zur Verlegung von Schienen am äußersten Ende von Tunesien. Hier wurde ich krank, kam wieder zurück ins Lager. Gleich zu drei Mann waren wir krank geworden. Wir hatten von Araberjungen Ölkuchen bekommen und hatten alle drei Typhus und kamen ins Kriegsgefangenenlazarett von November 1943 bis April 1944. Ich hatte dann an einem Stück Typhus, Diphtherie und Amöbenruhr.

Ich lag dann in so einem Einzelverschlag, und da kam ein französischer Leutnant, der sprach perfekt Deutsch und war Studienrat im Elsaß. Wir lernten uns näher kennen. Ich habe ihm auch gesagt, daß ich gewerkschaftlich und politisch kein Nationalsozialist war. Ganz im Gegenteil. Wir wären mit einer ganzen Anzahl 999er im Lager 16. Als ich dann die Krankheiten überstanden hatte, sagte er, ich sollte ihm mal einige Namen nennen. Er würde uns dann ein vernünftiges Arbeitskommando besorgen. Mit zehn ehemaligen 999ern sind wir dann in einem großen Militärhospital in Tunis zu einem Arbeitskommando gekommen. Da waren schon 40 Kriegsgefangene von uns. Da war ich dann eine Zeitlang in der Küche, und später kam ich in die Offiziersmesse und habe dort mit einem Araber gearbeitet. In dem Hospital hatten wir dann Verbindung aufgenommen als 999er mit unseren Kollegen, die noch im Lager waren.

Im Hospital lernte ich dann den Militärbriefträger näher kennen. Und über den konnten wir als Gemeinschaft der 999er Verbindung aufnehmen mit der »Liga für Menschenrechte« in Paris. Diese politische Verbindung hielt an bis 1947, bis wir aus der Gefangenschaft nach Hause kamen. Wir waren auch die ersten, die von Afrika nach Hause entlassen wurden. Im Juli 1947 kam ich zu Hause an.

Quelle: Aus einem Interview mit Walter Faust (Pseudonym), geführt 1981 von Alexander von Plato, Archiv »Deutsches Gedächtnis«, Lüdenscheid.

12

»Alle Angehörigen der Division 999 müssen durch Nationalsozialisten ausgetauscht werden«

Brief von Charlotte Hauschulz an Wilhelm Pieck

Zu Wilhelm Pieck vgl. die Erläuterungen zu Dok. 7, S. 166 ff.

Lieber Genosse Pieck!   Magdeburg, den 27. 11. 45

Du bist Vorsitzender der Kommunistischen Partei – bleibst aber deswegen doch unser Genosse. Ich weiß, daß man Dich mit einer kleinen Sorge nicht belästigen kann und darf. Ich komme aber mit einer großen Sorge. Und vor allem mit einer nicht nur persönlichen Sorge – sondern mit einer Sorge von vielen tausend Frauen.

Bei Versammlungen, in den Zeitungen – immer gedenken wir derer, die für unsere Bewegung gestorben sind. Wir grüßen die, die während der Nazizeit in den Zuchthäusern und Konzentrationslagern gesessen haben. Aber noch nie sind unsere Genossen erwähnt worden, die von den Nazis in die Zuchthäuser und von da in die berühmten Bewährungsbataillone gepreßt wurden. Sind diese unsere Genossen für uns wertlos geworden, weil sie den »Soldatenrock« getragen haben? Ich glaube doch, nein! Wir als Frauen wissen, unsere Männer waren unter dem »Soldatenrock« die besten Kommunisten. Darum tut es uns weh, daß es den Anschein hat, unsere Partei hätte unsere Männer vergessen.

Viele Soldaten sind aus der Gefangenschaft zurückgekehrt. Sehr, sehr viele haben ihrer Frau oder Mutter eine Nachricht zukommen lassen können. Aber fast kein Angehöriger des B.-Bataillons ist zurück oder hat ein Lebenszeichen in die Heimat schicken können.

Warum müssen unsere Männer als Antifaschisten oder sogar als Opfer der Faschisten die Trümmer in anderen Ländern beseitigen, die sie nicht nur nicht verschuldet, sondern sogar versucht haben, zu verhindern?

Unser so armes Deutschland ist so reich an Nationalsozialisten, schickt sie raus nach England, Frankreich, Rußland, Belgien, Holland usw., laßt sie aufbauen, was sie eingerissen haben. Aber unsere Männer gehören in die Heimat!

Zur Division 999 vgl. die Erläuterungen zum vorhergehenden Dokument.

Alle Angehörigen der Division 999 müssen durch Nationalsozialisten ausgetauscht werden. Wir wissen, daß dies einige Zeit in Anspruch nimmt, aber eine Nachricht von unseren Männern müssen wir auf allerschnellstem Wege bekommen!

Wir Frauen beteiligen uns mit all unseren Kräften, sei es im Beruf oder in der Politik, am Neuaufbau Deutschlands. Wir setzen uns ein für das Endziel Weltsozialismus – für die wahre Volksdemokratie in allen Ländern. Wir helfen, wo wir können, helft uns auch bei unserer Bitte!

Mit proletarischem Gruß im Namen vieler Frauen

Charlotte Hauschulz

Quelle: Stiftung Archiv der Parteien und Massenorganisationen der DDR im Bundesarchiv, Berlin, RY I/I 2/5/45 a Bl. 254, Abschrift.

---

13   Lautloses Bombardement

Alliierte Flugblätter

Theo Deitmerg, geboren und aufgewachsen in Lüdenscheid, sammelte als Jugendlicher im Zweiten Weltkrieg Flugblätter der Alliierten. Später interessierte er sich für die Hintergründe dieser Form der »Feindpropaganda«. In der Einleitung seiner Flugblattsammlung schreibt er: »Während des Krieges wurden auch in Lüdenscheid immer wieder Flugblätter gefunden, die von britischen oder amerikanischen Flugzeugen abgeworfen wurden. Als Appell an die Vernunft und Menschlichkeit der deutschen Truppen und Zivilbevölkerung hatten sie in der psychologischen Kriegsführung einen hohen Stellenwert. Dabei war der Flugblatt-Einsatz so groß, daß man von einem lautlosen Papierbombardement sprechen kann.

Mit ihren Flugblättern bezweckten die Alliierten die Zersetzung der Widerstandsmoral an den Fronten und in der Heimat, um ein schnelleres Ende des Krieges herbeizuführen. Sie versuchten, das deutsche Volk über das Hitler-Regime und seine Verbrechen aufzuklären, indem sie in Wort und Bild Terror und Greueltaten der SS schilderten und Zahlen von Toten und Vermißten nach deutschen Feldzügen nannten. So flatterte das, was die Deutschen nicht wissen sollten, schwarz auf weiß aus den Wolken.

Zunächst versuchten die nationalsozialistischen Behörden, öffentlich keine Notiz von diesen Flugblättern zu nehmen. Mit zunehmender Häufigkeit der Abwürfe und immer deutlicherer Sprache der Flugblätter wurde die Strategie des Ignorierens unmöglich. Der Reichsführer der SS und Innenminister Heinrich Himmler verfügte, daß alle Flugblätter ungelesen bei der näch-

**ZWEI WORTE
die 850 000
Leben retteten**

„EI SÖRRENDER" sagten allein im Westen
850 000 Deiner Kameraden, weil sie einsahen,
dass ihre Lage hoffnungslos war.

„EI SÖRRENDER" bedeutete für 850 000
Deiner Kameraden, dass sie aus der Hölle der
Materialschlacht in Sicherheit gelangten.

„EI SÖRRENDER" bedeutete für 850 000
Deiner Kameraden, dass sie die Heimat nach
Kriegsende gesund und wohlbehalten wiedersehen.

**Auch für Dich öffnen
ZWEI WORTE
den Weg in die Heimat.
ZWEI WORTE:
„EI SÖRRENDER"**

Quelle: Theo Deitmerg,
Papierbombardement
auf Lüdenscheid. Alliierte
Flugblätter im Zweiten
Weltkrieg. Kurzer Quer-
schnitt, Dokumente, Fotos
und Kopien, Archiv
»Deutsches Gedächtnis«,
Lüdenscheid.

sten Polizeidienststelle abzugeben seien. Bei Zuwiderhandlung wurde mit Zuchthaus, später
sogar mit der Todesstrafe gedroht.

Zahlreiche Flugblattausgaben richteten sich an bestimmte Zielgruppen: an die Zivilbevölkerung, an die deutsche Frau, an Zwangsarbeiter, an Kriegsgefangene oder – wie die beiden hier
abgebildeten – an deutsche Soldaten.«

Mit dem Flugblatt »Ei sörrender« sollte es denjenigen deutschen Soldaten leicht gemacht
werden, die kein Englisch konnten. Auf der Rückseite wurde den deutschen Soldaten eine
Behandlung nach dem Kriegsgefangenenrecht zugesichert. Genannt wurden: Sofortige Entfernung aus der Kampfzone, anständige Behandlung, gute Verpflegung, Lazarettbehandlung,
Schreibgelegenheit und die garantierte Rückkehr nach dem Krieg. Im Raum Altena/Lüden-
scheid tauchten diese Flugblätter im März 1945 auf.

Seit Beginn des Jahres 1945 und verstärkt nach der Einkesselung des Ruhrgebietes im März 1945 wurden über dem Ruhrgebiet und über dem Sauerland in großen Massen rötliche Passierscheine abgeworfen, die die deutschen Soldaten zum Gang in die Gefangenschaft ermutigen sollten.

Der Text auf der Vorderseite war in englischer und deutscher Sprache abgefaßt. Auf der Rückseite wurde den Soldaten eine Behandlung nach den Grundsätzen des Kriegsgefangenenrechts laut Haager und Genfer Konvention zugesagt. Diese Passierscheine sollte man alliierten Soldaten vorzeigen. 32 Millionen Exemplare sollen von diesen Blättern gedruckt worden sein.

Auf Grund von Kapitel 2, Artikel 11, Vertragsnummer 846 der Genfer Konvention vom 27. Juli 1929 erhalten kriegsgefangene Soldaten* in amerikanischen oder britischen Händen die gleiche Verpflegung wie Soldaten des amerikanischen oder britischen Heeres. Ihr Essen wird von Köchen aus ihren eigenen Reihen auf die Art ihres Landes zubereitet.

In Amerika oder Kanada erhalten Kriegsgefangene für ihre Arbeit innerhalb oder außerhalb des Lagers pro Tag 80 cents. Die Hälfte davon wird für die Zeit nach dem Krieg auf einer Bank hinterlegt, die andere Hälfte in Gutscheinen ausgezahlt, mit denen sich der Gefangene Marketenderwaren wie Zigaretten, Süßigkeiten, alkoholfreie Getränke und dergleichen kaufen kann.

Den Kriegsgefangenen wird Gelegenheit geboten zur Abhaltung von Bildungs- und Lehrkursen, zur Ausübung von Sport und Spielen und zur Veranstaltung von Konzerten, Theateraufführungen und Vorträgen. Sie dürfen Zeitungen lesen und Rundfunk hören.

Postverbindung zwischen den Gefangenenlagern und der Heimat geht über das Rote Kreuz. Sie ist zuverlässig und verhältnismäßig schnell. Nach Kriegsende werden die Gefangenen so bald wie möglich nach Hause zurückgeschickt.

* Als Soldaten werden auf Grund der Haager Konvention (IV. 1907) angesehen: Alle bewaffneten Personen, die Uniform tragen oder ein Abzeichen, das von einer Entfernung aus erkannt werden kann.

2G 37

Quelle: Archiv »Deutsches Gedächtnis«, Lüdenscheid, Bestand Helmut Ribbe.

14 »Wenn nicht schnell genug der Ring runter war, dann war der Finger weg«

Burkhardt Apel gerät in russische Gefangenschaft

Burkhardt Apel wurde 1915 in Ostpreußen geboren. Seinen Vater beschreibt er als »Analphabeten mit goldenen Händen«, der als Landarbeiter, Kutscher, Handwerker, Korbflechter und Saisonarbeiter seine Frau und acht Kinder ernährte. Die Mutter war vor der Heirat Dienstmagd. Wie all seine Geschwister, so besuchte auch Burkhardt Apel eine Zwergschule und arbeitete dann als Knecht bei einem Bauern. 1937 absolvierte er seinen Militärdienst und arbeitete dann wieder als Landarbeiter und Kutscher. Mit Beginn des Krieges wurde er eingezogen, machte zunächst den Polenfeldzug mit und kam anschließend erst nach Frankreich, dann nach Rußland. Während des Krieges, 1943, heiratete er. Bei Kriegsende bekleidete Burkhardt Apel den Rang eines Feldwebels, hatte viele Orden und Ehrenzeichen und war siebenmal verwundet worden.

Interviewer (I): Wie war denn das, als Sie in Gefangenschaft gerieten?

Herr Apel (A.): Na ja, Angst und Manschetten . . . Ja, also unsere Truppen, unsere Front haben sie durchbrochen, die Russen. Der hat sich um uns nicht mehr geschert . . ., so daß wir praktisch eingekesselt waren. Waren eben alles lauter Kessel, nicht. Na ja, und dann waren wir da auch drin. Und da sind wir dann stiften gegangen . . . Und waren in polnischen Gebieten. Da waren wir dann in einem großen Strohschober drin, und da hatten wir uns Löcher gemacht und haben dann da drin gepennt. Und mit einemmal sind immer welche drüber gelaufen, über uns. Da haben wir rausgeguckt: Aha, der Towaritsch ist da.

I.: Russen.

A.: Und, na, dann haben sie uns aufgefordert rauszukommen, und sie haben den Strohschober angesteckt. Da mußten wir ja raus; da hat der Strohschober gebrannt. Und dann kamen jede Menge da raus. Und dann haben sie uns da weggeführt . . . Und dann haben sie uns, wie man gesagt hat, gefilzt. Da haben sie uns alles weggenommen. Und ich hatte da noch einen Fotoapparat. Meinen Ring haben sie mir weggenommen, den kriegte ich nicht schnell genug vom Finger – wer nicht schnell genug war, war ein Knall, nicht. Pistole! Wenn nicht schnell genug der Ring runter war, dann war der Finger weg. Dann wurde er weggeschnitten. Da hast du dann aber geruckt und getan! Genauso, wer die Stiefel nicht schnell genug runterkriegte, da haben sie die Stiefel ausgezogen. Wir mußten in Socken laufen da, nicht.

I.: Und wenn Sie sie nicht schnell genug auskriegten?

A.: Na, dann haben sie dir das Bein abgeschnitten. Das war da brutal.

I.: Haben Sie so etwas gesehen?

A.: Ja, freilich. War brutal. Ich habe gesehen, wie meine Kumpels, wie sie das bei denen gemacht haben.

Bei dieser Schilderung scheint Herr Apel zunächst ungerührt; aber ich bemerke an seinen unruhigen, zitternden Fingern, wie sehr ihn die Erinnerung bewegt. Bei der deutschen Truppe habe er solche Brutalitäten nicht gesehen – man sei Soldat gewesen und habe »nur seine Pflicht gemacht«.

I.: Auch nicht nachher mit der Zivilbevölkerung?

A.: Auch nicht, auch nicht. Nein, ich kann das nicht sagen. Jedenfalls, wenn ich das sagen täte heute, dann würde ich lügen. Ja, und das mache ich grundsätzlich nicht. Ich sage es so, wie die Sache ist. Ich schwindel nicht. Ich sage aber auch das, was ich so tatsächlich erlebt habe, ich sage auch das, was ich mit meinen Augen gesehen habe. Und das ist manches Mal furchtbar.

Nach dieser Erklärung, die für ihn, der weiß, was man in der DDR über den Krieg mit der UdSSR und über die »Freunde« (die Sowjets) zu sagen hat, von ernsterer Bedeutung ist als für einen Westdeutschen, fährt Herr Apel in der Geschichte seiner Gefangennahme fort.

A.: Jedenfalls wurden wir dann abgeführt. Erst mal die ganzen Kleider weggenommen, die Jacke weggenommen. Ich bin bloß im Hemde geblieben.

Frau Apel: Und im Januar, wenn die größte Kälte . . .

A.: Und dann hatte ich hier so einen Kopfschützer um, den hatte ich mir so runtergezogen, und den habe ich dann weiter behalten. Und dann hatte ich die Hose an, Militärhose, die Stiefel ausgezogen, die kriegte ich runter. Ich habe sie immer ein bißchen größer gehabt, die kriegte ich gut aus, das ging auch schnell alles. Dann haben wir uns gegenseitig, wo es ein bißchen schwerer war, haben wir uns gegenseitig schnell ausgeholfen, die Stiefel auszuziehen. Ich habe noch von einem einen Arschtritt gekriegt. Da haben wir uns dann angefaßt, verstehst du, dann bin ich übergestolpert, da mußt du aber auch vorsichtig sein, waren gleich mit – Peng, weg warst du.

I.: Wie – wenn man hinfiel? Peng heißt: mit der Pistole?

A.: Ja. Dann gleich einen Genickschuß. Weg warst du.

I.: Das haben Sie auch selber gesehen?

A.: Das habe ich alles –

Frau Apel: Das hat er miterlebt.

Ohne Schuhe, im Schnee stehend, wurden sie verhört, wobei weitere seiner Kameraden erschossen wurden.

A.: Und dann ist uns, wie gesagt, die Mippe gegangen, eins zu hunderttausend. Na, und denn sind wir da aufgestellt worden, so in zwei Reihen, so standen wir dann. Und . . . ich stand vorne in der ersten Reihe als erster. *(Herr Apel springt auf und spielt die Szene vor.)* Ja, und dann haben wir da gestanden, mit einmal hörte ich dann hinter uns: rrrt, rrrt, also das heißt Durchladen der MPs, wir haben nur MPs gehabt. Na ja, und jetzt werde ich Ihnen sagen, wenn Sie das verfolgen können, dann sehen Sie es noch heute, und ich spreche die Wahrheit. *(Er beginnt sich zu drehen.)* Ja, da habe ich mich zum Beispiel jetzt so gedreht, und so nach hinten geguckt. Und in dem Moment ist das meine Rettung, daß ich noch heute leben tue. Dieser Schuß, den Sie jetzt hier sehen.

I.: Am linken Handgelenk.

A.: Und hier habe ich einen Durchschuß.

I.: Oberschenkel.

A.: Der geht hier rein und ganz nahe am Gemächt vorbei, also hier rein und hier raus, das sind die beiden Schüsse, die ich bekommen habe. Das tue ich nun eben Gott verdanken, daß ich mich da gedreht habe, das war meine Rettung. Dann sind wir gelaufen.

I.: Wie – Sie sind jetzt mit dem Durchschuß im Bein und im Arm –

A.: Da bin ich gelaufen. Habe geblutet wie so ein Schwein. Ich bin gelaufen wie so ein Verrückter, da sind wir gelaufen. Also es hat sich keiner abgesprochen gehabt, das möchte ich vorher noch sagen, es hat keiner einen Ton abgegeben. Und dann sind wir gelaufen . . . Dann war der eine Gefreite von uns, der hat nun noch mehr abgekriegt, der konnte nicht mehr. Da haben wir gesagt, Menschenskind. Wir haben ihn noch ein Stück geschleppt, bis zum Wald rein, aber dann haben wir ihn im Stich gelassen. Es hat ja jeder selbst zu tun gehabt. Und dann sind wir gelaufen, und dann sind wir in so einen . . . Schacht, ob da irgendwie die Luftwehr mal früher drin gewesen ist, da waren direkt so, mit Holzpfählen und alles oben überdeckt, da sind wir dann erst mal rein und haben abgewartet, bis es dunkel war.

Herr Apel konnte nicht mehr, war vollständig »mutlos«, ausgeblutet, wollte liegen bleiben. Aber die anderen – vier waren es nur noch – schleppten ihn mit zu einem polnischen Gehöft, wo er dank der Pflege der dortigen Frau überlebte.

A.: Dann kam denn die polnische Miliz, die war da schon gebildet. Kamen sie an mit Gewehren. Der eine hat wunderbar Deutsch gesprochen. Da haben wir gesagt: »Kommt rein, wir haben keine Waffen, wir sind waffenlos.« Dann sind sie reingekommen. Und dann bin ich bei den Polen in Gefangenschaft gekommen. Dann wurde ich später nach den Russen wieder ausgeliefert.

Aber zuvor mußten seine Kameraden – er als Verwundeter nicht – noch die Leichen wegräumen, auch die Leichen, die auf dem Sturzacker von sowjetischen Soldaten niedergeschossen worden waren. Dazu Frau Apel: »Und die Frauen warten heute noch auf ihre Männer . . .« Bis 1949 blieb Herr Apel in sowjetischer Kriegsgefangenschaft.

Quelle: Aus einem Interview mit Burkhardt Apel (Pseudonym), geführt 1986 von Alexander von Plato, zitiert nach: Alexander von Plato/ Wolfgang Meinicke, Alte Heimat – neue Zeit. Flüchtlinge, Umgesiedelte, Vertriebene in der Sowjetischen Besatzungszone und in der DDR, Berlin (Verlags-Anstalt Union) 1991, S. 312 ff.

Bretzenheim, Zweitlager von Bad Kreuznach am Binger Rheinbogen

Aus der Autobiographie von Albin Froherz

Albin Froherz wurde 1909 in Leipzig geboren. Sein Vater war Stellmeister, seine Mutter Hausfrau. Er hatte einen älteren Bruder. Nach der Volksschule machte Albin Froherz eine Lehre als Schlosser. 1932 heiratete er, 1936 wurde eine Tochter geboren, 1940 ein Sohn. Als er Anfang der dreißiger Jahre arbeitslos wurde, betrieb er einige Jahre ein kleines Lebensmittelgeschäft. Im Februar 1942 kam für Albin Froherz die Einberufung zur Wehrmacht. Die Kriegszeit verbrachte er in relativer Ruhe in Norwegen. Noch Mitte April 1945 bekam er aus familiären Gründen – sein Bruder war als Volkssturmmann gefallen – einen Urlaubsschein, mit dem er nach zweiwöchiger abenteuerlicher Reise Ende April seinen Heimatort erreichte. Dort mußten sich alle Wehrmachtsangehörigen im Rathaus melden – wie Albin Froherz annahm, zum Ausstellen der Lebensmittelkarte, die für den Bezug von Lebensmitteln und anderen Konsumgütern notwendig war. Tatsächlich wurde er mit vielen anderen auf einem Lastwagen in ein Kriegsgefangenenlager abtransportiert, und zwar zunächst in ein Lager bei Eisleben.

[...] Seit der Abfahrt in Taucha und den drei Tagen in Delitzsch hatten wir nicht ein Stück zu essen bekommen, doch hier in Eisleben erhielten wir die erste Nahrung. Auf 15 Mann wurde ein 3-Pfund-Brot verteilt. Jeder bekam noch eine Handvoll ungekochter Bohnen oder Erbsen – das war die Ration für einen Tag. Was sollten wir denn mit diesem ungekochten Zeug anfangen? Und trotzdem haben wir versucht, die Gemüsekörner aufzuknabbern. Wir mußten uns damit abfinden und uns daran gewöhnen, daß wir als Gefangene wenig zu essen bekamen.

Um sich für die Nächte ein wenig zu schützen, hatten viele Landser mit herumliegenden Blechdosen einen circa 20 Zentimeter tiefen Graben in die Erde geschaufelt, dann die Erde oben an den Rand geschüttet. Damit sollte in der Nacht Schutz vor dem Wind geboten werden. Mit der Zeit wurden die Gruben immer tiefer, bis zu einem halben Meter. Aber wenn es regnete, mußten wir diese Löcher verlassen, und unser Elend kam uns so richtig zum Bewußtsein.

In anderen abgesteckten Camps waren Offiziere und Generäle für sich eingesperrt. Vor allem SS-Leute hatten nichts zu lachen. Sie mußten sinnlose Arbeiten verrichten, wie schwere Balken und Baumstücke von einem zu einem anderen Platz tragen und wieder zurückschaffen, so lange, bis sie fertig waren. Dann wurden sie wieder von neuem angetrieben.

Immer mehr ehemalige Soldaten wurden auf die Felder gebracht. Wir fragten uns, wie lange das alles noch gehen soll. Unterdessen hatten wir schon circa 14 Tage unter diesen Bedingungen verbracht. Auch waren wir vollkommen von der Außenwelt abgeschnitten, wußten überhaupt nicht, wie die Lage draußen war, ob immer noch Krieg ist oder nicht. Erst in der dritten Woche kam etwas Bewegung ins Lager; irgend etwas hing in der Luft. [...]

Mit vielen anderen wurde Albin Froherz in ein Lager bei Hersfeld verlegt:

Die Verpflegung war genauso schlecht wie im Lager Eisleben, eine Ration pro Tag, wenig Brot, kein warmes Essen. Wir hatten wahnsinnigen Hunger. Täglich verloren wir an Gewicht. Stundenlang mußten wir anstehen, um etwas Trinkwasser zu bekommen. Aber noch viel schlechter war es bei so viel Menschen mit den sanitären Anlagen, wie z. B. den Toiletten. Viele Soldaten wurden unter diesen Umständen krank. Wenn es ganz schlimm war, brachte man sie in ein Notlazarett. Ab und zu mußten alle Insassen antreten, und es fand eine flüchtige Kontrolle am nackten Oberkörper statt.

Keiner konnte seinen Stuhlgang kontrollieren, was für die Amerikaner die größte Seuchengefahr darstellte. Als Massentoilette wurde an etwas entfernter und freier Stelle eine sechs Meter lange, drei Meter breite und drei Meter tiefe Grube aus-

---

Der »Volkssturm« war eine in der Endphase des Krieges per Erlaß vom 25. September 1944 gebildete Kampforganisation, die alle waffenfähigen Männer zwischen 16 und 60 Jahren rekrutierte, die nicht bereits der Deutschen Wehrmacht angehörten. Die Volkssturmmänner wurden, unzureichend ausgebildet und ausgerüstet, in unmittelbar bedrohten Heimatregionen zur Verstärkung der Wehrmacht und zum Bau von Verteidigungsanlagen eingesetzt.

gehoben. An deren Längsseiten waren zwei Böcke aufgestellt, und darauf lagen –
ebenso lang wie die Grube – zwei schmale Baumstämme. Wer nun groß mußte,
konnte sich auf diese Baumstämme setzen und sein Geschäft abwickeln. Zur Bekämpfung der Seuchengefahr (wie Ruhr usw.) warfen die Gefangenen große Mengen von Chlorpulver über die Exkremente. Es passierte sogar, daß einige Gefangene
auf Grund ihrer Schwäche in die Grube fielen, und dann von den Mitgefangenen
wieder herausgeholt wurden. Das bestimmte dann ein Unteroffizier, der jeder
Gruppe von 20 Mann zugeteilt war. So verlief das alltägliche Leben im Lager Hers-
feld. [. . .]

Die dritte Station war Bretzenheim, ein Zweitlager von Bad Kreuznach, am Binger Rhein-
bogen. Längs des Rheins zwischen Rheinberg in der Nähe von Wesel im Norden und Bad
Kreuznach im Süden, bestanden vom Frühjahr bis zum Sommer 1945 amerikanische Kriegsgefangenenlager, die sogenannten Rheinwiesenlager: Die bekanntesten waren Rheinberg,
Wickrath und Remagen. Vor allem Soldaten der Heeresgruppe B, die Mitte April im Ruhr-
kessel gefangengenommen wurden, kamen auf die Rheinwiesen, aber auch Gefangene aus an-
deren deutschen Frontabschnitten sowie Männer, die irgendwo aufgegriffen wurden und in
Verdacht standen, Soldat gewesen zu sein. Insgesamt waren über eine halbe Million deutsche
Soldaten in diesen improvisierten Lagern untergebracht: auf mit Stacheldraht eingezäunten
Äckern und Wiesen, unter freiem Himmel, ohne sanitäre Anlagen und bei schlechter Versor-
gung mit Lebensmitteln. Eine nicht genau bekannte Zahl von Kriegsgefangenen kam in den
Rheinwiesenlagern um.

Es muß Mitte Mai 1945 gewesen sein, als wir mit unserer Kolonne den Rhein
überquerten und das größte Lager, das wir je gesehen hatten, erblickten. Für die
Neuankömmlinge war bereits ein großes Feld komplett mit Stacheldraht umzäunt
worden. Auch die Wachtürme waren entsprechend mit Negern besetzt. Wenn ein
Landser in die Nähe der Umzäunung kam, schossen sie gleich einen Warnschuß in
die Luft. Zig Tausende Soldaten lagen auf den Feldern herum. Zum ersten Mal sah
ich im Nachbarlager Hunderte von Generälen mit ihren roten Streifen an den Ho-
sen herumlaufen, alle SS-Chargen wurden getrennt gehalten.

Bad Kreuznach und die umliegenden Lager wurden für jeden dort gefangenen
deutschen Soldaten ein unvergeßlicher Begriff für Hunger, Durst und körperliche
Schwäche.

Eines Tages hatte man in den hier aufgestellten Aushängekästen eine kleine, farbige
Landkarte ausgehängt, auf der man sehen konnte, wie Deutschland nach dem ver-
lorenen Krieg aussehen würde. Alle Insassen der Lager waren deprimiert und nie-
dergeschmettert von dem, was sie sahen.

Diese Karte zeigte uns, daß das nun verkleinerte Deutschland in vier Besatzungszonen aufgeteilt wurde, nämlich in eine englische, amerikanische, französische und
russische Zone. Obwohl die Amerikaner bis nach Torgau vorgedrungen waren und
die Russen ganz Berlin eingenommen hatten, einigten sich die alliierten Mächte auf
der danach folgenden Potsdamer Konferenz 1945, daß auch die ehemalige Hauptstadt Berlin in vier Besatzungszonen eingeteilt wird.

Viele von denen, die sich der jetzigen Lage bewußt waren, standen traurig und
weinend vor der Karte, vor allem die der russischen Zone angehörenden Soldaten.
Sie konnten es nicht fassen, daß das Land Thüringen mit zur russischen Zone gehören sollte. Außer sich, von Sinnen, nahmen sich einige das Leben, indem sie einfach in die Stacheldrahtumzäunung rannten, wo sie dann als flüchtige Soldaten von
den Wachposten erschossen wurden.

Für alle Landser, die nun ihre Angehörigen, Familien und Kinder in dieser Zone
hatten, war das eine schwierige Zeit. Wir lebten doch in dem Lager wie von der
Außenwelt abgeschnitten, keiner erhielt mehr Post von den Angehörigen, und keine
Post verließ das Lager. Die Gerüchte, die dauernd nun im Lager entstanden, nervten
die Landser vollkommen und wurden zu einer zusätzlichen Last.

Bescheinigung aus dem Durchgangslager für Kriegsgefangene von Albin Froherz.

Ungefähr vier Wochen hielt dieser Zustand an, dann kam wieder etwas Bewegung ins Lager. [...]

Albin Froherz kam nun in ein Versorgungslager in Frankreich, in dem er als E-Schweißer in einer Kfz-Werkstatt arbeitete. Hauptsächlich wurden dort aus Aluschrauben von Propellern abgeschossener deutscher Flugzeuge Fingerringe hergestellt – Auftragsarbeiten für amerikanische Besatzungssoldaten, bei denen solche Ringe heißbegehrte Souvenirs waren. Zur Entlassung aus der Kriegsgefangenschaft wurde Albin Froherz zunächst in ein Durchgangslager nach Sachsen transportiert. Hier wurde er ärztlich untersucht, entlaust und nach 14tägiger Quarantäne schließlich entlassen, wie die Bescheinigung oben zeigt. Im März 1946 konnte Albin Froherz – neu eingekleidet mit einer umgefärbten amerikanischen Uniform und Lederstiefeln – zu seiner Familie zurückkehren. 14 Tage vor seiner Rückkehr hatte seine Frau eine Postkarte vom Roten Kreuz aus der Schweiz bekommen, mit der ihr mitgeteilt worden war, daß ihr Mann in amerikanischer Kriegsgefangenschaft sei.

Quelle: Archiv »Deutsches Gedächtnis«, Lüdenscheid. Albin Froherz schrieb seine Autobiographie 1989.

[16] Briefe Kriegsgefangener aus Ägypten

Die folgende hausinterne Mitteilung der SED an Wilhelm Pieck als Parteivorsitzenden enthält Auszüge aus Briefen deutscher Kriegsgefangener in englischen Kriegsgefangenenlagern in Ägypten, einem Raum, der – wie es auch einer der Briefschreiber zum Ausdruck bringt – wenig im Bewußtsein ist, wenn es damals und heute um die Kriegsgefangenen des Zweiten Weltkriegs geht. Die Abteilung Werbung, Presse und Rundfunk der SED hielt diese Briefe allerdings für wichtig genug, sie in Auszügen Wilhelm Pieck zur Kenntnis zu bringen.

SED Hausmitteilung
Gen. Wilhelm Pieck
Werbg., Pr., Rdfk. Dö/Na.   13. 1. 48

Werter Genosse!

Im Nachstehenden bringen wir einige Informationen aus Briefen von Kriegsgefangenen. Es handelt sich um Briefe von Kriegsgefangenen aus Mittelost, Ägypten. Aus dem Lager 2719 schreibt ein Genosse: »Habe Ihre Hefte erhalten, und wir sind dadurch stark entlastet worden; denn es ist für uns nicht allzu leicht, unsere Idee öffentlich zu vertreten. Vorträge unserer Art werden abgelehnt und als reaktionär bezeichnet und damit wir zu Nazis gestempelt. Jeder Vortrag muss jetzt 14 Tage vorher angemeldet und zensuriert werden. Dadurch sind wir gezwungen worden, unsere Werbungs- und Aufklärungsarbeit in der Öffentlichkeit einzustellen und um nicht ganz von der Erde zu verschwinden, arbeiten wir hier durch Zeitungspropaganda und mit dem Material, das wir bekamen. Der Erfolg ist dadurch besser wie zuvor, und das ist für uns sehr wichtig.«

Aus dem Lager 2777 erhalten wir einen Bericht, in dem es heisst: »Diese Woche wurden wir durch eine Bekanntgabe des englischen Nachrichtendienstes überrascht, wonach die Kriegsgefangenen in England bis 1. September 1948 restlos entlassen werden und die aus dem Osten nur bis 31. Dezember 1948 behalten werden. Mir kommt es bald so vor, als ob man uns gleich für den nächsten Krieg dalassen will. Aber sei es nun wie es wolle, bei Euch in der Ostzone muss es ja bald niemand mehr geben, alles wandert über die Grenze nach dem gelobten Bayern. Dort soll man angeblich ohne zu arbeiten auch leben können. Unsere Zeitung bringt dann immer so nette Kommentare, wenn wieder mal ein Grosser stiften ging und die Gastfreundschaft der westlichen Demokratie in Anspruch nimmt.«

Diese Mitteilung zeigt, dass die Propaganda der Westzone mit den Veröffentlichungen über die Flüchtlinge aus der Ostzone bereits gegenteilige Wirkung hervorruft.

Aus dem Lager 380 erhalten wir noch folgenden informativen Stimmungsbericht:

»Seit einiger Zeit macht sich im Lager mehr denn je ein starker Rechtsruck bemerkbar. Dies ist in erster Linie auf folgende Tatsachen zurückzuführen:

1. Die vollkommene Passivität der sogenannten demokratischen Arbeitsgemeinschaften [DAG]. Diese setzten sich zusammen seinerzeit aus Vertretern aller Parteirichtungen und veranstalteten in den verschiedenen Käfigen [von engl. »cage« – Kriegsgefangenenlager bzw. einzelne Gruppierungen in denselben] Vortrags- und Schulungsabende, führten Diskussionen vor dem Mikrophon über die brennendsten Tagesfragen durch, beleuchtet von den verschiedenen Parteirednern. Ausserdem setzte sich ein »Lagerparlament« ebenfalls aus diesen demokratischen Arbeitsgemeinschaften zusammen. Durch die Repatriierung der treibenden Kräfte dieser DAG zerfiel allmählich diese Organisation, lediglich in den Offizierskäfigen blieben sie weiterbestehen, dort zeigt die Arbeit in dieser DAG keine gesunde Entwicklung.

2. Starke Beeinflussung durch westliche resp. anti-sowjetische Propaganda. Über das Lagerrundfunksystem werden jeweils an 3 Tagen Nachrichten nebst Kommentar vom MDR Leipzig, an jedem Tag in der Woche über 2 Abendnachrichtensendungen mit Kommentar und Pressestimmen vom BBC London übertragen. Dazu kommt noch, dass für den Empfang des Leipziger Senders oftmals die Empfangsbescheinigungen zu schlecht sind, so dass wir 3mal Nachrichten aus London zu hören das »Vergnügen« (??) haben. Nachrichten von Moskau sind nicht zugelassen (Kommandant konservativ).

3. Die Tagespresse – es erscheinen 15 Zeitschriften – hat ebenfalls an jener Beliebtheit, deren sich dieselbe einst aufgrund ihres fortschrittlichen Inhalts erfreute, eingebüsst. Alte Themen – deren Titel allein schon anrüchig ist – werden immer aufs

neue erschöpfend behandelt. Dadurch wurde die Presse inhaltlos und verlor an Bedeutung. Es gibt lediglich 2 Zeitschriften, die tatsächlich gelesen werden, und zwar die »Tägliche Rundschau« und die Halbmonatszeitschrift »Freier Blick«. In letzterer erregen die letzten Seiten, mit dem Titel »Tagebuch« überschrieben, wegen ihrer versteckten Angriffe und Andeutungen auf die Alliierten, auf die deutschen Linksparteien usw. reges Interesse bei der Leserschaft. In der »Täglichen Rundschau« erscheint ebenfalls wöchentlich eine ähnliche Plauderei. In beiden Fällen zeigen sich Nazis für den Inhalt verantwortlich und geniessen infolge ihres Tones gegen die englischen Behörden – die sich ja ohnehin schon genügend bei allen Gefangenen in Misskredit gesetzt haben – grosses Ansehen. Es ist bezeichnend für die Haltung und Einstellung der englischen Behörden, dass sie gegen derartige Veröffentlichungen nicht einschreiten.

Die FDJ [Freie Deutsche Jugend] Camp 380 sieht es als ihre Aufgabe an, durch die Sendungen, die ihr zugestanden wurden, durch Widerlegung einen Ausgleich zu schaffen. Der Erfolg wird sich erst zeigen.

4. Ein weiterer wesentlicher Faktor ist – und das betrifft besonders die jungen Kriegsgefangenen –, dass sich in diesem Lager die Hauptstelle der Kriegsgefangenenhilfe des CVJM [Christlicher Verein Junger Männer] befindet. Durch bessere Unterstützung, durch bunte Abende und Lesestunden finden die POW's [Prisoners of War – Kriegsgefangene] dort noch Unterhaltung und mehr Zerstreuung als – das ist ihre Meinung – in einem politischen Vortragsabend.

5. Die Stimmung ist im allgemeinen tief gesunken, woran unzweifelhaft die Haltung der englischen Behörden zur Repatriierungsfrage die Hauptsache ist. Das Hauptproblem, mit dem sich alle Kriegsgefangenen beschäftigen, ist Heimfahrt, und dadurch wird alles andere in den Schatten gestellt. Aus diesem Grunde bringen auch die Appelle der Gegenseite nicht den beabsichtigten Erfolg. Die FDJ ist immer bestrebt, in Klein- und Grossarbeit das Interesse an der politischen Entwicklung in Deutschland zu erwecken. Aber auch diese Absicht wird oft erschwert – nicht etwa durch Hindernisse von seiten der englischen Behörden – sondern durch die Tatsache, dass wir über kein ausreichendes Material verfügen.«

Quelle: Stiftung Archiv der Parteien und Massenorganisationen der DDR im Bundesarchiv, Berlin, NY 4036/745.

Mit sozialistischem Gruss

Abt. Werbung, Presse, Rundfunk

Döning

Thema Nr. 1 »Frauen«

Gisbert Pohl kehrt aus der Kriegsgefangenschaft zurück

Gisbert Pohl wurde 1925 in Essen geboren. Sein Vater war Schlosser, seine Mutter Hausfrau. Die Eltern waren nationalsozialistisch orientiert, und auch Gisbert Pohl war Fähnleinführer bei der Hitler-Jugend (HJ), der Jugendorganisation der NSDAP, in der Jungen und Mädchen von 10 bis 18 Jahren organisiert waren. Nach der Volksschule begann er 1941 eine Lehre als Maschinenschlosser, die er im März 1943 abbrach, um sich zur Waffen-SS zu melden. (Die Waffen-SS, die aus dem Staatshaushalt finanzierte Formation der Schutzstaffel (SS), umfaßte die im Krieg eingesetzten militärischen Verbände und die Wachmannschaften der Konzentrationslager). Seine Kriegsschauplätze waren Ungarn, Rußland, Österreich. Am Tag der Kapitulation kam Gisbert Pohl in russische Gefangenschaft, konnte fliehen, kam aber kurz darauf erst in amerikanische und dann von 1946 bis 1949 in französische Gefangenschaft, während derer er in Kohlebergwerken arbeitete. Nach seiner Rückkehr heiratete er 1952 eine Kriegerwitwe mit einem Sohn. In den sechziger Jahren wurde er Betriebsrat und Vorstandsmitglied der IG-Metall.

Ein weiteres Interview mit Gisbert Pohl siehe Dok. 125, S. 375 f.

Interviewer: Wie war das eigentlich in der Gefangenschaft so jahrelang ohne Frauen?

Gisbert Pohl: Das war natürlich schlecht, das war das Thema Nr. 1. In der ersten Zeit war Thema Nr. 1 »Essen«. Da wurden Kochrezepte verteilt. Und dann die ganzen Jahre war Thema Nr. 1 »Frauen«. Das war unheimlich schwer. Ich kann mich erinnern, ich bin dann in Münster in einem Lager entlassen worden. Von da aus ging dann ein Zug hier ins Ruhrgebiet rein. Und dann die ganzen Landser in den Zug rein. Und, ich weiß nicht auf welchem Bahnhof, irgendwo auf der Strecke hatte ein Pärchen den Zug verpaßt und fragte den Schaffner, ob sie mit unserem mitfahren könnten. Und die kamen jetzt in unser Abteil rein. – Das war ein Abteil für Reisende mit Lasten, die alten, großen Abteile. – Wie die Frau in das Abteil reinkam, war im Moment atemlose Stille. Und die Frau ist dann mit ihrem Freund bei der nächsten Gelegenheit wieder ausgestiegen. Keiner hat etwas gesagt. Verstehen Sie? Das erste Mal wieder eine Frau. Die haben die alle angeguckt und angestiert. War natürlich schon eine komische Sache.

Meinen ersten Umgang mit Frauen, den habe ich ja als Soldat gehabt – im Puff. Das ist nicht gerade das Ideale, daß man diese Dinge im Puff kennenlernt. Wir waren ja gegenüber dem anderen Geschlecht unheimlich gehemmt und sind von den jüngeren Männern eingewiesen worden. Die waren uns weit voraus. Der jüngere Bruder eines Kollegen war praktisch unser Vorreiter. Und die ersten Nachkriegsdinge habe ich dann mit älteren erlebt. Das hat sich so ergeben.

Quelle: Aus einem Interview mit Gisbert Pohl (Pseudonym), geführt 1981 von Alexander von Plato, Archiv »Deutsches Gedächtnis«, Lüdenscheid.

18

Dokumente einer Kriegsgefangenschaft

Helmut Ribbe in England

Helmut Ribbe wurde 1920 in Neustadt an der Dosse im Kreis Ruppin geboren. 1940, gerade 20jährig, wurde er Soldat und am 18. September 1944 – inzwischen viermal verwundet – in Boulogne gefangengenommen. Das erste Dokument seiner Kriegsgefangenschaft ist ein Ausweispapier, das am 25. September 1944 ausgestellt wurde und auf dessen Rückseite Stempel der verschiedenen Prisoner-of-War-Camps die Stationen seiner Gefangenschaft bezeugen *(Abb. 1)*. Über Zwischentransporte, während derer zumeist auf offenem Feld kampiert wurde, kam Helmut Ribbe nach Le Havre, dann mit englischen Truppenlandungsschiffen über Plymouth nach London und schließlich am 12. Oktober 1944 nach Schottland in das Camp No. 21. Der weitere Verlauf seiner Gefangenschaft läßt sich auch anhand seiner »Prisoner of War Index Card« *(Abb. 2)* nachvollziehen. Am 2. Dezember wurde er in ein anderes Lager in der Nähe von Carlisle, in das Camp No. 13, überstellt, das in einer Burg namens Shap Wells untergebracht war. Dort blieb er bis zum 2. Juli 1945 und kam dann in das Camp No. 18, in dem er in den Sommermonaten des folgenden Jahres einen freiwilligen Arbeitseinsatz in der Landwirtschaft leistete *(Abb. 3)*. Außerdem war Helmut Ribbe dort als Küchenhelfer beschäftigt. Das Foto *(Abb. 4)* zeigt ihn als ersten von rechts in der hinteren Reihe zusammen mit Kameraden. Ein englischer Fotograf nahm es im Lager auf, und die Kriegsgefangenen kauften diese Bilder für ihre Angehörigen. Am 28. Oktober 1946 wurde Helmut Ribbe in das Entlassungslager Camp No. 186 in der Nähe von Colchester überstellt. Am 11. November 1946 begann dann die eigentliche Entlassung. Per Schiff ging es nach Wilhelmshaven, dann weiter über Münster, Arnsberg und Rüthen an der Möhne nach Dortmund. Dort wurde Helmut Ribbe mit Lebensmittelmarken ausgestattet und zur »Arbeit als Student der Ingenieurwissenschaften« entlassen. Die letzten Stempel auf seinem Entlassungsschein *(Abb. 5)* datieren vom 17. Dezember 1946. Eine Entnazifizierung war für die Aufnahme des Studiums nicht mehr notwendig. Im Zuge der Entlassungsformalitäten hatte Helmut Ribbe im November 1946 ein Leumundszeugnis bekommen, das ihn für »politisch einwandfrei« erklärte *(Abb. 6)*. Nach Abschluß seines Studiums an der Staatlichen Ingenieurschule in Essen arbeitete Helmut Ribbe bei verschiedenen größeren Firmen im Ruhrgebiet.

Abb. 1

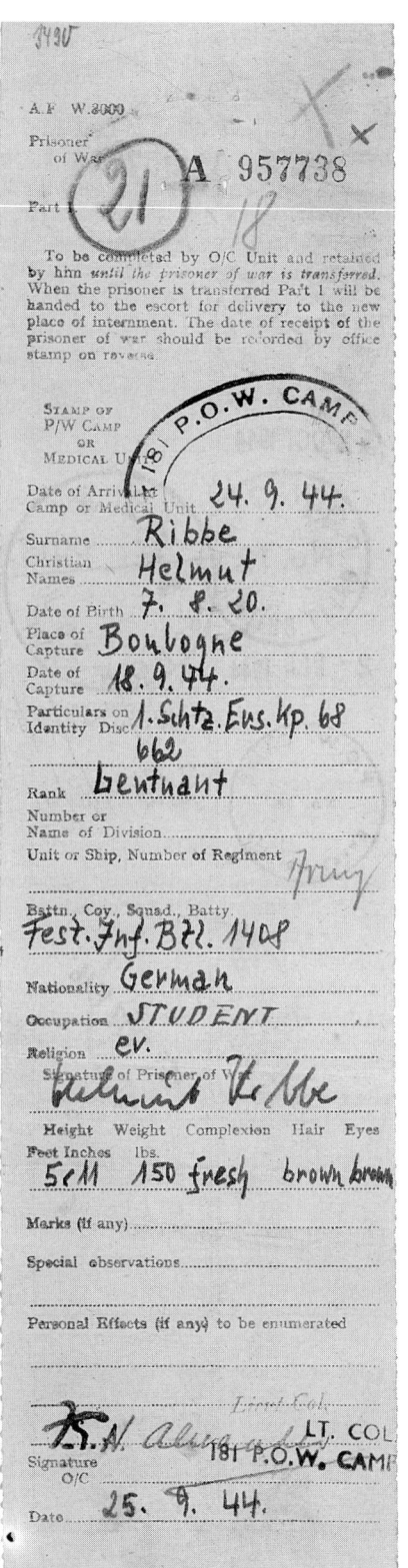

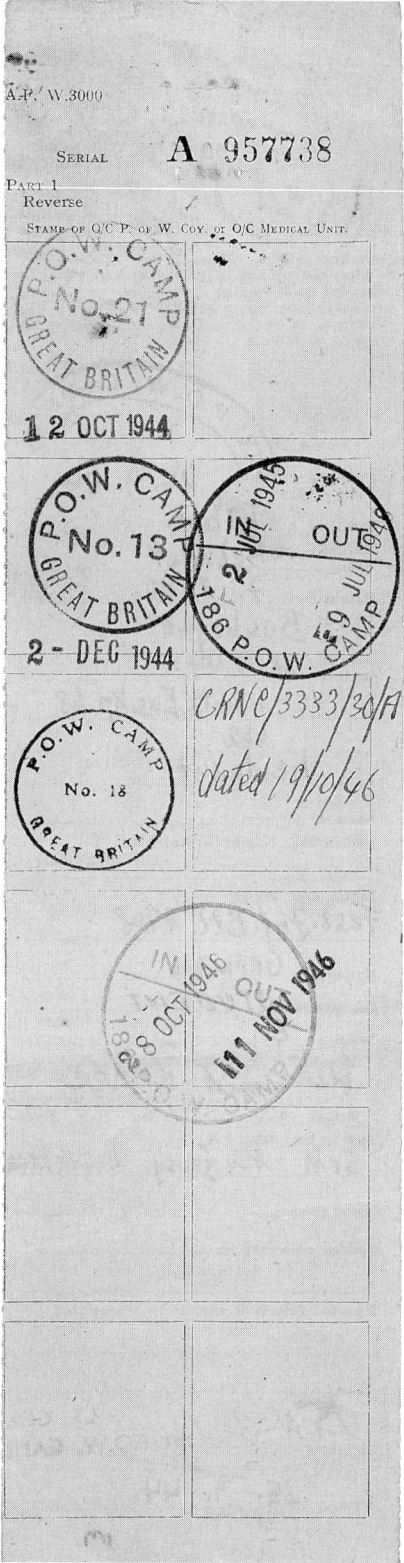

Abb. 2

PRISONER OF WAR INDEX CARD.

ARMY FORM W 3490.

PRISONER OF WAR No. *A957738*

FULL NAME *RIBBE, HELMUT*   RANK *Lt.*
(BLOCK CAPITALS)

NATIONALITY *GERMAN*   AGE *24*

ARM OF SERVICE *Army.*

IDENTIFICATION

(a) Colour of Hair ...... *brown*   (e) Weight *150 lbs.*

(b) Colour of Eyes ...... *brown*   (f) Teeth *complete.*

(c) Complexion ...... *fresh*   (g) Distinguishing marks *lower arm, scar l.*
(Tattoo, Birth Marks, etc.)

(d) Height ...... *5'11"*   (h) Dress *J.U.*
(Decorations, Badges, etc.)

SPECIAL REMARKS :—
P.I.D.
Grading: *C.R.1*

PHOTOGRAPH.

A957738   A957738

CERTIFICATE

Certified above particulars are correct.

Date ......

Signature of Camp Commandant
FOR COMMANDANT
156 P.W. CAMP. P.T.O.

(26764) Wt.52920/1851 124,000 2 44 A & E W.L.3. Gp.698 Forms/W.3490/3 J.5157

RECORD OF TRANSFERS, CASUALTIES, ETC.

Date	Casualty	Authority
~~27 JUN 1945~~ 2 JUL 1945	Transferred from B Camp to 186 Camp	Woway M/6632 (P.W.) dated 22 June 45
9 JUL 1946	TRANSFERRED TO 18 Camp	UM/M 1570 (P.W.1.) dated 28.6.46
28 OCT 1946	Transferred from No. 18 Camp to Camp No. 186	CRNC/3333/30/A dated 19/10/46
11 NOV 1946	TRANSFERRED TO Depot	WOUM M 2417 (P.W.1.) dated 6.9.46

Abb. 3

P.O.W. Camp 18
Featherstone Park
Haltwhistle,
Northumberland   Date...**25. 10.46**........
                                                  Datum
Labour Office
Arbeitsamt

       ...**Lt. Helmut Ribbe**............   P.O.W. No. **A 957 738**

Has done volentary work without payment from **8.7.46**........... To..**28.10.46**........

on..**farm work**.............................**-109 days**.............

       ...**Lt. Helmut Ribbe**............   P.O.W. No. **A 957 738**

hat in der zeit vom.....**8.7.46**........... bis..**28.10.46**............... in

   Landwirtschaft..................................**-109 Tage-**............

freilwillig und ohne Entgold gearbeitet.   **John Dadyphure**

                                                 Camp Labour Officer
                                                 Offizier fuer den Arbeitseinatz.

Abb. 4

Abb. 5

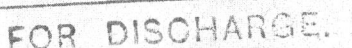

FOR DISCHARGE.

CONTROL FORM D.2
Kontrollblatt D.2

CERTIFICATE OF DISCHARGE
Entlassungschein

I
PERSONAL PARTICULARS
Personalbeschreibung

ALL ENTRIES WILL BE MADE IN BLOCK LATIN CAPITALS AND WILL BE MADE IN INK OR TYPE-SCRIPT.

Dieses Blatt muss in folgender weise ausgefüllt werden:
1. In lateinischer Druckschrift und in grossen Buchstaben.
2. Mit Tinte oder mit Schreibmaschine.

SURNAME OF HOLDER ..*RIBBE*..
Familienname des Inhabers

CHRISTIAN NAMES *HELMUT, FRIEDRICH, MAX*
Vornamen des Inhabers

CIVIL OCCUPATION ..*STUDENT*..
Beruf oder Beschäftigung

HOME ADDRESS Strasse *RHEINISCHE-STR. 113*
Heimatanschrift   Ort ..*DORTMUND*..
      Kreis   " " *ARNSBERG*

ARNSBERG Regierungsbezirk/Land *NORDRHEIN-WESTFALEN*

DATE OF BIRTH ...*7.8.1920*...
Geburtsdatum (DAY/MONTH/YEAR
           Tag/Monat/Jahr)

PLACE OF BIRTH *KÖRITZ*
Geburtsort

FAMILY STATUS—SINGLE   † Ledig
Familienstand   ~~MARRIED~~   ~~Verheiratet~~
          ~~WIDOW(ER)~~   ~~Verwitwet~~
          ~~DIVORCED~~   ~~Geschieden~~

NUMBER OF CHILDREN WHO ARE MINORS
Zahl der minderjährigen Kinder ..*KEINE*..

I HEREBY CERTIFY THAT TO THE BEST OF MY KNOWLEDGE AND BELIEF THE PARTI-CULARS GIVEN ABOVE ARE TRUE.
I ALSO CERTIFY THAT I HAVE READ AND UNDERSTOOD THE "INSTRUCTIONS TO PERSONNEL ON DISCHARGE" (CONTROL FORM D.1).
SIGNATURE OF HOLDER ...*Helmut Ribbe.*...
Unterschrift des Inhabers

Ich erkläre hiermit, nach bestem Wissen und Gewissen, dass die obigen Angaben wahr sind. Ich bestätige ausserdem dass ich die "Anweisung für Soldaten und Angehörige Militär-ähnlicher Organisationen" u.s.w. (Kontrollblatt D.1) gelesen und verstanden habe.

II
MEDICAL CERTIFICATE
Ärztlicher Befund   *FEHLEN DES ENDGLIEDES RE. GROSSZEHE*

DISTINGUISHING MARKS ..*NARBE RE UNTERARM + KEINE*..
Besondere Kennzeichen

DISABILITY, WITH DESCRIPTION *BESCHWERDEN BEIDE FUESSE NACH ERFRIER. 3. GRADES (1941/42)*
Dienstunfähigkeit, mit Beschreibung *FIT FOR LIGHT WORK*

MEDICAL CATEGORY ....
Tauglichkeitsgrad

I CERTIFY THAT TO THE BEST OF MY KNOW-LEDGE AND BELIEF THE ABOVE PARTICU-LARS RELATING TO THE HOLDER ARE TRUE AND THAT HE IS NOT VERMINOUS OR SUFFERING FROM ANY INFECTIOUS OR CONTAGIOUS DISEASE.

SIGNATURE OF MEDICAL OFFICER ....
Unterschrift des Sanitätsoffiziers

NAME AND RANK OF MEDICAL OFFICER IN BLOCK LATIN CAPITALS
Zuname/Vorname/Dienstgrad des Sanitätsoffiziers
(In lateinischer Druckschrift und in grossen Buchstaben)

DR. MED. HALINA

Ich erkläre hiermit, nach bestem Wissen und Gewissen, dass die obigen Angaben wahr sind, dass der Inhaber ungezieferfrei ist und dass er keinerlei ansteckende oder übertragbare Krankheit hat.

P.T.O.
Bitte wenden

† DELETE THAT WHICH IS INAPPLICABLE
Nichtzutreffendes durchstreichen

PSS 2324 6.45 500m

III
PARTICULARS OF DISCHARGE
Entlassungsvermerk

THE PERSON TO WHOM THE ABOVE PARTICULARS REFER
Die Person auf die sich obige Angaben beziehen

WAS DISCHARGED ON (Date)   FROM THE*   HEER
wurde am (Datum der Entlassung) 23. NOV 1946 vom/von der*   entlassen

17. NOV. 1946

RIGHT THUMBPRINT   CERTIFIED BY   OFFICIAL
Abdruck des rechten Daumens   Beglaubigt durch   EMBOSSED
                                                                        SEAL
                                NAME, RANK AND
                                APPOINTMENT OF
                                ALLIED DISCHARGING   Amtlicher
                                OFFICER IN   Einprägestempel
                                BLOCK CAPITALS

J. ROBERTSON. C.S.M.
THE CAMERONIANS
SCOTTISH RIFLES

* INSERT "ARMY", "NAVY", "AIR FORCE", "VOLKSSTURM", OR PARA-MILITARY
ORGANIZATION, e.g. "R.A.D.", "N.S.F.K.", ETC.
Wehrmachtteil oder Gliederung der die Einheit angehört, z.B. "Heer", "Kriegsmarine",
"Luftwaffe", "Volkssturm", "Waffen SS", oder "R.A.D.", "N.S.F.K.", u.s.w.

Lebensmittelkarten für die Zeit
vom bis

Released for employment as
Entlassen für Arbeit als

CLOTHING.
Within 30 days of the date of discharge as shown
discharge form D 2 you must provide yourself with a
civilian suit, or take your uniform to the Burgermeister
to be dyed. You are exempt from prosecution under
the period up to and including

Valid for one month from date of discharge.

17. Dez. 1946

R.M. PAID ON DISCHARGE

ARBEITSAMT DORTMUND **SIGNED**
Arbeitsbuchstelle   **PAYMAS**

Abb. 6

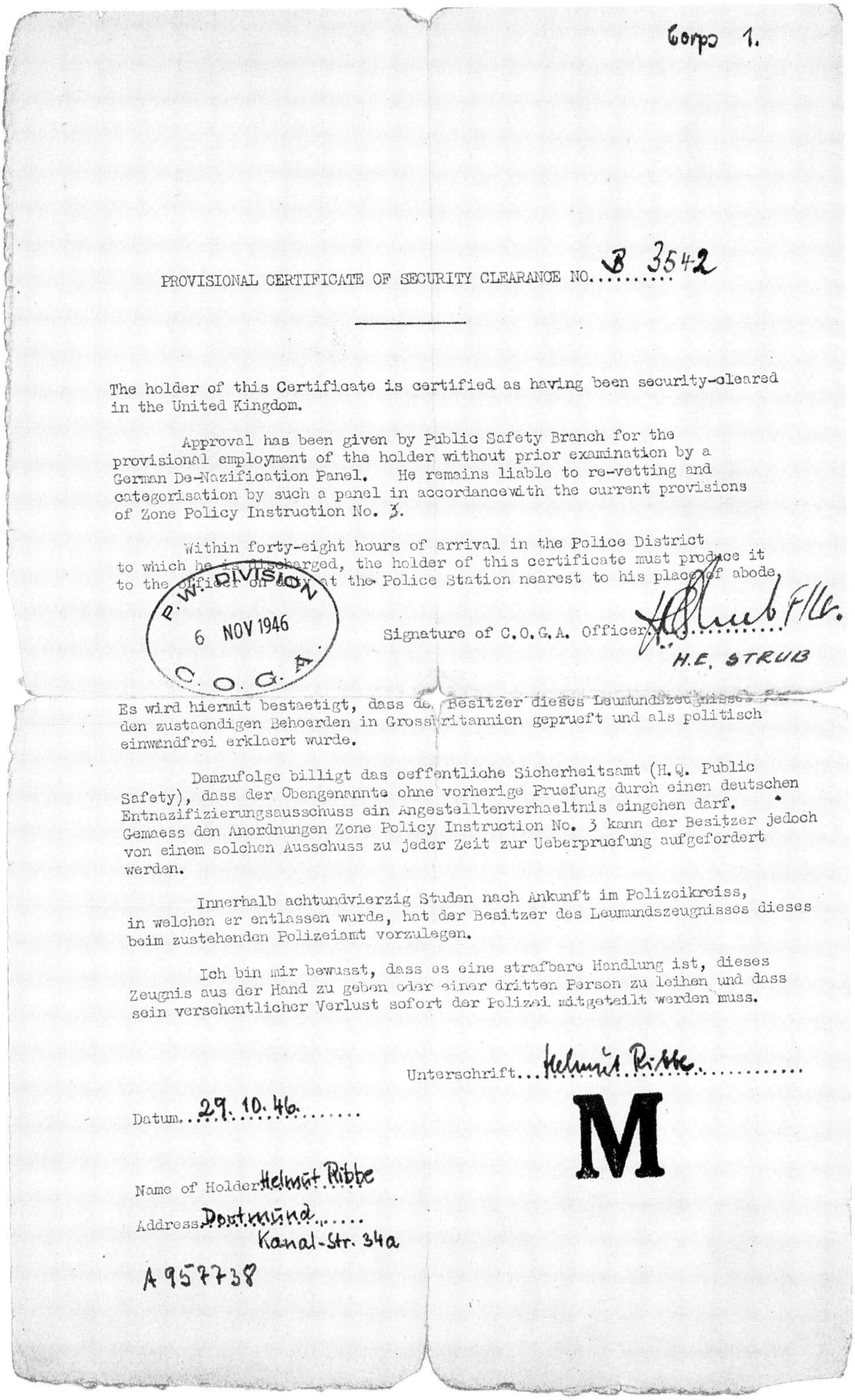

Corps 1.

PROVISIONAL CERTIFICATE OF SECURITY CLEARANCE NO. B 3542

The holder of this Certificate is certified as having been security-cleared in the United Kingdom.

Approval has been given by Public Safety Branch for the provisional employment of the holder without prior examination by a German De-Nazification Panel. He remains liable to re-vetting and categorisation by such a panel in accordance with the current provisions of Zone Policy Instruction No. 3.

Within forty-eight hours of arrival in the Police District to which he is discharged, the holder of this certificate must produce it to the Officer on duty at the Police Station nearest to his place of abode.

P.W. DIVISION
6 NOV 1946
C. O. G. A.

Signature of C.O.G.A. Officer ....

H.E. STRUB

Es wird hiermit bestaetigt, dass der Besitzer dieses Leumundszeugnisses den zustaendigen Behoerden in Grossbritannien geprueft und als politisch einwandfrei erklaert wurde.

Demzufolge billigt das oeffentliche Sicherheitsamt (H.Q. Public Safety), dass der Obengenannte ohne vorherige Pruefung durch einen deutschen Entnazifizierungsausschuss ein Angestelltenverhaeltnis eingehen darf. Gemaess den Anordnungen Zone Policy Instruction No. 3 kann der Besitzer jedoch von einem solchen Ausschuss zu jeder Zeit zur Ueberpruefung aufgefordert werden.

Innerhalb achtundvierzig Studen nach Ankunft im Polizeikreiss, in welchen er entlassen wurde, hat der Besitzer des Leumundszeugnisses dieses beim zustehenden Polizeiamt vorzulegen.

Ich bin mir bewusst, dass es eine strafbare Handlung ist, dieses Zeugnis aus der Hand zu geben oder einer dritten Person zu leihen und dass sein versehentlicher Verlust sofort der Polizei mitgeteilt werden muss.

Unterschrift ... Helmut Ribbe ....

Datum .. 29. 10. 46. ......

M

Name of Holder Helmut Ribbe
Address Dortmund ......
Kanal-Str. 34a

A 957738

Quelle: Archiv »Deutsches Gedächtnis«, Lüdenscheid, Bestand Helmut Ribbe.

»War Office untersucht Zustände in belgischen Gefangenenlagern«

»Der Lagerkurier« erschien als Tagesnachrichtenblatt im Camp 186, einem Entlassungslager für deutsche Kriegsgefangene bei Colchester in England. Es war vermutlich das Organ der deutschen Lagerselbstverwaltung, wurde täglich herausgegeben und bestand jeweils aus einem beidseitig mit Schreibmaschine beschriebenen Blatt. In Form von Kurzmeldungen wurden deutsche Übersetzungen oder auch knappe Zusammenfassungen von Berichten englischer Zeitungen abgedruckt, von denen man annahm, daß sie für die deutschen Kriegsgefangenen (im Text: »PoWs – Prisoners of War«) von Interesse wären. In der Nummer vom 20. Mai 1946 wurde über schlechte Zustände in englischen Lagern in Belgien berichtet, die durch deutsche Kriegsgefangene bekannt geworden waren und nun vom britischen Kriegsministerium (War Office) untersucht und sogar öffentlich gemacht wurden. Bei den englischen Kriegsgefangenenlagern gab es die Unterscheidung in »weiße« und »schwarze« Lager, wobei in den »weißen« solche Kriegsgefangene untergebracht wurden, die als Gegner des Nationalsozialismus eingestuft wurden, während in den »schwarzen« Lagern ausgesprochen nationalsozialistisch eingestellte Deutsche zusammengefaßt wurden. Von einer solchen gesinnungsmäßigen Trennung versprachen sich die Engländer größere Erfolge bei der Umerziehung der Deutschen, zumal sie so jeweils unterschiedliche und gezielte Konzepte einsetzen konnten. Helmut Ribbe bekam diese Lagerzeitschrift während seines Aufenthaltes im Camp 186 und brachte sie aus der Gefangenschaft mit nach Hause.

Ein weiterer Artikel aus dem »Lagerkurier« siehe Dok. 107, S. 344.

der Lagerkurier

TAGESNACHRICHTENBLATT DES CAMP 186

20. 5. 1946

War Office untersucht Zustaende in belgischen Gefangenenlagern

Nachdem die Zustaende in den englischen Lagern 2 218 und 2 228 in Belgien bekannt geworden sind, hat das War Office eine eingehende Untersuchung ueber die dortigen Zustaende eingeleitet. Durch zur Entlassung gekommene Angehoerige weisser Lager aus England, die durch diese Lager hindurchgingen, wurden die Vorfaelle bekannt. Sie waren ihres persoenlichen Eigentums beraubt worden, mussten mit nur einer Decke auf dem blossen Boden unter Zeltplanen schlafen, obwohl es mitten im Winter war, Heizung gab es nicht, auch keine heisse Mahlzeit. Die Ernaehrung war, obwohl fuer jeden 2 000 Kalorien, die gleiche Menge, die englische Kriegsgefangene waehrend des Krieges in Deutschland erhielten, vorgesehen waren, voellig unzureichend. Zuweilen ereigneten sich auch Faelle koerperlicher Misshandlungen. Diese Gefangenen, die in England in Lagern fuer politisch zuverlaessige PoWs. waren, waren tief erschuettert ueber ihre dortigen Erlebnisse, und die Auswirkung war ein weitgehendes Unwirksamwerden der Re-Education. Dass solche Zustaende unter britischer Autoritaet moeglich waren, kam fuer sie als Schock, nachdem sie wochenlang Vortraege ueber den grundsaetzlichen Unterschied von demokratischen und Nazi-Methoden gehoert hatten.

Das englische Kriegsministerium gab hierzu bekannt, dass Meldungen ueber schlechte Gesundheitsverhaeltnisse besonders in einem dieser Lager vorlaegen (die Sterblichkeitsrate war auf Grund der Lebensverhaeltnisse besonders hoch), die Zustaende sich aber gebessert haetten. Doch sei es aufgefallen, dass Kriegsgefangene, die aus diesen Lagern nach England kamen, zuweilen waehrend der ersten 3 Wochen nicht faehig waren, volle Arbeit zu leisten. Eine strenge Untersuchung, auch ueber Faelle von Brutalitaet, die bisher nicht bestaetigt seien, sowie ueber die Beraubungen und das Verschwinden von Lebensmittelrationen, ist von den englischen Behoerden befohlen worden.

Britische Offiziere, die in Deutschland Dienst tun und von diesen Zustaenden erfuhren, haben veranlasst, dass diese der englischen Oeffentlichkeit bekannt gemacht werden, um Abhilfe zu schaffen.

Der "Observer" bemerkt hierzu, dass diese Vorfaelle, wenn sie voll bekannt werden, einen Skandal verursachen werden.   ("Observer", 19. 5.)

Wir koennen nur unserer Freude Ausdruck verleihen, dass diese Zustaende, die in diesem Lager voll und ganz bekannt sind und unter denen viele unserer hiesigen Kameraden selbst gelitten haben, jetzt von den amtlichen britischen Stellen untersucht werden. Dass die englische Presse diese Zustaende offen diskutiert, zeigt uns die Vorteile der Demokratie und Pressefreiheit sehr deutlich. Man denke nur, jemand haette im nationalsozialistischen Deutschland versucht, in den Zeitungen ueber die Verhaeltnisse in den Konzentrationslagern sich zu beklagen. Was ihm und der Zeitung passiert waere, wissen wir nur noch zu gut!

Quelle: Archiv »Deutsches Gedächtnis«, Lüdenscheid, Bestand Helmut Ribbe.

20

PW Halbmonatsblatt deutscher Kriegsgefangener

Anfragen aus dem Leserkreis

Die Zeitung »PW Halbmonatsblatt deutscher Kriegsgefangener« war neben dem »Ruf« die zweite große Kriegsgefangenenzeitung in den USA. Sie erschien erstmals im Februar 1945 und behandelte Themen, die für PWs (Prisoners of War – Kriegsgefangene) von Interesse waren. Schon in der ersten Nummer wurde die Rubrik »Frage und Antwort« eröffnet, in der Anfragen aus dem Leserkreis gestellt und durch Recherchen bei den zuständigen Stellen beantwortet werden sollten. Diese Rubrik gibt einen guten Einblick in die Sorgen und Nöte der Kriegsgefangenen.

PW Nr. 1, Februar 1945

FRAGE UND ANTWORT

Unter dieser Rubrik werden wir Anfragen aus dem Leserkreis beantworten. Die Fragen muessen schriftlich eingereicht werden. Die Beantwortung erfolgt, nachdem wir uns mit den zustaendigen Stellen in Verbindung gesetzt haben, in einer der folgenden Nummern. Die ersten Anfragen liegen bereits vor.

Ich habe von meiner Mutter die Mitteilung erhalten, dass meine Frau waehrend meiner Abwesenheit ein Kind geboren hat, welches nicht von mir stammen kann. Kann ich von hier aus die Ehescheidung beantragen?

Unter den Antinazis unseres Lagers sind alle Dienstgrade des Unteroffiziers- und Mannschaftsstandes vertreten. Gibt es auch unter den kriegsgefangenen deutschen Offizieren in U.S.A. Antinazis?

Wir koennen jetzt nur einen geringen Teil unseres monatlichen Arbeitsverdienstes verbrauchen, da die Einkaufsmoeglichkeiten in der Kantine beschraenkt sind. Ein gewisser Betrag kann auf Trustfonds (Sparkonto) ueberwiesen werden. Gibt es dafuer eine Garantie, das man auch spaeter sein gespartes Geld wirklich zurueckkerhaelt und dafuer etwas kaufen oder es bei unserer Heimkehr mitbekommt? J. K.

PW Nr. 2, März 1945

FRAGE UND ANTWORT

Ehescheidungsklagen von deutschen Kriegsgefangenen werden durch den Lagersprecher an die schweizerische Gesandtschaft zur Vermittlung nach Deutschland weitergeleitet. Ausserdem muss im vorliegenden Falle die Ehelichkeit des Kindes angefochten werden. Zu dem Thema liegt ein laengerer Artikel eines Kameraden vor, den wir noch bringen werden. [In der dritten Nummer von PW (April 1945) erschien ein Artikel von Dr. Helmut Reuter mit dem Titel »Der PW und die Ehescheidung«.]

Schweizerische Gesandtschaft.

»Geehrter Herr.

In Beantwortung Ihres Schreibens vom 28. Juni teilen wir Ihnen mit, dass Ehescheidungsklagen von deutschen Kriegsgefangenen durch unsere Vermittlung weitergeleitet werden koennen. Derartige Schriftstuecke sollten in dreifacher Ausfertigung, auf duennem Papier und in deutscher Sprache ausgefertigt werden.«

Es gibt unter den kriegsgefangenen deutschen Offizieren in U.S.A. auch Antinazis. Ja, es gibt sogar ein Antinazi-Offizierslager, das eine aehnliche Lagerordnung hat wie unser Lager. Es ist auch in den Nazi-Offizierslagern zu Terrorfaellen von Nazis gegen Andersdenkende gekommen. Wir wollen nur an den durch die Presse bekannten Fall eines Hauptmannes erinnern, der zum Selbstmord gezwungen wurde. Auch hier mussten amerikanische Behoerden eingreifen.

J. K. Das gesparte, auf Trustfonds stehende Geld bleibt Eigentum jedes einzelnen und wird bei der Heimkehr entweder in bar oder anderer Form ausbezahlt. Die Sicherheit ist dafuer von der amerikanischen Regierung gegeben. Aus U.S.A. nach Deutschland zurueckkehrende Austauschgefangene erhielten ihr Geld als Barbetrag mit.

Ich bin jetzt einige Monate als PW in U.S.A. im Camp. Ich war nie Nazi. Habe aber auch nie in Deutschland Beruehrung mit bewusst anti-hitlerisch eingestellten Leuten gehabt. Da ich hier wiederholt in den Zeitungen die Frage aufgeworfen fand, ob es eine Untergrundbewegung in Deutschland gibt oder nicht, habe ich Interesse, darueber naeheres zu erfahren. Vielleicht ist ein Kamerad hier, der aus eigener Erfahrung darauf antworten kann.   **G. P.**

Diese Anfrage lag schon zur ersten Nummer vor. Wir konnten sie aus Platzmangel nicht drucken. Darum sofort eine kurze Antwort:

Selbstverstaendlich gibt es eine Untergrundbewegung in Deutschland. Wir werden darueber noch unbekanntes Material in Einzelbeitraegen bringen. Denn es sind mehrere Kameraden hier, die aus eigener Erfahrung berichten koennen. Ausserdem werden wir uns bemuehen, das im Lager vorhandene Material zusammenzustellen, um es zur allgemeinen Kenntnis zu bringen.

Besteht die Moeglichkeit, mit Angehoerigen, die in Gebieten wohnen, welche von den Alliierten besetzt sind, in Briefwechsel zu treten? Wenn ja, auf welchem Weg geschieht das?   **H. L.**

Worin besteht der Unterschied zwischen Nichtnazis und Antinazis?   **K. S.**

Verbietet die Genfer Konvention das Zeigen von Wochenschauen in Kriegsgefangenenlagern? Wenn nein, warum bekommen wir dann keine zu sehen? **H. Sch.**

Koennen Kriegsgefangene auch gegen ihren Willen ausgetauscht werden, oder ist dazu deren Zustimmung notwendig?   **W. Sch.**

In der letzten Zeit sind die Tageszeitungen immer recht spaet ins Lager gekommen. Warum? Waere es nicht moeglich bis 16:30 die Zeitungen auszugeben, damit die Kameraden, welche auf Nachtschicht gehen, ihre Zeitung vorher lesen koennen. Ich glaube, man wuerde dadurch viel Verdruss aus der Welt schaffen.   **P. M.**

Ich moechte mir alle Nummern unserer Lagerzeitung im guten Zustande mit nach Haus nehmen. Kann zu diesem Zwecke eine Sammelmappe geliefert werden oder ein Deckblatt fuer selbst angefertigte Schutzmappen?   **F. K.**

Quelle: PW Nr. 1, Februar 1945; PW Nr. 2, März 1945.

---

21 | »Es war ja tiefster Frieden bis zum schrecklichen Ende«

Eva Früde berichtet über ihre Flucht aus Ostpreußen

Eva Früde, geboren 1922, entstammt einem bürgerlichen Haus in einer Kleinstadt Ostpreußens. Nach der Mittleren Reife besuchte sie die zweijährige Höhere Handelsschule. 1942 heiratete sie einen 17 Jahre älteren Mann, der als Geschäftsführer eines kriegswichtigen Betriebes zunächst unabkömmlich gestellt war, also nicht zum Militär eingezogen wurde.

Eva Früde (F.): Es war ja nun Krieg, aber in Ostpreußen haben wir das nicht gespürt. Es war ja tiefster Friede bis zum schrecklichen Ende, das ist ja das Unbegreifliche. Es war mitten im Frieden, als das schreckliche Ende kam. Keine Bomben; wir haben niemanden verloren. Das kam erst alles ganz zum Schluß. Es war eine wunderschöne Zeit. Mein Mann war da, weil sein Betrieb sich Rüstungsbetrieb nannte oder es auch war. Genau nachgedacht über diese Dinge habe ich damals noch nicht. Irgendwann wurde mein Mann zur Flak [Flugabwehrartillerie] nach Danzig eingezogen, war aber noch viel zu Hause wegen des Betriebes. Im März 1943 wurde unsere erste Tochter Karina geboren. Ich wurde bald wieder schwanger, ging am 16. Januar 1945 ins Krankenhaus, und noch am selben Abend wurde unsere zweite Tochter, Suzanne, geboren. Da wurde die Angst doch schon immer größer vor den heranrückenden Russen. Im Radio wurde immer noch beruhigt: »Alles nicht so schlimm, die Truppen sind da, Frauen und Kindern passiert sowieso nichts . . .« usw.

Ich lag noch im Krankenhaus, und auf einmal sagten alle Freundinnen, es wird allerhöchste Zeit. Ich mußte nach vier Tagen mit dem Kind das Krankenhaus verlassen und hörte dann noch den schrecklichen Gauleiter Koch auf Platte, denn Tonbänder gab es wohl noch nicht. Er meinte, jetzt müßten Mütter und Kinder Ostpreußen verlassen; Züge stünden bereit. Er selbst hatte sich schon längst abgesetzt. Meine Mutter, meine 17jährige Schwester und ich versuchten ganz schnell zusammenzutragen, was möglich war, um zum Bahnhof zu kommen, weil wir dem glaubten. Wir glaubten, daß die Mütter und Kinder jetzt geordnet in Sicherheit gebracht würden. Ich konnte nicht stillen und nahm deshalb viel Alete-Kost mit.

Interviewer (I.): Das gab es damals schon – Alete-Kost?

F.: Alete-Kost, Alete-Milch aus dem Reformhaus, ja. Im Kinderwagen war unten nichts weiter als ganze Packungen und Dosen mit Alete-Milchpulver, das man dann mit Wasser auflösen mußte. Und jede Menge Windeln darüber. Es gab noch keine Wegwerfwindeln, das waren Windeln zum Waschen. Immer wieder zu gebrauchen. Für Karina, die erste Tochter, nur das Nötigste. Und dann gingen wir alle zum Bahnhof, mit vielen, vielen anderen. Da standen Züge, es war auch Platz. Wir saßen im Zug und warteten. Warteten eine ganze Nacht. Schließlich haben wir erfahren, daß der Korridor von den Russen bereits abgesperrt war, es gingen keine Züge mehr durch. Dann durften wir alle wieder den Zug verlassen.

Dann fing die Irrfahrt an. Es gab auch Bomben. Wohin nun? Ich stand da mit Tausenden von Menschen. Man hatte, glaube ich, aufgehört zu denken. Plötzlich tauchten Mitarbeiter meines Mannes auf: »Wo waren Sie? Wir haben Sie schon überall gesucht.« Ein Mann hatte einen Leiterwagen. Wir alle, meine Mutter, meine 17jährige Schwester, die beiden Babys drauf. Der Kinderwagen nahm schon viel Platz weg. Wir konnten nicht viel mitnehmen, weil noch andere Leute drauf waren. Dieser Betriebsangehörige meines Mannes hätte eigentlich Soldat sein müssen. Ich weiß nicht, wie der es geschafft hatte, daß der da war. Aber er war da. Er ging immer in Deckung, wenn Soldaten kamen. Wir mußten den Weg über das »Frische Haff« in Richtung Danzig nehmen. Es war wie immer strenger Winter in Ostpreußen, es war Januar. Das Haff war zugefroren. Und es waren schon un-end-lich *(betont)* viele Menschen, Wagen und Pferde auf dem Haff. Unendlich viele tote Menschen und tote Pferde lagen da – und viele eingebrochene Wagen. Entsetzlich viele Kolonnen. Kolonnen über Kolonnen. Aber sie waren verhältnismäßig geordnet, alle hintereinander. Und dann kam der Russe mit Tieffliegerbeschuß. Ich hab immer das Gefühl gehabt, ich würde den heute noch erkennen, den Piloten. Das ist natürlich übertrieben. Aber jahrzehntelang hab ich das Gesicht vor mir gesehen. Ich hatte den Eindruck, die Russen suchten sich die Menschen aus. Sie flogen flach und niedrig und langsam und schossen.

Mit einer anderen Frau bin ich dann gelaufen zu Stationen, zu Soldaten, um Wasser zu besorgen. Wir haben das Eis aufgehauen und kleingeklopft und in den Babyflaschen über Kerzen aufgetaut, um Wasser für das Alete-Pulver zu bekommen. Karina hat ein bißchen Brei gekriegt. Sie konnte nachher kaum noch stehen und laufen. Die war am schlechtesten dran. Windeln haben wir nicht waschen können, höchstens mal in Ortschaften oder Stationen.

Wir wollten die Fahrstraße zwischen Haff und Strand nehmen, weil klar war, daß wir auf dem Haff nicht bleiben könnten, die Tiefflieger würden uns irgendwann erschießen. Außerdem die vielen Einbrüche und Toten. Wir haben dann Offiziere gefragt, ob wir auf diese Fahrstraße dürften. Das durften wir nicht. Es wurde uns erst später klar, daß diese Straße extra fürs Militär gebaut worden war. Aber wir durften am Strand fahren mit vielen anderen Menschen. Das machten wir auch, aber es war kaum möglich, weil der vollbeladene Leiterwagen in den Sand sackte. Dann haben sich alle immer zwei zusätzliche Pferde vom vorher fahrenden Wagen geliehen. Der fuhr ein Stück vor, und die Pferde wurden dann zurückgebracht. Man fuhr also immer abwechselnd – mit den zusätzlichen Pferden – und wartete dann auf die anderen. Dann ging es.

Ich weiß nicht, wie wir das alles gemacht haben und wie lange es gedauert hat, bis wir in Danzig ankamen. Zwischendrin haben wir manchmal in den bekannten Urlaubsorten, weltbekannte Badeorte, in Sommerhäusern Pause gemacht und geschlafen und Windeln gewaschen.

Einmal machten wir Pause – das will mir heute ja keiner glauben – in Stutthof. Das war ein Konzentrationslager. Das war ein Konzentrationslager gewesen. Das habe ich da aber erst erfahren. Ich hab das vorher alles nicht gewußt, daß es Konzentrationslager gab. Wir waren unpolitisch, ich war jung, verliebt, hatte kleine Kinder. Und dieses Stutthof, das war natürlich sauber und geräumt. Da hatten wir unendlich viele Betten übereinander. Da sind wir wohl ein, zwei Tage geblieben, da konnten wir uns um die Kinder und die Wäsche kümmern.

Im übervollen Danzig kamen wir bei einem Bekannten, einem Apotheker, unter, dessen Frau und Kinder waren auf der »Wilhelm Gustloff«, dem Schiff, losgefahren. Ich fand dann meinen Mann bei seiner (Flak-)Batterie. Er hatte uns tagelang beim Bahnhof gesucht und nach uns gefragt. Dann haben Leute ihm erzählt, daß das und das zu Hause gebrannt hat, aber niemand hat ihm sagen können, wo seine Frau und seine Kinder sind. Daß wir jetzt lebten – er hatte nicht geglaubt, daß Suzanne durchkommt. Sie war nun auch am ganzen Körper wund.

I.: Und Du? Du warst doch auch nur vier Tage im Krankenhaus?

F.: Über mich habe ich nicht nachgedacht. Warum ich das alles – noch einmal würde ich das wahrscheinlich nicht schaffen. Ja, nun saßen wir in Danzig und wußten nicht, wie weiter. Wir hatten keine Hoffnung mehr, wir glaubten auch nicht mehr daran, jemals wieder in Ostpreußen leben zu können. Schon zu Beginn der Flucht. Das war doch schon alles kaputt, dieses Deutschland war doch verloren. Es war doch Wahnsinn schon. Mein Mann hatte noch einmal drei Tage und drei Nächte Sonderurlaub bekommen. Wir überlegten, wie wir jetzt raus aus Danzig kommen sollten. Wir hatten keine Verwandten im Reich, nur eine Schwägerin in Pommern. Da hatten wir auch schon Sachen hingeschickt. Aber das war ja nun auch hoffnungslos geworden. Mein Mann hatte von befreundeten Soldaten Adressen bekommen, eine in Hamburg, eine in einem Dorf bei Hameln und eine Adresse in Österreich. Wir machten aus, da mein Mann im Einsatz war und bleiben mußte, daß wir uns immer über diese Adressen suchen würden. Er sagte: »Versuch in dieses Dorf bei Hameln zu kommen. Denn das ist ein Dorf; da kannst Du immer die Kinder ernähren. Geh möglichst nicht nach Hamburg. Und schon gar nicht nach Österreich, denn das bleibt kein deutsches Österreich.«

I.: Warum so weit im Westen?

F.: Dem Russen wollten wir in keinem Fall in die Hände fallen. Und daß der Russe weit ins Reich eindringen würde, das war klar.

I.: Warum? Hattet ihr selbst Erfahrungen?

F.: Nein, aber die ganzen Erzählungen – der schlimmste Feind war doch immer der Russe. Das wurde uns doch immer klargemacht. Und das war er ja nun letztlich auch, der Unmenschlichste. Das ist ja nun leider vielen Ostpreußen, auch nahen Verwandten, passiert. Es war ja ein Glück, daß ich so noch rausgekommen bin mit den Kindern. Freundinnen, Nachbarskinder, die zunächst geblieben sind, wurden zig Mal vergewaltigt. Der Vater meiner Freundin wurde erschlagen. In Danzig selbst ist dann auch was Schreckliches passiert: Dieser Apotheker, bei dem wir wohnten, erfuhr dann, daß die »Wilhelm Gustloff« mit seiner Frau und den Kindern an Bord torpediert und untergegangen war. Und dieser Apotheker hatte meinen Mann gebeten: »Mein Gott, wenn Sie das jetzt schaffen, Ihre Frau rauszubringen, helfen Sie mir, meine Goldbarren rauszukriegen.« Mein Mann konnte nicht atmen, ich konnte nicht atmen – das war so entsetzlich und so grauenvoll. In dieser Situation dachte der an seine Goldbarren und wollte, daß die Wehrmacht ihm half, sie rauszubekommen. Das war entsetzlich. Es ging um Menschen, und er dachte an seine Kisten. *(Bewegt)* Mein Mann sagte dann zu mir: »Jetzt mußt Du hier raus. Wie? Mit einem Schiff? Mit einem Flugzeug? Mit einem Lazarettzug?«

Mit dem Schiff wollte ich nicht, das war mir unheimlich, Flugzeug auch nicht. Also mit dem Lazarettzug. Mein Mann war ein Mensch, dem man gerne half. Und so bekamen wir die Möglichkeit, mit dem Lazarettzug hinauszukommen. Im Februar. Der fuhr quer durch Deutschland. Ich habe nur noch Erinnerungsfetzen. Mein Mann winkte in Danzig auf dem Bahnhof. Meine Mutter, die Schwester, die Kinder und ich im Zug. Der ging drei Tage, hielt irgendwo, ein Arzt, der uns helfen wollte, versorgte die Kinder und sagte zu meiner Mutter: »Die Kleine, also Suzanne, bekommen wir nicht durch.« Als meine Mutter mir das erzählte, meinte ich: »Doch, die kriegen wir durch.« Der Zug hielt dann überall. Nach Tagen in Schleswig-Holstein, in Oldesloe, in Schleswig, dann ging es nach Süden, Hannover, und irgendwann hielt der Zug auf dem freien Feld. Ein Mann kam und sagte: »Jetzt sind wir bei Hameln. Steigen Sie aus.«

So kam Eva Früde in Hameln an, wo sie bis heute lebt. Die ganze Familie lief zu Fuß in das Dorf, in dem die Familie des befreundeten Soldaten wohnte. Die half. »Sonst kann ich niemandem Danke sagen.« Ende 1945 hörte sie, daß ihr Mann in einem Kriegsgefangenenlager in Pommern an Unterernährung umgekommen war. Fünf Jahre lebte Frau Früde vom Geld ihrer Familie bzw. ihres Mannes. Der Bankverkehr funktionierte noch. Dann wurde sie Sekretärin, schließlich wie viele dieser Kriegerwitwen aus »gutem Hause«, Chefsekretärin in einem großen Unternehmen. Ihre Mutter versorgte die Kinder. Es gab viele Anfeindungen, katholische Enge (ihr erster Chef verlangte sogar, daß sie einen katholischen Arzt aufsuchen sollte, statt eines evangelischen), einige Männer versuchten, ihre Situation auszunutzen. In den fünfziger Jahren heiratete sie schließlich ein zweites Mal.

Quelle: Aus einem Interview mit Eva Früde (Pseudonym), geführt 1995 von Alexander von Plato, Archiv »Deutsches Gedächtnis«, Lüdenscheid.

---

22 Der Treck aus Karnitz/Pommern

Ein Dorf unterwegs

Das Museum Wustrow im Landkreis Lüchow-Dannenberg erhielt 1988 aus dem Nachlaß des Lehrers Wilhelm Borchardt ein eng beschriebenes kleines blaues Schulheft. Es enthält keine Beschreibungen und persönliche Aussagen, nur kurze Nachrichten, Namen und Daten über die Flucht der Einwohner des Dorfes Karnitz in Pommern und deren Ankunft im niedersächsischen Wendland.

Wilhelm Borchardt, der den Treck führte, wurde 1901 in Stargard, Pommern, geboren. Sein Vater war Zimmermann. Er selbst besuchte nach der Schule das Lehrerseminar und bekam eine Anstellung in Karnitz. Nach der Ankunft im Westen wurde er Lehrer in Quickborn, später Schulleiter einer Volksschule in Langendorf. 1967 wurde er pensioniert, er starb 1981 in Quickborn.

Das Dorf Karnitz

1939 hatte Karnitz/Kreis Regenwalde 189 Einwohner. Im Krieg kamen Kriegsgefangene ins Dorf, die für das Gut und die Bauern arbeiteten. Bis Kriegsende waren Arbeits- und Sozialstruktur des Dorfes bestimmt durch Großgrundbesitzverhältnisse. [...]

Das Treckbuch

Lehrer Borchardt hat seine Aufzeichnungen in dem überlieferten Heftchen vermutlich unmittelbar vor und nach der Flucht geschrieben, nur einige Notizen sind
offensichtlich unterwegs eingetragen worden. Am Anfang stehen durcheinander
und mit verschiedenen Stiften, z. T. ein zweites Mal überschrieben, Angaben zu
Verpflegungsmengen, Namen von Personen und Ortsangaben. Dann folgen auf
zehn Seiten – mit Tinte geschrieben – alphabetisch geordnet alle Namen der Treckteilnehmer mit den genauen Geburtsdaten. Hinter jedem Namen gibt es, mit an-

Liste der Kinder bis zu
3 Jahren

dersfarbigen Stiften geschrieben, Haken und Kreuze, offensichtlich Kennzeichen
für Zuteilungen während der Fahrt. Verschiedene Namen sind rot durchgestrichen.
Dies soll laut Aussagen der befragten Treckteilnehmer geschehen sein, weil die
Personen unterwegs den Treck verließen. Das letztere betraf z. B. die Fremdarbeiter
und die Familie Gerschner, die Kroaten gewesen sein sollen. Insgesamt sind 156
Personen mit dem Treck aufgebrochen. [...]

In der Namensliste werden zuerst neun Kinder unter drei Jahren, drei werdende
bzw. stillende Mütter (ein Kind wurde am 30. Januar 1945 geboren, ein Kind kam in
Quickborn während des Beschusses am 22. April 1945 zur Welt), elf Kinder bis zu

sechs Jahren, 34 Kinder bis zu vierzehn Jahren aufgeführt. Kinder ab 15 Jahren zählt Borchardt zu den Erwachsenen.

Dann folgen die Namen der 87 Erwachsenen und 15 Fremdarbeiter/innen, die als »Ausländer« bezeichnet werden. Zehn Männer und vier Frauen sind vermutlich polnischer, ein Mann französischer Nationalität. Der Franzose Gabriel Fontville, geb. 1914, scheint beim Treck geblieben zu sein, denn sein Name ist nicht durchgestrichen.

Unter den Erwachsenen sind 26 Männer und 61 Frauen. Das Alter der Männer liegt überwiegend zwischen 45 und 65 Jahren, einer ist über 70 Jahre alt. Es sind damit viele – dem Alter nach – tatkräftige Männer beim Treck.

Unter den Frauen sind sechs im Alter zwischen 65 und knapp 80 Jahren. 19 Frauen sind zwischen 44 und 64 Jahre alt. Die Gruppe der Mütter (Kinder bis zu 15 Jahren) ist zwischen 25 und 43 Jahren alt (19 Frauen). Aber auch viele junge Frauen und Mädchen (geb. zwischen 1921 und 1930) sind dabei (17).

Unterwegs starben zwei alte Leute eines natürlichen Todes. Sie wurden ordnungsgemäß beerdigt. [...]

Die Strecke

3. 3. 1945	Karnitz-Langkafel	38,3 km	23. 3.	Basedow	12 km
4. 3.	Gollnow/Wald	30 km	24. 3.	Vollrathsruhe	17,7 km
5. 3.	Autobahn/Wald		26. 3.	Malchow	21 km
	vor der Oderbrücke	30 km	27. 3.	Plan	22,9 km
6. 3.	Drense	58 km	28. 3.	Barkow	6 km
8. 3.	Prenzlau	6 km	29. 3.	Wessentin	5 km
9. 3.	Rollwitz	20 km	3. 4.	Parchim	22,1 km
10. 3.	Ferdinandshof	21 km	5. 4.	Brenz	14,5 km
11. 3.	Anklam	26 km	6. 4.	Karstädt	22 km
12. 3.	Schmatzin	15 km	7. 4.	Heiddorf	22,5 km
13. 3.	Behrenhoff	25 km	8. 4.	Quickborn	14 km
14. 3.	Kowall/Wald	20 km	26. 4.	Zadrau	9 km
15. 3.	Richtenberg	48 km	27. 4.	Breselenz	31 km
16. 3.	Endingen	6 km	1. 5.	Klennow,	
18. 3.	Böhlendorf	38 km		Dolgow,	
20. 3.	Kutzerhof	28 km		Neritz	18 km
21. 3.	Scharpzow	23,8 km			
					670,8 km

Das aufnehmende Dorf Klennow

Lehrer Borchardt schreibt im Trecktagebuch: »Am Dienstag, den 1. Mai müssen wir ganz plötzlich (das Lager in Breselenz) räumen. Amerikaner schaffen uns mit ihren Fahrzeugen ... nach Klennow, drei km hinter Lüchow ... Unterbringung in den drei Ortsteilen Klennow, Neritz und Dolgow.«

Klennow hatte 1945/46 etwa 86 einheimische Bewohner. Im Rundling lagen die Gastwirtschaft, 13 von Einheimischen bewohnte und zwei unbewohnte Hofstellen. Drei weitere Hofstellen waren schon vor 1946 verlassen und die Wohnhäuser abgerissen worden. Zu jeder Hofstelle gehörten außer dem Wohnhaus noch Ställe, Scheunen, Backhaus und dergleichen. An der Zufahrtsstraße in den Rundling standen sieben kleinere Häuser ohne Nebengebäude (Kossaterstellen), eines davon unbewohnt, und das Feuerwehrhaus mit dem Armenhaus. In Klennow lebten 21 Familien mit im Durchschnitt vier Personen. Ein Drittel der Familien waren Kleinfamilien und alte Leute (Ehepaar, Mutter und Tochter, Alleinstehende). [...]

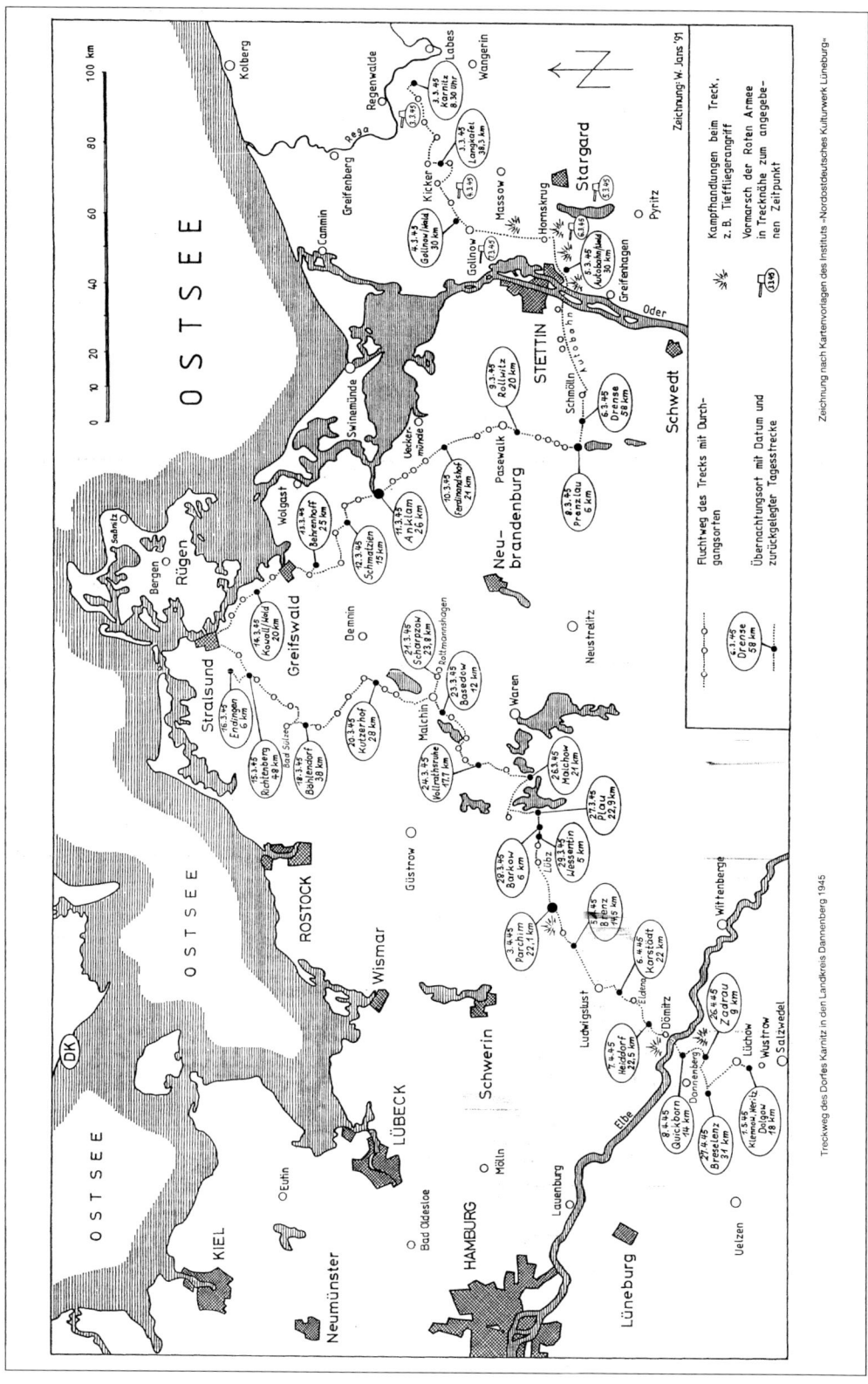

Treckweg des Dorfes Karnitz in den Landkreis Dannenberg 1945

Klennow unterschied sich 1945 in seiner kleinbäuerlichen Struktur nicht von den anderen Dörfern des Landkreises. Jede Familie im Dorf hatte ihr Auskommen. Die sozialen Beziehungen waren durch wirtschaftliche Gegebenheiten und traditionelles Ansehen fest gefügt.

Am 1. Mai 1945 kam der Karnitzer Treck auf dem Dorfplatz in Klennow an, und neun Familien mit 33 Personen wurden von Bürgermeister Hick in die Häuser eingewiesen. Die übrigen kamen nach Neritz und Dolgow. Die Klennower müssen bei der Verteilung der Flüchtlinge auf die einzelnen Familien mitgewirkt haben, denn es heißt, daß niemand eine Familie mit vielen Kindern haben wollte. Zu der Zeit waren schon andere Flüchtlinge und Evakuierte im Dorf, und es sollen noch im Mai 1945 circa 30 Munitionsarbeiter (dienstverpflichtete alte Männer), die vermutlich in Dragahn arbeiteten, im Saal der Gastwirtschaft geschlafen haben. Für die Zeit 1945/46 konnte rekonstruiert werden, daß insgesamt rund 114 »Fremde« (= 30 Familien) in Klennow lebten. Alle nicht besetzten Hofstellen und unbewohnten Häuser, einige Stallgebäude, Backhäuser und sogar das Spritzenhaus und Armenhaus waren von Flüchtlingen belegt. Insgesamt hatte Klennow nun 200 Einwohner. In den jetzt 24 bewohnten Häusern und Hofstellen lebten durchschnittlich acht Personen. Die höchste Anzahl von Bewohnern war in dem von Einheimischen unbewohnten Haus Nr. 16 mit 17 Flüchtlingen und im Haus Nr. 13 mit elf Flüchtlingen und sechs Einheimischen. Aber auch große einheimische Familien, z.B. mit neun Mitgliedern, hatten noch zwei bis drei Flüchtlinge unterzubringen. [...]

Dolgow hatte nach dem Krieg immer noch eine einklassige Schule mit acht Schuljahrgängen. [...]

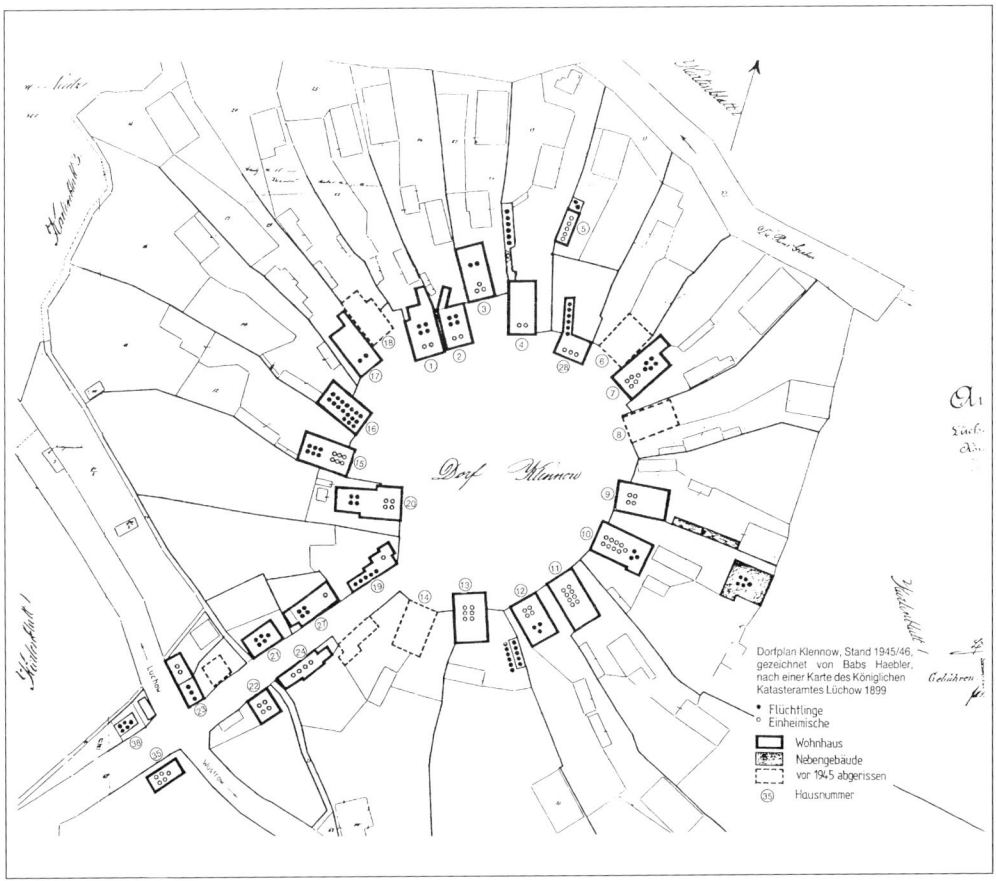

Dorfplan Klennow, Stand 1945/46, gezeichnet von Babs Haebler, nach einer Karte des Königlichen Katasteramtes Lüchow 1899

● Flüchtlinge
○ Einheimische

▢ Wohnhaus
▨ Nebengebäude
⬚ vor 1945 abgerissen
㉟ Hausnummer

Quelle: Fremde. Flüchtlinge
im Landkreis Lüchow-Dan-
nenberg 1945–1950, Katalog
zur gleichnamigen Ausstellung im Museum Wustrow
von Mai 1990 bis November
1992, Wustrow 1991, S. 15 ff.
Der Beitrag »Der Treck aus
Karnitz/Pommern« stammt
von Dagmar Brodmann, Elke
Meyer-Hoos und Jobst H.
Müller.

Schülerlisten der Schule Dolgow			
Jahrgang	Schüler insgesamt	Einheimische	Flüchtlinge
1944	23		
1945	105		
1946	113		
1947	102	27	75
1948	104	30	74
1949	113	35	78
1950	105	28	77
1955	37		

23

»Mit dem farbigen Soldaten durch den Thüringer Wald – ganz alleine«

Ingrid Kaufmanns Heimkehr aus der Evakuierung

Ein weiteres Interview mit
Ingrid Kaufmann siehe
Dok. 126, S. 376 f.

Ingrid Kaufmann wurde 1921 in Mülheim geboren. Der Vater war SPD- und Gewerkschafts-
mitglied, 1932 auch Gewerkschaftssekretär. Nach der Volksschule machte sie eine Ausbildung
zur Lebensmittelverkäuferin und gleichzeitig in Abendkursen eine Ausbildung zum Bürokauf-
mann. 1942 wurde sie dienstverpflichtet bei Krupp. 1943 konnte sie ihren Eltern in die Evakuierung nach Leipzig folgen. Dort war sie gemeinsam mit Gewerkschaftskollegen bis Anfang
1944 im Widerstand aktiv. Im Mai 1944 wurde sie wegen ihrer Weigerung, ein Arbeitskommando über eine Gruppe von Fremdarbeitern zu übernehmen, verhaftet. Erst im Januar
1945 wurde sie nach einem Selbstmordversuch aus der Haft entlassen. Danach arbeitete sie
bis zum Ende des Krieges bei Zeiss in Jena. Nach dem Krieg kehrte Ingrid Kaufmann mit ihren
Eltern nach Mülheim zurück und engagierte sich in der Gewerkschaft sowie in der SPD-Ju-
gendorganisation »Falken«.

Wie also der Krieg zu Ende war, waren bei uns ja die Amerikaner. Und wir konnten
uns überhaupt gar nicht vorstellen, daß die Russen dort hinkommen würden.

Ich war als Fürsorgerin bei Zeiss in Jena und sollte Geld von der Bank abholen, um die
Löhne auszuzahlen und auch Sachen zu kaufen. Und als ich wieder ins Werk kam, da
sagte mein Chef: »Hach, Frau Kaufmann, Sie kommen gerade richtig. Wir fahren mit
den Amerikanern nach Buchenwald. Haben Sie Ihre Lebensmittelkarten mit?« Ich
sag: »Natürlich.« – »Wir müssen die Villa Mutschmann besichtigen.« Das war der
Gauleiter von dem Gau Thüringen. Und der hatte für zwölf Personen für fünf Jahre
Lebensmittel gehortet in einer tollen Villa. Und das mußte sich jeder ansehen, damit
man sieht: Eure Bonzen hatten zu fressen, und Ihr habt einen Klimmzug an der
Brotkruste gemacht. Von da aus mußten wir nach Buchenwald. Buchenwald war gerade befreit. Es war schrecklich. Die Leichen lagen noch da. Ich hab das bis heute
nicht verkraftet, nachts träume ich davon noch. Ich muß immer Tote befördern und
sortieren. Also, das war schlimm. Dann kriegten wir am Eingang den Stempel »Buchenwald«. Und wer den hatte, kriegte das nächste Mal die Lebensmittelkarten.

Und wie wir am andern Tag zurückkamen, da komm ich ins Werk, und da sagt mein
Chef zu mir: »Frau Kaufmann, haben Sie schon das Sonderblatt gelesen?« Ich sag:
»Ne.« War nur eine Seite, die Zeitung, doppelt bedruckt. Und da stand drauf, wie
Deutschland aufgeteilt wurde und wo die Demarkationslinie verlaufen würde. Da
sag ich: »Glauben Sie, daß die Amerikaner das, was die jetzt hier erobert haben,
abgeben?« – »Ja«, sagte er, »aber Frau Kaufmann, hier steht das. Bis dahin kommen
die Russen.« Da sag ich: »Wenn das wahr ist, muß ich sofort nach Hause. Wie komm
ich denn jetzt zu meinen Eltern?« Es fuhr kein Zug von Jena nach Leipzig. Und da
sagt er: »Ich organisiere das.«

Dann hat der mit dem amerikanischen Offizier gesprochen. Und dann kam ein farbiger Soldat mit Jeep. Ich kann Ihnen sagen, hab ich eine Angst gehabt, mit dem farbigen Soldaten durch den Thüringer Wald zu fahren. Ganz alleine! Wir haben uns dann unterwegs unterhalten, so gut es ging. Ich hab also meine englischen Sprachkenntnisse, die damals noch relativ gut waren, verwertet. Und ich stellte fest, es war ein richtiger Mensch. Und er hat dann gemeint, ich müßte doch Hunger haben. Und da sag ich: »Ja, Hunger hab ich schon, aber ich hab nichts zu essen.« – »O.K.« Dann sind wir in den Wald. Kurz vor Plauen war ein Lager der Amerikaner. Da ist er mit mir hingefahren, da haben wir was zu essen gekriegt, da hab ich so einen Proviant mitgekriegt, Schokolade in so flachen Dosen, da hab ich Zigaretten gekriegt, Brot, Butter, Wurst in Dosen. Und da sagt er, ich soll das mitnehmen. Und es wurde düster. Ich hab Angst gehabt. Jetzt durch den dunklen Wald. Ich mußte ihm dann immer sagen, wohin. Ja, wir haben also hingefunden.

Abends um halb elf waren wir zu Hause. Ich klopfte. »Vati!« – »Ja?« – »Inge?« – »Ja.« – »Was ist passiert?« Ich sag: »Die Russen kommen.« – »Wieso?« – »Mach mal schnell auf.« Mein Vater macht die Tür auf, sieht den Neger da stehen, kriegt natürlich auch einen Schreck. Ich hab dann gesagt, er soll mal erst mit reinkommen. Und meine Eltern kamen dann. Da hab ich gesagt: »Er hat mich nach Hause gefahren. Hier ist die Zeitung.« So, geguckt. Mutter hat dann gesagt: »Kaffee kochen?« – »Ja.« Er hat Kaffee abgegeben, Mutter hat Kaffee gekocht. Wir hatten doch nichts. Und dann hat er ausgepackt zu essen. Wir haben also sehr gut gegessen. Und dann hat mein Vater gesagt, er könnte bei uns schlafen. Da hat er gesagt, nein, er führe nach Plauen und würde da schlafen, er dürfte nicht bei Zivilen, er würde schon, aber er dürfte nicht. Das haben wir dann auch eingesehen. Der war sehr nett.

Und meine Tante, die wohnte über uns, die kam dann noch runter. Und die sagte, als der weg war: »Inge.« Ich sag: »Tante Änne, ja, ich hab Angst gehabt. Aber der war so harmlos. Harmloser wäre kein Weißer gewesen wie der. Der war hervorragend, der Mann. Der hat mich verpflegt und alles.«

Und dann haben wir in der Nacht noch alles mobilisiert. Was wir besaßen und verscherbeln konnten, haben wir am anderen Tag verscherbelt gegen Lebensmittel und dann gepackt. Und am 19. Juni sind wir aufgebrochen mit Handkarren und Fahrrädern und sind durch Deutschlands Gaue gezogen. Und am 25. Juli waren wir in Essen, wo wir ja herkamen.

Meine Verwandten, mein Onkel und meine Tante, die hatten noch eine intakte Wohnung. Da wohnte zwar schon ein weiteres Ehepaar, aber da sind wir eingezogen. In den drei Räumen wohnten wir dann mit drei Familien und gemeinsamer Küchenbenutzung. Das Schlafzimmer wurde von meinen Eltern und meinem Onkel und meiner Tante benutzt; und das andere Zimmer benutzte die andere Familie. Für mich war kein Platz. Aber die Schwester meines Vaters wohnte hier in Oberhausen, und die war alleine, und da bin ich zu der gezogen.

Quelle: Aus einem Interview mit Ingrid Kaufmann (Pseudonym), geführt 1987 von Almut Leh, Archiv »Deutsches Gedächtnis«, Lüdenscheid.

---

24   ## »Wie kommt man in diesen Tagen von Köln nach Hamburg?«

Ein Brief von Emmy Lamp'l an Konrad Adenauer

Konrad Adenauer wurde 1876 in Köln geboren und wuchs in bescheidenen Verhältnissen auf. Nach dem Studium der Rechtswissenschaften und der Volkswirtschaft schlug er die Rechtsanwaltslaufbahn ein, bevor er mit seinem Eintritt in die katholische Deutsche Zentrumspartei (1906) und seiner Wahl zum Ersten Beigeordneten der Stadt Köln (1909) in die politische Arbeit wechselte. 1917 wurde er Oberbürgermeister der Stadt Köln. Nach den Wahlen vom 5. März 1933 enthoben die Nationalsozialisten Adenauer aller politischen Ämter. Er wurde vorzeitig pensioniert und im Zusammenhang mit den Ereignissen des 20. Juli 1944 vorübergehend inhaftiert. Nach der Einnahme Kölns setzten die Amerikaner Adenauer erneut als Oberbürgermeister ein. Die britische Militärregierung entließ ihn aber am 6. Oktober 1945. Im folgenden Jahr wurde er erster Vorsitzender der neugegründeten CDU in der britischen Zone, von 1950 bis 1966 deren Bundesvorsitzender. Er war Präsident des Parlamentarischen Rates, der am 1. September 1948 in Bonn als verfassunggebende Versammlung zusammentrat. Am 15. September 1949 wurde Adenauer zum ersten Bundeskanzler der Bundesrepublik Deutschland gewählt. Bis 1963 behielt er dieses Amt. Adenauer starb 1967.

Den folgenden Brief erhielt er als Kölner Oberbürgermeister von Emmy Lamp'l, der Witwe des 1933 verstorbenen Hamburger Senators und führenden Sozialdemokraten der Hansestadt, Walther Lamp'l, die sich mit einem persönlichen Anliegen an Adenauer wandte. Solche Briefe »aus dem Volk« erhielt Adenauer häufig, auch später als Bundeskanzler.

Bodendorf-Ahr, d. 27. Juli 1945

Sehr geehrter Herr Bürgermeister Adenauer,

wenn Herr Minister Severing nicht so schwer zu erreichen wäre, so würde ich Sie nicht um Rat bitten müssen, da Herr Minister Severing auch nach dem Tode meines Mannes unser Freund blieb; so aber muß ich Sie bitten, denn wer kann in dem Durcheinander dieser Übergangszeit tatkräftig raten oder gar helfen, doch nur der, der an der Spitze arbeitet – und so bitte ich Sie, mich nicht für aufdringlich zu halten. Wenngleich ich auch den Mut meines Schreibens daher hole, daß Sie mir einst von einem Haus aus den neuangelegten u. teils geplanten Grüngürtel der Stadt Köln zeigten – so werden diese gesellschaftlichen Begegnungen durch das Erleben der letzten 12 Jahre aus dem Gedächtnis gestrichen sein, und Sie werden sich meiner nicht erinnern. Mein Mann war Senator Dr. Lamp'l aus Hamburg-Altona, er starb am 3./1. 1933 durch eine Embolie nach einer Nierensteinoperation u. wurde nach Monaten als führender Sozialdemokrat als nationalunzuverlässig entlassen – (nach seinem Tode) was für uns eine Pensionskürzung bedeutete. Ich sitze nun hier in Bodendorf a. d. Ahr, da mein Sohn 1937 zuckerkrank wurde und ich hier Gesundheit für ihn erhoffte; jedoch ist er zuckerkrank geblieben – gibt sich täglich zwei Insulinspritzen u. lebt fast wie ein gesunder Mensch und hat mit 23 Jahren bereits sein juristisches Examen und seinen Dr. jur. hinter sich und ist jetzt auf dem Wege nach Hamburg. Meine Tochter ist stud. phil. im 2. Semester und jetzt noch bei mir. Ich muß auch dringendst nach Hamburg, um meine Geldangelegenheiten zu ordnen, da ich seit März 1945 keine Pension erhielt – und das ist der Grund meines Schreibens, daß ich Sie, Herr Bürgermeister Adenauer, belästige. Ich weiß nicht, wie meine Tochter und ich nach Hamburg kommen sollen, da ich den Strapazen der so oft unterbrochenen Eisenbahnfahrten nicht gewachsen bin. Hier kann mir niemand Auskunft geben, und so ist meine Bitte »könnten Sie veranlassen, daß man mir Auskunft gibt, wie wir nach Hamburg kommen können?« Besteht von Köln aus die Möglichkeit, mit einem Auto nach Hamburg zu kommen? oder geht gar schon ein Zug von Köln bis Hamburg? Natürlich sind dies keine Fragen, die man einem Bürgermeister stellt – weiß ich wohl – aber ich weiß aus Erfahrung, daß ein Auftrag von Ihnen mir sehr viele Umwege ersparen kann, und ich bin der Umwege so müde – empfinde mein Inselleben hier jetzt als Aschenbrödeldasein, während die Freunde in Hamburg, die nicht einmal wissen, ob wir noch leben, schon an der Spitze mit aufbauen – und ich sitze hier ohne Zeitung – ohne Radio – mit einer arbeitsfreudigen Tochter und der Sehnsucht nach Hamburg und den Freunden, zu denen man sagen kann »weißt Du noch?« Nun bitte Herr Bürgermeister Adenauer – ein Telefongespräch – ein Auftrag von Ihnen und mir wird geholfen. Sie opferten mir wohl 15 Minuten Zeit, und dafür dankt Ihnen sehr Ihre Sie herzlich grüßende

Emmy Lamp'l
Bodendorf a. d. Ahr

Quelle: Historisches Archiv der Stadt Köln, 2/359.

z. Zt. bei Joseph Frhr. von Spiegel
Bad Godesberg, Kronprinzenstr. 1

Adenauers Antwort

Quelle: Die Antwort
Adenauers zitiert nach:
Adenauer – Rhöndorfer Aus-
gabe, hrsg. von Rudolf Morsey
und Hans-Peter Schwarz im
Auftrag der Stiftung Bundes-
kanzler-Adenauer-Haus,
Briefe 1945 – 1947, bearb.
von Hans Peter Mensing,
Berlin (Siedler Verlag) 1983,
S. 69.

6. August 1945 (Köln)

Sehr geehrte Frau Lamp'l,

Ihr Brief erreichte mich dieser Tage. Es besteht durchaus die Möglichkeit, von Köln nach Hamburg zu kommen. Jedoch verkehren Personenzüge nur von Köln bis Hagen. Von dort aus stehen einstweilen nur Güterzüge zur Verfügung. Für die Beförderung mit einem Auto sehe ich leider keine Möglichkeit.

Mit ausgezeichneter Hochachtung

(Dr. Adenauer)
Oberbürgermeister

25

»Es hieß dann, man müsse sich allein durchschlagen«

Klaus Gerber kehrt aus der Kinderlandverschickung heim

Klaus Gerber wurde 1931 geboren. Seine Eltern zogen 1938 nach Essen, wo der Vater als Kranführer bei Krupp Arbeit fand. Die Mutter war Hausfrau. Klaus Gerber hat drei Geschwister. Seit 1941 war er mit kurzen Unterbrechungen in der Kinderlandverschickung (KLV). Dies war eine Form der Evakuierung, bei der Kinder ohne ihre Eltern bzw. Mütter aus gefährdeten Heimatregionen in nicht oder wenig bombardierte Gebiete verschickt und zumeist in KVL-Lagern untergebracht wurden. Durch die lange Zeit in einem nationalsozialistisch geführten Lager der Kinderlandverschickung war Klaus Gerber politisch entsprechend orientiert. Vor allem die Gemeinschaftserfahrungen innerhalb der Gruppe schildert er als prägend. In der Kinderlandverschickung in Märkisch-Ostrau, einem Ort zwischen Leipzig und Dresden, erlebte Klaus Gerber auch das Kriegsende und mußte sich, gerade 14 Jahre alt, mehr oder weniger allein nach Essen durchschlagen, da es eine organisierte Rückführung der kinderlandverschickten Jugendlichen nicht mehr gab.

Zum Schluß waren wir in einem ehemaligen Kloster, einem alten Schloß, in Märkisch-Ostrau. Zu diesem Zeitpunkt war die Kinderlandverschickung schon ganz nationalsozialistisch aufgezogen. Aber da kamen uns als Schüler erste Zweifel. Wir hatten erste Kontakte mit den Flüchtlingen aus dem Osten, oder wir erinnerten uns daran, wie der Gau-Hauptstellenleiter, ein »Goldfasan«, seine Schäfchen ins Trokkene gebracht hat, obwohl er uns doch vorher gepredigt hatte »Alles für das Volk« usw. Wir durften nur unsere persönliche Habe mitnehmen, nur den Rucksack. Aber unser Rektor hatte einen großen Leiterwagen. Angeblich waren da die Unterlagen der Schule drin. Und wir mußten beim Rückmarsch zu mehreren den Leiterwagen ziehen, was sehr mühsam war. Schließlich haben wir den Wagen einfach stehen lassen, als die Russen nur noch fünf Kilometer hinter uns waren, haben dann aber nachgeguckt, was da drin war. Da lag das ganze Silber aus dem Kloster, Lebensmittelvorräte, Kaffee, Tabak usw. Da haben wir uns erstmal selbst eingedeckt. Der Rektor hat immer in Parteiuniform mit Pistolentasche Quartier gemacht. Und als er dann wieder zu uns stieß, fragte er natürlich, wo der Leiterwagen sei. Als er hörte, daß er weg war, hat er natürlich Theater gemacht. Wir haben dabei erkannt, was das für ein Mensch war. Er ist noch zwei Tage mit uns mitgezogen, und eines Abends lagen wir in einer Scheune, er in der Mitte, wir drumrum und ein Feldwebel als Lagerführer neben ihm, der von uns eingeweiht war. Jedenfalls haben wir dann dafür gesorgt, daß er abgehauen ist, war von da ab nicht mehr gesehen, das war ein Schlüsselerlebnis.

Für mich bedeutsam war dann, daß wir in Zwiesel von den Amerikanern in einem Gemeindesaal festgesetzt wurden. In der Zeit kamen dann die Meldungen davon, daß Konzentrationslager befreit wurden, und die Vorgänge wurden öffentlich. Das war Ende Mai, Anfang Juni. Bei uns herrschte eine große Enttäuschung über das, was wir geglaubt hatten, denn der Nationalsozialismus war uns ja als einzig mögliche Herrschaftsform erschienen. Es kam uns langsam ins Bewußtsein, das stimmte nicht! Es war ein Schock: Alles war ganz anders, nichts war hehr und rein, sondern es war ein verbrecherisches System.

Denn außerhalb des Unterrichts waren wir ja in den letzten anderthalb Jahren stark umworben von Werbeoffizieren, die von Lager zu Lager gingen, und ab circa 14 Jahre konnte man sich zu verschiedenen Waffengattungen verpflichten. Da gab es dann Propagandafilme über die verschiedenen Truppenteile, Waffen-SS usw., die haben uns dann auch Filme vom Einsatz in Rußland, mit Flammenwerfern gezeigt, wo sogenannte Partisanen erledigt wurden, Untermenschen, und während des Filmes war unsere Reaktion: Wir waren überzeugt, die Partisanen umzulegen, war vom Kriegsstandpunkt her richtig.

Von Zwiesel aus ging es dann nach Niederbayern in die Nähe von Landshut. Es hieß dann, man müsse sich allein durchschlagen. Zunächst von Bayern mit dem Zug bis Gießen, da hat der Zug angehalten, denn im Ruhrgebiet war Zuzugssperre. Einzelne blieben dann bei Bauern, andere sind abgehauen. Ich hatte Nachricht, zuletzt von Anfang 1945, daß meine Mutter bei Bekannten war, ich hatte auch die Adresse. Ich habe Leuten, die abgehauen sind, meine Adresse mitgegeben. Schließlich bin ich dann auch auf einem leeren Kohlenzug nach Essen gefahren, wurde mehrfach von englischen Truppen vom Zug geholt, habe eine Woche bis Essen gebraucht. Da ich aber schon jahrelang im Lager war, war ich ziemlich selbständig zu dieser Zeit, obwohl ich erst 14 Jahre alt war.

Quelle: Aus einem Interview mit Klaus Gerber (Pseudonym), geführt 1985 von Ulrich Herbert, Archiv »Deutsches Gedächtnis«, Lüdenscheid.

Im Oktober 1945 begann in Essen wieder der Schulunterricht. Nach Beendigung seiner Schulzeit 1948 absolvierte Klaus Gerber zwei Ausbildungen – als Stoffprüfer und Chemielaborant. Anschließend bildete er sich zum Chemotechniker fort. Seit 1961 war Gerber freigestellter Betriebsrat bei Krupp mit zahlreichen gewerkschaftlichen Funktionen. Bereits 1946 wurde er Mitglied bzw. Leiter einer Jugendgruppe der »Falken«. Danach engagierte er sich bei den Jusos und in der SPD.

---

26   »Haben Sie hier einen kleinen Jungen gesehen?«

Irgendwo zwischen Schlesien und Berlin

Frau Fichte, Jahrgang 1916, Büroangestellte, seit 1937 mit einem Facharbeiter verheiratet, hatte zwei Kinder. Mit einer Freundin und deren zwei Kindern war sie von Ende 1943 bis Februar 1945 nach Schlesien evakuiert. Über ihre Rückreise nach Berlin berichtet sie:

Die Soldaten wollten uns nicht mehr mitnehmen. Ein Lastwagen mit Zivilisten drauf wollte uns nicht mitnehmen. Nein, sie sind überfüllt. Wir standen unten und haben geheult und gefroren. Da kam ein Panzerwagen an, und der Fahrer sagte: »Also, wenn Sie die Leute nicht mitnehmen, dann dürfen Sie nicht mehr weiterfahren! Die müssen noch mit!« Wir stiegen auf, nur mein Peter, der hatte nun wirklich keinen Platz mehr. Da sagte der Panzerfahrer: »Machen Sie sich keine Gedanken, wir fahren Ihre Route, und wir nehmen Ihren Jungen mit. Da sitzt er gleich warm.« Ich hatte Angst und fragte: »Fahren Sie bestimmt dahin?« – »Ja, wir fahren Ihre Route . . .« Aber so war es dann nicht. Mit einemmal mußten die Panzer eine andere Richtung fahren. Und nun war mein Junge weg. Ich hab geheult, alle haben geheult. Mein Gesicht war wie ein Eiszapfen, ich wußte gar nicht mehr weiter. Wo kommt mein kleiner Junge jetzt hin? Wir haben überall angehalten, wenn eine Gaststätte war oder so, haben jedesmal angehalten und gefragt, ob sich hier irgendwie ein kleiner Junge angefunden hat, der aus einem Panzer gekommen ist. Nirgendwo . . . Also, das ging Stunden so weiter. Ich war verzweifelt, ich war schon drauf und dran und wollte laufen, um ihn zu suchen. Dann hielten wir wieder mal an. Ich hab wieder runtergerufen: »Haben Sie hier einen kleinen Jungen gesehen, mit Baskenkappe und blauem Mantel, mit 'nem weißen Kragen und 'ner Schulmappe auf dem Rücken?« Da sagte einer: »Ja, am Ofen drin sitzt ein kleiner Junge und schläft.« Und das war er wirklich, mit den beiden Rucksäcken mit unseren Schuhen, die er dabei gehabt hatte. Also, ich hab nur so vor Freude geweint. Dann sind wir weitergefahren nach Kotzenau. Aber ich wollte ja nicht irgendwohin, sondern ich wollte nach Hause, nach Berlin . . . Und jetzt kommt der Zug an. Brechend voll. Wir sind nicht zum Einsteigen gekommen, wir sind gelaufen von Abteil zu Abteil, vom Packwagen zum Postwagen, keiner wollte uns reinnehmen. Da hab ich mich vor den Zug gestellt und hab gesagt: »Also, bitte, dann überrollen Sie mich. Ich hab die Kinder hier, die müssen nach Hause.« Die Schaffnerin hat gepfiffen auf ihrer Pfeife und gebrüllt, ich soll von den Gleisen runter. Ich bin aber nicht runtergegangen, bin vor der Lok stehengeblieben. Da sprang aus dem ersten Wagen ein junger Leutnant und hat uns reingeholt.

Quelle: Aus einem Interview mit Frau Fichte (Pseudonym), geführt 1984 von Sibylle Meyer und Eva Schulz, zitiert nach: Lutz Niethammer/ Alexander von Plato (Hrsg.), »Wir kriegen jetzt andere Zeiten.« Auf der Suche nach der Erfahrung des Volkes in nachfaschistischen Ländern, Berlin/Bonn (Verlag J. H. W. Dietz Nachfolger) 1985, S. 310 f.

27 »Nach über drei Monaten Wanderschaft waren wir endlich wieder zu Hause«

Heimkehr als Flucht

Den folgenden Aufsatz schrieb 1956 eine 18jährige Oberprimanerin der Hildegardisschule in Bochum zum Thema »Kriegs- und Nachkriegstage. Ein Rückblick auf die eigene Vergangenheit«. Er beginnt mit Kriegserlebnissen im bombardierten Bochum, aus dem die Schülerin schließlich mit ihrer Mutter ins Sudetenland evakuiert wurde.

Zur Entstehungsgeschichte der Schulaufsätze vgl. die Erläuterungen zu Dok. 8, S. 168.

[. . .] Endlich kam dann für meine Mutter und mich der Tag, mit dem wenigstens für kurze Zeit diese Unruhe und Angst aufhörte. Erst im Sudetenland fanden wir all das wieder, wonach wir uns so lange gesehnt hatten. Kein Sirenengeheul schreckte uns hier aus dem Schlaf, es begann wieder eine Zeit mit geordneten Verhältnissen, eine Zeit der Ruhe und des Erholens von all den Angriffen.

Doch nur ein Jahr dauerte dies, dann mußten wir auch hier wieder fort. Flucht hieß das furchtbare Wort, Flucht vor den Russen.

Mit einer Kolonne deutscher W.Soldaten [Wehrmachtssoldaten] wollten wir bei Prag den Durchbruch nach Westdeutschland versuchen. Unterwegs aber kamen wir auf einer Brücke in russischen Fliegerbeschuß. Eng zusammengedrängt hockten wir mit den Soldaten in ihrem Wagen, meine Mutter, Oma, Tante und ich. Doch immer stärker wurde das Heulen der Kugeln, und immer öfter schlug es neben uns in die Brücke ein, daß wir schließlich in der Nähe einer Hauseinfahrt vom Wagen sprangen, um dort Schutz zu suchen. Aber plötzlich sahen wir voll Schrecken die Kolonne, mitten darin unseren Wagen, wieder anrollen. Jeder lief los, und als meine Mutter, Tante und ich mit Hilfe der Soldaten endlich wieder auf dem fahrenden Wagen waren, sahen wir plötzlich meine Großmutter auf der Straße zusammenbrechen; sie hatte es nicht mehr geschafft. Alles Klopfen und Rufen half nicht, immer schneller fuhr der Wagen, und bald war sie unsren Blicken entschwunden. Weit über drei Monate hörten wir nichts von ihr, erst zu Hause sollten wir sie wiederfinden.

Nicht nur uns ist es so gegangen. Wieviele Familien wurden auf der Flucht auseinandergerissen und verloren sich für viele Jahre aus den Augen. Heute noch, elf Jahre nach dem Krieg, liest man es immer wieder, daß sich erst jetzt Menschen wiederfinden, die sich oft schon lange für tot hielten.

Später trennten wir uns dann von den Soldaten und versuchten, uns alleine zu Fuß durchzuschlagen. Für zwei Frauen mit einem Kind war das bestimmt nicht einfach. Immer noch waren wir in der Tschechoslowakei. Ein Tag ist mir da in guter, besser gesagt, in schrecklicher Erinnerung.

Überall, wo wir um etwas Nahrung baten, wurden wir abgewiesen. Nur eine Familie ließ uns unter eigener Gefahr in ihrem Hausflur etwas ausruhen, und für mich gab es etwas Milch. Es war nicht viel, was sie für uns tun konnten, aber dieses bißchen Liebe in Feindesland war mehr wert als alles andere. Auch hier gab es also noch solche Menschen!

Doch nicht nur dieses so wohltuende Erlebnis erwartete uns diesen Tag. Kaum hatten wir das Haus verlassen, da kamen plötzlich Gefangene eines Konzentrationslagers auf uns zugestürzt, eben erst frei geworden, noch in ihrer blau-weiß gestreiften Sträflingskleidung. Waren das überhaupt noch Menschen? Wild und gierig wie Bestien fielen sie uns an, spien uns ins Gesicht und entrissen die letzten Habseligkeiten. An uns rächten sie sich für all das erlittene Unrecht!

Und weiter ging es auf dieser Straße, rechts und links an Feldern entlang, die bedeckt waren mit erschossenen Soldaten. Ein grauenhaftes Bild! Sie alle hatten auf so unwürdige Weise ihr Leben lassen müssen, wofür eigentlich? Ein Stück weiter wurden dann andere Soldaten vollkommen nackt über spitze Glasscherben gejagt.

Und auch die deutschen Frauen, was mußten sie während dieser Zeit alles erleiden, nicht nur wie wir die Anstrengung der Flucht und die Angst um die Angehörigen! Ich z. B. habe es selbst gesehen, wie junge Frauen von Russen vergewaltigt wurden. Obwohl ich damals erst eben sieben Jahre alt war, nie werde ich all das Erlebte vergessen. Und die aufgeführten Erlebnisse sind nur einige der ganzen Flucht.

Doch dann waren wir nach über drei Monaten Wanderschaft endlich wieder zu Hause, voll Freude und Dankbarkeit, als wir schon meine Großmutter und meinen Vater fanden. Keinen Löffel, gar nichts brachten wir mehr mit, unsere Wohnung in Bochum war zerstört, auf einem Zimmer mit zwei Betten hausten wir mit fünf Personen; aber wir waren wenigstens wieder zu Hause. Nach und nach konnte man wieder etwas kaufen, zwar nur auf Bezugscheine oder »unter der Hand« für viel Geld. Doch nicht nur Inventar für die Wohnung mußte angeschafft werden, das tägliche Brot war zuerst einmal das Wichtigste. Wie glücklich war man damals, wenn man ein halbes Pfund Mehl oder ein Maisbrot erstand. Ungeheure Schätze waren das in dieser Zeit.

Quelle: Roeßler-Archiv im Archiv »Deutsches Gedächtnis«, Lüdenscheid.

Langsam ging es dann bergauf, es gab Arbeit für den Vater, dann nach drei Jahren für unsre Familie wieder eine eigene Wohnung, mit der endlich wieder Ruhe und Ordnung kam und ein neues Ziel, wofür man jetzt schaffte. [. . .]

---

28   Eine Reise nach Schwerin im Herbst 1945

Bericht eines Mitarbeiters der Deutschen Zentralverwaltung für Arbeit und Sozialfürsorge

Am 27. Juli 1945, noch während der Potsdamer Konferenz, richtete die Sowjetische Militäradministration Deutschland (SMAD) den Länderverwaltungen übergeordnete Zentralverwaltungen für verschiedene Bereiche von Wirtschaft und Handel, Volksbildung und Justiz ein, darunter auch die Zentralverwaltung für Arbeit und Sozialfürsorge. Die Kompetenz der Präsidenten dieser Zentralverwaltungen war allerdings gering. Über Gesetze und Verordnungen bestimmte allein die SMAD. Die Zahl der Zentralverwaltungen erhöhte sich bis Mitte 1947 von zunächst 11 auf 16. Mit der Bildung der Deutschen Wirtschaftskommission am 14. Juli 1947 wurden die Zentralverwaltungen in einem eigenen Apparat zusammengefaßt, der sich zu einer unter der Kontrolle der Besatzungsmacht stehenden Zentralregierung mit Weisungsbefugnis an die Landesverwaltungen entwickelte. Im folgenden berichtet ein Mitarbeiter der Deutschen Zentralverwaltung für Arbeit und Sozialfürsorge von Erlebnissen einer Reise nach Schwerin im Herbst 1945.

Zu den Zentralverwaltungen vgl. auch die Einführung, S. 71.

Berlin, den 23. Oktober 1945
Schö/Ar.

An die
Zentralverwaltung für Gesundheitswesen in der sowjetischen Okkupationszone
Berlin.

Bericht über sanitäre Mißstände in Mecklenburg

Anläßlich meiner Reise nach Mecklenburg fand ich unterwegs derart schwere sanitäre Mißstände vor, dass ich mich verpflichtet fühle, die Zentralverwaltung für Gesundheitswesen hiervon in Kenntnis zu setzen.

Der von Ludwigslust nach Schwerin fahrende Zug trifft gegen 20.00 Uhr dort ein. Er bringt regelmässig einige Tausend durchgefrorene ermüdete und hungrige Menschen mit, die oft schon viele Tage unterwegs sind. Dicht zusammengepfercht in den fensterlosen Eisenbahnwagen, stundenlang auf einem Fleck stehend, der noch nicht so viel Raum ließ, um beide Füße auf platten Boden zu stellen. Die Anschlusszüge von Schwerin gehen erst am nächsten Tage ab. Die Reisenden müssen also die Nacht dort zubringen.

Auf den Bahnsteigen und im Unterführungstunnel sieht man Menschengruppen in Decken gehüllt auf dem Steinboden liegen. Man hofft, so die Nacht zubringen zu können. Um 22 Uhr wird aber der Bahnhof geräumt. In die frierenden Menschenbündel kommt Bewegung. In langen Kolonnen geht es nach der Alexandrinenstr. zum Arsenal. Das Arsenal, ein ehemaliges Lager von Militärbeständen, ist schon brechend voll. Nach meiner Schätzung müssen in dieser Nacht weit über tausend Personen den Schutz dieser Häuser gesucht haben. Überall, auf Treppen, Fluren, in Zimmern und Sälen, liegen dicht bei dicht Menschen am blanken Fussboden. Männer und Frauen, Kinder und Greise, heimkehrende Soldaten und einfache Reisende, die auch gegen einen guten Preis kein Quartier finden konnten. An einzelnen Sälen sind Bezeichnungen wie »Mütter mit Kindern« oder »Quarantäne für Nichtentseuchte« usw. angebracht. Aber niemand kümmerte sich darum, und man legt sich dorthin, wo noch ein Fleck am Fussboden frei ist. Die Luft ist überall gleichmässig stickig. Heulende Kinder lassen die ganze Nacht keine Ruhe werden. Uns ist es nicht mehr möglich, einen freien Platz am Fussboden zu finden. Man schickt uns auf den Oberboden. Dort ist tatsächlich noch Platz. Aber ein fürchterlicher Gestank hindert uns daran, Lager zu beziehen. Zum Glück habe ich eine Taschenlampe bei mir. Ich stelle voll Ekel fest, dass rund an den Wänden des Raumes Haufen neben Haufen menschlicher Exkremente liegen, die teilweise schon seit Wochen dort sein müssen. Dazwischen aber liegen Menschen, die – todmüde – auch gegen die ekligsten Übel abgestumpft sind. In der Mitte des Saales ist ein freier Fleck. Aber der Fussboden liegt fingerdick voll Kalkstaub, der noch von den Schutzspritzungen gegen Fliegerbrandgefahr herrührt. Wir waren gezwungen, in diesen Staub unsere Decken auszubreiten, um uns darauf zu legen. An Nachtruhe war nicht zu denken, obgleich der Saal dunkel war. Dauernd irrten Menschen durch die Finsternis, um die Toiletten zu erreichen. Wenn sie zurückkamen, fanden sie gewöhnlich ihren Liegeplatz nicht wieder, da niemand über eine Lichtquelle verfügte. Es war daher leicht möglich, dass plötzlich Schlafende getreten wurden und sich daraus eine üble Zankerei entspann. Als ich gegen Morgen eine Treppe tiefer ging, um die Toilette aufzusuchen, bot sich mir folgendes Bild: Auf dieser einzigen Toilette befanden sich 2 Abortbecken und Pissoir-Becken. Die Aborte standen offen, weil die Türen nicht zugingen. Die Wasserspülung der Aborte funktionierte nicht. Etwa 40 Männer, Frauen und Kinder standen in dem offenen Abort Schlange. Männer verrichteten an der Seite ungeniert ihre Notdurft. Frauen sassen vor aller Öffentlichkeit auf dem Abort, während die 40köpfige Menschenschlange jede Bewegung verfolgte. Der Dreck und Gestank waren ungeheuer.

Ich verhielt mir mein Vorhaben und verliess den Ort. Draussen aber auf den Fluren standen Frauen und entlausten ihre verdreckten Kinder. Keine Waschgelegenheit. Keine Möglichkeit, sich aufzuwärmen. Kein warmes Getränk noch eine Suppe für Flüchtlinge und Heimkehrer. Der Schmutz in den Ecken und an den Seiten türmte sich zu kleinen Bergen. Niemand war vorhanden, der für Ordnung und Sauberkeit gesorgt hätte. Ein Inferno menschlicher Verelendung auf kleinstem Raum. [...]

Quelle: Bundesarchiv, DQ 1, Nr. 1291, Bl. 187 und 188.

29 »Zu Hause wußten sie, daß ich tot war...«

Ilse Stephan wird aus dem Konzentrationslager befreit

Ilse Stephan wurde 1920 als Tochter eines Bahnarbeiters und einer ungelernten Handschuhmacherin in einem Dorf nahe Chemnitz in Sachsen geboren. Sie war das älteste von elf Kindern und mußte schon früh zum Lebensunterhalt der Familie beitragen. Als Ilse Stephan im Januar 1944 zur Arbeit in der Rüstungsindustrie dienstverpflichtet werden sollte, war sie gleichzeitig auf drei Arbeitsstellen tätig. Ihr Vater war empört über die Dienstverpflichtung seiner Tochter und beschwerte sich offiziell. Kurz darauf wurden beide verhaftet. Während der Vater nach sechs Tagen freikam, wurde seine Tochter im Juli 1944 nach Ravensbrück verschleppt. Ilse Stephan überlebte 15 Monate Haft und Schwerstarbeit im Gefängnis und in zwei Konzentrationslagern und wurde im April 1945 aus dem Konzentrationslager Bergen-Belsen befreit.

Sonntags morgens um zehn kamen die Engländer mit ihren Panzern ins Lager Bergen-Belsen. Ich war in einer sogenannten Schälküche, da hab ich mitgearbeitet, Steckrüben und Kohlrüben kaputtschneiden. Es war noch ein deutsches Mädchen dabei, und alle anderen waren jüdische Frauen. Als wir befreit wurden, da liefen die Frauen ans Fenster und brüllten: Vivat, vivat. Dann haben sie sich umgedreht und haben uns beide, haben uns praktisch geschnappt und uns mit Füßen aus der Baracke rausgetreten und dabei gebrüllt: Deutsche alles kaputtmachen, Deutsche alles kaputtmachen, alles kaputtmachen. Die haben auf uns rumgetrampelt, das war ein ganz schlimmes Erlebnis für mich, weil's unsere eigenen Kameradinnen waren im Konzentrationslager. Ich meine, man sollte an sich nicht darüber sprechen, aber ich kann nicht anders, das war ein böses Erlebnis für mich, ja.

Als wir eine Woche befreit waren, mußten die ganzen SS-Frauen und -Männer die Leichen wegbringen. Sie mußten mit zwei Mann immer 'ne Leiche nehmen und aufs Auto draufwerfen, auf'n Lkw, und wenn die Engländer gesagt haben: Schluß, dann mußten sie hinlaufen und mußten den Befehl holen zum Aufsteigen, und dann mußten sie sich auf die Leichen setzen. Dann sind die Leichen alle in diese großen ausgehobenen Löcher reingekommen, da hat man sie eingebuddelt, sie wurden nicht beerdigt, eingebuddelt, ja. Die polnischen Häftlinge und die sowjetischen Häftlinge und Häftlingsfrauen, die haben sich dazugestellt und haben in die Hände geklatscht. Und wir Deutschen, die noch lebten, wir haben immer gesagt: Wie kann das bloß sein, die Angst saß noch drinne, ja. Die Angst saß bei uns wirklich noch drinne.

Dann sind die Engländer gekommen und haben gefragt, wer laufen kann. Ich war immer eine der ersten, die sich dort gemeldet hat, obwohl die Beine bis oben hin dick waren, voll Wasser. Und dann kamen wir nach Bergen auf'n Truppen-übungsplatz, da kam nochmal eine ganz große Angstpsychose über uns. Der Lkw, der uns nach Bergen gefahren hat, der hielt an, und da war so'n penetranter Ge-stank. Da haben wir alle gesagt: Jetzt nochmal an zu Hause denken, jetzt ist alles vorbei, jetzt werden wir vergast. Aber da haben wir nur vor einer Baracke ge-halten, und da hat man uns Decken raufgeschmissen auf den Lkw. Aber die Angst, die saß so in den Menschen drinne. Wir wurden abgeladen, und die englischen Offiziere, die dann kamen, die waren sehr, sehr nett. Wir kamen erst einmal in die Mannschaftskaserne rein, da kriegten wir Bier- und Haferschleim- und Milch-suppen. Wer sich schon mit 'm Magen ein bißchen weiter entwickelt hatte, der kam in die Offiziershäuser rein, und da kriegten wir schon mal Makkaroni, langsam wieder 'ne festere Kost.

Dann hab ich mich entlassen lassen, ich kriegte meinen Entlassungsschein. Das war so 'ne Karte vom Engländer, die wir da gekriegt haben. Der fehlt mir leider heute, dieser Entlassungsschein von Bergen-Belsen, den hab ich mit nach Halle ge-nommen, damals, als ich meine Anerkennung haben wollte, und der ist da in Halle geblieben, den hab ich nie wieder gesehen.

Wir sind dann los zu zwei Mädchen bis Celle, und immer weiter, und immer zu Fuß, und dann mal mit dem Pferdewagen mitten durch die Schafe, die der Schä-fer zum Scheren bringen wollte. In Bad Harzburg, da ist die eine Kameradin dann zusammengebrochen, da hat sie der Engländer ins Krankenhaus gefahren nach Bentheim, und da ist sie den andern Tag gestorben, nachdem sie vier Jahre Konzentrationslager hinter sich hatte. Dann bin ich alleine weiter. Die haben mich überall versorgen müssen. Ich hatte ja diesen Schein dabei, daß ich überall versorgt werden mußte.

In Quedlinburg bin ich wieder von Haus zu Haus gelaufen, zum Wasser trinken. Ich mußte immer trinken, trinken, trinken, und dann bin ich zusammengeklappt. Da hat man mich reingeholt, und die Leute, also das war Familie Dilser, die haben mich dann wirklich hochgepäppelt. Sechs Wochen hab ich schwer gelegen, also, auf Le-ben und Tod gelegen. Und als ich dann soweit wiederhergestellt war, da hielt mich praktisch nichts mehr, ich wollte nach Hause. Und da kommt Herr Dilser mittags von der Arbeit nach Hause, und der sagt: »Ilse, kannst Du Dir zutrauen, daß Du morgen nach Hause fährst? Von uns fährt 'n Auto.« Da haben die mich auf'n Lkw geladen, hinten mit Decken eingepackt und dann los.

Meine Eltern wohnten in Wittgensdorf, das ist vor Chemnitz, und das ist 'n Dorf, sieben Kilometer lang, in der Mitte zwei kurze Nebenstraßen und sonst nur eine, lange Dorfstraße. Dann gibt's Wittgensdorf-Oberbahnhof, mittlerer Bahnhof und unterer Bahnhof, und auf 'n Unterbahnhof war mein Vater beschäftigt. Und als ich zu Hause ankomme – die Eltern wohnten im Bahnwärterhaus – und ich die Pforte aufmache, da kommt mein jüngerer Bruder, der 1937 geboren ist, und sagt zu mir: »Was wollen Sie? Wo wollen Sie hin?« Auf einmal brüllt er: »Das ist doch unsere Ilse, das ist doch unsere Ilse!« und rennt zu meiner Mutter, die war am Kartof-felhacken da draußen am Bahndamm. Meine Mutter kommt gerannt, die Holz-pantinen in der Hand: »Unsere Ilse ist doch tot, unsere Ilse . . .« Die wußten, daß ich tot war. Und zwar waren Häftlinge, die von Ravensbrück aus auf Arbeits-kommando gewesen waren und dann nach der Befreiung durch das Dorf gekommen sind, die haben gesagt, ich bin tot, ja. Da wußten meine Eltern, daß ich tot war. Und dann komm ich plötzlich heim, noch keine neunzig Pfund und so 'ne Stoppeln auf'm Kopp. Ja, das war meine Befreiung und mein Heimweg vom Konzentra-tionslager bis nach Hause.

Quelle: Aus einem Interview mit Ilse Stephan, geführt 1994 von Leonie Wannenmacher, Auswahl und Bearbeitung ebenfalls Leonie Wannen-macher, Archiv »Deutsches Gedächtnis«, Lüdenscheid.

30

Diary of military government in Germany 1945
Der britische Offizier Basil N. Reckitt berichtet

Basil N. Reckitt, 1905 in Großbritannien geboren, trat nach seiner Schulausbildung und dem Universitätsstudium in den väterlichen Konzern Reckitt & Sons Ltd. ein. Im Zweiten Weltkrieg war er zunächst bei der Luftabwehr und meldete sich im September 1944 zur Civil Affairs Abteilung, in der britische Militärbeamte für die Besatzungsverwaltung ausgebildet wurden. Er besuchte Kurse in der Civil Affairs-Stabsschule in Wimbledon und im Civil Affairs-Mobilisations- und Ausbildungslager in Eastbourne. Seine Spezialgebiete wurden Handel und Industrie. Am 1. April 1945 ging es dann Richtung Deutschland, wo das britische Kommando, dem Reckitt angehörte, in Kamp-Lintfort bei Moers am Niederrhein mit amerikanischen Truppen zusammentraf. Denn, so Reckitt, »es sah so aus, als ob diese Armee es wäre, die das für uns vorgesehene Gebiet in Deutschland überrennen würde«. Ein Teil der britischen Civil Affairs-Leute schloß sich der neunten Armee an, die Richtung Norden vorrückte und das Ruhrgebiet im Norden einschloß; der andere Teil – mit B. N. Reckitt – ging mit der ersten US-Armee in südliche Richtung. Zu seinem ersten Einsatzort, Olpe im Sauerland, gehörte auch das Lager Hunswinkel, ein im August 1940 in Betrieb genommenes »Erziehungslager für Arbeitsuntreue«, das von der Firma Hochtief zum Bau der Versetalsperre betrieben wurde. Das Lager Hunswinkel war damit das erste seiner Art in Deutschland. Am 13. April 1945 kam Reckitt in dieses Lager und schrieb darüber in sein Tagebuch.

Olpe (Hunswinkel), Freitag, den 13. April 1945

Ein von der UNRRA (United Nations Relief and Rehabilitation Administration) betreutes Lager für Displaced persons. Vgl. auch Dok. 3, S. 157 ff.

Vom Stab des Korps kam an uns der Befehl, Verpflegung zu einem Konzentrationslager in einem Ort namens Hunswinkel zu transportieren. Die Insassen des Lagers waren am Verhungern und hatten vermutlich Flecktyphus. Wir überredeten das DP-Lager in Siegen, uns von seiner Verpflegung etwas abzutreten. Sie hatten aber nur einige Säcke Zucker und ein paar Seiten Fleisch übrig, was in der gegebenen Situation nicht gerade das Richtige war. Dennoch fuhren wir los, mit einem ¼-t-Lastwagen und hatten Dr. Junkers, den deutschen Wehrmachtsarzt, und Sergeant Morley mit. Als erstes landeten wir im falschen Hunswinkel, dem an der Listertalsperre (es gibt zwei Orte mit dem Namen Hunswinkel), und kamen dann zum richtigen, dem in der Nähe von Lüdenscheid. Das Lager war klein, mit Stacheldraht eingezäunt. Es lag auf der Sohle eines großen, unbesiedelten Tales, das gerade zu einem [Wasser-]Reservoir aufgestaut werden sollte: ein trübseliger Flecken und weit abgelegen vom nächsten bewohnten Ort. Ein einarmiger belgischer Priester begrüßte uns in seiner Rolle als Lagerführer. Die Gestapo-Wachen [Geheime Staatspolizei] waren geflohen, und er war, zusammen mit einer Gruppe deutscher Juden, Holländer und Holländerinnen dort gerade erst hingekommen nach einem einwöchigen Fußmarsch von Köln und praktisch ohne Verpflegung. Einige aus seiner Gruppe waren unterwegs gestorben. Im Lager waren noch einige der ursprünglichen Insassen verblieben, die wegen geringfügiger politischer Verbrechen oder nur, weil sie jüdische Blutsverwandte hatten, dort waren. Ein deutsches Mädchen von ungefähr 17 Jahren war Mitglied einer deutschen Untergrundbewegung gewesen und war mit Recht stolz darauf. Einige waren so abgemagert, daß über ihren Knochen statt Fleisch nur noch Haut war. Sie waren gerade noch in der Lage zu laufen, ganz langsam und mit wackelndem, unsicherem Gang. Dr. Junkers tat, was er konnte. Er war aber der Ansicht, daß einige von ihnen noch sterben würden. Er war entsetzt über das, was er sah. Wie echt jedoch seine zur Schau gestellten Gefühle waren, konnte ich nicht beurteilen. Er war bei der Wehrmacht mehrere Jahre lang an der russischen Front gewesen und wurde, wie er mir erzählte, zurückgeschickt, weil man seine politische Einstellung als unzuverlässig ansah. Er war intelligent, sprach perfekt Englisch, und ich hatte keine Zweifel daran, daß er ein tüchtiger Arzt war. Ich konnte aber nicht vergessen, wie schlecht die Russen in einem seiner Hospitäler behandelt wurden. Wie so viele andere Deutsche betrachtete auch er die östlichen Rassen nicht als vollwertige

Menschen. Nachdem wir die Verpflegung abgeliefert hatten, zogen wir ab mit dem Versprechen, am nächsten Tag zurückzukommen, um alle zu evakuieren. Sie zeigten äußerlich keine Freude, da die meisten von ihnen über das Stadium, wo man noch Gefühle zeigen konnte, hinaus waren. Es herrschten dumpfe Apathie und Elend. Bei unserer Rückkehr nach Olpe war die Verpflegung für die Wehrmachtshospitäler angekommen und auch ein amerikanischer Offizier, der sich darum kümmerte. Damit waren wir diese Verantwortung los. Sechshundert weitere »Displaced persons« wurden nach Siegen transportiert, zumeist auf deutschen Lastwagen, die von Franzosen repariert und wieder fahrtüchtig gemacht worden waren. Leider, was verständlich, aber bedauerlich war, bekamen wir sie nicht mehr zurück. Einige von ihnen gingen wahrscheinlich direkt nach Frankreich.

Olpe (Hunswinkel), Dienstag, den 17. April 1945

Wir hatten alles angeordnet oder dachten zumindest, daß wir es getan hätten, um die Landwirtschaftsschule in ein Hospital für die Konzentrationslagerinsassen umzuwandeln. Wir nahmen an, daß bis zum Nachmittag die Schule gereinigt und fertig eingerichtet sein werde. Mit der Aufgabe betraut waren einige Polen, die darin wohnten, und der Bürgermeister. Er sollte das, was gebraucht wurde, dorthin schaffen.

Ich fuhr wieder nach Hunswinkel zurück, mit Sergeant Morley und zwei 3-t-Lastwagen. Nach unserer Ankunft mußten wir zuerst eine Rampe bauen, damit die Kranken in die Wagen klettern konnten. Das Verladen ging langsam vor sich. Wir konnten nur die Hälfte der 55 auf einer Fahrt mitnehmen. Auf der Rückfahrt machten wir einen Umweg, um zwei der Insassen bei sich zu Hause abzusetzen. Eine der Frauen war so schwach, daß zwei Soldaten sie praktisch in ihr Haus tragen mußten. Das Wiedersehen mit ihrer Familie, von der sie anfänglich kaum erkannt wurde, war erschütternd. Sie war zwei Jahre lang fort gewesen.

Zurück in der Landwirtschaftsschule entdeckte ich zu meiner Bestürzung, daß absolut nichts geschehen war. Die Polen hatten noch nicht einmal angefangen. Die Betten lagen immer noch aufgestapelt unten in einem Zimmer. Mit Hilfe von Colonel Stirling machten wir dann aber Dampf. Als erstes schickten wir Sergeant Morley mit den Lastwagen zurück, um die restlichen Patienten zu holen. Dann warfen wir den Hausmeister aus seiner gemütlichen Wohnung im obersten Stock und legten die schwersten Fälle dort hinein. Dr. Junkers kam und wurde beauftragt, Pfleger und Bettwäsche für alle Patienten aufzutreiben. Beim letzteren widersprach er mit der Begründung, es sei nichts da, was entbehrlich wäre. Darauf machte ich mich an meinem Revolver zu schaffen und schickte ihn, zusammen mit dem amerikanischen Hospitaloffizier, fort, um alles zu besorgen. Falls es nicht anders ging, dann sollten die Wehrmachtsverwundeten eben keine haben. Colonel Stirling und ich gingen darauf mit dem Bürgermeister scharf ins Gericht. Ich nahm ihn persönlich mit, um Brot von der Bäckerei zu holen.

Als es Abend wurde, glich das Gebäude wirklich einem Hospital mit zwei Ärzten und acht Schwestern. Die Patienten lagen alle in bequemen Betten, und die Küche funktionierte. Das Brot war noch zu frisch zum Essen. Aber die meisten Kranken konnten sowieso nur Milch zu sich nehmen.

Die leichteren Fälle besuchten wir beim Abendessen, und alle waren voll Zuversicht. Wir hörten Gerüchte, daß Göring tot sei, und sie jubelten vor Freude, bedauerten nur, daß es nicht Himmler war.

Quelle: Archiv »Deutsches Gedächtnis«, Lüdenscheid; dieser Tagebuchauszug wurde übersetzt und zur Verfügung gestellt von Dieter Burger.

Wochen später, als wir nachforschten, was aus dem Hospital geworden war, erfuhren wir, daß nur vier gestorben und alle anderen wiederhergestellt waren. Was aber mit ihnen danach geschah, konnte niemand sagen. Die deutschen Juden hatten ja keine Bleibe und wahrscheinlich auch keine Verwandten mehr. Für den Augenblick wurden sie von der Stadt versorgt. [...]

31 Passierschein – Ausweis für Landarbeiter

Passierscheine, Bescheinigungen aller Art und Ausweise für bestimmte Personengruppen verweisen als jeweilige Ausnahmegenehmigung auf den Normalfall: Reiseverbote und Aufenthaltsbeschränkungen.

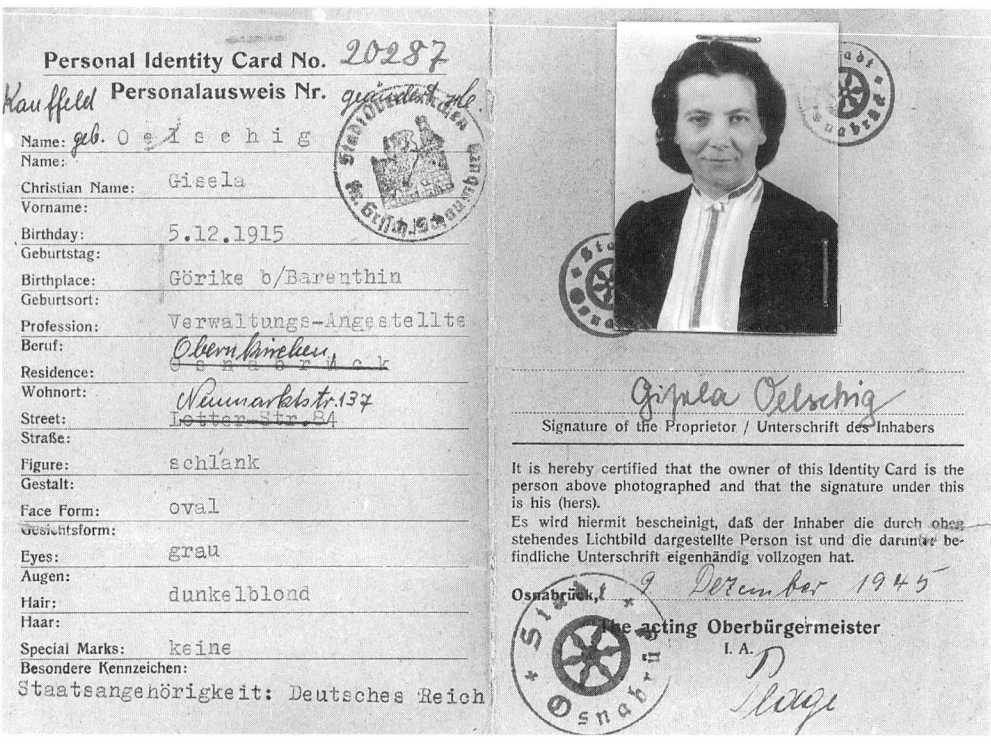

Personal Identity Card No. 20287
Personalausweis Nr.

Name: geb. Oelschig
Name:

Christian Name: Gisela
Vorname:

Birthday: 5.12.1915
Geburtstag:

Birthplace: Görike b/Barenthin
Geburtsort:

Profession: Verwaltungs-Angestellte
Beruf:

Residence: Osnabrück
Wohnort:

Street: Neumarktstr.137   Lotter-Str.84
Straße:

Figure: schlank
Gestalt:

Face Form: oval
Gesichtsform:

Eyes: grau
Augen:

Hair: dunkelblond
Haar:

Special Marks: keine
Besondere Kennzeichen:

Staatsangehörigkeit: Deutsches Reich

Signature of the Proprietor / Unterschrift des Inhabers

It is hereby certified that the owner of this Identity Card is the person above photographed and that the signature under this is his (hers).
Es wird hiermit bescheinigt, daß der Inhaber die durch obenstehendes Lichtbild dargestellte Person ist und die darunter befindliche Unterschrift eigenhändig vollzogen hat.

Osnabrück, 9 Dezember 1945

The acting Oberbürgermeister
I. A.

Der Chef der Polizei   Osnabrück, den 20.Dezember 1945/Oe
Osnabrück (Stadt).

                        B e s c h e i n i g u n g !
                        - - - - - - - - - - - - -

       Fräulein Gisela O e l s c h i g , hier, Lotter-Str.84 wohnhaft,
ist Angestellte des Kommandos der Polizei in Osnabrück. Sie hat hier
glaubhaft nachgewiesen, daß sie während ihres Urlaubs in der Zeit vom
22.12.1945 bis 2.1.1946 ihre Angehörigen in Ratzeburg/Lauenburg besuchen will, um Wintersachen und Haushaltsgegenstände (1 Silberkasten
mit Bestecken pp), Wäsche und Obst abzuholen und mit nach Osnabrück
zu bringen.

       Ich bitte, Fräulein Oelschig ungehindert reisen zu lassen und
ihr nötigenfalls Schutz zu gewähren.

                                                        Major der Polizei.

Kath. Stadtpfarramt Calw.   b   Calw, den 17. Juni 1946.

An

P a s s i e r s c h e i n .

===

         Inhaberin dieser Bescheinigung, Frau Mathilde K r ä m e r ,
geb.26.Oktober 1914 in Heiligenwald(Saar), hat auf Pfingsten mit ihren 3
Kindern(6,10 u.11 Jahre alt)und ihrer Grossmutter Frau Magdalene Krämer
(60 Jahre alt)den in Calw(Schwarzwald)in Kriegsgefangenschaft weilenden
Gatten u.Vater besucht. Da der in der Heimat beantragte Passierschein
nicht fertig war,ist sie mit einer Bescheinigung des Bürgermeisteramtes
ihres Heimatortes über den Rhein gekommen. Bis heute ist ihr der Passierschein nicht nachgeschickt worden,wie ihr vom Bürgermeisteramt verspro-
chen wurde. Nun sieht sie sich gezwungen, heute Dienstag,18. Juni 1946, mit
Hilfe dieser vom kath.Stadtpfarramt Calw ausgestellten Bescheinigung
die Rückreise nach Wemetsweiler b. Saarbrücken anzutreten. Ich bitte die
hohe alliierte Militärkontrolle,sie mit ihren Kindern u.der Grossmutter
über den Rhein passieren zu lassen.

                         Röm.= kathol. Stadtpfarramt Calw:

5208 • **FARMER'S IDENTITY CARD**
AUSWEIS FUER LANDARBEITER

Town
Ortschaft   H e ß l o c h   den   15.5.1945
         Print   Druckbuchstaben   Date   Datum

Name
Name   S t e p h a n   W i l h e l m
         Print   Druckbuchstaben

Identity Card No.   born
Ausweis No.   geboren am   11.2.88

May travel during daylight hours to and from fields _____ km. from town named
above for essential farm work.

Hat Erlaubnis zwischen Sonnenaufgang und Sonnenuntergang die oben genannte Ortschaft zu
verlassen um nötige Feldarbeiten auf den _____ km. weit entfernten Feldern zu
verrichten.

The Mayor   Countersigned
Der Bürgermeister   Genehmigt   R. JOHNSON

Valid until 15 July 1945 Der Landrat des Landr. Military Gov. Detachment No USA.
Gültig bis 15 Juli 1945   Militär-Regierung. Gruppe Nr.
               W o r m s

WARNING

WARNUNG

Valid for farmworkers only to go to and from fields within 6 km. of village
named. Regular circulation pass required for all other travel.

Nur gültig für Landarbeiter zum Verkehr zwischen umstehend genannter Ortschaft
und Feldern im Umkreis von 6 km. Ordnungsgemässer Passierschein erforderlich
für allen anderen Verkehr.

All carts and vehicles are prohibited on roads reserved for Military traffic.

Benutzung der Militär Verkehrsstrassen ist verboten für Karren und sonstige Fahrzeuge.

Quelle: Archiv International,
Peter Linnepe, Lüdenscheid.

Stuttgart im Mai 1945

Ein Stimmungsbericht von Hermann von Rauschenplat

Im Zweiten Weltkrieg bauten die Amerikaner einen vom Militär unabhängigen Geheimdienst auf, das Office of Strategic Services (OSS), mit dessen Hilfe sie Informationen über die Lage in Deutschland und den anderen Ländern der Achse einholten. Dabei erwies sich aus verschiedenen Gründen die Zusammenarbeit mit deutschen Emigranten, überwiegend aus der Arbeiterbewegung, als fruchtbar. Das OSS richtete für diese Kooperationen sogenannte »Labor Desks« ein, Abteilungen, die unter anderem den Kontakt zur Arbeiterbewegung hielten. Das 1942 in London errichtete »Labor Desk« arbeitete so erfolgreich, daß es 1944 zur Hauptabteilung für Informationsbeschaffung umfunktioniert wurde. Bei der Besetzung Deutschlands nutzten die Amerikaner emigrierte deutsche Gewerkschafter als landeskundliche Führer und Kundschafter. Die Gewerkschafter erhofften sich durch diese Möglichkeit ihrer frühzeitigen Rückkehr nach Deutschland eine schnelle Reorganisation der Gewerkschaften und möglicherweise auch der Sozialdemokratie. Tatsächlich wurde ihnen eine politische Betätigung aber schon bald untersagt, und ihre Funktion als landeskundliche Führer rückte in den Vordergrund. Ergebnis dieser Zusammenarbeit waren eine Vielzahl von Stimmungsberichten über die Lage im besetzten Deutschland, die zurückgekehrte Gewerkschafter für das OSS schrieben. Der folgende Text mit Datum vom 8. Juni 1945 ist der früheste einer Reihe von Berichten von Hermann von Rauschenplat unter dem Decknamen Fritz Eberhard, der im Mai 1945 vom OSS nach Stuttgart entsandt wurde, das zu dieser Zeit von Franzosen besetzt war.

Hermann von Rauschenplat, 1896 in Dresden geboren, war Nationalökonom und Publizist. Bis Kriegsbeginn war er Mitglied des Internationalen Sozialistischen Kampfbundes und galt als einer der führenden Theoretiker dieser Gruppe. Ab 1946 war Hermann von Rauschenplat Mitglied des Landtages der SPD-Fraktion und Staatssekretär in Nord-Württemberg-Baden, Leiter des Büros für Friedensfragen in Stuttgart, Mitglied des Parlamentarischen Rates, von 1949 bis 1958 Intendant des Süddeutschen Rundfunks und danach Professor für Publizistik an der Freien Universität Berlin.

[...]

1. Plünderung

Wenn von Plünderung durch Militär gesprochen wird, so wird meist erwähnt, es seien keine Amerikaner gewesen (die brächten ja alle Nahrungsmittel usw. mit), es seien Franzosen gewesen (die würden anscheinend von den Amerikanern knapp gehalten). Vielfach wird auch betont, es seien nicht weiße Franzosen, sondern Kolonialtruppen gewesen.

Ein amerikanischer Zerstörungsakt: Ein Kleinbetrieb mit 20 Arbeitern, evakuiert nach Hussenhofen bei Schwäbisch-Gmünd, arbeitet als Zubringerbetrieb für Mahle und Elma. Der Betriebsinhaber (SPD) befolgte den Nazi-Befehl, seine Maschinen zu zerstören, nicht, sondern die Anweisung des Londoner Rundfunks, die Maschinen vor Zerstörung zu schützen. Er ließ sie daher am letzten Tag putzen und ölen. Am folgenden Tag haben betrunkene Amerikaner alles kurz und klein geschlagen.

Vielfach wird angenommen oder aus Ereignissen geschlossen, daß für die ersten 48 Stunden eine besondere Erlaubnis zum Plündern und Vergewaltigen gegeben wurde. Bei allen Berichten über Plünderung ist zu beachten:

a) Deutsche Heeresstellen haben im letzten Augenblick Vorräte an Deutsche verteilt, statt sie zu vernichten. Ich hörte mit allen Details, wie ein Leutnant Hafer aus einem Proviantlager zwischen Münster und Zuffenhausen verteilt hat, und bekam das Gebäude gezeigt.

b) Deutsche haben in leerstehenden Häusern, Lagerräumen usw. geplündert.

c) Amerikanische Truppen haben sich Kleinvieh geholt. In einem Fall haben sie dafür 18 kleine Büchsen mit Fleisch usw. dagelassen, was der »Geplünderte« für einen guten Tausch hielt. In einem anderen Fall haben Amerikaner für 2 Hühner je 15 Mark bezahlt, ohne daß jemand so viel verlangt hätte.

d) Französische Zivilarbeiter haben sich französische Uniformstücke (d. h. amerikanische) verschafft, und ihre Plünderungen werden zu Unrecht dem französischen Militär zur Last gelegt.

e) Französische Kolonialtruppen holen sich aus den Gärten teils mit, teils ohne Erlaubnis der Besitzer Blumen, vor allem rote Blumen. Ich habe das mehrmals beobachtet, der Vorfall ist völlig harmlos, die sehr jungen Soldaten verhalten sich wie die Kinder.

Die Plünderung von Ladengeschäften in Münster (durch Russen) wurde durch die Einwohner verhindert, indem sie sich vor den Geschäften zu 10 bis 15 zusammenrotteten. In Münster wurde nur ein kleines Schuhgeschäft geplündert.

Der Milchhof in Stuttgart wurde anscheinend durch reguläre französische Truppen geplündert. Dabei wurde Milch und Butter mitgenommen. Am folgenden Tag gab es z. B. in Münster keine Milch. (Der Vorfall spielte etwa am 26. 5., also 5 Wochen nach der Besetzung.)

In Münster wurden dem Klauning jr. seine sämtlichen 10 Hühner gestohlen, in 3 Raten. Er ging zu einer französischen Kaserne, um sich zu beschweren. Dort wurde er verprügelt, mußte 3 Stunden arbeiten und sollte dann eingesperrt werden. Er konnte entkommen, und niemand hat sich später bemüht, ihn wieder einzusperren. Die Bevölkerung verglich diesen Fall der »Bezahlung durch Prügel« mit der unter c) erwähnten durch Büchsenfleisch.

Am 4. 6. wollte ein Kolonialsoldat einem Mitbewohner meines Hauses sein Fahrrad abnehmen. Er konnte das nur gerade verhindern.

Am 8. 6. wurde einem Kaufmann von Münster, der in einem Lastauto Gemüse und Eier in seinen Laden brachte, alles unterwegs von Franzosen abgenommen.

Nachdem in der ersten Besetzungszeit die französischen Soldaten in Cannstatt wahllos plünderten, hat das dortige Aktionskomitee gegen den Nationalsozialismus den Franzosen eine Liste von Nazi-Adressen gegeben, mit der Bitte, nur dort zu plündern.

Am 6. 6. kam ein Auto mit französischen Soldaten unter Führung eines Offiziers zur Polizei Cannstatt und hat Adressen von Nazis verlangt, sie wollten dort Haussuchungen vornehmen. »Haussuchung« in solchen Fällen ist nach Ansicht der deutschen Polizei Cannstatt nur ein höflicheres Wort für »Plündern«. Man gab den Franzosen die Adressen von 4 Nazis. Sie plünderten jedoch bei einem Antinazi nahebei und nahmen dort 1 850 Mark Bargeld mit. Dieser Vorfall wurde mit einem anderen französischen Offizier besprochen, der die französische Gendarmerie benachrichtigte. Vereinbart wurde, daß in solchen Fällen dem Auto eine Adresse gegeben werden soll und die französische Gendarmerie gleichzeitig benachrichtigt werden soll, damit festgestellt wird, wer solche »Haussuchungen« vornimmt. Die Franzosen zur »Haussuchung« kamen offenbar von auswärts. [...]

Zufällig gehörte Gesprächsstücke: »Meinen Laden wiederaufmachen? Was soll ich mich anstrengen, damit sie mich dann ausplündern?« – »Diese Zigeuner ...« – »Packe nur die Schreibmaschine gut weg. Du mußt sie verstecken. Sonst holen ›sie‹ sie.«

2. Vergeltungen

In Stuttgart sind offenbar viele hundert Vergewaltigungen in den ersten Tagen vorgekommen, meist durch Kolonialfranzosen. Wie glaubhaft berichtet wird, liegen in Stuttgarter Krankenhäusern mehrere hundert deutsche Frauen, die nach der Vergewaltigung an Syphilis erkrankten. Angeblich reicht der Vorrat an Salvarsan zur Behandlung nicht aus.

Aus Stuttgart-Münster (5 000 Einwohner) sind mir 6 Fälle von Vergewaltigung durch Kolonialtruppen glaubhaft berichtet worden, unter Nennung der Namen und Umstände. Dabei war ein achtzehnjähriges Mädchen, das als leichtsinnig geschildert wird und 2 Abende hintereinander vergewaltigt wurde. Wenn man diesen Fall als zweifelhaft beiseite läßt, bleiben vier unzweifelhafte Fälle von Vergewaltigung, an einer 40jährigen, einer 50jährigen und an zwei 60jährigen Frauen. Seit Anfang Mai sind keine neuen Fälle bekannt geworden. [...]

4. Russen

Bei Zuffenhausen leben noch etwa 8 000 Russen in mehreren Lagern. Auch in der ersten Junihälfte noch gehen sie in einzelstehende Häuser und Gärten, um zu plündern und zu verwüsten. Sie knicken Kronen von Obstbäumchen ab, reißen Setzlinge aus der Erde. Sie geben Schüsse ab (obgleich sie laut französischem Anschlag keine Waffen haben dürfen) und machen die Gegend so unsicher, daß Bauern es nicht wagen, auf manche einsameren Felder zur Arbeit zu gehen. Die Russen holen sich auch aus Betrieben, was ihnen beliebt – z.B. Ledertreibriemen –, auch aus Betrieben, die nach Anordnung der MR [Militärregierung] arbeiten sollen. Gelegentlich werden französische Patrouillen zum Ordnunghalten ausgeschickt. Das sind aber teilweise Kolonialtruppen, und manche davon beteiligen sich am Plündern. – Soweit der Bericht des Bürgermeisters von Zuffenhausen.

In der Nacht vom 2./3. Juni kamen zwei Bewohner meines Hauses nicht heim, weil sie durch eine Schießerei zwischen Münster und Zuffenhausen daran gehindert wurden. Sie wären dabei beinahe auch ums Leben gekommen. Getötet wurden 6 Deutsche aus den Teilgemeinden Münster, Zuffenhausen und Cannstatt, sowie 1 Russe. Wie berichtet wird, hat der Russe dem Deutschen Däubele aus Fellbach sein Fahrrad wegnehmen wollen. Der Deutsche wehrte sich dagegen. Dabei ging ein Gewehr los (des Russen?) und tötete den Russen. Darauf rotteten sich Russen zusammen und drängten in den umliegenden Gärten arbeitende Deutsche zusammen in der Richtung auf die Kaserne, in der die Russen wohnten. 6 Deutsche wurden verstümmelt und totgeschlagen, ehe die alarmierte französische Patrouille aus Zuffenhausen eingriff und etwa 12 weitere Deutsche vor demselben Schicksal bewahrte. In bezug auf diese 6 deutschen Todesfälle sagte ein Antinazi mir eindeutig, daran ist Hitler auch schuld.

Ich füge zwei Fälle an, deren Richtigkeit ich nicht nachprüfen kann, die aber von besonnenen Männern erzählt wurden:

Russen haben die Bücherlager der Stuttgarter Buchhändler sinnlos zerstört, auf den Büchern ihre Notdurft verrichtet, auf Kunstdrucke Wasser gegossen, um sie zu verderben.

Russen haben das Samenlager der Samengroßhandlung Pfister wertlos gemacht, indem sie alle Säcke zusammenschütteten.

Alle wären froh, wenn die Russen bald abtransportiert oder wenigstens von Amerikanern bewacht würden. [...]

Quelle: Ulrich Borsdorf/Lutz Niethammer (Hrsg.), Zwischen Befreiung und Besatzung. Analysen des US-Geheimdienstes über Positionen und Strukturen deutscher Politik 1945, Wuppertal (Peter Hammer Verlag) 1976, S. 71 ff.

| 33 |

»Gewalttätigkeiten, begangen von Personen in russischer Uniform«

Bericht aus dem Ort Mögelin bei Rathenow vom 10. Dezember 1946

In dem kleinen brandenburgischen Ort Mögelin bei Rathenow hatte es Ende 1945 eine Reihe von Ausschreitungen sowjetischer Besatzungssoldaten gegeben, die die Bevölkerung sehr beunruhigten. Mit einer umfangreich dokumentierten Schilderung der Vorfälle und der Bitte um Hilfe hatten sich SED-Ortsgruppe und Kreisleitung an den Parteivorstand in Berlin gewandt.

Zur Kenntnis für Wilhelm Pieck verfaßte Walter Bartel, von 1946 bis 1953 persönlicher Referent Piecks, mit Datum vom 10. Dezember 1946 eine knappe Zusammenfassung der Ereignisse in Mögelin.

Berichterstatter: Hermann Roloff, Kurt Schöning. (Funktionäre der SED)

Seit dem Herbst ds. Js. leidet der Ort unter den Ausschreitungen einer Besatzungseinheit, welche in dem Betrieb »Arado-Werk« bei Rathenow einquartiert ist. Zu dieser Einheit kommen jetzt ständig Truppenformationen, welche demobilisiert werden.

Wöchentlich mehrere Male dringen Soldaten und Offiziere nachts und auch tagsüber in die Wohnungen, nehmen alles mit an Kleidung, Wertsachen und Lebensmittel, schlagen Frauen und Männer. Vergewaltigungen und auch Erschiessungen sind vorgekommen.

Die Kreisleitung in Rathenow informierte wiederholt die Kreiskommandantur. Diese schickt gelegentlich Polizeipatrouillen, welche aber meist sehr undiszipliniert auftreten und von der Bevölkerung Schnaps verlangen.

Der Kreiskommandant selbst forderte die Polizei auf, gegen Eindringlinge in Privatwohnungen mit allen Mitteln vorzugehen. Als vor einigen Wochen eine deutsche Polizeipatrouille auf Banditen stiess, kam es zu einem Feuergefecht, bei dem ein russischer Soldat getötet wurde. Die deutschen Polizisten befinden sich in Haft in Gardelegen. Der Schütze, ein Genosse, soll bereits abgeurteilt sein. Nähere Nachrichten hierüber will die Ortsgruppe uns noch zusenden.

Die Bevölkerung flieht aus dem Ort. Mehrere Häuser stehen bereits vollständig leer.

Quelle: Stiftung Archiv der Parteien und Massenorganisationen der DDR im Bundesarchiv, Berlin, NY 4036/737.

Es handelt sich um einen Ort mit starkem industriellen Einschlag. Die SED-Ortsgruppe und Kreisleitung wenden sich an den Parteivorstand mit der Bitte, für Abhilfe zu sorgen.

W. Bartel

---

34 Anna P. als Zwangsarbeiterin in Deutschland

Anna P. stammt aus Taganrog, Rußland, und wurde im Zweiten Weltkrieg als Fremdarbeiterin nach Deutschland verschleppt. Sie kam nach Lüdenscheid. Wie sich später herausstellte, stammte eine ganze Reihe der Zwangsarbeiter und -arbeiterinnen aus Taganrog. Heute besteht zwischen Lüdenscheid und diesem russischen Ort eine Städtepartnerschaft, in deren Rahmen 1993 ehemalige Zwangsarbeiter aus Taganrog zu einem zweiwöchigen Aufenthalt in Lüdenscheid zu Besuch waren. Während dieses Aufenthaltes entstanden lebensgeschichtliche Interviews, auf denen der folgende Text basiert.

Anna P. wurde 1926 in Taganrog geboren. Sie hat vier Geschwister. Die Mutter starb, als Anna P. ein Jahr alt war. Der Vater heiratete erneut, und die Stiefmutter brachte fünf weitere Kinder mit in die Ehe.

Als Anna P. 16 Jahre alt wurde, wurde sie aufgefordert, zur Arbeitsbörse zu gehen und sich für die Arbeit in Deutschland bereitzustellen. Dies war ein schwerer Schlag für die Familie. Am 20. Juni 1942 mußte Anna P. zusammen mit einem Halbbruder die Reise nach Deutschland antreten. Schon während der Fahrt wurden die beiden voneinander getrennt.

Zunächst wurde Anna P. in ein Sammellager nach Soest gebracht. Dort wurden die russischen Fremdarbeiterinnen wie »Sklaven« an Arbeitgeber verkauft. Zusammen mit 20 anderen Russinnen wurde Anna P. von einem Lüdenscheider Fabrikanten erworben. Nachdem die Mädchen ein Jahr lang in einem Raum in der Fabrik gewohnt hatten, wurde eine Holzbaracke auf dem Fabrikgelände erbaut. Die Wohnverhältnisse waren sehr beengt. Anna P. flüchtete sich manchmal unerlaubt in den Wald. Hier lernte sie eine Deutsche kennen. Es entwickelte sich eine Freundschaft zwischen den beiden, woran sich Anna P. gerne erinnert. Bis zum Eintritt der Amerikaner in den Krieg hatten die Mädchen geglaubt, daß sie bis zu ihrem Lebensende in der Fabrik wohnen und arbeiten müßten.

Die Hoffnung, daß der Krieg bald beendet sein würde, wuchs mit dem Näherrücken der Front. Irgendwann wurde die Fabrik nicht mehr beheizt, und die Fremdarbeiterinnen mußten nicht mehr arbeiten. Die Mädchen konnten das Geschützfeuer der nahen Front hören. Sie erhielten kein Essen mehr. Einige Russinnen ernährten sich in den Familien, in denen sie gearbeitet hatten. Einige besaßen sogar Bezugsscheine. Die anderen waren darauf angewiesen, sich selbst zu ernähren. In der Küche gab es etwas Kohlrabi und Kohl. Darüber hinaus organisierten die Mädchen auf eigene Faust Brot. Das Brot wurde aus einer Bäckerei geholt, die am Rande der Stadt lag. Anna P. erklärte sich freiwillig dazu bereit, zusammen mit zwei anderen Fremdarbeiterinnen zur Bäckerei zu gehen. Einmal waren die Straßen ungewöhnlich leer. Die Front war sehr nah, und einige Bomben fielen. Die Mädchen begegneten nur wenigen Polizisten und Soldaten. Der Besitzer der Bäckerei wollte die Mädchen wegschicken und behauptete, kein Brot mehr zu haben. Ein französischer Fremdarbeiter, der in der Bäckerei arbeitete, sagte ihnen allerdings, daß der Bäcker gelogen habe. Außerdem erzählte er ihnen, daß die Amerikaner gerade am anderen Ende der Stadt einmarschiert seien.

Plötzlich wurde geschossen. Die Deutschen verschwanden in ihren Kellern. Die Mädchen wußten nicht wohin. Sie lehnten sich an die Hauswand und bekreuzigten sich – auch die ungetaufte Freundin. Es wurde still. Die Deutschen kamen zurück. Auch der Bäcker, der nun sofort dazu bereit war, den Russinnen Brot zu geben.

Darauf schnappten die Mädchen ihre Karre und liefen davon. Als die Fremdarbeiterinnen zum Lager zurückkamen, sahen sie, daß die Fabrik von einer Bombe getroffen worden war, aber keines der Mädchen war verletzt. Auf der anderen Straßenseite befand sich ein Fremdarbeiterlager einer anderen Fabrik. Dort liefen die Gefangenen schon frei herum. Sie riefen: »Warum lauft ihr nicht frei herum? Wir sind frei!« Anna P. und ihre Arbeitskolleginnen waren noch eingeschlossen. Erst am nächsten Morgen erschien der Lagerführer und schloß das Tor auf. Die Mädchen fragten ihn: »Was machen wir jetzt?« Die Antwort: »Das weiß ich auch nicht.« Der Lagerführer bat die Mädchen, ihm ein Schreiben aufzusetzen, in dem sie bestätigen, daß er ihnen nie etwas Böses getan habe – offensichtlich aus Angst vor der Rache ehemaliger russischer Fremdarbeiter.

Anna P. bezeichnet ihren ehemaligen Chef als streng, aber als Menschen mit einem »warmen, weichen Herz«. Er hatte nie Jungen oder Männer in das Lager gelassen. »Eure Eltern werden sich bei mir dafür bedanken.« In der Übergangszeit gab es kein Essen, keine Ordnung, wie sich Anna P. erinnert. Später wurden die Mädchen in eine belgische Kaserne – in die Flakkaserne, das Sammellager für russische DPs (Displaced persons) in Lüdenscheid – verlegt. An die amerikanischen Besatzer denkt Anna P. gerne zurück. Sie sorgten für eine gute Ernährung der DPs und forderten die Mädchen auf, zu singen und zu tanzen, sich zu amüsieren. Nach einem Monat wurde die Besatzungszone unter britische Verwaltung gestellt. Die britischen Besatzer behielt Anna P. nicht in guter Erinnerung. Das Essen sei sehr schlecht gewesen, und die englischen Soldaten hätten sich sehr arrogant gegenüber den Russinnen verhalten. Man versprach ihnen, daß sie schnell nach Hause könnten, wenn sie im Hospital arbeiten würden. Da Anna P. gerne nach Rußland zurück wollte, arbeitete sie auf der TB-Abteilung. Die Krankenhausregeln waren sehr streng. Die Russinnen mußten ab 21.00 Uhr schlafen und wurden eingeschlossen.

Eines Tages wurden die Schwerkranken mit der Eisenbahn nach Frankfurt a. M. gebracht. Die anderen Kranken und die Pflegerinnen wurden mit Lkws nach Brest-Litowsk gefahren.

In Brest wurde Anna P. von der Filtrationskommission des NKWD [sowjetische Geheimpolizei] verhört. Von einigen russischen Offizieren seien die Russinnen als »Deutschen-Hure« beschimpft worden. Es kursierten Gerüchte, daß Familien nach Hause entlassen würden, während alleinstehende Mädchen Zwangsarbeit leisten und junge Männer nach Sibirien in ein Gulag [Straflager in der UdSSR] müßten.

Ein Offizier setzte sich für Anna P. ein und schrieb ihren Namen auf eine Familienliste. So konnte sie schon bald zurück nach Taganrog fahren. Dort erfuhr sie, daß ihre Stiefmutter inzwischen verstorben war. Der Vater hatte ein drittes Mal geheiratet. Ein Studium wurde Anna P. verwehrt, da sie in Deutschland gewesen war. So entschloß sie sich, zu ihrer Schwester nach Baku, Aserbaidschan, zu ziehen, wo sie dann als Friseuse arbeitete.

Später arbeitete sie als Pflegerin in einem Krankenhaus und besuchte die Abendschule. Als man dort jedoch erfahren habe, daß sie eine ehemalige Fremdarbeiterin war, sei sie sofort entlassen worden.

Quelle: Aus einem Interview mit Anna P., geführt 1993 von Eva Ochs, übersetzt von Loretta Troebs, zusammengefaßt von Birgit Langenscheidt, Archiv »Deutsches Gedächtnis«, Lüdenscheid.

In Baku lernte Anna P. »den Mann ihres Lebens« kennen, der an der Militärhochschule studierte. Eine Freundin riet ihr, den Mann in Ruhe zu lassen, da alle wußten, daß Anna P. in Deutschland gewesen war. Eine Frau mit dem Stigma »Fremdarbeit in Deutschland« hätte seine Karriere zerstört. So entschloß sich Anna P., den Mann zu verlassen, und kehrte zurück nach Taganrog, wo sie einen Mann heiratete, der auch in Deutschland gewesen war. [. . .]

35 »Die Erniedrigung vergißt man nie«

Aus einem Interview mit Galina Kamanina-Agranovskaja, Zwangsarbeiterin in Frankfurt von 1943 bis 1945

Galina Fjodorovna Kamanina-Agranovskaja wurde 1929 in Moskau geboren. Ihr Vater, ein Moskauer Schriftsteller, wurde 1936 Opfer von Verfolgungen. 1943 wurde die ganze Familie – der Vater, die Mutter, zwei Kinder – nach Deutschland deportiert. Die 14jährige Galina arbeitete in der Kantine einer Frankfurter Lederfabrik, dann als Angestellte in der Familie des Ingenieurs Doktor Engels, schließlich in einer Waffenfabrik. Heute lebt sie in Moskau.

Ich glaube nicht, daß ich Ihnen genau über Deutschland erzählen kann, denn immerhin sind 50 Jahre vergangen. Man vergißt den Hunger, das Gefühl von Schmerz. Aber die Erniedrigung vergißt man nie. Am Hause der Engels, wo ich lebte, befand sich ein wunderbarer Garten. Dort war alles wunderschön. Alles war für mich erstaunlich – welche schönen Blumen, auch die Gerätschaften. Frau Engels gefiel mir ganz außerordentlich, ein guter Mensch. Bezaubernd. Sie hatte das Gesicht eines Filmstars. Ein sensibler Mensch mit sechs Kindern, ein sie liebender Mann. Ich dachte, ob ich wohl auch einmal eine Familie, ein Haus, Kinder haben würde. Und als sie mich das erste Mal schlug, da fiel ich in Ohnmacht. Nicht vor Schmerz. Vor Erniedrigung. Und mein erster Gedanke: Gut, daß die Polin Regina das nicht gesehen hat. Ich war zusammen mit der Hausherrin in einem Zimmer, und irgend etwas war mir heruntergefallen. Und in dem Moment schlug sie mich mit aller Kraft ihrer Hand. Das war unvorstellbar. Das war die Erniedrigung schlechthin. Mehr noch dadurch, daß mich in diesem Haus die Schönheit umgab. Bücher, zartes Geschirr, Möbel, Wintergarten. Kein Reichtum, aber eben Schönheit. Eine üppige Bibliothek, Tolstoi, Dostojewski . . . Echte Gemälde. Ich verstehe davon nichts, aber sah, wie schön es war.

Sehr lange konnte ich nicht mehr nach Deutschland fahren. Mein Mann fuhr auf Dienstreise und hätte mich mitnehmen können. Er suchte mich zu überreden: »Das ist doch ein schönes Land.« Ich erinnerte mich daran. Ich selbst lernte doch dort die unglaubliche Schönheit kennen, Harmonie. Aber ich konnte mich erst mit 50 Jahren überwinden, noch einmal dorthin zu fahren. Als ich dort war, empfand ich gar nichts. Vielleicht nur ein bißchen Genugtuung darüber, daß ich gut gekleidet war, und Bedauern, daß mich diese Familie Engels nicht sah.

Aber was ich erlebte, als ich dorthin fuhr, das war grauenhaft. Ich dachte, daß ich einen Infarkt bekäme. Zwischen Polen und Deutschland schlief ich irgendwann kurz ein, und als ich aufwachte, waren wir an der deutschen Grenze; als die Zöllner kamen, schien es mir, als führe ich von neuem in dem Viehwaggon, mein Herz raste, ich konnte mich nicht beruhigen. Alles zitterte an mir. Das Gefühl des Entsetzens kehrte zurück, nach so vielen Jahren! Und nichts half – nicht, daß ich nun ein voll-wertiger Mensch war, gut gekleidet, daß ich zu Besuch nach Deutschland fuhr, daß ich Gepäck dabei hatte. Ich wußte, daß niemand dort es wagen würde, mich zu be-leidigen. Eine neue Generation war aufgewachsen. Und selbst die Menschen meiner Generation – es würde ihnen nicht einfallen, mir etwas anzutun. Nicht einmal einem Jugendlichen würde es einfallen, »russisches Schwein« zu brüllen.

Und dennoch diese Angst.

Sie fragten, was schlimmer war? Ich höre mir die Fragen Ihrer großartigen Ge-neration an, die vergleichen kann: Das ist kälter, das ist wärmer, das ist schreckli-cher. Ich habe einen Sohn, der mich, als er noch klein war, einmal fragte: »Mama, du sagtest, daß es immer kalt war. Wie ist das möglich?« Ich antwortete: »Nun, zum Beispiel wenn du essen möchtest, kommst du und rufst: Mama, ich möchte essen. Und das Gefühl die ganze Zeit. Es geht nicht vorbei.« Aber er konnte es nicht verstehen. [...]

Quelle: Die OstarbeiterInnen. Opfer zweier Diktaturen, hrsg. von der Heinrich-Böll-Stiftung, Köln 1994, S. 17 ff. Das Interview führte Irina Scherbakova.

Aber dennoch: Die physischen Leiden wäre ich bereit, noch einmal auf mich zu nehmen. Alles könnte ich aushalten, nur nicht das Gefühl von Angst. Ich kehrte ja wieder dahin zurück, zu diesem schrecklichen Gefühl. Weise es von mir, aber wälze mich in der Nacht. Angst um die Kinder, die Enkelin. Angst vor der Kriminalität heutzutage. Dies darf es nicht im Menschen geben: fortwährende Angst...

---

36   Gefährliche Romanze

Gisela Winter und der französische Kriegsgefangene

Gisela Winter wurde 1924 in Lüdenscheid geboren. Der Vater war Mittelschullehrer, die Mutter Hausfrau. Gisela Winter hat eine jüngere Schwester. Noch vor dem Krieg zog die Fa-milie nach Hagen, weil der Vater dorthin versetzt wurde. Während des Krieges wurde die Schule, an der der Vater unterrichtete, mit allen Lehrerinnen und Lehrern, Schülerinnen und Schülern, zum Teil auch mit Müttern und Geschwistern, nach Kolberg an der Ostsee evakuiert. Gisela Winter hatte nach der Realschule die Höhere Handelsschule absolviert und anschlie-ßend zwei Jahre Englisch und Französisch an einer Sprachenschule gelernt. In Kolberg arbei-tete sie beim Arbeitsamt, wo sie Verwaltungs- und Sekretariatsarbeiten erledigte. Als die Front immer näher kam, begann die »Rückholung« der evakuierten Schule. Per Schiff ging es nach Swinemünde und dann über Hamburg zurück nach Hagen.

Es begann im frühen Kriegswinter 1944 und endete mit der Flucht im März 1945. Meine Eltern, meine jüngere Schwester und ich lebten als Evakuierte in Kolberg an der Ostsee. Die Schule meines Vaters war dorthin verlegt worden, weil in Hagen die Fliegerangriffe überhand genommen hatten. Ich arbeitete im Arbeitsamt Kolberg als Angestellte von morgens sieben bis abends sieben mit nur einer Stunde Mittags-pause. Viel Freizeit gab es für uns junge Menschen nicht, nicht mal samstags. Die herrliche Ostsee mit ihrem weißen Strand blieb uns nur mal sonntags zur Erholung, und da es in Kolberg keinen Fliegeralarm gab, konnten wir sogar für ein paar Stunden den Krieg vergessen. Wir waren jung und träumten von einer besseren Zukunft und persönlichem Glück. Die meisten von uns hatten einen festen Freund, der Soldat war, dem sie Briefe schrieben, so oft sie konnten.

Meine große Liebe traf ich dann im Laden des Lebensmittelhändlers, in dessen Haus wir untergekommen waren. Jean, ein französischer Kriegsgefangener, war wegen guter Führung freigestellt worden für den zivilen Einsatz. Er durfte sich frei bewegen und wohnte im selben Haus. Eigentlich sah er nicht wie ein Franzose aus. Er hatte mittelblonde Haare und unwahrscheinlich blaue Augen, die es mir angetan hatten. Da ich durch die Sprachenschule gut Französisch konnte, sah ich in dieser Begegnung eine gute Chance, mal mit einem »richtigen Franzosen« zu sprechen. Er konnte zwar gebrochen deutsch, freute sich aber, sich mit mir in seiner Muttersprache unterhalten zu können. Er war zehn Jahre älter als ich und im Zivilleben Lehrer an einer kleinen Schule in einem Dorf in Frankreich. – Wenn es eben ging, bat ich meine Mutter, doch einkaufen zu dürfen. Sie kam schnell dahinter, daß Jean der Grund war für meine Vorliebe fürs Einkaufen. Allerdings profitierte meine ganze Familie davon, denn Jean gab mir immer etwas »ohne Marken« dazu. Da meine Mutter Jean sehr sympathisch fand, sagte sie meinem Vater nichts davon. Er war im Ersten Weltkrieg angeschossen worden und trug noch ein französisches »Dumdumgeschoß« in seinem Körper, das man operativ nicht hatte entfernen können. Manchmal hatte er Schmerzen und wurde dadurch immer wieder an »seinen Feind« erinnert. Nie hätte er verstanden, daß seine Tochter sich für einen Franzosen begeistern konnte.

Jean und ich trafen uns oft zufällig im Treppenhaus, wir unterhielten uns dann angeregt. Eines Tages bat er mich, ihn doch abends in der Dunkelheit zu treffen. Wir wußten beide, daß das ein sehr riskantes Unterfangen war. – Zu dieser Zeit waren gerade zwei Mädchen von der Gestapo [Geheime Staatspolizei] verhaftet worden, weil sie sich mit französischen Zivilgefangenen eingelassen und sie mit nach Hause genommen hatten. – Ich weiß nicht, was mir den Mut gab, diese Romanze anzufangen, war es ein wenig Abenteuerlust, war es das Gefühl »nun aber gerade«, oder war es wirklich die große Liebe. – Ich traf mich mit ihm dann am Strand, wo zu dieser Zeit kein Mensch war. Es war bitterkalt, es hatte geschneit und ein eisiger Wind fegte über das Land.

Wir schlenderten langsam den Strand entlang. Unterhalten konnten wir uns nicht; bei dem tosenden Sturm hätten wir kein Wort verstanden. Aber wir waren selig. Nachdem Jean und ich mutiger geworden waren, gingen wir sogar zusammen ins Kino, taten zwar, als kennten wir uns nicht, setzten uns aber nebeneinander und hielten ganz verstohlen Händchen im Dunkeln. Eines Abends gingen wir sogar in ein Lokal. Damals gab es keine alkoholischen Getränke. Wenn man mal eine Flasche Wein ergattert hatte, nahm man sie mit ins Lokal, bekam Gläser und mußte dafür ein sogenanntes Korkgeld bezahlen. Noch heute kann ich mich an den Schreck erinnern, der mich durchfuhr, als Jean laut sagte: »Zwei Weinglas, bitte.« Der Wirt, ein alter Mann, guckte ihn ganz entsetzt an und dann mich, als könne er seinen Augen nicht trauen. Daraufhin ging er in einen Nebenraum. Diesen Moment nutzte ich aus, um Jean zu sagen, daß er uns mit seinem falschen Deutsch verraten hätte. Wir standen langsam auf und verließen das Lokal mit unserer vollen Flasche Wein. Draußen rannten wir, als ob der Teufel hinter uns her gewesen wäre. Nach diesem Erlebnis wurden wir wieder etwas vorsichtiger, zumal man hinter vorgehaltenen Händen davon sprach, daß »Franzosenliebchen« ins KZ kämen. Daß das etwas Schreckliches sein mußte, ahnten wir. Genaues aber konnte man sich nicht darunter vorstellen.

Eines Tages erschien ein Mann in meinem Büro, der sich als Gestapoagent vorstellte. Er forderte mich auf, am nächsten Tag in seinem Büro zu erscheinen. Jetzt ist alles aus, dachte ich und malte mir schon das Schlimmste aus. Ich sprach mit niemandem darüber, auch nicht mit Jean. – Als ich im Büro der Gestapo war, fragte man mich, ob ich im Briefverkehr mit einem Franzosen stünde und warum. Da fiel mir ein Stein vom Herzen. – Aha, es handelte sich um meinen französischen Brieffreund Pierre. Durch die Sprachenschule hatten wir damals Adressen von Franzosen bekommen, um die Umgangssprache besser zu lernen. Den Fall konnte ich also schnell aufklären. Ich mußte nur so einen Wisch unterschreiben, daß ich in Zukunft keinen Briefwechsel mehr mit einem Feind unterhalten würde. Das habe ich gern getan. – Von meiner Freundschaft zu Jean hat Gott sei Dank niemand etwas erfahren.

Aber es kam dann doch das bittere Ende unserer Liebe, die eigentlich nie Erfüllung gefunden hatte. Anfang März 1945 wurde Kolberg von den Russen umzingelt. Ich gab Jean mein Fahrrad, damit er fliehen konnte. Für ihn war es ja leichter. Er war ja Franzose. Es wurde ein herzzerreißender Abschied. Er schenkte mir ein Bild von sich, das ich noch heute habe, und gab mir seine Adresse in Frankreich.

Nach einer schrecklichen Flucht über das Meer und tagelanger Irrfahrt gelangten meine Familie und ich nach Hamburg, von wo wir später wieder nach Hagen kamen. Da war dann schon August und der Krieg vorüber. Einmal noch hörte ich von meinem Jean. Er bat mich brieflich, seine Frau zu werden und zu ihm nach Frankreich zu kommen. Zugleich schränkte er aber ein, daß es für uns beide sehr schwer sein würde, in dem kleinen Dorf, wo er Lehrer war, in Frieden leben zu können. Die Franzosen haßten die »boches« noch zu sehr. – Ich habe schweren Herzens verzichtet und ihm abgeschrieben. Vielleicht war es besser so. Ich habe nie wieder von ihm gehört, aber vergessen habe ich ihn auch nicht.

Quelle: Archiv »Deutsches Gedächtnis«, Lüdenscheid.

Im Wirbel sozialer Prozesse

37

Ein Brief von Käte Duncker an Wilhelm Pieck

Käte und Hermann Duncker waren schon in den zwanziger Jahren eine Legende in der kommunistischen Arbeiterbewegung: Sie, Jahrgang 1871, war eine Mitarbeiterin Clara Zetkins und hielt 1908 auf der 5. Frauenkonferenz der SPD das Hauptreferat. Er, Jahrgang 1874, war ein promovierter Historiker und Ökonom, seit 1903 hauptamtlicher SPD-Funktionär, der 1911 Dozent an der Zentralschule der SPD wurde. 1914 waren beide, Hermann und Käte Duncker, »Internationalisten« und wurden zusammen mit Leo Jogiches die wesentlichen Organisatoren des Spartakusbundes; beide gehörten 1918 – wie Wilhelm Pieck auch – zur ersten Zentrale der KPD. Hermann Duncker hatte mit anderen während der Revolution von 1918/19 die Redaktion und Druckerei des »Berliner Lokalanzeigers« besetzt und die erste Nummer der »Roten Fahne« herausgegeben. Er übernahm 1923 die zentrale Schulungsabteilung, war Gründer und Leiter der MASCH, der Marxistischen Arbeiterschule. Da er zur sogenannten Mittelgruppe gehört hatte, verlor er vor 1933 wesentlich an Einfluß in der KPD. Nach dem Reichstagsbrand am 28. Februar 1933 wurde er verhaftet und kam ins Zuchthaus nach Spandau und dann ins Konzentrationslager Brandenburg, floh nach seiner Entlassung 1936 nach Dänemark, England, Frankreich und in die USA, wo Käte bereits bei ihrem Sohn Karl lebte, der dort Dozent war und später Selbstmord beging. Beide kehrten 1947 nach Deutschland zurück, wo sie zunächst in ärmlichsten Verhältnissen bei ihrer Tochter in West-Berlin lebten. Beide wurden Mitglieder der SED. Angesichts dieses Hintergrundes ist der folgende Brief Käte Dunckers an den SED-Vorsitzenden Wilhelm Pieck besonders bemerkenswert.

Berlin-Charlottenburg, d. 2. Juni 1948
Kaiserdamm 39 I

Lieber Genosse Pieck,

Verzeih, wenn ich heute Deine ohnehin karg bemessene Zeit für eine persönliche Angelegenheit in Anspruch nehme. Du weißt, daß unser jüngster Sohn Wolfgang, nachdem er mehrere Jahre in der Redaktion von »Berlin am Morgen« tätig gewesen war und nach 1933 vergeblich in der Schweiz u. in Frankreich Arbeit im Filmgewerbe gesucht hatte, 1935 mit seiner Frau nach UdSSR auswanderte, wo er in »Meschrapom« arbeitete. Er wurde dann im März 1938 im Zusammenhang mit der damaligen Parteireinigung verhaftet. Alles Nähere ersiehst Du aus der nach Rußland gerichteten Anlage. Seit April 1941 wissen wir nichts mehr von ihm.

Hermann versuchte von Frankreich aus, ich durch die Sowjet-Botschaft in Washington in Wolfs Sache etwas zu tun, zum mindesten etwas zu erfahren. Immer vergeblich. Genosse Maxim Zetkin versprach mir, eine Nachfrage zu übersetzen u. zu befördern. Durch seine schwere Erkrankung wurde das auch illusorisch.

Ich bitte Dich nun, beiliegende Eingabe an Genossen Stalin (oder an welche andere Instanz Du für am besten hältst) genau zu lesen, eventuell übersetzen zu lassen und an die zuständige Stelle zu leiten, mit einer Bestätigung unserer Parteiarbeit u. womöglich einer persönlichen Befürwortung. Nach allem, was ich von Wolfgangs Frau weiß, ist er völlig unschuldig in die damals von Jagoda geleiteten Verfolgungen geraten. Ich bitte Dich inständig, diese Angelegenheit nicht irgendwelchen untergeordneten u. uninteressierten Personen zu übergeben. Du kennst uns doch seit langer Zeit. Du bist so glücklich gewesen, Deine drei Kinder durch die ganzen höllischen Hitlerjahre unversehrt hindurch zu bringen, während wir im Grunde alle drei verloren haben. Unser Ältester machte aus Verzweiflung über die deutsche Entwicklung seinem Leben ein Ende. Der Jüngste ist in Rußland verschollen. Und die einzige noch Lebende hat sich völlig von unserer Welt- und Lebensanschauung abgewandt – alles im Zusammenhang mit der politischen Entwicklung.

Bitte, hilf uns mit Einsetzung Deines persönlichen Einflusses, Nachricht über das Schicksal des Jüngsten zu erhalten. Eine letzte Bitte einer alten Genossin und Freundin! Auch wenn es sich herausstellen sollte, daß Wolfgang längst tot ist, so ist diese Gewißheit unter Angabe von Ort, Zeit u. näheren Umständen noch besser als die quälende Ungewißheit. Sie ist auch notwendig für unsere (zur Zeit mit Wolfs Söhnchen in der Schweiz weilende) Schwiegertochter, die ohne eine bestimmte Nachricht weder ihre zweite Ehe legalisieren noch von ihr zurücktreten kann, falls W. noch unter den Lebenden weilt.

Mit der herzlichen Bitte um Deine persönliche Hilfe
in alter Freundschaft

gez. Käte Duncker

Solltest Du der Ansicht sein, daß in der beiliegenden Eingabe etwas gekürzt oder geändert werden sollte, so gib uns Deinen Rat oder lasse es in der Übersetzung ändern.

Diesen Brief leitete Pieck umgehend weiter und erkundigte sich am 27. August 1948 ein weiteres Mal. In seinem Begleitschreiben betonte Pieck, es handele sich um eine Bitte »unserer Parteiveteranen der deutschen Arbeiterbewegung Hermann und Käte Duncker«. Er kümmerte sich auch persönlich um ihre Lebensverhältnisse. Am 10. November 1948 wurde schließlich die folgende Bescheinigung aus Moskau geschickt und von der Tochter Piecks an Hermann Duncker weitergesandt:

»Meschrapom« – russische Abkürzung für Internationale Arbeiterhilfe (IAH), 1921 von Willi Münzenberg gegründet, hervorgegangen aus den Hilfskomitees für die sowjetrussische Bevölkerung im Bürgerkrieg. Die IHA unterstützte insbesondere streikende Arbeiter. Sie wurde 1933 in Deutschland verboten.

Genrich Georgijewitsch Jagoda leitete von 1934 bis 1936 als Volkskommissar des Innern die erste Phase der »Großen Säuberung«. 1937 wurde er selbst verhaftet und 1938 zum Tode verurteilt.

Antwort aus Moskau

Rotes Kreuz und Roter Halbmond, Moskau
Nr. 101148   Moskau, den 10. November 1948

Bescheinigung

Genosse Duncker, Wolfgang, geb. 1909 in Deutschland in Stuttgart, starb am 20. November 1942 in der SSSR in der Stadt Workuta.

gez. N. Scharonow
Stellv. Vorsitzender Ispolkom
SOKK und RP SSSR

Begleitschreiben der Tochter Piecks

Genossen Hermann Duncker
Charlottenburg
Kaiserdamm 39.I.   I/Wi 27. 12. 48

Lieber Genosse Duncker!

Beiliegend senden wir Dir die Bescheinigung über den Tod von Wolfgang. Bitte überreiche Du diese der Käthe.

Mit herzlichen Grüssen
Winter

Quelle: Stiftung Archiv der Parteien und Massen-organisationen der DDR im Bundesarchiv, Berlin, NY 4036/6621, nach Klarschrift.

Hermann Duncker wurde Professor und Dekan der Gesellschaftswissenschaftlichen Fakultät Rostock. 1948/49 wurde er durch Berufung des ZK zum Direktor der Bundeshochschule des Freien Deutschen Gewerkschaftsbundes in Bernau. Käte Duncker starb am 2. Mai 1953, Hermann am 22. Juni 1960.

---

38 »Könnten Sie mir vielleicht über den Verbleib meines guten Mannes Auskunft geben?«

Frau Theo Kirschbaum an Konrad Adenauer

Trostberg, den 25. 6. 45.

Zu Konrad Adenauer vgl. die Erläuterungen zu Dok. 24, S. 205 f.

Sehr geehrter Herr Oberbürgermeister!

da zufällig ein Transport Evakuierter zum Rheinland in den nächsten Tagen abgeht, nehme ich die Gelegenheit wahr, Ihnen einige Zeilen zukommen zu lassen.

Zunächst möchte ich Ihnen von Herzen Glück wünschen zu Ihrer Amtsübernahme als Oberbürgermeister von Köln. Sie übernehmen ja eine ungeheure verantwortungsvolle Arbeit. Aber wir sind fest davon überzeugt, dass das arme Köln unter Ihrer Hand wieder eine schöne Stadt wird. Wie würde sich mein verstorbener Schwiegervater, Herr Stadtrat Kirschbaum, zu Ihrer Wiederwahl als Oberbürgermeister gefreut haben.

Seit dem 9. 9. 44 wurde ich mit meiner 72jährigen Mutter, Frau Eugen Henrich, nachdem wir die Fabriken u. Privathäuser alle durch Fliegerangriffe verloren hatten, nach Moitzfeld [?] evakuiert. Wir bewohnten ein Gartenhäuschen der Familie Christian Ludwig. Ich hatte so das große Glück, ganz in der Nähe meines guten Mannes zu sein, so konnte ich ihn öfter besuchen. Im März fuhr ich auf dringenden Wunsch meines Mannes hin zu meiner Tochter, Frau Rosemarie Bühlbecher, nach Trostberg mit meiner Mutter. Seit dem 4. März leben wir hier u. sind sehr liebevoll aufgenommen. Aber mit meiner Abreise von Moitzfeld [?] riß jede Verbindung mit meinem Mann, was mich doch furchtbar beunruhigt. Vor meiner Abreise hieß es immer, mein Mann sollte noch verlegt werden nach Bildstein [gemeint ist vermutlich Bielstein im Oberbergischen] oder Lüdenscheid. Ob es dazu gekommen ist, entzieht sich auch meiner Kenntnis. Mein Sohn Hermann geriet wahrscheinlich oben in Finnland Petsamo in Gefangenschaft. Wir hörten nichts mehr von ihm. Diese Sorge ist noch nicht genug, jetzt kommt noch die Sorge um meinen Mann hinzu. Ob er in amerikanische Gefangenschaft geriet oder ob er schon frei ist? Die seelische Belastung wirkt auf meine Gesundheit, besonders auf mein Herz, sehr ungünstig. Ich wiege nur noch 96 Pfund.

Sehr geehrter Herr Oberbürgermeister, könnten Sie mir vielleicht über den Verbleib meines guten Mannes Auskunft geben? Sie standen ja noch in Korrespondenz mit ihm, vielleicht können Sie etwas von ihm erfahren. Hoffentlich finden Sie einen Weg, mir Nachricht zukommen zu lassen. Meine Tochter glaubt zwar bestimmt, dass er sich schon in Aachen aufhält. Falls es Ihnen gelingen würde, Verbindung mit ihm zu bekommen, so darf ich Sie bitten, ihm mitzuteilen, dass es uns gut ginge. Wie verabredet, bleibe ich einstweilen noch hier, bis mein Mann mich holen kommt. Ende Juli-August kommt bei meiner Tochter das erste Kindchen an, da ist sie sehr froh um meine Hilfe. Diese Familien-Neuigkeit teilen Sie ihm nicht mit, da er sich sonst noch zu grosse Sorge um unsere Tochter machen würde. Er wird mit seinem Enkelkind hier überrascht. Wollen wir doch hoffen, dass bald die Möglichkeit besteht, mit der Bahn zu fahren und sich durch Briefe zu verständigen.

Hoffentlich sind Sie mir nicht böse, dass ich mich an Sie wende, aber ich bin gewiss, Sie werden für meine Lage Verständnis haben u. mir aus meiner Ungewissheit heraushelfen.

Ich hoffe, dass es Ihnen und Ihrer verehrten Familie gut geht u. dass Sie Ihren Sohn wieder bei sich haben.

Ich stürze mich hier in die Arbeit, damit ich keine Zeit finde zum Nachdenken, sonst könnte man ja tatsächlich verzweifeln. Dass wir sehr unter Heimweh leiden, können Sie sich wohl denken. Für meine arme Mutter, die so an Aachen hing u. jetzt hier bei einem jungen Ehepaar leben muss, ist es sehr schwer u. hart, so vollkommen abgeschnitten zu sein von meinem Bruder u. ihren Enkelkindern.

Zum Schluss möchte ich Sie recht herzlich grüssen u. danken für Ihre grosse Mühe.

Quelle: Historisches Archiv der Stadt Köln, 2/358.

Ihre ganz ergebene
Frau Theo Kirschbaum

Adenauers Antwort

23. August 1945 (Köln)

Sehr geehrte gnädige Frau!

Ihr Schreiben vom 25. 6. gelangte am 20. 8. in meinen Besitz.

Für die anläßlich meiner Amtsübernahme ausgesprochenen Glückwünsche danke ich Ihnen herzlichst.

Mit Bedauern vernahm ich das Geschick Ihres Gatten und Ihres Sohnes. Daß Sie unter diesen Umständen seelisch leiden, ist durchaus verständlich. Aber Sie teilen dieses Los mit vielen anderen. Auch zwei meiner Söhne befinden sich noch in Kriegsgefangenschaft.

Quelle: Zitiert nach: Adenauer – Rhöndorfer Ausgabe, hrsg. von Rudolf Morsey und Hans-Peter Schwarz im Auftrag der Stiftung Bundeskanzler-Adenauer-Haus, Briefe 1945–1947, bearb. von Hans Peter Mensing, Berlin (Siedler Verlag) 1983, S. 79 f.

Leider kann ich Ihnen über den Verbleib Ihres Gatten keine Auskunft geben. Bei den zeitigen Verhältnissen ist es mir auch nicht möglich, von hier aus irgendwelche Ermittlungen anzustellen. Ich hoffe jedoch, da z. Zt. sehr viele Kriegsgefangene entlassen werden, daß auch Ihre Angehörigen bald wieder frei sind.

Mit vorzüglicher Hochachtung!
(Dr. Adenauer)
Oberbürgermeister.

39

»Wir wollen nur wissen, ob der Gefangene noch lebt«

Gertrud Maass an die Redaktion der Tageszeitung »Neues Deutschland«

Mit dem folgenden Brief vom 15. Mai 1946 wandte sich Gertrud Maass an die Redaktion des »Neuen Deutschland«, dem Zentralorgan der SED, das im Zuge der Vereinigung von KPD und SPD am 23. April 1946 aus der »Deutschen Volkszeitung« der KPD und dem SPD-Organ »Das Volk« entstanden war. Mit kurzem Begleitschreiben leitete die Redaktion des »Neuen Deutschland« diesen Brief an das Sekretariat der SED weiter, das ihn wiederum dem Parteivorsitzenden Wilhelm Pieck zur Kenntnis brachte.

Berlin, 15. Mai 1946

Ein Jahr ist seit der Niederlage Deutschlands vergangen, und ich möchte mir einmal erlauben, bei der Presse bezüglich unseres Kriegsgefangenenproblems anzufragen.

Eigentlich finde ich vor erlittenem Leid kaum noch Worte, um dieses Thema zu behandeln. Was für uns Frauen in diesem Kriege das Leben bedeutete, wissen Sie besser als wir: Sieben Jahre wurden unsere Männer zu Schlachtvieh gestempelt, geben Gesundheit und Leben her, wir selbst verkrochen uns in Kellern wie Tiere, täglich den Tod vor Augen, jede Spanne Zeit von einem Feldpostbrief zum andern war das Warten auf die nüchterne Nachricht »Für Grossdeutschland gefallen«. Tausende Männer und Frauen waren in keiner Partei und hassten die Hitlermörder mit dem gleichen Fanatismus wie ich, Tausende zerbrachen wie ich seelisch an dem gemeinen, kaltherzigen Zynismus dieses Mörderregimes.

Jetzt ist seit einem Jahr Waffenstillstand. Unsere Männer, die mit Entsetzen seinerzeit ihre Einberufung erhielten, deren junges Leben sowieso zerstört ist, auch wenn sie leben würden, sitzen irgendwo in Gefangenschaft.

Mein Mann ist in Russland vermisst zusammen mit vielen, vielen Kameraden. Wir wissen und erkennen es an, dass die Soldaten drüben aufbauen, vielleicht sogar noch 1–2 Jahre in Russland bleiben müssen, aber haben wir Soldatenfrauen denn kein Recht auf das Armseligste, was man uns in unserer grenzenlosen, seelischen Not geben kann? Warum kommt nicht eine Nachricht von unseren Männern, die paar kleinen Worte: »Wir leben.« Warum können wir diesen wirklichen Opfern des Faschismus nicht einmal schreiben, dass auch wir leben, dass noch ein Haus auf sie wartet, wenn sie vielleicht nach Jahren müde und krank ankommen?

Die bisher von Russland eingegangene Post ist so minimal, dass sie in keinem Verhältnis zur Gefangenenzahl steht. Jahrelang haben uns die Naziverbrecher die Post unserer vermissten Männer vorenthalten. Soll wieder Gleiches mit Gleichem vergolten werden, worunter ja nur die Unschuldigen leiden?

Wir Soldatenfrauen bitten Sie um der vielen Opfer der KZ-Lager und der sonstigen Gerechten willen endlich um Erbarmen, um einen Funken von Menschlichkeit uns gegenüber. Warum müssen wir wie Ausgestossene umhergehen, keine Blume, keinen Frühling mehr sehen, wandelnde Leichname unter dem Druck des wahnsinnigen Gedankens, ob der Mann lebt, ob er tot ist, ob wir Witwen oder noch verheiratet sind, ob wir endlich selbst abschliessen können oder weiter warten müssen?

Hätte ich die Gewissheit über den Tod meines Mannes, würde ich längst den Freitod gewählt haben, aber man gönnt mir ja nicht diese Ruhe, weil ich warten muss, um dem Mann gegenüber nicht fahnenflüchtig zu werden. Viele meiner Freundinnen wollen ja gar nicht mehr leben, uns alle hält aber nur die Angst, wir könnten nicht mehr sein, wenn der Mann doch noch kommt. Andere Frauen wieder würden zu einem neuen Glück greifen und ihrem Leben wieder Inhalt geben können, wenn sie Gewissheit hätten.

Wie kann von Menschen, die unter so schwerem seelischen Druck stehen, Aufbauwille und Interesse verlangt werden? Das Lebensproblem ist doch nicht nur mit der

Zubilligung der Ernährung gelöst, sondern Menschen haben ja noch eine Seele. Ein seelisch zerrütteter Mensch ist vollkommen unproduktiv.

Sie können sich ja das Leid unserer Frauenwelt nicht vorstellen und auch nicht wissen, was in primitiven Gemütern das Thema »Kriegsgefangene« auslöst.

Die Gerüchte besagen eigentlich alles, in denen es allen Ernstes heisst, unsere Gefangenen kämen nie mehr wieder, man würde sie in Russland vernichten, Russland hätte einen »eisernen Vorhang«, durch den keine Kunde von unseren Gefangenen kommt usw.

Der kleine Geist kann schliesslich die Dinge nicht auseinanderhalten, was ja die Vermutungen unter der Frauenwelt besagen.

Gibt es denn unter den zahllosen Konferenzen der Grossen Vier nicht eine, die vielleicht dieses Thema einmal mit Menschlichkeit behandeln würde?

Wir sind ja so anspruchslos und wollen nur wissen, ob der Gefangene lebt, ob er irgendwo registriert ist und wollen auch ihm nur einmal schreiben, dass hier die Familie am Leben geblieben ist.

Wir Frauen können es einfach nicht fassen, dass diese Unmenschlichkeit uns gegenüber jahrelang dauern soll.

Mich haben die Zweifel und Wahnvorstellungen um meinen Mann bereits an den Rand des Abgrunds gebracht, so dass ich infolge schweren Nervenleidens und Gemütskrankheit von einem Nervensanatorium nach dem anderen kam, ohne dass man mir helfen konnte.

Wie mir geht es aber Tausenden, allein in meinem Bekanntenkreise wollen vier Frauen am kommenden Sylvesterabend den Freitod wählen, weil sie die Ungewissheit nicht mehr ertragen können.

An vielleicht 20 Suchstellen haben wir geschrieben, auch an Herrn Oberst Mamenko – Karlshorst, wir haben Gelder für Beiträge zur »Freien Deutschen Liga« usw. geopfert, nur um etwas über unsere Männer zu erfahren, es war alles erfolglos.

Andere, primitive Frauen tragen ihr Geld zu den noch immer arbeitenden Wahrsagerinnen, zu Hellsehern, die dann diesen Ärmsten noch den letzten Lebensnerv nehmen oder sie mit ihren Orakeln in den Tod jagen.

Ich hatte eben einmal den Mut, Ihnen die Zustände zu schildern, wie sie wirklich sind, und wäre glücklich, wenn Sie als Presse wenigstens etwas dazu beitragen, unser Los zu ändern.

Im Namen meiner Genossinnen bitte ich nochmals um Ihre Hilfe und danke Ihnen im voraus dafür.

Hochachtungsvoll
gez. Maass

Berlin-Karlshorst war Sitz der Sowjetischen Militäradministration in Deutschland/SMAD.

Piecks Antwort

Wilhelm Pieck
Vorsitzender der Sozialistischen Einheitspartei Deutschlands
Berlin N. 54., Prenzlauer Allee 249

31. Mai 1946

Werte Frau Maass!

Ihr Brief vom 15. Mai an die Redaktion »Neues Deutschland« wurde mir zur Kenntnisnahme übermittelt. Sie können versichert sein, dass wir uns alle Mühe geben, Ihrem durchaus berechtigten Wunsche Rechnung zu tragen und sowohl in Ihrem Einzelfalle als auch allgemein eine Feststellung zu erreichen über den Verbleib der Kriegsgefangenen in der Sowjetunion und eine Verbindung mit ihren Ange-

Quelle: Stiftung Archiv der Parteien und Massen-organisationen der DDR im Bundesarchiv, Berlin, NY 4036/745, Abschrift.

hörigen herzustellen. Ihre Sorge ist nur zu verständlich, und ich hoffe, dass es doch recht bald gelingt, eine Verbesserung herbeizuführen. Lassen Sie den Mut nicht sinken.

Mit den besten Grüssen
W. Pieck

Familie durch die »NZ« gefunden

Zur »Neuen Zeitung« vgl. auch die Einführung, S. 112 f.

Die »Neue Zeitung« (NZ) erschien seit Oktober 1945 in München als offizielles Organ der amerikanischen Besatzungsmacht. Etwa 20 Prozent der Redaktionsmitglieder waren Amerikaner in Uniform, die meisten davon Emigranten aus Deutschland oder Österreich. Bis zur Währungsreform erreichte die »Neue Zeitung« eine Auflage von 2,5 Millionen und sank dann auf 0,9 Millionen Exemplare. Die »Neue Zeitung« erschien bis Januar 1955.

Familie durch die „NZ" gefunden
Kriegsgefangener entdeckt auf einem Bild seine vermißten Kinder

NZ BAD TÖLZ, 8. November.
Durch eine Veröffentlichung der „Neuen Zeitung" hat ein ehemaliger deutscher Kriegsgefangener seine vermißte Familie wiedergefunden. Es handelt sich um den Soldaten der ehemaligen Wehrmacht Walter *Gebert*, der sich gegenwärtig im Kriegsgefangenenlazarett Bad Tölz aufhält, wo er infolge Herzkrankheit auch nach seiner Entlassung aus der Kriegsgefangenschaft gepflegt wird.

In ihrer Nummer vom 28. Oktober veröffentlichte „Die Neue Zeitung" unter dem Titel „Transport auf allen Wegen" unter anderem auch das Bild eines Wagens, auf dem mehrere Frauen und Kinder eine Reise nach dem Westen angetreten haben. Wenige Tage später erhielt unsere Redaktion ein Schreiben aus Bad Tölz, in dem es hieß:

„In großer Freude und tiefer Dankbarkeit gegenüber einer höheren Fügung teile ich Ihnen folgendes mit und bitte Sie gleichzeitig um Ihre freundliche Unterstützung: Auf dem Bilde rechts oben erkenne ich meinen Vater, der zur Zeit noch im POW-Lazarett Bad Tölz, Schützenstr. 15, Altbau, in Behandlung steht, auf dem Kutscherbock seine beiden Töchter Ursula (geboren 26. 9. 1934 in Berlin) und Waltraut

(geboren 14. 1. 1936 in Berlin) mit einer Puppe im Arm sowie hinter dem Wagen, mit abgewandtem Gesicht stehend, seine Frau, Dora Gebert, geborene Jahn, wieder. Meine Familie wurde Ende Januar 1945 aus Posen evakuiert und war zuletzt in Berlin-Zehlendorf, Hohenzollernstraße 23, untergebracht. Seit Februar dieses Jahres hatte ich die Verbindung mit meiner Familie verloren. Da ich demnächst zur Entlassung kommen werde, wäre ich Ihnen besonders dankbar, wenn Sie mir mitteilen würden, wo das Bild aufgenommen worden ist und wohin meine Familie nunmehr evakuiert ist. Die Kameraden des Lazaretts waren mit mir hocherfreut über diesen Erfolg Ihrer Zeitung. In freudiger Erwartung Ihrer gefälligen Antwort grüßt Sie ein glücklicher Familienvater Walter Gebert.'

„Die Neue Zeitung" hat einen ihrer Mitarbeiter mit dem Originalphoto nach Bad Tölz entsandt, wo der ehemalige Kriegsgefangene nunmehr mit Eindeutigkeit seine Familie erkannte. Wir konnten auch mitteilen, daß die Aufnahme in Wurzen bei Leipzig gemacht worden war, womit ein Fingerzeig zur endgültigen Auffindung und Vereinigung der Familie gegeben ist.

Quelle: »Neue Zeitung« vom 8. November 1945.

Der Suchdienst

Denkschrift der Deutschen Wirtschaftskommission vom 1. Juli 1949

Die Deutsche Wirtschaftskommission (DWK) wurde am 14. Juni 1947 als zentrale Verwaltungsinstitution in der SBZ durch SMAD-Befehl 138 eingesetzt. Sie sollte die gesamtstaatliche Wirtschaftsplanung in dieser Zone koordinieren und erhielt nach einer Reorganisation im März 1948 Gesetzgebungsrecht für die gesamte SBZ.

In ihrer »Denkschrift über die bisher erreichten Ergebnisse in der Unterbringung der Umsiedler in Wirtschaft und Verwaltung der sowjetischen Besatzungszone nach dem Stand vom 1. Juli 1949« wird unter Punkt XI über die Arbeit des Suchdienstes berichtet.

Durch die Kriegsereignisse, durch Evakuierung, Flucht und Umsiedlung zerrissen für Millionen von Menschen die familiären Bande. Es erhob sich die dringende Notwendigkeit, eine einheitliche Suchorganisation nach vermißten Personen zu schaffen. Am 1. August 1946 wurde der Suchdienst für vermisste Deutsche gebildet, der die Nachfolgeschaft aller amtlichen und privaten Suchstellen übernahm, die sich bis dahin an den verschiedensten Punkten der sowjetischen Zone gebildet hatten. Der Suchdienst ist die allein zur Sucharbeit nach vermissten Personen berechtigte amtliche Stelle innerhalb der sowjetischen Besatzungszone. Jede Sucharbeit durch Private oder andere Institutionen ist im Gebiet der SBZ verboten. Bis zum 1. Juli 1949 gingen beim Suchdienst 2 100 000 Suchmeldungen ein, und zwar aus sämtlichen Besatzungszonen Deutschlands. Mit den Suchzentralen in Hamburg und München erfolgte ein gegenseitiger Austausch nicht erledigter Suchanträge. Die Sucharbeit erstreckt sich auf Zivilpersonen, ehemalige Wehrmachtsangehörige und Kriegsgefangene, Opfer des Faschismus, Kinder sowie Angehörige von Kindern und Verstorbene. In der Hauptkartei des Suchdienstes sind z. Zt. rund 6,5 Millionen Karteikarten vorhanden.

Durch die bisherige Arbeit des Suchdienstes ist es gelungen, 1 280 000 getrennt gewesene Personen wieder zusammenzuführen.

In der Spezial-Kinderkartei des Suchdienstes sind z. Zt. 139 000 Kinder aus allen Besatzungszonen registriert, davon 83 000 Kinder, die ihre Eltern suchen und 55 000 Kinder, die von ihren Eltern gesucht werden.

Durch die in Verbindung mit den Jugendämtern durchgeführte Kindererfassungsaktion wurden 16 000 Kinder neu registriert, unter denen sich 11 268 Kinder befanden, die bisher dem Suchdienst nicht gemeldet waren. Die Kindererfassungsaktion, die sich vor allem auf elternlose Kinder erstreckt, die sich in Heimen, Adoptiv- und Pflegestellen befinden, ist noch nicht abgeschlossen. Es ist ein Erfolg der Kindersuchaktion, daß es gelang, 33 000 Kinder ihren Eltern wieder zuzuführen, darunter 640 Kinder, die durch die kürzlich durchgeführte Kindererfassungsaktion neu erfaßt wurden.

Z. Zt. läuft eine Erfassungsaktion für alle in Alters- und Pflegeheimen aufgenommenen umgesiedelten Personen.

In den Heimkehrerlagern Frankfurt/Oder und Fürstenwalde erfolgt die Registrierung aller Heimkehrer, deren Heimatgebiet außerhalb der jetzigen deutschen Grenzen liegt. Bisher wurden 234 000 ehemalige Kriegsgefangene registriert, darunter 198 000 Kriegsgefangene, die sich aus den Kriegsgefangenenlagern der UdSSR in einer Sonderaktion direkt an den Suchdienst zur Feststellung der neuen Anschriften ihrer Angehörigen wandten. Durch diese Aktion ist es gelungen, den Prozentsatz derjenigen Heimkehrer aus der UdSSR, die noch keine Verbindung zu ihren Angehörigen haben, von 23 Prozent zu Beginn des Jahres 1948 auf zur Zeit ca. 1 Prozent herabzudrücken. Die Arbeit des Suchdienstes wird unterstützt durch die Herausgabe der »Suchzeitung«, durch Bildveröffentlichungen und Rundfunkrufe sowie durch Plakatwerbung. [...]

Quelle: Stiftung Archiv der Parteien und Massenorganisationen der DDR im Bundesarchiv, Berlin, NY 4036/744, Bl. 108 und 109.

42 Kinder kehren heim

Zu den ersten Zonenzeitungen vgl. auch die Einführung, S. 112 f.

Die »Tägliche Rundschau« wurde von der Sowjetischen Militäradministration herausgegeben und war die erste Zonenzeitung im besetzten Deutschland. (In der amerikanischen Zone war es die »Neue Zeitung«, in der britischen »Die Welt« und in der französischen »Nouvelles de France«.) Sie erschien vom 15. Mai 1945 bis zum 30. Juni 1955 in Berlin. Innerhalb eines Jahres stieg ihre Auflage von 150 000 auf 800 000 Exemplare. Der Untertitel der »Täglichen Rundschau« wechselte in den Jahren ihres Erscheinens: »Frontzeitung für die deutsche Bevölke-

Berlin 1946.

rung«, »Tageszeitung des Kommandos der Roten Armee für die deutsche Bevölkerung«, »Zeitung für die deutsche Bevölkerung« und seit Januar 1947 »Zeitung für Politik, Wirtschaft und Kultur«.

Am Sonntag wird ein Zug mit 466 Kindern aus Wilthen bei Bautzen in die britische Zone abfahren. Es handelt sich um Kinder aus dem Ruhrgebiet, aus Bremen, Hamburg usw., die im Laufe der Kriegsereignisse von den Nazis nach Schlesien, Thüringen, Mecklenburg und Sachsen evakuiert worden sind und viele Monate nicht aufzufinden waren.

Die Zentralverwaltung für deutsche Umsiedler in der sowjetischen Besatzungszone erhielt vor Monaten eine Liste mit 130 gesuchten Kindern vom Berliner Jugendamt. Daraufhin begann sie mit ihren Ermittlungen und sammelte allmählich nicht nur diese 130 Kinder, sondern noch zahlreiche andere. Die meisten dieser Kinder (rund 400) waren aus Schlesien gekommen und in Sachsen aufgenommen worden. Hier wurden sie von der Volkssolidarität betreut und neu eingekleidet. Schließlich wurden 395 von ihnen im Kinderheim Wilthen und 71 im Kinderheim Alvensleben gesammelt.

Die Sowjetische Militärverwaltung hat einen besonderen Zug, der über heile Fenster verfügt und geheizt ist, für den Rücktransport in die britische Zone zur Verfügung gestellt. Außerdem hat sie zusätzliche Lebensmittel gegeben. Von der »Volkssolidarität Sachsen« wurden den Kindern Spielzeug und Bücher als kleine Erinnerungsgeschenke mitgegeben.

Quelle: »Tägliche Rundschau« vom 23. März 1946.

Der Zug wird bis Hannover durchgeleitet, wo er von dem dortigen Jugendamt und den Jugendämtern von Köln, Hamburg und Bremen übernommen werden wird.

»Für alle Fälle hatten wir Rasierklingen mitgenommen . . .«

Die halbherzige Flucht von Hildegard und Hans Wolf

Hildegard Wolf, 1920 in Neuwied am Rhein geboren, begann 1941 im Arbeitsdienstlager eine Briefbekanntschaft mit einem Soldaten in Rußland, Hans Wolf, ebenfalls Jahrgang 1920. Im März 1943 wurde Hans in Rußland verwundet und verlor den rechten Arm. Damit war der Krieg für ihn zu Ende – zumindest als aktiver Soldat. Nach langen Lazarettaufenthalten lernten sich die beiden im Januar 1944 erstmals persönlich kennen – und lieben: Noch im Oktober desselben Jahres wurde geheiratet, und zwar in Coswig an der Elbe (Sachsen-Anhalt) bei seinen Eltern, in deren Haus Hildegard und Hans während der ersten Zeit ihrer Ehe lebten. Hier erlebten die beiden auch das Ende des Krieges, zunächst den Einmarsch amerikanischer Truppen, dann die russische Besatzung.

Nach zwei Tagen zogen die Amis mit den deutschen Kriegsgefangenen ab, es herrschte wieder gespenstige Ruhe; dann machte sich Unruhe breit. Wir standen im Vorgarten, und die Sonne schien so herrlich warm. Da hörten wir Pferdegeräusche, es galoppierte eine uniformierte Kolonne durch die Gartenstraße, es waren Russen! Ein Schock ging durch unsere Körper, dann sahen sie Hans mit dem einen Arm, meinen Schwiegervater und mich. Sie galoppierten auf uns zu. Wir rannten durch den Garten in unseren Bunker und warteten, lauschten, ob sie uns folgten. Doch sie haben es nicht getan, und wir dankten Gott dafür. Von da an hatten wir keine Ruhe mehr in uns. Die Angst, daß sie unsere Männer finden würden und sie verschleppten oder umbrachten, die nahm uns den Atem. Viele Geschäftsleute und auch normale Leute aus Coswig setzten sich mit der Fähre selbst über zur anderen Elbseite, nach der Sperrstunde. Hans und ich erwogen auch, diesen Weg zu gehen, aber ohne richtig zu überlegen. Paß, Geld, ein paar

Sachen zum Wechseln und zum Essen, das hätten wir gebraucht. Doch wir waren zu kopflos. Ich hatte noch meine Schürze an, einen Beutel mit Brot, Marmelade und den Holzarm, das war alles, was wir mit hatten. Die andere Elbseite gehörte damals zum amerikanischen Gebiet. So schlichen wir uns eines Tages während der Sperrzeit an den Häusern entlang zu den Elbwiesen und dann zur Fähre. Das Elbgras war so hoch, daß man uns nicht sehen konnte. Dort angekommen, sahen wir noch andere Coswiger Bürger, die auch rüber wollten. Wir kannten die Technik des Übersetzens nicht, aber wir versuchten es gemeinsam. Es klappte auch, bloß mitten auf der Elbe blieb die Fähre stehen, was hatten wir falsch gemacht? Einige hatten den Dreh dann raus, und es ging dann weiter auf die andere Seite. Es wäre nicht auszudenken gewesen, wenn die Russen uns aufgespürt und auch geschossen hätten. Drüben angekommen, standen ein paar Holzbaracken, innen lag Stroh, dort hatten deutsche Soldaten das Elbufer früher bewacht. Hans und ich kampierten dort drei Tage und Nächte. Wir liefen durch den Wald nach Wörlitz, wollten versuchen, nach Torgau zu kommen, um mit der Rückflut der westdeutschen Evakuierten in Richtung Westen zu gelangen. Bekannte, die wir in Wörlitz trafen, rieten uns von dem Vorhaben ab, da wir keinen Paß und kein Geld bei uns hatten, dann noch meine Schwangerschaft dazu. Das Bäuchlein war mittlerweile ganz schön dick geworden, unser Kind machte sich wild bemerkbar. Morgens stand immer unser Vater auf der Coswiger Elbseite und rief uns durch den Nebel zu, daß wir wieder zurückkommen sollten. Inzwischen wurden unsere Eßvorräte geringer, wir konnten uns in Wörlitz nichts kaufen, die Lage wurde hoffnungslos. [...]

Vor der Rückkehr nach Coswig hatten wir Angst, für alle Fälle hatten wir Rasierklingen mitgenommen und wollten uns im Wörlitzer Park das Leben nehmen. Doch der Mut verließ uns, und wir mußten an unser unschuldiges Kind denken. Wir schliefen wieder eine Nacht im Stroh, doch nachts heulten auf einmal die Luftschutzsirenen. Danach hörten wir Schreie in der Stadt, und es schwammen immer mehr Menschen durch die Elbe auf unsere Seite. Sie schlüpften in die Baracken, wo wir waren, und erzählten uns schreckliche Geschichten, die passiert waren. Eine Massenvergewaltigung der Frauen hatte in dieser Nacht stattgefunden, mit den Panjewagen [Pferdefuhrwerke, mit denen die Rote Armee zum Teil ausgestattet war] wollten sie in die Häuser, natürlich im Vollrausch. Da hatte einer die Idee, die Sirenen in Gang zu setzen. In Panik verließen die Russen die Häuser, auf ihre Panjewagen und nichts wie raus aus der Stadt. Das war die große Rettung für die Bevölkerung, wenn nicht vorher schon Schlimmes passiert war. Am nächsten Morgen rief uns unser Vater wieder über die Elbe hinweg zu, die Russen seien aus der Stadt, und wir sollten zurückkommen. Mittags wagten wir es alleine, Hans bekam die Technik in den Griff, und wir waren darauf bald auf der Coswiger Seite. Durch die Elbwiesen schlichen wir dann zurück in die Stadt, im Deckungsbereich der Häuser gelangten wir wieder bei den Schwiegereltern an. [...]

Die Lebensmittelversorgung war zunächst völlig ungeregelt. Lebensmittelmarken wurden erst ab August 1945 ausgegeben. Am 22. August wurde Hildegard Wolf von einer Tochter entbunden, die durchzubringen unter diesen Verhältnissen nicht leicht war. Eine gewisse Hilfe war die Gärtnerei der Eltern.

Für Hans Wolf war die Arbeit in seinem erlernten Beruf als Gärtnermeister im elterlichen Betrieb unbefriedigend. Mit nur einem Arm fiel er für die praktischen Arbeiten aus und konnte lediglich die Büroarbeiten übernehmen. Politisch engagierte er sich in der CDU und wurde zum ehrenamtlichen Stadtrat für Wohnungswesen gewählt; angesichts der Unterbringung von Flüchtlingen eine wichtige, aber schwierige Aufgabe.

Eine Bewerbung beim Landwirtschafts- und Forstministerium in Halle hatte schließlich Erfolg: Zum 1. Juli 1948 trat Hans die Stelle des Gartenbauamtsleiters in Magdeburg an. Während er in der neuen Tätigkeit aufging, konnte sich Hildegard in Magdeburg nicht einleben.

1952 kam dann auch für Hans die Wendung: Alle Gartenbauämter wurden aufgelöst zugunsten zentraler Stellen. Nach kurzer Arbeitslosigkeit bekam Hans eine Stelle beim Bezirk Magdeburg in der Abteilung Gartenbau, aber die politischen Zumutungen wuchsen, so daß die Arbeit mehr und mehr zur Belastung wurde. Die Teilnahme an politischen Schulungen wurde zur Pflicht; Hans mußte Bauern vom Beitritt in die LPG (Landwirtschaftliche Produktionsgenossenschaft) überzeugen und »Sollquoten« festsetzen, schließlich sollte er auch »Sollrückstände« eintreiben und Bauern, die das Soll nicht erfüllen konnten, verhaften. Für Hans Wolf war damit das Maß des Zumutbaren überschritten, und gemeinsam mit seiner Frau entschloß er sich im Januar 1953 endgültig zur Flucht in den Westen.

Der Neuanfang in einem kleinen Dorf im Westerwald war allerdings äußerst schwierig. Die evangelischen Flüchtlingskinder seien von den einheimischen katholischen Kindern als Heiden beschimpft worden. Nur weil Hildegard Wolf aus Neuwied stammte, also quasi Einheimische war, seien sie besser behandelt worden als andere Flüchtlinge. »Ja, wenn sie auch *solche* Flüchtlinge bekommen hätten, dann hätten sie auch ein Darlehen von Rheinland-Pfalz zum Ausbau einer Flüchtlingswohnung genommen«, hätten manche Dorfbewohner ganz offen gesagt.

Quelle: Aus einer Autobiographie, verfaßt 1992 von Hildegard Wolf, Archiv »Deutsches Gedächtnis«, Lüdenscheid.

Arbeit fand Hans Wolf erst im Februar 1955, und zwar bei den Verkehrsbetrieben in Neuwied – allerdings mit so geringem Verdienst, daß nur durch seine zusätzliche Versehrtenrente die Familie einigermaßen über die Runden kam.

44　Kurze Liebe mit ostzonalem Ausgang oder: Scheidung auf Deutsch

Die achtjährige Ingrid L. und ihre Mutter lebten 1945 als Ausgebombte in einer Wohnlaube in Hamburg. Sie erinnert sich:

Ich bin mit dem Blockwagen in den Wald gefahren und habe Holz gesammelt. Da war ich acht Jahre alt. Ich wollte meiner Mutter eine Freude machen und etwas für sie tun. Nun war aber mein Blockwagen mit dem Holz so schwer, ich kriegte ihn nicht aus dem Wald raus. Das war unmöglich. Alleinlassen konnte ich den Wagen ja nicht, dann wäre er ja weg gewesen! Plötzlich kamen Soldaten. Das waren deutsche Soldaten, die hier bei dem Engländer in Gefangenschaft geraten waren. Sie waren in einem Zeltlager im Niendorfer Gehege untergebracht. Zwei aus dieser Gruppe halfen mir, den Wagen nach Hause zu bringen.

Dadurch hat sich zwischen meiner Mutter und dem einen eine kleine Freundschaft entwickelt. Sie hat geglaubt, sie lernt wieder jemanden kennen, denn die Ehe mit meinem Vater sollte sowieso geschieden werden. Mein Vater hatte sich nur noch nicht scheiden lassen wollen wegen der Versorgung für meine Mutter, falls ihm was passiert, daß sie dann die Rente kriegen würde. Und so war sie ja unabhängig und glaubte, jetzt wieder jemanden kennengelernt zu haben. Sie war ja noch jung.

Wir profitierten davon: Sie brachten uns nachher mal Dieselöl, das heizten wir in unserer Petroleumlampe, denn wir hatten in der Gartenlaube, in der wir wohnten, kein elektrisches Licht. Manchmal kriegten wir ein paar Lebensmittel.

Wir Kinder durften zum Essen in ihr Kantinenzelt kommen, es durfte uns nur niemand von der Aufsicht sehen. Deswegen krochen wir abends beim Dunkelwerden hinten ins Zelt wie die Ameisen. Dann bekamen wir was zu essen oder auch Marken und Geld. Die Kriegsgefangenen der Engländer hatten es ganz gut, sie lebten verhältnismäßig frei hier. Sie durften nur Hamburg nicht verlassen.

Die beiden, die mir geholfen hatten, waren aus Sachsen. Sie wollten auch gar nicht unbedingt weg, weil das ja nun unter russischer Verwaltung war. Der eine blieb auch hier. Der Bekannte meiner Mutter ist weggegangen, als sie in Umständen war, er hat sich einfach entlassen lassen in die damalige DDR [gemeint ist die sowjetische Besatzungszone/SBZ]! Und sie hat nie wieder was von ihm gehört.

Ich habe den sehr lieb in Erinnerung. Das war für mich ein Vaterersatz. Ich war auch ganz furchtbar enttäuscht. Er nahm sogar noch Schmuck und eine Uhr mit und war dann von heute auf morgen verschwunden. Und sein Freund mußte meiner Mutter das dann beibringen. Meine Mutter wußte nicht, was sie nun machen sollte. Sie fand Unterstützung bei einer sehr lieben Ärztin, die ihr sagte, sie solle das Kind mal austragen. Das wird ihr vielleicht auch noch Freude fürs Leben bringen. Und sie hat auch viel Freude an meiner Schwester gehabt. Nur für mich war es eine arge Belastung. Ich mußte das Kind ja hüten. Es ging nicht anders. Wir hatten vormittags oder nachmittags Schule, Schichtunterricht. Meine Mutter wußte in der Zeit nicht, wohin mit dem Kind. In der Nachbarschaft lebte eine Lehrerin, die auch einen Säugling hatte. Sie hat dann ihren Unterricht so gelegt, daß sie die entgegengesetzte Schicht von mir hatte, und brachte mir dann auch noch ihr Kind. So hatte ich zwei Kinder zu versorgen, mit acht Jahren! Wenn ich die gewickelt habe, ließ ich sie im Wagen liegen, weil ich Angst hatte, sie könnten runterfallen, wenn ich sie hochhob. Ich mußte ihnen die Flasche geben und sie einmal wickeln. Mehr hatte ich nicht mit ihnen zu tun an dem halben Tag. Nur wenn sie weinten, war ich immer beschäftigt.

Quelle: Aus einem Interview, geführt 1991 und zusammengestellt von Beate Meyer, Forschungsstelle für die Geschichte des Nationalsozialismus in Hamburg, Fst/WdE T/V 103.

45   Eheprobleme des Heimkehrers

Dr. Konrad Linck, praktischer Arzt, in der »Frauenwelt« vom November 1949

Zur Zeitschrift »Frauenwelt« vgl. die Erläuterungen zu Dok. 49, S. 245.

Vergleicht man die äußeren Vorbedingungen für das Zusammenleben der Menschen untereinander und insbesondere in der Familie, so muß man feststellen, daß diese Bedingungen wohnungsmäßig, ernährungsmäßig, gesundheitsmäßig und berufsmäßig gegenüber friedensmäßigen Zeiten so verschieden sind, daß es als ein Wunder menschlicher Anpassungsfähigkeit gewertet werden muß, wenn es überhaupt noch ein gegenseitiges Verstehen gibt, wenn noch so viele Ehen und Familien den Stürmen der Zeit getrotzt haben und die Hoffnung auf eine bessere Zukunft nicht völlig erloschen ist. In diese denkbar schlechten Vorbedingungen hinein kommt der Heimkehrer oft aus jahrelanger Kriegsgefangenschaft zurück. Hoffnungslosigkeit, schlechte Unterbringung und Verpflegung, schwere Infektionskrankheiten, wie Typhus, Ruhr, Fleckfieber usw., haben seine Gesundheit ausgehöhlt, zumal er meistens schwere körperliche Arbeit bis zur Erschöpfung leisten mußte.

Insbesondere eine falsche und unzureichende Ernährung hat bei allen Heimkehrern einen Mangelzustand herbeigeführt, der sich in einer körperlichen, geistigen und seelischen Erschöpfung äußert, wie ihn die Ehefrau, der Freund und ganz besonders der Arzt in bisher nie gekanntem Maße kennengelernt haben. Wir müssen dabei immer berücksichtigen, daß bei unsern Heimkehrern jahrelang der Organismus von der Substanz gelebt hat, da er in noch viel stärkerem Maße als wir alle bei kalorienarmer, eiweißarmer, fettarmer und vitaminarmer Kost schwer arbeiten mußte.

Der Heimkehrer ist also schwer krank, ganz gleich, ob er mager oder dick ist. Aus dieser Erkenntnis heraus sind wir allein in der Lage, die eheliche Situation des Heimkehrers zu beurteilen. Die jahrelange Mangelernährung hat nämlich auch zu einem Erlöschen der Funktion seiner Keimdrüsen geführt, so daß er eigentlich nicht als Mann, sondern als der älteste Sohn in die Familie zurückkehrt.

Dieser Zustand ist sowohl dem Manne wie der Frau natürlich nicht klar. Vielmehr führt er zu tragischen Mißverständnissen, zu Mißtrauen, Eifersucht und schließlich zur völligen Zerrüttung der Ehe, obwohl beide Partner grundsätzlich bereit sind, die Ehe zu erhalten.

Die Erkenntnis der Ursachen allein schon ändert das Bild. Allerdings müssen auch die richtigen Konsequenzen gezogen werden. Die bis dahin durchgeführten körperlichen und seelischen Zwangsmittel, mit denen der Mann von sich Leistungen erzwingen wollte, für die die anatomischen und physiologischen Voraussetzungen fehlten, müssen ersetzt werden durch verständnisvolles Eingehen beider Ehegatten aufeinander, und zwar auf der Basis brüderlich-schwesterlichen Zusammenlebens.

Zahlreiche ärztliche Erfahrungen aus der letzten Zeit haben gezeigt, daß auf dieser Basis allein eine Gesundung des Heimkehrers möglich ist. Dazu kommt die Pflege, die ihm von seiten seiner Frau und seiner Umwelt überhaupt zuteil werden soll. Ärztliche Untersuchungen und dauernde Beratung und Führung, Ernährungszulagen, eine Diät mit reichlicher Zuführung von hochwertigem tierischem Eiweiß, am besten in Gestalt von Quark, Käse und Milch, Gaben von Verdauungsfermenten und Vitaminen, am besten durch Einspritzungen in die Blutbahn, Einschränkung der Flüssigkeit und des Kochsalzes zeitigen in relativ kurzer Zeit überraschende Erfolge. In dieser Zeit soll der Versuch gemacht werden, die berufliche Situation zu klären, und hier stehen den Familien die caritativen Organisationen der Kirchen und der Arbeiterwohlfahrt zur Verfügung.

Allein der Arzt kann es beurteilen, ob und wann er gegebenenfalls sich entschließen soll, darüber hinaus durch Gabe von hormonellen Wirkstoffen aus tierischen Keimdrüsen in die Entwicklung einzugreifen.

Insgesamt ergibt sich ein reiches Arbeitsgebiet für die Ehefrau, den Arzt und die Umwelt. Es soll aber nicht verschwiegen werden, daß ja auch die Ehefrau denselben schädigenden Einflüssen in den Jahren des Krieges und in der Nachkriegszeit ausgesetzt war und daß auch sie krank ist, wenn auch die Erscheinungsbilder ihres körperlichen, geistigen und seelischen Krankseins nicht so offenkundig sind. Am auffälligsten sind noch die wohl allgemein bekannten Regelstörungen, die ja nichts anderes sind als die Folgen mangelhafter oder fehlender Reifungsprozesse im Eierstock. Die Mangelernährung der letzten Jahre hat auch bei der Frau zu den grundsätzlich gleichen Folgen geführt wie beim Manne, wenn sie auch graduell nicht so ausgeprägt sein mögen.

Auf jeden Fall soll aber auch die Frau erkennen, daß sie nicht gesund ist und daß sie Schonung und gute Ernährung dringend braucht. Wenn aber erst bei beiden Gatten so die Voraussetzungen zur Wiedergesundung gefunden sind, wird es nicht lange dauern, bis gegenseitiges Verstehen und gegenseitige Achtung im Rahmen eines geregelten Zusammenlebens dazu führen, daß auch die bis dahin ruhenden Funktionen der Keimdrüsen neu erwachen und damit dann das letzte Hindernis fortgeräumt werden kann, was einer wahren ehelichen Gemeinschaft im Wege stand.

So können durch die Erkenntnis ursächlicher Zusammenhänge zwischen Mangelernährung und gesundheitlichen Mangelzuständen einerseits und ehelichen Konfliktstoffen andererseits allein Wege gefunden werden, die aus dem Irrgarten von Mißverständnissen und ehelichen Hindernissen herausführen in eine neue Zukunft.

Quelle: »Frauenwelt«, Heft 11, 1949, S. 18, zitiert nach: Materialband 4 zur Ausstellung »Frauenalltag und Frauenbewegung 1890–1980«, hrsg. vom Historischen Museum Frankfurt, Frankfurt a. M. 1980, S. 20 f.

46

»Sie brauchen bloß einzuwilligen und die Scheidung zu beantragen«

Norbert Hölschers Heimkehr aus russischer Kriegsgefangenschaft

Norbert Hölscher wurde 1914 geboren. Er hatte drei ältere Geschwister. Der Vater, von Beruf Stadtkassierer, starb, als Norbert Hölscher drei Jahre alt war. Die beiden älteren Schwestern mußten deshalb frühzeitig die Familie finanziell unterstützen. Sein Bruder und er konnten dagegen die Oberrealschule besuchen. Nach der Schule machte Norbert Hölscher eine Ausbildung als technischer Zeichner und arbeitete danach in der Waffenkonstruktion. 1940 wurde er eingezogen, aber zu seinem Glück meist als Stabszeichner und Kartenauswerter eingesetzt. 1945 geriet er in russische Gefangenschaft und kehrte erst 1948 zu seiner Frau zurück. Über die Heirat im Krieg und vor allem über das Wiedersehen erzählt er im Interview:

Norbert Hölscher (H.): 1942 habe ich mich verlobt, 1943 geheiratet. Ich muß dazu sagen, daß zwischen der Verlobung und der Heirat meine Schwiegermutter starb, und das hat die Familie ein bißchen (durcheinandergebracht). Und meine Mutter ist einen Monat, nachdem ich Soldat war, gestorben. Da hat dann meine Schwester die Dreizimmerwohnung genommen; und ich konnte da immer während meines (Front-)Urlaubs unterkommen. Aber mit der Heirat habe ich bei meiner Frau im Brauereiviertel gewohnt.

In diesem Haus wohnten außer seiner Frau nach dem Tod der Schwiegermutter der nun alleinstehende Schwiegervater und eine weitere Familie, die nach ihrer Ausbombung dort in das Dachgeschoß aufgenommen worden war. Diese Familie bestand aus einer Mutter und einem Sohn mit Ehefrau.

Und das war eine Dachwohnung, und da war nie viel Platz. Aus dem Grunde ist der Ehemann, also der Sohn von der ausgebombten Mutter, ins erste Geschoß zu meiner Frau gezogen. Der hat dort gelebt. Und das hat sich dann so ausgewirkt, daß der dann bei meiner Frau mit abends – gegessen hat und so weiter. Und mein Schwiegervater ist dann abends oben raufgegangen, weil die Frau wieder fünf Jahre älter war wie ihr richtiger Mann. Verstehen Sie?
Interviewer (I.): *(lacht)* Also, ich glaube, ich komme jetzt langsam durcheinander.
H.: Also, der Schwiegervater ist abends zu der Frau, wo der Mann abends bei meiner Frau schlief, nicht.
I.: Ihr Schwiegervater?
H.: Ja.
I.: Es gab sozusagen einen Männertausch?
H.: Ja.
I.: Also: Ihr Schwiegervater ging zu der Frau rauf, und deren Mann kam runter zu Ihrer Frau?
H.: Ja.
I.: Das war aber auch allen klar, ja? Das wußten alle?
H.: Das wußten alle bis auf mich. Ich habe es ja erst nach dem Krieg erfahren. Wie ich dann 1948 zu Ostern wieder zurückkam, da ging mir schon ein bißchen ein Licht auf. So recht mißtrauisch war ich nicht, aber ich kam hier am Bahnhof an und kam erst in D. in Quarantäne. Dadurch hat sich das verzögert, und ich kam also einen Tag später an als angemeldet. *(Erwartungsvolle kleine Pause)* Nun, normalerweise, wenn da eine Ehefrau Nachricht von ihrem Mann kriegte, daß er aus der Gefangenschaft kommt, dann ist sie auf dem Bahnhof. Aber bei mir war niemand da. Es war aber einen Tag später.
I.: Ja eben, es war ja einen Tag später. Das ist ja noch erklärbar.
H.: Ja, das ist noch erklärbar. Na, da habe ich vom Bahnhof beim Roten Kreuz angerufen, wo sie arbeitete. Dazu muß ich sagen, sie hat bei ihrem Onkel gearbeitet, hat mir aber auch am Telefon gleich gesagt, daß sie heute abend etwas anderes hätte: »Das verstehst Du nicht, da kriegt man auch nicht so ohne weiteres frei.« Hat mir aber ausdrücklich noch am Telefon gesagt: »Hol mich ja nicht von der Arbeit ab, geh heim und geh rauf zu der Frau, die hat einen Schlüssel.« Und die kam mit hoch und hat mir Kaffee gekocht, und was anzuziehen war da. Und dann habe ich gewartet, bis die Frau kam. Na ja, das ist, wenn man sich nun jahrelang nicht gesehen hatte, das erste Wiedersehen mit Glatzkopf und so, ist nicht gerade überwältigend. Sie sagte: »Das kommt ein bißchen plötzlich. Du mußt mir Zeit lassen. Ich muß mich erst mit der Tatsache abfinden.« Das war ja nun vor Ostern. Also Gründonnerstag bin ich gekommen, dann kamen die Osterfeiertage. Den ersten Feiertag waren wir

mit meiner Schwester zusammen . . . Den zweiten sind wir mit dem Freund, wenn ich das mal so sagen soll, in ein Kabarett gegangen . . . Und der dritte Feiertag, der brachte nun die Lösung, indem wir denn abends beim Abendbrot saßen, der hat ja unten mitgegessen. Mein Schwiegervater war oben. Hatten wir gewartet, bis der runter kam. Und jetzt muß ich dazu sagen, daß der Mann hier in der Gießerei tätig war und als Former dort gut verdient hat und hat, wie das in der sowjetischen Zone war, besondere Verpflegung gehabt. Kriegte zusätzlich Brot und brachte jeden Tag eine Aktentasche voller Briketts mit. Nun, nach dem Abendbrot sagte er zu mir: »Nun, Herr Hölscher, Sie werden wohl gemerkt haben, daß zwischen Ihrer Frau und mir ein gutes Einvernehmen besteht. Und wir sind uns einig, wir wollen uns heiraten. Ich fordere Sie auf, in die Ehescheidung einzuwilligen. Wenn Sie das nicht machen, dann werden wir Sie hintergehen, wo wir nur können.« Das waren wirklich seine Worte. »Ist aber alles eingeleitet. Sie brauchen nur zu Ihrem Rechtsanwalt zu gehen, bezahlt habe ich das alles schon. Sie brauchen bloß einzuwilligen und die Scheidung zu beantragen.«

Herr Hölscher willigte dann ein, nur wegen ehewidrigen Verhaltens und nicht wegen Ehebruchs zu klagen.

H.: Bei Ehebruch mußten sie, so war das wenigstens früher, ein Jahr warten, bis sie wieder heiraten durften, bei ehewidrigem Verhalten konnten sie sofort heiraten. Dem habe ich stattgegeben. Ich habe dann noch drei Wochen dort bei meiner Frau gewohnt.

Danach zog er wieder zu seiner Schwester, nachdem – »da hatte ich Glück« – eine Frau, die dort als Zwangseingewiesene wohnte, gestorben war.

H.: Nun, das hat jetzt wieder nichts mit der Sache zu tun, aber meine erste Frau hat insofern Pech gehabt, daß vier Monate nach ihrer Heirat der Mann starb.
I.: Ah ja, und warum?
H.: Der hatte durch die Formerei auch eine TBC, eine Lungenkrankheit.
I.: Und hat sich denn Ihre Frau noch einmal an Sie gewandt?
H.: Nie, wir haben uns nie wieder getroffen oder gesehen.
I.: Hat denn Ihre Frau nicht mit Ihnen selbst darüber geredet?
H.: Wegen der Scheidung?
I.: Ja.
H.: Nein, das hat alles er übernommen. Freilich hat sie denn mal so getan: »Also, wollen wir es noch einmal versuchen?« – »Es hat gar keinen Zweck«, sag ich, »du hast ja deinen neuen Mann, einen neuen Partner, mit dem du praktisch schon drei Jahre zusammenlebst, der wohnt in der Wohnstube, und der bringt dir auch alle zwei Tage drei Pfund Brot und jeden Tag zwölf Briketts. Ich habe noch nicht einmal Arbeit. Das Ding kann gar nicht laufen.«
I.: Ihre Frau wollte noch einmal mit Ihnen anfangen?
H.: Ehe ich zu dem Rechtsanwalt ging, da sagte sie: »Wie denkst du denn darüber und so?« Der war das auch ein bißchen hart, wie der das auf den Tisch gelegt hatte. Aber was sollte mir übrigbleiben? Ich konnte doch gar nichts dagegensetzen. Wenn ich überlege: Ich habe 1943 geheiratet, dann hatte ich noch einmal Urlaub, dann war ich drei Jahre als Kriegsgefangener, und die haben schon drei Jahr lang zusammengelebt. War kein Versuch wert.

Auf Nachfrage erzählt Norbert Hölscher, wie er seine erste Frau im Krieg kennengelernt hat:

H.: Na, da muß ich sagen, das war eine ausgesprochene Kriegsheirat. Durch einen Soldatenbrief. Ich war ja beim Regimentsstab in Blois in Frankreich. Das ist eine schöne Stadt überdies, und da kam eben so ein Brief an einen Soldaten und der Absender(ort) war A. Und da sagt mein Oberfeldwebel: »Ja, Hölscher, da schreibt eine aus A. (dem Heimatort von Herrn Hölscher). Willst du den haben?« Ja, und da

habe ich mir den genommen, und dann haben wir uns durch Briefwechsel an-
genähert. Das erste Mal haben wir uns – also 1940 bin ich Soldat geworden, '41
war ich in Frankreich, dann kam ich von Frankreich urplötzlich weg nach Polen,
nach Pommern, das war ein Ort Straußberg, Straußburg hieß er sogar. Von dort
war ich das erste Mal auf Urlaub, und da habe ich sie das erste Mal getroffen, der
Urlaub war im März 1941.

I.: Da haben Sie sie das erste Mal gesehen.

H.: Da habe ich sie das erste Mal gesehen. Und das zweite Mal dann '42, im Dezember. So lange hatte man da keinen Urlaub. Das war ja 18 Monate wegen dem
Rußlandfeldzug nicht drin. Da habe ich sie das zweite Mal gesehen. Da haben wir
uns verlobt, nach anderthalb Jahren Briefwechsel hin und her...

I.: So schnell haben Sie sich verlobt.

H.: Na ja, was heißt schnell? Das waren 18 Monate.

I.: Na ja –

H.: Bloß einmal gesehen, meinen Sie?

I.: Ja.

Sie seien nicht gleich beim erstenmal zärtlich geworden, was er danach für einen großen Fehler
hielt; denn seine Frau hätte das erwartet, wie sie ihm »später auswies«. Aber beim zweiten
Urlaub?

H.: Na freilich, wo wir uns dann verloben wollten oder verlobt haben. Und zwischen dem zweiten und dem dritten Urlaub starb die Schwiegermutter.

I.: Und wann haben Sie sich das nächste Mal gesehen?

H.: Na, 1943 im September. Da haben wir geheiratet.

I.: Also, Sie haben sich faktisch beim dritten Treffen verheiratet.

H.: Ja, das klingt ein bißchen absurd, aber – nun, es ist, möchte ich mal so sagen,
etwas überstürzt – wenn ich meine Mutter oder gar Eltern gehabt hätte, dann hätte
ich vielleicht nicht geheiratet, aber ich war doch allein, nicht wahr. Und da habe ich
gesagt: »Deine Briefe werden zensiert. Deine Mutter ist nicht mehr da.« Ich sag:
»Ich habe keine Eltern. In diesem Sinne wollen wir das nächste Mal heiraten.«

Und dann habe er seine Frau dreieinhalb Jahre nicht gesehen, bis zu seiner Heimkehr.

Nachdem diese Ehe gescheitert war, lernte Norbert Hölscher seine zweite Frau kennen.
Norma Hölscher wurde 1922 in der gleichen Stadt geboren wie ihr späterer Mann. Nach
Volksschule, Mittelschule und Mittlerer Reife machte sie eine Handlungsgehilfenlehre bei einer
Tageszeitung. Nach der Ausbildung mußte sie erst zum Arbeitsdienst, dann zum Kriegshilfs-
dienst. 1943 heiratete sie ihre »große Liebe«, einen Studenten der Wirtschaftswissenschaften,
der sein Studium unterbrechen mußte für den Kriegsdienst. 1945 geriet er in russische Gefangenschaft. Im Herbst 1946 bekam Norma von einem Kameraden die Nachricht, daß ihr
Mann gestorben sei. Über ihre Schwägerin lernte sie dann Norbert Hölscher kennen. 1951
wurde sie schwanger und die beiden heirateten auf Wunsch ihrer »konservativen Eltern«. Für
Norma Hölscher war jedoch erst ein schwerer Schritt fällig: Sie mußte ihren ersten Mann, ihre
große Liebe, für tot erklären lassen.

Quelle: Aus einem Interview
mit Norbert Hölscher
(Pseudonym), geführt 1987
von Alexander von Plato,
Archiv »Deutsches Gedächtnis«, Lüdenscheid.

---

47 | ## »Wie soll das wieder in Ordnung kommen?«

Leserinnen fragen die Frauenzeitschrift »Constanze«

Die Zeitschrift »Constanze« erschien seit März 1948 alle 14 Tage im Constanze-Verlag in
Hamburg unter der Chefredaktion von Hans Huffzky mit einer Auflage von etwa 300 000
Exemplaren. In der ersten Nummer stellte die Redaktion ihre Zielsetzung vor: »Ich,
CONSTANZE, will mich ehrlich bemühen, Dir, liebe Leserin, eine nahe und nächste Be-
gleiterin durch die Mühsal Deiner Tage zu sein (um Gottes willen, jetzt bin ich schon ins ›Du‹

vorgedrungen – sehen Sie, so nah begleite ich Sie schon). (...) Die deutschen Frauen leiden heute nicht allein an ihrem eigenen materiellen Leid und dem, das für ihre Seele daraus erwächst. Sie leiden, nachwirkend, auch an dem, was war. Und sei es bloß die Scham, die sie ergreift, wenn sie hören, wozu Deutsche fähig waren in den vergangenen Jahren. (...) Welche Frau trägt nicht mit an der Last des antwortheischenden Schweigens, in das die Millionen Gemordeter und Gefallener dies- und jenseits unserer Grenzen gehüllt sind? Und welche Frau vernimmt nicht den Heimwehschrei der vielen Hunderttausende, die in allen Windrichtungen noch gefangen sind? All dieses Leid, diesen Schmerz und diese Last tragen helfen und umzuwandeln in neue Einsicht, neue Kraft und neues Ja zum Leben – dessen will ich mich mit allen Kräften mühen.« (Seeler, in: Freier/Kuhn 1984, S. 96.)

Der erste hier wiedergegebene Leserbrief richtete sich an Walther von Hollander, der in fast allen damaligen Frauenzeitschriften zu Problemen von Ehe und Familie Stellung nahm; auch die beiden weiteren Briefe kreisen um diese Problematik.

Quelle: »Constanze«, Heft 1, 1948, S. 19.

Frau B. schreibt: Können Sie gerecht sein? Auch gegen eine Frau? Dann möchte ich Ihnen mal eine Frage vorlegen: Nach fast fünf Jahren ist mein Mann aus der Gefangenschaft zurückgekommen. Die ersten drei, vier Wochen waren wir sehr glücklich. Aber nun gibt es einen Streit nach dem anderen. Grund: Er kommandiert herum und ist mit allem unzufrieden. Ich hätte mich so verändert, sagt er, und ich wäre gar keine richtige Frau mehr. Als wir heirateten, war ich 23. Jetzt bin ich 31. Von den acht Jahren war ich sechs Jahre allein und mußte zusehen, wie ich durchkam. Jetzt müßte er mir doch eigentlich eine Hilfe sein. Aber er verlangt, daß ich den ganzen Haushalt (wir haben zwei niedliche Kinder) besorgen soll, und er sitzt in der Ecke, liest Zeitung, schimpft und kommandiert. Haben die Männer denn noch nicht genug bekommen vom Kommandieren? Er meint, er hat ein gemütliches Heim zu fordern. Ich finde aber, er hat gar nichts zu fordern. Wie soll das wieder in Ordnung kommen? Wer ist schuld?

Gibt es Fernscheidungen?

Frage: 1944 habe ich geheiratet, habe aber meinen Mann seit der Hochzeit nicht mehr gesehen. Er kam in russische Gefangenschaft, und die erste Nachricht erhielt ich 1946 von ihm. Obwohl er dann m. E. regelmäßig hätte schreiben können, kamen nur kurze, unpersönliche Karten von ihm. Ich habe ihn ursprünglich geliebt, aber sein Verhalten und die lange Wartezeit haben mich müde gemacht. Nun kenne ich seit kurzem einen Mann, den ich heiraten möchte. Gibt es Fernscheidungen, wenn mein Mann damit einverstanden wäre?   (Frau J., Köln)

Antwort: Nein, es gibt keine Fernscheidungen. Ihre Ehe kann ohne die Anwesenheit Ihres Mannes nur dann geschieden werden, wenn er einen Rechtsanwalt mit seiner Vertretung beauftragt, d. h., ihm eine schriftliche Erklärung abgibt, nach der er mit der Scheidung einverstanden ist. Falls Ihr Mann sich nicht entsprechend äußert, müssen Sie sich gedulden, bis er entweder zurückkommt oder nach vorschriftsmäßigem Zeitablauf für tot erklärt werden kann.

Der Mann, der vor mir war.

Frage: Ich habe Anfang dieses Jahres wiedergeheiratet, da ich 1943 die Nachricht erhielt, daß mein Mann gefallen sei. Jetzt kommt der Totgeglaubte zurück. Kann ich die Aufhebung der neuen Ehe beantragen und meinen ersten Mann wiederheiraten?   (Frau M., Hamm)

Quelle: »Constanze«, Heft 5, 1948, S. 17, zitiert nach: Materialband 4 zur Ausstellung »Frauenalltag und Frauenbewegung 1890–1980«, hrsg. vom Historischen Museum Frankfurt, Frankfurt a. M. 1980, S. 21.

Antwort: Ja, Sie können Ihren ersten Mann wiederheiraten, da Sie Ihre neue Ehe in dem guten Glauben eingegangen sind, daß der erste Mann tot sei. Allerdings lebt mit der Aufhebung der neuen Ehe die alte Ehe nicht von selbst wieder auf, sondern es bedarf einer erneuten Eheschließung zwischen Ihnen und Ihrem ersten Mann wie bei der ursprünglichen Heirat. Auch können Sie Ihren ersten Mann nicht zwingen, eine neue Ehe mit Ihnen einzugehen, da Sie ja vor dem Gesetz bei seiner Rückkehr erneut gebunden sind, er aber dadurch frei geworden ist.

48

Geboren 1942 im Berliner Frauengefängnis

Hans Coppi berichtet über seine ersten Lebensjahre

Hans Coppi wurde 1942 als Sohn von Hans und Hilde Coppi geboren, die beide als Mitglieder der »Roten Kapelle« durch die Gestapo (Geheime Staatspolizei) verhaftet und zum Tode verurteilt wurden. Mit dem Begriff »Rote Kapelle« bezeichnete die Gestapo verschiedene Gruppen des antifaschistischen Widerstandes in Deutschland und Westeuropa, die Spionagetätigkeit für die Sowjetunion leisteten. Die Mitglieder rekrutierten sich aus allen gesellschaftlichen Schichten. Die beiden Berliner Gruppen wurden im August/September 1942 zerschlagen. Insgesamt wurden 46 Mitglieder hingerichtet. Der Widerstand der »Roten Kapelle« rangierte im Geschichtsbewußtsein der DDR an zentraler Stelle, so daß Menschen wie Hans und Hilde Coppi postum hohe Anerkennung erfuhren, während in der Bundesrepublik diese mit der Sowjetunion kollaborierenden Widerstandskämpfer kaum bekannt waren oder als bezahlte Spione verunglimpft wurden.

Die Flucht in den Luftschutzgraben gehört zu meinen ersten Erinnerungen, den Schrei der Sirene habe ich noch im Ohr. Mein Leben geprägt hat aber, woran ich mich *nicht* erinnern kann: Ende November 1942 kam ich im Berliner Frauengefängnis in der Barnimstraße zur Welt. Meine Eltern waren Mitte September von der Gestapo verhaftet worden. Sie wurden wegen ihrer antifaschistischen Tätigkeit in den Widerstandskreisen um Arvid Harnack und Harro Schulze-Boysen [führende Mitglieder der »Roten Kapelle«] vom Reichskriegsgericht zum Tode verurteilt und in Berlin-Plötzensee hingerichtet. Mein Vater hat mich nur einmal sehen können. Er gehörte zur ersten Gruppe der Hingerichteten; zwei Tage vor Weihnachten 1942 wurde sein Todesurteil vollstreckt. Am 21. Juli 1943 lehnte Hitler das Gnadengesuch für meine Mutter und zwölf weitere Frauen ab. Wenige Tage vor ihrer Hinrichtung am 5. August 1943 holte mich meine Großmutter mütterlicherseits aus dem Frauengefängnis ab. Im November 1943 in der Frankfurter Allee wurden wir ausgebombt und zogen zu Freunden meiner Mutter nach Reppen, einer kleinen Stadt zwischen Frankfurt an der Oder und Posen. Als meine Großmutter dort plötzlich starb, brachten mich die Eltern meines Vaters, die inzwischen auch ausgebombt waren, zu Freunden nach Lehnitz bei Berlin. Anfang 1945 holten sie mich dann zu sich nach Berlin-Tegel, wo sie ihre Eisdiele bald wieder eröffnen konnten. Wir wohnten in der »Kolonie am Waldessaum« schräg gegenüber dem Tegeler Gefängnis, erst in einem notdürftig errichteten Behelfsheim und später in der wieder aufgebauten Laube. Dort hatten meine Eltern bis zu ihrer Verhaftung gelebt. Die Laube war dann von der Gestapo einbehalten und später bei einem Bombenangriff zerstört worden.

Bald erinnerte ein Schild am Haus, daß hier in den Jahren 1941/42 die von den Nazis hingerichteten Hans und Hilde Coppi gewohnt hatten. Zu ihren Todestagen und im September, zum Tag der Opfer des Faschismus, kamen viele Menschen mit Blumen. Dadurch erfuhr ich, daß meine Mutter und mein Vater auf eine sehr unnatürliche Weise gestorben waren. Ich wollte es nicht wahrhaben, denn ich träumte manchmal davon, daß sie eines Tages wiederkämen, tauchten doch in dieser Zeit immer wieder vermißte oder totgeglaubte Soldaten aus der Gefangenschaft auf.

In der ersten Klasse fragte mich der Pfarrer, ob ich an der Christenlehre teilnehmen wolle. Ich lehnte ab. An einen Gott konnte ich nicht glauben. Ein Gott hätte die Ermordung meiner Eltern nicht zugelassen.

Der nach der Befreiung vom Faschismus einsetzende Kalte Krieg führte im Westen dazu, daß meine Eltern und ihre Freunde aus dem Widerstand wieder als Landesverräter bezeichnet wurden. Die 1946 in Berlin-Tegel nach ihnen benannte Straße wurde 1948 in Hatzfeldallee rückbenannt. Diese erneute Verurteilung meiner Eltern und ihrer Freunde und ihre damit verbundene Ausgrenzung aus dem deutschen Widerstand veranlaßten meine Großeltern, 1950 in den Ostteil der Stadt zu ziehen. So wurde ich Bürger der DDR und blieb es bis 1990.

Der zweite Sonntag im September war in der DDR ein Gedenktag für die Opfer des Nationalsozialismus, offiziell deklariert als »Internationaler Gedenktag für die Opfer des faschistischen Terrors und Kampftag gegen Faschismus und imperialistischen Krieg«.

Quelle: Den Text schrieb Hans Coppi im Januar 1995, Archiv »Deutsches Gedächtnis«, Lüdenscheid.

»Der Vater schwarz, die Mutter weiß«

Ein Artikel von Ingeborg Meinecke

Ein weiterer Artikel aus der Zeitschrift »Frauenwelt« siehe Dok. 45, S. 238 f.

Die »Frauenwelt« war die erste Frauenzeitschrift nach dem Krieg. Sie erschien erstmals im Dezember 1945 in Nürnberg mit einer Auflage von 23 000 Exemplaren. Bis Dezember 1949 stieg die Auflagenhöhe auf 50 000 Exemplare. Herausgegeben wurde die »Frauenwelt« von Gesine Speicher, deren 1928 gegründete »Nürnberger Hausfrauenzeitung« im Februar 1937 von den Nationalsozialisten verboten worden war, und zwar wegen eines Artikels, der sich unter dem Titel »Nicht mitzuhassen, mitzulieben sind wir da« gegen »die sittliche Verderbnis der Jugend durch den Stürmer und die pornographischen Reden des Herrn Streicher« gerichtet hatte. Gesine Speicher selbst verbüßte eine Haftstrafe in einem Konzentrationslager. Mit der »Frauenwelt« setzte sie diese 1937 verbotene Zeitschrift fort. In der ersten Nummer hieß es. »Die Aufgabe unseres Blattes, das sich nun Frauenwelt nennt und zweimal monatlich erscheint, sehen wir in der Behandlung sämtlicher Probleme, die die Frauen berühren.« Der weiblichen Herausgeberschaft maß sie dabei einige Bedeutung zu. »Sollten die Frauen nicht wenigstens einmal ihre eigene Presse in die Hand nehmen, sie durch Verständnis und Mitarbeit fördern! (...) Die Presse ist noch immer eine Macht, und die Einflußnahme auf sie muß erstrebt werden, denn von hier aus kann manches, wenn nicht alles erreicht werden.« (Seeler, in: Freier/Kuhn 1984, S. 90 f.) Der Eindruck, den man von Gesine Speicher gewinnt, paßt wenig zu dem folgenden Artikel von Ingeborg Meinecke aus dem Jahr 1949, der in bemerkenswert rassistischer und selbstgerechter Weise das Thema »Mischlingskinder« zum Problem erhebt.

Ingrid und Christian, Gisela und Helmut, das sind die »blonden« Vornamen von Kindern mit wulstigen Lippen, gekräuseltem Negerhaar und einem mehr oder weniger braunen Fellchen. Es sind in Deutschland einige Hundert solcher Mischlinge, die in einer Zeit der größten materiellen Not einerseits, der äußersten moralischen Haltlosigkeit andererseits als Früchte des Dreiklanges »Liebe – Leidenschaft – Hunger« entstanden und nun in Kinderheimen und Waisenhäusern untergebracht sind. Es besteht nur in den seltensten Fällen die Möglichkeit, daß ein solches Kind, auf dem ein besonderer Makel ruht und das deshalb vor allem von der Verwandtschaft nicht im Hause geduldet wird, bei der Mutter aufwachsen kann.

Was wird aus diesen Kindern? Wie sieht ihre Zukunft aus in Deutschland, in einem Lande also, wo es keine Rassengesetze gibt wie in Amerika, das eine scharfe Trennung zwischen Negern und Weißen in Verkehrsmitteln, Restaurants usw. vorschreibt?

Auch in Deutschland bestehen, wie man sieht, Vorurteile gegen die Mischlingskinder. Selbst wenn der Vater gelegentlich seiner Frau die begangene Untreue verzeihen mag, so ist es ihm doch unmöglich, diesen so besonders auffallenden Beweis der Untreue immer vor Augen zu haben.

Und ähnlich ist die Einstellung der Familie der ledigen Mutter. Es bleibt also nur die Unterbringung in Heimen. Die Jugendämter wenden ihnen ihre Aufmerksamkeit zu.

Als kürzlich einmal in einer amerikanischen Zeitschrift unter der Überschrift »Unwanted Babies« Bilder dieser in Deutschland geborenen Mischlinge veröffentlicht wurden, zugleich mit einem Hinweis auf die Problematik ihres Schicksales, häuften sich die Anfragen von drüben, die die Adoption dieser Kinder betrafen. Aber nach unseren Gesetzen können so kleine Kinder nicht auswandern. Die amerikanischen Gesetze gestatten nicht die Einwanderung von nicht adoptierten Kindern, die deutschen verlangen, daß die adoptierenden Eltern in Deutschland wohnen. Wenn nicht diese Bestimmungen geändert werden, müssen die Kinder weiter in Deutschland bleiben, wo sie immer außerhalb stehen werden, während ihnen drüben eine glücklichere Zukunft winkt. Bei einem so starken Einfluß der Besatzungsarmee auf die deutsche Bevölkerungsstatistik könnte man annehmen, daß sich das um der Kinder willen eines Tages ändert. Beträgt doch die Zahl der unehelichen

Kinder in Heidelberg seit 1945 1 500, wovon nach den Angaben der Mütter 445, also rund ein Drittel, von Amerikanern sind.

Darunter sind 24 Negerkinder. In Mannheim ist der Prozentsatz bei Beachtung der höheren Einwohnerzahl noch größer, denn hier sind es rund 4 000 uneheliche Geburten, wobei in 778 Fällen Amerikaner als Väter angegeben werden und davon sind sogar 110 Kinder Mischlinge! Wenn man diese Zahlen als Durchschnitt nimmt und auf ganz Deutschland anwenden würde, so ergäben sich schätzungsweise daraus 150 000 – 200 000 uneheliche Geburten mit ausländischen Vaterschaften.

Wenn auch diese Zahl der unehelichen Geburten sehr zurückgegangen ist, weil eine Verbindung, die ein Kind zur Folge hat, jetzt häufig zu einer Ehe führt, was im Anfang ja nicht gestattet war, so bereitet doch die Zahl der bereits vorhandenen Kinder viel Kopfzerbrechen. Für die kleinen Mischlingskinder aber besteht wohl überhaupt kaum eine Aussicht, daß es zwischen Mutter und Erzeuger zu einer Ehe kommt und daß die Kinder damit ein Elternhaus erhalten.

Quelle: »Frauenwelt«, Heft 14, 1949, zitiert nach: Materialband 4 zur Ausstellung »Frauenalltag und Frauenbewegung 1890–1980«, hrsg. vom Historischen Museum Frankfurt, Frankfurt a. M. 1980, S. 16.

Wenn eine deutsche Mutter, die ihr uneheliches Kind einem Heim zur Betreuung übergibt, nicht zahlen kann, so übernimmt der Staat die Kosten dafür. Sie werden, wenn die Väter Amerikaner sind, bereits als »indirekte Besatzungskosten« bezeichnet. So ist der Vorschlag berechtigt, die Adoptionsbehinderung nach den USA gerade für die Mischlingskinder aufzuheben, eventuell bei Anrechnung auf die Einwanderungsquote, und die UNO für das Schicksal dieser Mischlingskinder zu interessieren, die sich drüben in das normale Leben sehr viel reibungsloser eingliedern lassen würden, als das bei uns je der Fall sein könnte.

50

»Ja, ist das denn ein Leben, wenn man jung ist?«

Kriegsfolge soziale Entwurzelung

Die erste Nummer der Zeitschrift »Der Regenbogen« erschien im Februar 1946. Sie wurde herausgegeben von Maria Pfeffer und erschien mit einer Auflage von 35 000 Exemplaren im Michael Bechstein Verlag in München, der auch die Lizenz bekommen hatte. In der ersten Nummer erläuterte Maria Pfeffer die Ziele und den Namen »Regenbogen«:

». . . Es steckt uns auch allen von dem großen Unwetter noch der Schrecken und die Müdigkeit im Blut. Doch es ist vorüber, und der Regenbogen, vom Sonnenlicht hervorgezaubert, schwingt sich leuchtend über die noch tränennasse Erde. So haben wir unsere Zeitschrift nach diesem alten biblischen Sinnbild der Hoffnung, des Friedens und der Versöhnung benannt.

Ehe wir an die Arbeit gingen, haben wir uns mit vielen Frauen aus den verschiedensten Kreisen unterhalten und sie gefragt: ›Was erwarten Sie sich von einer neuen Frauenzeitschrift?‹ Die Antwort war ziemlich einheitlich. Alle wollten viel Praktisches: Kochrezepte, nützliche Winke, eine Modeseite . . . kurz, Rat und Hilfe in den Sorgen des Alltags. Sie wünschten sich außerdem Anregung und Unterhaltung: Erzählungen oder einen Roman, gute Gedichte, eine kulturelle Seite.

Viele sagten: ›Unser Gesichtskreis muß wieder weiter werden. Wir haben all die Jahre wie hinter einer Mauer gelebt und möchten wieder wissen, wie es in der Welt aussieht.‹ (. . .) In einem Punkt allerdings waren die Meinungen geteilt. Viele sagten: ›Von Politik wollen wir nun nichts mehr wissen.‹ Es waren vor allem junge Frauen, die nur die »Politik« der letzten dreizehn Jahre kennen. Nun stehen sie fassungslos vor dem Unheil, das »die Politik« angerichtet hat. Und wissen nicht, daß sie in einem Denkfehler befangen sind. Wir wollen gewiß keine Politik betreiben; das ist die Aufgabe der Zeitungen und Parteiblätter. Aber wir dürfen uns vor den brennenden Tagesfragen nicht verschließen, sondern müssen versuchen, uns mit ihnen auseinanderzusetzen. (. . .)« (Seeler, in: Freier/Kuhn 1984, S. 94 f.)

Der folgende Text ist ein Auszug aus einer Sozialreportage, in der es am Beispiel einer jungen Frau um die Entwurzelung der Jugend in Folge des Krieges geht.

Die Arbeitskarte wurde ausgegeben bei der Registrierung der Arbeitskräfte, als Nachweis über die Einhaltung der Pflicht zur Arbeit. Vgl. dazu auch die Erläuterungen zu Dok. 73, S. 282.

Vor dem Richter steht auch ein breitschultriges Mädchen, gut frisiert, mit einem ganz hübschen Kleidchen. »Sie sind von der Streife mitgenommen worden, weil Sie keine Arbeitskarte vorweisen konnten. Sie stehen also nicht in Arbeit?« Der Mund des Mädchens wölbt sich trotzig und bleibt geschlossen. »Ohne Arbeitskarte erhalten Sie keine Lebensmittelmarken. Wovon leben Sie also?« Schweigen. »Nun, auch ohne Ihre Antwort wissen wir, wovon Mädchen Ihres Schlages sich erhalten.«

»Jawohl«, sagt sie heftig und blickt auf, »ganz genau davon lebe ich. Und nicht nur, weil meine Freunde dafür sorgen, daß ich zu essen und etwas Ordentliches zum Anziehen habe, bin ich froh. Mit 17 Jahren haben sie mich in die Rüstung gesteckt. Da habe ich von früh bis abends in den Hallen gesessen und Schrauben gefräst. Tausende am Tag. Nachts saßen wir im Luftschutzkeller. Kurz vor Kriegsende wurde ich noch zur Flak eingezogen. In die Nähe von Wien. Nur mit Mühe sind wir den Russen ausgekommen und mußten all unsere kleinen Halbseligkeiten zurücklassen. Als ich heimkam, war unser Haus zerstört. Irgendwo in der Oberpfalz hat man meine Mutter mit den drei kleinen Geschwistern in ein armseliges Zimmer hineingestopft. Der Vater ist noch nicht aus der Gefangenschaft zurück. Meine Mutter hat mit dem besten Willen keinen Platz für mich. Wenn ich sie besuche, muß ich mit ihr und dem Kleinsten in einem Bett zusammen schlafen oder auf dem Boden, denn sie haben im ganzen nur zwei Betten. Da bin ich in der Stadt wieder in die Fabrik gegangen. Aber was konnte ich mir am Ende der Woche von dem Lohn kaufen? Nicht einmal ein Paar Strümpfe. Sonntags mußte ich zum Kartoffelhamstern gehen oder Holz im Wald holen. Ja, ist das denn ein Leben? Ein Leben, wenn man jung ist? Nein, die Nächte sind vorbei, in denen mir die Angst hochkroch, daß das ganze Leben so trostlos weiter- und vorbeigehen könnte. Jetzt will ich endlich einmal leben.«

Quelle: A. Steinhoff, Jugend hinter Gittern, in: Der Regenbogen, 2 (1947), 11/12; zitiert nach: Friedrich Prinz (Hrsg.), Trümmerzeit in München, München (Deutscher Taschenbuch Verlag) 1984, S. 292 f.

51 Von versteckter Kriegsmunition und erlegten Hühnern, heimlichen Liebespaaren und frivolen Schattenspielen

Jugenderinnerungen von Alexander Eberhardt an das Nachkriegsleben auf dem Lande

Alexander Eberhardt wurde 1937 in einem kleinen Dorf in Niedersachsen geboren. Der Vater war Gutsbesitzer, die Mutter Hausfrau. Alexander Eberhardt hatte zwei Geschwister. Er besuchte die Zwergschule im Dorf, dann ein Gymnasium. Nach dem Abitur studierte er an einer Technischen Hochschule und übernahm das väterliche Gut. Alexander Eberhardt ist verheiratet und hat zwei Kinder.

Von schwerer Jugend nach 1945 ist häufig die Rede. Ich habe diese Zeit demgegenüber als besonders aufregend und durchaus positiv in Erinnerung. Bei uns auf dem Hof und den Häusern drumherum waren circa 100 Flüchtlinge einquartiert, darunter 28 Kinder und Jugendliche. So viele hat es dort weder vorher noch nachher wieder gegeben. Wir waren ständig draußen, beobachteten Bauern, die schwarz schlachteten, Liebespaare, die heimlich in die Scheune gingen, Landser [einfache Soldaten], die Papiere oder ihre Munition im Moor versteckten, wo wir unsere Bude hatten, oder Orden und Uniformlitzen verschwinden ließen, um sich »ziviler« zu machen. Wir wußten also meistens vor den Erwachsenen, wo Gewehre, Patronen oder Handgranaten lagen, einmal fanden wir sogar eine Panzerfaust. All das haben wir heimlich gesammelt und gehortet.

Manchmal machten wir damit etwas mehr. Zum Beispiel »erlegten« wir mit der Gewehrmunition Hühner: Auf einen Stein in der Nähe des Hühnerstalls legten wir eine Gewehrpatrone und rundherum Körner, um die Hühner anzulocken. Wenn ein Huhn dann anfing, die Körner wegzupicken, schossen wir mit dem Luftgewehr.

Nein, nicht auf die Hühner direkt, sondern auf das Zündhütchen der Patrone. Wurde es getroffen, explodierte die Patrone und schoß in beide Richtungen, die Kugel in die eine und die Messinghülse in die andere Richtung. Das war eine Kunst. Einmal ist es sogar gelungen, zwei Hühner auf einmal zu erlegen – mit der Hülse und mit der Bleikugel je ein Huhn. Die Flüchtlinge waren ganz froh, wenn ohne ihr Zutun und ziemlich überraschend zwei tote Hühner auf dem Hof lagen, die gerupft und gegessen werden konnten.

Mit den Handgranaten ging es weniger glimpflich ab. Ein Junge verlor bei dem Versuch, möglichst spät und möglichst genau ein Eichhörnchen zu treffen, seine Hand, später sogar seinen Arm, weil der sich entzündet hatte. Mein Vater bekam das glücklicherweise nicht mit. Mit Waffen war er sehr streng.

Am meisten Spaß machte es, Liebespaare zu beobachten. Fast immer war ein Teil, also die Frau oder der Mann, verheiratet, der Mann war noch in Kriegsgefangenschaft oder die Frau noch in Berlin oder sonstwo, der Ehepartner aber schon bei uns gelandet. Daher mußten sie heimlich in den Wald oder in die Scheune oder verlustierten sich bei der Arbeit auf dem Feld. Offen sollten der verwundete Mann oder die Frau in der Fremde wohl nicht betrogen werden, aber es geschah dauernd. Die frühere Sekretärin meines Vaters, die übrigens einen Jungen im »Lebensborn« bekommen hatte, haben wir mit zwei Männern beobachtet, meinen Onkel bestimmt mit vier Frauen – nacheinander. Wir haben dann kleine Andeutungen ihnen gegenüber gemacht, so daß sie wußten, daß wir wußten. Verraten haben wir natürlich niemanden, sondern uns eher selbst in Sachen Aufklärung versucht.

Unser großes Haus wurde bald Kriegsversehrtenheim. Mein Vater vermietete es ans Rote Kreuz. Wir Kinder, besonders mein Cousin Hagen, wurden Spezialisten in Sachen Beinprothesen und begutachteten professionell zusammen mit den Einbeinigen jedes neu eingegangene künstliche Bein. Wer zwei Beine verloren hatte, bekam nach einiger Zeit, wenn er Glück hatte, einen dreirädrigen langgestreckten Rollstuhl, den man abwechselnd links oder rechts mit den Armen vorwärts bewegen konnte. Wir wurden ziemlich schnell mit den Dingern, aber verloren regelmäßig gegen die Beinlosen. Geärgert haben wir sie natürlich auch. Der einbeinige Joachim Müller kam uns einmal auf seinen Krücken entgegen. Wir stellten uns vor ihn hin, zielten mit der Zwille auf ihn und schossen – mit Asche. Und liefen weg. Er wurde so wütend, daß er auf seinen Krücken hinter uns her humpelte, uns auch einholte und mit den Krücken grün und blau schlug. Wir haben natürlich nicht gewagt, uns zu beklagen. Joachim Müller bekam später eine Rente, die so gut war, daß er interessant wurde für Edith Geffke. Sie führten dann eine »Onkelehe«, d. h., sie schmissen ihre Kriegerwitwenrente und seine Kriegsversehrtenrente zusammen und lebten davon einigermaßen. Aber ich habe ihn dennoch immer als »arme Sau« in Erinnerung, der bis zu seinem Tode ausgenutzt wurde von ihr und ihrer Familie wegen seiner Rente. Aber vielleicht war das keine schlechte Lösung für alle Beteiligten, auch für ihn.

Die circa 100 Flüchtlinge, zum Teil Verwandte, die in großen Trecks zu uns gekommen waren, mußten ernährt werden. Deshalb mußte jeder etwas tun, sei es im Stall oder in der Scheune, sei es auf dem Feld oder in der Maschinenwerkstatt, sei es im Haus oder im Garten. Gegessen wurde bei schönem Wetter draußen an großen Tischen mit langen Bänken, die vom Schützenverein kamen. An eine alte ehrwürdige Tante erinnere ich mich besonders. Sie war die Cousine eines »Helden« aus dem Ersten Weltkrieg. Immer, wenn das Licht ausfiel, holte sie ihre Dynamoleuchte aus der Handtasche, und mit einem denkwürdigen Gejaule quetschte sie aus dieser Leuchte Licht. Ich höre noch heute dieses Geräusch. Sie wurde die erste Tote, die ich wirklich wahrnahm, vermutlich, weil man sie in meinem Bett aufbahrte.

Später, als einige länger dablieben, gab es auch anderes: Einer erfaßte und ordnete die Bibliothek meiner Eltern, die dann allgemein genutzt werden konnte. Ein be-

»Lebensborn« war eine 1935 gegründete Einrichtung mit dem Ziel, »den Kinderreichtum der SS zu unterstützen, jede Mutter guten Blutes zu schützen und zu betreuen und für hilfsbedürftige Mütter und Kinder guten Blutes zu sorgen«. Das Fernziel des »Lebensborn« war die Menschenzüchtung. In den Entbindungsheimen des »Lebensborn« wurden rund 11 000 meist uneheliche Kinder geboren. Seit 1941 wurde auch die »Eindeutschung« verwaister oder »rassisch wertvoller« Kinder aus den besetzten Gebieten betrieben.

kanntes Streichertrio gab Musikstunden, manchmal sogar kleine Konzerte, aus denen dann die Musikfestspiele in der Nähe hervorgingen. Für uns Kinder war allerdings das Schönste, wenn es Theater gab. Meistens waren es nur Schattenspiele. Im großen Wohnzimmer gab es eine Zwischentür, da wurde ein Laken aufgehängt. Auf der einen Seite, im Dunkeln, saß das Publikum, auf der anderen die »Schauspieler«, die Fingerakrobaten. Sie warfen mit ihren Fingern vor einer Lichtquelle Schatten auf das Laken. Und je später der Abend, desto frivoler wurden die Schattenspielchen. Es gab Geschrei, Gelächter und Gejohle. Wir sollten natürlich längst schlafen, schlichen uns aber runter und öffneten die Türen einen Spalt, um die Ursache des Krachs zu erforschen – und wurden regelmäßig erwischt.

Radio wurde viel und laut gehört, auch tagsüber. Wenn das Pausenzeichen des Nordwestdeutschen Rundfunks/NWDR ertönte, dann sang alles nach dessen Melodie: »Bei den Nazis war's schön« – und kicherte. Von umgebrachten Juden oder Kommunisten wurde damals nicht gesprochen, nur von gefallenen Freunden oder Onkeln, obwohl mein Vater die Tochter eines bekannten Schriftstellers, die »Halbjüdin« war, während des Krieges bei uns aufgenommen hatte, vermutlich aus Freundschaft. Das war eine ganz traurige Geschichte, weil die Ehe zwischen deren Eltern eigentlich schon zerrüttet gewesen war. Ihr Vater wollte sich aber nicht von seiner Frau, die Jüdin war, scheiden lassen, um sie nicht weiter zu gefährden.

Viele Leute haben uns später besucht und diesen Jahren hinterhergetrauert. Sie hätten nie wieder eine solche Zeit erlebt, in der man soviel miteinander machte. Später sei die Konkurrenz gewachsen, und die Jagd nach Reichtum oder der kleinen Couchgarnitur hätte begonnen. Damals seien noch »alle gleich gewesen«. Das stimmte natürlich nicht, wie man spätestens bei der Währungsreform sehen konnte, aber trotzdem . . .

Meine Eltern haben gemischte Erinnerungen an diese Jahre: Einerseits war es ihre heroische Zeit. Sie sorgten dafür, daß so viele Menschen untergebracht und ernährt wurden. Es schien ihnen als ehemalige Deutschnationale – man glaubt es heute kaum – »deutsche Pflicht«. Sie wurden »Chef« und »Chefin« genannt und waren es auch. Auf der anderen Seite wurde ihnen viel geklaut von den gleichen Leuten, denen sie geholfen hatten. Sparen konnten sie auch nichts. Sie mußten aber später immer wieder hören und lesen, daß die Bauern nach 1945 Teppiche im Kuhstall ausgelegt oder den Flüchtlingen Unterkunft oder sogar Milch für das Baby verweigert hätten. »Wie hätten denn«, meint mein Vater heute, »die Flüchtlinge überlebt, ohne solche Leute wie uns? Selbst ohne Lastenausgleich, den wir noch Jahrzehnte gezahlt haben?«

Meine Eltern hatten sich trotz dieser Gemeinsamkeiten entfremdet, ob durch den Krieg oder die Verwundung meines Vaters oder wegen anderer Männer oder Frauen, weiß ich nicht. Jedenfalls ließen sie sich Anfang der fünfziger Jahre scheiden.

Quelle: Autobiographischer Bericht von Alexander Eberhardt (Pseudonym), geschrieben 1995, Archiv »Deutsches Gedächtnis«, Lüdenscheid.

52

»Ich erinnere mich nicht, daß wir jemals wieder Krieg gespielt hätten«

Persönliche Erinnerungen aus Kriegs- und Nachkriegstagen

Zur Entstehungsgeschichte der Schulaufsätze vgl. die Erläuterungen zu Dok. 8, S. 168.

Den folgenden Aufsatz schrieb 1956 eine Unterprimanerin (12. Klasse) eines Gymnasiums in Bethel bei Bielefeld. Während des Krieges war sie mit der Mutter und den Geschwistern zeitweise auf dem Gut von Verwandten in Sachsen, die nach dem Krieg dann zu ihnen nach Bethel kamen. Der Vater war Arzt an einer Kinderklinik.

[...] Dann kam der Umbruch. Ich entsinne mich noch genau, als wir von dem Einzug der Amerikaner hörten. Wir kamen von einem Spaziergang zurück. Mein Vater stürzte uns entgegen und sagte, daß es soweit wäre, die Amerikaner ständen vor der Tür.

Es war schrecklich für meine Eltern, denn meine beiden ältesten Brüder waren noch in einem Internat in Thüringen. Wie sollten sie in dieser Unordnung zu uns finden? Sie waren völlig auf sich selbst angewiesen, wir konnten nichts für sie tun. Nach vier Tagen kamen sie dann endlich, und damit war die erste Sorge vorbei. [...]

Im September zogen wir wieder in unser Haus. Am 29. Oktober, nachts um 11.00 Uhr, kamen unsere Verwandten als Flüchtlinge aus Sachsen. Das letzte Mal hatte ich sie als Gutsbesitzer gesehen, stolz auf ihr kleines Reich, und nun kamen sie blaß und abgehärmt von der langen Flucht und suchten, ähnlich wie wir damals bei ihnen, aber unter noch viel ernsteren Umständen, Schutz in unserem Haus. Es kamen immer mehr Flüchtlinge, wir schliefen schon auf Matratzen, und immer noch suchten sie ein Obdach. Manchmal saßen 25 Personen an unserem Eßtisch.

Dazu kam der Hunger. Meine Mutter wußte nicht mehr, wie sie die vielen Menschen sättigen sollte. Die Brotscheiben wurden auf einer Briefwaage abgewogen, und jeder bekam eine Kelle Steckrübensuppe. Einmal im Monat wurde uns aus Amerika ein riesiges Carepaket geschickt; es war ein allgemeines Fest, wenn meine Mutter dieses öffnete. Einen Tag lang wurde dann gefeiert, es gab Kakao und Butter!

Zu den Carepaketen vgl.
Dok. 68, S. 274 f.

Die wirkliche Not dieser Zeit empfand ich als Kind kaum. Daß das Brot so genau abgewogen wurde, fand ich lustig, und der Hunger störte mich wenig. Ich war froh über die vielen Kinder, die jetzt wieder da waren, und unser Tag bestand aus wunderbaren Spielen. Es ist seltsam, aber ich entsinne mich nicht, daß wir jemals wieder Krieg gespielt haben, ich wußte jetzt, wie ernst er ist, und spürte wohl auch, daß man damit nicht spielen darf. Diese Zeit war für uns Kinder ein Paradies, wir tobten um das Haus so, als gäbe es keine Sorgen.

Aber abends, wenn wir alle um den Tisch saßen und den Gesprächen der Erwachsenen lauschten, kroch ein leiser Schauer meinen Rücken empor. Ich hörte von den Russen, von ihren Grausamkeiten und sah die ernsten Gesichter meiner Eltern. Dann begriff ich doch, daß es um unser Deutschland und um uns ernst stand. [...]

Quelle: Roeßler-Archiv im
Archiv »Deutsches Gedächtnis«, Lüdenscheid.

---

53   **Amt für Umsiedler der Provinzialverwaltung**
Mark Brandenburg

Tätigkeitsbericht für die Zeit vom 1. Oktober 1945 bis 30. September 1946

Potsdam, Oktober 1946

Die sowjetische Besatzungszone gliederte sich in die Länder Mecklenburg, Sachsen und Thüringen und – vom staatsrechtlich noch existierenden Preußen hergeleitet – in die Provinzen Brandenburg und Sachsen-Anhalt. Die preußische Provinz Sachsen und das Land Anhalt wurden zusammengelegt. Erst mit der

Vor Jahresfrist begann das Amt für deutsche Umsiedler bei der Provinzialverwaltung seine Tätigkeit; zu einer Zeit, wo etwa eine Million Umsiedler zum großen Teil noch planlos Unterkunft suchend herumzogen; zu einer Zeit, wo weitere Flüchtlingsströme über die Oder und Neiße in die Provinz Mark Brandenburg gelangten, in ein Gebiet, das durch die Kriegsereignisse weit schwerer als andere Länder und Provinzen unserer Zone in Mitleidenschaft gezogen war. Wir standen vor fast übermenschlichen Aufgaben. Es gibt in der Geschichte kaum ein Beispiel, das sich mit dieser Volkswanderung vergleichen läßt. Städte wie Frankfurt/O. und Küstrin, die zum Einfallstor für Hunderttausende wurden – selbst zum überwiegenden Teil zerstört, ohne jegliche Lebensmittelvorräte, ohne Wasserversorgung, ohne ärztliche

rechtlichen Auflösung Preußens per Kontrollratsgesetz Nr. 46 am 25. Februar 1947 erhielten auch die beiden Provinzen den Status von Ländern.

Hilfe, ohne Medikamente, ohne Unterkunft, ohne Transportmittel und ohne die genügende Zahl an Menschen, die Hilfe hätten leisten können –, wurden der Schauplatz einer grauenvollen Tragödie.

Die ersten organisatorischen Maßnahmen wurden Anfang Oktober 1945 getroffen: allgemeine Stoppanordnung für die ganze Zone und Schaffung von Unterkünften. Die Stoppanordnung brachte einen gewissen Stillstand in das planlose Umherziehen der Umsiedler. Die notwendig hergerichteten Lager gaben diesen Menschen die erste Unterkunft. Es folgte die Schaffung von Auffanglagern an der Oder, um von dort aus die Umsiedlertransporte geordnet weiterzuleiten. Als Auffangpunkte wurden Küstrin, Forst, Spremberg und später Angermünde hergerichtet. In der Provinz entstanden über 80 Lager mit einer Aufnahmekapazität von 50–10 000 Menschen. Wir stellten eine Zusammenarbeit mit der Reichsbahnverwaltung her, um die notwendigen Transportzüge zu erhalten, verpflichteten Fuhrunternehmer für die Gestellung von Lkws, sorgten für die Zufuhr von Lebensmitteln und verpflichteten Ärzte für die Auffanglager. Die ankommenden Umsiedler wurden registriert; das gleiche erfolgte auch in der Provinz mit den Umsiedlern, die bereits Unterkunft gefunden hatten.

Die Hauptaufgabe der Provinz wurde in der Zeit von Oktober 1945 bis Januar 1946, 200 000 Umsiedler in den Auffangpunkten zu versorgen und sie in die Länder und Provinzen zu leiten.

Die Kranken mußten Krankenanstalten zugeführt werden; die nicht transportfähigen, altersschwachen Frauen und Männer, die große Zahl der Waisenkinder sollten betreut werden. In näherer und weiterer Umgebung fehlten ausreichende, aufnahmefähige Krankenanstalten und Unterkünfte.

200 000 Menschen sollten versorgt werden; für 200 000 Menschen mußten insgesamt 440 523 t Mehl, 11 938 t Fett, 620 488 t Kartoffeln und 33 170 t Nährmittel herangeschafft werden. Etwa 450 Transportzüge waren notwendig, um die Umsiedler in die eigene Provinz, nach Mecklenburg, Thüringen und nach Sachsen zu leiten.

Mit Anfang des Jahres 1946 ließ der regellose Zustrom nach. Es begann nun eine systemvollere Arbeit. Die kleinen Lager in der Provinz wurden geschlossen und auch solche, die bahnmäßig nicht erreichbar waren oder den sanitären Ansprüchen nicht genügten. Die verbliebenen Lager wurden auf Kosten der geschlossenen Lager besser ausgestattet. Auf Grund des Befehls des Marschall Shukow wurde die Bekämpfung der Seuchenerkrankungen mit Erfolg betrieben. [...]

Marschall Shukow war 1945 bis 1946 Oberbefehlshaber der sowjetischen Streitkräfte in Deutschland und vertrat die UdSSR im Alliierten Kontrollrat.

Wir wissen genau, daß der Platz, wo der Umsiedler Arbeit findet, ihm und seiner Familie zur Heimat wird. Aus dieser Erkenntnis versuchen wir, dafür zu sorgen, daß jeder sofort Arbeit erhält.

Sobald ein Transport zu einem Lager eingetroffen ist, wird jemand von der Umsiedlerabteilung in das Lager gesandt, um sich ein Bild von den Menschen zu verschaffen. Es ist beglückend, wenn wir vor diese Menschen hintreten können, um ihnen zu sagen, daß wir sie brauchen, daß wir ihre Kenntnisse brauchen, die sie durch jahrzehntelange Arbeit in der Textilindustrie, in der Glasindustrie, der Möbelindustrie und von allen Gebieten der Heimindustrie mitbringen.

Wir sind im Einvernehmen mit dem Landesarbeitsamt dazu übergegangen, auch die Unternehmer direkt in die Lager zu schicken, um sich die Arbeiter auszuwählen und nach Rücksprache mit ihnen einen Arbeitsvertrag abzuschließen.

Die Erfahrungen, die wir mit dieser Arbeitsvermittlung machten, waren gut. Der Kontakt zwischen Arbeitern und Unternehmern wird hergestellt. Der Umsiedler erhält das Gefühl: »Du wirst gebraucht.«

Wir machen es den Unternehmern zur Pflicht, Familien zu übernehmen. Es geht nicht an, daß es sich immer mehr einbürgert, daß nur der ledige Mann oder die ledige Frau erwünschte Arbeiter sind. Dem Unternehmer muß immer wieder zum Bewußtsein gebracht werden, daß er nur auf einen ständigen, zuverlässigen Arbeiter rechnen kann, wenn dieser die Familie bei sich hat. Auch bei den heimatlosen Heimkehrern haben wir es zur Bedingung gemacht, daß die nächsten Familienangehörigen, sobald sie gefunden sind, aufgenommen werden.

Gruppen von Textilarbeitern haben wir in Premnitz eingesetzt, in Brandenburg und in Forst. Ein Teil ging nach Sachsen, desgleichen wurden Fachkräfte der Gablonzer Glasindustrie, der Heida-Stein-Schönauer Hohlglasindustrie nach Sachsen und Thüringen abgegeben, um sie dort, wo diese Industrien sich zu entfalten beginnen, einzusetzen. Nur ungern lassen wir diese Fachkräfte aus unserer Provinz herausgehen, weil wir uns darüber klar sind, daß die Provinz Mark Brandenburg nur existieren kann, wenn sie in größerem Umfange industrialisiert wird. [...]

Wir bemühen uns, anhand der uns gegebenen Berufsaufstellungen die Umsiedler ihren Berufen gemäß einzuweisen, und zerpflücken so die Transporte oft bis ins kleinste.

Weitgehend nehmen wir uns der Einzelfälle an. Unserer Vermittlung ist es zu verdanken, wenn wir aus einem Heimkehrerlager einen Böttchermeister herausholen und ihn nach Jüterbog bringen, Töpfer aus Küchensee einem Betrieb in Werder zuführen, die hier eine Keramikindustrie (Herstellung: Gebrauchsgeschirr) erstellen wollen. Ein Schlosser ist nach Kyritz eingewiesen worden. Tischler und Metallarbeiter kamen nach Babelsberg. Sie alle können bezeugen, daß wir, soweit unsere Kräfte reichen, jedem helfen und uns bemühen, seinen persönlichen Wünschen, wenn sie gerechtfertigt und vernünftig sind, Rechnung zu tragen.

In bezug auf die Umsiedlung innerhalb der Provinz Brandenburg von einem Kreis in den anderen sind wir in jeder Weise behilflich. Erhält ein Umsiedler außerhalb seines Wohnortes Arbeit, so stimmen wir dem Zuzug in den Kreis, wo er seinen Arbeitsplatz gefunden hat, zu.

Die Eingemeindungen der Transporte erfolgen nach Benachrichtigung durch uns durch die Kreisumsiedlerstellen des Landratsamtes, in dessen Kreis der Transport zu übernehmen ist. Der aufnehmende Kreis sendet den Leiter der Umsiedlerstelle und den Leiter des Kreisarbeitsamtes in das Lager. Nun wird die Verteilung nach dem Gesichtspunkt der Arbeitseinsatzmöglichkeit in den einzelnen Gemeinden vorgenommen. Die Familien werden den betreffenden Orten und den aufnehmenden Familien zugewiesen, um zu vermeiden, daß der Umsiedler als Begrüßung womöglich von dem Bürgermeister zu hören bekommt, er könne keine Umsiedler unterbringen. Die Leiter der Kreisumsiedlerstellen sind bei dieser Aktion persönlich zugegen, um sich zu vergewissern, daß die von ihnen angeordneten Maßnahmen unbedingt eingehalten werden. Ergeben sich nach erfolgter Einweisung Schwierigkeiten, so ist das Kreisumsiedleramt respektive Kreisarbeitsamt jederzeit zur Hilfe bereit. [...]

Im voran Gesagten ist versucht, den geordneten Ablauf der Umsiedleraktion aus der ČSR und dem polnischen Raum in die Provinz Mark Brandenburg unter Anführung einiger Beispiele aus der Praxis zu umreißen.

Die Provinz Mark Brandenburg hatte vorwiegend landwirtschaftlichen Charakter. Infolge des Zuzugs von 666 219 Menschen wird die Provinz Mark Brandenburg in höherem Maße industrialisiert werden müssen, und jede Möglichkeit, die sich hierzu bietet, muß ausgewertet werden. Die Umsiedler, die zum größten Teil hochqualifizierte Fachkräfte aller Industriezweige unter sich haben, sind mit die Voraussetzung für die Schaffung einer leistungsfähigen Industrie. Daß sie uns beim Aufbau dieser Industrie mit ihren Kenntnissen helfen, zeigen sie täglich. Wir hoffen, daß es uns mit ihrer Hilfe, ihren Erfahrungen, ihrer Einsatzbereitschaft und ihrem Fleiß gelingt, eine Industrie aufzubauen, die der Provinz Mark Brandenburg wieder zu Wohlstand verhilft, den dieser widersinnige Krieg vernichtete. [...]

Quelle: Wolfgang Merker (Hrsg.), Berichte der Landes- und Provinzialverwaltungen zur antifaschistisch-demokratischen Umwälzung 1945/46, Quellenedition, Berlin (Akademie-Verlag) 1989, S. 403 ff.

54 Umsiedlerpaß und Flüchtlingsausweis

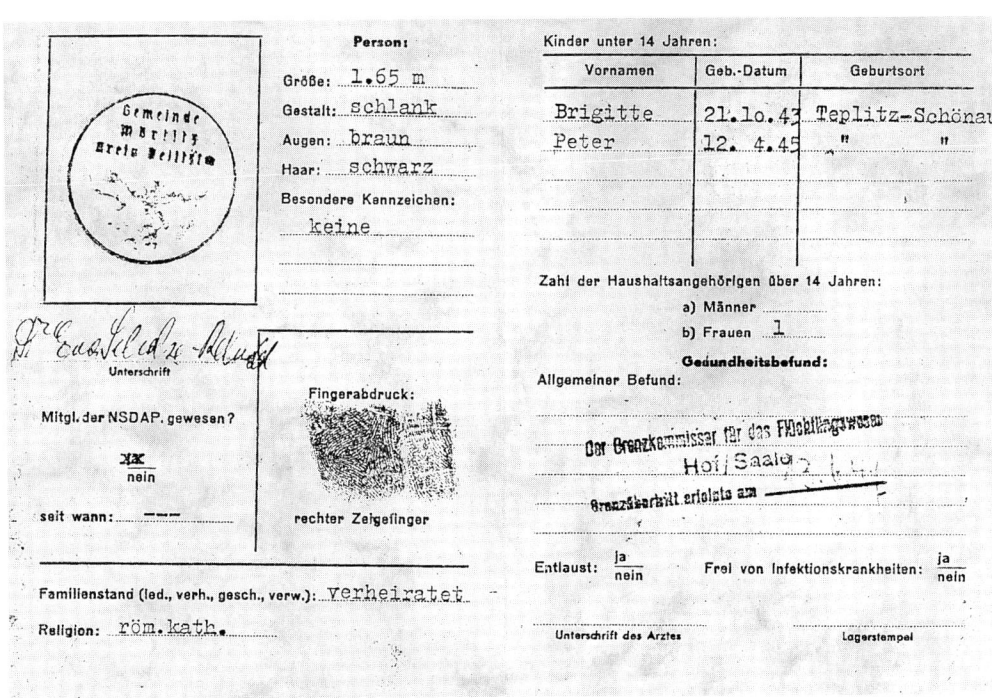

Unterbringung

Ankunft am 15.11.1945 Mörtitz
Datum Ort

Bisher untergebracht
gewesen in: Teplitz Sudetenland 19.2.45
Ort Land seit

Grund der Aufgabe
der bisherigen Unterkunft: ausgewiesen

Eingewiesen
und in Marsch gesetzt am: 10.11.45 nach: Mörtitz

Gemeldet am: 26.11.45 in: Mörtitz
Datum Ort

Einquartiert bei: Frau Grothusen Nr. 159
Name Straße

Inventar übergeben am:

Verpflichtungsschein vollzogen am:

Polizeilich gemeldet am: 26.1.1945
Beim Wirtschaftsamt
gemeldet am: 7.3.1935

Mitteid. Druckerei G.m.b.H., Ges...   ...ditzsch

U. P. Kennummer: 35

Umsiedler-Paß

Amtlicher Ausweis für alle Deutsche über 14 Jahre, die aus ihrem Wohnort ausgewiesen oder dorthin infolge Übernahme ihres Gebietes durch einen anderen Staat nicht zurückkehren können. Dieser Ausweis berechtigt zur Inanspruchnahme der öffentlichen Umsiedlerbetreuung, zur vorläufigen und endgültigen Unterbringung.

Ausgestellt am: 29.4.1946 in: Mörtitz/Delitz
Ort Kreis

Herrn Dr. Scholze-Rehwald Eva
für Frau Name Geburtsname
Fräulein alle Vornamen, Rufname unterstreichen

geboren am: 17.2.1917 in: Reichenberg
Sudetenland
Ort
Land

Wohnort und Straße
vor 1939: Prag Protektorat Nr.:

Letzte Wohnung: Sudetenland
Land Kreis
Teplitz-Schönau Nordstr. 5
Ort Straße

verlassen am: 10.11.1945

Person:

Größe: 1.65 m
Gestalt: schlank
Augen: braun
Haar: schwarz

Besondere Kennzeichen:
keine

Gemeinde Mörtitz Kreis Delitz

Unterschrift

Mitgl. der NSDAP. gewesen?
XX
nein

seit wann: ---

Fingerabdruck:

rechter Zeigefinger

Familienstand (led., verh., gesch., verw.): verheiratet

Religion: röm.kath.

Kinder unter 14 Jahren:

Vornamen	Geb.-Datum	Geburtsort
Brigitte	21.10.43	Teplitz-Schönau
Peter	12.4.45	" "

Zahl der Haushaltsangehörigen über 14 Jahren:
a) Männer
b) Frauen 1

Gesundheitsbefund:
Allgemeiner Befund:

Der Grenzkommissar für das Flüchtlingswesen
Hof/Saale
Grenzübertritt erfolgte am

Entlaust: ja/nein   Frei von Infektionskrankheiten: ja/nein

Unterschrift des Arztes   Lagerstempel

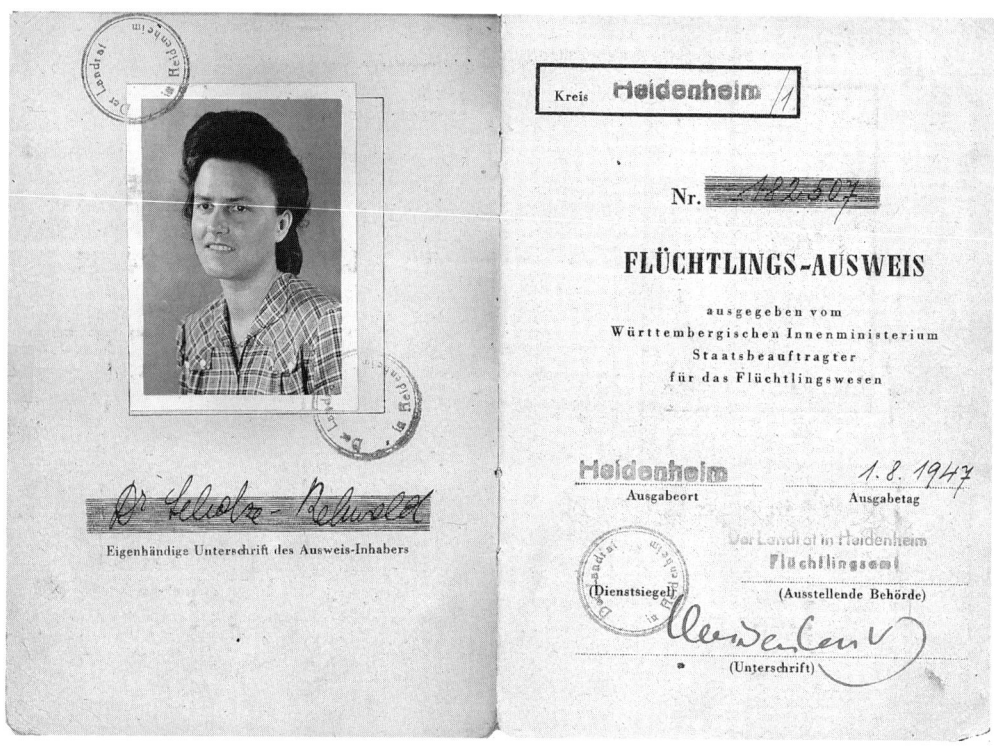

55 Fleckfieberepidemie größten Umfangs zu befürchten

Ein Umsiedlerlager im Kreis Wismar im November 1945

Zu den Deutschen Zentral-
verwaltungen vgl. die Einführung, S. 71 und die Erläuterungen zu Dok. 28,
S. 210 f.

Im folgenden Brief weist Professor Walter von der Abteilung Innere Verwaltung der Landesregierung Mecklenburg-Vorpommern (bestehend seit Anfang Juli 1945) den Präsidenten der
Deutschen Zentralverwaltung für das Gesundheitswesen (ebenfalls seit Juli 1945) Dr. Konitzer
in aller Schärfe auf die Gefahr einer Fleckfieberepidemie in Mecklenburg-Vorpommern hin.
Fleckfieber ist eine typhusähnlich verlaufende, akute Infektionserkrankung mit Hautausschlag,
die durch den Kot von Kleiderläusen übertragen wird.

Der Präsident
von Mecklenburg-Vorpommern
Abt. Innere Verwaltung
E.- 7722.

Schwerin, 28.November 1945

An die
Deutsche Zentralverwaltung
für das Gesundheitswesen
in der sowj. Okkupationszone
Herrn Präsidenten Dr. Konitzer

Berlin SO 16
Am Köllnischen Park 3

Sehr geehrter Herr Präsident!

Durch besondere Schreiben und durch Telegramme
habe ich bereits darauf hingewiesen, dass wir hier
in eine Fleckfieberepidemie grössten Umfanges hinein-
steuern bezw., dass der Anfang der Epidemie bereits
da ist. Bekanntlich ist der Anfang einer Epidemie bereits gegeben, sobald die ersten Fälle da sind in
einer Umgebung, die für die Verbreitung günstig ist.
Ich möchte Ihnen an einem kurzen Beispiel dar-
legen, wie es im Einzelnen aussieht:
In die Umsiedlerlager Losten und Fenchow im Kreis
Wismar, die für 1200 Personen gebaut sind, werden
6000 Menschen ohne Anmeldung hineingepresst. Diese
6000 Menschen sind gänzlich verlaust, schlecht ernährt, voll Krätze usw. Sie bleiben in den zugewiese-
nen Lagerstätten nicht mangels ausreichender Verpflegung und zerstreuen sich nach kurzem Aufenthalt im
Lande.
In dem Ort Ramow bei Rostock landen 120 Flüchtlinge, verlaust etc, und am Tage nach der Ankunft
werden aus diesem Lager fünf Fleckfieberkranke Frauen
und elf zugehörige fleckfieberverdächtige Kinder herausgenommen. Ähnliche Meldungen laufen Tag für Tag hier
ein. Die Amtsärzte schreiben mir, dass in den Umsied-
lerlagern grauenhafte Zustände herrschten, die weit
hinausgingen über die Schilderungen der Konzentrationslager des Hitlerregims und dass die Zustände sich aus-
wirkten zu einem Skandal in der Presse der ganzen
Welt.
Wir haben diese Welle vorausgesehen, wir haben vor
acht Wochen auf die Notwendigkeit örtlicher Entlau-
sungsanlagen hingewiesen, Zeichnungen gegeben auch
für die primitivste Herrichtung solcher Anlagen,
Bereitstellung von Heizmaterial dafür angeordnet,
aber alles verpufft oder ist nicht ausreichend für
die grossen Flüchtlingseinwanderungen.

Es

Es bleibt nichts weiter übrig, als Zuflucht zu nehmen zu chemischen Entlausungsmitteln. Ich habe Lastwagen rollen zur Heranschaffung von Lauseto, tonnenweise, aber so ein Lastwagen braucht 14 Tage, bis er zurückkommt, und ob er Lauseto mitbringt und wieviel, ist fraglich. Bisher haben wir gar kein Lauseto. Dabei ist bekannt, dass in der westlichen Zone Neocid in rauhen Mengen vorhanden und käuflich ist.

Ich benutze die Fahrt des Dr. Eltester, des leitenden Arztes der Umsiedlerabteilung hier, nach Berlin, um Ihnen diesen Brief schleunigst zu übermitteln mit der besonderen Bitte,

1. für die Herbeischaffung chemischer Entlausungsmittel nebst den zugehörigen Spritzen zur Zerstäubung in möglichst grossem Umfang nach Mecklenburg zu sorgen. 10 to Lauseto reichen nicht aus, weil wir ja andere Entlausungsmittel überhaupt nicht haben.

2. noch einmal in Karlshorst vorstellig zu werden, dass die Umsiedler aufgefangen und saniert werd bereits beim Eintritt in das Okkupationsgebiet.

Sachsen und Thüringen verfügen über Arztüberschuss, haben die grössere Industrie und es ist nicht einzusehen, warum dieser Überschuss der Industrieländer nicht eingesetzt werden soll zur Sanierung der Flüchtlinge beim Grenzübertritt in diese Länder. Wenn Mecklenburg schon den grössten Anteil der Umsiedler bekommt, dann kann man verlangen, dass wir diese wenigstens saniert bekommen und nicht erst unsererseits Sanierungsmittel heranschaffen müssen aus den andern Ländern.

Ich lege Ihnen einen Durchschlag dieses Schreiben bei, falls Sie ihn für die SMA² Karlshorst oder für die Umsiedlerabteilung benötigen.

Im übrigen wird die Bitte um 60 Ärzte aus Thüringen dringend wiederholt.

I.A.

(Professor Dr. Walter)

Quelle: Bundesarchiv, DQ I, Nr. 81, Bl. 35 f.

56   Die Demarkationslinie zwischen den Westzonen und der sowjetisch besetzten Zone

Mit der Besetzung Deutschlands durch die vier Siegermächte übernahmen deren Armeen die Kontrolle über die Grenzen zwischen den Besatzungszonen, die allesamt als Demarkationslinien bezeichnet wurden. Der Begriff Demarkationslinie bezeichnet allgemein eine meist durch Vertrag festgelegte Grenzziehung, die völkerrechtlich nicht als Staatsgrenze gilt, sondern als vorläufige Abgrenzungslinie von gegenseitigen Hoheitsbefugnissen oder Einflußsphären. In den ersten Monaten nach dem Krieg überschritten Millionen von Menschen diese Grenzen, um in die alte Heimat zurückzukehren, oder auf der Suche nach einer neuen. Ab September 1945 war das Reisen von einer Zone in die andere nur noch mit einem Interzonenpaß an ausgewählten Übergängen gestattet, das illegale Überschreiten jedoch kaum verhinderbar. Im September 1945 wurde bereits auf Anordnung der britischen Besatzungsmacht in Niedersachsen ein deutscher Zollgrenzschutz eingerichtet. Andere Länder folgten, und im November 1946 ordnete die Sowjetische Militäradministration in Deutschland (SMAD) den Aufbau der Deutschen Grenzpolizei (DGP) in ihrer Zone an.

Während die Bildung der Bizone (seit 1. Januar 1947) das Reisen zwischen der vormaligen amerikanischen und britischen Zone erleichterte, wurde der Verkehr mit der sowjetischen Besatzungszone zunehmend erschwert und die Demarkationslinie zwischen den Westzonen und der sowjetisch besetzten Zone immer undurchlässiger. 1948 wurde die DPG verstärkt und unmittelbar an die westliche Demarkationslinie der sowjetischen Besatzungszone gebracht. Eine Schußwaffenverordnung erlaubte den Grenzpolizisten die Abgabe gezielter Schüsse, um das illegale Überschreiten der von ihnen bewachten Grenze zu verhindern. Doch trotz des Verbots und des steigenden Risikos gingen weiterhin Millionen Menschen heimlich und vielfach mit Hilfe bezahlter ortskundiger Führer über die Grenze der sowjetischen Besatzungszone in die Westzonen. Die Mehrzahl der Bewohner der Grenzregion akzeptierte die verordnete Trennung nicht und hielt weiterhin die Kontakte in die Nachbarorte aufrecht. Die besseren Ortskenntnisse verschafften ihnen anfangs einen Vorteil gegenüber den Grenzpolizisten. Die Anlage des Sperrgebiets und der Ausbau der Grenzanlagen nach dem 26. Mai 1952 verbauten ihnen schließlich diesen Weg.

Quelle: Den Text verfaßte Rainer Potratz.

Grenzgänger bei Lübbow, vermutlich 1946.

57

Eine Probe auf die Hilfsbereitschaft und Solidarität der Deutschen im Unglück

Artikelentwurf für die »Lüneburger Landeszeitung«

Im Januar 1947 schrieb ein namentlich nicht bekannter Journalist einen Bericht für die »Lüneburger Landeszeitung« über die zumeist schlechte Unterbringung von Flüchtlingen in einigen Ortschaften der Lüneburger Heide, in denen er recherchiert hatte. Vermutlich wurde der Artikel – aus welchen Gründen auch immer – nicht veröffentlicht.

Ich fahre in ein Dorf, irgendeins der Lüneburger Heide. Die Häuser sind heil und wie für Jahrhunderte gebaut. Eine erste, fast frühlingsmässige Sonne liegt über der Strasse. Wenn man die Augen schliesst, kann man meinen, in der Heimat zu sein, im Frieden, bevor all das Furchtbare geschah, was Deutschland zerstörte. Aber ich bin nicht losgefahren, um zu träumen, sondern um an irgendeiner Stelle unseres Bezirkes eine Probe zu machen. Eine Probe in den Häusern eines Dorfes. Eine Probe der Herzen der Menschen, die dort wohnen. Eine Probe auf die Hilfsbereitschaft und Solidarität der Deutschen im Unglück.

Der Bürgermeister schildert mir die Lage, die ich schon vorher kenne. Die Einwohnerzahl hat sich verdoppelt. Die Unterbringungsverhältnisse sind schlecht, aber angeblich nicht zu ändern. Auch eine Wohnungskommission des Kreises, die zehn Tage vor mir da war, hat nicht einmal Umbelegungen durchführen können, geschweige denn Wohnraum beschlagnahmen. Die Schwierigkeiten seien zu gross. Ich gehe dann durchs Dorf. Nicht in Begleitung einer Amtsperson, sondern eines schlichten, eingesessenen Handwerkers, der sein Dorf kennt und der auch nicht als Flüchtling in dem Verdacht steht, die Dinge einseitig zu sehen. Er zeigt mir, was ich erwartet habe. Sieben Personen in einem Raum, der normalerweise für einen Menschen reicht; kleine Kinder auf kaltem Zementfussboden schlafend; alte, gebrechliche Leute halb erfroren in der Kälte der vergangenen Woche zu sieben Personen in einer Veranda. Neun Flüchtlinge aus Pommern in einer Küche, in der nachts der ganze Fussboden mit Schlafenden belegt ist, Mann und Frau und Kinder nebeneinander. Das ganze furchtbare Elend, das durch die Völkerwanderung aus dem Osten über uns hereingebrochen ist. Aber selbst dieses Elend wäre zu tragen, wenn es von allen getragen würde.

Ich gehe weiter in ein Bauernhaus. Dort wohnt eine einzelstehende Witwe in drei grossen Räumen, drei Personen im selben Haus ebenfalls in drei Räumen, die jeder einzelne viermal so gross sind, als die Kammern des Elends, die ich gerade gesehen habe. In einem Haus ist eine grosse Wohnstube, nicht etwa die des Bauern, sondern eine gute Stube, nur zum Ansehen, in der angeblich ein Junge schläft, was sich bei näherer Prüfung als Lüge herausstellt.

Ich schäme mich, dass das die Deutschen sind in ihrem Elend, und ich schäme mich in diesem Augenblick, dass ich Deutscher bin. Nicht einmal dies hat die Not zustande gebracht, dass wir uns gegenseitig mit dem Letzten helfen. An der Hartherzigkeit solcher Haltung scheitert jeder neue Anfang. Da haben Bürgermeister nicht den Mut durchzugreifen, weil sie mit dem ganzen Ort verwandt sind. Da werden Anordnungen von deutschen Wohnungskommissionen nicht durchgeführt, weil hinter diesen deutschen Verwaltungsstellen ja keine Macht mehr steht, wie man es bei den Nazis gewohnt war. Da bleibt tatsächlich nur der Ausweg, die Militärregierung zu bemühen, um mit ihren Mitteln durchzusetzen, was am Unverständnis und an der Ohnmacht der Deutschen scheitert.

Es hat vor einigen Tagen eine Sitzung stattgefunden, wo sich dieses Bild deutlich herausgestellt hat. Auch da wagte es der Leiter einer deutschen Wohnungskommission zu behaupten, dass in seinem Kreise keine Verbesserung der Wohnverhältnisse der Flüchtlinge mehr zu erreichen sei, und er musste sich von einem englischen Offizier darüber belehren lassen, wie viel Möglichkeiten noch zu finden wären, wenn man nur den Mut hätte, den Egoismus einzelner zu brechen. Soll das so weitergehen?

Die Militärregierung hat die deutschen Verwaltungsstellen nicht im Unklaren darüber gelassen, dass sie nach einer letzten gegebenen Frist mit allen Mitteln die menschenwürdige Unterbringung der Kriegsvertriebenen durchsetzen wird. Wir wollen hoffen, dass diese Frist nicht ungenutzt verstreicht.

Quelle: Hans-Heinrich Zander/Detlef Endeward/Winfried Wiedemann, Alltag in Bergen 1945–1955. (VHS-Kurs). Ein Projekt der Landeszentrale Niedersachsen für politische Bildung, Dokumentensammlung, Archiv »Deutsches Gedächtnis«, Lüdenscheid.

58

»Zwei Kühe und ein runtergekommenes Schwein«

Herr Vogt, ein Neubauer in Sachsen-Anhalt

Zur Bodenreform vgl. die
Einführung, S. 28 f.

Herr Vogt, 1931 in Ostpreußen geboren, kam 1945 nach Sachsen, wo er seine schon früher
dorthin geflohenen Eltern wiedertraf. Nach etwa einem Jahr zog die Familie nach Salzwedel in
der Altmark. Im Zuge der Bodenreform bekam Familie Vogt eine Neubauernstelle. Was sie
dort vorfanden, war allerdings nicht sehr ermutigend. Herr Vogt schildert die schwierigen
Ausgangsbedingungen.

1945 bin ich mit dem Fahrrad von Ostpreußen weggefahren. Meine Eltern waren
schon vorher weg. Die Flucht war nicht angenehm, da war viel Elend unterwegs,
was ich da als 14jähriger gesehen habe. Und es war eine Wohltat, wie wir da in
Sachsen ankamen und uns dort erstmal wieder richtig reinigen konnten, denn wir
waren ja auch sehr verlaust. Und dort habe ich bei einem Bauern angefangen, da
habe ich ein Jahr gearbeitet.

Und von dort aus sind wir dann nach Altmark gemacht, um zu siedeln. Das war im
Landkreis Salzwedel, da haben wir uns gemeldet und haben dann Bescheid gekriegt,
daß hier eine Siedlung zu haben ist. Die gab es schon länger, wir haben die von je-
mandem übernommen.

Da haben wir zwei Kühe vorgefunden und ein runtergekommenes Schwein. Das
war sehr hart, hier überhaupt anzufangen. Das erste Jahr haben wir alles mit der
Sense mähen müssen. Da waren ja keine Maschinen. Wir haben hier tüchtig arbeiten
müssen. Das war eine Siedlung von der Bodenreform, von einem Gutsbesitzer, den
sie hier enteignet hatten.

1950 haben wir gebaut. Einen Kredit haben wir bekommen, das waren 30 000 Mark,
die wir hier für dieses Haus bekommen haben. War ja wenig Material, aber mit
diesem wenigen Material haben wir es doch geschafft. Und alles, was wir hier gebraucht haben an Kies und Material, haben wir mit Pferd und Kuh rangefahren. Es
war sehr hart, und wir haben uns gefreut, daß wir in einem dreiviertel Jahr fertig
waren mit dem Haus. Das ging eigentlich relativ schnell zu der Zeit.

Quelle: Aus einem Video-
interview mit Herrn Vogt, geführt 1992 von Alexander
von Plato für den Film »Erlebte DDR«, eine Produktion
der Multimedia für 3sat,
Archiv »Deutsches Gedächtnis«, Lüdenscheid.

Wir sind 1953 dann in die LPG [Landwirtschaftliche Produktionsgenossenschaft –
Zusammenschlüsse von Landwirten und landwirtschaftlichen Arbeitskräften, die
im Zuge der Kollektivierung der Landwirtschaft in der DDR seit 1952 mit zum Teil
massiven Druck seitens der SED betrieben wurden.] gekommen und hatten dann
eigentlich ein bißchen Angst, daß wir doch wieder alles verlieren. Aber mit den
Jahren hat sich alles verbessert.

59

»Junkerland muß wieder Bauernland werden«

Robert Siewert berichtet über die Bodenreform in Sachsen-Anhalt

Zur Biographie Robert Sie-
werts, insbesondere zu seiner
Tätigkeit als Kapo in Buchenwald und zu den Hintergrün-
den seiner Amtsenthebung
vgl. Lutz Niethammer (Hrsg.),
Der gesäuberte Anti-
faschismus. Die SED und die
kommunistischen Kapos von
Buchenwald – Dokumente,
Berlin 1994.

Robert Siewert, 1887 in Schwersenz, Posen, geboren, absolvierte eine Lehre als Maurer und
war einige Jahre in diesem Beruf tätig. 1906 trat er in die SPD ein. 1918/19 wurde er Mitglied
des Spartakusbundes bzw. der KPD und übernahm zahlreiche Parteiämter. 1929 wurde er
wegen seiner Zugehörigkeit zur innerparteilichen Opposition aus der KPD ausgeschlossen.
Als Mitglied der KPD-Opposition (KPDO) bekleidete er ebenfalls eine Reihe von Funktionen.
1933 bis 1935 war er Organisationsleiter der ersten illegalen Reichsleitung der KPDO. 1935
wurde Robert Siewert verhaftet und zu drei Jahren Zuchthaus verurteilt. Nach Verbüßen der
Zuchthausstrafe war er dann bis 1945 im Konzentrationslager Buchenwald, wo er in der illegalen Organisation von Kommunisten und Sozialisten mitarbeitete und Kapo eines Bau-
kommandos war. Nach der Befreiung vom Nationalsozialismus wurde Robert Siewert Mitglied
der Bezirksleitung der KPD für die Provinz Sachsen, ab 1946 des SED-Landesvorstandes

Kapo war ein Lagerhäftling, der von der SS zum Verantwortlichen eines Arbeitskommandos oder eines bestimmten Lagerdienstes ernannt wurde und dafür Privilegien in Ernährung, Unterbringung und Bewegungsfreiheit erhielt. Der Ausdruck Kapo ist eine Erfindung der SS und steht für Kameradschaftspolizei.

Zur Bodenreform vgl. die Einführung, S. 28 f.

Sachsen-Anhalt. Von 1945 bis 1950 war er erster Vizepräsident der Provinzverwaltung bzw. Innenminister des Landes Sachsen-Anhalt. 1950 bekam seine bis dahin steile politische Karriere einen Knick: Angeblich wegen seiner früheren KPDO-Zugehörigkeit, tatsächlich wohl wegen seiner Rolle als Kapo in Buchenwald wurde er seiner Funktionen enthoben und als leitender Mitarbeiter in das Ministerium für Aufbau, später in das Ministerium für Bauwesen der DDR versetzt. Robert Siewert starb 1973.

Für eine 1959 in Halle/Saale veröffentlichte Textsammlung mit dem Titel »Wie die Arbeiter- und Bauernmacht entstand. Erlebnisberichte aus Sachsen-Anhalt« schrieb Robert Siewert einen Bericht über die Durchführung der Bodenreform in Sachsen-Anhalt, an der er als Vizepräsident der Provinzverwaltung bzw. als Innenminister von Sachsen-Anhalt beteiligt war. Die folgenden Passagen sind diesem Bericht entnommen.

[...] »Junkerland muß wieder Bauernland werden!« das war der Kampfruf der landarmen und landlosen Bauern, der Landarbeiter und Umsiedler. Mit diesem Kampfruf wurde auch die demokratische Bodenreform eingeleitet. Sie war notwendig aus politischen, wirtschaftlichen und sozialen Gründen. Die Macht der Junker mußte gebrochen, das Fundament des Militarismus und Faschismus vernichtet werden. Die Bodenreform war notwendig, um die Ernährung der Bevölkerung zu sichern. Sie war notwendig, um den Umsiedlern und Heimkehrern eine neue Heimat zu geben.

Die Durchführung der Bodenreform wurde in die Hände der landarmen Bauern und Landarbeiter gelegt. In jeder Gemeinde nahmen in Versammlungen landarme Bauern und Umsiedler zur Bodenreform Stellung und wählten im Anschluß daran die Gemeindebodenkommission, die sich aus drei bis fünf Mitgliedern zusammensetzte. [...]

Diese Gemeindebodenkommissionen haben gute Arbeit in kürzester Zeit geleistet. Der gesamte Besitz der Junker, Grafen und Barone, der Nazi- und Kriegsverbrecher wurde erfaßt und sichergestellt. Auf allen Gütern und Wirtschaften, die für die Enteignung in Frage kamen, setzten sie Treuhänder ein, die dafür zu sorgen hatten, daß die landwirtschaftlichen Arbeiten, die Einbringung der Ernte, die Herbstbestellung, die Viehpflege sowie die Pflege der Kulturen ordentlich erfolgten. Sie waren verantwortlich für die Bestandsaufnahme, für die Sicherstellung des noch vorhandenen Inventars und der Vorräte.

Dem Bodenfonds wurden übergeben:

3 146 Objekte mit 719 777 ha, davon waren
Acker	400 000 ha
Wald	221 000 ha
der Rest Wiesen, Weiden u. a.	

Enteignet wurden:
1 841 Großgrundbesitzer mit über 100 ha
  739 Nazi- und Kriegsverbrecher
Insgesamt also 2 580 Personen.

Wer wurde in Sachsen-Anhalt enteignet? Ein paar Beispiele:
Fürst zu Stolberg-Stolberg	mit 9 640 ha
Fürst zu Stolberg-Roßla	„ 8 332 „
Herzog von Braunschweig-Lüneburg	„ 8 004 „
Wentzel, Teutschenthal	„ 4 039 „
von Werthern	„ 3 634 „
Hans von Arnim	„ 2 563 „
von Schierstedt	„ 2 449 „
Karl-Eduard von Schenk	„ 2 436 „
Fürst von Bismarck	„ 2 044 „
Wilfried von Itzenplitz	„ 1 663 „

von Alvensleben	„ 1 596 „
Graf von Schulenburg	„ 1 563 „
Baron von Münchhausen	„ 1 439 „
Günter von der Schulenburg	„ 1 352 „
Georg von Rohr	„ 1 254 „
von Krosigk	„ 1 236 „
von Bülow	„ 1 226 „
Ulrich von Bismarck	„ 1 111 „

Die Freiherrin Elsa von Bonin widersetzte sich der gesetzlich festgelegten Bestandsaufnahme und Aufteilung ihres Grund und Bodens. Sie schreckte sogar nicht davor zurück, die Mitglieder der Bodenkommission tätlich anzugreifen. »Auf einen groben Klotz gehört ein grober Keil«, dachte der Landrat, Genosse Paul Albrecht, und handelte in diesem Sinne. Daraufhin beschwerte sich die edle Frau von Bonin beim Präsidenten. Die Beschwerde wurde mir zur Erledigung übergeben. Ich setzte mich mit dem Genossen Albrecht in Verbindung, brauchte aber nichts mehr zu entscheiden. Genosse Albrecht hatte die Angelegenheit bereits erledigt. Da Elsa von Bonin sich allen seinen Anweisungen widersetzte, bei der Räumung des Herrensitzes Widerstand leistete und nicht nur die Erklärung abgab, ihren Herrensitz nicht zu verlassen, sondern sich demonstrativ bis aufs Hemd auszog und ins Bett legte, veranlaßte er, daß Elsa von Bonin mit samt ihrem Bett von 6 Männern auf einen Wagen verladen und abtransportiert wurde. Damit waren die Proteste dieser edlen Frau gegenstandslos geworden.

Wer hat das Land erhalten?

34 329 Landarbeiter und landlose Bauern	durchschnittlich 6,6 ha
19 376 landarme Bauern	durchschnittlich 3,3 ha
22 915 Kleinpächter	durchschnittlich 1,1 ha
13 986 Umsiedler	durchschnittlich 7,5 ha
32 488 Industriearbeiter und sonstige Werktätige	durchschnittlich 0,5 ha

Zwei Zahlen sind charakteristisch für die große Bedeutung der Bodenreform in Sachsen/Anhalt:

2 580 Fürsten, Grafen, Barone, Junker, Nazi- und Kriegsverbrecher wurden ohne Entschädigung [enteignet], aber

123 094 Landarbeiter, landlose Bauern und Umsiedler haben das Land, das Vieh, die Wohn- und Wirtschaftsgebäude, Maschinen und Geräte sowie sonstige Einrichtungen als Eigentum erhalten.

Der für die Bodenanwärter vorgesehene Wald wurde an die Neubauern und Umsiedler aufgeteilt. In den waldreichen Kreisen Gardelegen, Jerichow und Blankenburg erhielten sie 3 ha, in den waldärmeren Gegenden 1–2 ha.

An Neubauern, Umsiedler und landarme Bauern wurden u. a. unentgeltlich abgegeben:

40 306 Arbeitspferde
63 690 Milchkühe
85 982 sonstige Rinder
139 922 Schweine
125 168 Schafe.

Der aufgeteilte Boden ging durch Kauf in das Eigentum der Bodenanwärter über. Im Durchschnitt wurden als Preis für einen Hektar 200,– RM festgelegt, d. h. etwa ein Zehntel des üblichen Preises. Günstige Ratenzahlung war vorgesehen. Zur Versorgung der Neubauern mit billigem Kredit wurde eine große Kreditaktion aufgezogen. [. . .]

Am 13. Oktober 1945 kam es zur ersten Landaufteilung in der Gemeinde Ostrau im Kreis Bitterfeld. Präsident Dr. Hübener und ich nahmen daran teil. Uns begleitete

Genosse General Kotikow. Er hatte bei dieser Gelegenheit ein kleines Erlebnis, das er mit folgenden Worten schilderte:

»Ich fuhr im Herbst 1945 mit Professor Hübener, einem bürgerlichen Demokraten und Patrioten, über Land. Als wir an einem Feldrain eine Menschenmenge sahen, hielten wir und gingen heran. Es handelte sich um Leute, die das Land des ehemaligen Gutsbesitzers aufteilten. Plötzlich, ich weiß nicht mehr, wie es geschah, umarmte mich eine Frau und küßte mich. Mich, den fremden uniformierten Russen. Sie war ganz außer sich vor Freude. Professor Hübener sagte neckend zu mir: ›Sie kennen die Frau wohl schon länger?‹, und da wiederholte sich die Szene, diesmal mit Professor Hübener im Mittelpunkt. Jetzt stellte ich die gleiche Frage, worauf nicht er, aber die deutsche Frau unter Tränen sagte: ›Das ist doch nur wegen der Freude, daß wir endlich eigenes Land bekommen.‹«

Zur Aufteilung kam der Besitz des Barons von Veltheim und zwei Großbauernsitze von aktiven Nazis mit zusammen 821,38 ha. Aus diesem Land wurden u. a. 88 Neubauerngehöfte geschaffen. Die ganze Bevölkerung des Ortes nahm an der feierlichen Aufteilung und Übergabe des Bodens an die neuen Besitzer teil. [...]

Am Sonnabend, dem 6. Oktober 1945, wurde in Stolberg, der Geburtsstadt Thomas Müntzers, ein Akt von historischer Bedeutung vollzogen. [...]

Von dem Genossen Fleischer aus Sangerhausen wird dazu geschrieben:

»Nach dem Abzug der Amerikaner Ende Juni 1945 wurde der Fürst von Stolberg-Stolberg von den Engländern abgeholt. (Das englische Königshaus ist verwandt mit ihm.) Auf vierzehn Lastwagen verschleppte man den kostbaren Besitz nach dem Westen. Nur der feste Besitz, Schlösser und Gebäude sowie die 9 139 ha Land und Forsten konnten in Volkes Hand überführt werden.

Der andere Stolberger, der von Stolberg-Roßla, mußte nach der Enteignung in die Domäne ziehen, wo er mit seinen ehemaligen Landarbeitern in einem Hause wohnte. Dabei ist es mehr als einmal vorgekommen, daß er den Landarbeiterfamilien das ofenfertige Brennholz stahl und deshalb oft ›Spitzbubenpack‹ genannt wurde. Kurz vor seiner Ausweisung ging er heimlich nach dem Westen, wo er in Bayern noch ein Gut von 9 000 Morgen besaß.« [...]

Die Junker und Großgrundbesitzer haben immer wieder den Versuch gemacht, die Bodenreform zu verhindern. Sie sprachen der Provinzialverwaltung das Recht ab, eine so weitgehende Verordnung zu erlassen. Sie steckten sich hinter dem Volkswillen feindlich gegenüberstehende Führer bürgerlicher Parteien und gaben ihren Rechtsanwälten den Auftrag, alle Hebel in Bewegung zu setzen, um die Durchführung der Bodenreform zu verhindern. [...]

Der Baron Otto von Münchhausen hat es, wie so viele Junker auch, vorgezogen, bevor er zur Verantwortung gezogen werden konnte, seinen Herrensitz mit 1 439 ha im Kreis Eckartsberga zu verlassen. Aber er blieb in Verbindung mit seinen Getreuen, die nicht mit ihm gehen konnten.

Der Baron hatte Humor. Im November 1945 schrieb er an die Neubauern, die seinen Boden erhalten hatten:

»Ich habe gehört, daß Ihr das Herrenhaus abreißen wollt, darüber freue ich mich. Ich habe mich schon lange selbst mit dem Gedanken getragen, dieses Haus an einer anderen Stelle aufzubauen, weil der Standort mir nicht gefiel. Ich danke Euch für die Mühe, die Ihr damit hattet. Aber ich habe auch gehört, daß Ihr Euch aus dem anfallenden Material Eure Häuser bauen wollt. Davor möchte ich Euch eindringlich warnen, denn sonst könnte es passieren, daß am Weihnachtsabend oder am Neujahrsfest, wenn Ihr gemütlich beisammensitzt, der Heilige Geist über Euch kommt.«

Die Neubauern haben herzlich über diesen Erguß gelacht und sind an den Aufbau ihrer Häuser herangegangen. [...]

Quelle: Wie die Arbeiter- und Bauernmacht entstand. Erlebnisberichte aus Sachsen-Anhalt, hrsg. vom Bezirksausschuß der Nationalen Front des demokratischen Deutschland, Halle (Saale), o. O., o. J. (Halle/Saale 1959), S. 66 ff.

60 Familienschicksal in einem sächsischen Adelsschloß

1980 schrieb Thomas Freiherr von Fritsch-Seerhausen einen Bericht über das Schicksal seiner Vorfahren auf Schloß Seerhausen am Ende des Zweiten Weltkrieges. Zunächst beschreibt er Lage und Architektur des Schlosses, nennt einige Daten und schildert Episoden aus der langen Geschichte des Familiensitzes, um dann die einschneidenden Ereignisse der Jahre 1945 bis 1948 darzustellen.

Bei den letzten Kämpfen 1945 hatten einige russische Granaten dem Schloß gegolten und Turm und Glasdach getroffen. Nur vorsichtig näherte sich feindliche Infanterie, über die Wiesen aus Richtung Jahnishausen kommend, Dorf und Schloß. In der Tür stand hochaufgerichtet und gelassen wie immer der über siebzigjährige Schloßherr Hugo Freiherr von Fritsch-Seerhausen, einst Gardereiter und der letzte Oberhofmarschall in Weimar. Neben ihm stand sein Bruder Karlo, einst Flügeladjutant und Prinzenerzieher in Dresden und letzter Kommandeur der Großenhainer Husaren. Sie wahrten den alten Brauch: dem Landesherrn und lieben Gästen vor der Tür entgegenzutreten, unerwünschten Besuch in der Tür des Hauses zu erwarten. Bereits Tage vorher waren sie von Polen niedergeschlagen worden, als sie die letzten Pferde des Gutes lieber Flüchtlingswagen als Plünderern überlassen wollten. Die von den Fahrzeugen abspringenden Russen stießen die beiden alten Herren beiseite, durchstreiften das Haus, und bald erfüllte das geschäftige Treiben eines hohen Stabes das Gebäude, Panzer fuhren zu seinem Schutz im Park und Hof um das Schloß auf, Kabel wurden gezogen. Die Schloßbewohner wurden in kleine Zimmer des Dachgeschosses verwiesen. [...]

Im September 1945 wurde das Gut enteignet. Es erfolgte die allgemeine Anordnung, daß die Gutsbesitzer sich in einer Sammelstelle einfinden sollten; von dort wurden sie in tagelangem Transport in Güterwagen nach Rügen gebracht. Das nächste Ziel war die Sowjetunion. Es gelang Hugo und Karlo in einer der ersten Nächte nach Ankunft auf Rügen, in einem Fischerboot auf das Festland zu entkommen. Der entbehrungsreiche Weg nach Seerhausen brachte Hugo eine schwere Lungenentzündung, der er Ende November 1945 in Riesa erlag. Wenige Tage danach nahm Karlo sich in Seerhausen das Leben. Er wurde neben seinem Bruder und den Frauen beim Aufgang zum Patronatsgestühl der Pfarrkirche in Bloßwitz beerdigt.

Kurz zuvor hatte Astrid, die Frau von Thomas [ältester Sohn von Alexander, einem Bruder Karlos und Hugos, und seiner Frau Evelyn], diesem Geschlecht am 16. Mai 1945 ihr erstes Kind, ein gesundes und kräftiges Mädchen, Adelheid, geschenkt. In den Wochen vorher hatte sie, gnädig behütet, die waffen- und eisesklirrende Flucht aus dem Warthegau, den Bombenhagel der Dresdner Hölle, die Bordwaffen angloamerikanischer Tiefflieger, den Wirbel der letzten, verzweifelten Verteidigungskämpfe und die nachtdunkle Fahrt über Alpenpässe überstanden.

Nach dem Auszug der Russen aus dem Schloß Seerhausen und der Enteignung wurde das Schloß zur Plünderung freigegeben. Im harten Winter 1945/46 wurde alles Brennbare herausgebrochen, Dachbalken, Fenster und Türen. Als man im Arbeitszimmer über dem Schloßeingang den Parkettboden wegriß, stieß man auf eine Falltür. Sie wurde aufgestemmt, und den überraschten Augen bot sich ein märchenhafter Schatz. Hugo war in jungen Jahren ein erfolgreicher Herrenreiter gewesen und hatte zahlreiche silberne und goldene Pokale und Trophäen erhalten. Leuchter und Tabletts, Tafelgeschirr und ein vielfältiges Besteck aus Silber, in Generationen angesammelt, standen da mit zahlreichen anderen Wertsachen. Der Dienst bei Hofe hatte den Brüdern Bilder fürstlicher Herrschaften mit huldvoller Widmung gebracht, deren schwere, silberne Rahmen Interesse fanden. Die Nachricht, daß Schätze an verborgener Stelle im Schloß zu finden waren, lief wie ein

Lauffeuer herum. Tage- und nächtelang wurde an allen Ecken und Enden mit Spitzhacke und Brecheisen gearbeitet, und man fand, wie in vielen alten Häusern: Türen und Fenster, die nur leicht zugesetzt waren; im Turmgemäuer eine halb-verschüttete Wendeltreppe; im Herrenzimmer eine verkleidete Fensternische, in der der Hausherr sich in besseren Zeiten einen Handvorrat an Zigarren und Wein ge-halten hatte und in der auch Silber und Kristall für den Gebrauch im Herrenzimmer stand; hinter einer Stahltür im Turm, die gesprengt wurde, das Familien- und Herr-schaftsarchiv; eingezogene Doppelböden in früher hohen Räumen; Kamine und vieles andere. Die Aufregung erreichte einen Höhepunkt, als in einer abgelegenen Ecke eines Dachgeschosses Reste eines Skeletts gefunden wurden. Die Äußerung einer alten Frau, daß sie nun endlich wisse, wohin der alte Hund sich verkrochen habe, als es ihm ans Sterben ging, wurde überhört. Alle diese Verwüstungen blieben äußerlich und taten den dicken Mauern wenig an.

1946 wurde das Haus freigegeben, um die zahlreichen Flüchtlinge und Obdachlosen unterzubringen. Diese fingen wieder an, Fenster einzusetzen und Öfen aufzustel-len. Etwa 60 Personen lebten damals gedrängt im Schloß.

Aufgrund einer Verfügung der sowjetischen Militäradministration sollten Schlös-ser gesprengt werden. So wurden im Dezember 1947 die Bewohner wiederum vertrieben. Arbeiter mit Preßlufthämmern kamen und bohrten in wochenlanger Arbeit Stollen in die meterdicken Mauern. Im Januar 1948 wurden sie gefüllt und das Schloß gesprengt. Trümmer flogen mit der gewaltigen Sprengung bis ins Dorf. Von dem Augenblick der Sprengung ist ein Lichtbild vorhanden, das ein Schuljunge aufnahm. Man sieht die sich beugenden Büsche und die Trümmer durch die Luft fliegen. Der stehengebliebene Rest wurde in einer zweiten Spren-gung zerstört. Ein Schutthaufen, der wegen Einsturzgefahr der Keller gesperrt war, lag noch jahrelang an der Stelle. Dann wurde daraus ein grüner Hügel mit einer Eiche auf der Spitze. [...]

Quelle: Landesverein Säch-sischer Heimatschutz. Mit-teilungen, 2/1993, S. 47 ff., zur Verfügung gestellt von Anne-Marie Pailhès, Paris. Den Bericht verfaßte Thomas Freiherr von Fritsch-Seer-hausen 1980.

Die Mitglieder der Familie bitten, auf diesen Bericht nicht angesprochen zu werden.

61 Neubauern, brecht die Gutshäuser ab!

Beschluß der Zonenbaukonferenz zur Umsetzung des Befehls 209 vom 27. Januar 1946

Zu den Deutschen Zentral-verwaltungen vgl. die Ein-führung, S. 71.

Mit Befehl Nr. 209 hatte die Sowjetische Militäradministration (SMAD) am 9. September 1947 die Ministerpräsidenten der Länder und den Präsidenten der Deutschen Verwaltung für Land- und Forstwirtschaft angewiesen, zur »schnellsten Vollendung der wirtschaftlichen Einrichtung der Neubauern (...) im Laufe der Jahre 1947/48 den Bau von mindestens 37 000 Häusern in den Wirtschaften der Neubauern sicherzustellen.« (Der Befehl 209 ist abgedruckt in: Zur Sozialpolitik in der antifaschistisch-demokratischen Umwälzung. Dokumente und Materialien, Berlin 1984, S. 181 ff.) Die SMAD sah im Bau von Wohn- und Wirtschaftsgebäuden sowie in der Versorgung der neuen Wirtschaften mit Arbeits- und Nutzvieh die Hauptschwierigkeiten der Neubauern. Im Januar 1948 führte die Deutsche Verwaltung für Land- und Forstwirt-schaft eine Zonenbaukonferenz durch, in der angesichts des bisher eher geringen Erfolgs eine Reihe von Maßnahmen zur Erfüllung des Befehls 209 beschlossen wurden, unter an-derem auch diese:

Zu den Neubauern vgl. die Einführung, S. 28 f.

[...] Die Landesbodenkommissionen werden aufgefordert, bei der Auswahl der vom Abriß auszunehmenden Herrenhäuser, Schlösser, Burgen und sonstigen jun-kerlichen Baulichkeiten einen besonders strengen Maßstab anzulegen. Hierbei ist

Quelle: Beschluß der Zonenbaukonferenz für den Bereich der sowjetischen Besatzungszone vom 27. Januar 1948 zur Erfüllung des Befehls 209, Bundesarchiv, DO 2 ZVU Nr. 13.

die im Schreiben Nr. 609 der SMAD vom 15. Dezember 1947 getroffene Anordnung zu beachten, nach welcher

»Neubauern, die keine Häuser und Wirtschaftsgebäude zum Eigentum erhalten haben, sondern Wohnungen in früheren Gutshäusern und Gemeinschaftswohnungen einnehmen ... berechtigt sind, ungehindert die Gebäude des Gutes abzubrechen und das Abbruchmaterial zum Bau ihrer neuen Häuser zu verwenden.« [...]

62 Notwohnungen

Manfreds Zuhause

Irgendwo im Niemandsland zwischen den Stadtteilen im Essener Norden führte ein Trampelpfad durch hohes Gras, Brennesseln und Gestrüpp. Man spürte die Ziegelbrocken zerstörter Häuser unter den Füßen. Hier und da ragte ein zackiger Mauerrest, eine abgebrochene Häuserecke aus dem zugewachsenen Brachland.

Im Sommer 1949 ging eine junge Lehrerin über diesen Trampelpfad, um einen ihrer Schüler zu besuchen, Manfred, blond und strahlend, aufmerksam, fröhlich, ihr zugetan. Was ihm fehlte, um des Lehrers Wünsche zu erfüllen, waren Papier, Bleistift, Bücher und anderes. In ihrem frischen Eifer besorgte sie, was er brauchte – nicht nur für ihn –, auch die Schule tat das ihre. Schwieriger war es, seine zerfetzte Kleidung zu ersetzen. Die neue, starke Manchesterhose, die sie ihm kaufte, wies schon nach dem ersten Tag gewaltige Risse auf. »Ich bin durch den Stacheldraht gekrochen« – was sollte sie da machen. Länger hielten ein Paar solide Schuhe, die sie ihm in einem Warenhaus kaufte. Zuerst war sie mit ihm in einem teuren Schuhgeschäft erschienen, hatte ziemliches Aufsehen mit ihrem Schützling erregt und war freundlich auf dieses Warenhaus hingewiesen worden. Diese Einkaufsfahrt in die Innenstadt hatte ihr großen Spaß gemacht.

Von Eltern oder Verwandten sah sie nichts. Eines Tages schenkte sie Manfred ein paar bunte Karten mit der Anregung, sie über sein Bett an die Wand zu hängen. Sie bekam zur Antwort: »Ich habe keine Wand.« Da beschloß sie nachzusehen, wie Manfred wohnte.

Es war nicht einfach, den Trampelpfad zu finden, der von der ehemaligen Wohnstraße übrig geblieben war. Manfred hatte es weit zur Schule. Als sie die Suche aufgeben und umkehren wollte, fiel ihr ein steiler überwachsener Hügel auf, etwa in der Höhe eines Zimmers. Vorn an dem Hügel erkannte sie zwischen aufrecht stehenden und waagerecht gelagerten Mauerresten den Eingang.

Eine große Katze schlich zwischen grasbewachsenen Wällen auf sie zu und an ihr vorbei. Im Maul hing ihr eine Riesenmaus oder eine Ratte.

Eine Tür ließ sich öffnen. In den halbdunklen Raum fiel Licht aus einer Luke an der gegenüberliegenden Seite, die man bei Regen und Wind mit Pappe schließen konnte. Manfred war scheu und befangen. Es gab wirklich keine Wände. Das unregelmäßige Mauerwerk neigte sich in schrägem Winkel über seine eiserne Bettstelle. Der Hausrest, über den der Hügel gewachsen war, bestand aus rohen, unebenen, schiefen Ziegelmauern, an denen noch hier und da Kalkbrocken klebten. Außer Manfred hat sich niemand von den Leuten in dem Raum über ihr Kommen gefreut. Was sollten die Menschen in ihrer mit Bettgestellen vollgestopften Höhle auch mit der jungen Frau anfangen, die ihnen doch nicht helfen konnte.

Sie hat sich bald wieder auf den Weg gemacht und Manfred keine Bilder mehr geschenkt.

Quelle: Vor allem ging es ums Überleben ... Altenessener Frauen erinnern sich an die Nachkriegszeit. Zusammengetragen vom Gesprächskreis »Frauenalltag in Altenessen«, hrsg. vom KultUrsachen Altenessen (Kulturamt der Stadt Essen), Redaktion Leonie Wannenmacher, o. O., o. J. (Essen 1987), S. 13 f.

Notwohnungen in Essen

Auf die Stadt Essen
wurden im Laufe des
Krieges 275 Luftangriffe
geflogen, davon 13 Groß-
angriffe. Durch Bomben
zerstört wurden
93 Prozent der Altstadt,
60 Prozent des gesamten
Stadtgebietes. 15,6 Millionen m³ Schutt machten die
Stadt nahezu unbewohn-
bar. Die Menschen hausten
in Bunkern oder in den
Kellern und Ruinen der
zerstörten Häuser. In den
unmöglichsten Winkeln
entstanden sogenannte
Notwohnungen.

63

Die Sprengung der Bunker in Leuna

Ein Hilferuf an Wilhelm Pieck

Zu Wilhelm Pieck vgl. die Erläuterungen zu Dok. 7, S. 166 ff.

Im März 1946 wandten sich der Bürgermeister sowie drei Vertreter des Antifaschistischen Ausschusses der Stadt Leuna an Wilhelm Pieck mit der dringenden Bitte, die vom Chef der

---

Der Bürgermeister

Fernsprecher:
Amt Merseburg Nr. 2131 u. 2545
Werktelefon Nr. 721
Postscheck-Konto: Leipzig Nr. 34555
Bank-Konto: Kreissparkasse Merseburg,
Zweigstelle Leuna

Geschäfts-Nr.: Mö/Sch.
(im Antwortschreiben anzugeben)

Leuna, den ....10.März 1946........
(Kreis Merseburg)

328

An die
Zentralleitung der KPD
z.Hd.d.Genossen P i e c k

B e r l i n

Lieber Genosse!

Nachdem es scheinbar keinen anderen Ausweg mehr gibt, wenden wir uns mit
der dringenden Bitte an Sie, das größte Unheil, das bisher die Stadt
L e u n a betroffen hat, im letzten Augenblick zu verhindern.

Es handelt sich um folgendes:

Nach einem vor einiger Zeit erlassenen Befehl des Herrn Marschall Shukow
sollen die im Leuna Werk und in der Stadt stehenden Bunker gesprengt
werden. Es handelt sich dabei um Schutzgebäude, die eisenarmiert, wohl die
schwersten Bunker darstellen, die in Deutschland während den Kriegsjahren
errichtet worden sind.

Die fünf in der Stadt L e u n a stehenden Bunker befinden sich fast alle
ausnahmslos inmitten des Wohngebietes und bedeutet dies schon,selbst wenn
es sich um leichtere Gebäude handeln würde, eine schwere Gefahr.

Ein Versuch, der gestern stattgefunden hat beweist, daß unsere Befürchtungen
zu Recht bestehen. Es handelt sich dabei um einen kleinen Erdbunker, der
ebenfalls in unmittelbarer Nähe von Wohngebäuden liegt, der aber in gar
keinem Vergleich zu den Bunkern, die inmitten der Stadt liegen, steht. Schon
diese Sprengung hat bewiesen, daß in dieser Form die Beseitigung der Bunker
nicht vorgenommen werden kann, ohne dabei den größten noch bewohnbaren Teil
der Stadt L e u n a in Schutt zu legen.

Da ich annehme, daß Sie über das Schicksal der Stadt L e u n a während
des Krieges orientiert worden sind, möchte ich kurz noch einen Bericht anfügen.

Die Stadt Leuna wurde nach dem letzten Angriff am 4.April 1945 fast zu einem
vollen Drittel zerstört. Von den rund 3000 Wohnungen blieben nur einige fast
unbeschädigt. Wie bereits angeführt, wurden ein Drittel davon bis in die
Grundmauern zerstört und die weiteren zwei Drittel weniger oder stark beschädigt. Sämtliche öffentlichen Gebäude einschließlich Schulen wurden so
beschädigt, daß es fast 10 Monate Arbeit bedurfte, um diese Gebäude einigermaßen in Ordnung zu bringen. Mit allen Mitteln wurde in den letzten Monaten
versucht, die schwer unter der Wohnungsnot leidende Bevölkerung der Stadt
Leuna wieder behelfsmäßig unterzubringen. Es wurden in diesen Monaten rund
600 Wohnungen wieder ausgebaut und bewohnbar gemacht. Dasselbe trifft für
die hygienischen Anlagen zu. Beide Kanalbecken waren zerstört. Die Kanalleitung auf hunderte Meter unterbrochen und wurden in mühseliger Arbeit
wieder hergestellt.

-2-

-2-

Wir wollen keine weiteren Ausführungen machen, aber diese beweisen schon
allein, daß es nur unter den größten Mühen möglich war, den Rest der
Stadt bewohnbar zu machen und damit der Belegschaft des Leuna Werkes
die notwendigen Wohnungen zu errichten.

Die Wohnungsnot der Stadt L e u n a ist so groß, daß sich heute noch
drei Familien in einer normalen Drei-Zimmerwohnung befinden und sollte
dazu nunmehr noch die Zerstörung der Wohnungen durch die Beunkersprengungen
erfolgen, so muß ein erheblicher Teil der jetzigen Einwohner nach anderen
Städten evakuiert werden. Daß dadurch die Kapazität des Leuna Werkes
einen erheblichen Rückschlag erleidet, ist vollkommen klar.

In Leuna wohnen die am dringendsten benötigten Spezialisten des Werkes
und es ist nicht auszudenken, was weiter geschieht, wenn davon hunderte
neu evakuiert werden müssen.

Wir haben bei einer Rücksprache mit den maßgebenden Stellen auf diese
Verhältnisse ernst hingewiesen und alle unsere Bedenken dort zum Ausdruck
gebracht.

Ein ganz besonders schwieriger Punkt ist die Beschaffung von Lagerräumen
für die zur Zeit diese Bunker benutzt werden. Das wertvollste Material
des Leuna Werkes, die Lagerräume der Lebensmittel-Großhändler, die
Lebensmittelvorräte der Stadt, alles ist in diesen Bunkern untergebracht
und besitzt die Stadt Leuna nicht ein einziges Gebäude, wo auch nur
annähernd ein Teil dieser Dinge untergebracht werden kann. Falls tatsächlich die Bunkersprengung erfolgt, so ist nicht nur das, was bereits
ausgeführt worden ist, zu befürchten, sondern es tritt zu der jetzt schon
angespannten Ernährungslage eine neue Not hinzu, und zwar die Unterbringung
der für die Übergangszeit bestimmten Lebensmittel der Stadt, die 10.000
Menschen über diese Zeit hinwegzubringen hat.

Zusammengefaßt würde also die Durchführung des ergangenen Befehls bedeuten,
daß die Aufbauarbeiten der Stadt sofort eingestellten werden müssen, da
alle vorhandenen Arbeitskräfte einzusetzen sind, um die bei den Sprengungen
herbeigeführten Zerstörungen wieder zu beseitigen.

Inwieweit die Bevölkerung, die erneut obdachlos wird, anderweitig untergebracht werden kann, können wir zur Zeit überhaupt nicht beurteilen, da
die umliegenden Städte wie Merseburg und Halle usw. so voll besetzt sind,
daß dort ebenfalls eine Unterbringung fast unmöglich erscheint.

Ich bitte Sie dringend, diesem Hilferuf sofort Rechnung zu tragen und alle
maßgebenden Stellen von dem Schicksal der Stadt Leuna zu unterrichten und
dafür Sorge zu tragen, daß uns Hilfe in irgend einer Form gebracht wird
und vorläufig der Befehl für die Sprengung dieser Bunker zur Aufhebung
kommt.

Ich bitte weiter, sich durch eine Abordnung von der nicht übertriebenen
Darstellung selbst zu überzeugen und erwartet der antifaschistische Ausschuss der Stadt Leuna auf jeden Fall Ihre vollste Unterstützung.

Der Antifaschistische Ausschuss   Der Bürgermeister
      der Stadt L e u n a

Quelle: Stiftung Archiv der
Parteien und Massenorganisationen der DDR im Bun-
desarchiv, Berlin, RY I/I
2/5/43 a.
Sowjetischen Militäradministration, Marschall Schukow, befohlene Sprengung der Bunker in
Leuna zu verhindern. Der Brief trägt den handschriftlichen Vermerk: »Kann man nicht ändern.« Leuna ist eine kleine Stadt in Sachsen-Anhält, südlich von Merseburg an der Saale gelegen, der durch die Leuna-Werke Bedeutung zukam. Diese stellten Ammoniak sowie syn-
thetisches Benzin und Methylalkohol her.

»Zusammenziehen« in München

Wie das Gesetz zur »Bereinigung des Wohnungsmarktes« umgesetzt wird

Zur »Neuen Zeitung« vgl. die Erläuterungen zu Dok. 40, S. 232 und die Einführung, S. 112 f.

In der »Neuen Zeitung« erschien in loser Folge eine Artikelserie mit dem Titel »Aus deutschen Städten«, die – wie einleitend formuliert wurde – »nicht nur diese Städte selbst berühren, sondern von allgemeinem Interesse für ganz Deutschland sind«. In der Folge vom 1. November 1945 wurde über den Hochschulaufbau in Stuttgart, über die Situation in Breslau als ehemals deutsche Stadt und über »Zusammenziehen« in München berichtet.

Unser K.W.-Mitarbeiter schreibt aus München: Vor etwa zehn Tagen wurde die Bevölkerung Münchens durch große gelbe Anschläge davon unterrichtet, daß das Hauptwohnungsamt ihrer Stadt sich entschlossen habe, eine von dem nationalsozialistischen Regime begangene Ungerechtigkeit wiedergutzumachen.

Kurze Zeit nach dem Einmarsch der amerikanischen Truppen in München hatte das Hauptwohnungsamt die aktiven Nationalsozialisten aufgefordert, freiwillig zusammenzurücken, um auf diese Weise Wohnraum für andere Teile der Bevölkerung, die unter schwierigen Bedingungen wohnten, freizumachen. Das Ergebnis des Aufrufs war unbefriedigend, und so entschloß sich die bayerische Landesregierung, ein Gesetz zur »Bereinigung des Wohnungsmarktes« zu erlassen.

Dieses Gesetz besagt, daß alle Personen ihre Wohnungen freimachen müssen, die infolge ihrer Stellung in Partei, Staat oder Wirtschaft oder durch Vorteile, die sie dem Nationalsozialismus verdanken, belastet sind. Nach diesem Gesetz gelten als belastet: Träger des Blutordens oder des Goldenen Parteiabzeichens [für besondere Verdienste ausgezeichnete Mitglieder der NSDAP], Mitglieder der allgemeinen SS und Personen, die in der Partei oder einer ihrer Gliederungen gewisse Ämter bekleidet haben. Weiterhin müssen Denunzianten und Personen, die sich gegenüber Opfern und Gegnern des Nationalsozialismus gehässig verhalten haben, und diejenigen, welche die Zeit des Hitlerregimes zur Begehung von Verbrechen oder zur Erlangung persönlicher Vorteile ausgenutzt haben, ihre Wohnungen räumen. Den Wohnungsinhabern wird das Recht eingeräumt, bei der Regierung von Oberbayern Beschwerde zu erheben, um zu vermeiden, daß auch sie als Opfer von Verleumdungen aus ihren Wohnungen ausziehen müssen.

Den unter dieses Gesetz fallenden Personen wurde eine Frist von einer Woche gegeben, sich bei einem der fünf Bezirkswohnungsämter zu melden. Die Wohnungsbehörden Münchens erwarten, daß durch das neue Gesetz etwa 5 000 Wohnungen freigemacht werden.

Diese Wohnungen werden in erster Linie ehemaligen Häftlingen und Personen, die auf Grund der Nürnberger Gesetze verfolgt wurden, gegeben. Weiterhin müssen Personen, die zur Zeit in schlechten Behausungen leben, bessere Wohnstätten erhalten.

Als Nürnberger Gesetze werden das »Reichsbürgergesetz« und das »Gesetz zum Schutz des deutschen Blutes und der deutschen Ehre« bezeichnet. Beide Gesetze wurden am 15. September 1935 anläßlich des Nürnberger Parteitages der NSDAP vom Reichstag einstimmig verabschiedet und bildeten die juristische Basis für die Diskriminierung und Verfolgung der Juden in Deutschland.

Bei ihrem Auszug dürfen die Nationalsozialisten das zum Leben Notwendigste mitnehmen. Die neuen Inhaber der Wohnung müssen den Nationalsozialisten für die Benutzung der Möbel eine entsprechende Miete zahlen. Es wird erwartet, daß sich die beiden Parteien über die Höhe dieser Vergütung einigen können, andernfalls setzt die Wohnungsbehörde eine gerechte Entschädigung fest.

Alle durch dieses Gesetz erfaßten Nationalsozialisten werden in neue Unterkünfte verwiesen, wo sie jedoch nicht mehr Hauptmieter sein können. Wenn möglich, werden sie mit anderen Nationalsozialisten zusammen wohnen; die Wohnungsbehörde versucht, gewisse Häuserblocks ausschließlich für die Unterbringung von Nationalsozialisten zu verwenden. Die Nutznießer des nationalsozialistischen Regimes werden außerdem mehr zusammengedrängt wohnen müssen als die übrige Bevölkerung. Nationalsozialisten, die ihrer Meldepflicht nicht nachkommen und sich der Anordnung widersetzen, werden in Baracken, die früher als Ausländerlager dienten, untergebracht.

In den Fällen, in denen Nationalsozialisten bereits zusammenziehen mußten, hat es sich gezeigt, daß gerade diese Menschen, die so lange Volksgemeinschaft predigten, miteinander nicht allzu gut auskommen. So wurde zum Beispiel die Frau eines ehemaligen Sturmführers vom Bezirkswohnungsamt Süd in die Wohnung eines verhafteten Obersturmführers verwiesen. »Frau Sturmführer« zog am Vormittag in diese Wohnung ein, erschien jedoch am selben Nachmittag bereits wieder im Wohnungsamt und beschwerte sich, daß sie mit der Tochter des Obersturmführers unmöglich zusammenwohnen könne. Die Obersturmführerstochter würde ihr weder einen Schrank zur Verfügung stellen, noch würde sie ihr das Recht einräumen, einen Nagel in die Wand zu schlagen, um wenigstens so ihre Kleider aufzuhängen. – Ein ehemaliger aktiver Nationalsozialist kehrte aus der Kriegsgefangenschaft zurück und wurde in die Wohnung eines ehemaligen stellvertretenden Ortsgruppenführers einquartiert. Der zurückgekehrte Soldat brachte natürlich auch seine Kinder in die neue Wohnung mit. Dagegen lehnte sich jedoch der ehemalige Parteiwürdenträger auf. »Ich will keine Kinder in meiner Wohnung haben«, erklärte er. Es wurde ihm gesagt, daß es sich doch um die Kinder eines Parteigenossen handle. »Parteigenosse oder nicht Parteigenosse«, erwiderte er darauf. »Die Zeiten für Parteigenossen sind vorbei, und jetzt geht es um mein Wohnzimmer...«

Quelle: »Neue Zeitung« vom 1. November 1945.

65 »Verlegen Sie die Hohenzollernbrücke und den Hauptbahnhof«

Ein Brief an Konrad Adenauer

Zu Konrad Adenauer vgl. die Erläuterungen zu Dok. 24, S. 205 f.

Junkersdorf b. Köln, 20. Juli 1945

An den
Herrn Oberbürgermeister der Stadt Köln Dr. Adenauer!

Betrifft: Aufbau der Altstadt in Köln.

Sehr geehrter Herr Oberbürgermeister!

Mit Freuden haben viele Kölner Bürger Ihre Ernennung zum Stadt-Oberhaupt begrüsst. Seien Sie versichert, dass sich die meisten stets Ihrer Verdienste um die Stadt Köln bewusst blieben. Wer sollte sich auch nicht an Ihren Schöpfungen wie: Grüngürtel, Stadion, Messe, Niehler Hafen etc. erfreuen.

Ihre Aufbau-Pläne bezüglich unserer so hart getroffenen Stadt haben deshalb überall grosses Interesse gefunden. Als geborener Kölner hänge ich mit allen Fasern meines Herzens an »Kölle«. Ich möchte Ihnen daher zum Aufbau der Altstadt nachstehende Punkte besonders ans Herz legen:

Altstadt-Kirchen. Erhalten bezw. sichern Sie bitte um Gotteswillen vor allem unsere so herrlichen und erhabenen alten Kölner Kirchen, die an Grossartigkeit und Einmaligkeit bekanntlich kaum ihresgleichen haben wie: Maria im Capitol, St. Aposteln, Gereon, Gross St. Martin, Severin, Kunibert etc. Nichts darf abgerissen werden und wenn es nur Ruinen sind. Denn diese Kirchen sind ja für uns Kölner nicht nur Gotteshäuser, sondern auch Kulturdenkmäler, die uns von unzähligen Vorfahren als wertvollstes Vermächtnis hinterlassen wurden. Aus ihnen strömt der Hauch vergangener Jahrhunderte auf die Lebenden aus und regt sie nicht nur immer wieder zur Heimatliebe an, sondern hebt auch ihre Schaffenskraft, Baufreudigkeit und Lebenslust. Man sollte jetzt diese Kirchenkunstbauten wieder so liebevoll und verständnisvoll umbauen, dass sie wie wohltuende Oasen in der neuen Grossstadt wirken werden.

Der Verkehr kann und muss an diesen Heiligtümern vorbeigeleitet werden, wie man dieses auch in anderen Städten Deutschlands und Europas gemeistert hat.

Hauptbahnhof und Dombrücke. Verlegen Sie die Hohenzollernbrücke und den Hauptbahnhof, wie schon früher von Ihnen geplant. Die ausströmenden Dämpfe der Eisenbahn-Lokomotiven zerfressen nur die Domsteine.

Ich betrachte es ferner als eine Kulturschande, dass ausgerechnet um den Dom herum so viele Strassenbahnen Karussell fahren.

Dom. Unser Dom, der doch eines der erhabensten und schönsten Gotteshäuser der Welt ist, verdient doch wahrhaftig eine würdigere und vor allem stillere Umrahmung als die bisherige. [. . .]

Mit »Alaaf Kölle« u. freundlichem Gruss!

Hans Engels

Adenauers Antwort

23. 7. 1945

Sehr geehrter Herr Engels,

Über das in Ihrem Schreiben vom 20. Juli zum Ausdruck kommende Interesse habe ich mich gefreut. Ihre Ausführungen entsprechen im wesentlichen meinen eigenen Gedankengängen.

Mit vorzüglicher Hochachtung

Quelle: Historisches Archiv der Stadt Köln, 2/355 a.

(Dr. Adenauer)
Oberbürgermeister

66

Zur Entstehungsgeschichte der Schulaufsätze vgl. die Erläuterungen zu Dok. 8, S. 168.

»Deutschland wurde sozusagen ausgehungert«

Eine Schülerin der Obersekunda (11. Klasse) des Freiherr-vom-Stein-Gymnasiums in Bochum schrieb 1956 im Zuge der Roeßler-Erhebung einen Schulaufsatz zum Thema »Was wissen Sie aus eigener Erinnerung oder aus Erzählungen Ihnen Nahestehender aus der Kriegs- und Nachkriegszeit?«

Erfahrungsgemäß und natürlicherweise kann man sich an seinen Geburts-Tag nicht mehr erinnern. Doch es weiß wohl jeder sein Geburtsdatum, und so weiß ich auch, daß ich in der Nacht vom 3.–4. September 1939 geboren wurde, also an dem Tage, als der erste Angriff auf Polen erfolgte, d. h. Beginn des Zweiten Weltkriegs. [. . .]

Nach dem völligen Zusammenbruch des Deutschen Reiches war es aber noch lange nicht zu Ende mit dem Kriegsgreuel. Im Gegenteil – jetzt kam die furchtbarste Zeit. Es setzte die große Hungerperiode ein. Deutschland wurde sozusagen ausgehungert, und das hat damals wohl jede Familie zu spüren bekommen!

Das Rheinland war damals von allen möglichen Völkern besetzt, hauptsächlich von Amerikanern. Doch die Rheinländer ließen sich dadurch nicht verdrießen.

Die beste Verdeutlichung für die Nachkriegszeit ist der Begriff »Bezugscheine« und »Lebensmittelkarten«. Man konnte die »Herrlichkeit auf Erden« haben – für Bezugscheine, nur – es gab kaum welche (davon), und der Schwarzhandel erreichte seinen Höhepunkt.

Doch diese Herrlichkeit auf Erden würde so groß nun wieder auch nicht gewesen sein, denn das Land war so arm, daß auch für alles Geld der Welt nicht viel zu haben gewesen wäre. Ich weiß noch genau, wie meine Mutter morgens um 5.00 [Uhr] aufstand, nur um ein einziges Brot beim Bäcker zu kaufen. Aus dieser Zeit scheint auch das »Schlangestehen« zu stammen, denn überall sah man in den Straßen diese »Schlangen« vor den Geschäften, wenn es »mal« neue Marken gegeben hatte.

Mein Bruder war damals noch ein Baby, und er brauchte natürlich Nährstoffe, welche in den Wassersuppen leider nicht enthalten waren. So bekam er das einzige bißchen Butter, die eigentlich für die ganze Familie sein »sollte«.

Meine Mutter – und alle Mütter damals – hatte sich zu einer wahren Kochkünstlerin entwickelt, d. h., aus nichts etwas machen. Es scheint kurios, wovon wir uns ernährt haben, ohne daß unsere Mägen gestreikt haben. Im Sommer gingen wir, bewaffnet mit alten Lederhandschuhen und Taschen, hinaus, um – Brennesseln zu sammeln. Das war damals so das Volksnahrungsgericht – Spinat aus Brennesseln gekocht; und es hat noch nicht einmal so schlecht geschmeckt. U. a. gab es Löwenzahnblätter-salat, Mehl-Wasser-Pfannkuchen, gebraten in Rizinusöl, trockenes Brot, in Wasser getaucht und mit dem bekannten, braunen Cuba-Zucker bestreut, Eicheln, Kasta-nien usf.

Das bißchen Magermilch wurde »noch einmal« mit Wasser vermischt und zu einer Wochenration Milchsuppe verarbeitet – und alles haben wir gegessen und hatten doch noch Hunger und nochmals Hunger. Zu allem Überfluß wurden auch die Kohlen knapp, so daß wir im Winter dick eingepackt auf dem Ofen gesessen haben. Diese Mißlage mit der Kohlenknappheit nutzten natürlich einige Leute aus, und die Zahl der »Schieber« wurde immer größer. Neben der Kohlenknappheit trat auch noch die Geldknappheit ein, die bis zur Währungsreform am 21. Juli 1948 führte.

Mit der Zeit trat dann endlich eine langsame Besserung der Verhältnisse ein, die merkwürdigerweise oft als das »deutsche Wirtschaftswunder« bezeichnet wird. Doch ein nochmaliges »Wirtschaftswunder« wird Deutschland nicht mehr zustande bringen können.

Quelle: Roeßler-Archiv im Archiv »Deutsches Gedächt-nis«, Lüdenscheid.

---

67 **Ernährung und Demokratie**

Aus dem Bericht der Kreisverwaltung Celle an die britische Militärregierung vom 17. April 1947

Jeden Monat schrieb die Kreisverwaltung Celle Berichte für die Kreisgruppe Celle der briti-schen Militärregierung über allgemeine Probleme und die laufende Verwaltungsarbeit. Im Be-richt vom April 1947 wird unter Punkt 1 »Probleme der allgemeinen Verwaltung« an erster Stelle die Ernährungslage angeführt.

Die Ernährungslage

ist inzwischen äußerst bedenklich und besorgniserregend geworden. Die Bevölke-rung ist aufs stärkste beunruhigt, weil die Ernährungsverhältnisse so überaus unklar sind, und sich in keiner Weise übersehen läßt, wie sie sich in der allernächsten Zeit gestalten werden. Sie hat jede Hoffnung auf eine Verbesserung der Ernährungslage in absehbarer Zeit aufgegeben, rechnet vielmehr mit einer weiteren Verschlechte-rung. Die sich widersprechenden Zeitungsartikel, das sich gegenseitige Zuschieben der Verantwortlichkeit der britischen und der deutschen Dienststellen für die jetzi-gen Zustände, die kürzlich von Minister Hynd abgegebene und in der Presse ver-öffentlichte Erklärung, dass die Ernährungslage in Deutschland nie so günstig war wie jetzt, und die Erklärung des Generalmajors Bishop, dass die Möglichkeiten der Hilfe durch das Ausland begrenzt seien und eine Besserung im beträchtlichen Aus-maß von deutscher Seite herkommen müsse, alles dies trägt das ihrige dazu bei, dass die Stimmung der Bevölkerung immer verzweifelter wird.

Demgegenüber stehen die Erklärungen deutscher Dienststellen, dass sie für das Nichteintreffen der zugesagten Zufuhren aus dem Ausland nicht verantwortlich gemacht werden könnten und die Landwirtschaft ihr Ablieferungssoll bis auf un-erhebliche kleine Reste erfüllt hätte, und der Hinweis, dass wegen Mangels an Kunstdünger und Saatgut mit einer erheblich ins Gewicht fallenden Vermehrung

Die Ernährungslage ?

Sind Ihnen folgende Tatsachen bekannt

Während der letzten sechs Monate wurden mehr als 50% des Brot- und Mehlverbrauchs der britischen Zone durch Einfuhr in die Zone gedeckt.

500,000 Tonnen Nahrungsmittel wurden während dieser sechs Monate in die britische Zone importiert.

Keine Nahrungsmittel wurden aus der Zone exportiert und fast der gesamte Nahrungsmittelbedarf der britischen Besatzungstruppen wurde durch Einfuhr gedeckt.

Während derselben Zeitspanne wurde die Lebensmittelzuteilung in England gekürzt.

Der Krieg hat eine Nahrungsmittelknappheit in der ganzen Welt verursacht und andere Länder, besonders Indien, stehen vor der Hungersnot.

93% der Nahrungsmittel für die verschleppten Personen in Deutschland werden jetzt eingeführt, obwohl die deutsche Bevölkerung die Verantwortung für die Ernährung dieser schwerbetroffenen Menschen trägt.

Der deutsche Beitrag für die Ernährung dieser Menschen beträgt demnach nur 7% und besteht nur aus frischem Gemüse.

Eine unmittelbare Besserung der Lage ist nicht zu erwarten, da eine Erhöhung der deutschen Lebensmittelzuteilung nur mit einer Vergrößerung der Hungersgefahr in den alliierten und in den früher von Deutschland besetzten Ländern erkauft werden könnte.

Jeder einzelne Deutsche in der britischen Zone muß deshalb zunächst alles tun, um die Nahrungsmittelerzeugung zu steigern und eine gerechte Verteilung sicherzustellen.

Sobald die gegenwärtige Welternährungskrise überwunden ist, werden Schritte unternommen, um die Ernährungslage auch in der britischen Zone zu bessern.

Herausgegeben von den britischen Militärbehörden

Hamburg 1946.

der landwirtschaftlichen Produktion nicht zu rechnen sei, wenn sich die Rechnung nicht später [?] als falsch herausstellen sollte. [. . .]

Die Tatsache, dass nur ein Teil der vorgesehenen Lebensmittelrationen aufgerufen wird und später die nicht aufgerufenen Lebensmittelmarken für die zurückliegende Zeit für ungültig erklärt werden, ohne dass sie, wie in Aussicht gestellt worden war, beliefert werden, wie z. B. bei den Kartoffelmarken, die Tatsache, dass die Belieferung der Fettmarken nicht durchführbar und dass die Fleischversorgung ernstlich bedroht ist, reden eine klare Sprache. Die Verhältnisse scheinen, auf weite Sicht gesehen, zu einer Katastrophe zu führen. Es wäre ja nicht so schlimm, wenn die ganze Bevölkerung vegetarisch lebte, aber es müßte für das ausgefallene Fleisch gleichwertigen und ausreichenden Ersatz geben und der Fettbedarf gedeckt werden, was auch nicht der Fall ist.

Die Käsezuteilung ist bedenklich gering geworden. Man kann sie, wenn man noch Sinn für Humor hat, als eine Erinnerungsgabe an frühere Zeiten bezeichnen.

Die Bevölkerung spürt am eigenen Leibe, was die vielen Beschränkungen in der Ernährung auf sich haben.

Hinzu kommt noch die tiefe Enttäuschung über die Verhandlungen in Moskau [Außenministerkonferenz in Moskau vom 10. März bis 24. April 1947 zur deutschen Frage], die nicht vorankommen, im Gegenteil, dass die Differenzen zwischen den 4 Großmächten anscheinend von Tag zu Tag größer werden. Die Bevölkerung versteht auch nicht, dass den 4 Großmächten in Moskau mehr daran liegt, einen Viermächtepakt zur Sicherung gegen das völlig zerschmetterte, am Boden liegende Deutschland zustande zu bringen als einen Frieden.

Kann man sich da wundern, dass alle diese Krisen dazu beitragen, das Interesse der Bevölkerung am demokratischen Aufbau Deutschlands zu lähmen, anstatt zu wekken? Man sagt: »Die Liebe des Mannes geht durch den Magen«. Auf die heutigen Verhältnisse angewandt, könnte man auch sagen, dass bei der Liebe zur Demokratie der Magen eine nicht zu unterschätzende Rolle spielt.

Man rechnet deshalb bei den Wahlen zum Niedersächsischen Landtag am nächsten Sonntag mit keiner starken Beteiligung.

Die Äcker haben durch den langandauernden Frost nicht so sehr gelitten, wie man vielleicht annehmen mußte. Auch die eingemieteten Kartoffeln haben nur in geringem Umfange Frostschaden erlitten. Der Schaden geht über den durch die Ueberwinterung entstehenden normalen Schaden nicht wesentlich hinaus. Hauptsächlich sind nur in den Mieten Frostschäden eingetreten, die bestohlen oder die z. B. von Wildschweinen heimgesucht, aber nicht wieder ordnungsgemäß gesichert wurden und dadurch die in ihnen lagernden Kartoffeln den Witterungseinflüssen preisgegeben waren.

Quelle: Hans-Heinrich Zander/Detlef Endeward/Winfried Wiedemann, Alltag in Bergen 1945–1955. (VHS-Kurs). Ein Projekt der Niedersächsischen Landeszentrale für politische Bildung, Dokumentensammlung, Archiv »Deutsches Gedächtnis«, Lüdenscheid.

68

»Pakete aus Amerika!«

Maria Köhler erinnert sich

Maria Köhler wurde 1933 in einem kleinen Ort in der Nähe von Siegen geboren. Der Vater war Angestellter der Reichsbank und Mitglied bzw. zeitweise Abgeordneter des Zentrums. Die Eltern waren gläubige Katholiken. Maria Köhler hat drei Geschwister. 1939 erkrankte der Vater schwer und starb 1944. Nach dem Tod des Vaters zerstörte ein Bombenangriff das Wohnhaus, und die Geschwister wurden bis zum Ende des Krieges bei einem Onkel im Sauerland untergebracht, wo Maria großes Heimweh hatte. Mitte Juli 1945 konnten die Geschwister nach Hause zurückkehren. Allerdings war das elterliche Haus kaum bewohnbar: Die Fensterscheiben und einige Wände fehlten, und durch das Dach regnete es an mehreren Stellen hinein. Das zweite, noch größere Problem war der Hunger. Während die Mutter und der ältere Bruder arbeiten gingen, hatte Maria als zweitälteste die Aufgabe, einzukaufen, was zumeist Schlangestehen bedeutete. Einmal in der Woche fuhr sie zu Verwandten aufs Land, von denen sie Butter und Milch bekam. Und mit der jüngeren Schwester ging sie – mehr oder weniger erfolgreich – hamstern. Welch ein Glück, daß es Verwandte in Amerika gab.

Die Organisation CARE (Cooperative for American Remittances to Europe, später: to Everywhere) ist eine vor allem von privaten Spendern getragene Hilfsorganisation, die 1946 in den USA gegründet wurde. Die Hilfe für Europa bestand nach dem Zweiten Weltkrieg in der Verschickung von Lebensmittelpaketen. Die ersten Carepakete waren überschüssige Rationspakete der

Unsere Not wurde durch Carepakete aus Amerika gelindert! Zwei Brüder meines Vaters lebten seit 1928 in USA. Als die Amerikaner nach dem Krieg Pakete schicken durften, wurden wir auch bedacht und das sehr, sehr großzügig!!

Eines Tages [das erste Paket kam im Oktober 1946] kam der Paketpostbriefträger mit einem zweirädrigen Wagen, den er schieben mußte, in die Straße und brachte ein großes Paket zu uns! Es war an mich adressiert! Der Jubel und die Freude waren groß, als wir es auspackten. Obenauf lag ein Zettel mit der Inhaltsangabe: Kaffee, Kakao, Nußbutter, Kaugummi und getragene Kleidung lagen im ersten Paket. Wir waren glücklich und dankbar!

Mutter setzte sich sofort hin und schrieb einen Dankesbrief. Auch ich mußte schreiben und mich bedanken! Kurze Zeit, nachdem die Verwandten unsere Post erhalten hatten, kamen die nächsten Pakete. Jedes Familienmitglied wurde bedacht

US-Armee, die mit Spendengeldern von der Organisation aufgekauft wurden. Die Carehilfe für die Bundesrepublik wurde 1960 eingestellt, für West-Berlin 1963. Sie hatte einen Umfang von 346 Mio. DM.

und der Inhalt der Geschenksendungen immer wertvoller. Es war natürlich selbstverständlich, daß wir Kinder uns schriftlich bedankten. Selbst Leo, er war erst 6½ Jahre, mußte ein Briefchen schreiben.

Die größte Not wurde durch diese Pakete gelindert!

Die Kleider, die wir von Amerika bekamen, waren wunderschön. Wenn sie nicht paßten, mußte Frau Kettner sie ändern. Oft gehörte auch eine Portion Mut dazu, solche Sachen zu tragen, denn die Farben und Modelle hatte man hier noch nie gesehen!

Mia hatten es die Kleider ganz besonders angetan. Als ich eines Tages von »Vor der Hardt« nach Hause ging, sollte ich bei Zigarren-Münker die Marken einlösen und dafür Zigaretten mitbringen. Als ich mich dem Geschäft näherte, sah ich von weitem eine Menschenschlange. Alle wollten Zigaretten kaufen. Ich stellte mich ans Ende der Schlange und wartete. Auf einmal meldete sich meine kleine Schwester Mia. Sie stand auch an. Ich tat so, als wenn ich sie überhaupt nicht kennen würde. Ich schämte mich nämlich, denn sie hatte sich unmöglich angezogen. Mia war 12 Jahre und sie trug goldene Riemchen-Sandaletten mit hohen Absätzen, eine sportliche Jungenjacke aus Tweed mit vielen Reißverschlüssen, einen gelben Wollschal, einen grünen Rock über einer langen Trainingshose! Diese Geschmacklosigkeit war für mich zu viel. Ich beachtete meine Schwester nicht und wir gehörten auch nicht zusammen!

Quelle: Aus der Autobiographie von Maria Köhler (Pseudonym), Archiv »Deutsches Gedächtnis«, Lüdenscheid.

69

Gemüse aus dem Tiergarten

Das Bild zeigt den Berliner Tiergarten ganz im Zeichen der Versorgungsnot. Die Bäume der großen Parkanlage im Zentrum Berlins werden gefällt und als Brennholz auf Handwagen verladen. Der Boden wird für den Gemüseanbau vorbereitet. Im Hintergrund sieht man die Siegessäule.

Quelle: Archiv »Deutsches Gedächtnis«, Lüdenscheid, Bestand Helmut Ribbe.

Das Foto wurde im März 1946 in der Londoner »Times« veröffentlicht. Helmut Ribbe, zu der Zeit in englischer Kriegsgefangenschaft, hat es gesehen, ausgeschnitten und, mit Herkunftsangabe versehen, mit nach Hause gebracht.

70

»Ich war kein Filou«

Der Interzonen-Schwarzhändler Siegfried Ehrlich

Weitere biographische Angaben zu Siegfried Ehrlich siehe Dok. 4, S. 160.

Zur Deutschen Wirtschaftskommission vgl. die Erläuterungen zu Dok. 41, S. 232.

Siegfried Ehrlich war im Krieg »Flieger« bei den Bodentruppen in Frankreich. Im November 1944 wurde er schwer verwundet und lag bis 1947 in Hannover im Lazarett, wo er über 30-mal operiert wurde. Nachdem Siegfried Ehrlich deprimiert von seiner Gesichtsverletzung erzählt hatte, die ihn nahezu unkenntlich machte, kommt er auf seine Zeit als Schwarzhändler zu sprechen.

Siegfried Ehrlich (E.): Es fing alles 1945 mit einem Besuch meines Vaters bei mir im Lazarett in Hannover an. Auf der Rückfahrt nahm er für Bauern in Oranienburg Pferde mit von Braunschweig zurück. Dazu war viel Papierkram mit den Besatzungsbehörden notwendig gewesen, auch mit der Deutschen Wirtschaftskommission – DWK. Die Papiere hatte er aber gar nicht gebraucht, da er auf Schleichwegen über die Grenze gefahren war. Da lag der Gedanke nahe, das noch einmal zu versuchen – aber diesmal auf eigene Rechnung. In der Sowjetzone waren nach der Bodenreform die Pferde knapp. Die Neubauern, viele Flüchtlinge, konnten ja nicht mit den Händen pflügen. Also mußten welche beschafft werden. Es war manchmal bitter anzusehen, wie junge Fohlen angespannt wurden, und die mußten dann pflügen.

Frau E.: Bei uns auf dem Dorf gab es nur vier Pferde. Die wurden genau aufgeteilt, wer, wann, welches Pferd benutzen durfte.

E.: Nicht nur die Bauern zahlten dafür. Richtig los ging es, als die DWK gegen Rauhfutter [Stroh und Heu] Pferde aus der britischen Zone eintauschen wollte. Einige Hundert gegen fünf bis sieben Tonnen Rauhfutter pro Pferd. Das war ein trockener, heißer Sommer 1947. Man erinnerte sich bei der DWK, daß mein Vater das mal gemacht hatte, und er bekam den Auftrag. Dazu bedurfte es einer Organisation. Mein Vater konnte das allein nicht. Also machte ich mit. Er rechnete auch nicht richtig und gab das Geld mit vollen Händen aus. Viel Geld konnte man dabei nicht verdienen, weil man ihm bloß eine lächerliche Handelsspanne von fünf Prozent einräumte. Das Geld machten wir damit, daß wir statt der 15 Pferde in einen Viehwaggon 16 Pferde reintaten – übrigens waren die nicht angebunden. Dieses Pferd verkauften wir dann. Das brachte immerhin 10 000 Reichsmark. Für 6 000 Mark in der britischen Zone gekauft, in der sowjetischen haben wir dann 16 000 Mark bekommen. Auf der anderen Seite, im Osten, wurde dann in Brenzlau ein ganzer Zug der Reichsbahn mit Rauhfutter beladen und nach Berlin zum Westhafen gefahren, zur BeHaLa [Berliner Hafen- und Lagergesellschaft], und von dort per Schiff in den Westen gebracht. Warenbegleitscheine, Ausfuhrbescheinigungen, tierärztliche Bescheinigungen usw. waren nötig. Im Osten war es nun leicht, weil wir von denen den Auftrag hatten, aber im Westen bekamen wir das in Kiel von einem Mann in der Bauernkammer, der war unterschriftsberechtigt. Er hieß Scholfin, der war SS-Standartenführer gewesen und wurde nun von uns geschmiert oder besser: beteiligt. Er wurde unser Partner und konnte sich bald schon einen VW kaufen. Später spielte sich nichts mehr in seinem Büro ab, sondern nur noch im Ratskeller, wo er dann mit seiner Aktentasche hinkam und wir noch für 280 Reichsmark gut aßen. Das war dann drin in den Spesen.

Interzonenpässe beschafften wir über einen Flüchtling, der bei den Briten arbeitete in Elmshorn oder Pinneberg. Man konnte ja ohne solche Pässe nicht von einer Zone zur anderen fahren, damals. Ich war bis 1950 Westbürger, mein Vater hatte zwei Pässe und Wohnorte. Ich hatte auch noch eine Wohnung in Berlin-Charlottenburg. Wir meldeten uns also beide in der britischen Zone an, in Schleswig-Holstein, weil da auch die Pferde herkamen, in Itzehoe. In dieser Zeit vom Herbst 1947 bis zum April 1948 wurde also ein großes legales Geschäft mit Aufwand durchgeführt. Wir haben später mit Lkw transportiert – war auch ein körperlicher Aufwand: Ich bin manchmal drei Mal die Woche Berlin – Hamburg mit dem Lkw gefahren. Da habe ich kein Bett gesehen. Wir haben aber ganz gut davon gelebt, aber richtig reich geworden sind wir nicht.

Während der Berlin-Blockade vom 24. Juni 1948 bis zum 12. Mai 1949 hatte die Sowjetunion den gesamten Personen- und Güterverkehr zwischen West-Berlin und Westdeutschland gesperrt; die Versorgung West-Berlins wurde durch eine von den USA und Großbritannien errichtete Luftbrücke sichergestellt.

Dann kam die Währungsreform und die Blockade, und damit unsere Blütezeit, nachdem das Geschäft quasi schon beendet war; vieles mußte am Ende illegal gehen. [...]

Wir haben dann unsere Kontakte zur Deutschen Wirtschaftskommission wieder aufgenommen und sie überzeugt, daß wir gerade jetzt Pferde aus der britischen Zone in die sowjetische holen müßten. Die waren auch der Meinung. Also haben wir wieder weitergemacht. Ein Förster aus dem Kreis Lüchow-Dannenberg half uns, der kannte eine Furt über die Dumme, das Grenzflüßchen zwischen der britischen und der sowjetischen Zone. Die Sache lief dann so ab: Wir fuhren auf seinen Hof, luden die sechs Pferde ab, das waren sehr gute Pferde. Die wurden zusammengebunden, der Förster hat sie an die Furt geführt, wir haben sie rübergebracht. Auf der anderen Seite, ein paar hundert Meter weiter, wartete der andere Lkw. Da standen auch die Volkspolizisten (VP), und mit deren Hilfe (!) wurden die Pferde aufgeladen, und ich bin zurückgegangen. Das ging eine Zeitlang gut. Aber einmal kam ein britischer Panzerspähwagen, und wir machten schnell, daß wir rüberkamen. Ich bin dann nicht zurückgegangen, sondern mit dem Lkw nach Berlin gefahren.

Interviewer (I.): Und was sprang für Sie dabei heraus?
E.: Ooch, das waren schon bei jedem Transport 1 500 D-Mark.
I.: Die wurden offiziell von der sowjetischen Besatzungsmacht bezahlt? Oder von der DWK?
E.: Das weiß ich nicht.
I.: Wer übergab sie Ihnen denn?
E.: Wir haben die Pferde doch an Händler in Berlin verkauft!
I.: West-Berlin?
E.: West-Berlin! *(Lacht laut)*
I.: Jetzt versteh ich nichts mehr. Mit Erlaubnis der Deutschen Wirtschaftskommission –
E.: – und mit Unterstützung der Volkspolizei –
I.: – vermutlich mit Erlaubnis sowjetischer Besatzungsbehörden haben Sie die Pferde aus der britischen Zone rübergebracht. Und übergaben Sie dann mit Hilfe der ostdeutschen VP West-Berliner Händlern?
E.: Ja – nnnnnnee *(lacht)*, die haben natürlich nicht gewußt, wo wir damit hingefahren sind. Die haben uns nur an der Grenze geholfen. Der Major wurde von Berlin aus informiert: »Jawoll, das geht in Ordnung, die sind zu unterstützen.« Und damit war die Sache erledigt.
I.: Wer hatte denn ein Interesse daran, daß die Pferde nach West-Berlin kamen?
E.: Nur wir – wegen der D-Mark.
I.: Eben. *(Beide lachen)*
E.: Ja, sehen Sie, wenn das einfache legale Geschäfte gewesen wären, dann brauchte man darüber nicht zu sprechen.
I.: Und das in der Blockade.
E.: Es war überhaupt kein Problem, von Ost-Berlin nach West-Berlin zu kommen, auch kein Problem mit Pferden.
I.: Auch während der Blockade?
E.: Auch während der Blockade. Sie konnten kreuz und quer durch Berlin fahren.
I.: Was nützt eine Blockade, wo die großen Bomber angeblich die Rosinen oder Heizmaterialien bringen – aber nach Ost-Berlin ist alles offen?
E.: Ost-Berlin wollte West-Berlin sogar verpflegen, das wurde abgelehnt. Man ging doch auch zu Tausenden in Ost-Berlin einkaufen. Die Blockade galt nur an den Demarkationslinien im Westen, in Berlin war doch alles offen. Bei unserem nächsten

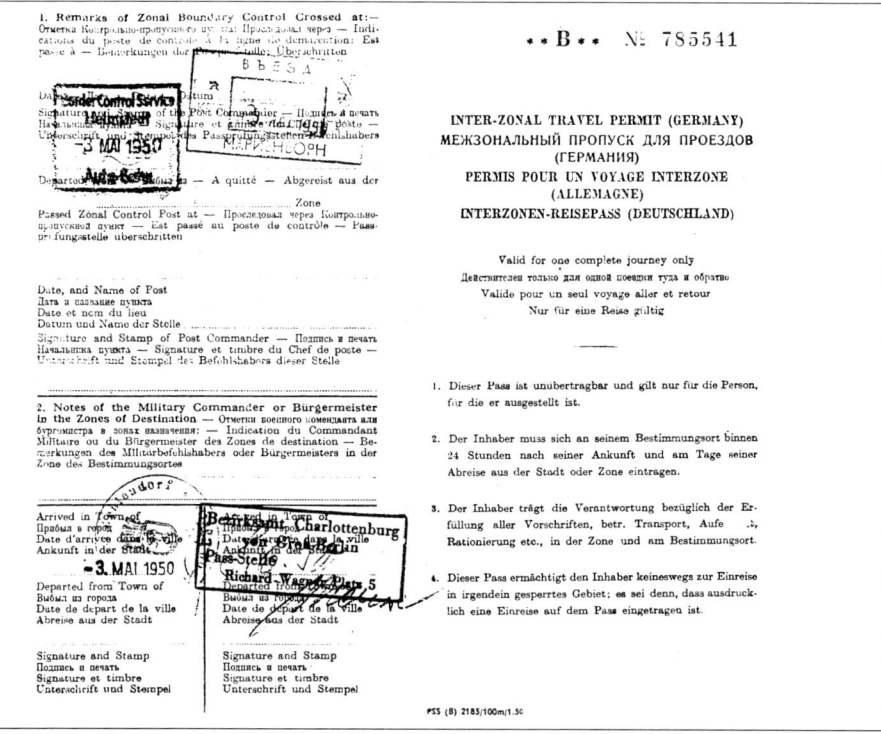

Interzonen-Reisepass.

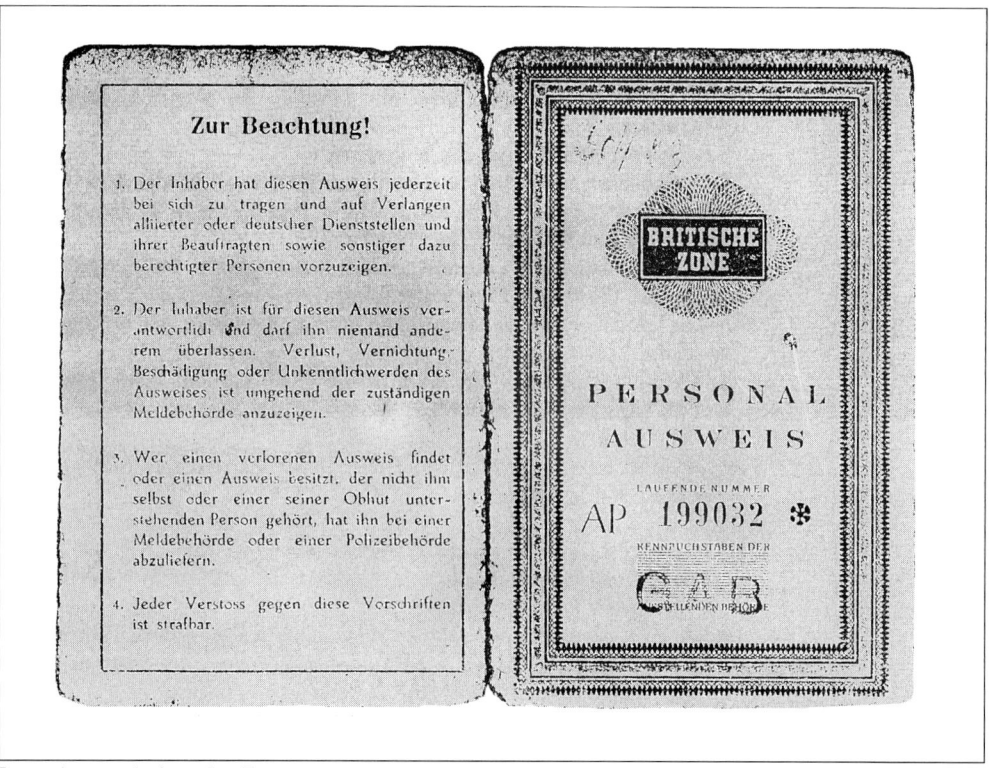

Personalausweis der britischen Zone.

Transport waren wir dann vorsichtiger an der Grenze zwischen britischer und sowjetischer Zone, luden schneller um. Denn es gab ja eine Gegenblockade von den Briten. Aber als wir dann fertig waren, kam eine sowjetische Patrouille und hat mich festgenommen, obwohl sie gesehen hatte, daß die VP mir geholfen hatte. Ich hatte ja keinen offiziellen Grenzübergang benutzt. Die haben mich in Salzwedel mit anderen in einen Keller gesperrt und nach vier Tagen über die Zonengrenze abgeschoben. Vorher hatten sie mir das ganze Geld abgenommen. Ich bin dann Richtung Dannenberg gelaufen, habe meine Uhr verkauft und bin davon nach Hamburg gefahren. In Hamburg habe ich dann gebadet und bin erstmal essen gegangen in eine Fischgaststätte, zwei große Fischportionen, werde ich nie vergessen.

Diese Geschichten hab ich übrigens ohne meinen Vater gemacht. Er hatte immer mehr ausgegeben, als er verdient hat, der war so ein Filou, hatte andere Frauen, aber meine Mutter nicht genug unterstützt. Das hat mir nicht gefallen. Wenn ich tausend D-Mark in der Tasche hatte, konnte ich eine ganze Weile davon leben – er nicht. Der haute die auf den Kopp.

I.: Waren Sie ein Filou?

E.: Nee, möchte ich nicht sagen.

I.: Das war ernsthafte, seriöse Arbeit, von der Sie da über Jahre gelebt haben?

E.: Das war ernsthafte, seriöse – *(lacht)*. Na ja, es war in der Zeit so: Was war da schon legal?

Schwieriger wurde es für Herrn Ehrlich nach dem Ende der Blockade, als an den Grenzen hunderte voll beladener Lkws mit dem Ziel West-Berlin standen. »Da gingen die Preise in den Keller. Damit war unser Geschäft nur noch eingeschränkt möglich.« 1950 meldete sich Herr Ehrlich in der Nähe von Oranienburg in der sowjetischen Besatzungszone bei seiner Mutter an und arbeitete von 1951 bis 1987 im Stahlwerk Hennigsdorf. Dort ließ er sich zunächst zum Techniker ausbilden und wurde 1964 Ingenieur. Er heiratete eine Lehrerin; sie bekamen zwei Kinder. 1970 trat Herr Ehrlich in die SED ein.

Quelle: Aus einem Interview mit Siegfried Ehrlich (Pseudonym), geführt 1995 von Alexander von Plato, Archiv »Deutsches Gedächtnis«, Lüdenscheid.

71

Bekanntmachung der Amerikanischen Militärregierung im September 1945

Besitz, Verkauf und Tausch von Gegenständen Amerikanischen Ursprungs.

1. Der Schleichhandel mit Gegenständen, die für den Gebrauch der Amerikanischen Streitkräfte nach Deutschland gebracht worden sind, bedeutet eine Gefährdung der öffentlichen Ordnung, der Sicherheit der Amerikanischen Streitkräfte, der deutschen Währung, der Preisüberwachung und der Massnahmen zur Warenbewirtschaftung. Die Militärregierung ist fest entschlossen, energische Massnahmen zur Unterdrückung des ungesetzlichen Handels in diesen Waren zu treffen.

2. Es wird hiermit bekanntgemacht, dass es allgemein verboten ist, Gegenstände, die für den Gebrauch der Amerikanischen Streitkräfte bestimmt sind, zu verkaufen oder zu tauschen. Zivilpersonen dürfen derartige Gegenstände weder durch Kauf noch durch Tausch erwerben.

3. Befinden sich Nahrungsmittel, Zigaretten, Kleidungsstücke, Betriebsstoff und andere Gegenstände, die von den Amerikanischen Streitkräften verausgabt oder verkauft worden sind, im Besitze einer Zivilperson, so gilt die Vermutung, dass ein Verstoss gegen die Bestimmungen des Paragraph 13 der Verordnung No. 1 vorliegt, der durch die Gerichte der Militärregierung bestraft wird, es sei denn, dass der Besitzer den rechtmässigen Erwerb des Gegenstandes einwandfrei nachweist. Jede andere Handlung einer Zivilperson, die gegen die Bestim-

mungen des Paragraph 2 dieser Bekanntmachung verstösst, wird durch die Gerichte der Militärregierung bestraft.

4. Als »Zivilpersonen« im Sinne dieser Bekanntmachung gelten nicht Angehörige Vereinigter Nationen, denen die Rechte als Angehörige der Amerikanischen Streitkräfte eingeräumt worden sind.

Quelle: Archiv »Deutsches Gedächtnis«, Lüdenscheid, Bestand Ernst Siedenberg.

5. Diese Bekanntmachung tritt am 15. September 1945 in Kraft.

IM AUFTRAG DER MILITÄRREGIERUNG

72

Von Razzien und Aufräumungsarbeiten

Bericht des Bezirksarbeitsamtes Berlin-Mitte

Bei dem folgenden Text handelt es sich um einen Bericht des Bezirks-Arbeitsamtes (BAA) Berlin-Mitte vom 12. November 1945 über die Mitbeteiligung an Polizeiaktionen und Sondereinsätzen in der Zeit vom 23. Oktober bis zum 6. November 1945.

Berlin, den 12. 11. 1945

Auf Anordnung der russischen Militärkommandanten sind in der Zeit v. 23. 10. 45 bis 6. 11. 45 sowohl unter Mitbeteiligung des Bezirks-Arbeitsamtes Berlin-Mitte als auch der deutschen und russischen Polizei eine Anzahl neuer Aktionen durchgeführt worden.

Zweck dieser Razzien war, den auf bestimmten Plätzen und Straßen des Bezirks Mitte unentwegt weiterwuchernden Schwarzhandel möglichst vollständig zu unterbinden und darüber hinaus durch überraschend durchgeführte Aktionen unter die asozialen, kriminellen Elemente und Gelegenheitsschieber eine ständige Unruhe zu tragen, die diese Kreise zur äußersten Vorsicht und damit zu verstärkter Zurückhaltung mahnen soll. Die an diesen Razzien beteiligten Polizeiorgane sind sich darüber klar, daß es in absehbarer Zeit nicht möglich ist, den Schwarzhandel gänzlich auszurotten, solange der dringende Bedarf an Mangelware anhält.

Die Mitbeteiligung des Bezirks-Arbeitsamtes Berlin-Mitte an den Aktionen erstreckte sich vornehmlich auf die Feststellung bisher nicht registrierter Arbeitskräfte. Darüber hinaus bestand nebengehend die Notwendigkeit, in Ausführung eines terminisierten dringenden Befehls des Marschalls Shukow, zusätzlich eine erhebliche Zahl von Arbeitskräften für Säuberungs- und Straßenreinigungsarbeiten an bekannten Plätzen und Straßen im Bezirk Berlin-Mitte zum Einsatz zu bringen. Zusätzlich hierzu waren noch eine Anzahl dringender weiterer Auflagen der russischen Kommandostellen durchzuführen, z. B. die Gestellung von Arbeitskräften für Planierungsarbeiten bei der Anlage von Russengräbern im Tiergarten u. a. m.

Am 23. 10. 45 (14.30 und 17.00 Uhr) Razzien in Zusammenarbeit mit der russischen Polizei auf dem Alexanderplatz. Vom BAA Berlin-Mitte wurden hierbei 610 Personen registriert. (Auf beigefügte Anlage wird hingewiesen.)

Am 24. 10. 45 (17.30 Uhr) Durchkämmung des »Alex«. Vom BAA Berlin-Mitte wurden hierbei keine Registrierungen durchgeführt.

Am 25. 10. 45 (16.00 Uhr) Razzia Gormann-Linien-Lothringer Straße. Es wurden hierbei 250 Personen als Schwarzhändler festgestellt und einem sofortigen, mehrstündigen Arbeitseinsatz zugeführt. Die hierbei vom BAA Berlin-Mitte vorgenommene Registrierung mußte der vorgerückten Tageszeit wegen vorzeitig abgebrochen werden. Immerhin wurden bei diesem Unternehmen 800 Personen erfaßt.

Die Mitbeteiligung des BAA Berlin-Mitte an den Aktionen der darauffolgenden Tage bestand lediglich in der Gestellung von Angestellten der Abt. Vermittlung für die Kontrolle der Arbeitsbücher polizeilicherseits Zwangsgestellter.

Wenn die durch die Polizeirazzien erfaßten Personen verschiedentlich vom Arbeitsamt nicht registriert werden konnten, so aus dem Grunde, weil die vorgeschrittene Tageszeit diese Arbeit nicht mehr zuließ. Diejenigen Personen, bei denen Schwarzhandel und Vernachlässigung der Melde- und Stempelpflicht nachgewiesen werden konnte, wurden einem sofortigen, mehrstündigen Arbeitseinsatz zugeführt.

Gleichlaufend mit den vorerwähnten Aktionen waren auch die von Marschall Shukow im Hinblick auf den russischen Revolutionsgedenktag angeordneten Straßensäuberungen durchzuführen.

Über die mit der Durchführung dieses Auftrages zusammenhängenden Schwierigkeiten sowohl in Bezug auf Beschaffung der erforderlichen Arbeitskräfte als auch des dringend notwendigen Materials soll an dieser Stelle nicht berichtet werden.

Die nachstehenden Zahlen geben über den Umfang der ausgeführten Arbeiten genügenden Aufschluß:

Bezirk I (Straßensäuberung auf dem Alexanderplatz und nähere und weitere Umgebung, sowie zusätzlich noch »Unter den Linden«, »Tiergarten« etc.)

28. 10. 45	3 047 Arbeitskräfte	ca. 1 450 cbm Schutt beseitigt
29. 10. 45	2 011 Arbeitskräfte	ca. 2 499 cbm Schutt beseitigt
30. 10. 45	1 986 Arbeitskräfte	ca. 2 515 cbm Schutt beseitigt
1. 11. 45	1 285 Arbeitskräfte	ca. 1 143 cbm Schutt beseitigt
2. 11. 45	1 300 Arbeitskräfte	ca. 1 195 cbm Schutt beseitigt
3. 11. 45	935 Arbeitskräfte	ca. 700 cbm Schutt beseitigt
4. 11. 45	2 829 Arbeitskräfte	ca. 2 507 cbm Schutt beseitigt
5. 11. 45	1 386 Arbeitskräfte	ca. 1 310 cbm Schutt beseitigt
6. 11. 45	900 Arbeitskräfte	ca. 750 cbm Schutt beseitigt
	insgesamt	ca. 14 069 cbm Schutt beseitigt.

Die Firma Kettlitz, Fa. Graß u. Bleck stellten an Hilfsmaterial zur Verfügung:

ca. 3 500 m Schienen
   40   Loren
    1   Benzloko
    1   Dampfwalze
    6   Pferdefuhrwerke

Schätzungsweise wurden 1585 Zentner Eisen der Verwertung zugeführt.

Bezirk II (Nebenstelle des BAA) (Wallstr., Inselstr., Moritzplatz, Dresdner Str., Prinzenstr. usw.)

Es wurden eingesetzt (einschl. Firmen- und freiwilligen Hauseinsatz):

30. 10. 45	4 965 Arbeitskräfte, davon 1 433 aus Betrieben sowie 130 Jugendliche
31. 10. 45	3 426 Arbeitskräfte
1. 11. 45	1 728 Arbeitskräfte
2. 11. 45	3 030 Arbeitskräfte
3. 11. 45	2 029 Arbeitskräfte, 140 Jugendliche
4. 11. 45	1 500 Arbeitskräfte
5. 11. 45	800 Arbeitskräfte
6. 11. 45	655 Arbeitskräfte, 140 Jugendliche

Angaben über die Höhe der Erdbewegungen können leider nicht gemacht werden.

Quelle: Stiftung Archiv der
Parteien und Massen-
organisationen der DDR im
Bundesarchiv, Berlin, RY 1/I
2/5/44, Bl. 60–64, Abschrift.

Bei den Aufräumungsarbeiten in der Köpenicker- Ecke Michaelkirchstraße ereignete sich ein Unfall, bei dem vier Frauen verschüttet wurden. Durch sofort eingesetzte Rettungsaktionen wurden drei Frauen lebend und eine Frau tot geborgen. Die Aufräumungsarbeiten an dieser Stelle sind von der Firma Buerbaum ausgeführt worden. [. . .]

Es folgen ähnliche Angaben für die Bezirke III, IV und V.

73 Registrierung aller erwerbsfähigen Personen

Eine der ersten Maßnahmen der Besatzungsmächte war die Registrierung aller Arbeitskräfte mit dem Ziel, alle arbeitsfähigen Deutschen zu den überall notwendigen Arbeiten heranzuziehen: zur Trümmerbeseitigung, zu Instandsetzungs- und Bauarbeiten, zur Arbeit in der Landwirtschaft etc. Zum Nachweis der Beschäftigung wurde den registrierten Arbeitskräften eine Arbeitskarte ausgehändigt, die zugleich Voraussetzung für den Erhalt von Lebensmittelmarken war. Dadurch ließ sich die Aufforderung zur Registrierung kaum unterlaufen. Es folgt ein Beispiel für einen solchen Aufruf, den das Arbeitsamt Bremen im Auftrag der Militärbehörden veröffentlichte. Dieser hing im Bremer Ausbesserungswerk der Deutschen Reichsbahn aus, vermutlich Ende Mai, Anfang Juni 1945.

Military Government
Arbeitsamt Bremen

Aufruf!

Um die Arbeitskräfteanforderungen der Allied Forces [Alliierte Streitkräfte] für städtische und öffentliche Arbeiten und die wichtigen Anfragen der Landwirtschaft, des Handels und der Industrie zu befriedigen, wird hiermit angeordnet;

1. Alle Männer im Alter von 16–65 haben sich sofort beim zuständigen Arbeitsamt zu melden.

2. Alle Frauen im Alter von 18–45 haben sich sofort beim zuständigen Arbeitsamt zu melden. Verheiratete Frauen mit Kindern sind von der Meldung ausgenommen.

3. Die Meldung für Männer und Frauen erfolgt an folgenden Plätzen;

     A. Arbeitsamt Bremen, Lüderitz-Schule, Dechanatstr. 5
     B. Arbeitsamt Bremen-Hemelingen, Kirchenstr. 21
     C. Arbeitsamt Bremen-Neustadt, Langemarck-Schule
     D. Arbeitsamt Bremen-Gröpelingen, Schule a. d. Fischerhuder Straße

4. Alle Arbeitnehmer der vorgenannten Kategorien, die früher bereits durch ihre Firmen beim Arbeitsamt eingetragen waren, müssen sich ebenfalls wieder eintragen lassen.

5. Allen eingetragenen Personen wird eine Arbeitskarte ausgehändigt, ohne deren Vorlage in Zukunft keine Lebensmittelmarken ausgehändigt werden.

6. Bereits beschäftigte Arbeiter und Angestellte melden sich in der Zeit von 16.00– 20.00 Uhr desjenigen Tages, an dem ihr Buchstabe aufgerufen ist.

     Arbeitnehmer, die zur Zeit bei Militärdienststellen beschäftigt sind, melden sich nur zwischen 18.00–21.00 Uhr unter Außerachtlassung des nachstehenden Einteilungsplanes.

7. Die Eintragung wird folgendermaßen vorgenommen:

		Männer	Frauen
Buchstabe B	am 11. Juni 1945	8.30–12.00	13.00–16.00
Buchstabe A und C	am 12. Juni 1945	8.30–12.00	13.00–16.00

Buchstabe D und E	am 13. Juni 1945	8.30–12.00	13.00–16.00
Buchstabe F und G	am 14. Juni 1945	8.30–12.00	13.00–16.00
Buchstabe H und I	am 15. Juni 1945	8.30–12.00	13.00–16.00
Buchstabe K	am 16. Juni 1945	8.30–12.00	13.00–16.00
Buchstabe L und M	am 18. Juni 1945	8.30–12.00	13.00–16.00
Buchstabe N und O	am 19. Juni 1945	8.30–12.00	13.00–16.00
Buchstabe P bis R	am 20. Juni 1945	8.30–12.00	13.00–16.00
Buchstabe S	am 21. Juni 1945	8.30–12.00	13.00–16.00
Buchstabe T bis V	am 22. Juni 1945	8.30–12.00	13.00–16.00
Buchstabe W bis Z	am 23. Juni 1945	8.30–12.00	13.00–16.00

Quelle: Archiv »Deutsches Gedächtnis«, Lüdenscheid, Bestand Ernst Siedenberg.

8. Für ausländische Arbeiter ergehen in Kürze besondere Weisungen.

Military Government – Arbeitsamt

Bis zu 50 Prozent der Gefolgschaftsmitglieder fehlen aus den verschiedensten Gründen

Lagebericht aus dem Synthesewerk Schwarzheide vom 23. Juni 1945

Das Hydrierwerk der Braunkohle-Benzin AG in Schwarzheide wurde von der sowjetischen Besatzungsmacht als Beutebetrieb besetzt, d. h., die Produktion wurde als Reparationsleistung vereinnahmt.

Wasserleitungen sind geflickt und werden heute abgedrückt. Es ist zu hoffen, daß Anfang der kommenden Woche die Spaltanlage angefahren werden kann. Voraussetzung dazu ist, daß die Gefolgschaft ungehindert zum Werk kommen kann. Die Zustände sind hier in der ehemaligen Gemeinde Schwarzheide besonders ungünstig wie in keinem anderen Ort.

1. 3 verschiedene russische Kommandanten haben im Ort zu befehlen.
2. Es soll im Ort
   a) Benzin hergestellt werden,
   b) ist ein großes Kriegsgefangenenlager da,
   c) ist ein Großteil der Wohnungen als Durchgangslager für Ostarbeiter beschlagnahmt.

Die Zustände werden auf die Dauer immer untragbarer, so daß immer mehr von der Gefolgschaft wegbleiben muß. Entweder haben sie hier in der Gemeinde schon keine Wohnung mehr und müssen nach einem entfernter liegenden Ort ziehen, von dem sie nicht mehr herkommen können, oder sie müssen zu Hause bleiben, um ihr Haus zu schützen.

Beispiele der schwierigen Verhältnisse:
a) Erschießung von 2 Gefolgschaftsmitgliedern am 21. 6. 1945.
b) Dr. Sablatnög wurde heute morgen bedroht auf dem Herweg zum Werk von Ukrainern, die ihm seinen Regenmantel abnehmen wollten.
c) Bei dem Gefolgschaftsmitglied Pescht wurden von Ostarbeitern im Garten die Stachelbeersträucher an den Wurzeln abgehackt und die ganzen Sträucher mitgenommen.

Seit dem 30. 4. 1945 weise ich darauf hin, daß unbedingt eine Entlohnung der Gefolgschaftsmitglieder erfolgen muß. Die Leute haben teilweise kein Geld mehr.

Die Lebensmittelversorgung ist so ungünstig, daß die Leute lieber in der Landwirtschaft helfen, da sie dort auch dann Essen bekommen. Alle umliegenden Betriebe arbeiten 7–8 Stunden, was bei der heutigen Ernährungslage als Maximum anzusehen ist. Nur unser Treibstoffwerk hat eine Arbeitszeit von 10 Stunden bzw. mit Pause von 11 Stunden. Die Leute können dadurch auch nicht mehr ihren Garten zu Hause besorgen.

Wenn in den vorstehenden Punkten keine Abhilfe geschaffen werden kann, wird die Arbeitsleistung ständig sinken. Auch von den Ingenieuren ist keine zuverlässige intensive Arbeit zu erzielen, wenn sie infolge Nahrungssorgen für sich und ihre Familie sich nebenher bemühen müssen.

Wie aus den täglichen Meldungen hervorgeht, fehlen bis zu 50 Prozent der Gefolgschaft aus den verschiedensten Gründen. Ich habe deshalb auch an die Bürgermeister eine Bekanntmachung zum Aushang geschickt, nach der für die ehemaligen Gefolgschaftsmitglieder, die nicht zur Arbeit kommen, die Lebensmittelzuteilung vollständig gesperrt werden soll.

Quelle: Brandenburgisches Landeshauptarchiv (BLHA), Rep. 903, Synthesewerk Schwarzheide, Zugangsnr. 311, unpaginiert.

Auch die Anfahrt der Synthese ist nur eine Frage der Sicherung der Gefolgschaft zu Hause und auf dem Wege wie auch der Sicherung der Ernährung.

gez. Kaden

»Im Vordergrund steht die Frage des Brennstoffes«

Monatsbericht der Abteilung Organisation des SED-Kreisvorstandes Chemnitz

Chemnitz, am 27. 2. 1947
Abtlg. Organisation Fi./Fe.

Stimmungsbericht:

Die anhaltende Kältewelle im Monat Februar hat selbstverständlich die Lage der arbeitenden Bevölkerung weiterhin verschlechtert. Im Vordergrund steht die Frage des Brennstoffes, so daß immerhin eine ganze Reihe von Menschen gezwungen sind, sich irgend etwas zu organisieren. (Holzdiebstahl)

Im Kreis Chemnitz hatten bereits im Monat Januar zirka 200 Betriebe ihre Tore infolge Strom- und Feuerungsmangel geschlossen. Die Zahl hat sich weiterhin erhöht, so daß nahezu 40 % der gesamten Betriebe stilliegen. So besteht also weiterhin die Tatsache, daß Zehntausende von Arbeitern auf Grund der Stillegung ihrer Betriebe aussetzen müssen.

Die Partei hat gegenwärtig eine harte Probe zu bestehen, und es bedarf gewaltiger Anstrengungen, der Bevölkerung klar zu machen, daß das, was gegenwärtig durchgemacht wird, nicht nur eine Angelegenheit unserer Zone ist, sondern daß ganz Deutschland und darüber hinaus Europa 1. einmal unter den Auswirkungen des vergangenen Krieges leidet, 2. der anhaltende Winter wesentlich zur Verschlechterung der gesamten Lage beigetragen hat. [...]

Quelle: Stiftung Archiv der Parteien und Massenorganisationen der DDR im Bundesarchiv, Berlin, DY 30/IV 2/5/221.

Schmied im Reichsbahn-Ausbesserungswerk Bremen

Aus der Autobiographie von Ernst Siedenberg

Ernst Siedenberg wurde 1922 im Kreis Nienburg an der Weser als achtes von neun Kindern geboren. Der Vater war Landwirt, die Mutter Hausfrau. Nach der Volksschule machte Ernst Siedenberg eine Ausbildung als Schmied. 1940 wurde er zur Wehrmacht eingezogen. Den Krieg verbrachte er überwiegend als Besatzungssoldat in Norwegen. Im August 1945 kehrte er nach Hause zurück und arbeitete zunächst wieder bei seinem früheren Lehrherrn. Im Mai 1946 zog Ernst Siedenberg dann in die Nähe Bremens zu seinen zukünftigen Schwiegereltern und begann als Schmied im Bremer Reichsbahn-Ausbesserungswerk. Zwei Jahre später heiratete er; Ende 1948 und Anfang 1950 wurden zwei Kinder geboren. Nach dem Besuch verschiedener Weiterbildungslehrgänge übernahm Ernst Siedenberg andere Aufgaben im Betrieb und wurde Betriebsinspektor in der Arbeitsforschung. In den letzten Berufsjahren war Ernst Siedenberg freigestellter Personalratsvorsitzender bei einer Betriebsgröße zwischen 2 000 und 2 400 Beschäftigten. Dem Arbeitsbeginn im Reichsbahn-Ausbesserungswerk Bremen ist in seiner umfangreichen Autobiographie ein eigenes Kapitel gewidmet.

Im Mai 1945 berichtet das Werk in einem Schreiben an die zuständige Reichsbahndirektion Hamburg, daß das Werkgelände nach den letzten Kampfhandlungen vor Bremen am 25. April 1945 von englischen Truppen besetzt wurde. Den im Ausbesserungswerk Beschäftigten wurde das Betreten des Werkes bis auf weiteres verboten. Damit ruhte die Arbeit im Werk zunächst vollständig. Erst am 10. Mai 1945 war es den Beschäftigten erlaubt, einer Arbeit im Werk nachzugehen.

Die Männer und Frauen, soweit diese ihre Arbeitsstelle zu Fuß oder mit dem Fahrrad erreichen konnten, begannen mit den notwendigen Aufräumarbeiten. So kam es, daß bis Ende Mai 1945 wieder 1 300 Beschäftigte im Ausbesserungswerk tätig waren. Eine weitere Personalverstärkung erfolgte nach und nach durch heimgekehrte Soldaten, die vor ihrer Einberufung im Werk beschäftigt waren. Auch Eisenbahner, die aus den deutschen Ostgebieten vertrieben wurden, meldeten sich zur Arbeitsaufnahme im Werk. [...]

Zu den Zerstörungen durch Kriegseinwirkungen kam die Ausplünderung des Werkes während der Betriebsstillegung. Werkzeuge aller Art, Schraubstöcke, Schweißgeräte usw. waren während der Besatzungszeit gestohlen worden. Es kam vor, daß die Beschäftigten ihre eigenen Werkzeuge mit ins Werk brachten, um überhaupt arbeiten zu können.

Die erste reparierte Lokomotive verließ im Juni 1945 das Werk, obwohl erst am 21. Juni 1945 das Werk wieder mit elektrischer Energie versorgt werden konnte. [...]

Eine der Außenmauern der durch Bombentreffer am 20. August 1944 zerstörten Schmiedehalle.

Schon bald wurden die englischen Besatzungstruppen von amerikanischen Eisenbahntruppen abgelöst, die die Bahnanlagen in dem amerikanischen Nachschubkorridor der Bremer Enklave zu sichern hatten. Im Werk blieb zunächst ein Wachkommando, das wenige Monate später aufgelöst wurde. Ein amerikanischer Verbindungsoffizier, der beim Betriebsamt in Bremen stationiert war, nahm gleichzeitig auch eine Überwachungsfunktion über das Ausbesserungswerk wahr. Er half bei der Beschaffung von Werkstoffen und bei der Zuweisung von Arbeitskräften, die damals zur Bewältigung der dringend erforderlichen Transporte überall benötigt wurden.

Die Eisenbahn hatte trotz der vielen Zerstörungen an den Bahnanlagen und des schadhaften Fahrzeugbestandes die wichtige Aufgabe, die notwendigsten Güter zu den noch produzierenden Betrieben und zu der notleidenden Bevölkerung zu transportieren. Insbesondere bestanden die Siegermächte auch auf reibungsloser Durchführung ihrer Transportbelange und zügige Zustellung der auferlegten Reparationslieferungen.

Durch seine Arbeit als Personalrat hatte Ernst Siedenberg Einblick in die frühen Personalratsakten, aus denen die folgenden Dokumente stammen.

Entschließung der Betriebsräte zur Ernährungslage.

Bremen, den 16. Mai 1947

Die Betriebsräte der Reichsbahndienststellen in Bremen Vbf und Bremen Inlandshafen, die ca. 1 600 Eisenbahner vertreten, haben heute in einer Zusammenkunft eingehend zur katastrophalen Ernährungslage Stellung genommen.

Die zur Zeit ausgegebenen Lebensmittel reichen bei weitem nicht aus, um die Aufrechterhaltung der erforderlichen Arbeitskraft zu gewährleisten.

Es mehren sich die Fälle, daß Reichsbahnbedienstete wegen Entkräftung und Erschöpfung ihre Arbeit einstellen müssen. Nur im Wissen um die große Verantwortung dem Volke gegenüber, haben die Eisenbahner in der Vergangenheit und besonders im letzten Winter unentwegt ihre Pflicht getan. Wir werden diese unsere Pflicht auch in Zukunft tun, Voraussetzung aber ist, daß wir nicht verhungern und die erforderlichen Nahrungsmittel für unseren schweren Dienst bekommen.

In der Industrie wird wegen der schlechten Ernährungslage seit Monaten schon weniger als 40 Stunden wöchentlich gearbeitet. Die Eisenbahner aber arbeiten nach wie vor 48, ja zum Teil bis 56 Stunden wöchentlich ohne irgendeine Sondervergünstigung.

Wir fordern daher, da die Arbeitszeit *nicht gesenkt werden kann*, Angleichung an die Sondervergünstigungen der Bergarbeiter und großzügige Änderung des Schwerarbeiterzulagewesens zugunsten der schaffenden Eisenbahner.

Gleichzeitig erklären wir uns solidarisch mit den von den Gewerkschaften in Hamburg, Hannover und im Ruhrgebiet aufgestellten Forderungen nach Erhöhung der Lebensmittelrationen, Änderung des Erfassungssystems usw.

Wir beauftragen die Gewerkschaft in Bremen, sich mit allen Mitteln für die Durchführung dieser Forderungen einzusetzen, da wir sonst als Betriebsräte für die daraus entstehenden Folgen keine Verantwortung übernehmen können und diese auch ablehnen müssen.

Die Betriebsräte der Dienststellen:

Bf, Bm, Bw, Wgd Bremen Vbf
Bf, Bm, Ga Bremen-Inlandshafen

Forderung nach Vergünstigungen

Bremen, den 28. Februar 1948

An
den Betriebsrat

Die Unterzeichneten teilen dem Betriebsrat hiermit mit, daß sie am Ende ihrer Kraft sind und nicht mehr 100 % ihre Arbeit leisten können. Seit 1945 haben wir jeden Tag bewiesen, daß wir am Wiederaufbau Deutschlands mithelfen wollen, ohne jede Zulagekarte, ohne andere Vergünstigung sind wir unserer Arbeit nachgegangen und haben dieselbe bis heute wohl restlos erfüllt. Man hat uns von Monat zu Monat Versprechungen gemacht, daß man dafür sorgen würde, daß auch der geistige Arbeiter eine Beschäftigungskarte oder ein warmes Mittagessen erhält. Bis heute sind diese Versprechungen nicht in Erfüllung gegangen. Nun sind die letzten Kräfte, die wir noch aufzuweisen hatten, restlos verbraucht. Die Unterzeichneten fordern:

1. Sofortige Aussprache mit dem Betriebsrat
2. Verkürzte Arbeitszeit mit vollem Lohn
3. Sofortige Teilnahme am Werkküchenessen.

[Es folgen 51 Unterschriften]

Gesuch um ein Paar Schuhe

27. April 1948

An
den Betriebsrat der R.A.W Bremen.

Da ich keine Schuhe besitze, habe ich mich bis zu meiner Erkrankung mit den Schuhen meines Schwagers behelfen müssen. Diese Schuhe liegen jetzt seit zwei Wochen beim Schuster und können nicht repariert werden. Alle Versuche, mir ein paar Schuhe für die Arbeit zu beschaffen, blieben ohne Erfolg. Bin ab 27. 4. arbeitsfähig, jedoch nicht in der Lage, meine Arbeit wieder aufzunehmen. Ich bitte daher, meine Bedürftigkeit zu prüfen und mir baldmöglichst 1 Paar Schuhe zukommen zu lassen. Bisherige Bemühungen durch den Vertrauensmann waren ergebnislos.

E. K.

Quelle: Archiv »Deutsches Gedächtnis«, Lüdenscheid, Bestand Ernst Siedenberg.

Das Dokument trägt einen Vermerk des Betriebsrates, daß das Schreiben am 29. 4. 1948 um 7.15 Uhr durch Boten abgegeben wurde.

Der Unterricht beschränkte sich auf das Notwendigste: Festnahme, Inverwahrungnahme, Strafprozeßordnung

Rosamunde Pietsch über den Aufbau der weiblichen Schutzpolizei in Hamburg

Rosamunde Pietsch, Jahrgang 1915, beendete 1933 ihre auf den Berufswunsch »Weibliche Kriminalpolizei« ausgerichtete Schulausbildung. Als ihr Vater, ebenfalls Polizeibeamter, im April 1933 aus politischen Gründen – er war Sozialdemokrat – entlassen und später im Konzentrationslager Fuhlsbüttel inhaftiert wurde, konnte und wollte sie diesen Berufsweg nicht verwirklichen. Um die Mitgliedschaft in NS-Organisationen möglichst zu umgehen, schlug sie sich bis Kriegsende als Dienstmädchen und Fabrikarbeiterin durch. Im August 1945 bewarb sie sich dann zur »Weiblichen Schutzpolizei«, deren Leiterin sie später wurde. Die Polizeihauptkommissarin i. R. erinnert sich an den Wiederaufbau der Hamburger Polizei:

Bruno Georges, der 1933 aus politischen Gründen entlassen worden war, wurde 1945 von den Engländern beauftragt, die Polizei wieder aufzubauen.

Mein Vater, der ebenfalls bis 1933 im Polizeidienst gewesen war, konnte aufgrund der Unterstützung der dänischen Widerstandsbewegung bereits Ende Mai nach Hamburg zurückkehren. Auch er wurde wieder eingestellt, obgleich er im September schon 60 Jahre alt wurde. Aber sie brauchten eben unbelastete Beamte. Mein Vater war erst bei der Kriminalpolizei, und später bekam er den Auftrag von den Engländern, mit einem anderen Kollegen die ganze Entnazifizierung in der Behörde durchzuführen, also sämtliche Akten von den noch anwesenden oder aus der Gefangenschaft zurückkehrenden Polizeibeamten zu überprüfen.

Bei der Entnazifizierung gab es fünf Einstufungen:
1. Hauptschuldige,
2. Belastete (Aktivisten),
3. Minderbelastete,
4. Mitläufer, 5. Entlastete.

Dadurch erfuhr ich als erste, daß die Engländer die Absicht hatten, eine weibliche Schutzpolizei nach englischem Muster einzurichten. Schon im August 1945 meldete ich mich. Eine deutsche Kriminalbeamtin nahm die Einstellungen vor. Ich hatte ja überhaupt keinerlei NS-Belastung, war eingestuft in Stufe fünf. Zwischen August bis Oktober meldeten sich 30 Frauen. Es gab keine Altersbegrenzung, einige waren schon 40 Jahre alt. Vorbedingung war, daß die Frauen möglichst aus fürsorgerischen oder pflegerischen Berufen kommen sollten. Diese 30 Frauen wurden als erster Lehrgang in eine Altonaer Kaserne einberufen.

In Altona wurden wir untergebracht in einem Block, der gerade wieder aufgebaut worden und entsprechend feucht und kalt war. Wir haben gefroren in feuchten Betten. Die Hamburger durften nach Hause gehen und sich eine zusätzliche Wolldecke holen, aber die Auswärtigen mußten mit dem auskommen, was es dort gab. Trotzdem freuten sich viele, in dieser Zeit ein Dach über dem Kopf und eine regelmäßige Mahlzeit zu bekommen, denn viele kamen als Flüchtlinge, als Krankenschwestern, die in irgendwelchen Lazaretten tätig gewesen waren und nun völlig ohne irgendwelche Unterkunft waren, als Ausgebombte.

Wir bekamen die Aufgabe, uns um Kinder und Jugendliche zu kümmern, insbesondere »umhertreibende«, wie man das damals nannte, Kinder und Jugendliche aufzugreifen. Wir sollten Frauen nach Festnahmen durchsuchen. Früher wurden dazu immer Fürsorgerinnen »ausgeliehen«. Das war das erste umrissene Aufgabengebiet, welches sich später erweiterte. Alle zwei Stunden gingen wir Streife, immer zu zweit oder später zusammen mit einem männlichen Kollegen aus dem Revier, in dem man gerade Dienst tat. Ich war damals zuerst am Hauptbahnhof.

Als unsere englische Ausbilderin kam, sorgte sie dafür, daß wir so eine Art Uniform bekamen: blau-graue Luftwaffen-Männermäntel, eine Baskenmütze und Trainingshosen. Schuhe gab es nicht. Auch Handschuhe mußten wir selber stellen. Von 300 Polizeianwärtern waren wir 30 Frauen. Wir mußten auch grüßen lernen. Wir hatten später ja eine Schirmmütze, und Vorgesetzte mußten gegrüßt werden. Der Unterricht in den sechs Wochen beschränkte sich auf das Notwendigste, denn in sechs Wochen konnte man ja nicht das ganze polizeiliche Repertoire durchgehen. Jedenfalls mußten wir wissen: Festnahme, Inverwahrungnahme, Strafprozeßordnung. Also wann überhaupt jemand festgenommen werden durfte, wann eine Durchsuchung angeordnet wird, wann man jemanden verhaften durfte, und wie die wichtigsten Paragraphen der Straßenverkehrsordnung lauteten, weil wir auch im Verkehr eingesetzt wurden. Dazu kam eine praktische Anleitung zur Durchsuchung von Personen.

Manchmal hatten die Kolleginnen überhaupt keine Sohle mehr an den Schuhen. Wenn sie dann am Abend nach Hause kamen, mußten sie erstmal neue Pappe und Zeitungspapier schneiden, damit sie am nächsten Tag nicht gleich nasse Füße bekamen. Erst später bekamen wir dann von den Engländern ein Paar Schuhe.

Wir sind dann auch in Zivil Streife gegangen. Rund um den Hauptbahnhof gab es verschiedene Bunker: Es gab einen unter dem Bahnsteig 5 des Hauptbahnhofs, der war dreistöckig. Es gab einen unter dem Hachtmann-Platz, der war für Familien.

29   Berlin 1947   30   München 1947

31   Berlin 1947   32   Berlin 1946

33 Deutschland 1947, DEFA. Regie: Hans Deppe. Erstaufführung: 31. März 1947

34 Deutschland 1947, Camera. Regie: Helmut Käutner. Erstaufführung: 13. Juni 1947

35 Deutschland 1943/44, Terra. Regie: Helmut Käutner. Erstaufführung: August 1945

36 Deutschland 1948, Comedia. Regie: Robert A. Stemmle. Erstaufführung: 31. Dezember 1948

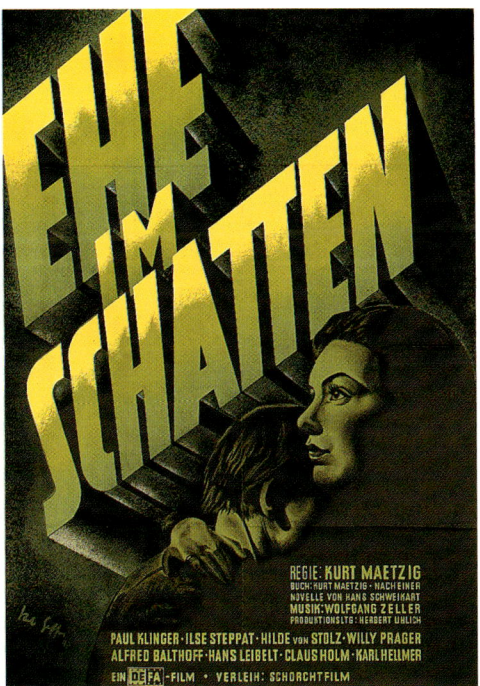

37   Deutschland 1946, DEFA. Regie: Wolfgang Staudte. Erstaufführung: 15. Oktober 1946

38   Deutschland 1947, DEFA. Regie: Kurt Maetzig. Erstaufführung: 3. Oktober 1947

39   Deutschland 1946, DEFA. Regie: Gerhard Lamprecht. Erstaufführung: 18. Dezember 1946

40   Plakat: um 1947. Bereits 1945 wird dieser sowjetische Dokumentarfilm in Deutschland gezeigt

41   »Die Fliegen« von Jean Paul Sartre. Szenenbild: Platz in Argos (szenische Vision). Städtische Bühne Düsseldorf, 1947. Inszenierung: Gustaf Gründgens. Bühnenbildentwurf: Herta Böhm

42 »Des Teufels General« von Carl Zuckmayer. Szenenbild: Wohnung des Generals Harras. Stuttgarter Staatstheater, 1948/49. Inszenierung: Paul Riedy. Bühnenbildentwurf: Max Fritzsche

43 »Wir sind noch einmal davongekommen« von Thornton Wilder. Szenenbild: Seebad. Hebbeltheater Berlin, 1946. Inszenierung: Karl Heinz Stroux. Bühnenbildentwurf: Max Fritzsche

Diese Bilder malte Werner Düttmann im englischen Kriegsgefangenenlager Shap Wells. Helmut Ribbe, ein Mitgefangener, erwarb diese von ihm. Aus Briefen an ihn geht hervor, daß sich auch andere Gefangene einen echten »Düttmann« kauften.

44 Werner Düttmann, Abschied

45 Werner Düttmann, Gefangennahme

46 Werner Düttmann,
Gefangenenlager in England

47 Werner Düttmann,
Träume

48   Feuerzeuge, gefertigt aus Leuchtpatronenhülsen, 1945–1949

49   Werbung der Firma Henkel für das Waschmittel »Fewa«, 1948

50   Kinderkleid aus Uniformhose, 1946/47

51 Topf mit Ausgießer aus Aluminium, 1945–1949

52 Werbeplakat, 1948

53 Koffer aus Tarnstoff, 1939–1946

54   1946

55   Köln, um 1946

56   Köln 1945

57   1946

58   1946

60   um 1946

59   um 1945

61   um 1946

62   1945

63   um 1945

64   1946

65   1948

66   um 1946

67   um 1948

68   1947

69   1947

70

Frauen Eure Stimme zählt doppelt

1946

71

1947

72

1948

73

1946

74

1946
oder
1947

75

1947

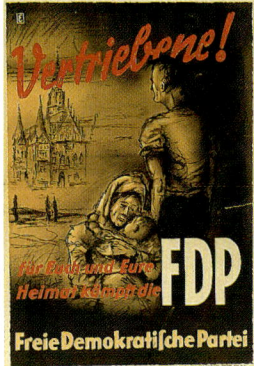

76

1948

77

1947

78

1947

79

1946

80

1946

81

1946

82

CDU
im Kampf gegen
Schumachers
Zentralismus

CDU
im Kampf für
Freiheil und
Christentum

Die
5. Zone
vergessen
wir
nicht!

CDU
für ein
föderatives
Gesamt-
deutschland

CSU
trägt in
schwerster Zeit
die Verantwortung

Unser Elend kommt
aus der Zersplitterung.
Haltet in der Not zusammen!
Wählt CSU

1948

83

eine Bresche für Bayerns Freiheit
gegen Preußentum und Zentralismus
Bayernpartei

1948

84

SOZIALISIERUNG

Hände weg...
vom Eigentum!

wähle

was eigen
bleibe frei!

Demokratische Partei!

1948

85

DEUTSCHER BAUER
wähle auch Du
CDU

CHRISTLICH - DEMOKRATISCHE UNION

1946

86

LDP

Wir ALLE kämpfen für
eine Demokratie in Deutschland!
Kämpft mit! Kommt zu uns!

LIBERAL-DEMOKRATISCHE PARTEI

1946

87

UNSER ZIEL IST DER
SOZIALISMUS!

SPD

WIR RUFEN
UNSERE GESINNUNGSGENOSSEN IN STADT UND
LAND AUF UNS AUF DIESEM WEGE ZU FOLGEN!

SOZIALDEMOKRATISCHE PARTEI DEUTSCHLANDS

MITGLIEDERANNAHMEN BEI:

1945

88

ohne
Bodenreform
keine
Demokratie

wählt
Kommunisten!

1945

89

S K P O D

Die Einheit aller
Werktätigen
sichert den Erfolg
UNSERER ARBEIT
KPD

1946

90

DEM
SOZIALISMUS
GEHÖRT DIE
ZUKUNFT

WÄHLT
SED
LISTE
1

1946

91

Der Deutschen Zwietracht
mitten ins Herz

Kämpft mit der SED
für die Einheit Deutschlands

o. J.

92

SPD

SOZIALISMUS und DEMOKRATIE

DEINE PARTEI

1946

93

NIEMALS
ODER-NEISSE-LINIE
WÄHLT: CDU

1947

94   1947

95   1948

96   1946

97   1946

Es gab einen Turm, der war nur für Frauen. Auf dem Platz, wo die Omnibusse heute halten, stand eine große Turnhalle, die für Familien eingerichtet war. Auf Wäscheleinen gespannte Decken schirmten die Familien ein wenig ab. Die Justizmaschinerie lief auch schon an. So wurden schon verschiedene Leute mit Haftbefehl gesucht. Woher die kamen und warum sie gesucht wurden, ist mir unklar. Jedenfalls bekamen wir einen roten Zettel, und dann hieß es, am besten in den Bunkern nachsehen, dort würden sie sich wahrscheinlich aufhalten. Mit der Taschenlampe kontrollierten wir dann nachts die Ausweise und nahmen die Gesuchten fest.

Morgens stellten wir auf dem Tresen der Revierwache die Schreibmaschinen auf, und wenn die Bunker dann geöffnet wurden, kamen die ersten Leute und zeigten an, daß man ihnen in der Nacht alles, was sie besaßen, gestohlen hatte. Wir mußten diese Anzeigen aufnehmen, obgleich von vornherein feststand, daß der Dieb unmöglich zu finden sein würde. Das spielte sich lange Zeit jeden Tag wieder ab.

Quelle: Aus einem Interview mit Rosamunde Pietsch, geführt 1991 und zusammengestellt von Beate Meyer, Forschungsstelle für die Geschichte des Nationalsozialismus in Hamburg, Fst/WdE V 42.

Dokumente zu Kapitel III

Politisches und kulturelles Leben

78

Arthur Pieck über die Stimmung der Berliner Bevölkerung

Berlin, den 7. Mai 1945

Zu Arthur und Wilhelm Pieck vgl. die Erläuterungen zu Dok. 7, S. 166 ff.

Als Offizier der Roten Armee war Arthur Pieck, der Sohn Wilhelm Piecks, Anfang Mai 1945 in Berlin und schrieb mit Datum vom 7. Mai den folgenden Bericht über die Stimmung in der Bevölkerung, den er auch seinem Vater ins Moskauer Exil schickte.

Die Berliner Bevölkerung kann sich nur langsam von den Eindrücken und Schrecken der fast pausenlosen Bombardierungen durch die englisch-amerikanische Luftwaffe befreien. Seit Januar gab es nur wenige Nächte, die ohne Alarm waren. So folgten einmal 36 Tage hintereinander, an denen [es] je drei- bis viermal Luftalarm gab. Dann folgten zwei alarmfreie Tage und wieder gab es 14 Tage lang Alarm. Die Menschen kamen nicht aus den Kellern heraus. Die gesamte Innenstadt ist ein einziges Trümmerfeld, in dem man nur mit Mühe ein wohnbares Haus findet. Und selbst dort fehlen das Dach, alle Fensterscheiben, Gas, Wasser, Elektrizität gibt es nicht. Die Leute hausen in den Kellern. In Berlin herrschte Chaos. Der Verkehr war lahmgelegt, die Straßenbahnen standen überall in den Straßen – zerbombt und ausgebrannt.

An Verpflegung gab es in der Woche 250 g Fleisch, 65 g Fett, 2½ kg Kartoffeln, 1 500 g Brot und etwa 100 g Weißbrot.

Diese Mengen aber gab es regelmäßig. Bei schwierigen Situationen gab es Sonderzuteilungen, um die Stimmung der Bevölkerung zu heben. So gab es auch an dem Sonntag vor dem Einmarsch noch eine allgemeine Sonderzuteilung: 500 g Fleisch, 250 g Zucker, 500 g Nährmittel und eine Büchse Konserven. Aber viele Leute haben diese Sonderzuteilung nicht mehr erhalten, weil der Andrang zu groß war.

Die unzureichende Verpflegung und die ständigen Luftalarme führten dazu, daß große Teile der Bevölkerung trotz der allgemeinen Angst vor dem Russen insgeheim hofften, daß Berlin möglichst bald von der Roten Armee besetzt werden würde, damit der Schrecken ein Ende nehme. Wiederholt sagten mir Leute im Gespräch, daß sie förmlich darum gefleht hätten. Die Stimmung war allgemein gegen den Krieg, und überall wurde auf die Nazis geschimpft. Wer konnte, drückte sich vor der Einberufung in den Volkssturm und versteckte sich, um den Einmarsch der Russen abzuwarten. Der erbitterte Widerstand der Berliner Garnison wurde allgemein als sinnlos, teilweise auch als verbrecherisch bezeichnet, aber kein Mensch wagte, etwas dagegen zu unternehmen und aktiven Widerstand zu leisten. Es kam zu keinen Streiks oder Zusammenstößen größeren Umfangs – jedenfalls ist mir bisher nichts davon bekannt geworden. Ergeben warteten die Menschen ab, was kommen wird. »Wir haben keine Schuld. Wir konnten ja nichts machen, der Terror war zu groß« – so sagt heute jeder Berliner, wenn man auf diese Zeit zu sprechen kommt.

Zum Volkssturm vgl. Dok. 15, S. 182 ff.

✳ ✳ ✳

Während der Kämpfe um die einzelnen Stadtviertel saßen die Leute in den Kellern und wagten sich erst zögernd hervor. Sehr schnell wurde dann aber ein Kontakt zu den Rotarmisten hergestellt, besonders die Kinder waren sehr schnell befreundet. Die Besetzung Berlins durch die Rote Armee ist verhältnismäßig schnell vor sich gegangen und hat der Stadt und der Bevölkerung auch nicht solche gewaltigen Verluste und Schäden zugefügt wie die fortgesetzten Bombardierungen. Deshalb standen in allen Gesprächen der ersten Tage auch die Bombennächte im Vordergrund. Immer wieder kam das Gespräch auf dieses Thema. Die Menschen konnten sich gar nicht vorstellen, daß sie nun von diesem Schrecken befreit waren. Dabei habe ich selten ein Schimpfwort gegen die Engländer und Amerikaner gehört. Die Schuld gibt man der deutschen Führung, und man schimpft in allen Tönen gegen die Nazis, besonders auf Goebbels. Dieses Schimpfen hat meistens einen allgemeinen Charakter: »Man hat uns terrorisiert und betrogen!« Selten werden konkrete Anschuldigungen erhoben. Das einzige ist, daß man der Führung vorwirft, daß sie den Krieg gegen Rußland angefangen hat und dann nicht rechtzeitig mit dem Krieg Schluß gemacht hat. Sonst spielen auch noch der Terror, die übertriebenen Judenverfolgungen und die Welteroberungspläne eine gewisse Rolle. Aber die allgemeine Meinung ist, daß das deutsche Volk nichts damit zu tun gehabt habe und an alledem völlig schuldlos sei.

Mit der russischen Besatzung hat man sich schnell abgefunden, trotz einiger unvermeidlicher Härten. Die Berliner kommen nach all dem Schrecken nur langsam zur Besinnung und machen sich zunächst erst wenig Gedanken darüber, was aus Deutschland wird. Man rechnet mit einer langen Besatzung und hofft, daß das Besatzungsregime leicht sein werde. Aber was für eine Regierung, Staatsform oder Verwaltung sein wird – darüber herrscht allgemeine Unklarheit. Viele Arbeiter berufen sich darauf, daß sie früher Kommunisten gewesen sind. Teilweise wurden bereits Ortsgruppen der KPD gegründet, und aus vielen Fenstern in den Arbeitervierteln hängen rote Fahnen, vereinzelt sogar mit Hammer und Sichel. Die politische Unklarheit und Unsicherheit der Arbeiter treibt die eigenartigsten Blüten. So existierte in Spandau einige Tage eine »Internationale Miliz«, in Wittenau wurde ein »Arbeiter-und-Soldaten-Rat« gebildet, in Wilmersdorf eine »Internationale Kommunistische Partei«, an einigen Stellen »Nationalkomitees«. Der ehemalige kommunistische Reichstagsabgeordnete Jadasch schuf in Reinickendorf einen »Volksausschuß« und eine Ortsgruppe der KPD. In einigen Bezirken wandten sich Kommunisten an den Kommandanten der Roten Armee und baten um Waffen. Juden forderten Bevorzugungen und Befreiungen von den Straßenaufräumungsarbeiten.

Da die Radioapparate abgeliefert werden mußten und eine Zeitung oder Informationsblätter nicht erscheinen, haben die Leute keine Ahnung, wie sich die militärische und politische Lage nach der Besetzung Berlins im übrigen Deutschland entwickelt hat. Es kursieren die tollsten Gerüchte, und die wenigen deutschsprechenden Offiziere der Roten Armee werden mit Fragen bombardiert.

Die Hauptsorge der Berliner ist das tägliche Brot. Die Ernährungslage ist katastrophal. Die Nazis haben keinerlei Vorräte hinterlassen. In einigen Stadtbezirken gibt es Vorräte für 8–10 Tage, die meisten haben aber weder Brot noch Fleisch oder Kartoffeln. Es gibt kein Licht, kein Wasser. Die wenigen Pumpen oder Brunnen reichen nicht aus, und die Leute stehen den ganzen Tag Schlange an den Pumpen, vor den wenigen Läden. Alle Straßen sind voll mit Menschen mit Karren, Kinderwagen, Koffern, Bündeln. Aus der Stadt strömen die ausländischen Arbeiter aller möglichen Nationen, um in ihre Heimat zurückzukehren. Ihnen entgegen kommen die in die Vororte geflüchteten Berliner, die jetzt ihre Wohnungen oder Keller wieder aufsuchen. Dabei ist es rätselhaft, wo sie wohnen.

Ich sah ganze Stadtviertel, die nur noch Trümmerhaufen sind. Und doch wimmelt es überall von Menschen. Man sieht in der Hauptsache Frauen jeden Alters, alte Männer und viele Kinder. Die Passanten wenden sich ohne Scheu mit allen möglichen Fragen an die Rotarmisten, besonders an die Offiziere. Man spricht sie mit »Kamerad« an und versucht, sich irgendwie verständlich zu machen. Meistens wird man um Brot oder Zigaretten angesprochen. Kinder betteln um Brot oder Bonbons.

Die Berliner sind von der Roten Armee stark beeindruckt. Zuerst fällt ihnen auf, daß es meistens junge, wohlgenährte Menschen sind, dann das gewaltige Material an Panzern, Geschützen usw. Stundenlang beobachten die Berliner, besonders die Frauen, die weiblichen Verkehrsregler der Roten Armee, sie bewundern die Disziplin im Verkehr, das kameradschaftliche Verhältnis zwischen Offizieren und Mannschaften. Immer wieder hört man dann sagen: »Wie hat man uns doch betrogen, wir hatten davon eine ganz andere Vorstellung.«

Kommt das Gespräch auf politische Themen, so werden die Menschen schnell unsicher und versuchen, einem nach dem Munde zu reden. Man sagt, alles müsse nun ganz anders werden. Allgemein wird die Notwendigkeit einer engen Freundschaft mit der Sowjetunion betont. Dabei hörte ich verschiedentlich von Arbeitern, aber auch von kleinen Geschäftsleuten, daß man am besten von Rußland den Kommunismus übernehmen solle. Dahinter steckt aber meistens die allgemeine Hoffnung, daß die Rote Armee und später Rußland die Versorgung der deutschen Bevölkerung mit Lebensmitteln übernehmen werde. »Rußland ist ja so reich, und Stalin wird uns sicher helfen.«

Den Anordnungen des Kommandos der Roten Armee wird überall willig Folge geleistet. In den ersten Tagen der Besetzung kamen in einigen Bezirken Terrorakte vor, doch waren es nur sehr wenige. Radioapparate, Fahrräder, Fotoapparate etc. werden willig abgeliefert, überall stehen die Leute vor den Ablieferungsstellen Schlange. Waffen kommen nur wenig zum Vorschein. In allen Berliner Bezirken wurden Bürgermeister eingesetzt. Es sind entweder Parteilose, Sozialdemokraten oder Kommunisten. Es gibt auch einige Bürgerliche unter ihnen. In Lichtenberg protestierten Kommunisten gegen die Einsetzung eines ehemaligen Sozialdemokraten als Bürgermeister. Aber im allgemeinen verläuft alles glatt, und die Bürgermeistereien haben mit ihrer Arbeit begonnen. In allen Stadtteilen sieht man ganze Kolonnen von Frauen und Männern mit Aufräumungsarbeiten beschäftigt, um wenigstens die Straßen für den Verkehr freizubekommen. In einigen Bezirken gibt es bereits Wasser und Licht. Verschiedentlich wurden Ladengeschäfte für [die] Ausgabe von Brot etc. eröffnet. Im allgemeinen aber sind die Läden noch geschlossen. Es gibt ja auch nichts, was man verkaufen könnte. Kinos, soweit vorhanden, sind ebenfalls noch geschlossen. Im Bezirk Prenzlauer Berg arbeiten zwei Kirchen. Außerdem besteht dort ein Theater mit den nötigen Schauspielern, die bereits um Arbeitserlaubnis nachgesucht hatten.

* * *

Die Stimmung der Berliner im gegenwärtigen Moment läßt sich kurz so charak-
terisieren: Obwohl alle Menschen froh sind, daß die Bombardierungen aufgehört
haben und der Krieg für die Berliner nun aus ist, ist die Stimmung gedrückt und
niedergeschlagen. Männer wie Frauen fangen leicht an zu weinen. Die meisten haben alles verloren: Wohnung, Eigentum, Geld und stehen vor dem Nichts. Die Familien sind auseinandergerissen, keiner weiß, wo seine Angehörigen und Freunde
sind. Nach den großen Versprechungen der Nazis, an die ja die meisten fest glaubten, haben sie jetzt eine Katastrophe, deren Ausmaß sich gar nicht übersehen läßt.
Die Stadt ist so zerbombt, daß es fast unmöglich erscheint, hier jemals wieder etwas
aufzubauen. Hinzu kommen Ernährungs- und Besatzungsschwierigkeiten. Alle
diese Tatsachen wirken außerordentlich deprimierend auf die Berliner, und es ist
deshalb in den politischen Gesprächen mit ihnen viel Geduld nötig. Die täglichen
Sorgen sind gewaltig, und nur wenn man daran anknüpft, bekommt man ihr Ohr.

Quelle: Stiftung Archiv der
Parteien und Massen-
organisationen der DDR im
Bundesarchiv, Berlin, NY
4036/375, Bl. 45–49, Klarschrift nach Handschrift.

Notwendig wäre das sofortige Erscheinen einer Zeitung sowie Lautsprecherüber-
tragungen auf den Plätzen und vor den Bürgermeistereien.

(Fortsetzung folgt)

Kapitän Pieck
(Arthur Pieck)

Mit Ulbricht nach Berlin

Wolfgang Leonhard in Bruchmühle

Wolfgang Leonhard, 1921 in Wien geboren, emigrierte als 13jähriger 1935 zusammen mit
seiner Mutter in die Sowjetunion. Nachdem seine Mutter dort verhaftet worden war, wuchs
Wolfgang Leonhard in einem Heim für österreichische und deutsche Emigrantenkinder auf.
Nach Abschluß der Schule studierte er Fremdsprachen an der Pädagogischen Hochschule in
Moskau und trat dem Kommunistischen Jugendverband der UdSSR bei. Infolge des deutschen
Angriffs auf die Sowjetunion wurde Wolfgang Leonhard zwangsweise nach Karaganda (Ka-
sachstan) umgesiedelt. Aber bald schickte man ihn auf eine Komintern (Kommunistische In-
ternationale)-Schule und bereitete ihn auf die Übernahme politischer Aufgaben im Nachkriegsdeutschland vor. Wolfgang Leonhard gehörte dann zur sogenannten »Gruppe Ulbricht«,
jenen zehn deutschen kommunistischen Emigranten, die am 30. April 1945 unter der Führung
Walter Ulbrichts per Flugzeug von Moskau nach Berlin gebracht wurden. Zur Gruppe gehörten neben Wolfgang Leonhard Gustav Gundelach, Richard Gyptner, Fritz Erpenbeck,
Walter Köppe, Hans Mahle, Karl Maron, Otto Winzer und ein namentlich nicht bekannter
junger Sekretär. Die Gruppe unterstand der Sowjetischen Militäradministration in Deutschland (SMAD) und arbeitete eng mit ihr zusammen. Ihre Hauptaufgabe war der Wiederaufbau
der deutschen Verwaltung, insbesondere die Einsetzung eines Magistrats in Berlin sowie der
Berliner Bezirksverwaltungen. Mit Neugründung der KPD am 11. Juni 1945 löste sich die
»Gruppe Ulbricht« auf.

Wolfgang Leonhard nahm in der sowjetischen Besatzungszone eine Reihe von Aufgaben wahr,
unter anderem lehrte er an der SED-Parteihochschule »Karl Marx«. Aus Protest gegen den
Stalinismus verließ er aber 1949 die SBZ/DDR und wurde seither in offiziellen DDR-Berichten
über die »Gruppe Ulbricht« nicht mehr erwähnt. Er flüchtete nach Jugoslawien und kam 1950
in die Bundesrepublik, wo er als Journalist und Hochschullehrer arbeitete. 1955 erschien sein
autobiographischer Roman »Die Revolution entläßt ihre Kinder«, aus dem folgender Textauszug über seine Rückkehr nach Deutschland als Mitglied der »Gruppe Ulbricht« stammt. Die
erste Nacht auf deutschem Boden verbrachte die Gruppe in Bruchmühle, einer Kleinstadt
30 km östlich von Berlin, und Wolfgang Leonhard schildert die erste Begegnung mit einer
»richtigen Deutschen«, einem Zimmermädchen.

[. . .] Vom Frühstück zurückkommend, ging ich in mein neues Zimmer. Kurz darauf
klopfte es. Schüchtern und etwas verängstigt trat eine ungefähr 30jährige Frau ein.

»Ich soll hier alles sauber und in Ordnung halten. Darf ich jetzt bei Ihnen auf-
räumen?« fragte sie. »Recht schönen Dank, aber das ist wirklich nicht nötig. Ich bin
gewohnt, alles allein zu machen.« Als sie hörte, daß ich fließend Deutsch sprach,
schaute sie mich erstaunt an. »Setzen Sie sich doch ein wenig, ruhen Sie sich aus«,
lud ich sie ein, in der Hoffnung, nun endlich in ein Gespräch mit einer »richtigen
Deutschen« zu kommen.

Sie schien nicht zu begreifen, was in der Welt vor sich ging: Da kommen Deutsche
plötzlich in Autos an, werden von sowjetischen Offizieren freundlich empfangen
und im sowjetischen Offiziersaal verpflegt und wohnen in einem von der Sowjetarmee requirierten Hause. Mein Angebot schien sie erschreckt zu haben. Überhaupt
machte sie einen verängstigten Eindruck und verließ sofort mein Zimmer. Und unwillkürlich erinnerte sie mich an die Menschen in Moskau zur Zeit der Säuberung
von 1936 bis 1938.

Ich begriff nicht ganz. Warum ist sie so verängstigt? Der Krieg ist bald zu Ende, und
die schweren Zeiten sind vorbei. Sie müßte sich doch freuen, dachte ich. Von Plünderungen, Vergewaltigungen und anderen Dingen hatte ich noch nichts gehört.

An diesem ersten Vormittag in Deutschland ging ich mit Hans Mahle und Fritz
Erpenbeck spazieren. Leider trafen wir fast ausschließlich sowjetische Offiziere.
Plötzlich entdeckten wir jedoch unsere »Haushälterin« wieder, und diesmal gelang
es uns, ins Gespräch zu kommen. Bald waren wir schon bei den Fragen angelangt,
die uns alle so brennend interessierten: die Nazis, der Krieg, das Kriegsende, die
gegenwärtige Lage, die Russen und die Zukunft.

Von den Nazis und dem Krieg schien sie nichts zu halten. Sie war froh, erklärte sie,
daß nun bald wieder Frieden sein würde. »Bloß, Sie müssen doch wissen, schließlich«, sie begann etwas zu stocken, »haben wir ja in den letzten Wochen sehr viel
Schreckliches durchgemacht ...«

»Was haben denn die Nazis hier getan?« fragte einer von uns.

»Aber ... ich meine jetzt gar nicht die Nazis ... Sie müssen sich vorstellen, als die
Russen hier einzogen ...«

Dann begann ihre Schilderung. Schilderungen, wie ich sie in den nächsten Tagen und
Wochen zu Dutzenden und Hunderten in allen Variationen und Abwandlungen
immer und immer wieder hören sollte.

Inzwischen waren auch Maron und Winzer hinzugekommen, da offensichtlich auch
sie auf der Suche nach »richtigen Deutschen« waren.

Sie fuhr mit ihrer Schilderung fort, und als sie von Vergewaltigungen zu sprechen
begann, lief es mir kalt über den Rücken. Sollten wirklich solche Fälle vorgekommen sein? Ich war erschüttert, glaubte aber fest daran, daß es sich um eine be-
dauerliche Einzelerscheinung gehandelt haben müsse.

Bald hatte sich das Gespräch zu einer politischen Diskussion entwickelt. Es war eine
eigentümliche Situation, als sich nun der spätere Generalintendant aller Rundfunk-
sender der Sowjetzone, der zukünftige Generalinspekteur und Chef der Volkspolizei sowie der Chef der Präsidialkanzlei des Präsidenten trotz bester Argumente
vergeblich darum bemühten, eine einfache deutsche Frau von der Richtigkeit unserer politischen Auffassungen zu überzeugen. Sie hörte sich alles geduldig an – es
war der einzige Fall, daß solche Intensität der politischen Bearbeitung einer einzigen
deutschen Hausfrau gewidmet wurde –, aber sie war nun einmal von ihren Gedanken, die aus ihren eigenen Erlebnissen resultierten, nicht abzubringen. »Sie
brauchen mir doch nichts zu erzählen«, sagte sie schon fast böse. »Daß die Nazis
schlecht sind, weiß ich doch selbst. Aber, wissen Sie, mit den Russen, das ist auch
nicht das richtige. Sie werden es schon noch merken.« Einige von uns schmunzelten.

Beim Rückweg zum Mittagessen diskutierten wir über ihre Schilderung. Die Meinungen waren unterschiedlich. »Reine Nazi-Propaganda. Sie ist bestimmt eine aktive Faschistin, wahrscheinlich gehört sie sogar der Naziuntergrundbewegung an«,

meinte einer von unseren Hundertfünfzigprozentigen. »Vielleicht ist sie nicht eine
aktive Faschistin, sondern einfach eine dumme Hausfrau, die der faschistischen
Greuelpropaganda erlegen ist«, schwächte ein anderer von unserer Gruppe ab.

Quelle: Wolfgang Leonhard,
Die Revolution entläßt ihre
Kinder, Köln (Kiepenheuer &
Witsch Verlag) 1987
(1. Auflage 1955), S. 306 ff.

Mich stimmte das Gespräch sehr nachdenklich. Ich glaubte ihr und hatte mich innerlich damit abgefunden, daß sie tatsächlich die Wahrheit gesprochen hatte. Es ist
immerhin möglich, so versuchte ich mich zu beruhigen, daß nach all den Erlebnissen
dieses grauenvollen Krieges einzelne Rotarmisten in einzelnen Truppenteilen sich so
benommen haben. [...]

80

»Für viele deutsche Mädchen sind die gutaussehenden fremden Soldaten eine große Gefahr«

Aus dem Tagebuch der 19jährigen Edith Kaiser

Edith Kaiser (Pseudonym), 1924 geboren, wuchs in Neheim-Hüsten (Regierungsbezirk Arnsberg) auf. In den Jahren 1944 bis 1945 führte sie ein Tagebuch, von dem sie 1985 eine ma-
schinenschriftliche Abschrift für ihre Kinder anfertigte.

[...] *28. April 1945*

Wir haben jetzt manchmal Besuch von amerikanischen Soldaten, die sehr nett und
höflich sind und dankbar für ein paar gemeinsame Stunden. Man sieht in ihnen so
gar nicht die Feinde, weil sie uns Deutschen in vielem so schrecklich ähnlich sind.

Mister Ohlsen ist der netteste. Er ist groß und breit wie ein Westfale, ist aber
schwedischer Abstammung. Dann ist noch ein Polizeimann dabei, der wie ein großer Junge ist, der den Schalk im Nacken hat. Er hat solch ein freies offenes Lachen,
bei dem er seine weißen Zähne zeigt, die ewig Kaugummi kauen. Der dritte ist Mister Farmer, auch ein sehr netter Mensch, wenn auch äußerlich von keiner allzu-
großen Schönheit gezeichnet. Aber mit ihm kann sich Vati am besten unterhalten.
Er hat viel Verständnis für Deutschland, wie Ohlsen auch, der von Beruf Lehrer ist.
Farmer haßt die Juden und sagte heute: »Hitlers beste Idee war, die Juden zu beseitigen. Wenn wir in Amerika doch auch diese Frage schon einmal gelöst hätten. Sie
steht an zweiter Stelle neben der Negerfrage.«

Seltsam! – Einstimmig sind alle von Neheim begeistert, auch die anderen, die wir
nicht kennen, und die Boys möchten am liebsten den ganzen Krieg hierbleiben.
Aber leider werden sie wegkommen, wenn die Engländer die Besatzung übernehmen. Sie sind nicht sehr erbaut von ihren Bundesgenossen. Wir werden es dann
wohl auch nicht so gut haben. Die Amerikaner benehmen sich hier tadellos. Man
weiß ja nicht, wie sie sonst sind. Es gibt ja überall solche und solche. Ohlsen sagte,
sie hätten viele Länder Europas gesehen, aber wenn sie wählen müßten, würden sie
in Deutschland bleiben. Wir sind richtig glücklich darüber, denn der oberste Arzt,
der bei J. K. wohnt und der ein furchtbarer Deutschlandhasser war, ist jetzt begeistert. Muß man sich nicht darüber freuen?

Vielleicht geht dieser ganze Krieg und seine Folgen doch nicht so furchtbar für uns
aus, wie wir bisher geglaubt haben. Vielleicht spielt Deutschland doch noch einmal
eine Rolle in der Welt und eine neue Wende führt alles zum Guten. Die größte Gefahr ist für uns augenblicklich nur der Kommunismus. Wenn der die Macht bekäme,
wäre es schlimmer als je zuvor, und wir kämen vom Regen in die Traufe.

Die Ideen des Nationalsozialismus waren zum größten Teil gut, und wenn sie richtig verwertet würden, wäre es ein herrliches Ergebnis, und man könnte sagen, daß
doch vielleicht nicht alles so umsonst gewesen ist, was das Volk erduldet hat. Aber
wer weiß, vielleicht sind dies alles nur Träume und Phantasien, die vom Wunsch

unserer Herzen diktiert werden, die jeder Realität entbehren. Wir müssen immer noch warten und Geduld haben. [...]

Wir müssen immer an unsere Soldaten denken, wie die im besetzten Gebiet gewesen sind. Nun haben die Rollen eben gewechselt, und wir müssen uns dies alles gefallen lassen. Wenn einen auch so oft eine maßlose Wut anspringt, wir müssen es tragen, denn wir haben keine Rechte mehr. Immer ist da nur die Frage: »Warum hat alles so kommen müssen?« Sind wir denn ein so schlechtes Volk, daß wir nie zur Höhe kommen? Es ist doch soviel Herrliches und von niemand auf der Welt sonst Erreichtes in uns, und trotzdem mußten wir all das Leid erdulden und nun sehen, daß der Krieg uns nicht die erhoffte Weltstellung und Freiheit gebracht hat, sondern uns sogar noch unser Weniges genommen hat durch eigene Schuld. Wenn wir doch endlich einen klaren Überblick bekommen könnten! Was denken sich denn nur die Menschen, die wir einmal, und zwar vor noch gar nicht langer Zeit, die Führer nannten? Sind sie immer noch in ihre Idee verbohrt und halten bis zum letzten Atemzug daran fest? Vor Rußland wollen sie nicht kapitulieren, und das muß ich achten. Ob ich will oder nicht. Gegen Rußland muß man sich wohl auch bis zum letzten Atemzuge wehren. Vielleicht urteilt die Welt auch einmal darüber anders. Vielleicht sehen die Engländer und Amerikaner auch einmal ein, daß sie nicht mehr den richtigen Kampf kämpfen, wenn sie den Russen die Hand reichen. [...]

29. April 1945

Wieviel Sehnsucht habe ich jetzt auch oft nach deutschen Männern. Alle jungen Mädchen, die nur noch fremde Gesichter sehen. Hübsche Gesichter zum großen Teil zwar, aber doch keine deutschen. Unsere Soldaten, die mit dem Leben davon gekommen sind, sind alle in Gefangenschaft, und wann sie einmal zurückkehren, weiß keiner. Wir sind jetzt noch jung, aber wird das Leben nicht an uns vorbeigehen? Es ist so traurig. Ich würde so gern bald dem Mann begegnen, den ich wirklich lieben kann. E. beschäftigt sich auch mit dieser Frage. Warum sollen wir nicht glücklich sein? Was haben wir denn getan? Man betrügt uns vielleicht um die beste und schönste Zeit unseres Lebens. Für viele, viele deutsche Mädchen sind die gutaussehenden fremden Soldaten eine große Gefahr. Man darf nicht so hart darüber urteilen, da es Entschuldigungsgründe zu viele gibt. Wie werden wir alle noch handeln, wenn der Krieg nun bald zu Ende ist? Kann sich doch nur noch um Tage handeln. Oh, ich möchte mich aber einem echten, festen, klaren, deutschen Mann bewahren. Wie lange werde ich noch darauf warten müssen? [...]

Quelle: Archiv »Deutsches Gedächtnis«, Lüdenscheid.

»Über die parteipolitischen Entwicklungen im Westen«

Brief Konrad Adenauers an Karl Scharnagl vom 21. August 1945

Zu Konrad Adenauer vgl. die Erläuterungen zu Dok. 24, S. 205 f.

In diesem Brief informierte Konrad Adenauer politische Freunde in Bayern über die stattgefundenen und bevorstehenden Gründungen der CDU im Rheinland und in Westfalen. Adenauer wandte sich dabei an den Oberbürgermeister von München, Karl Scharnagl, und bat diesen um Weiterleitung der Informationen an Fritz Schäffer, den ersten Ministerpräsidenten Bayerns, und Otto Hipp, Kultusminister in der Regierung Schäffer. Alle drei waren schließlich Mitbegründer der CSU in Bayern.

Karl Scharnagl, Jahrgang 1881, von 1925 bis 1933 Oberbürgermeister von München, 1933 zurückgetreten, verfolgt und inhaftiert, 1944 im Konzentrationslager Dachau, im Mai 1945 wieder als Münch-

Sehr verehrter Herr Scharnagl,

Es wird Sie und die übrigen Herren dort, worunter ich vor allem Herrn Schäffer und Hipp rechne, interessieren, über die parteipolitischen Entwicklungen im Westen zu hören.

Nach langen und eingehenden Verhandlungen und Aussprachen ist man an mehreren Orten, so am 19. 8. 45 in Köln, zur Gründung einer neuen Partei, der

ner Oberbürgermeister eingesetzt.

Fritz Schäffer, Jahrgang 1888, von 1929 bis 1933 Vorsitzender der Bayerischen Volkspartei, in den Jahren des Nationalsozialismus als Anwalt tätig, 1945 bayerischer Ministerpräsident, 1949 bis 1961 zunächst Bundesminister der Finanzen, dann der Justiz.

Otto Hipp, Jahrgang 1885, Kommunal- und Landespolitiker der Bayerischen Volkspartei, 1920 bis 1933 Oberbürgermeister von Regensburg, 1933 entlassen, danach Rechtsanwalt in München.

Theophil Wurm, Jahrgang 1868, 1933 bis 1949 württembergischer Landesbischof, 1945 bis 1949 Ratsvorsitzender der Evangelischen Kirche in Deutschland.

Benedikt Kreutz, Jahrgang 1879, Päpstlicher Hausprälat, 1921 bis 1949 Präsident des Deutschen Caritasverbandes.

Christlichen-Demokratischen Partei, geschritten. Für Rheinland und Westfalen wird die Gründung am 2. 9. 45 in Köln bezw. Wattenscheid stattfinden. Mit ganz überwiegender Mehrheit ist allenthalben beschlossen worden, den Namen Zentrum und seine Organisation zu Gunsten der neuen Partei aufzugeben.

Die grundlegenden Prinzipien der neuen Partei sind folgende:

1.) Führung des Staates auf christlicher Grundlage, d. h. nach den Prinzipien, wie sie sich auf der Grundlage des Christentums in einer Jahrhunderte langen Entwicklung in Europa herausgebildet haben.

2.) Demokratie.

3.) Betont fortschrittliche soziale Reform und soziale Arbeit, nicht Sozialismus.

Von protestantischer Seite ist der Plan der Gründung dieser Partei von Anfang an begrüßt und gefördert worden. Das gilt gleichermaßen von demjenigen Teile der Protestanten, der kirchenfrei gerichtet ist, wie von den Angehörigen und Führern der Bekenntniskirche.

Die Kölnischen Protestanten unter Führung des Herrn Superintendenten Encke werden heute Fühlung mit führenden evangelischen Kreisen Süddeutschlands, insbesondere mit Herrn Bischof Dr. Wurm, aufnehmen, um dort auch diese Kreise für die neue Partei zu gewinnen. Sie zweifeln nicht, daß sie hiermit Erfolg haben werden.

Ich traf vor einiger Zeit den Vorsitzenden des Caritas-Verbandes, Prälat Kreutz, Freiburg, der ebenfalls diese Entwicklung sehr begrüßte und meinte, daß sie in Baden, mit dem übrigens schwer Fühlung zu nehmen ist, ebenfalls durchaus begrüßt werden.

Nun komme ich heute zu Ihnen und den andren Herren in Bayern mit der Bitte, sich dieser Entwicklung anschließen zu wollen. Ich halte sie im Interesse Deutschlands für absolut notwendig. Sie werden dort, wie wir hier, die Erfahrung gemacht haben, daß die Kommunistische Partei, begünstigt durch die allgemeine sehr schlechte Lage, mit ihrer skrupellosen Agitation großen Erfolg hat. Die sozial-demokratische Partei hat zwar noch an einzelnen Stellen führende Leute von früher, die gern die Sozialdemokratie auf ihrer alten Bahn, d. h. getrennt von den Kommunisten, halten möchten. Es scheint aber nicht, als ob das auf die Dauer möglich sein würde. So haben z. Bsp. sowohl in Köln wie in Düsseldorf Sozialdemokraten und Kommunisten eine politische Arbeitsgemeinschaft geschlossen. Dieser parteipolitischen Entwicklung gegenüber würde eine solche christlich-demokratische Partei eine sehr große Bedeutung und einen sehr großen Einfluß haben.

Ich und sehr viele mit mir würden es sehr bedauern, wenn gegenüber einer so starken Verbindung, wie die Sozial-Demokraten und Kommunisten darstellen, die Vertreter der christlichen Grundsätze sich in deren Parteien zersplittern und somit ihre Bedeutung und ihren Einfluß selbst mindern würden.

Allein eine Zusammenfassung in einer solchen Partei würde gegenüber christlichen Parteien die Vertreterin des christlichen Prinzips sein, und ich glaube, daß unser Volk nur dann wieder gesunden kann, wenn in ihm das christliche Prinzip wieder herrschen wird. Ich glaube weiter, daß lediglich dadurch ein starker Widerstand gegen die Staatsform und Ideenwelt des Ostens – Rußland – und ein gedankenmäßiger und kultureller und damit auch ein außenpolitischer Anschluß an West-Europa gesichert werden kann.

Was das Programm der Christlichen-Demokratischen Partei angeht, so war man sich darüber einig, daß es unmöglich sei in einer derartig flukturierenden Zeit wie der gegenwärtigen, ein ins Einzelne gehendes Parteiprogramm aufzustellen. Man läuft sonst Gefahr, daß schon in wenigen Monaten jetzt genau festgelegte Sätze und Forderungen über Bord geworfen werden müßten. Man will deshalb sich bei der

Formulierung des Programms darauf beschränken, in der Hauptsache die tragenden Grundgedanken, wie ich sie oben spezifiziert habe, festzulegen. Man glaubt weiter, daß eine außerordentlich große Anziehungskraft die Namen der Unterzeichner eines demnächst zu erlassenden Aufrufs haben würden. Man will deshalb möglichst gute und bekannte Persönlichkeiten aus dem ganzen, nicht von Rußland besetzten Teile Deutschlands zu gewinnen suchen. Wir glauben, daß zu dieser Partei große Kreise kommen werden, die nicht dem Zentrum angehört haben, im Laufe der Entwicklung auch rechtsgerichtete Teile der heutigen Sozialdemokratie.

Gegenüber Strömungen, die die frühere Bayerische Volkspartei beibehalten wollen, kann man m. E. mit Recht sagen, daß jede Zersplitterung der Anhänger des christlichen Gedankens seine empfindliche Schwächung bedeuten würde.

Falls aus den Verhältnissen Bayerns heraus eine dort entstehende Bayerische Landesgruppe für sich einige mit dem übrigen Inhalt des noch genauer festzustellenden Parteiprogramms nicht in Widerspruch stehende besondere Punkte wünscht, so würde dem m. E. nichts entgegenstehen. Man muß natürlich immer darauf bedacht sein, daß die Einheit der Partei und die Geschlossenheit ihrer Führung nicht darunter leiden darf.

Ich bitte Sie und die anderen Herren, immer wieder bei Ihren Überlegungen sich zu vergegenwärtigen, daß allein diese geplante Zusammenfassung aller auf christlicher und demokratischer Grundlage stehenden Kräfte uns vor aus dem Osten drohenden Gefahren schützen kann.

Es wird Sie interessieren zu hören, daß diejenigen Bischöfe, die unlängst in Werl in Westfalen versammelt waren, sich auch dafür ausgesprochen haben, Namen [und] Organisation des Zentrums zu Gunsten einer neu zu gründenden Partei fallen zu lassen.

Quelle: Hauptstaatsarchiv Düsseldorf, RWV 26/1027, Bl. 3–5, zitiert nach: Adenauer – Rhöndorfer Ausgabe, hrsg. von Rudolf Morsey und Hans-Peter Schwarz im Auftrag der Stiftung Bundeskanzler-Adenauer-Haus, Briefe 1945–1947, bearb. von Hans Peter Mensing, Berlin (Siedler Verlag) 1983, S. 77 ff.

Ich habe nichts dagegen, wenn Sie von diesen meinen Ausführungen in Ihnen geeignet erscheinender Weise vertraulichen Gebrauch machen. Ich würde mich ganz außerordentlich freuen, wenn wir von dort her möglichst bald ein zustimmendes Echo hören und dann Herren von Ihnen und uns in persönlichen Kontakt treten könnten. Prälat Dr. Müller-Hohenlind vom Caritas-Verband wird Anfang September, nach 5. 9., bei Ihnen vorsprechen. Vielleicht ist es Ihnen möglich, ihm eine Antwort mitzugeben.

Seien Sie herzlichst gegrüßt von Ihrem ergebenen
Dr. Adenauer
Oberbürgermeister

82

»Der Zusammenschluß beider Parteien ist eine dringende Notwendigkeit«

Resolution von SPD und KPD in Torgelow, Mecklenburg, vom 24. Dezember 1945

Zum Zusammenschluß von KPD und SPD vgl. die Einführung, S. 68 f. und Dok. 83, 84 und 85.

Am 21./22. April 1946 wurde mit dem »Vereinigungsparteitag« in Berlin die Gründung der SED als Zusammenschluß von KPD und SPD in der sowjetisch besetzten Zone vollzogen. Zum Teil wurde dieser Schritt von der Basis unterstützt, und auf Kreisebene hatte es schon vor dem April 1946 gemeinsame Gespräche und auch Zusammenschlüsse gegeben.

Die gemeinsame Mitgliederversammlung der S P D. und K P D. ist sich darüber klar, daß im Interesse der Arbeiterschaft und im Interesse des Wiederaufbaus Deutschlands der Zusammenschluß beider Parteien eine dringende Notwendigkeit ist. Beide Parteien sind sich einig, daß nur dadurch die Fehler von 1918 vermieden werden können. Jede Maßnahme, die sich gegen den Zusammenschluß der beiden Arbeiterparteien auswirkt, jede Unterlassung, die den Zusammenschluß der beiden Arbeiterparteien hintertreibt, ist ein Verbrechen gegen das deutsche Volk, gegen die deutsche Arbeiterschaft.

Wir richten deshalb den dringenden Appell an die Parteileitungen in Berlin, dahin zu wirken, daß der Zusammenschluss bald geschieht, damit dem Wunsche der arbeitenden Bevölkerung in Stadt und Land Rechnung getragen wird. Nur dadurch ist es möglich, das große Ziel zu erreichen, daß der Friede und die Freiheit der Menschen und damit die Demokratie für immer gesichert sind.

Quelle: Stiftung Archiv der Parteien und Massen-organisationen der DDR im Bundesarchiv, Berlin, RY 1/I 2/5/43 b.

Torgelow, den 24. Dezember 1945

Für die sozialdemokratische Partei
Großkopf, Walter, Rackow

Für die kommunistische Partei
Klinskiy, Fehlhaber, Zimmermann

---

83 | Bedingungen für die Einheitspartei

SPD-Ortsgruppe Rostock an den Zentralausschuß der Sozialdemokratischen Partei vom 6. Januar 1946

Die Versammlung ist sich einig darin, daß eine ehrliche und vertrauensvolle enge Zusammenarbeit beider Arbeiterparteien, die später durch die organisatorische Verschmelzung gekrönt werden muß, eine politische Notwendigkeit ist. Die Verschmelzung der Arbeiterparteien kann aber nicht das Werk von Vorständen, Ausschüssen oder anderen Instanzen sein, da in einer demokratischen Partei der Wille der Mitglieder oberstes Gesetz sein muß. Deshalb muß eine durch Urabstimmung festgestellte Mehrheitsentscheidung der gesamten Parteimitgliedschaft Voraussetzung für eine wirkliche Einigung sein.

Eine Einigung, die diesen Namen verdient, kann auch nicht lediglich in einer Besatzungszone erfolgen. Eine solche Vereinigung würde die Zerschlagung der deutschen Sozialdemokratie herbeiführen, ohne die deutsche Arbeiterschaft zu einer Einheit zu verschmelzen. Sie würde die künftige Einigung der gesamten deutschen Arbeiterklasse mindestens erschweren, wenn nicht für lange Zeit unmöglich machen. Die Versammelten ersuchen deshalb den Zentralausschuß der Sozialdemokratischen Partei, möglichst rasch an der Beseitigung aller Widerstände zu arbeiten, die der Bildung reichseinheitlicher Parteien der Sozialdemokratie und der Kommunistischen Partei entgegenstehen.

Quelle: Zitiert nach: Hermann Weber, DDR. Grundriß der Geschichte 1945–1990, Hannover 1991[2], S. 23.

---

84 | »Obwohl diese Partei damals nichts zu vergeben hatte als Ärger«

Kurt Neubauer über die SPD in Ost-Berlin nach Gründung der SED

Besonders kompliziert waren die Parteienverhältnisse in Berlin, wie das Beispiel der SPD zeigt. Die SPD hatte am 31. März 1946, also drei Wochen vor dem Vereinigungsparteitag, in den Westsektoren Berlins unter ihren Mitgliedern eine Urabstimmung zur Vereinigung mit der KPD durchgeführt. Im Ostteil der Stadt war die Urabstimmung von der Sowjetischen Militäradministration untersagt worden. Das Ergebnis unterstreicht die ambivalente Haltung der SPD-Mitglieder in der Frage des Zusammenschlusses: Bei einer Wahlbeteiligung von 72,9 Prozent der West-Berliner Mitglieder stimmten 82 Prozent gegen eine sofortige Vereinigung mit der KPD, gleichzeitig sprachen sich jedoch 62 Prozent für eine weitere Zusammenarbeit aus (Kleßmann 1991[5], S. 141). Gemäß dieser Urabstimmung setzte sich die Berliner SPD nach der Gründung der SED für ihr Weiterbestehen als eigenständige Partei ein. Tatsächlich existierten in allen vier Sektoren Berlins SED und SPD nebeneinander. Erst nach dem Bau der Mauer 1961 wurden die Ost-Berliner Gliederungen der SPD formell aufgelöst; allerdings waren sie schon seit der Spaltung der Stadt im November 1948 erheblich in ihrer Arbeit eingeschränkt.

Kurt Neubauer war SPD-Kreisvorsitzender im Ost-Berliner Bezirk Friedrichshain und berichtet über die politischen Möglichkeiten der SPD im sowjetisch besetzten Teil Berlins.

Interviewer (I): Seit wann waren Sie eigentlich in Ost-Berlin in der Sozialdemokratischen Partei aktiv?

Kurt Neubauer (N.): Ich bin genau am 1. Mai 1946 – da war die SPD noch gar nicht wieder neu zugelassen, das geschah erst einige Wochen später – in die Partei eingetreten. Meine Frau hat mich übrigens aufgenommen. Ich kam aus der Kriegsgefangenschaft und war dann bis 1961, bis zum Bau der Mauer im (Ost-Berliner) Bezirk Friedrichshain tätig. Ich war seit 1947 Vorsitzender des Kreises bis zum Bau der Mauer.

Und dann war ich auch jahrelang Bundestagsabgeordneter, gewählt vom Abgeordnetenhaus in Berlin, aber als Bürger Ost-Berlins mit Personalausweis der DDR. Da war ich allerdings nicht der einzige Fall. Außer mir gab es noch eine Abgeordnete aus Weißensee.

I.: Wie waren die Bedingungen für die Arbeit der Sozialdemokraten in Ost-Berlin in der Zeit zwischen der Wiederzulassung der SPD 1946 und der Spaltung der Stadt 1948? In diese Zeit fällt ja die einzige freie Wahl, bei der ja die Sozialdemokraten in Ost-Berlin ebenso wie in den Westsektoren stärkste Partei wurden.

N.: Ja, deswegen würde ich die Zeit von 1946 bis 1948 in zwei Perioden einteilen, nämlich in die Zeit von der Wiederzulassung der Partei bis zu der eben genannten Wahl am 20. Oktober 1946 und dann die Periode nach dieser Wahl bis zur Spaltung der Stadt. Die Periode vor dieser Wahl sah eine SPD, die relativ frei agieren konnte – nicht mit dem Aufwand, den die SED betreiben konnte, sie hatte die volle Unterstützung der damaligen sowjetischen Besatzungsmacht –, aber die SPD konnte Kundgebungen durchführen, konnte für die Partei werben. Die Sowjets gingen ganz offensichtlich davon aus, daß der Aufwand an Material, aber auch sonst die politische Lage der SED wohl eine große Mehrheit, mindestens aber eine Mehrheit bringen würde.

Dann kam diese Wahl und die Riesenenttäuschung für die sowjetische Besatzungsmacht und für die SED: In allen acht Bezirken stellten wir danach den Bürgermeister, hatten 50 und mehr oder knapp unter 50 Prozent der Stimmen.

Und dann begann diese Periode, die ich mal so nennen möchte, wo die Sowjets Schritt für Schritt nun versuchten, die gewählten Organe in den einzelnen Bezirken zu drücken und langsam, aber sicher, wenn ich so sagen darf, zu beseitigen, was dann den Höhepunkt hatte in der Absetzung einzelner Bezirksbürgermeister. Im Bezirk Prenzlauer Berg fing es an mit der Absetzung des Bezirksbürgermeisters, damals unter der Überschrift »Die haben bei der Holzaktion …« – man muß ja immer sich vergegenwärtigen, was wir damals für eine Zeit hatten – da wurde Holz geschlagen in den Wäldern um Berlin, das habe nicht funktioniert. Und ähnliche Begründungen gab es dann, an die Verwaltung heranzugehen.

Und zweitens: Die Partei selber konnte von diesem Zeitpunkt an öffentlich nicht mehr agieren. Es gab noch ein paar öffentliche Kundgebungen – die letzte übrigens in Friedrichshain kurz nach den Wahlen –, dann hörte das auf. Wir konnten nur noch in Lokalen tagen, die uns zur Verfügung standen oder die bereit waren, uns als Versammlungsteilnehmer aufzunehmen. Größere Veranstaltungen verlagertern wir in die Patenkreise nach West-Berlin, Kreismitgliederversammlungen und ähnliches. Das heißt also, öffentliche Agitation konnten wir eigentlich nicht mehr betreiben.

Nach der Urabstimmung vom 31. März 1946 fand am 7. April 1946 in der Zehlendorfer Zinnowwaldschule der konstituierende Parteitag der SPD Groß-Berlins statt, an dem etwa 500 Delegierte der sozialdemokratischen Partei aus den vier Sektoren Berlins teilnahmen. Für den dort gewählten Vorstand beantragte der Genosse Germer die Lizenzierung der Partei bei der Kommandantur. Da die Sowjets ihre Zustimmung verweigerten, wurde der Antrag an den Kontrollrat weitergeleitet, und erst am 31. Mai 1946 erfolgte die offizielle Zulassung der SPD in allen vier Sektoren Berlins. Vgl. hierzu die Einführung von Manfred Rexin zum Wiederabdruck des »Protokolls vom Bezirksparteitag der SPD am Sonntag, dem 7. April in Berlin-Zehlendorf«, hrsg. vom SPD-Landesverband Berlin in Zusammenarbeit mit dem Franz-Neumann-Archiv e. V. Berlin, Redaktion Manfred Rexin und Rudolf Hartung.

Zu den Stadt- und Bezirksverordnetenwahlen in Berlin vgl. auch Dok. 86, S. 301 f.

Und trotzdem waren wir in der Zeit zwischen 1946 und 1948 noch mitgliederstark. Es waren ja immerhin noch rund 12 000 Mitglieder in den acht Bezirken, obwohl – das unterscheidet die damalige Partei von allen heutigen – obwohl diese Partei damals nichts zu vergeben hatte als Ärger und deswegen wohl auch eine Partei war, die wir so schnell nicht wiederkriegen.

I.: Wie war das eigentlich, wenn beispielsweise Abteilungen in Ost-Berlin intern ohne Öffentlichkeit tagten oder auch Vorstände zusammentrafen? Erschienen da sowjetische Offiziere?

N.: Das war in der ersten Zeit so. Wir mußten ja in der Zeit die Themen der Versammlungen anmelden, die mußten der sowjetischen Bezirkskommandantur angemeldet werden. Und wenn die es für nötig hielt aufgrund des Themas, wurde entweder der Referent vorgeladen oder der Kreisvorsitzende vorgeladen, befragt, worum es sich dabei handelt, und darauf hingewiesen, was die nicht darunter verstehen, unter diesem Thema. Und dann kamen sie oft mit sowjetischen Offizieren. Wir hatten es dann so gemacht, uns darauf verständigt: Wenn ein sowjetischer Offizier eine interne Versammlung besucht, brechen wir ab. Das haben wir dann auch konsequent durchgehalten. Und dann haben die Sowjets es auch unterlassen, Offiziere hinzuschicken. Sie haben sicher eh erfahren, was auf den einzelnen Veranstaltungen geschah. Aber immerhin, wir wollten klarmachen: Das lassen wir uns nicht gefallen. Sonst hatten wir natürlich regelmäßigen Kontakt zur sowjetischen Bezirkskommandantur. Das heißt, nicht auf unseren Wunsch, sondern auf deren Wunsch. Und das ist ja die Periode, wo versucht wurde, führende Funktionäre durch Angebote – Lebensmittel, Kohlen, alles das, was damals von besonderer Wichtigkeit war, Wohnung und ähnliches – herüberzuziehen zur SED. Bei einigen ist das gelungen, aber bei ganz, ganz wenigen.

I.: Wie war das Verhältnis zur SED in dieser Zeit? Die Urabstimmung hatte ja klar gegen die organisatorische Verschmelzung votiert, im zweiten Teil von Zusammenarbeit gesprochen. Im übrigen kannte man sich ja. Ein Teil der SED-Funktionäre war zuvor bei der Sozialdemokratischen Partei gewesen. Wie entwickelte sich das in dieser Zeit von 1946 bis 1948?

N.: Da gab es manche menschliche Schwierigkeit, das ist völlig richtig. Einige auch der Spitzenfunktionäre in den Kreisen waren ja ehemalige Sozialdemokraten. Man kannte die, und viele kannten sich natürlich auch noch aus der Zeit von vor 1933 oder der Zeit zwischen 1933 und 1945 aus der Widerstandsbewegung und standen nun plötzlich auf zwei Seiten. Das hat sich ganz unterschiedlich abgespielt. Bei einigen, die zur SED gegangen waren, war der Drang groß, klar und deutlich zu beweisen, daß sie nun gebrochen hatten mit der alten Tradition der Sozialdemokraten – was ja auch bei denen immer ein Schimpfwort war. Andere hatten große Schwierigkeiten und suchten auch menschlich den Kontakt. So ähnlich war das auch bei uns.

Das Verhältnis zur SED selber war nie gut. Die SED selber hat immer den Versuch gemacht, sagen wir mal, noch einen Schritt weiter zu sein als die sowjetische Bezirkskommandantur.

Quelle: Aus einem Interview mit Kurt Neubauer, geführt 1986 von Manfred Rexin, akquiriert von Siegfried Heimann, Archiv »Deutsches Gedächtnis«, Lüdenscheid.

85 »Wir beugen uns nicht!«

Hierzu vgl. auch die Einleitung zum vorhergehenden Dok. 84, S. 298 f.

In dem folgenden Aufruf grenzt sich die Sozialdemokratische Partei Groß-Berlins ausdrücklich von der Vereinigungspolitik des Zentralausschusses der SPD, des Partei-Führungsgremiums unter Otto Grotewohl, ab. Entsprechend der mehrheitlichen Entscheidung der West-Berliner SPD-Mitglieder gegen den Zusammenschluß mit der KPD wurden die Parteimitglieder aufgefordert, per Unterschrift das Fortbestehen ihrer Mitgliedschaft in der SPD zu erklären.

Sozialdemokratische Partei Groß-Berlin

III. Kreis Wedding   Abteilung 5

An   den Genossen

       die Genossin

                                        Straße

Werte Genossin!   Werter Genosse!

Allen Machenschaften des Zentralausschußes zum Trotz hat sich die große Mehrheit der Berliner Parteigenossen für die Weiterführung einer selbständigen Sozialdemokratie entschieden.   Unsere Organisation steht unerschüttert!   Wir beugen uns nicht!   Wir bleiben, was wir waren! Vorkämpfer für Demokratie und Sozialismus, für den sozialistischen Aufbau Deutschlands!

     Bist Du, Genossin oder Genosse, bereit, weiterhin mit uns zusammen zu arbeiten, dann gib diesen Schein mit Deiner Unterschrift versehen Deinem Bezirksführer zurück.

Bezirksführer: Im Auftrage:

                                der Funktionäre der 5. Abteilung

                          Fritz Daatsch   Karl Steinweg

                               Gerhard Nüske

Erklärung!

     Ich bleibe weiterhin Mitglied der selbständigen Sozialdemokratischen Partei Groß-Berlin

Berlin, den   1946

                               Name und Straße

Quelle: Zur Verfügung gestellt von Rüdiger Thomas, Bonn.

86

»Vier Fünftel aller Berliner lehnten den Kommunismus ab«

Die Berliner Wahlen vom 20. Oktober 1946

Am 20. Oktober 1946 fanden in ganz Berlin die Wahlen der Stadt- und Bezirksverordneten statt. Aus diesen Wahlen ging die SPD eindeutig als Sieger hervor, während die SED eine schwere Niederlage hinnehmen mußte. Insgesamt entschieden sich 48,7 Prozent der Berliner Wähler für die SPD, 22,2 Prozent für die CDU und nur 19,8 Prozent für die SED. Die LDPD erhielt 9,3 Prozent der Stimmen. (DDR Handbuch 1985, Bd. I, S. 166) Der SPD-Landesverband Groß-Berlin erstellte einen Pressespiegel in- und ausländischer Meldungen über diese Wahlen, aus dem die deutsche Übersetzung eines Kommentars der »Times« vom 22. Oktober 1946 entnommen ist.

Die am Sonntag abgehaltenen Wahlen hatten einen streng kommunalen Zweck – einen neuen Magistrat und Bezirksverordneten-Versammlungen für die 20 Bezirke der Stadt zu wählen. Aber Berlins besondere Lage gab ihnen eine grössere Bedeutung. Vier Parteien – die Sozialistischen-, Christlichen- und Liberal-Demokraten und die Sozialistische Einheitspartei – traten bei den Wahlen in Wettbewerb.

Aber in Wirklichkeit waren die Wahlen ein Volksentscheid für oder gegen die Kommunistische Partei. Die SED ist praktisch die Kommunistische Partei unter neuem Namen. Sie wurde im vergangenen April in Berlin und der russischen Zone Deutschlands durch eine Verschmelzung der Kommunisten und Sozialdemokraten gebildet. Ein langer Feldzug, für den die Kommunisten die bewegende Kraft waren, hatte durch fragwürdige Methoden den Erfolg, zögernde Sozialdemokraten zur Annahme der Verschmelzung zu bewegen. In der russischen Zone wurden sie vollständig absorbiert. In Berlin entgingen sie mit knapper Not dem gleichen Schicksal; sie bildeten hier die unabhängige Sozialdemokratische Partei, die nahezu die Hälfte der am 20. 10. abgegebenen Stimmen gewann.

Trotz vieler Vorteile in der Propaganda und der Organisation und trotz der Tatsache, dass weniger achtenswerte Gründe als ehrliche Überzeugung ihr viele Stimmen gewonnen haben müssen, stimmten nur ein Fünftel der Berliner für die Sozialistische Einheitspartei. In dem britischen und amerikanischen Sektor von Berlin, wo mehr als die Hälfte der gesamten Stimmen abgegeben wurden, erhielten sie nur etwas über 1/10. 4/5 aller Berliner lehnten den Kommunismus ab. Es ist ein weittragendes und sogar bestürzendes Resultat, bestürzend sowohl für Russland wie für England, Amerika und Frankreich als seine Kollegen in der gemeinsamen Verwaltung in Berlin. Für die Harmonie der alliierten Beziehungen in der Kontrolle Berlins ist es vielleicht nicht glücklich, dass eine deutsche Wählerschaft die Möglichkeit hatte, ein so deutliches Urteil abzugeben. Hierin liegt eine Lehre für alle Besatzungsmächte. Für die Briten und Amerikaner die Lehre, daß die deutschen Sozialdemokraten wahrscheinlich nicht immer so schwächlich vor Drohungen zusammenbrechen werden, wie vor denen der deutschen Nationalisten und Hitlers im Jahre 1932 und 1933. Für die Russen ist die Lehre noch deutlicher, obgleich es müssig wäre, anzunehmen, dass sie beachtet wird. Der Kommunismus beugt sich nicht einem Mehrheitsurteil und wird nicht bereit sein, ein »Nein« als Antwort anzuerkennen. Auf Russland macht das Zählen der Köpfe keinen Eindruck. Die Wahlen in Ungarn und Österreich im letzten Jahr waren genau so entschlossene Ablehnungen des Kommunismus wie die Berliner Wahlen; aber ihre Folge war nur, dass in diesen beiden Ländern die russische Politik verschärft, nicht gemässigt wurde.

Quelle: SPD-Landesverband Groß-Berlin (Hrsg.), Über die Wahlen vom 20. Oktober 1946, o. O., o. J. [1947?].

87

Erste Belegschaftsversammlung im April 1945 bei der Firma Wallram in Essen

Ein Bericht von Richard Riegel

Richard Riegel war einer der Initiatoren des gewerkschaftlichen Wiederaufbaus in Essen. In der Weimarer Republik war Richard Riegel Betriebsrat bei der Essener Verkehrs AG und war als Kommunist in den Jahren des Nationalsozialismus zeitweilig im Konzentrationslager inhaftiert. Im Juli 1946 wurde er der erste Bevollmächtigte der IG-Metall in Essen. Allerdings wurde er 1950 wieder abgesetzt, wohl, weil er sich geweigert hatte, ein Revers zu unterschreiben. Nähere Einzelheiten zur Absetzung Richard Riegels sind nicht mehr zu ermitteln. Alles aber weist darauf hin, daß er seiner Funktion enthoben wurde, weil er Kommunist war. Im April 1945 rief Richard Riegel die Kollegen der Firma Wallram zu einer ersten Belegschaftsversammlung auf, um die vordringlichen Aufgaben – Wiederaufnahme der Produktion, Instand-

Zum innergewerkschaftlichen Verhältnis von Christen und Sozialdemokraten auf der einen und Kommunisten auf der anderen Seite vgl. die Einführung, S. 85 f.

setzung von Wohnungen und Betriebsanlagen, Versorgung der Belegschaft und Absetzung des Betriebsleiters – anzugehen. Allerdings wurde der anfängliche Elan alsbald durch die Besatzungsmacht gebremst. Erst im August erteilte die britische Militärbehörde die Genehmigung zur Gründung einer Betriebsgewerkschaft bei Krupp; im September folgte die Gründung bei der Firma Wallram. Der folgende Textauszug entstammt einem Bericht, den Richard Riegel 1947 für den Geschäftsbericht der IG-Metall schrieb.

Als am 11. April 1945 die Amerikaner Essen besetzten, konnte ich als Vollausgebombter einen primitiven Bunker verlassen, um mir und meiner Frau eine Bleibe zu suchen. Am 20. April ging ich um 7 Uhr morgens zu meinem Betrieb Wallram in Essen-Süd und beauftragte einen Lehrling, die anwesenden Arbeiter und Angestellten zu informieren, daß um 8 Uhr eine Belegschaftsversammlung stattfindet. Der Lehrling sah mich ungläubig an und meinte: »Was ist denn das – eine Belegschaftsversammlung?« Ich sagte: »Gleich wirst Du es erfahren. Höre dann gut zu.«

Die Belegschaft war größtenteils evakuiert, so daß an der Belegschaftsversammlung circa 80 bis 100 Kollegen teilnahmen. Kurz und präzise habe ich in der Betriebsversammlung gesprochen und den Kollegen erklärt, daß etwas getan werden muß. Ich schlug Sofortmaßnahmen vor, um die chaotischen Zustände, die das Nazi-Regime verursacht hat, zu überwinden. Ich schlug die Wahl eines Betriebsausschusses und einer demokratischen Betriebsleitung vor. Die Belegschaft wählte einen fünfköpfigen Betriebsausschuß unter meinem Vorsitz. Der Nazi-Betriebsleiter wurde als Vorarbeiter im Betrieb eingestuft, und ein demokratisch gesinnter Meister wurde als Betriebsleiter eingesetzt. Der Nazi-Betriebschef, der mittlerweile während der Versammlung erschienen war, wurde vor die Alternative gestellt, diese Beschlüsse zu akzeptieren. Die Beschlüsse der Betriebsversammlung wurden vom Betriebsausschuß gleich realisiert: Die Lähmungsaktion der Maschinen wurde direkt unterbrochen, die Lebensmittelvorräte, die noch vorhanden waren, kontrolliert, die Werksküche als Notbehelf weitergeführt. Da noch Materialien und Bleche vorhanden waren, wurden zwei Baukolonnen gebildet, um den Betrieb und die Wohnungen der Werksangehörigen instand zu setzen.

Der gewerkschaftliche Aufbau ging nur stockend vor sich, die englische Militärregierung befürwortete nur betrieblich gewerkschaftliche Zusammenkünfte, so daß die Betriebsausschüsse von Krupp und des Werkes Wallram im August bzw. September 1945 die ersten Genehmigungen zur Bildung von Betriebsgewerkschaften erhielten. [...]

Quelle: Richard Riegel, Drei Jahre Gewerkschaftsaufbau, o. O., o. J. [1947], Archiv Ernst Schmidt, Essen.

---

88 | »Wann bekommen wir wieder Gewerkschaften?«
Flugblatt aus Essen vom 20. April 1945

Zum Aufbau der Gewerkschaften vgl. die Einführung, S. 82 ff.

Schon am 20. April 1945 veröffentlichten christliche und sozialdemokratische Gewerkschaftsfunktionäre in Essen ein gemeinsames Flugblatt. Die Unterzeichnenden Klewer und Fritsch waren ehemalige sozialdemokratische, Strunck und Horstmann ehemals christliche Gewerkschafter. Kommunisten fehlten allerdings als Unterzeichner.

Werte Kollegen!

Mit dem Einmarsch der Besatzungsgruppen ist die Nazi-Tyrannei erledigt. Die N.S.D.A.P. und alle ihre Gliederungen sind zerschlagen. Die Sehnsucht nach Freiheit ist erfüllt. Es ist verständlich, daß jetzt die Arbeitnehmer die früheren Gewerkschaftsangestellten fragen:

Wie bekommen wir wieder eine Vertretung in den Betrieben, die unser Vertrauen hat?

Wann bekommen wir wieder Gewerkschaften, die unsere Rechte aus Tarifverträgen und der Sozialgesetzgebung usw. vertreten?

Was wird getan, um Naziverbrecher aus den Betrieben zu entfernen?

Dazu teilen wir folgendes mit:

1. Gewerkschaftsgründung: Bei der letzten Inhaftierung durch die Nazis im September 1944 hatten die früher führenden Vertreter der freien und christlichen Gewerkschaften Zeit genug, sich über alle diese Dinge zu unterhalten. Einigkeit bestand darüber, daß in Zukunft eine einheitliche Gewerkschaft zu bilden sei. Diese Gewerkschaft mit beruflichen Untergruppen soll frei sein von parteipolitischen, weltanschaulichen oder religiösen Bindungen. Sie soll die Interessen der Arbeiter aus Tarif- und Arbeitsverträgen, Sozialgesetzgebung usw. wahrnehmen.

Mit Adolf Hitler und seiner Partei hat auch das deutsche Volk den Krieg verloren. Die Gewalt liegt in den Händen der Besatzungsbehörde. Diese hat vor der Hand noch keine gewerkschaftliche und politische Betätigung gestattet. Bei Verhandlungen, die wir dieserhalb mit den leitenden Herren der Besatzungsbehörde führten, ließ sich ein anderes Resultat noch nicht erzielen. Versuche, jetzt schon eine Organisation zu bilden, geschehen im Gegensatz zu den klaren Anweisungen der Besatzungsbehörde. (Siehe Verordn. Nr. 1 Ziff. 37.) Wir wollen keinen Konflikt mit der Besatzungsbehörde, sondern mit deren Einverständnis arbeiten. Alles andere wird auf die Dauer doch verboten. Also bitte Geduld haben!

2. Betriebsvertretung: Wie aus den verschiedensten Betrieben gemeldet wird, sind dort anstelle der bisherigen Nazi-Betriebsvertreter Komitees gebildet worden. Dabei wurde erklärt, daß die Besatzungsbehörde hiergegen nichts einzuwenden habe. Die endgültige Regelung von Betriebsvertretungen wird baldmöglichst mit der Besatzungsbehörde geklärt werden.

3. Naziverbrecher in den Betrieben und Verwaltungen: Es wird jetzt vielfach die Forderung erhoben, daß ausgesprochene Naziverbrecher aus den Betrieben und Verwaltungen entfernt werden sollen. Mit solchen Elementen zusammen zu arbeiten, kann man Euch nicht zumuten.

Wir werden nachdrücklichst bemüht bleiben, auch für Essen eine deutsche Gewerkschaftsbewegung mit ihren beruflichen Gliederungen wieder aufzubauen.

Mit kollegialem Gruss!

Quelle: Archiv Ernst Schmidt, Essen.

Klewer
Fritsch

Strunck
Horstmann

---

89 »Bergeweise Beitrittserklärungen«

Annegret Petri über den Gewerkschaftsaufbau in Köln

Annegret Petri, 1927 in Köln geboren, besuchte die Volksschule und machte anschließend eine kaufmännische Lehre. Im Krieg wurde sie mit ihrer Mutter und einem schwerbehinderten Bruder nach Thüringen evakuiert, der Vater emigrierte als Kommunist nach Holland; nach der deutschen Besetzung Hollands kam er in das Konzentrationslager Oranienburg. Nach dem Krieg trennten sich die Eltern. Annegret Petri kehrte mit Mutter und Bruder nach Köln zurück und nahm im September 1945 eine Stelle als kaufmännische Angestellte bei der Gewerkschaft an. Nach Jahren zusätzlicher ehrenamtlicher Gewerkschaftsarbeit wurde sie schließlich hauptamtliche Gewerkschaftssekretärin einer Einzelgewerkschaft.

Der Krieg war zu Ende. Wir kamen aus Thüringen zurück, aus der Evakuierung. Köln, die Stadt, war zerstört. Wir kamen sehr früh, im Juni schon, durch Freunde,

Hans Böckler, 1875 geboren, machte nach der Volksschule eine Lehre als Metallschläger und begann 1903 seine hauptamtliche Laufbahn als Bevollmächtigter des Deutschen Metallarbeiterverbandes im Saarland. Von 1928 bis 1933 gehörte er dem Reichstag an. In den Jahren des Nationalsozialismus war Hans Böckler in der illegalen Gewerkschaftsbewegung aktiv und zeitweilig deswegen in Haft. Beim Wiederaufbau der Gewerkschaften nach 1945 wurde er ein wichtiger Verhandlungspartner der britischen Militärbehörde, deren Vorstellungen den seinen allerdings in vielem völlig konträr waren. Bei der Gründung des Deutschen Gewerkschaftsbundes in der britischen Zone 1947 wurde Hans Böckler zum Vorsitzenden gewählt. Der Gründungskongreß des Deutschen Gewerkschaftsbundes 1949 in München wählte ihn schließlich zum DGB-Bundesvorsitzenden. Im Februar 1951 starb Hans Böckler im Alter von 75 Jahren.

Das Führungsgremium der Kölner Einheitsgewerkschaft, der »Siebenerausschuß«, war zunächst mit drei Sozialdemokraten, drei Christen und einem Kommunisten besetzt. Vgl. zum Verhältnis von Sozialdemokraten und Christen einerseits und Kommunisten andererseits in den Gewerkschaften die Einführung, S. 85 f.

die uns mitnahmen. Und es gab keine Arbeit. Gelernt hatte ich kaufmännisch, bis wir evakuiert wurden, und das Arbeitsamt, das schon tätig war, vermittelte mich in eine Blechwarenfabrik. Und Freunde von uns, politische Freunde – meine Eltern sind Sozialdemokraten [später korrigiert sich Annegret Petri: die Eltern waren Mitglieder der KPD], mein Vater selbst war auch Gewerkschaftssekretär in der ÖTV, von den Nazis verfolgt, nach Holland emigriert, später dort beim Einrücken der deutschen Truppen gefangengenommen und kam dann ins KZ nach Oranienburg. Meine Mutter [war] genauso politisch, eigentlich noch aktiver in ihrem Leben. Von daher habe ich viel mitbekommen von politischen Aktivitäten, von illegalen Zusammenkünften in unserer Wohnung. – Und meine Mutter ging zu Freunden und sagte: »Stell Dir vor, das Mädchen soll in eine Blechwarenfabrik.« Worauf die dann sagten: »Kommt ja gar nicht in Frage. Das wär ja noch schöner. Wo Ihr politisch so gelitten habt.« Und dann haben die mit dem kaufmännischen Chef der Einheitsgewerkschaft gesprochen, der politische war Hans Böckler. Dann mußte ich mich da vorstellen im September 1945. Und dann hörte ich nichts mehr. Und nach 14 Tagen war es soweit. Ich mußte kommen, kriegte einen Vertrag und wurde ab 25. September 1945 dann bei der Einheitsgewerkschaft aller Arbeiter angestellt als kaufmännische Kraft.

Was beeindruckte mich? Also zunächst einmal, daß ich eifrig wissen wollte, was Gewerkschaften tun, wie ihre Arbeitsweise ist, und immer sehr viel beobachtete. In einem großen Raum saßen viele Männer. Bergeweise Beitrittserklärungen und immer wieder neue. 1945, der Wiederaufbau begann. Ich hatte immer Listen zu schreiben, hin und wieder auch Briefe, auch mal für Hans Böckler. Ich hörte dann, wie die Sekretäre in alle möglichen Betriebe gingen. Ich wußte von Entnazifizierungsausschüssen. Und ich sah die Aktivitäten, die die Sekretäre in Angriff nahmen. Ich hörte ihre Berichte, daß sie gesprochen haben in den Versammlungen. Ich wußte – ich erlebte das ja selbst –, daß wirtschaftliche Not bestand und daß man nun als Gewerkschaften mit dem hohen politischen Einfluß, der damals vorhanden war nach meiner und aller Menschen Vorstellung ...

Das hat mich sehr beeindruckt, diese Zeit des Wiederaufbaus und die Aktivität, dieses Mitgehen, das war eine wirkliche Arbeiterbewegung. Heute ist das, ich muß es mal so sagen, doch viel Apparat. Aber seinerzeit das Mitgehen der Menschen, die endlich Freiheit hatten ... Die Hitler-Zeit war hinter uns, der Krieg war hinter uns. Und nun mußte und sollte eine neue demokratische Ordnung geschaffen werden. Das erlebte ich in vielen Diskussionen der älteren Kollegen. Aber ich war 18 Jahre, ich hatte ja nicht die Nase in allen Dingen. Zwar hörte ich hier und da mal so Einwände, wo die glaubten, ich begriffe das nicht. Da hörte ich schon: »Wir müssen die Kommunisten raus haben« oder so. Das begriff ich schon vom Elternhaus her. Aber ich konnte ja nicht Stellung nehmen.

Also die KPD-Richtung, die wurde, wenn mein Eindruck richtig ist, doch etwas zurückgehalten. »Wir müssen aufpassen, daß die nicht die Oberhand gewinnen.« Das war ja klar. Die Kommunisten hatten ja unheimlich viel gelitten unter den Nazis. Das muß man objektiverweise ja sehen, die waren in den KZs. Und wenn ich das erzählen hörte von Sekretären, die dann auch später hauptamtliche Sekretäre wurden, da bildete sich mein Weltbild eigentlich so, daß die Kommunisten alle in KZs waren, während die Sozialdemokraten mehrheitlich doch versucht hatten durchzuflutschen. Mein Vater war ja auch Kommunist, und meine Mutter war ja auch kommunistisch tätig. In der kommunistischen Partei waren die sehr stark engagiert. Meine Mutter, die hat bis zum Schluß ihres Lebens gesagt: »Für mich kommt der Eintritt in die SPD überhaupt nicht in Frage, die ist mir viel zu konservativ. Ich bleibe bis zu meinem Ende in der DKP oder vorher der KPD.« Ich habe das nicht übernommen von der Mutter. Ich war sicher links orientiert, bin ich noch bis heute. Aber ich hab mich nicht entschlossen, in die damalige KPD oder DKP einzutreten. Ich bin sehr jung in die SPD gegangen.

Woran kann ich mich noch erinnern aus dieser ersten Zeit? Daß es nichts zu essen gab, daß man im Büro sagte: »Hast Du mal ein Butterbrot? Ich hab so einen Hunger.« Daß wir mit defekten Fenstern dasaßen, mit Pappkarton zugeklebt, ein Ofenrohr raus. Geheizt wurde mit einem Kohleofen, der alle zwei Stunden einen Qualm entwickelte, daß wir alle aus dem Büro raus mußten. Wir hatten nur ein großes Büro und noch zwei kleinere. Aber die Arbeit lief. Die Sekretäre fuhren mit den Fahrrädern in die Betriebe. Und ein ganz alter Sekretär, der hing sich ein- oder zweimal die Woche auf die Bundesbahn am Kölner Westbahnhof. Da hing er draußen auf dem Trittbrett und hielt sich fest, um in seine Betriebe zu fahren. Eine Arbeit der Sekretäre, die wohl mehr noch als heute von großem Idealismus, Wiederaufbau einer Demokratie und auch der demokratischen Gewerkschaften geformt wurde. Und Neubeitritte von Menschen aus den Betrieben, die kamen in Massen zum Kölner DGB-Kreis. Der Wiederaufbauwille, endlich demokratisch zu leben, in Freiheit seine Meinung sagen zu können, das waren so die ersten Eindrücke für mich.

Es wurde ja alles noch von der Militärregierung verwaltet. Da kamen ab und zu Offiziere, kontrollierten, sprachen mit den Verantwortlichen. Hier und da gaben sie mir mal eine Camel-Zigarette. Ich rauche nicht, aber immerhin.

Und dann sah ich Hans Böckler. Er sagte ab und zu schulterklopfend: »Ich finde das toll, Mädchen, wie Du immer die Versammlungen besuchst.« – Ich ging in alle Versammlungen, hörte mir alle Vorträge an. »Mach weiter so.« Er war ja seltener im DGB-Haus, aber Hans Böckler und seine Persönlichkeit und wie er Arbeiterbewegung führen und sehen wollte, viele Aussagen von ihm, die haben mich immer wieder gefesselt.

Und dann kam Anfang 1946 die Bildung von Industriegewerkschaften. Da begann dann meine Tätigkeit bei der Gewerkschaft Nahrung-Genuß-Gaststätten (NGG). Das erste – es gab eine Riesenkartei der Einheitsgewerkschaft – das erste, was dann mein Sekretär sagte: »Du mußt jetzt alle Mitglieder raussuchen, die aus der Nahrungsmittelindustrie kommen.« So ging der Aufbau der Einzelgewerkschaften los. Und dann, als wir die Industriegewerkschaften hatten, so 1948 mag es gewesen sein, da sagte der Geschäftsführer von NGG: »Ich lade die Frauen ein, und Du machst dann mal eine Frauenversammlung.« Da war ich knapp 21. Ich sagte: »Ich weiß ja gar nicht, was ich sagen soll.« – »Ja«, meint er, »das macht nichts, ich geb Dir eine Broschüre.« Irmgard Enderle hatte die geschrieben, ich vergeß ja nie den Titel: »Frauenerwerbsarbeit und ihre Wirkungen auf die Frau.« Ganz schlechtes Papier, ganz dünnes Heftchen. Und da sagt er: »Das liest Du Dir jetzt mal durch. Und in dem Sinne kannst Du reden.« So fing das eigentlich an.

Zu jener Zeit war Frauenarbeit kein Selbstgänger, nicht wie heute. Da haben wir richtig kämpfen müssen, daß Frauen Anerkennung fanden, daß es Frauenkongresse gab und Frauenausschüsse. In Köln hatten wir eine große Frauengruppe, fast 100 Frauen. Wobei ich sagen würde, es war die Nachkriegsgeneration der Frauen. Es gab viele Witwen oder, wie man so schön sagt, potentielle Witwen, wo die Männer der Jahrgänge, die ich auch bin, viel gefallen waren, die keine Ehe mehr wollen konnten. Aber früher waren überhaupt alle Versammlungen dicke besucht. Wenn wir da Versammlungen hatten, die waren voll, die Säle, eben aus dieser freiheitlichen, demokratischen Bewegung heraus, die diese Nachkriegsgeneration ja am allerehesten empfand.

Wie ich zum erstenmal, ein paar Jahre nach dem Krieg – es kann auch 1950 gewesen sein – im Radio hörte, man dachte an Wiederbewaffnung der Bundesrepublik, da war ich so entsetzt, daß es überhaupt noch einmal einen so fürchterlichen Krieg geben könnte. Aber das ist ja dann doch alles so gekommen.

Quelle: Aus einem Interview mit Annegret Petri (Pseudonym), geführt 1987 von Almut Leh, Archiv »Deutsches Gedächtnis«, Lüdenscheid.

90

»Wir machten ja praktisch den Laden«

Maria Weber über ihre Arbeit als Betriebsrätin

Maria Weber wurde 1919 in Gelsenkirchen geboren. Der Vater war Bergmann, das Elternhaus katholisch und zentrumsorientiert. Nach vier Jahren Volksschule und vier Jahren Lyzeum machte Maria Weber eine Lehre als Schneiderin. Nach Abschluß der Lehre arbeitete sie zunächst als Telefonistin in einem Essener Chemieunternehmen und wechselte bald in den Produktionsbereich. Von 1945 bis 1950 war sie Betriebsrätin und in der gewerkschaftlichen Frauenarbeit aktiv. 1947 bis 1948 besuchte sie die Akademie der Arbeit in Frankfurt und wurde 1950 Sachbearbeiterin im DGB-Bundesvorstand in der Hauptabteilung Frauen, die sie später leitete. Von 1956 bis zu ihrer Pensionierung 1982 war sie Mitglied des geschäftsführenden DGB-Bundesvorstandes, in den letzten zehn Jahren stellvertretende Vorsitzende des DGB. Seit 1968 ist Maria Weber Mitglied der CDU. Sie war im Zentralkomitee der Deutschen Katholiken und Vorstandsmitglied der CDA (Christlich-demokratische Arbeitnehmerschaft).

Ich war dann auch gleich im Betriebsrat, als es wieder einen Betriebsrat gab. Wir machten ja praktisch den Laden. Die andere Seite war doch noch gar nicht da. Entweder saßen die im Lager, oder ... Auf jeden Fall aufgebaut haben die nicht, aufgebaut haben wir: Meister, die zur Sache standen, Ingenieure, die zur Sache standen, und die Kumpels. Zuerst ging es vor allem um die Demontage. Da haben wir schlimme Zeiten erlebt. Daß sie uns alles wieder wegnehmen wollten. Und als dann demontiert wurde, da haben wir viele Sachen riskiert. Nachts die Seile von den Kränen angeschnitten, daß die Klamotten runterfielen und so was. Allzu viel haben die bei uns nicht weggekriegt. Auch Zettelchen haben wir denen geschrieben und an die Klamotten geklebt, die sie wegbringen wollten: »Wartet mal, wir packen Euch schon noch, wenn Ihr jetzt unsere Sachen wegbringt.« Da sind ganze Waggons abtransportiert worden, aber die wesentlichen Sachen, die wir noch brauchten, das Kraftwerk z. B., an die sind sie nicht drangegangen. Da hätten wir sie auch, glaube ich, nicht drangelassen. Das wollten dann auch schon die Amerikaner nicht. Später waren ja die Engländer hier. Die wollten das schon nicht, weil das Kraftwerk ja auch zum Heizen gebraucht wurde.

Das Petersberger Abkommen vom 22. November 1949 zwischen der Bundesregierung und den westlichen Besatzungsmächten revidierte das Besatzungsstatut und regelte u. a. den teilweisen oder vollständigen Demontagestopp.

Und dann gab es Auflagen. Wir durften nicht forschen und nichts. Das ging so bis zum Petersberger Abkommen, so lange waren wir unter der Knute. In der Zeit kamen die Engländer auch schon mal zu uns als Betriebsrat. Die kamen dann rein mit Soldaten und allem. Einmal schlugen sie uns vor, wir sollten eine Knopffabrik aufmachen. Da haben wir gesagt: »In Gelsenberg gibt es keine Knopffabrik.« Als Betriebsrat konnten wir das sagen. Wir waren ja alle keine Nazis. Dadurch konnten wir denen gegenüber wenigstens die Schnute aufmachen. Das war schon mal ein großer Vorteil. Wir ließen uns nichts gefallen von denen. Da war ja kein Kriegsrecht mehr oder so was, sondern wir hatten Besatzung. Und als dann das Petersberger Abkommen kam, da durften wir ja wieder ... Bis dahin durften wir ja nicht mal Benzin machen. Eigentlich dürfte man das auch heute noch nicht. Wird ja auch nicht gemacht, weil es nicht rentabel ist, weil man es von draußen billiger kriegt. Aber das war ja verboten. Auch Forschung war verboten die ganzen ersten Jahre. Und dann, als wir das Petersberger Abkommen hatten, da haben wir die Fahne gehißt, schwarz-rot-gold. Ich war sonst nicht fahnenfreudig, weiß Gott nicht, das war ich vorher nicht, und das war ich auch da nicht. Ich konnte kein Banner, keine Fahne mehr sehen, bei der katholischen Jugend nicht, nirgendwo mehr, nicht von weitem. Aber da sind wir doch oben raufgeklettert aufs Kraftwerk. Da hätten wir uns den Hals bei brechen können. Ich bin da dann auch nicht mehr mitgeklettert, ich habe schön unten gewartet. Und dann haben wir gefeiert. Da kam als erstes – typisch – der englische Kommandant, mit dem wir als Betriebsrat die ganze Zeit Kontakt hatten, besonders auch der Betriebsratsvorsitzende, der Erich. – Der war Kommunist, ist aber nachher in die Sozialdemokratie gegangen, weil sie ihn drangsalieren wollten. Und das wollte er nicht. – Der englische Kommandant kam also als erster rein und gratulierte uns. Wär alles OK, jetzt wären wir frei, es gäbe also keinen Besatzungsstatus mehr. Gelsenberg könnte jetzt wieder ... Der kam mit seinem Stab reingefahren, gratulierte uns, und dann haute er wieder ab. Da waren die fair, die Brüder.

Später kam dann auch der Direktor wieder. Der wurde dann ... Ich weiß nicht, wie die sich alle freigemogelt haben. Weiß der Himmel. Auf jeden Fall kam der zurück, viel kleiner, so, *(zeigt mit Daumen und Zeigefinger)* mit Hut. Der Betriebsrat war alles, nach allem wurde der gefragt, und alles wurde getan. Wenn ich die heute höre, ... Betriebsvereinbarung gemacht ... Wir hatten schon ein Stück Mitbestimmung.

Quelle: Aus einem Interview mit Maria Weber, geführt 1988 von Almut Leh, »Archiv Deutsches Gedächtnis«, Lüdenscheid.

---

91 »Jedenfalls glaubte ich nicht, daß ich jemals wieder in der Stahlindustrie Fuß fassen würde«

Der Industrielle Hans-Günther Sohl über seine Internierung

Hans-Günther Sohl wurde 1906 in Danzig geboren, wohin der Vater als Militärjurist versetzt worden war. Die Eltern stammten beide aus Hessen. 1917 erfolgte die Versetzung des Vaters nach Berlin. Dort besuchte Hans-Günther Sohl die Schule und studierte anschließend Bergbauwissenschaft. 1931 ging er als Bergassessor zu Stinnes nach Essen. 1933 wechselte Sohl in die Stahlindustrie, und zwar zu Krupp, wo er schon ein Jahr später die Leitung des Rohstoff-Ressorts übernahm. 1938 heiratete Hans-Günther Sohl. 1941 wurde er in den Vorstand der Vereinigten Stahlwerke berufen und wurde 1942 stellvertretender Vorsitzender. Nach dem Krieg wurde er für eineinhalb Jahre interniert, konnte aber nach seiner Entlassung in seine alte Funktion zurückkehren. Als Vorstand der Vereinigten Stahlwerke betreute er das Ressort »Demontage und Entflechtung«. 1953 wurde er Vorstandsvorsitzender der August-Thyssen-Hütte, eines der entflochtenen Werke. Nach seiner Pensionierung 1973 übernahm er den Vorsitz des Aufsichtsrates. Daneben war Sohl in Verbänden tätig: von 1956 bis 1969 Vorsitzender der Wirtschaftsvereinigung Eisen- und Stahlindustrie, von 1972 bis 1976 Präsident des Bundesverbandes der Deutschen Industrie.

Anfang Dezember 1945 begann die große Internierungswelle, von der die meisten leitenden Stahlindustriellen erfaßt wurden. Rohland war schon im Oktober in Wehbach an der Sieg von den Franzosen verhaftet und wenig später durch die Engländer nach Schloß Kransberg gebracht worden, wo die Zeugen für die Nürnberger Prozesse interniert wurden. Springorum und Steinberg kamen in das bekannte Massenlager Staumühle. Gehm, Schwede und mir war ein anderes Schicksal bestimmt. [Die erwähnten Personen waren Vorstandsmitglieder der Vereinigten Stahlwerke.]

Unsere Verhaftung kam nicht unerwartet; jeder hatte immer einen Rucksack mit den notwendigsten Utensilien im Schlafzimmer. In der Nacht zum 1. Dezember 1945 war es so weit. Ich wurde geweckt und in einem Personenwagen, in dem ich bereits Paul Maulick, den Hauptgeschäftsführer des Stahlwerks-Verbands, vorfand, zum Polizeipräsidium gefahren, wo ich nur eine Nacht im Gefängnis blieb. Bei meiner Einlieferung wurden mir die Wertsachen von einem Internierten abgenommen, der schon längere Zeit dort war und bereits einen »Job« hatte. Es war Jost Henkel, damals zusammen mit seinem Bruder Konrad Junior-Chef von Henkel-Persil, der mir auch am nächsten Morgen alles wieder aushändigte. Immer, wenn ich ihn später wiedersah, habe ich zu unser beider Belustigung unwillkürlich an mein Portemonnaie gegriffen. Die nächste Station war Iserlohn, wo wir für die ver-

schiedenen Lager eingeteilt wurden. Ich hatte eine Tageszelle, aber bei den täglichen
Rundgängen im Freien, Exercise genannt, hörte ich, daß andere in unterirdischen
Dunkelzellen untergebracht waren, unter ihnen der 70 Jahre alte Hermann Kellermann, Vorstandsvorsitzender der Gutehoffnungshütte. Ich bat, mit Kellermann
tauschen zu dürfen, was auch gewährt wurde. In der Dunkelheit hörte ich, daß
meine Zelle zwischen denen von Hans Reuter, dem Vorstandsvorsitzenden der De-
mag, und Günter Henle, dem geschäftsführenden Gesellschafter von Klöckner &
Co., lag, die beide fließend Englisch sprachen und sich mit ihrem Sentry, dem Bewachungssoldaten, über ihre Probleme unterhielten: Henle über den Habeas-Cor-
pus-Act, der ihm als früherem Diplomaten wohl geläufiger war als seinem Sentry,
und Reuter über Magenpillen, die ihm fehlten. Nach drei Tagen mußte eine
Gruppe, zu der auch wir gehörten, antreten; wir wurden zu zweit mit Hand-
schellen aneinandergekettet und auf einem Lastwagen in östliche Richtung abtransportiert. Es war der 4. Dezember, ein trüber, grauer Barbaratag mit leichtem
Nieselregen. Unsere Stimmung war entsprechend, zumal wir, je weiter es nach
Osten ging, befürchteten, an die Russen ausgeliefert zu werden. Für etwas Auf-
heiterung sorgte Georg Gasper, Mitinhaber der Stahlhandelsgesellschaft Otto
Wolff. Er war ein großer, schwerer Mann und saß am Ende einer Bank mit der
linken Hand an seinen schmächtigen Mitinhaber-Kollegen Rudolf Siersleben
gekettet, der, ihm zu Füßen auf seinem Rucksack sitzend, den rechten Arm
hochhalten mußte. Diese Szene veranlaßte Gasper zu der trockenen Bemerkung:
»Mensch, Siersleben, jetzt sind wir zum ersten Mal in unserem Leben un-
zertrennlich miteinander verbunden.«

Die Habeas-Corpus-Akte ist
ein 1679 vom englischen
Oberhaus erlassenes Gesetz
zum Schutze der persönli-
chen Freiheit, nach dem kein
Mensch ohne richterlichen
Haftbefehl verhaftet oder in
Haft gehalten werden darf.

Wir atmeten auf, als unser Transport in Bad Nenndorf bei Hannover hielt. Dort
mußten wir uns unserer Kleidung und aller Wertsachen entledigen, wurden in ge-
streifte Zuchthauskleidung gesteckt und zu viert in Zellen eingeliefert, frühere Ba-
dezellen, aus denen man die Badewannen ausgebaut hatte. Es ging nach dem Al-
phabet: Ich kam mit Reuter, Schwede und Siersleben in die Zelle 44, einen kleinen
länglichen Raum, rechts und links Holzgestelle mit jeweils zwei Pritschen übereinander, die nur aus schmalen Brettern mit Zwischenräumen bestanden. Die dafür
erforderlichen Matratzen und sonstiges Zubehör fehlten, so daß wir uns mit zwei
Wolldecken recht und schlecht behelfen mußten. Durch ein lukenartiges kleines
Fenster am oberen Ende der Außenwand fiel Tageslicht. Die Zelle war mit einer
eisernen Tür verschlossen. Sonstiges Inventar hatte der Raum nicht. Für jeden
Toilettengang mußten wir heftig an die Tür klopfen und oft lange warten, bis wir,
angetrieben durch häufiges »Hurry up« zu unserem Ziel gehetzt wurden. Aus
unerfindlichen Gründen wurden wir morgens um sechs Uhr geweckt und zum
Waschen geführt, dann verbrachten wir den lieben langen Tag, abgesehen von je
einem »Exercise« am Vor- und am Nachmittag, in unserer Zelle und wurden bei
Dunkelheit wieder ins Bett geschickt. [...]

Unser Hauptgesprächsthema war natürlich die Dauer und der Ausgang unserer Internierung. Daher waren wir erleichtert, als nach einigen Wochen die Ver-
nehmungen begannen. Mein Interrogator war ein englischer Offizier namens Man-
dellaub, der mich zweimal verhörte. Beim ersten Mal überreichte er mir eine
schriftliche Frage, die etwa wie folgt lautete: »Glauben Sie, daß die Zukunft der
deutschen Schwerindustrie künftig besser in Händen von Männern der älteren Generation wie Poensgen, Knepper oder von Männern der jüngeren Generation wie
Rohland, Winkhaus usw. liegen würde?« In meiner schriftlichen Antwort führte ich
aus, daß das nach meiner Meinung keine Frage des Alters sei, sondern der Befä-
gung, unternehmerisch zu führen. Nach einer Weile wurde ich zum zweiten Verhör
beordert. Der Interrogator legte mir wieder eine schriftliche Frage vor: »Glauben
Sie, daß die Männer der jüngeren Generation lieber in einer Privatwirtschaft oder in
einer verstaatlichten Wirtschaft arbeiten?« Auch hier gab ich eine schriftliche Antwort, die dann doch noch zu einem kleinen Nachspiel führte. Ein anderer Offizier

ließ mich kommen, um mir zu eröffnen: »Wir haben den Eindruck, Sie haben sich über unsere Fragen lustig gemacht. Ich möchte Ihnen nur sagen, sie stammen nicht von uns, sondern aus London.« Ich nahm die Gelegenheit wahr, um meinerseits eine Frage zu stellen: »Ich befinde mich nun geraume Zeit hier unter recht ungewöhnlichen Umständen, ohne ein einziges Mal zu meiner Person verhört worden zu sein. Haben Sie mich hier nur wegen der beiden Fragen aus London interniert?« Er erwiderte freundlich: »Es handelt sich um einen Automatischen Arrest. Gegen Sie persönlich liegt nichts vor. Über Ihre Person wissen wir genauestens Bescheid.« Das war eine sehr offene Bestätigung unserer Vermutung, daß bei der Vorbereitung der Demontage- und Entflechtungsmaßnahmen die früheren Leiter der Schwerindustrie außer Aktion gesetzt werden sollten.

Warum das allerdings unter derart entwürdigenden Umständen vollzogen wurde, hat man uns nie verraten. Jede Verbindung mit der Außenwelt war abgeschnitten; unsere Familien wußten nicht, wo wir waren, wir konnten weder Briefe schreiben noch Nachrichten empfangen. Beim »Exercise« war es uns verboten, miteinander zu sprechen. Unsere Essensrationen waren auf ein Minimum an Kalorien abgestellt: In sechs Monaten habe ich 50 Pfund abgenommen. Diese Kur war wenigstens kostenlos; heute würde ich Tausende dafür bezahlen. Sicherlich hat diese Gewichtsabnahme zu meiner guten Gesundheit beigetragen.

Nach drei Monaten wurden die Haftbedingungen etwas gelockert. Wir durften tagsüber arbeiten und Straßen- oder Gartendienst machen, wobei dann auch das Sprechverbot aufgehoben wurde. Ich bekam zunächst ein Straßenfegekommando mit zwei Mithäftlingen, die ehemalige SS-Leute waren. Damals habe ich gelernt, wozu Hunger treiben kann. Wir durchsuchten alle Mülltonnen nach Speiseresten, die von manchem heißhungrig verschlungen wurden. Beliebt war auch das Sammeln von »Kippen«, Zigarettenstummeln, aus denen die Tabakreste gesammelt und von den Rauchern unter uns zu neuen Zigaretten gedreht wurden. Von der Lagerleitung war das streng verboten, mit der Folge, daß nach einer Weile Körperkontrollen eingeführt wurden. Bei der Rückkehr in das Gefängnisgebäude mußten wir sämtliche Kleidungsstücke ablegen, die auf »Kippen« durchsucht wurden, und dann hetzte man uns, mit den Kleidern über dem Arm, mit dem üblichen »Hurry up« splitternackt in unsere Zellen zurück. [...]

In Bad Nenndorf begann hinter Gittern mein 41. Lebensjahr. Die Internierten aus der Wirtschaft, die zur Überführung in ein anderes Lager vorgesehen waren, wurden in dieser letzten Phase in einem gemeinsamen Schlafraum untergebracht und hatten als Aufenthaltsraum einen »Gemeinschaftskorridor«. Dort machten wir Pläne für die Zukunft, die sich vor allem mit unseren Familien und deren Schicksal beschäftigten. Wir konnten uns keine rechte Vorstellung machen, wie es nun weitergehen sollte. Jedenfalls glaubte ich nicht, daß ich jemals wieder in der Stahlindustrie Fuß fassen würde. [...]

Am 17. Mai 1947 wurde ich entlassen. Das geschah ohne jede Vorankündigung von einer Minute zur anderen. Ich erhielt meine Kleidung und alle Wertsachen vom 1. Dezember 1945 zurück und fuhr nach Roisdorf zu meiner Familie, die ich mit meiner Ankunft überraschte. Meine Mutter war am 17. März 1946 aus dem Leben geschieden; sie hatte meine Internierung nicht überwinden können. Die Nachricht war mir viel später über die Lagerleitung durch einen Lagerkameraden überbracht worden. Die Mutter hatte meinem Leben von Jugend an Inhalt gegeben, und so kehrte ich in eine Welt zurück, die für mich ärmer geworden war. [...]

Nach unserer Entlassung und Entnazifizierung wurden Schwede und ich zum Jahreswechsel 1947/48 wieder in den VSt-Vorstand berufen. [...] Auch die anderen internierten Vorstandskollegen haben wieder in der Wirtschaft Fuß gefaßt. [...]

Quelle: Hans-Günther Sohl, Notizen, o. O., o. J., S. 98 ff., Privatdruck.

92

Der Demontagestopp-Prozeß

Willi Stertzenbach berichtet

Willi Stertzenbach wurde als Sohn jüdischer Eltern 1909 in Mülheim geboren. Der Vater arbeitete als Maler und Anstreicher im eigenen Geschäft. Willi Stertzenbach mußte die Mittelschule aus finanziellen Gründen abbrechen und machte eine kaufmännische Lehre. 1929 trat
er in die KPD ein und sammelte erste journalistische Erfahrungen mit Beiträgen für das »Ruhr-
Echo«. 1933 wurde er verhaftet, und als er nach einigen Monaten wieder freikam, emigrierte
er nach Holland, wo er bald wegen politischer Betätigung interniert wurde. Die letzte Nachricht von seinen Eltern war die, daß sie 1942 Richtung Osten deportiert worden waren. Im
September 1945 kehrte Willi Stertzenbach ins Ruhrgebiet zurück und war Mitbegründer der
KPD in Gelsenkirchen-Buer. In den folgenden Jahren arbeitete er als Chefredakteur einer
kommunistischen Lizenzzeitung in Niedersachsen.

Dann begann die Zeit des Kampfes um die Demontage. Nach dem Potsdamer Abkommen [Potsdamer Konferenz vom 17. Juli bis 2. August 1945] war ja festgelegt
worden, daß die Kriegs-, die Rüstungsindustrie vor allen Dingen und die ganze Industrie, die für Kriegszwecke nutzbar gemacht worden war, demontiert werden
sollte. Hier im Ruhrgebiet die großen Schwerindustriebetriebe Thyssen und Mannesmann. Und in Niedersachsen waren das die Hermann-Göring-Werke in Salzgitter. Dort in dem Gebiet um Wadenstedt/Salzgitter gibt es sogenannte saure Erze,
die konnte man früher einfach nicht verhütten. Und da gab es ein Verfahren eines
Kruppschen Ingenieurs, mit dem diese sauren Erze verhüttet werden konnten, und
dann wurden die auch in Wadenstedt/Salzgitter direkt für die Kriegsindustrie verwendet. In Wolfsburg waren die Volkswagenwerke, die waren ja auch kriegswichtig,
also für den Krieg benutzt worden. Und die mußten auch demontiert werden. Aber
mittlerweile war eine Frist gesetzt worden: Bis 1947 oder 1948 – das weiß ich nicht
mehr genau – sollten die Demontagen abgeschlossen sein.

Es gab hier riesige Demonstrationen gegen die Demontage, weil das also an die
Substanz ging. Es ging nämlich – im Grunde genommen war das Potsdamer Abkommen ja richtig, daß man also die Rüstungsindustrie demontierte – aber die Briten und die Amerikaner haben Betriebe demontiert ... Wir nannten das damals
Konkurrenzdemontage. Es gab ja damals Pläne, aus Deutschland ein Ackerland zu
machen, jedenfalls die deutsche Industrie so kaputt zu machen, daß sie vorerst nicht
mehr fähig war, irgendeine Konkurrenz darzustellen. Und so 1949 begannen also
die Engländer damit, in Wadenstedt/Salzgitter die Reichswerke zu demontieren.
Und da haben wir sofort Krach geschlagen. Da haben wir gesagt: Das ist gegen die
Potsdamer Bestimmungen. Das Potsdamer Abkommen hätte vorgesehen, daß die
Demontage längst abgeschlossen wäre, und was jetzt geschieht, ist Konkur-
renzdemontage. Dagegen protestieren wir. Und da gab es riesige Kundgebungen.
Die KPD hatte damals einen Aufruf erlassen, den haben wir natürlich in der
»Niedersächsischen Volksstimme« veröffentlicht: »Fünf Minuten vor zwölf«.

Nun muß ich also sagen, dieses Wadenstedt/Salzgitter, das war so etwas wie eine
Goldgräberstadt. Auf freiem Feld hatte man da in der Nazizeit Betriebe aufgebaut
und ganz neue Städte aus dem Boden gestampft. Und 1945/46 sammelte sich dort
alles mögliche. – Zuerst gehörte es ja sogar zur sowjetischen Besatzungszone. – Und
da sammelte sich also ein »Kroppzeug« zusammen, also richtig eine Goldgräberstadt. Und wir machten da nun Politik.

Wir haben genau vorgerechnet, daß das also gegen das Potsdamer Abkommen, daß
das Konkurrenzdemontage ist, daß sie damit ganze Landstriche .., daß die Leute
keine Arbeit haben und so weiter. Und dieser Aufruf »Fünf Minuten vor zwölf«, der
hat dann eingeschlagen. Und dann hat es in Wadenstedt/Salzgitter noch einen weiteren Aufruf gegeben, nicht von uns inszeniert, sondern von den Leuten dort. Die
haben dann die Büros von den Demontagefirmen gestürmt, haben die Schreibma-

schinen auf die Straße geschmissen und in Brand gesteckt und was weiß ich alles. Es war jedenfalls allerhand los.

Und wir bekamen eine Anklage. Wir waren zu sechs Mann, und gegen drei von uns wurde Anklage erhoben. Einer war der L., der war Landtagsabgeordneter; dann der Sekretär der KPD, der war sozusagen der, der das geschrieben hatte oder jedenfalls dafür verantwortlich war; und ich war presserechtlich verantwortlich. Und dann begann also der Prozeß, der in die Geschichte eingegangen ist als der Demontage-stopp-Prozeß. Das war 1949 bis 1950.

Die Verhandlung war vor einem britischen Militärgericht. Wir wurden also erstmal angeklagt wegen Vergehens gegen das Pressegesetz, weil wir diesen Aufruf ver-öffentlicht hatten. Wir hatten einen britischen Anwalt, später sogar einen ganz be-rühmten. Das ging durch alle Instanzen bis hin zum Obersten Gericht, zum Prime Court.

Wir hatten natürlich plötzlich die Unterstützung der gesamten deutschen Industrie. Meine Frau arbeitete in einem Hilfskomitee, die bekamen Gelder von allen mögli-chen Industriellen. Der Bischof von Hildesheim hat für uns die Glocken läuten las-sen, das muß man sich mal vorstellen: Da saßen Kommunisten beim britischen Mi-litärgericht, und der Bischof von Hildesheim hat für uns gebetet und hat die Glok-ken läuten lassen.

Im Landtag wurde eine Subjektionsliste herumgegeben. Die ging bis zum letzten Abgeordneten der Deutschen Partei, die später in die CDU übergegangen ist – das sind diese sogenannten Welfenparteien, so eine niedersächsische Spezialität, Mon-archisten, die dann später in die CDU übergangen sind –, die haben alle unter-schrieben, daß die uns doch freilassen sollten, wir hätten doch im Grunde ge-nommen im Interesse der Bevölkerung ... und so weiter, und so weiter, eine riesige Kampagne. Aber wir sind dann verurteilt worden. Ich habe neun Monate gekriegt. Der Sekretär hat auch neun Monate gekriegt. Und der L., der Landtagsabgeordnete, der wurde auch verurteilt und hat sich dann tagelang im Landtag verbarrikadiert. Der hat gesagt: »Ich habe die Immunität, ihr könnt mir nichts wollen.« Aber die haben gesagt: »Mit der Immunität haben wir überhaupt nichts zu tun. Wir sind Be-satzungsmacht, und euer Immunitätsrecht interessiert uns überhaupt nicht.«

Also, kurz und gut, ich wurde dann in Hannover irgendwo aus einer Versammlung raus verhaftet. Das war 1950. Ich war einer der ersten politisch Verurteilten in der Bundesrepublik, nicht von einem deutschen Gericht, sondern von einem Militärge-richt. – Einige Nazis saßen da *(im Gefängnis)*, die haben gesagt: »Weswegen seid ihr denn hier?« – »Politisch? Gibt es denn so was auch? Politisch?« – Na ja. Von überall her bekamen wir Besuch. Und als ich dann entlassen wurde, bin ich in die DDR gefahren und habe da große Vorträge gehalten *(lacht)* im »Haus Vaterland« direkt an der Grenze.

Quelle: Aus einem Interview mit Willi Stertzenbach, ge-führt 1988 von Alexander von Plato und Nori Möding, Archiv »Deutsches Gedächt-nis«, Lüdenscheid.

| 93 |

»Sollen demontiert werden – bitten um Hilfe«

Telegramm an Walter Ulbricht vom 12. März 1946

Zur »Gruppe Ulbricht« vgl. Dok. 79, S. 292 ff.

Walter Ulbricht, geboren 1893 in Leipzig als Sohn eines Schneiders und selbst gelernter Mö-beltischler, hatte sich in den zwanziger Jahren in der KPD hochgearbeitet und war 1933 zu-nächst nach Frankreich, 1938 dann in die Sowjetunion emigriert. Dort bestimmte er maß-geblich die Linie der KPD und wurde deren »starker Mann«. Von den Sowjets wurde er bereits am 30. April 1945 als Kopf der nach ihm benannten »Gruppe Ulbricht« zur Unterstützung der Besatzungsmacht nach Deutschland zurückgeschickt. In den Jahren 1946 bis 1950 war er stellvertretender Vorsitzender der SED und Mitglied des Zentralkomitees, 1949 wurde er stellvertretender Ministerpräsident, 1950 Generalsekretär der SED und 1960 Staatsratsvorsitzender. Unter der Ägide der Sowjetunion bestimmte Walter Ulbricht über zwei Jahrzehnte bis zu seiner Ablösung 1971 die Entwicklung der SED und der DDR. Er starb 1973.

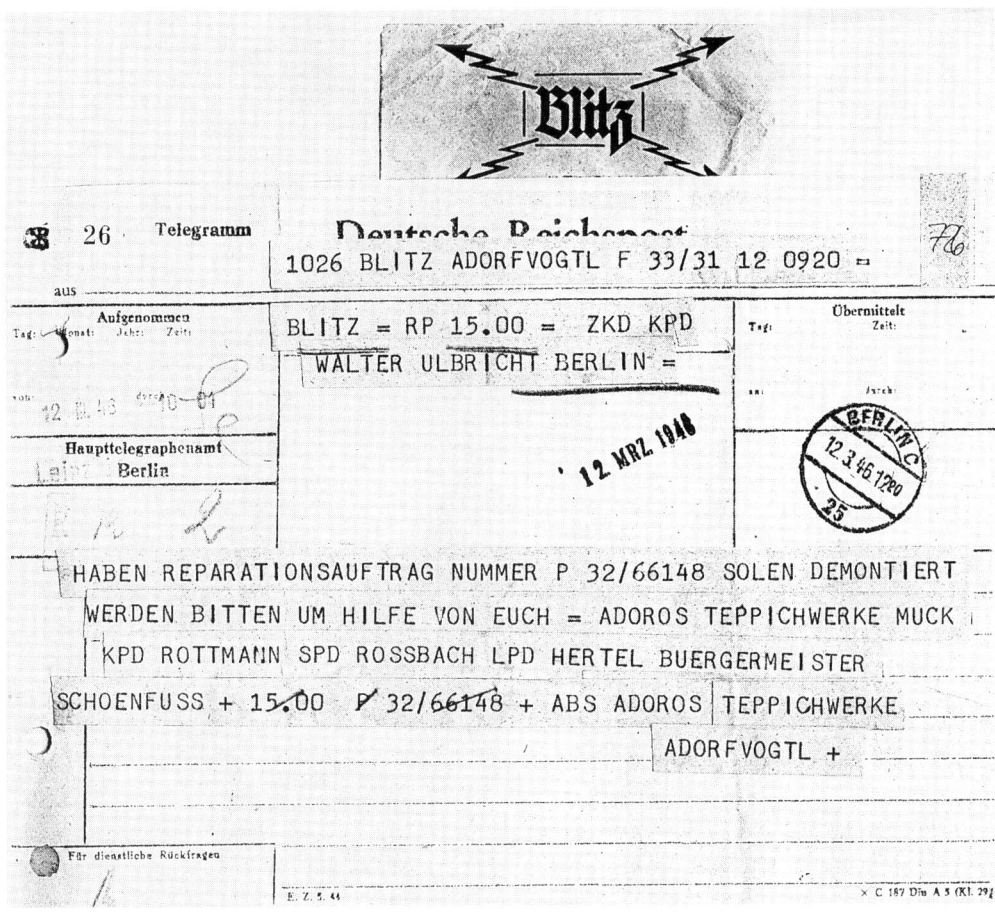

Quelle: Stiftung Archiv der Parteien und Massenorganisationen der DDR im Bundesarchiv, Berlin, RY 1/I 2/5/43 b.

94 »Ost und West«. Beiträge zu kulturellen und politischen Fragen der Zeit

Eine Einführung zu Heft I von Alfred Kantorowicz

Zur Bedeutung und Entwicklung der literarisch-politischen Nachkriegszeitschriften vgl. die Einführung, S. 116 ff.

Die Zeitschrift »Ost und West«, herausgegeben von Alfred Kantorowicz, erschien unter sowjetischer Lizenz in Berlin von Juli 1947 bis Dezember 1949 mit einer Auflage bis zu 100 000 Exemplaren. Alfred Kantorowicz, geboren 1899 als Sohn jüdischer Eltern, Literaturhistoriker und Publizist, mußte als Kommunist 1933 Deutschland verlassen. Von 1936 bis 1938 nahm er am Spanischen Bürgerkrieg teil, wurde zwei Jahre in Frankreich interniert und konnte dann in die USA emigrieren. 1946 kehrte er nach Deutschland zurück, wo er mit der Zeitschrift »Ost und West« ein überparteiliches Forum für kulturelle Information und Diskussion zu schaffen versuchte. Im Sinne der Überparteilichkeit lehnte er den Eintritt in die SED ab und druckte kritische Repliken auf die überwiegend antiwestlichen Artikel. Nach Gründung der DDR verstärkte die SED allerdings ihren Einfluß, so daß der Anspruch eines gesamtdeutschen kulturellen Forums hinfällig wurde. Kantorowicz gab die Zeitschrift »Ost und West« auf und wurde Professor für Germanistik an der Humboldt-Universität. 1957 wechselte er nach West-Berlin.

Die Zeitschrift, deren erste Nummer nun in Ihren Händen ist, trägt den Titel: »OST UND WEST«. Der Akzent liegt auf dem »UND«.

Die Sphäre und Einflußsphäre der »westlichen« Kultur hört nicht am Rhein oder an der Elbe auf, die »östliche« ist nicht begrenzt durch die Weichsel oder die Oder. Die Anführungszeichen, zwischen die »westlich« und »östlich« gesetzt sind, haben keinen polemischen Charakter; eher einen fragenden: wie denn etwa der Begriff »westliche Kultur« heute zu definieren wäre? Es ist fraglich geworden, ob wir noch wie bislang den Begriff der »westlichen Kultur« mit der europäischen gleichsetzen dürfen. [...]

Nun denn, noch einmal: wir sind eine unabhängige deutsche Zeitschrift. Wenn wir über die Entstehungsgeschichte von »OST UND WEST« aus der Schule plaudern dürfen –: es ist für sie die Lizenz von mehreren Besatzungsmächten zugleich erbeten worden. Die kühnste Hoffnung war, sie von allen vier Besatzungsmächten lizenziert zu sehen, und diese Hoffnung ist noch nicht aufgegeben worden. Ein Präzedenzfall. In der Tat: das Ansuchen um Lizenzerteilung, in gleichlautendem Text an die zuständigen Kontrollbehörden verschiedener Besatzungsmächte gerichtet (deren jede darüber verständigt wurde, daß ein gleichgefaßter Antrag auch an andere Besatzungsmächte gestellt worden war), wies nachdrücklich darauf hin, daß hier ein Präzedenzfall geschaffen werden sollte. Und dies ungewöhnliche Ansinnen wurde erklärt und begründet mit dem Wunsche, dieser deutschen Zeitschrift nicht nur wirkliche Unabhängigkeit zu gewährleisten, sondern diese Unabhängigkeit auch nach außen hin unmißverständlich deutlich zu machen. Vielleicht sprechen die diesbezüglichen Absätze unseres Lizenzantrages am besten für sich selber:

»Die Stimmen der Deutschen einer Besatzungszone werden oft nur schwach und bisweilen gar nicht von den Deutschen anderer Zonen vernommen; und allzu oft wird auch die ehrlichste Überzeugung, die in einem Teil Deutschlands zu Worte kommt, in anderen Teilen Deutschlands mit Vorbehalt aufgenommen, als handele es sich um ›Propaganda‹ im Dienste der Besatzungsmacht, die die Lizenz erteilt hat. Der Fakt, daß jede Publikation von einer der vier Besatzungsmächte lizenziert werden muß, behaftet, wenn auch oft zu Unrecht, die Äußerungen der Publizisten mit dem Stigma, als schrieben sie nicht nur mit der Zustimmung, sondern mehr oder minder im direkten oder indirekten Dienst jener Besatzungsmacht, die der Zeitung oder Zeitschrift, für die sie schreiben, die Lizenz erteilt hat. Mißverständnisse und Mißtrauen resultieren aus dieser Situation. Die Spaltung vertieft sich. Die östlichen und die westlichen Teile Deutschlands beginnen, sich voneinander zu entfernen. Das ist nicht gut, weder für Deutschland, noch für den Frieden der Welt.

Aus diesem Grunde erlaube ich mir, die Bitte um Lizenzierung einer Monatszeitschrift an verschiedene Besatzungsmächte zugleich zu richten. Die Zeitschrift, die ich im Sinn habe, soll den Titel tragen ›OST UND WEST‹. Sie soll bestehen auf dem Grundsatz, daß Deutschland, anstatt der Zankapfel zwischen den Mächten zu werden, die friedliche Brücke zwischen ihnen zu werden versuchen soll. Es wird als eine wesentliche Aufgabe dieser Zeitschrift erachtet, überzeugend verständlich zu machen, daß Deutschland nicht gesunden kann, nicht gedeihen kann in der Gegnerschaft zu einer der im Kriege gegen Nazideutschland verbündeten Weltmächte. Das Beispiel einer von verschiedenen Besatzungsmächten zugleich lizenzierten Publikation wird dazu beitragen, dies auch jenen Deutschen klarzumachen, die närrischerweise heute noch ihre Hoffnungen auf die Differenzen zwischen den Alliierten setzen.

Es wird eine in jeder Weise unabhängige deutsche Zeitschrift sein. Sie wird sich strikt an die generellen Pressevorschriften der Besatzungsmächte halten, aber sie wird nicht das Organ oder das Sprachrohr einer der Besatzungsmächte sein.

Die Zeitschrift wird auch insofern unabhängig sein, als sie nicht das Sprachrohr oder das Organ irgendeiner der deutschen Parteien zu werden beabsichtigt. Repräsentative Wortführer der verschiedenen weltanschaulichen Richtungen werden eine Freistatt der Meinungsäußerung in diesem Blatte finden. Die Zeitschrift will eine freimütige Diskussion der Grundprobleme unserer Zeit fördern; sie will indessen keineswegs zum Schlachtfeld parteipolitischer Polemiken werden.

Die Zeitschrift wird deutsch in Sprache und Inhalt sein. Sie wird sich wesentlich mit deutschen Problemen beschäftigen. Weltpolitische Fragen werden in ihr unter dem Gesichtspunkt des vernünftigen deutschen Interesses zur Anschauung stehen. Dieses vernünftige deutsche Interesse wird erblickt in der These, daß Deutschlands Überleben und Deutschlands Regeneration abhängig sind von dem guten Verständnis der Alliierten untereinander.

Deutschland in seiner gegenwärtigen Situation kann weder die amerikanische Lebensform noch die Entwicklung des Sozialismus in der Sowjetunion schematisch adoptieren. Wir Deutsche müssen die unseren gegenwärtigen Bedingungen angemessene Lösung der sozialen, ökonomischen und ideologischen Probleme unseres Zeitalters selber finden. Die Zeitschrift, die ich im Sinn habe, wird versuchen, an der Lösung dieser Probleme mitzuarbeiten.«

Diese Gedankengänge waren die Grundlage unseres Lizenzantrages, und auf dieser Grundlage hat uns die Sowjetische Militärverwaltung in Deutschland als erste freundlich die Lizenz erteilt. Wir danken für das Vertrauen. Wir werden es nicht mißbrauchen. Aber wir werden auch fernerhin in allen Situationen auf dem Grundsatz beharren, daß die Aussprache über unsere deutschen Probleme in unserem Blatte frei von jeder äußeren Einflußnahme vor sich gehen muß. Die einzige Einschränkung, die wir uns selber auferlegen, ist die Versicherung, daß »OST UND WEST« seine Spalten denen verschließen wird, die Feindschaft und Haß gegen eine der Besatzungsmächte propagieren. Und auch diese Einschränkung wird nicht gemacht, weil sie ohnehin gegenwärtig eine conditio sine qua non für jede deutsche Publikation wäre, sondern weil es die unerschütterliche Überzeugung des Herausgebers ist, auf die er alle seine publizistischen Bemühungen basiert: daß Deutschland nicht gesunden kann in Feindschaft gegen die Völker unserer Umwelt.

Der Herausgeber

Quelle: »Ost und West«. Beiträge zu kulturellen und politischen Fragen der Zeit, hrsg. von Alfred Kantorowicz, Heft 1, Juli 1947, S. 3–8, zitiert nach: Christoph Kleßmann, Die doppelte Staatsgründung. Deutsche Geschichte 1945–1949, Bonn (Bundeszentrale für politische Bildung) 1991⁵, S. 448 ff.

95 Die Geburtsstunde der »Aachener Nachrichten«

Otto Pesch erinnert sich an die erste deutsche Zeitung für die besetzten Gebiete

Otto Pesch wurde 1917 als jüngstes von vier Kindern geboren. Der Vater war Inhaber eines Druckerei- und Zeitungsbetriebes. Nach dem Abitur leistete Otto Pesch seinen Militärdienst; seiner Entlassung kam der Ausbruch des Zweiten Weltkrieges zuvor. Nach schwerer Erkrankung an Diphtherie und nach langen Lazarettaufenthalten wurde Pesch im September 1944 aus dem Militärdienst entlassen und kehrte nach Aachen zurück. Dort wurde er im Januar 1945 erster Chefredakteur der »Aachener Nachrichten« und war damit der erste deutsche Journalist nach dem Nationalsozialismus. Über den Beginn seiner journalistischen Arbeit und die Anfänge eines deutschen Zeitungswesens unter Besatzungsrecht schrieb Otto Pesch den folgenden Bericht.

Am 21. Oktober 1944 war der Kampf um Aachen entschieden. Die letzten Kampfverbände mußten in aussichtsloser Lage kapitulieren.

Drei Tage später ging ich von Laurensberg in die Stadt, um im Suermondt-Museum eine Aufenthaltsgenehmigung zu erlangen, die ich nach einigem Hin und Her auch

erhielt. Dann zog ich durch die stark zerstörte Stadt und suchte die Zeitungsge-
bäude, um mich nach einer späteren Arbeitsmöglichkeit umzusehen. Als einziges
fand ich das Haus des »Politischen Tageblatts« in der Theaterstraße unversehrt.

Im Erdgeschoß saßen Militärpolizisten der US-Army, die das Verlagsgebäude bewachten. Auf der ersten Etage traf ich Sergeant William Wilkow. Er erklärte mir, daß
er als Vorkommando der P & PW (Propaganda and Psychological Warfare) [Abtei-
lung für Propaganda und Psychologische Kriegsführung] beauftragt sei, in Aachen
die Möglichkeit für die Herausgabe einer Zeitung zu erkunden, die hierfür erforderlichen Einrichtungen sicherzustellen und auch schon nach deutschen Mitarbeitern Ausschau zu halten. Wir haben uns vom ersten Tag an gut verstanden. [. . .]
Der CIC [Counter Intelligence Corps – Spionageabwehrdienst] »durchleuchtete«
mich, und dann erhielt ich den ersten offiziellen Presseausweis für einen deutschen
Journalisten nach der nationalsozialistischen Ära.

Sofort wurde mit der Arbeit begonnen. Format, Umfang, Erscheinungsweise und
Titel der Zeitung wurden festgelegt. Eine erste Probenummer wurde gedruckt und
nach Paris, Washington und London geschickt. Als von dort grünes Licht gegeben
wurde, erschien die erste Nummer der »Aachener Nachrichten« am 24. Januar 1945.
Sie war in kurzer Zeit vergriffen, so sehr hungerte die Bevölkerung nach Informationen. Von der Erstausgabe wurden 13 000 und von der zweiten Ausgabe bereits
19 000 Exemplare gedruckt.

Anfangs mußten die Zeitungen noch mit Militärfahrzeugen zu den Bestimmungs-
orten transportiert werden. Erst im März 1945 wurde in Aachen wieder der Post-
verkehr aufgenommen, die Post übernahm auch den Vertrieb der »Aachener Nachrichten«.

Das Zeitungmachen war mit Schwierigkeiten verbunden. Der politische Teil kam
über Funk aus London. Er wurde gemorst. Amerikaner, die kein Deutsch verstanden, schrieben uns den Text, den wir übersetzen mußten. Während die Morse-
geräte von einem eigenen Stromaggregat gespeist wurden, war das Haus im übrigen
auf den Netzstrom angewiesen, der in der stark zerstörten Stadt oft genug ausfiel.
Manchen Abend und manche Nacht haben wir in der Redaktion bei Kerzenschein
gearbeitet, stets in der Hoffnung, daß wenigstens der Strom da sein würde, wenn die
Maschinen laufen mußten. Und das hat auch immer geklappt; wenn auch verschiedentlich mit Verzögerungen.

Wir mußten auf vier Seiten Kleinformat einmal wöchentlich das ganze Welt-
geschehen und die wichtigsten lokalen Ereignisse komprimieren. Kürzen, kürzen
und nochmals kürzen lautete die Devise. Auch das Sammeln von Lokalnachrichten
gestaltete sich schwierig. In der Stadt selbst ging es noch, auch wenn nicht jeder
bereit war, Auskünfte zu erteilen. Häufig mußte mich Militärpolizei begleiten, um
an Informationen zu kommen.

Noch schwieriger war es in den Vororten. Die lokalen Ortskommandanten waren
oft die einzige Quelle und sicher nicht immer die zuverlässigste, da sie nur ihre
Leistungen hervorheben wollten.

Während die politischen Nachrichten, die aus London kamen, schon zensiert waren,
mußten sämtliche selbst geschriebenen Meldungen aus dem lokalen Bereich zur
Zensur in zweifacher Ausfertigung eingereicht werden. Ein Manuskript blieb in der
Redaktion für die Setzerei. Kamen die eingereichten Berichte und Meldungen mit
einem rechteckigen Stempel zurück, bedeutete dies: frei zur Veröffentlichung. Ein
ovaler Stempel besagte, daß eine Veröffentlichung mit den eingetragenen Änderungen erlaubt sei. Trug aber ein Manuskript einen dreieckigen Stempel, durfte es
grundsätzlich nicht in Druck gegeben werden.

Bei der Zensur gab es auch Mißverständnisse aus sprachlichen Gründen. Als ich eine
Meldung über die ersten Maikäfer einreichte, kam diese mit der Frage zurück:
Maikäfer, was ist das? Die ständige Sorge der Amerikaner, mit Meldungen oder

Anzeigen könne möglicherweise auch Spionage getrieben werden, veranlaßte sie u. a., auch Anzeigen umzuschreiben.

Eine Möglichkeit blieb: unpolitische Glossen. So habe ich eine Zeitlang unter dem Pseudonym »Der Spaziergänger« kleine Beobachtungen am Rande geschrieben, die sich im wesentlichen auf die Themen Trümmer und Natur beschränkten, bei den Lesern aber guten Anklang fanden. Wegen der Sippenhaftung des Dritten Reiches wurden die Namen von Autoren nicht veröffentlicht.

Anfang Mai hieß es dann ständig, jeden Augenblick könnten die Kampfhandlungen eingestellt werden. Fortwährend wurde mit dem Hauptquartier in Paris telefoniert, aber die Bestätigung der Kapitulation kam nicht. Drei Tage und drei Nächte harrten wir in der Redaktion aus. Alle waren schließlich so übermüdet, daß mich niemand nach Hause fahren wollte: So machte ich mich zu Fuß auf den Weg und kam gegen 10 Uhr zu Hause an. Dort empfing mich meine Frau mit der Nachricht, der Krieg sei zu Ende. In der Nachbarschaft gab es noch ein Radiogerät mit Batterie, das nur sparsam benutzt wurde, um die Batterie zu schonen. Zweimal täglich wurden die englischen Nachrichten gehört. Gegen 10 Uhr war die Meldung von der Kapitulation gesendet worden.

Müde wie ich war, machte ich mich sofort wieder auf den Weg zur Theaterstraße. Dort angekommen, weckte ich zunächst einmal die Amerikaner. In ihrer Schlaftrunkenheit wollten sie mir zunächst nicht glauben. Sie riefen Paris an und ließen sich die Nachricht von der Kapitulation der deutschen Wehrmacht bestätigen.

Im Verlagsgebäude herrschte sofort große Betriebsamkeit. Alle erreichbaren Mitarbeiter wurden alarmiert, denn die Nachricht von der Kapitulation war natürlich eine Sonderausgabe wert. Ich gestaltete inzwischen die Titelseite, die ich selber umbrechen mußte, weil so schnell kein Metteur erreichbar war. An diesem Tag entstand die Ausgabe der »Aachener Nachrichten«, die weltweit abgedruckt wurde mit der plakativen Schlagzeile: »Der Krieg ist aus!«

Anfang März 1945 erfolgte die erste innerbetriebliche Veränderung. Die Amerikaner erklärten, sie seien nicht gekommen, um eine deutsche Zeitung herauszubringen, sondern sie lediglich zu überwachen und die Anfangsschwierigkeiten auszuräumen. Es sei beabsichtigt, eine deutsche Zeitung zu publizieren, die auch von Deutschen hergestellt werde. So übertrug man mir die Bearbeitung des politischen Teils. Für den Lokalteil standen drei Mitarbeiterinnen zur Verfügung, die inzwischen eingestellt worden waren. Ich mußte eine Probezeitung konzipieren, die dann das Okay der Amerikaner fand. Die Ausgaben ab 7. März 1945 waren dann wirklich deutsche Zeitungen, von Deutschen gemacht. Der Nachrichtendienst kam allerdings weiter aus London.

Quelle: »Rhein-Zeitung« vom 31. Januar 1985.

---

96   »Um Gottes willen, der spricht ja nicht wie ein Deutscher«

Peter von Zahn berichtet von den Anfängen des Nordwestdeutschen Rundfunks

Peter von Zahn wurde 1913 in Chemnitz geboren, wo der Vater als Berufsoffizier stationiert war. Nach dem Abitur studierte er Geschichte und Zeitungswissenschaften in Freiburg und lernte dort auch seine spätere Frau, ein Mitglied der Familie Stauffenberg, kennen. Im Gefolge des 20. Juli wurde die gesamte Familie Stauffenberg, so auch seine Frau, verhaftet. Bis zum Ausbruch des Krieges arbeitete Peter von Zahn beim Deutschen Verlag, dem früheren Ullstein-Verlag, in Berlin. Während des Krieges war er bei einem Nachrichtenregiment und kam am 12. Mai 1945 als deutscher Offizier in ein britisches Kriegsgefangenenlager in Schleswig-Holstein. Dort wurde er als Dolmetscher eingesetzt und genoß in dieser Funktion bestimmte Reisefreiheiten.

Und dann wurde ich gebeten, ich solle doch mal bei den Engländern vorstellig werden, die die Rundfunkstation kontrollierten, ob sie nicht eine Sendung oder eine Sendereihe über dieses Gefangenenlager machen könnten. Und mit diesem Auftrag ging ich dahin, und, um es kurz zu machen, die behielten mich gleich da.

Unmittelbar vor mir war Axel Eggebrecht gekommen, mit dem ich ja dann viele Jahre lang sehr eng zusammengearbeitet habe. Aber ich sollte vielleicht noch erzählen, wieso mich die Engländer sofort dabehielten.

Ich sagte zu ihnen: »Wir möchten also diese Sendungen gerne mal machen. Die sind doch interessant für die Deutschen, die zum größten Teil nicht wissen, wo ihre Angehörigen sind.« Und das überlegten die sich und sagten dann: »Das können wir nicht machen. Aber was Sie so erzählen, klingt ja doch ganz interessant. Wollen Sie nicht eine Reportage darüber für uns jetzt hier sprechen.« Und ich sagte: »Das kann ich natürlich machen.« Und ohne viel Aufhebens schrieb ich einfach, was wir da erlebten und wie wir es erlebten. Und das gefiel ihnen, so wie es geschrieben war. Und sie sagten: »Dann sprechen Sie es mal gleich hier auf eine Platte.« – Ein Band hatten die Deutschen zwar schon, aber die Engländer noch nicht. – Es wurde also mitgeschnitten, und dann wurde es vorgespielt einem englischen Sonderführer, würden wir vielleicht gesagt haben, einem ehemaligen deutschen Rundfunksprecher, der 1933 emigriert war und dann auf dem Umweg über Moskau und Rote Brigade in Spanien [Teilnahme am Spanischen Bürgerkrieg in den internationalen Brigaden] und Mexiko und Kanada und BBC [British Broadcasting Corporation] wieder nach Deutschland gekommen war. Alexander Maas war das, der mich da hörte. »Um Gottes Willen, der spricht ja nicht wie ein Deutscher. Den könnt ihr nicht sprechen lassen.« Und die Engländer entschieden aber, mich doch sprechen zu lassen. Was denen gefiel, war natürlich, daß meine Art der Diktion sich etwas unterschied von der, die im Dritten Reich üblich gewesen war. Und er [Alexander Maas] war der Meinung, daß die Deutschen zunächst mal mit der gleichen Kommandostimme angesprochen werden müßten, um zu parieren, wie sie es gewohnt waren. Das war nun allerdings aus mir nicht herauszuholen. Es wurde auch gar nicht versucht. Die Stimme blieb. Und die Art der Diktion hat sich ja dann, allerdings gegen große Widerstände, im Rundfunk auch durchgesetzt.

Zunächst mal kam der Widerstand daher, daß ich, als braver Soldat subordinationsgewohnt, telefonisch meinem General in Eutin [im Gefangenenlager] mitteilte, ich spräche hier einen Kommentar oder eine Reportage, die dann und dann ausgestrahlt würde. Worauf der Offizier, der diese Meldung entgegennahm, sagte: »Ja, das ist ja vollkommen unmöglich. Sie müssen diese Reportage doch irgendwem vorlegen. Sie können doch nicht was bringen, was nicht genehmigt ist.« Daraus entspann sich dann ein Wortwechsel, aus dem mir noch in Erinnerung ist, daß dieser gefangene Offizier mir über diese schlechte Telefonleitung zurief: »Das kann Sie Ihren Kopf kosten.«

Das ging also über den Sender, und meines Bleibens war dann auch in dem Gefangenenlager nicht mehr länger. Nachdem ich mit Hilfe dieses roten Passes, den mir die Engländer [schon für die Dolmetschertätigkeit] ausgestellt hatten, in ganz Deutschland rumgefahren war und meine Frau schließlich in den Tiefen von Oberschwaben wiedergefunden, eingepackt und mitgebracht hatte, wurde ich hier Leiter der Abteilung »Talks and Features« und mußte also nun Sendungen machen und eine Redaktion aufbauen, was nicht so einfach war. Der einzige, der etwas von dem Handwerk verstand, aber auch vom Radio eigentlich nicht sehr viel – ich ja auch nicht –, war, wie gesagt, Eggebrecht. Und wir mußten also nun in unseren Köpfen herumsuchen: Wer wohnt hier in Hamburg? Könnte der vielleicht da sein? Ist der im Krieg? An wen erinnerst du dich aus der Gefangenschaft, den gesehen zu haben? Und so holten wir uns langsam einen Redaktionsstab.

Das ging eigentlich ein halbes Jahr lang, daß man immerzu Leute ausfragte und dann, wenn sie einem einigermaßen passabel erschienen, zu den Engländern

Axel Eggebrecht, 1899 geboren, studierte nach dem Ersten Weltkrieg vier Semester Germanistik und Philosophie und ging dann kurze Zeit bei einem Buchhändler in die Lehre. Von 1920 bis 1925 war er Mitglied der KPD. Er war Mitarbeiter der »Weltbühne« und anderer Berliner Zeitungen. Die Nazis erteilten ihm Schreibverbot, nach 1935 konnte er allerdings Filmdrehbücher schreiben. Von 1945 bis 1949 war er wesentlich am Aufbau des Nordwestdeutschen Rundfunks (NWDR) beteiligt sowie 1946/47 Mitherausgeber der »Nordwestdeutschen Hefte«. Bis zu seinem Tode 1991 war er weiter journalistisch tätig.

schickte, damit sie dort nochmal ausgefragt wurden, und dann wurden sie wegen irgendwelcher politischer Verbindungen abgelehnt oder angenommen und mußten Fragebögen ausfüllen und wurden später dafür verurteilt, daß sie irgend etwas unterschlagen hatten.

Also, die Redaktionsarbeit litt zunächst mal unter solchen behördlichen Schwierigkeiten. Sie litt nicht an der Zensur. Man kann sagen, daß die englischen Offiziere, Fachleute zum Teil von der BBC, zum Teil aus den Universitäten kommend, mit der deutschen Sprache so gut vertraut waren, daß unsere Nachrichtensprecher von einem waschechten Engländer zum guten Deutschsprechen angehalten wurden und der ihnen die grammatikalischen Feinheiten einer Nachrichtengebung beibrachte. Also, diese Gruppe von Leuten war großzügig und sagte sich: »Wir wollen die Deutschen, die wir hier beschäftigen, nicht piesacken, und wir wollen ihnen nichts abverlangen, was sie nicht machen wollen. Und wir wollen gut mit ihnen kooperieren.« Und das taten sie auch. Wir können uns darüber nicht beschweren. Man konnte wirklich schreiben und sagen, was man wollte. Natürlich vorausgesetzt, daß man einigermaßen der richtigen Couleur anhing. Vom heutigen Gesichtspunkt aus war es eigentlich ein Wunder, daß das ging, denn wir hatten von eingefleischten Kommunisten bis zu ehemaligen Vor-33er-Nationalsozialisten über alle Schattierungen der politischen Weltanschauung hinweg eine Redaktion aufgebaut, die gänzlich inhomogen war, aber in der gemeinsamen Aufgabe, nämlich gute, informative Sendungen pünktlich, aktuell und formal hervorragend zu gestalten, völlig einig war. Darüber traten politische Unterschiede doch weitgehend außer Kraft.

Und es kamen dann doch sehr schnell – teils aus den Gefangenenlagern, teils nach Odysseen merkwürdigster Art durch ganz Europa, teils von Übersee aus der Emigration – genügend Kräfte zu uns, so daß wir nach etwa einem Jahr sagen konnten, daß wir ein voll funktionsfähiger Sender waren, der, von den Engländern milde überwacht, im wesentlichen doch das tat, was er lustig war.

Eggebrecht und ich waren gewissermaßen die Vorstandssprecher den Engländern gegenüber, und dann gab es sehr bald einen Verwaltungsdirektor. Ich möchte nicht sagen, daß wir im Geld schwammen, aber wir hatten für die Programme, die wir machten, genügend Geld. Es kam ein gutes Orchester zustande, das Nordwestdeutsche Synphonieorchester des Rundfunks; eine Hörspielabteilung, die sich sehen lassen konnte, im wesentlichen geführt von Ernst Schnabel mit den guten Schauspielern, die inzwischen sich hier wieder eingefunden hatten. Das Staatstheater kam in Gang, Ida Ehre hatte ihre Kammerspiele aufgemacht, und die Größen des deutschen Schauspiels sprachen für uns.

Wir begannen auch, neue Sendeformen zu entwickeln, die es bis dato nicht gegeben hatte: Kommentarreihen, in denen sich die verschiedensten Gemüter äußern konnten, unter dem Titel »Sind wir auf dem richtigen Wege?«; Diskussions- und Talkshows am Runden Tisch, unzensiert, ungeprobt, spontan. Und dann kamen Leute wie Peter Bamm, der das »Echo des Tages« machte, oder Jürgen Schüddekopf, der das sogenannte Nachtprogramm entwarf und leitete.

Dieses Nachtprogramm, das immer erst so um halb elf oder elf Uhr abends anfing, war eine literarische Sensation in Deutschland, weil wir uns bemühten, an die 1933 unterbrochenen Linien der russischen, französischen, italienischen, amerikanischen und englischen Literatur wieder anzuknüpfen. Und da wurde also wirklich ein Literaturbetrieb installiert, wenn man so sagen darf, der weite Wirkungen hatte. Fast alle Schriftsteller der vierziger und fünfziger Jahre haben daran mitgearbeitet als freie Autoren und wurden durch dieses 3. Programm zum Teil am Leben erhalten. Denn mit Verlagen und Büchern war das noch nicht so toll. Papier wurde nicht gleich zugeteilt. Deshalb waren die Rundfunkhonorare für viele damalige Autoren ein Lebenselexier.

Zum Teil kamen Mitarbeiter aus den alliierten Rundfunksendern, wo sie deutsche Sendungen gemacht hatten. Das waren also Leute wie Karl Eduard von Schnitzler und Cwojdrak und Egel, die bei uns auftauchten und dann auch von den Engländern Redaktionsposten zugeteilt bekamen, was aber meistens nicht sehr gut ging. Soweit sie eben wie Schnitzler, Cwojdrak und Egel auf der äußersten kommunistischen Schlagseite beharrten, mußten sie im Laufe der nächsten zwei Jahre dann wieder abgeschafft werden. Ich weiß noch, wie ich mit dem späteren Leiter des Rundfunks, mit Hugh Carleton Green, nach Köln fuhr in seinem riesigen, doppellangen Meibach, um den Schnitzler dort zu ersetzen, der sich in Westdeutschland eben zu sehr als kommunistischer Agitator herausgestellt hatte. Für ihn fand ich dann Walter Steigner, den späteren Intendanten von Berlin und von der Deutschen Welle. Schnitzler wurde dann nach Hamburg geholt, um einen ehrenvollen Übergang in einen anderen Job zu finden. Den fand er sich dann selber, indem er an den Rundfunk in Ost-Berlin ging und von dort aus seine Tiraden fortsetzte.

Meine Tätigkeit war also zwei Jahre lang Aufbau der Redaktion, dazwischen Kommentare, Herumreisen, Leute finden, Programmstrukturen entwerfen und dieselben vor Kritikern verteidigen. Dieser Arbeit wurde ich aber nach zwei Jahren überdrüssig. Ich zog mich auf die reine Berichterstattung zurück und gab die Administration in andere Hände.

Quelle: Aus einem Interview mit Peter von Zahn, geführt 1988 von Nori Möding und Alexander von Plato, Archiv »Deutsches Gedächtnis«, Lüdenscheid.

97

Mit dem Jeep kreuz und quer durch Bayern

Ernst Langendorf auf der Suche nach »Lizenzträgern«

Ernst Langendorf, geboren 1908, war Reporter bei der SPD-Zeitung »Hamburger Echo« – bis zu deren Verbot durch die Nationalsozialisten. Schon im April 1933 emigrierte Ernst Langendorf nach Paris. Nach einem Aufenthalt auf Ibiza, wo er eine Schweizerin heiratete, und der Rückkehr nach Frankreich gelang es ihm schließlich, ein Visum für die USA zu bekommen, mit dem er im Februar 1941 Frankreich verließ und im März in New York ankam. 1942 trat er in die US-Armee ein, was ihm den Erwerb der amerikanischen Staatsbürgerschaft ermöglichte. Langendorf diente zunächst in Afrika. Als Mitglied des Psychological Warfare Department (Abteilung für psychologische Kriegsführung) führte er Gespräche mit deutschen Kriegsgefangenen, um deren Stimmung zu ermitteln. Seine Berichte waren die Grundlage für die Gestaltung von Flugblättern, die über den deutschen Linien abgeworfen wurden. Mit dem Vormarsch der amerikanischen Truppen kam Ernst Langendorf im Frühjahr 1945 nach Bayern.

Zu den Flugblättern der Alliierten vgl. Dok. 13, S. 176 ff.

Ernst Langendorf vor den von ihm unter den Amerikanern lizenzierten Zeitungen.

[...] Nach der deutschen Kapitulation am 8. Mai 1945 wurden viele amerikanische Soldaten in die Heimat zurückgeschickt. Andere wurden für Besatzungsaufgaben ausgewählt. Ich hatte Glück. Da ich als »München-Spezialist« galt, wurde ich nach München versetzt. Anfang Juni 1945 kam ich zu meiner neuen Einheit nach München. Aufgrund des Militärregierungsgesetzes Nr. 191 war es verboten, irgendwelche Zeitungen, Zeitschriften oder Bücher zu drucken, Filme zu produzieren oder Radiosendungen zu veranstalten, wenn sie von der Militärregierung nicht ausdrücklich genehmigt, das hieß »lizenziert«, waren. Die Lizenzierung war Aufgabe der verschiedenen Abteilungen unserer Einheit, die einen furchtbar langen Namen hatte: »6870 District Information Services Control Command«, abgekürzt DISCC.

Radio Munich, wie es damals hieß, war ein Sender der Militärregierung und wurde von Amerikanern geleitet. Auf unsere Veranlassung brachte der Sender eine Meldung, die besagte, daß alle Personen, die an der Herausgabe von Zeitungen, Zeitschriften oder Büchern interessiert seien, sich an unser Büro in der Renatastraße wenden sollten. Da bildeten sich bald lange Schlangen von Interessenten, darunter auch Dr. Josef Müller, der »Ochsensepp«, sowie Freiherr von Aretin. Aber nur wenige genügten unseren Anforderungen. Wer Mitglied einer der Gliederungen der NSDAP gewesen war oder in einer Zeitung oder Zeitschrift während der Nazizeit gearbeitet hatte oder sonstwie belastet war, schied von vornherein aus. Nur wer eine absolut reine Weste hatte, konnte in Betracht gezogen werden. Natürlich waren uns auch berufliche und praktische Erfahrung im Zeitungswesen wichtig. Der Personenkreis, der für die engere Wahl in Frage kam, war außerordentlich klein, und wir mußten lange suchen. Die Presseoffiziere waren ständig mit dem Jeep kreuz und quer durch Bayern unterwegs, um allen Hinweisen auf mögliche Kandidaten nachzugehen. [...]

Es sollte keine Parteizeitungen geben. Selbst als die Parteien schon lizenziert waren, durften sie noch keine eigenen Zeitungen herausgeben. Die Amerikaner nahmen ihre eigene Presse als Vorbild. Sie wollten die Gesinnungspresse der Weimarer Republik nicht wieder aufleben lassen. [...]

Die Parteiführer standen also Schlange bei uns, aber wir konnten ihnen keine Lizenz geben. Sie durften nur kleine Mitteilungsblätter, Nachrichtenblätter unpolitischer Natur, herausgeben.

Am Beispiel der »Süddeutschen Zeitung«, die die erste Lizenz bekam, will ich erzählen, auf welch verschlungenen Pfaden wir oft die Lizenzträger fanden. Zufälle haben dabei fast immer eine große Rolle gespielt.

Zufällig fiel bei einem Gespräch in Garmisch, bei dem es eigentlich um eine illegale Zeitungsgründung ging, der Name Hausenstein. Da spitzte ich die Ohren. Der Name war mir ein Begriff. Hausenstein war Feuilletonmitarbeiter der renommierten »Frankfurter Zeitung«, und ich war ja vor 1933 lange Jahre in Frankfurt gewesen. Ich fragte sofort, wo der stecke. In Tutzing am Starnberger See, erfuhr ich. Sogar die Straße wurde uns angegeben. Auf dem Rückweg von Garmisch nach München sind wir dann noch in Tutzing vorbeigefahren. Weil noch Ausgangssperre herrschte, war kein Mensch auf der Straße. Aber eine Krankenschwester, die Nachtdienst hatte, zeigte uns den Weg. Abends um zehn Uhr kamen wir bei Hausenstein an. Wir fragten ihn, ob er Lust habe, in München Verleger einer neu zu gründenden Zeitung zu werden. Er fühlte sich sehr geehrt, lehnte aber ab, weil er gesundheitlich nicht auf der Höhe sei. Er wolle sich diese Verantwortung nicht mehr aufladen. Aber er empfahl uns Dr. Franz Josef Schöningh, den ehemaligen Schriftleiter der Kultur-Zeitschrift »Hochland«, die 1941 von den Nazis endgültig verboten worden war. Der lebte in einer Jagdhütte am Starnberger See. Eine Woche später trafen wir ihn in Hausensteins Haus zu einer Vorbesprechung und kamen mit ihm ins Geschäft.

Eines Tages hörten wir, daß Wilhelm Hoegner aus dem Exil nach München zurückgekehrt sei. Er wohnte damals in einer winzigen Pension am Siegestor. Dort

Wilhelm Hoegner, geboren 1887 und gestorben 1980 in

München, war Jurist und bayerischer SPD-Politiker. Von 1924 bis 1932 und wieder von 1946 bis 1970 war er Mitglied des bayerischen Landtages. Die Jahre des Nationalsozialismus verbrachte er im Exil, erst in Österreich, dann in der Schweiz. Von September 1945 bis Juni 1946 war er erster bayerischer Ministerpräsident und Justizminister. Bis 1962 hatte er in der bayerischen Landesregierung verschiedene Ämter inne.

haben wir ihn aufgesucht und gefragt, ob er interessiert wäre, Verleger einer neuen Zeitung zu werden. »Ach nein«, antwortete er. »Wissen Sie, meine Herren, ich habe mein ganzes Leben in der Politik gesteckt, und sobald es möglich ist, werde ich mich auch wieder in die Politik begeben. Aber ich kann Ihnen jemand empfehlen, den Herrn Goldschagg.« Edmund Goldschagg war bis 1933 Politischer Redakteur der sozialdemokratischen »Münchner Post« gewesen. Hoegner hatte während seines Exils mit ihm korrespondiert und konnte uns Goldschaggs letzte Adresse in Freiburg geben.

Am nächsten Tag fuhren wir nach Freiburg. Die Straße, die uns Hoegner angegeben hatte, existierte überhaupt nicht mehr. So sind wir also eine Stunde durch Freiburg geirrt. Jeden, der uns entgegenkam, haben wir nach Herrn Goldschagg gefragt. Und wieder ein Zufall! Wir treffen den Chef des Einwohnermeldeamtes auf der Straße. »Ja«, sagt der, »der Goldschagg sitzt in der Verteilungsstelle für Lebensmittelkarten beim Landratsamt. Wenn ich darf, führe ich Sie hin.«

Wir trafen Edmund Goldschagg in einem kleinen, dunklen Nebenzimmer mit einem großen Haufen grüner Lebensmittelkarten vor sich. Wir stellten uns vor. »Wir möchten mal mit Ihnen reden wegen einer Zeitung in München.« Er war sehr zögernd. »Wissen Sie«, sagte er, »an die Zeit in München habe ich so schlechte Erinnerungen. Meine Zeitung ist damals von der SA gestürmt worden, und ich habe mich mühsam durchgeschlagen.« Bei seinem Bruder, der in Freiburg eine Druckerei hatte, arbeitete er als Maschinensetzer. »Ich muß das alles erst ausführlich mit meiner Frau besprechen. Außerdem: Wo soll ich denn wohnen in München? Wovon soll ich denn leben?« – »Aber hören Sie, wenn wir Sie nach München holen, dann brauchen Sie sich doch um so etwas nicht zu kümmern!« Trotzdem bat er um vier Wochen Bedenkzeit.

Wir waren von Goldschagg ein bißchen enttäuscht. Wenn ein Mann, dem eine solche Chance in den Schoß gelegt wird, so zögert, dann ist der für uns vielleicht doch nicht der Richtige. Wenn wir nach unserer Rückkehr in München irgend jemand anderen gefunden hätten, wir wären nie mehr nach Freiburg zurückgekommen. Aber wir fanden niemand.

Vier Wochen später war ich wieder bei ihm. Und er sagte zu. Ja, er habe sich mit seiner Frau besprochen. Er werde annehmen. In München haben wir ihm eine Wohnung requiriert. Er war dann von Anfang an bei den Beratungen über den Aufbau der »Süddeutschen« dabei.

Im Juli 1945 gab es die erste Zusammenkunft des zukünftigen Verlags- und Redaktionsstabes: Das waren Edmund Goldschagg als Schriftleiter für Politik und Wirtschaft, Dr. Eugen Müller, der ehemalige Chefredakteur der »Münchner Neuesten Nachrichten«, Dr. Franz Josef Schöningh, Schriftleiter für Kulturpolitik und Feuilleton, und August Schwingenstein als Verlagsleiter. (Auf Dr. Müller wurde später verzichtet.)

Aber bevor es ans Drucken der Zeitungen gehen konnte, mußten noch ungeheure Schwierigkeiten aus dem Weg geräumt werden. Das vorgesehene Verlagsgebäude des ehemaligen Verlags Knorr & Hirth an der Sendlinger Straße war so gut wie vollkommen zerstört. Große Mengen von Schutt mußten beiseite geschafft werden, um die Büros überhaupt wieder verwenden zu können. Nach der Überreichung der Lizenz Nr. 1 an die drei Lizenzträger Goldschagg, Schöningh und Schwingenstein und einem Festakt im Hof des Verlagsgebäudes konnte Oberst MacMahon, der Chef der Information Control Division bei der amerikanischen Militärregierung, die Rotationsmaschine in Betrieb setzen. Vorher war der im Verlag des »Völkischen Beobachters« aufgefundene Stehsatz von Hitlers »Mein Kampf« symbolisch eingeschmolzen worden.

Die erste Nummer der »Süddeutschen Zeitung« erschien am 6. Oktober 1945 in einer Auflage von 357 000 Stück. Das war für damalige Verhältnisse sehr viel. Wir haben dann sogar noch auf 410 000 erhöht. Aber Papier war knapp. Am Anfang erschien die »Süddeutsche« nur zweimal pro Woche mit ursprünglich vier, später sechs Seiten. [...]

Bis zur Währungsreform 1948 war die Papierversorgung ein großes Problem. So zum Beispiel in Regensburg. Die Druckerei war in tadellosem Zustand. Einen einwandfreien Lizenzträger, Esser, hatten wir auch. Aber es war überhaupt kein Rotationspapier da. Überall haben wir rumgefragt. Von einem Angestellten, der während des Krieges in der Druckerei gearbeitet hatte, bekamen wir dann einen Tip. Die Nazis hätten in den letzten Kriegstagen eine ganze Menge von Papierrollen ausgelagert. Irgendwo nach Oberfranken, in eine Felsenhöhle, in der die Brauer früher ihr Bier kühlten.

Wir haben das Dorf und die Höhle dann auch tatsächlich gefunden. Da gab's noch nicht einmal eine Bahnstation. Wir haben dort zwei Ochsengespanne requiriert. Damit wurden die Rollen zur nächsten Bahnstation transportiert. Amerikanische Pioniere haben das Zeitungspapier dann mit einem Waggon nach Regensburg gebracht.

Quelle: Ernst Langendorf, Mit dem Jeep auf Verlegersuche, in: Michael Schröder (Hrsg.), Auf geht's: Rama dama! Frauen und Männer aus der Arbeiterbewegung berichten über Wiederaufbau und Neubeginn 1945 bis 1949, Köln (Bund Verlag) 1984, S. 23 ff., mit freundlicher Genehmigung von Christiane Langendorf.

Wir mußten das knappe Papier an die verschiedenen Zeitungen verteilen. Jedes Vierteljahr wurde die Kontingentierung vorgenommen. Das war immer ein furchtbarer Kampf unter den Verlegern um ihre Papieranteile, denn alle wollten sich in ihren Verbreitungsgebieten immer mehr ausbreiten. Meistens konnten sie sich selbst nicht einigen. Wir trafen dann die letzte Entscheidung.

Es waren keine politisch motivierten Entscheidungen. Wir haben uns rein an sachlichen Gesichtspunkten orientiert. Wir kannten uns ja einigermaßen aus. Landauf, landab sind wir in den ersten Jahren mit dem Jeep quer durch Bayern gefahren. Der Jeep war damals ein Kommunikationsinstrument erster Ordnung. [...]

98 Die kulturelle Situation in Berlin

Bericht eines Kulturoffiziers der amerikanischen Militärregierung vom 18. Juli 1945

1. Die gegenwärtige Lage des Berliner Film-, Theater- und Musiklebens ist das Ergebnis nicht nur einer ganz gezielten russischen Politik, die seit dem Fall der Stadt mit allem Nachdruck durchgeführt wurde, sondern auch ganz bestimmter Charakteristika des deutschen, für Berlin typischen Kulturlebens. Zugrunde liegt der russischen Politik eine fast fanatische Verehrung von Kunst und Künstlern, gepaart mit dem Glauben, daß künstlerische Betätigung an sich schon gut und in Zeiten von Unsicherheit und Leid für den Menschen ein dringendes Bedürfnis sei. Es liegt auf der Hand, daß für die russische Führung die Wiederbelebung des Kulturlebens eine Aufgabe ersten Ranges war, nicht nur, weil sie die beruhigende Wirkung auf die Bevölkerung brauchte, sondern auch, weil sie von der Notwendigkeit eines solchen Kulturlebens für die Menschheit ganz überzeugt ist, ganz gleich wie unnormal die Zeiten sonst auch sein mögen. Folglich brachten die Russen gleich nach ihrem Einzug in Berlin Theaterleiter, Schauspieler, Bühnenarbeiter zusammen und verlangten, daß die Theater innerhalb weniger Tage eröffnet würden. Sie fanden auch einige Dirigenten, die ihre Musiker zusammenbringen mußten, um mit Konzerten zu beginnen. Man muß erwähnen, daß beim Einzug der Russen in Berlin das Theater- und Musikleben der Stadt und ganz Deutschlands seit ungefähr neun Monaten aufgrund eines Nazi-Befehls, wonach im vergangenen September alle Theater etc. schließen mußten, zum Erliegen gekommen war. Bei dieser Sachlage, dem allgemeinen Chaos und der Zerstörung, muß man zugeben, daß die Wiedereröffnung einiger Theater und das erste Konzert nur eine Woche nach dem Fall der Stadt schon als beachtliche

Leistung gelten darf. Charakteristisch für die russische »Das-Spiel-muß-weiter-gehen«-Politik ist es, daß sie bisher und noch immer keine allzu kritische Einstellung gegenüber dem verwendeten Personenkreis haben. Während man bei der Presseabteilung den Eindruck hat, die Deutschen, die auf diesem Gebiet unter russischer Kontrolle arbeiten, »werden sehr scharf überprüft«, läßt sich das bei den Künstlern kaum behaupten. Im Gegenteil, es scheint, als seien die Russen geneigt, vieles zu vergessen, wenn es sich um Künstler handelt. Diese scheinen ihnen eine besondere Art Mensch zu sein, die man kaum zur Rechenschaft ziehen kann. Das heißt nun nicht, sie wollten bei den Künstlern nicht »säubern«. Viele sind eingesperrt worden, und manche werden überhaupt nicht mehr spielen dürfen. Aber im großen und ganzen werden die Künstler aufgefordert, aus ihren Verstecken zu kommen und wieder mit der Arbeit zu beginnen. Einigen ist es sogar gelungen, sehr bald nach der Kapitulation höchste russische Offiziere als Gäste in ihrem Haus zu begrüßen.

2. Es gab aber auch noch einen anderen, starken Einfluß auf das Kulturleben, ausgeübt von Zivilpersonen. Diese lassen sich grob in zwei Gruppen einteilen. Die eine Gruppe besteht aus Leuten, die aus dem Moskauer Exil zurückgekehrt sind, jedoch nichts mit der Roten Armee zu tun haben, ja sogar häufig jede Verbindung mit Rußland abstreiten und es gerne sähen, wenn man sie als deutsche Widerstandskämpfer betrachtete. Außerdem gehören dazu noch Deutsche, die tatsächlich Mitglieder der Widerstandsbewegung waren und den Nationalsozialismus innerhalb Deutschlands bekämpften. Die zweite Gruppe setzt sich zusammen aus Deutschen, die zwar nicht den Mut hatten, zugunsten eines Widerstandskampfes ihr normales bürgerliches Leben aufzugeben, die aber trotzdem immer echte Gegner des Nationalsozialismus waren und die häufig sehr gut beweisen können, daß sie Verfolgten geholfen haben. Gegenwärtig ist also das Kulturleben unter der Kontrolle dieser beiden Gruppen. An der Spitze dieser Kontrolle steht der Magistrat der Stadt Berlin, bei dem das Büro für Volksbildung unter der Leitung des in Moskau geschulten Otto Winzer Richtlinien und Direktiven für alle Gebiete der Erziehung und Kultur ausarbeitet. Für das mehr künstlerische Gebiet ist die Kammer der Kunstschaffenden eingerichtet worden und übt für Winzer beratende Funktion aus. Ihr Chef ist der Schauspieler Paul Wegener, Mitglied jener Gruppe von Antifaschisten, die trotz ihrer NS-Gegnerschaft nicht den Mut hatten, ihre Karriere aufzugeben und in den Untergrund zu gehen. Er genießt überall große Achtung, wird jedoch von politisch aktiven Untergrundkämpfern politisch, nicht aber in bezug auf seine künstlerische Entscheidungsfreiheit, überwacht. Die Kammer besitzt die Akten des Propagandaministeriums und benützt sie, um alle Bewerber für leitende Stellen im Kulturleben auf ihre politische Vergangenheit hin zu überprüfen. Man darf es als Vertrauensbeweis für die Kammer ansehen, daß ihr vom Militärbefehlshaber und vom Magistrat diese Akten überlassen wurden. Zur Zeit scheint die Kammer eine verläßliche Einrichtung zu sein, jedoch mit der einen Einschränkung, daß in ihrer Filmabteilung zu viele kommerziell interessierte Produzenten und Direktoren sitzen. Diese gehörten früher zur Terra-Filmgesellschaft, und ihnen liegt eine möglichst rasche Wiederaufnahme ihrer Tätigkeit weit mehr am Herzen als politischer Hausputz. Hier wird man wohl da und dort auf Personalwechsel bestehen müssen.

3. Im Bereich des Films herrscht beträchtliches Durcheinander als Folge des unter den Nazis bestehenden Staatsmonopols für die Filmproduktion. Deshalb ist das ganze Vermögen der Filmgesellschaften eingefroren, und es wurde ein Generalbeauftragter für die Liquidation eingesetzt.

4. Das Theaterleben ist natürlich schon weiter fortgeschritten, weil es seit der ersten Woche der russischen Besatzung gefördert wurde. Die Ensembles des Deutschen Theaters und des Staatstheaters spielen und proben, 8 bis 19 weitere Theater sind bereits aktiv, alles in Übereinkunft mit der Kammer, die dem verantwortlichen Spielleiter eine Konzession erteilen muß, was oft erst nach gründlicher politischer

Überprüfung geschieht. Zu diesen regulären Theatern kommt noch eine wachsende Zahl von Kabaretts, deren Status weniger klar ist, weil die Abteilung für Varieté-Theater bei der Kammer die Künstler nur registriert, aber, soweit ersichtlich, keine Kontrolle über sie ausübt. Die einzige russische Zensuranweisung für Kabaretts lautet, man solle jede Anspielung auf jetzige oder vergangene politische Situationen vermeiden. In Berlin gibt es genügend politisch »weiße« Theaterleute, um ein in jeder Hinsicht annehmbares Theaterleben aufrechtzuerhalten, selbst wenn wir unser eigenes, bereits erprobtes System zur politischen Überprüfung anwenden. Das Hauptproblem sind die Theaterräume, besonders weil einige von ihnen zur Benutzung durch alliierte Truppen vorgesehen sind.

5. Auf der musikalischen Szene sind jetzt wieder zwei Opernensembles, fünf große und mehrere kleine Symphonieorchester tätig. Der früheren Berliner Staatsoper sollte es ermöglicht werden, ihre Saison im Admiralspalast im russischen Sektor zu eröffnen, und das Ensemble des Deutschen Opernhauses könnte in der früheren Volksoper im britischen Sektor den Spielbetrieb wieder aufnehmen. Den Russen liegt sehr an der Eröffnung des Admiralspalastes. Sie wünschen, daß man ihnen in ein Kostümlager in der Nähe von Eisenach in der amerikanischen Zone Zutritt gewähren möge. Die Kostüme sowie die Noten für alle Opernhäuser in Berlin sind dort ausgelagert. Offensichtlich ist Oberstleutnant Sudakow, der russische Kontrolloffizier, an diesem Projekt sehr interessiert und würde wohl Gleiches mit Gleichem vergelten, falls man einmal mit einer ähnlichen Bitte an ihn heranträte. Die Berliner Philharmoniker haben Konzerte im Titania-Palast, einem Filmtheater in Zehlendorf, gegeben; da dieses Theater von den Special Services benutzt wird, hat das Orchester jetzt keinen festen Platz mehr. [...]

Quelle: B. S. Chamberlin, Kultur auf Trümmern, Stuttgart 1979, S. 60 ff., zitiert nach: Christoph Kleßmann, Die doppelte Staatsgründung. Deutsche Geschichte 1945–1949, Bonn (Bundeszentrale für politische Bildung) 1991⁵, S. 438 f.

99   Erich Kästner: »Münchener Theaterbrief«

Erich Kästner, 1899 in Dresden geboren und 1974 in München gestorben, arbeitete ab 1927 als freier Schriftsteller in Berlin und schrieb politisch-satirische Gedichte und Texte für das Kabarett sowie Romane und Kinderbücher. 1933 wurden seine Bücher verbrannt. Nach dem Krieg arbeitete Erich Kästner als Feuilleton-Redakteur für die »Neue Zeitung«, gab eine Jugendzeitschrift heraus und war Mitglied des Münchner Kabaretts »Schaubude«. Am 18. Oktober 1945 erschien in der »Neuen Zeitung« ein Überblick über die Münchner Theaterszene.

Zur »Neuen Zeitung« vgl. die Erläuterungen zu Dok. 40, S. 232.

Wir haben unseren Schriftleiter Erich Kästner gebeten, der Leserschaft ein paar passende Worte über den Schriftsteller Erich Kästner zu sagen. – Nun, E. K. war im Laufe der letzten zwölf Jahre elfeinhalb Jahre verboten. Das klingt lustiger, als es war. Trotzdem blieb er während der ganzen Zeit in der Heimat, d. h. vorwiegend in Berlin und Dresden, und fühlte Deutschland den Puls. Eines Tages wird er versuchen, die Krankengeschichte niederzuschreiben.

MÜNCHEN, im Oktober

Das schmale Pensionszimmer, in dem ich augenblicklich kampiere, steckt schon am frühen Morgen voller Menschen. Alte Freunde und neue Bekannte teilen sich in den Genuß, mir beim Waschen, bei der Zahnpflege und beim Rasieren zuzusehen. Die Portion Aufmerksamkeit, die übrigbleibt, widmen sie der Debatte. Sie hocken auf dem Sofa, auf dem Bett, auf den Stühlen, die das Mädchen und die Wirtin begeistert nachliefern. Es ist angenehm kühl im Raum, weil es an Fensterscheiben mangelt, und wenn unten amerikanische Lastwagen vorüberdonnern, wird man den Eindruck nicht los, einer Unterhaltung zwischen aufgeregten Taubstummen beizuwohnen. Es soll Zimmer geben, in denen man den Straßenlärm besser hört als auf der Straße selber. Ich habe Glück gehabt. Ich habe so ein Zimmer gemietet.

Will man erfahren, worüber bei mir gesprochen wird, genügt es zu wissen, wer sich unterhält. Es sind Schauspieler, Verleger, Journalisten, Maler, Regisseure, Filmautoren, Chansonetten, Kabarettdirektoren, Kunstkritiker, Komponisten und andere unseriöse Menschen. Sie kommen aus München, aus den Bergen, aus Frankfurt, aus Heidelberg, aus Stuttgart, aus Hamburg, und sie reden, sehr oft im gemischten Chor, über Theater, Verlage, Lizenzen, Zeitschriften, Kabarettprogramme, Zigarettenpreise, Kunstausstellungen, Hörspiele, Tourneen, Bohnenkaffee, Zeitungsartikel, Zementscheine, Bühnenstücke aus der Schweiz, Morgenfeiern und vieles mehr. Man plant, gründet und redet. Das Reden steht leicht im Vordergrund. Alle diese Versammlungen, die, von niemandem einberufen, trotzdem täglich stattfinden, gleichen einem Pantheon nur bis zu einem gewissen Grade: wir sind [?] weniger berühmt und, das vor allem, viel weniger tot.

Ich berichte von meinem Zimmer mit den zerbrochenen Fensterscheiben und den turbulenten Gesprächen nur, weil es nicht das einzige Zimmer Münchens ist, in dem es jetzt so zugig und so begeistert zugeht. Und wir wissen: nicht nur hier, sondern überall in deutschen Städten wird es trotz Trümmern, Not und Kummer ähnlich sein!

✳ ✳ ✳

»Was sind Hoffnungen, was sind Entwürfe?« Die Zahl und Reichhaltigkeit der Pläne überbietet auch in München das bereits Vorhandene oder fast Greifbare bei weitem. Denn nur zwei Theater sind bespielbar. Erich Engel, der neue Intendant der Kammerspiele, hat soeben mit »Macbeth« eröffnet. (Eine Besprechung der Aufführung folgt in der nächsten Nummer der »Neuen Zeitung«. Die Redaktion.) Paul Ravuals »Grabmal des unbekannten Soldaten« und Thornton Wilders »Our Town« sollen folgen und werden intensiv probiert. Neue Stücke von Spoerl, Ambesser, von der Schulenburg, Claudel usw. sind vorgesehen. – Bislang gastierten und alternierten auf Engels Bühne Holsboers ausgebombtes Volkstheater Ensemble mit Bruno Franks »Sturm im Wasserglas«, sowie Rudolf Schindlers und Otto Osthoffs Kabarett »Die Schaubude« mit ihrem ersten Programm. Das zweite, an dem Axel von Ambesser, Herbert Witt und ich seit Wochen arbeiten, soll bald im »eigenen Haus« herauskommen, einem reizenden Theater für sechshundert Personen, dem im Moment nur noch der Fußboden, das Dach und die Bestuhlung fehlen. Aber das sind ja Kleinigkeiten! – Zum Direktor des Staatlichen Schauspiels wurde Paul Verhoeven ernannt. Da er kein Haus hat, soll er zunächst im Ballsaal der Residenz und später im renovierten Thronsaal spielen. Eröffnen will er mit Goldonis »Kaffeehaus« Lessings »Nathan«, mit Kurt Horwitz aus Zürich in der Titelrolle. Anouilhs »Antigone«, Georg Kaisers »Floß der Medusa« und neue Stücke von Friedrich Wolff, Bert Brecht, Maxwell Anderson, O'Neill sind vorgesehen. Kindertheater, Jugendvorstellungen und Vorträge plant er für die jüngste Generation: und als Höhepunkt seiner Bemühungen in der ersten Spielzeit träumt Verhoeven, fürs nächste Jahr, von Aeschylos' »Orestie« auf dem Platz vor dem zerstörten Nationaltheater, das von den Luftangriffen zu einer Art Tempel auf der Akropolis umgearbeitet worden ist. – Ein anderes Ensemble wird, unter Dr. Laubs Direktion, in einer Nymphenburger Turnhalle bald mit dem »Fröhlichen Weinberg« aufwarten. – Das Prinzregententheater ist der Staatsoper, die unter Knappertsbusch mit dem »Fidelio« beginnen wird, und Symphoniekonzerten vorbehalten. – Die Regensburger Domspatzen sangen in einer Morgenfeier, Harald Kreutzberg hat, mit stürmischem Erfolg, seine erste Tanzmatinee nach dem Kriege absolviert. – Soviel über das, was bereits geschehen ist, was geschieht und in Kürze geschehen wird.

Der Rest sind Pläne. Lizenzen sehen ihrer Geburt entgegen. Es sind schwere Geburten darunter. Konzessionen sind zu erwarten. Die Namen weiterer Kabaretts schwirren durch die Luft. »Das Steckenpferd« soll eines heißen, »Das Wespennest« ein anderes. Theaterdirektoren in spe verhandeln mit ihrem künftigen Ensemble über Aufführungen in noch nicht vorhandenen Häusern. Man besetzt Stücke und

setzt Proben an, ohne das Buch in Händen zu haben. Kuriere stieben durch die
Lande, um es bei irgendwem aufzutreiben. Aber bei wem? Wo ist der Verleger? Wer
hat die Rechte?

Kein Hindernis ist hoch und kein Abenteuer verzwickt genug, den edlen Eifer zu
dämpfen. Mögen die privaten Sorgen getrost dazukommen! Wohnungssuche, Zu-
zugsgenehmigung, keine Möbel, das letzte Paar Schuhe, keine Nachricht von den
Angehörigen, keine eigene Bibliothek, gepumpte Oberhemden am Leib – alles tritt
schattenhaft zurück hinter das, was nun, nach zwölf Jahren geistiger Fesselung und
Bedrohung, endlich wieder winkt: die Freiheit der Meinung und der Kunst!
(»Amen, das ist, es möge also geschehen«, steht bei Luther.)

✳ ✳ ✳

Zu der echten, schönen Begeisterung gesellt sich freilich eine andere Triebfeder: der
eiserne Vorsatz, nicht zu denen gehören zu wollen, die unter die Räder kommen
werden. Die interne deutsche Völkerwanderung der letzten Jahre und das Durcheinander der letzten Kriegsmonate haben es mit sich gebracht, daß, um ein Beispiel
zu nennen, zur Zeit in und um München nicht weniger als zweitausendfünfhundert
Schauspieler darauf warten, wieder theaterspielen zu können! Filmen wollen sie
selbstverständlich auch – aber das ist, angesichts der Zerstückelung Deutschlands,
ein Kapitel für sich, und beileibe kein besonders lustiges Kapitel!

Also, zweitausendfünfhundert Sänger und Schauspieler wollen auf die Bühne zurück, und die meisten Bühnen sind zerstört. Es ist klar, daß in dem Kampf ums
Bühnendasein mancher wird unterliegen müssen.

München, das seine vorbildliche Eignung, ein bedeutendes deutsches Kultur-
zentrum zu werden, historisch wiederholt glänzend bewiesen hat, hat jetzt eine
unvergleichliche Chance, sich erneut zu solch einem Mittelpunkt entwickeln zu
können. Viele der besten deutschen Regisseure, Schauspieler, Dirigenten, Opern-
komponisten und Autoren hat der Krieg aus anderen Gauen, aus Berlin und aus den
Kriegsgefangenenlagern des Südens und Westens an den Strand der grünen Isar ge-
spült. Münchens Chance ist einmalig, und es scheint sie entschlossen wahrnehmen
zu wollen!

So etwas geht nicht reibungslos vor sich. Die bayerischen Künstler sind auch nur
Menschen. Selbstverständlich gibt es unter ihnen solche – naturgemäß weniger bedeutende, vom bevorstehenden Konkurrenzkampf deshalb besonders bedrohte –,
die es tausendmal lieber sähen, ihre Stadt bliebe, was sie im letzten Jahrzehnt war:
eine künstlerisch mittelmäßige süddeutsche Provinzstadt. Ihre Existenzangst ist
größer als ihre Courage. Sie wollen lieber im bajuwarischen Milieu die Hauptrolle
spielen als in einem westeuropäischen Zentrum eine Nebenrolle.

Trotzdem hat es den Anschein, als wäre es der Wunsch sowohl der Behörden, wie
auch der lange verfemt und verspottet gewesenen intellektuellen Schicht, die ein-
malige Gelegenheit willkommen zu heißen. Die Erinnerung an frühere Münchener
Großzeiten ist noch nicht völlig verblaßt. Noch denken viele an die Glanzepoche
Schwabings, Wedekinds und der ruhmreichen Skandinavier [?] zurück. Und der
Ausblick in einen neuen gelobten Kulturabschnitt wärmt schon heute ihr zärtlich
für die Kunst schlagendes Münchener Herz. – Und so mag es also nicht vergeblich
sein, daß in manchem kalten, zugigen Zimmer ihrer alten, zerborstenen Stadt die
Köpfe rauchen!

✳ ✳ ✳

Was am meisten im Rennen zurückliegt, ist die Operette. Das Gärtnerplatztheater
wird mit einigem guten Willen und nicht unbeträchtlichen Kosten wiederhergestellt
und der leichten Muse übergeben werden können. Unter den Anwärtern glänzen
berühmte Namen wie Trude Hesterberg und Hans Albers. So bleibt zu hoffen, daß
auch diese Teilfrage in Bälde großzügig und vielversprechend gelöst werden wird.

Damit hätte ich über Münchens Theaterlage das Wissenswerte oder doch wenigstens das, was ich über das Thema weiß, berichtet. – Abschließend wäre noch eines Kuriosums zu gedenken: der ersten Theaterkritik, die vor kurzem, nach der langen schrecklichen Zeit der nationalsozialistischen »Kunstbetrachtungen«, in der »Münchener Zeitung«, erschien. Sie erregte beträchtliches Aufsehen. Nicht, weil sie besonders wertvoll oder besonders schlecht gewesen wäre, sondern weil die offenen, ehrlich gemeinten Worte zur Sache völlig ungewohnt waren. Sie wirkten so verblüffend wie ein Trompetensolo auf der Baßgeige: Es hagelte Zustimmungen, es regnete Entrüstung. Man war auf alle Fälle im ersten Moment vollkommen überrascht, daß jemand wieder ungescheut seine Meinung äußerte. Der Herr, der die Kritik geschrieben hatte, wird über deren Echo nicht minder verblüfft gewesen sein als die Leser der Zeitung über seine Kritik. Ich weiß wirklich genau darüber Bescheid.

Denn der betreffende Herr war ich selber.

Erich Kästner

Quelle: »Neue Zeitung« vom 18. Oktober 1945, München, mit freundlicher Genehmigung des Atrium Verlages, Hamburg.

100

Kulturelle Importe – sechsmal blitzbelichtet

Ralf Dahrendorf als Teilnehmer eines Umerziehungslehrgangs

Ralf Dahrendorf wurde 1929 in Hamburg geboren. Sein Vater war Redakteur beim sozialdemokratischen »Hamburger Echo«, gehörte von 1927 bis 1933 der SPD-Fraktion der Hamburger Bürgerschaft und von 1932 bis 1933 dem Deutschen Reichstag an. Ralf Dahrendorf besuchte Schulen in Berlin und Hamburg und wurde 1944 wegen Beteiligung an einer illegalen Schülervereinigung verhaftet. Nach dem Krieg studierte er in Hamburg Philosophie und klassische Philologie, promovierte 1952 und habilitierte sich 1957. Bis 1968 hatte er Professuren an verschiedenen deutschen Universitäten inne. Seit 1947 war er in der SPD engagiert, wechselte aber 1967 zur FDP. Als Mitglied der FDP-Fraktion gehörte Dahrendorf dem Baden-Württembergischen Landtag an, war von 1969 bis 1970 Mitglied des Deutschen Bundestages und Parlamentarischer Staatssekretär und von 1970 bis 1974 Mitglied der Europäischen Kommission in Brüssel. Von 1968 bis 1974 gehörte er dem Bundesvorstand der FDP an. Von 1974 bis 1984 war Dahrendorf Rektor der London School of Economics, übernahm dann den Vorsitz der Friedrich-Naumann-Stiftung und ging 1988 wieder nach England, und zwar als Rektor des St. Antony's College in Oxford. Im selben Jahr trat er aus der FDP aus und schloß sich in England den Sozialliberalen an.

Zu Beginn des Jahres 1948 nahm Ralf Dahrendorf an einem Umerziehungslehrgang im englischen Wilton Park teil. Wilton Park war zunächst ein sogenanntes »weißes« Lager für deutsche Kriegsgefangene, die als zuverlässig im Sinne von antinationalsozialistisch eingestuft worden waren und über die notwendigen intellektuellen Fähigkeiten verfügten. Denn in Wilton Park wurde den Teilnehmern ein anspruchsvolles akademisches Programm geboten. Von Januar 1946 bis Juni 1948 nahmen 4000 deutsche Kriegsgefangene an den Kursen in Wilton Park teil – das waren weniger als ein Prozent der Kriegsgefangenen in England. Trotzdem wurde der Erfolg von Wilton Park hoch eingeschätzt, weil die Absolventen in der Regel als überzeugte Demokraten den Lehrgang verließen und nach der Rückkehr in die Heimat als Multiplikatoren wirken sollten. Neben Kriegsgefangenen nahmen seit 1947 auch ausgewählte Deutsche aus der britischen Zone – wie Ralf Dahrendorf – an den Lehrgängen in Wilton Park teil, und zwar zunächst nur Männer, später auch Frauen des öffentlichen Lebens, wie Journalisten, Partei- und Gewerkschaftsfunktionäre, Pädagogen u. a. Die Einladung nach Wilton Park konnte insofern als Auszeichnung gelten und war eine Referenz für den weiteren Werdegang. Zum Abschluß jedes Semesters gaben die Teilnehmer einen Rundbrief heraus. Den folgenden Beitrag über kulturelle Importe in Deutschland schrieb Ralf Dahrendorf für den Rundbrief seines Semesters.

Einen Eindruck vom Lehrbetrieb in Wilton Park vermittelt auch Dok. 119, S. 365 f.

Hamburg. In der S-Bahn. Es ist – natuerlich – voll wie in der sprichwoertlichen Oelsardinenbuechse. Ich stehe eingekeilt zwischen vier Koffern, der Tuer, einem aeltlichen Ehepaar und zwei Arbeitern – abwechselnd das Ehepaar und die Arbeiter im Gespraech belauschend. Letztere schimpfen »Die Englaender ...« (nach Belieben einzusetzen: ».. . fahren in Extraabteilen«, ».. . wollen uns verhungern lassen«, ».. . sind an allem schuld« etc. pp.) Darauf die Frau zu ihrem Mann: »Voll hier, noech?« Er: »Ja.« Pause. Ich versinke wieder in die »politischen« Spekulationen der Arbeiter. Dann die Frau: »Na, auf den Fuss treten kann uns wenigstens keiner mehr, noech?« Der Mann: »Warum denn?« Sie: »Na, weil sie schon alle drauf stehen.« – – –

Ja, ueber das Wetter braucht nicht mehr viel gesprochen zu werden in Deutschland. Wenn man wirklich einmal gar nichts mehr zu sagen weiss, dann kommt eben die Militaerregierung dran. Sie ist naemlich an allem schuld. Auch am Wetter. »Haben wir Sonne, wird sie demontiert«, meinte kuerzlich ein bekannter Komiker im Rundfunk. Aber dass die Militaerregierung nicht nur demontiert, sondern auch importiert – davon reden nur wenige.

DIE AMERIKANER

z. B. (und ich nenne sie nur aus alphabetischen Gruenden zuerst – bin also kein Agent –) importieren Weizen. Davon redet niemand. Sie importieren Chesterfield und Camels. Davon redet man wenigstens auf dem Schwarzen Markt. Aber sie importieren noch manches andere. –

Berlin, Kurfuerstendamm. Rechts: Truemmerfrauen. Unermuedlich wie Ameisen raeumen sie Schutt. Vorne: Die groteske Ruine der Gedaechtniskirche greint in den wolkenlosen Himmel. Links: Hot; rasanter Hot. Der Chronist ist ein Kind seiner Zeit und eilt hin. »Hollywood laesst bitten – die grosse Film-Fotoschau.« Hm. Eintritt zwei Mark. Drinnen: Bilder, Bilder, Bilder. Natuerlich ist der Chronist ein moralischer Mensch. Darum fuehlt er sich ploetzlich in dem schmalen Gang peinlich beruehrt. Guckt nach links: Viele Zentner fotografierten Maedchenfleisches. Markenfrei. Verstohlen guckt er nach rechts: Dasselbe. Schnell schliesst er die Augen und laeuft davon, um, nachdem er sich vergewissert hat, dass niemand ihn sieht, noch einmal diesen Korridor zu durchqueren. Das dauert genau 35 Minuten. Der Korridor ist 10 Meter lang ...

Der Chronist stutzt. Ueberall stehen Menschen vor den Bildern und schreiben. Warum schreiben sie? Und worauf? Das ist doch der Prospekt, der neben dem Bild von Bing Crosby als Eintrittskarte gilt? Der Chronist liest: »Preisausschreiben«, guckt genauer hin, ueberlegt einen Moment ... und faengt an, herzhaft zu lachen. Was ist? – Beim Eintritt gibt es einen Zettel. Auf dem steht: »Preisausschreiben! 1.) Welche Stars aus 2.) welchen Filmen werden in dieser Schau gezeigt? Fuer die vollstaendigste Beantwortung der Frage folgende Preise: 1: 1000,–; 2: 500,–; 3: 250,–; 4: bis 10: 100,–«

Nun, 1000,– sind fuer viele schon keine Kleinigkeit mehr. Kann man sie sich auf »geradem« Wege leichter verdienen als hier? Tausende kommen zu diesem Zweck. Jeder von ihnen bezahlt 2,– Eintritt. Und nur 2 450,– werfen die amerikanischen Veranstalter fuer dieses Preisausschreiben aus.

Amerika laedt ein. »Hollywood laesst bitten.«

In die amerikanische Zone kann man inzwischen ohne Interzonenpass reisen, aus der britischen wenigstens. Aber so ganz ohne blaues Wunder geht es doch nicht ab. Kommt man beispielsweise mit dem Auto und faehrt seelenruhig mit 81, 90 oder auch 110 Stundenkilometern ueber die Autobahn, dann ... »Halt! Halt!« – Nanu? Was ist denn los? – Sechs bis auf die Zaehne bewaffnete MP.'s (nicht Parlamentsmitglieder, sondern Militaerpolizei) ruecken an. Dazu ein Dolmetscher, der vom vielen Verbeugen permanent Kreuzschmerzen hat. »Sie sind zu schnell gefahren!«

Alles ableugnen nuetzt nichts: Ein raffiniertes Telefon- und Kabelsystem registriert jeden Wagen. 20 Mark klimpern in der Kasse. So werden Besatzungskosten finanziert ...

In Frankfurt, der Stadt, die so gerne Reichshauptstadt werden moechte und nicht kann, glaubt man sich vollends in »die Staaten« versetzt. Wenn nicht ... die Truemmer, der Hunger usw. usw. Aber ich meine ja nur den Verkehr. Ein hessischer Schutzmann mit Frankfurter Wappen dreht an einem wegweiserartigen Instrument, das als Ampel dient. Es verkuendet entweder »GO«, in sauberes Deutsch mit »GEHE« uebersetzt, oder »STOP« – inkonsequenterweise auf Deutsch nicht »STEHE«, sondern »Halt« –

Am Bahnhof ein Riesenschild; »Motorists, have a heart. We are all pedestrians sometimes.« »Habt ein Herz, Autofahrer. Manchmal sind wir alle Fussgaenger.« So geht es durch die ganze Zone. Die Bluete allerdings fand ich auf dem Weg nach Wiesbaden. Sie reichte bis in die Tiefen der Existenzialphilosophie und hiess: »Drive carefully. Death is so permanent.« Ein Verkehrszeichen, das, so wahr ich lebe, uebersetzt hiess: »Fahr vorsichtig. Der Tod ist so ewig.« – – –

DIE ENGLAENDER

importieren in der Hauptsache sich selbst mit allen Sonnen- und Schattenseiten. Vom Diskussionsklub bis zum Wahlsystem. Vor allen Dingen aber Kultur. ...

Berlin. In die Schlueterstrasse ist verschaemt eine Institution gekrochen, deren schöner Name leider längst nicht mehr so originell ist wie er klingt: »Die Bruecke«. In diesem Fall eine ziemlich grosse Bruecke: von Deutschland nach England. Bzw. umgekehrt. Der Chronist wird hier nicht recht froh. Die Ausstellung »Englische Malerei« besteht aus Reproduktionen, wie sie selbst eine deutsche Zeitschrift ihren Lesern nicht anbieten wird. Und dann kommen viele, viele Raeume, deren Waende mit Statistiken tapeziert sind. Statistiken ueber Ruhrkohle und Ernaehrungslage und Export und Import und mittendrin Zitate aus Reden von Lord Pakenham. Unter der Uebermacht der Zahlen schrumpft der Chronist auf die Groesse einer Kaffeetasse zusammen und laesst willenlos in sich hineingiessen, was immer kommt. Und beginnt zu gruebeln. Nein, das ist keine Bruecke. Das ist eigentlich ein winziger Minderwertigkeitskomplex des britischen Loewen, der glaubt, sich vor dem demilitarisierten deutschen Adler entschuldigen zu muessen fuer Dinge, die er nie getan hat. Und im uebrigen: Statistiken sind keine Bruecke. Dieser schwankende Steg sollte ruhig wieder eingerissen werden. Warum nicht warten, bis einmal von beiden Seiten spontan eine Bruecke gebaut wird?

Es gibt deutsche Woerter, die man nicht ins Englische uebersetzen kann, z. B. Weltanschauung. Und Schadenfreude. Darum bezeichnet man sie als typisch deutsch. Aber es gibt auch englische Woerter, die man nicht ins Deutsche uebersetzen kann, z. B. Tattoo. Das ist logischerweise typisch englisch. Was ist denn nun Tattoo? Tattoo ist, wenn man sich eine Uniform anzieht, ein Gewehr ueber die Schulter nimmt und nach dem internationalen Marsch »Alte Kameraden« ueber das Berliner Olympiastadion marschiert, ohne Militarist zu sein. Sie lachen? Es ist geschehen. Unter dem Beifall vieler Deutscher. Empoert wie die deutschen Zeitungen, klagte ich einen englischen Offizier an. Der hoerte ruhig zu und bemerkte dann, ich muesste noch viel realistischer werden. Dann fragte er: »Waren Sie da?« Erroetend sagte ich »Nein«. Er lachte. Darauf fragte ich ihn: »Ob er denn ...« Immer noch laechelnd entgegnete er ebenfalls »Nein«. – »Warum denn nicht?« – »I don't like it.« – – –

DIE RUSSEN

ja, die Russen ... Jeder Deutsche hat heute ein ganzes Sortiment von Geschichten ueber die Russen zu erzaehlen. Aber die meisten – eigentlich fast alle, sind nur halb.

Wenn schon »die« Russen in eine Geschichte gepfercht werden sollen, dann, glaube ich, geht nur die:

Eine Frau faehrt mit einem Fahrrad einkaufen. An der dritten Strassenecke haelt sie ein Rotarmist an und stoesst sie, ohne ein Wort zu sagen, vom Rad, setzt sich selbst drauf und braust davon. Weinend steht die Frau da und macht sich auf den Rueckweg. Da kommt ihr hoch zu Ross ein anderer Russe entgegen. Er sieht die weinende Frau, reitet zu ihr und fragt mit bewegter Stimme, was sie quaele. Die Frau erzaehlt ihm von der Missetat seines Kameraden. Da steigt er mit Traenen in den Augen vom Pferd, gibt der Frau die Zuegel in die Hand, sagt: »Nimm das!« und geht davon ...

Nicht weit vom Brandenburger Tor. Der ahnungslose, demilitarisierte Deutsche schreckt zusammen, geht in Deckung, sichert: Russische Panzer. Dahinter zwei Geschuetze. Aber auch sie sind friedlich. Sie schauen weder nach Osten noch nach Westen, sondern nach Sueden und bewachen den 6 m grossen Rotarmisten auf dem 30 m hohen Marmorsockel hinter ihnen. Ja ... ungluecklicherweise war sein Schoepfer ein Deutscher, hiess Kunst und hatte sich in Muenchen seine Sporen verdient. Nitschewo.

Warum nicht im Thorak-Stil einen Rotarmisten basteln? Als er fertig war, gedachte die Militaerregierung ihren Freunden daheim eine Freude zu bereiten. Befahl, dem fertigen Abbild russischer Macht den Kopf abzusaegen und schickte diesen nach Moskau. Aber – wie peinlich – das Haupt missfiel. Doch Herrn Kunst kuesste auf Befehl der SMA [Sowjetische Militäradministration] aufs Neue die Muse: Er fabrizierte eben einen neuen Kopf ... Und nun steht der rote Gigant an der Charlottenburger Chaussee, denkt ein wenig nach, schlaeft ein bisschen und langweilt sich im uebrigen furchtbar.

Im Festungsgraben, in guter Gesellschaft mit Schloss, Zeughaus und Ehrenmal, steht ein schoenes weisses Haus. D. h. – weiss ist es nur von aussen. Drinnen sind sogar die Garderobenmarken rot. Und drauf steht: »UdSSR – Haus der Sowjetkultur«. Mit diesem Existenzberechtigungsnachweis bewaffnet zieht der kulturbeflissene Chronist in den ersten Raum: Karikaturen von Boris Jefimow. Er geht von einer zur naechsten, grinst zuweilen ein wenig, aber ... lachen? Vor jedem Bild tuscheln ein paar Menschen. Er geht an sie heran. Und – ploetzlich preisen sie laut die Genialitaet des Karikaturisten. Oder auch das angenehme Wetter. Das sind die Unpolitischen ...

Betreten schleicht der Chronist die Treppe hinauf. Da ist es um ihn geschehen. Er geht geradeaus, links, rechts, eine Treppe hinunter, wieder rauf ... und immer Tueren. Auf beiden Seiten feste, rote Tueren. Die meisten mit einer Nummer. Auf jeder fuenften steht »Eintritt verboten«, auf jeder zehnten »Herren« und auf jeder fuenfzehnten »Telefon«. Endlich ... ein freier Platz. Wunderbare gruene Polstermoebel, rote Gardinen. Und – nein, das ... aber es stimmt: Auf den Sofas und Sesseln liegen verkrampft, zusammengerollt oder entspannt, teils laut schnarchend, teils nicht, aber jedenfalls schlafend: Menschen. Ein billiges Hotel. Der Chronist glaubt sich in eine Versammlung von Existenzialisten im Zustand der Geworfenheit versetzt und macht schleunigst kehrt. Nicht ohne allerdings in einen neuen Ausstellungsraum zu geraten. Bilder. Herrliche Bilder. Das erste: Generalissimus Stalin verteilt an die besten Abiturienten einer Moskauer Schule goldene und silberne Abiturmedaillen ...

Quelle: Wilton Park. Die Brücke zu Erkenntnis und Aufbau. Zeitschrift der Studenten von Wilton Park – Kriegsgefangene, Männer und Frauen aus Deutschland – vereinigt mit Wilton Park Rundbrief, hrsg. von der Arbeitsgemeinschaft Presse, 13. Semester, vom 17. Januar bis 27. Februar 1948, zur Verfügung gestellt von Friedhelm Boll, Bonn.

10 Minuten spaeter sah man den Chronisten vor einem Glase Bier sitzen und gruebeln. Vielleicht fragte er sich gerade, ob denn die Russen wirklich so dumm und laecherlich sind, wie sie zuweilen krampfhaft vorzugeben versuchen. –?

P.S. Die F R A N Z O S E N habe ich unterschlagen. Von ihnen habe ich noch nie etwas gesehen. Aber – ob sie besser sind als ihre Freunde von rechts und links?

|101| **Schlager der Nachkriegszeit**

Kalorien-Song

Daß ich kein Casanova bin...

Text: CARL-ULRICH BLECHER   FOXTROT

Musik: BULLY BUHLAN
KLAVIER-ARRANGEMENT: SIEGFRIED ULBRICH

Swing-Tempo

PIANO

VERS

Das ist heut' schon all-ge-mein be-kannt Lie-be ko-stet E-ner-gien und aus die-sem Grund braucht man un-be-dingt zum Ver-liebt-sein Ka-lo-rien. Ja, bei Schmalz und Speck, Ku-chen und Kon-fekt ist das al-les kein Pro-blem, doch bei Kräu-ter-tee und bei Heiß-ge-tränk muß die Lie-be flö-ten geh'n.

REFRAIN

Daß ich kein Ca-sa-no-va bin, liegt

Quelle: Heute wie vor tausend Jahren. Lieder und Schlager von 1945–1949, ein Liederabend des Schauspielhauses Bochum, Premiere November 1994, zur Verfügung gestellt von Heike Rubienski, Bochum.

102

»Die Sprache unseres Todfeindes, die lernen wir nicht«

Dieter Steschulats Erinnerungen an den Schulbeginn in der sowjetischen Besatzungszone

Dieter Steschulat, 1931 in Memel am Kurischen Haff geboren, wurde Ende Juli 1944 mit seiner Mutter und seinen Geschwistern von dort vertrieben und kam nach einer Reihe von Zwischenstationen im November bei Verwandten in Neuruppin, Brandenburg, an. Dort wartete die Familie auf Nachricht vom Vater. Der ließ sich aus der Kriegsgefangenschaft in die britische Zone entlassen, wohin ihm seine Familie im April 1946 folgte. In Neuruppin erlebte Dieter Steschulat jedoch zunächst den Wiederbeginn des Schulbetriebes unter russischer Besatzung. In seiner 1993 begonnenen Autobiographie schildert er dazu einige Episoden.

Zur Schulpolitik in der sowjetischen Besatzungszone vgl. die Einführung, S. 107 f.

[...] In der Schule fing dann bei den Russen drüben auch die Demokratie an: Wir mußten Schulsprecher wählen. Von wählen hatten wir nie was gehört; das Führerprinzip hatte ja vorher gegolten. Und diese meine erste demokratische Wahl habe ich dann gleich gefälscht. Man hatte uns gesagt, wir dürften keinen wählen, der irgendwie in der Hitlerjugend war. Das waren wir aber alle. Ja, dann aber auf keinen Fall einen, der Führer gewesen war. Wir haben dann natürlich doch einen Führer ausgesucht, das wußte ja keiner so genau. Und damit der auch gewählt wurde – es gab ja auch einen Gegenkandidaten –, habe ich also mehrere Stimmen abgegeben. Andere haben das auch gemacht, so schlau waren wir nicht, wir kannten das ja nicht. Der Lehrer zählte dann die Gesamtzahl der Stimmen und hatte dann mehr Stimmen, als Schüler in der Klasse waren. Und dann hat einer gepetzt, daß ich das gewesen war. Einer davon, andere hatten natürlich dasselbe gemacht. Und da kriegte ich eine demokratische Schulstrafe nach sowjetischer Lesart. Ein Sowjetbürger muß natürlich immer bestrebt sein, was lernen zu wollen; und die größte Strafe ist, vom Unterricht für eine Stunde ausgeschlossen zu werden. Das geschah dann also: Ich mußte raus auf den Flur. Ich habe mich auf der Toilette versteckt, weil sonst die Gefahr bestand, daß der Direx mich gefunden hätte. In der nächsten Pause wurde ich dann als Held gefeiert von der ganzen Klasse.

Im übrigen mußten wir unsere Schule, die Friedrich-Wilhelm-Schule hieß, umbenennen. Da sind die Schüler auf die Idee gekommen: Wir nennen sie Schiller-Schule. Die wurde dann auch so genannt. Wir haben gesagt: Aus Schiller kann man sehr schnell wieder Hitler machen. So verseucht waren wir immer noch.

Die wichtigste Fremdsprache, das wichtigste Fach war natürlich Russisch. Na ja, wo sollten die Russen einen Lehrer herhaben? Da hatten sie eine Adlige, die in Neuruppin wohnte und aus dem Baltikum stammte, Estland oder Lettland. Die Familie hatte wohl in der Steinstraße eine Fabrik gehabt. Die gute Frau mußte uns dann unterrichten. Erstmal hat sie gefragt, was wir für russische Wörter kannten. Da kamen natürlich nur all die Flüche raus, die die Russen immer brauchten. Und dann brachte sie uns auf eine russische und meiner Meinung nach sehr geschickte Methode Russisch bei, und zwar durch Auswendiglernen. Das waren nicht einzelne Worte, sondern ganze Texte, also ein Gedicht z. B., das kann ich heute noch, und ein Märchen, das kann ich auch heute noch. Aber an und für sich hatten wir alle beschlossen – wir waren ja verhetzt worden von wegen Untermenschen, die Sowjets und so, die Roten –, die Sprache unseres Todfeindes, die lernen wir nicht. Also sind wir alle faul gewesen, keiner hat was getan, bis auf zwei, drei in der Klasse, die glänzten dann, als das erste halbe Jahr rum war, in Russisch. Dann habe ich natürlich in der zweiten Schuljahreshälfte gedacht: So 'n Blödsinn, tust auch was. Und da hatte ich ruckzuck, weil eben keiner was tat, unheimlich gute Zensuren. Das hat mir aber nichts mehr genützt, auf meinem Abgangszeugnis waren die nicht drauf, als wir rübergingen.

Überhaupt waren wir in der Schule sehr böse auf die neue Herrschaft. Wir haben einen Klassenkameraden gehabt, der hat gesagt, wenn mein Vater in die KPD geht, dann lauf ich weg.

Dann war natürlich ein Problem: Schulbücher aus Adolfs Zeiten durften wir nicht verwenden, es durften nur Schulbücher verwendet werden, die wer weiß wie alt waren, und damit gar keine. Da kam unser Lateinlehrer auf eine glorreiche Idee: Er fragte, wer hat ein Vervielfältigungsgerät, wer hat noch Matrizen? Und dann wurde unser »nazistisches« Lateinbuch, das genaugenommen überhaupt nichts Nazistisches enthielt, auf Schablonen geschrieben, wurde abgezogen, und jeder kriegte dann einen Hefter mit soundsoviel Seiten. Wir haben dann weiter gelernt aus den Texten, die angeblich der Lehrer selber zusammengestellt hatte. Da konnte ja nichts passieren. Das Interessante war: Wir hatten hinterher im Westen dasselbe Buch. Wir waren in den Lektionen ein Stück vor gewesen, und dadurch habe ich einen wunderbaren Vorsprung gehabt. Das war das reichseinheitliche Buch »CURSUS LATINUS«.

Quelle: Archiv »Deutsches Gedächtnis«, Lüdenscheid.

---

103   Anneliese Klein, eine Volksschullehrerin auf dem Lande

Anneliese Klein, 1926 in Lüchow, Landkreis Lüchow-Dannenberg, geboren und aufgewachsen, besuchte nach der Schule von 1942 bis 1945 das dreijährige Lehrerseminar in Lüneburg und bekam ihre erste Anstellung als Lehrerin 1946 an der Volksschule in Lüchow. Anneliese Klein heiratete, bekam Kinder und legte 1972 nach einem weiteren Studium in Lüneburg die Realschullehrerprüfung ab. Danach arbeitete sie bis zu ihrer Pensionierung an der Realschule in Clenze.

Anneliese Klein (K.): Ich war Junglehrerin in Lüchow. Dort hatte ich 1946 in zwei Klassen 129 Kinder zu unterrichten [...] und mußte an fast jedem Tag viele Fibelseiten schreiben; es gab ja keine Fibeln zu kaufen. Ich habe sie ganz und gar mit der Hand geschrieben. Zwei Kinder hatten immer eine Fibel. 60 Kinder waren in der Schulanfängerklasse, und alle wollten unheimlich viel lernen. Es waren viele Flüchtlingskinder dabei; manche hatten ein ganzes Jahr lang nicht zur Schule gehen können.

Interviewerin (I.): Und wie haben Sie das mit den Fibeln gemacht? Also, gab es ein Buch oder ein richtiges Heft, oder waren es lose Blätter?

K.: Also, wir hatten einen schwarzhandelnden Vater, der konnte uns viel besorgen. Er hat uns erstmal 30 Hefte besorgt, solche aus dem dunklen Papier mit Holzstückchen drin. Nun durfte man aus den alten Fibeln mit den Fähnlein und den Nazigeschichten keine Texte benutzen. Die Kinder sollten aber lesen lernen. Da suchte man und suchte man, und schließlich fand man eine Fibel von 1927, die war ja noch nicht verseucht durch NS-Themen. Schön, dann fingen wir damit an. Ja, aber wie kriegten wir das hin? Nichts konnte man hektographieren, nichts fotokopieren, ach, wir gaben den Eltern mal diese kostbaren Hefte mit. Es waren 30 Hefte vorhanden und 60 Kinder, und dann taten sich immer zwei zu einer Lesegruppe zusammen. Denen wurde das Heft mitgegeben, und die erste Seite habe ich liniert: Doppellinie, einfache Linie, etwas größeren Abstand, nächste Linie, Doppellinie. »So müßt ihr das Heft nun durchlinieren.« [...] Und dann habe ich angefangen: Mit »o«, glaube ich, ging es los, dann das »m«, dann ein »a«. Nun mußte ich eine Figur malen. Also 30 mal, oft schrieb und zeichnete ich bis nachts um eins oder zwei.

Ich hatte ein Zimmer für mich allein im Hause meiner Eltern, hatte aber meistens steife Finger beim Arbeiten, weil ich nicht heizen konnte.

Wenn meine Eltern ins Bett gegangen waren, konnte ich in die Küche gehen. Am Küchentisch konnte ich mich ausbreiten. Am nächsten Morgen kam ich in die Schule und hatte wenigstens 30 neue Seiten, zwei Kinder konnten immer in eine »Fibel« gucken. »Das Papier dürft ihr anmalen, wenn ihr wollt.«

»Ach, wir haben ja keine Buntstifte!« Da kam wieder dieser Schwarzhändler, und der hat uns zu kleinen Kreiden verholfen, und dann haben die Kinder die Bilder angemalt. »Wollt ihr noch etwas dazu malen?« – »Einen Puppenwagen!« – »Ja, das dürft ihr machen, den dürft ihr euch selber ausdenken.« So bin ich von einer Seite zur anderen vorangegangen. Die konnten lesen nachher! Das Heft war noch gut erhalten am Schluß. Sie sind ganz sorgsam damit umgegangen. Wenn sie nun schrieben, schrieben sie meistens auf Zeitungsrändern, weil sie ja keine Hefte hatten.

I.: Also zum Üben?

K.: Ja, ja, sie mußten ja auch Schularbeiten machen. Wie kommen wir nun an Bleistifte? Jedes Kind hat von Dirks Vater einen Bleistift gekriegt. Ja, es war ein toller Vater! [. . .]

I.: Ich meine, wenn man Lesen und Schreiben unterrichtet, im ersten Schuljahr, kann man ja noch nicht viel »Gesinnung« an die Schüler weitergeben. Wurde von den Engländern darauf geachtet, was unterrichtet wurde, und wie machten sie das? Wie kontrollierten sie das?

K.: Eine Kontrolle der Engländer habe ich nicht erlebt, die wurde dann wohl auch den Schulräten übertragen. Wir hatten unheimlich genaue Lehrpläne, nach Stunden aufgefächerte Stoffpläne, die von den Engländern überprüft worden waren. Diese Pläne habe ich nicht mehr, die habe ich nicht aufgehoben. Neulich geriet mir noch mal so eine Urkunde in die Hände, vom englischen Stadtkommandanten, da ging es auch zum Teil um pädagogische Inhalte. Im wesentlichen ging es darum: Sie führten das Christentum ein! Das war ja nun völlig flachgefallen bei den Nazis.

I.: Das hört sich toll an: Sie führten das Christentum wieder ein.

K.: Sie haben uns missioniert. Es hatte ja keiner von uns eine Ahnung. Manche waren noch konfirmiert, ich auch. Also ich wußte, was im Katechismus stand. Den hatte ich auswendig gelernt, als 12–13jährige Schülerin, mit Erklärungen von Martin Luther. Aber ich meine, das waren ja keine Inhalte. Wir hatten jetzt beinahe jeden Tag eine Stunde Religion, und da war im Lehrplan angegeben Jakob und seine Söhne und David mit seiner Frau und den Nebenfrauen, usw.

Im Jahre 1946/47 ging es langsam mit Schulbüchern los. Man konnte auch schon mal bei Rechenaufgaben sagen: Hausaufgaben auf Seite soundso. Ich glaube, wir haben den Schülern damals die Bücher nach Ablauf des Jahres wieder abgenommen und dem nächsten Jahrgang überantwortet. Wenn der Schulrat kam – er kam immer unangemeldet –, mußte man einen bestimmten Stoff bearbeiten. Man fing dort wieder an, wo die Pädagogik 1933 hatte aufhören müssen. [. . .]

Das Wichtigste war die Schulspeisung, zuerst gab es eine, die auf fünf Kinder pro Klasse beschränkt war. Oh, das war immer ein Händeringen, wer nun etwas davon bekam, schließlich entschied der Amtsarzt. Wer nun so ganz dünn und mager war, der kriegte etwas. Die Schweden schickten uns Milchpulver, Rosinen, Zucker und Haferflocken in größeren Mengen. Das wurde dort, wo heute die Stadtverwaltung ist, gekocht. Dort gab es eine Volksküche in einem langgestreckten Gebäude mit einem großen Suppenkessel, Tischen und Bänken. Die Frauen vom Roten Kreuz kochten von frühmorgens an in einem großen Topf herrlich dicke Suppe. Schließlich kriegten alle Kinder Schulspeisung. Als ich meine zweite Schulanfängerklasse hatte, Anfang 1949 wird's gewesen sein, da wurde es gut. »Ihr kriegt alle Schulspeisung!« – »Da muß man wohl einen Löffel haben?« – »Ja, und auch einen Topf.« Ich sehe immer noch so einen kleinen Kerl vor mir, Ruhnau hieß er, ein ganz kleines Würstchen, aus Ostpreußen gekommen, die Mutter mit fünf Kindern, und der Vater gefallen. Der kam immer mit seinen Holzpantoffeln an, hatte an einem Bindfaden seine Blechbüchse, das war eine Kilodose, und darin den Löffel. Darauf paßte er auf! Die hing vor seinem Bauch. Ob er hinten einen Ranzen hatte? Ich glaube nicht, er hatte eine Tasche, in der er so ein paar Sachen hatte für die Schule. Wenn er sich hinsetzte, dann klapperte alles. [. . .]

Quelle: Aus einem Interview mit Anneliese Klein, geführt 1986 von Elke Meyer-Hoos im Zuge von Recherchen für eine Ausstellung zum Thema »Flüchtlinge im Landkreis Lüchow-Dannenberg«; zitiert nach: Fremde. Flüchtlinge im Landkreis Lüchow-Dannenberg 1945–1950. Katalog zur Ausstellung im Museum Wustrow, Mai 1990 bis November 1992, S. 123 ff.

104

»Dem deutschen Geist« – »Dem lebendigen Geist«
Die Universität Heidelberg organisiert sich wieder

Zur »Neuen Zeitung« vgl. die Erläuterungen zu Dok. 40, S. 232.

Am 4. November 1945 wurde in der »Neuen Zeitung« über einige Universitäten – Heidelberg, Göttingen und Marburg – berichtet, die zum Wintersemester 1945/46 den Lehrbetrieb wieder aufnahmen. Insgesamt – so auch in dem hier wiedergegebenen Abschnitt über die Universität Heidelberg – wird der demokratische Neuanfang als gelungen eingeschätzt. Eine Meinung, die jedoch nicht von allen Zeitgenossen geteilt wurde. So schrieb z. B. Walter Dorn, US-Historiker und von 1941 bis 1944 Leiter der Deutschlandabteilung des US-Nachrichtendienstes in einer Denkschrift vom Mai 1946 über die Lage in Bayern zur Situation an der Münchner Universität: »Nach meiner unmaßgeblichen Meinung hat die Militärregierung einen nahezu nicht wiedergutzumachenden Fehler begangen, indem sie die alte Universität München und andere Hochschulen wiederbelebte. Anstatt eine Gruppe politisch verläßlicher und energischer Professoren mit dem Aufbau einer wirklich demokratischen Universität zu beauftragen, hat die Militärregierung versucht, die alte Universität München wiederherzustellen, ohne Nazis natürlich. Was war das Ergebnis? Es werden keine Lehrstühle besetzt, solange auch nur die geringste Möglichkeit besteht, daß dieser oder jener Nazi-Professor doch noch entlastet werden könnte. Das hat sich bislang als unübersteigbare Hürde für die Schaffung einer demokratischen und antimilitaristischen Universität erwiesen. [...] Es herrscht die eigentümliche Auffassung, daß die Lehrstühle für die Leute des Naziregimes freigehalten werden müßten. [...]« (Dorn 1973, S. 87)

Die medizinische Fakultät der Universität Heidelberg konnte von 5 000 Bewerbern lediglich 1 000 zum Studium annehmen. Hier wird mit den Vorlesungen noch Anfang November begonnen werden. Die Heidelberger Universität hat jedoch noch einige Plätze für Studenten der theologischen Fakultät offen, die im günstigsten Fall 300 Hörer aufnehmen kann. Für diejenigen Studenten, die keine reguläre Reifeprüfung abgelegt haben, findet ein Vorsemester statt.

Das Studentenproblem in Heidelberg hat solche Ausmaße angenommen, daß man erwartete, daß einige Studenten versuchen werden, »schwarz« zu studieren. Das einzige Mittel hiergegen ist, nach Ansicht des Rektors, Prof. Bauer, die Eröffnung weiterer Fakultäten, mit denen in der nächsten Zeit gerechnet werden darf. Heidelberg hat ein bestimmtes System, nach dem die Aufnahme oder Ablehnung der Studenten erfolgt. Von vonherein ausgeschlossen vom Studium sind: 1. Die nationalsozialistischen Aktivisten; 2. Studenten, die Ämter in der Hitlerjugend oder im Bund deutscher Mädchen innehatten; 3. die Freiwillige in der SS waren; 4. die Schüler und Angehörige von Ordensburgen waren.

Als Ordensburgen wurden die Parteihochschulen der NSDAP, vor allem der SS, in Crössinsee, Sonthofen und Vogelsang zur Heranbildung des Führernachwuchses bezeichnet.

Bei der Aufnahme werden bevorzugt: 1. Politisch Geschädigte; 2. Kriegsinvaliden; 3. Studenten, die ihr Studium lange unterbrechen mußten; 4. Nichtparteigenossen vor Parteigenossen; 5. Heidelberger und Flüchtlinge aus dem Osten vor anderen, wenn die übrigen Voraussetzungen die gleichen sind.

Jeder einzelne Fall wird von einer Kommission entschieden.

Prof. Bauer hat der Militärregierung einen Versuchsplan unterbreitet, in dem er, zum ersten Male für Deutschland, eine Studentenerziehung nach dem Muster der amerikanischen Colleges vorschlägt. Der Plan wurde genehmigt, und es entstand ein größeres Studentenwohnheim, das *»Collegium academicum«*, in dem 500 Studenten in 180 Zimmern mit je drei Betten untergebracht werden sollen. Dieses erste deutsche College wird es mittellosen Studenten ermöglichen, für eine monatliche Miete von 5 bis 14 Mark eine Unterkunft zu finden.

Es ist der Wunsch Prof. Bauers, daß die Universitäten in Zukunft kein Tummelplatz mehr für feudale, exklusive und reaktionäre Verbindungen sein mögen. Die Universität Heidelberg ist entschlossen, parteipolitische Gruppenbildungen innerhalb der Studentenschaft nicht zu dulden, um den inneren Frieden der Universität, der die einzige Gewähr für ungestörtes Lernen und Lehren bietet, zu bewahren.

Trotz aller Sorgen ist Heidelberg eine glückliche Stadt, eine der wenigen, die der Vernichtung des Krieges entgehen konnten. Das Lehrgebäude mit Aula und großen Leseräumen, das von ehemaligen amerikanischen Heidelberger Studenten und Botschafter *Shurman* in dankbarer Erinnerung an ihre Studentenzeit errichtet worden ist, blieb unbeschädigt. Lediglich die nationalsozialistische Inschrift »Dem *deutschen* Geist« mußte weichen, um wieder der ursprünglichen Inschrift »Dem *lebendigen* Geist« Platz zu machen.

Die Universitätsbibliothek von Heidelberg gehört zu den berühmtesten Europas. Wenn sie auch quantitativ mit 1 200 000 Bänden nicht die größte ist, so besitzt sie doch die berühmtesten Papyrosrollen, seltene Liederhandschriften aus dem 12. Jahrhundert und andere Unica, die sonst nirgends in solchem Reichtum vorhanden sind. Die Heidelberger Sternwarte ist einmalig in ihrer Art. Das Dolmetscherinstitut, das der philosophischen Fakultät angeschlossen ist, wird seinen Betrieb wieder aufnehmen, sobald die philosophische Fakultät mit ihren Vorlesungen beginnen kann.

Die Universität Heidelberg, die auf bekannte Wissenschaftler der Zeit vor Hitler zurückgegriffen hat, hat Prof. *Radbruch*, den bekannten Strafrechtler und Rechtsphilosophen, auf den Lehrstuhl berufen. Auch Karl *Jaspers*, der Schöpfer der Existenzphilosophie, darf wieder lehren. (Siehe den Artikel Prof. Jaspers' auf unserer ersten Beilageseite. Anm. der Red.) Der gesamte Lehrkörper wurde vollständig von nationalsozialistischen Elementen gesäubert. Heidelberg, das so viele hervorragende Wissenschaftler und Nobelpreisträger als Schüler und Lehrer hatte, ist überzeugt, daß es schon aus geographischen und historischen Gründen zu einem neuen Mittelpunkt der deutschen Wissenschaft werden kann. In Heidelberg hat der Nobelpreisträger *Kessel*, der Begründer der Chemie der Eiweißstoffe, die erste Theorie von den Eiweißbausteinen aufgestellt. Heidelberger ist auch der Nobelpreisträger Richard *Kuhn*, der hervorragende Beiträge zur Vitaminforschung geliefert hat und der noch jetzt als Biochemiker tätig ist.

Der Rektor der heutigen Universität wurde in freier Wahl von den nicht-nationalsozialistischen Professoren gewählt. Er wird sein Amt bis zur völligen Wiederherstellung des Lehrkörpers behalten. Dann wird eine Neuwahl des Rektors stattfinden, die jedes Jahr, wie es an den deutschen Hochschulen bis zum Jahr 1933 üblich war, wiederholt werden soll.

Quelle: »Neue Zeitung« vom 4. November 1945, München.

| 105 |

»Kämpfe den guten Kampf des Glaubens«, 1. Tim. 6,12
Ein Tagebuch von Palmsonntag bis Pfingsten 1945

Gertrud Elisabeth Schuster, geboren 1926 in Lüdenscheid, führte von Anfang März bis Ende Mai 1945 ein Tagebuch, aus dem die folgenden Abschnitte stammen.

Lüdenscheid, 18. III. 1945

»Kämpfe den guten Kampf des Glaubens, ergreife das ewige Leben, dazu du auch berufen bist.« 1. Tim. 6,12. Über dieses Wort predigte Pastor S. heute morgen. Wunderbar, zündend und gewaltig hat er gesprochen. – Die Kämpfe im Osten und Westen sind hart und schwer. Schwere Angriffe auf Hagen und andere große Städte fanden statt. [...]

Lüdenscheid, 25. III. 1945

Gottes Welt ist so wunderbar! Es ist so schön draußen. Frühling, Frühling – trotz Krieg und Schrecken! Ruth, Gisela und ich sind seit Stunden unterwegs. Wunderbare Welt! Wirklich.! Und dieses Land sollte untergehen? Nein, nein, ich will, ich kann es nicht glauben! Deutschland muß bestehen! – Und heute ist Palmsonntag: Jesu Leidenswoche beginnt.

Lüdenscheid, 30. III. 1945

Jesu Sterbetag! Er ist für unsere Sünden in den Tod gegangen, auch für meine Schuld. Ich bin heute, am größten Feiertag unserer Kirche, zum hl. Abendmahl gegangen. Ich danke Gott und bitte ihn um Kraft für die kommenden schweren Wochen. Im Radio wurde Bachs Matthäuspassion gesungen und gespielt. Es war so wunderbar! – Die Kriegslage ist katastrophal. Wir sind in einem Kessel, der nur noch nach NNO offen ist. – Vati hat geschrieben [als Sanitäter in Freikorps Sauerland].

Lüdenscheid, 1. IV. 1945

Ostern! Frühlingsfest trotz Krieg und Schrecken! L.s sind heute morgen mit knapper Not dem Bombentod entgangen. Elend ist in der Welt! Und trotz allem: ein Leuchten ist in der Welt. Und noch mehr: »Christ ist erstanden von der Marter alle ...« Gott hat Ja gesagt zu dem Erlösungswerk seines Sohnes, wir sind nun seine Kinder. Heute morgen war ich in der Kirche. Pastor K. hat gut gesprochen. Und doch – trotz dieser großen und wahren Zuversicht kann ich mich nicht wahrhaft freuen.

Lüdenscheid, 5. IV. 1945

Ich habe jeglichen Glauben an den Sieg verloren; ich gebe alles auf. Auf Grund meiner englischen Sprachkenntnisse mache ich schon Pläne für die Zukunft. Die Lage: Feindliche Truppen kämpfen und siegen im Osten und Westen. Überall sind Bombenangriffe, auch hier. [...]

Lüdenscheid, 12. IV. 1945

Die ganze Nacht heulten schwere Granaten über uns hinweg. Wir saßen im Keller. An Schlaf war nicht zu denken. Endlich graute der Morgen; die bange Nacht war herum. Es hieß wieder, die Stadt würde verteidigt. Auch im Radio wurde von der Verteidigung aller Städte und Dörfer gesprochen. Ich habe den ganzen Tag geräumt und gepackt. Noch ist es ruhig. Wie lange? Es ist erst 9 Uhr abends. Bernd [der sechsjährige Bruder] hat Halsschmerzen und Fieber.

Lüdenscheid, 13. IV. 1945

Wir sitzen im Keller. Der Amerikaner hat die Stadt schon durchfahren. Heute war toller Beschuß. Morgens konnte man noch Besorgungen machen. Beim Mittagessen ging es los. Wir haben alles zusammengepackt und im Keller gegessen. Ich habe unseren Keller wohnlich hergerichtet, aufgeräumt, Sachen hinuntergetragen und verpackt. Und nun ist alles vorbei. Unser Haus hat eine Phosphorgranate abbekommen. Wir haben eifrig gelöscht und geräumt. Im Dach ist ein großes Loch. Eben haben wir die schweren Wagen der Feinde rollen sehen. Wir haben im Keller etwas zusammen gegessen. Jede Familie hat etwas beigesteuert. Bohnenkaffee gab's, Kuchen, Plätzchen, Kognak. Es war ganz nett. Was wird nur aus uns? Ich weiß es nicht.

Lüdenscheid, 14. IV. 1945

Der erste Tag unter der Herrschaft der Militärregierung Deutschland ist herum. Wir haben von 7 bis 18 Uhr Ausgang. Es sind viele Verfügungen gekommen. Fast alle nationalsozialistischen Anordnungen sind aufgehoben. Keine Post, keine Reisen, kein Telephon. Alle Parteigenossen müssen sich melden. Ich sehe schwarz; ich habe praktisch mit dem Leben abgeschlossen. Zuerst war ich niedergeschlagen, dafür leiden zu müssen. Jetzt ist mir alles so erschreckend gleichgültig. Ich hätte es eher wissen müssen. – Bei Inge K. ist alles kaputt. Es tut mir leid. – Die Amerikaner brausen dauernd durch die Stadt. Military Police ist schon hier. Heute morgen ist geplündert worden. Die Geschäfte sind leer. Wir werden hungern müssen. Dauernd heulen Granaten, klatschen Einschläge, sausen Fahrzeuge. Mir ist unheimlich.

Lüdenscheid, 15. IV. 1945

Unser Papa ist wieder da. Gestern abend wurde das Freikorps aufgelöst. Wir sind froh. Heute kam er an. Ich war in der Kirche. Superintendent A.'s Predigt gab mir sehr viel. Er sprach über den 23. Psalm. »Der Herr ist mein Hirte; mir wird nichts mangeln.« Das darf auch ich wissen. »Es kann mir nichts geschehen, als was Gott hat ersehen und was mir selig ist.« – [...]

Lüdenscheid, 18. IV. 1945

Heute waren Fräulein B. und Fräulein S. hier, um mich für einen deutschen Kulturkreis zu werben, der verhüten soll, daß die Jugend kommunistisch wird. Es ist eine Auszeichnung für mich; trotzdem bin ich nicht so sehr begeistert.

Lüdenscheid, 19. IV. 1945

Elisabeth und ich haben Fräulein B. und Fräulein S. besucht und über unsere kommende kulturelle und wissenschaftliche Arbeitsgemeinschaft gesprochen. Es war sehr schön. Jetzt freue ich mich darauf. – Ich habe es gar nicht gemerkt, daß wir unter der Herrschaft der Nationalsozialisten so viel an Freiheit entbehrten. Das ist mir erst jetzt klargeworden. Und doch: meine Jungmädelarbeit [bis August 1944] hat mir trotz allem viel Schönes gebracht. Ich vermag noch nicht, alles zu verurteilen, vielleicht später. – Goebbels sprach heute abend. Er redete wie sonst vom Sieg, von kommenden herrlichen Zeiten. Wie mag alles werden? Ich weiß es nicht. – Der Kampf um Ruhr und Rhein ist zu Ende. Wir sind vollkommen in der Hand des Feindes. Was geschieht mit uns? [...]

Lüdenscheid, 2. V. 1945

Trauer! Der deutsche Rundfunk meldete, der Führer sei im Kampf um Großdeutschland gefallen. Er hat Großadmiral Dönitz zu seinem Nachfolger ernannt.

Lüdenscheid, 7. V. 1945

Es heißt im Feindsender, Großadmiral Dönitz habe die Kapitulation aller deutschen Streitkräfte befohlen. Generaloberst Jodl sagte, wir seien England, Amerika und Rußland auf Gnade und Ungnade ausgeliefert. Was wird aus uns? [...]

Lüdenscheid, 20. V. 1945

Quelle: Aus dem Tagebuch von Gertrud Elisabeth Schuster (Pseudonym), Archiv »Deutsches Gedächtnis«, Lüdenscheid.

Ein strahlender Pfingstmorgen bricht ins Land. Es ist noch früh. Bernd und ich wollen gleich zum Jugendgottesdienst. Ich möchte mein Herz dem heiligen Geist weit öffnen. Gott schenke mir Glauben! – Pastor K. hat wunderbar gesprochen. Er sagte, Weihnachten, Karfreitag und Ostern seien nur gewesen, damit Pfingsten sein konnte.

106

Zur Rolle der Kirche im Nationalsozialismus

Konrad Adenauer an Pastor Bernhard Custodis

Zu Konrad Adenauer vgl. die Erläuterungen zu Dok. 24, S. 205 f.

Mit »Pribila« ist wahrscheinlich Pater Max Pribilla gemeint, auf dessen später (1947) veröffentlichte Schrift »Deutschland nach dem Zusammenbruch« sich Adenauer inhaltlich bezieht.

23. Februar 1946

Lieber Custodis!

Von der Mutter Werhahn erhielt ich den anliegenden Artikel des Paters Pribila mit der Bitte um Beurteilung. Da ich die Adresse des Paters Pribila nicht habe und die Mutter Werhahn mir mitteilte, daß sie den Artikel durch Dich bekommen habe, sende ich ihn anbei mit der Bitte zurück, ihn an Pater Pribila zurückgelangen zu lassen.

Ich würde den Artikel nicht erscheinen lassen. Nach meiner Meinung trägt das deutsche Volk und tragen auch die Bischöfe und der Klerus eine große Schuld an den Vorgängen in den Konzentrationslagern. Richtig ist, daß nachher vielleicht nicht viel mehr zu machen war. Die Schuld liegt früher. Das deutsche Volk, auch Bischöfe und Klerus zum großen Teil, sind auf die nationalsozialistische Agitation eingegangen. Es hat sich fast widerstandslos, ja zum Teil mit Begeisterung auf all den in dem Aufsatz gekennzeichneten Gebieten gleichschalten lassen. Darin liegt seine Schuld. Im übrigen hat man aber auch gewußt – wenn man auch die Vorgänge in den Lagern nicht in ihrem ganzen Ausmaße gekannt hat –, daß die persönliche Freiheit, alle Rechtsgrundsätze, mit Füßen getreten wurden, daß in den Konzentrationslagern große Grausamkeiten verübt wurden, daß die Gestapo, unsere SS und zum Teil auch unsere Truppen in Polen und Rußland mit beispiellosen Grausamkeiten gegen die Zivilbevölkerung vorgingen. Die Judenpogrome 1933 und 1938 geschahen in aller Öffentlichkeit. Die Geiselmorde in Frankreich wurden von uns offiziell bekannt gegeben. Man kann also wirklich nicht behaupten, daß die Öffentlichkeit nicht gewußt habe, daß die nationalsozialistische Regierung und die Heeresleitung ständig aus Grundsatz gegen das Naturrecht, gegen die Haager Konvention und gegen die einfachsten Gebote der Menschlichkeit verstießen. Ich glaube, daß, wenn die Bischöfe alle miteinander an einem bestimmten Tage öffentlich von den Kanzeln aus dagegen Stellung genommen hätten, sie vieles hätten verhüten können. Das ist nicht geschehen und dafür gibt es keine Entschuldigung. Wenn die Bischöfe dadurch ins Gefängnis oder in Konzentrationslager gekommen wären, so wäre das kein Schade, im Gegenteil. Alles das ist nicht geschehen und darum schweigt man am besten. Ich weiß bestimmt, daß der verstorbene Papst mit meinem Urteil genau übereinstimmte. Wie der jetzige Papst denkt, weiß ich nicht.

Vielen Dank für die Beförderung und herzliche Grüße

Dein

Quelle: Zitiert nach: Adenauer – Rhöndorfer Ausgabe, hrsg. v. Rudolf Morsey und Hans-Peter Schwarz im Auftrag der Stiftung Bundeskanzler-Adenauer-Haus, Briefe 1945–1947, bearb. v. Hans Peter Mensing, Berlin (Siedler Verlag) 1983, S. 172 ff.

107

»Religiöse Neugeburt in Deutschland«

Ein Bericht aus dem »SUNDAY EXPRESS« vom 19. Mai 1946

Zum »Lagerkurier« vgl. die Erläuterungen zu Dok. 19, S. 194.

In der Ausgabe vom 20. Mai 1946 druckte der »Lagerkurier«, das Nachrichtenblatt eines englischen Kriegsgefangenenlagers, nachfolgende deutsche Übersetzung eines kurzen Artikels aus dem »Sunday Express« über den starken Zulauf der Kirchen in Deutschland ab. Äußerst populär in der Nachkriegszeit war Kardinal Josef Frings, von 1942 bis 1969 Erzbischof von Köln. Berühmt geworden ist seine Silvesterpredigt von 1946, in der er Verständnis für die hungernden und frierenden Menschen äußerte, die sich mit Kohlen aus alliierten Transporten versorgten.

Eine religioese Wiederbelebung, wie Europa sie seit 100 Jahren nicht mehr erlebt hat, ereignet sich heute in Deutschland. Mit Ausnahme des Hungers ist diese heute die maechtigste Kraft in Deutschland. Sowohl evangelische als auch katholische Kirchen sind ueberfuellt. Wer nicht mindestens 20 Minuten vor Beginn des Gottesdienstes kommt, erhaelt keinen Sitzplatz mehr. Die Geistlichen sind der einzige Berufsstand, der die Entnazifizierung geschlossen ueberlebt hat, nur 2 % von ihnen mussten entlassen werden. Hierdurch und durch die kirchliche Liebestaetigkeit auf sozialem Gebiet ist die Kirche heute der wichtigste Faktor im Leben Deutschlands geworden.

Die erste grosse spontane Kundgebung in der britischen Zone war der Empfang Kardinal Frings' bei seiner Rueckkehr aus Rom vor dem Koelner Dom. Die groesste Jugendkundgebung in der ganzen britischen Zone war der Marsch von 20 000 Jugendlichen des Ruhrgebiets nach Essen, um den Kardinal zu hoeren.

Quelle: Der Lagerkurier – Tagesnachrichtenblatt des Camp 186 vom 20. Mai 1946, Archiv »Deutsches Gedächtnis«, Lüdenscheid, Bestand Helmut Ribbe.

Ein Beamter der Militaerregierung erklaerte kuerzlich, dass Kardinal Frings die politische Fuehrung der katholischen Krische in Deutschland uebernommen habe. Ob die Kontrollkommission es weiss oder nicht, dies ist der Hammer, der geschmiedet wird, um die zukuenftige Gestalt Deutschlands zu schlagen.

108

»Die Kirche hätte sich selbst anklagen müssen«

Aus einem Interview mit Helmut Gollwitzer

Helmut Gollwitzer, 1908 geboren, studierte Theologie und Philosophie, wurde nach seinem Vikariat in München Schloßprediger in Österreich und übernahm 1938 die Vertretung für den als Mitglied der Bekennenden Kirche verhafteten und bis 1945 in verschiedenen Konzentrationslagern inhaftierten Martin Niemöller in Berlin-Dahlem. Ab 1940 war Helmut Gollwitzer im Sanitätsdienst der Deutschen Wehrmacht und geriet in russische Gefangenschaft. Nach seiner Heimkehr wurde er Professor für Systematische Theologie an der Freien Universität Berlin.

Manfred Scharrer (M. S.): In welcher Situation, in welchem Zustand befand sich die Kirche nach dem Ende des nationalsozialistischen Regimes am 8. Mai 1945?

Helmut Gollwitzer (H. G.): [...] Ich möchte als erstes dazu sagen, warum man den gesellschaftlichen Faktor Kirche und Christentum bei der Betrachtung dieser Zeit noch weniger ausklammern kann als in anderen Perioden unserer Geschichte: Die Herrschaftsmacht Nationalsozialismus, die Ideologie, die doch immerhin ziemlich viele ergriffen hatte, war weg. Es war kein Nullpunkt, aber es war ein Nihil, ein Nichts, woran man sich halten konnte, wofür man sein konnte. Es war noch nicht die westliche Demokratie wirklich im Bewußtsein, sondern zwei Dinge waren unmittelbar im Bewußtsein, Christentum und Marxismus, als die geistigen Größen, die nicht blamiert, nicht diskreditiert waren, und von denen man etwas sich versprechen konnte. Mit dem Marxismus war das offenbar sehr rasch zu Ende durch den Blick rüber in die sowjetisch besetzte Zone. So wollte man es nicht haben. In der großen materiellen Not, zusammen mit der ideellen Not, war der Ort, wo Leute sich sammeln konnten, gegenseitig Hilfe erfuhren, einen Rest von Menschlichkeit erfuhren, eigentlich nur die Kirche. Darum damals die überfüllten Kirchen. Das war – nach meiner Interpretation – ein wiedererwachtes religiöses Bedürfnis angesichts des Todes. Die Menschen starben um einen herum. Man selbst lebte höchst unselbstverständlicherweise immer noch und wußte nicht, wie lange man noch lebte. Da stellt sich die Frage des Todes und damit die religiöse Frage. Und zweitens aber, und nicht geringer, glaube ich, die Möglichkeit eines Zusammenseins inmitten einer völlig atomisierten Gesellschaft. Wo traf man sich? Auf dem Schwarzmarkt, beim Kohlenklauen traf man sich. Manchmal traf man sich auch, um sich zu helfen, aber es gab nirgends mehr einen Ort, wo man als Menschen zusammenkommen konnte. Außer bei den Gottesdiensten, und natürlich war das dann auch mit Materiellem verbunden, nämlich mit Versuchen zur Selbsthilfe und zur Organisierung von Hilfe für die Ärmsten usw.

Die Hinwendung zu den Kirchen, zum Glauben, zu religiösen Fragen, hatte in dieser schrecklichen Notzeit eine sowohl innerlich-seelische wie auch materielle große Bedeutung für das Überleben der Menschen bekommen. Und dafür ist dann auch bezeichnend, daß, als neben der Kirche sich andere Möglichkeiten boten, man dieses kirchliche Zusammensein weder materiell brauchte noch geistig. Es gab wieder einen Kegelverein, man konnte zum Skatspielen gehen, und die Frauen hatten auch wieder Zusammenkunftsmöglichkeiten; kurz: Die Monopolstellung der Kirchen, die sie kurze Zeit hatten, verschwand, und damit normalisierte sich auch das Verhältnis der deutschen Bürger zur Kirche, zu den beiden Kirchen. Nur eine Minderheit der Kirchensteuerzahler sind heute praktizierende Christen, katholisch oder evangelisch.

M. S.: Das Stuttgarter Schuldbekenntnis der evangelischen Kirche, genauer des Rates der Evangelischen Kirche in Deutschland (19. Oktober 1945), ist ja auch interpretiert worden als ein Akzeptieren der Kollektivschuldthese. Wie schätzt du diese Stuttgarter Erklärung ein?

Die Stuttgarter Erklärung des Rates der Evangelischen Kirche in Deutschland vom 19. Oktober 1945 wird auch

als »Stuttgarter Schuldbekenntnis« bezeichnet. Es
heißt darin: »Mit großem
Schmerz sagen wir: Durch
uns ist unendliches Leid über
viele Völker und Länder gebracht worden. Was wir in
unseren Gemeinden oft be-
zeugt haben, das sprechen wir
jetzt im Namen der ganzen
Kirche aus: Wohl haben wir
lange Jahre hindurch im Namen Jesu Christi gegen den
Geist gekämpft, der im nationalsozialistischen Gewaltregi-
ment seinen furchtbaren
Ausdruck gefunden hat; aber
wir klagen uns an, daß wir
nicht mutiger bekannt, nicht
treuer gebetet, nicht fröhlicher geglaubt und nicht
brennender geliebt haben.«
(Zitiert nach: Brusis, S. 183.)

Am 23. August 1945 ver-
öffentlichte die Fuldaer
Bischofskonferenz eine
Erklärung zum deutschen
Katholizismus im Nationalsozialismus. Darin heißt es
unter anderem: »Viele Deutsche, auch aus unseren Reihen, haben sich von den falschen Lehren des Nationalsozialismus betören lassen,
sind bei den Verbrechen gegen die menschliche Freiheit
und menschliche Würde
gleichgültig geblieben; viele
leisteten durch ihre Haltung
dem Verbrechen Vorschub,
viele sind selber Verbrecher
geworden. Schwere Verant-
wortung trifft jene, die aufgrund ihrer Stellung wissen
konnten, was hier bei uns
vorging, die durch ihren Einfluß solche Verbrechen hätten
verhindern können und es

H. G.: Dazu muß ich noch etwas vorschalten, als Verbindungsglied sozusagen
zwischen dem, was ich vorher gesagt habe, und jetzt deiner Frage: Die Kirchen
waren bei den Besatzungsmächten in einen ganz unverdienten Ruf gelangt. Wegen des Widerstandes gegen Hitler, den es in den Kirchen gegeben hat, wurden
nun die Kirchen pauschal als Widerstandsorganisationen anerkannt. Das hatte für
die Kirchen enorme Vorteile. Vor jedem Pfarrhaus und vor jedem Gemeindehaus
stand »off limits«, da konnte keine Besatzung reingelegt werden. Die materielle
Versorgung der Kirchen, und zwar gleichmäßig in der sowjetisch besetzten Zone
wie in den Westzonen, brachte eine Menge Privilegien vor den anderen, und dies
hatte in der Kirche die Gefahr zur Folge, daß nun die große Menge des Klerus,
die sich mit den Nazis arrangiert hatte, auch in einen Optimismus der Erinnerung, nachträglich – wie viele andere Deutsche auch, weil sie irgendwann einmal
einen Krach mit dem Ortsgruppenleiter gehabt hatten – sich als Widerstandskämpfer sonnten. Und darum als erstes: Es war ganz unselbstverständlich, daß
die Kirche überhaupt von ihrer Schuld sprach. Es hätte auch ohne das gehen
können. Darum ist für mich das Stuttgarter Schuldbekenntnis bei allen Mängeln,
die es hat, ein erstaunliches Ereignis, denn die Tendenz in der Kirche war stark
zu behaupten: Wir haben uns bewährt in der verkommenen Vergangenheit, aber
die übrige Bevölkerung nicht, oder die Partei ist schuld oder auch die Arbeiterschaft ist schuld, weil sie keine Revolution gegen Hitler gemacht hat, das heißt,
überall die Schuld auf andere zu wälzen, so daß am Schluß dann nur noch einer
schuld war, nämlich der Hitler, weil ja er der einzige Nationalsozialist war, und
alle übrigen waren ja gar keine wirklichen gewesen. Die Entnazifizierung, so
falsch angepackt von den Besatzungsmächten, hat noch ihr Teil dazu beigetragen,
um Volk und Kirche so unbußfertig wie möglich zu machen. Alles in diesen
Jahren trug dazu bei, die Deutschen nicht wirklich zu konfrontieren mit ihrer
Schuld, und zwar gerade, weil die Besatzungsmächte sie natürlich konfrontieren
wollten, ihnen Kriegsschuld und Schuld an Naziverbrechen usw. predigten. Zugleich verstockte die große materielle Misere die Menschen. Sie ließ sie deuten auf
die Schuld der Alliierten, der anderen. Dieses Stichwort: die Schuld der anderen,
das war ganz entscheidend. Und da war die Kirche eigentlich schon ziemlich
drin, die katholischen Bischöfe haben hier mehr nachgegeben als die evangelischen Kirchenführer, die dann in Stuttgart zusammenkamen. Diese Katholische
Erklärung war nach meiner Erinnerung doch reichlich blamabel. [. . .]

M. S.: Und doch hat für mich auch dieses Schuldbekenntnis [die Stuttgarter Er-
klärung] einen apologetischen Klang. Es wird hier gesagt, das ganze Volk hat
gefehlt. Wird dadurch nicht der mangelhafte Widerstand der Kirche, indem sie
sich einreiht in das schuldige Volk, relativiert, dies gerade dann, wenn in diesem
Zusammenhang überhaupt nicht erwähnt wird, daß es sehr wohl in den eigenen
Reihen Leute gegeben hat, die entschiedenen Widerstand geleistet haben, und daß
es auch und gerade Sozialisten, Sozialdemokraten und Kommunisten gegeben hat,
die ebenfalls diesen Widerstand geleistet haben?

H. G.: Wir kommen jetzt schon zu einzelnen Fragen bei diesem Schuldbekenntnis. Zuerst möchte ich sagen, es stimmt nicht, was du soeben sagtest, daß
die Erklärung sagt, das ganze Volk hat schuld, im Gegenteil, ohne das Fürwort
»wir« näher zu umschreiben, spricht die Erklärung nur: Wir haben gesündigt,
und sagt ziemlich deutlich, daß wir mit unserem Volk uns nicht nur in einer
großen Gemeinschaft des Leidens, sondern auch in einer Solidarität der Schuld
befinden, und dann geht es weiter, nun immer im Wir-Stil: »Durch uns ist unendliches Leid über viele Völker und Länder gebracht worden«. Der Satz ist von
Niemöller hereingekommen, Gott sei Dank. Und wir sprechen jetzt im Namen
der Kirche aus: »Wohl haben wir (das ist jetzt alles Dibelius) lange Jahre hindurch im Namen Christi gegen den Gewaltgeist gekämpft, aber wir klagen uns
an, daß wir nicht mutiger bekannten, nicht reuiger gebetet, nicht fröhlicher ge-

nicht getan haben, ja diese Verbrechen ermöglicht haben und sich dadurch mit den Verbrechern solidarisch erklärt haben.« (Zitiert nach: Brusis 1985, S. 184 ff.)

glaubt und nicht brennender geliebt haben«, und jetzt gibt es einen neuen Anfang. Ich muß für die Erklärung nochmal sagen: Immerhin war den dort versammelten Leuten klar, wir müssen, wir Deutsche, und zwar wir christlichen Deutsche, von unserer Schuld sprechen. Zweitens, die Namen, die drunterstehen, sind alles Namen von Leuten, die nicht braun bekleckert waren. Es gab ganz andere Typen in der Kirche, aber die Namen, die hier stehen, das sind zum großen Teil Leute, die durch das Gefängnis gegangen sind, Niemöller acht Jahre KZ usw., die sich also im Widerstand bewährt haben. Und daß die sagen, wir, durch uns ist großes Leid über die Völker gekommen, das kann man also doch nicht so abtun, daß damit die Schuld aufs Volk geschoben wird.

M. S.: Ja, so kommt noch eine andere Frage hinzu: Warum bekennen ausgerechnet die Leute, die im Grunde nicht schuldig waren, ihre Schuld. Gerade Leute wie Niemöller? Von jenen, die für den offiziellen Kurs der Kirche verantwortlich waren, wäre ein Schuldbekenntnis doch verständlicher gewesen?

H. G.: Da kann ich dir nicht zustimmen. Durch die Kapitulation sind nun an die Spitze der Kirche auf einmal die Leute gekommen, die bisher in der Opposition standen; die anderen, die mit Nazis paktiert hatten, waren großenteils verschwunden, waren weg. Die Leute, die im Widerstand sich bewährt hatten, haben aus zwei Gründen von ihrer eigenen Schuld und der Schuld der Kirche gesprochen. Erstens, weil sie doch so schuldsensibel waren, daß sie als Deutsche nicht in der Lage waren, zu sagen, ich bin überhaupt nicht schuld an der Sache. Das waren Leute, die zum Teil schon vor 1933 in Amt und Würden gewesen waren. Die sagten sich: Was haben wir eigentlich vorher gemacht, was haben wir in den ersten Zeiten des Nazireiches gemacht, hätten wir nicht ganz anders auftreten sollen? Und dann vor allem in der Frage der Judenvernichtung: Sind wir neben den Juden gestanden, haben wir wie der dänische König und die dänische Bevölkerung uns auch den Judenstern angeheftet, wie die Juden es tun mußten usw.? All diese Fragen brachten uns sofort dazu, uns nie aus der Solidarität der Schuld mit unserem Volk, mit den übelsten Nazis herauszudividieren. Das ist, glaube ich, sehr wichtig für eine christliche Haltung. Und zweitens mußten sie ja jetzt sprechen für die ganze Kirche, und sie mußten – das hat sich bei der Reaktion auf das Schuldbekenntnis sehr deutlich gezeigt –, sie mußten gerade verhüten, daß die Christen sagten, na, die übrigen, die wüsten Nazis usw., die haben uns das alles eingebrockt, wir selbst haben reine Hände. Sie mußten im Gegenteil sich schuldig bekennen, hätten dies noch viel deutlicher, als in Stuttgart geschehen, machen sollen. Einer unserer Pfarrer hat vorgeschlagen, die Kirche soll zu den Alliierten sagen: Laßt alle Entnazifizierungen, bestraft nur uns, nur die Kirche ist schuld am deutschen Unglück, wären wir 1933 und vorher eine andere Kirche gewesen, hätte es den ganzen Nazismus mit allem Unheil, was er gebracht hat, nicht gegeben! Die Kirche hätte sich selbst anklagen müssen und für das Volk um eine Generalabsolution bitten müssen. Verstehst du, das stand hinter dem Schuldbekenntnis. Jetzt müssen wir noch rasch von den Mängeln sprechen. Einen hast du genannt: Sie sprechen nur von der Kirche und ihrem bißchen Widerstand; diese Komparative, daß wir »nicht mutiger« usw., das war doch kläglich, man hätte sagen müssen, daß wir nicht mutig bekannt, nicht treu gebetet, nicht fröhlich geglaubt und nicht brennend geliebt haben. Mit dem Komparativ sagt man ein bißchen, aber nicht genug. Schon das war übel. Zweitens, es ist derer, die neben den paar Christen und Priestern, die umgebracht worden sind, in großer Zahl mit dem Tod den Widerstand bezahlt haben, nämlich der Sozialdemokraten und der Kommunisten, mit keinem Wort gedacht. Diese Solidarität des Widerstands ist nicht drin. Und drittens, es ist zwar von anderen Völkern und Ländern gesprochen worden, aber nicht von Juden. Daß die Juden in anderer Weise noch verfolgt wurden und vernichtet worden sind als die Polen, die Russen usw., das war ja nun doch schon jedem klar, das hätte gesagt werden müssen. [...]

Quelle: Interview mit Helmut Gollwitzer, in: Ilse Brusis (Hrsg.), Die Niederlage, die eine Befreiung war. Das Lesebuch zum 8. Mai 1945, Köln (Bund Verlag) 1985, S. 172 ff. © Chr. Kaiser/Gütersloher Verlagshaus, Gütersloh.

109

Namen unter Abfallpapier

Wie die NS-Parteikartothek gefunden wurde

Zur »Neuen Zeitung« vgl. die
Erläuterungen zu Dok. 40,
S. 232.

Der Münchener Vertreter des »*Sunday Express*« hat aufsehenerregende Einzelheiten über die Auffindung der vollständigen Mitgliedskartothek der NSDAP veröffentlicht. Seinem Bericht zufolge wurde die Kartothek in einer Papiermühle bei München sichergestellt. Der Inhaber der Papiermühle, Hanns *Huber*, hatte das ihm anvertraute Material nicht eingestampft, sondern den amerikanischen Behörden übergeben. Der Berichterstatter der »Neuen Zeitung« hat sich in die Papiermühle bei München begeben und berichtet im Folgenden über die Einzelheiten seines Besuches.

✳ ✳ ✳

Die Papier-, Pappen- und Wellpappenfabrik Josef *Wirth* befindet sich in *Freimann*, einem Vorort Münchens. Neben dem grauen Fabrikgebäude steht eine zweistöckige Villa, die dem Direktor der Firma, Hanns *Huber*, als Wohn- und Arbeitsstätte dient. Auch die anderen Büroräume der Fabrik sind untergebracht.

Direktor Huber gibt in seinem Arbeitszimmer Anweisungen für den Betrieb, der, wie er sagt, genug Aufträge hat, jedoch infolge Kohlenmangels nicht den vollen Betrieb aufrechterhalten kann. Die Haupterzeugnisse seines Betriebes sind Packpapier und Wellpappe.

Die Firma hatte in normalen Zeiten ungefähr 70 Angestellte, deren Zahl jedoch schon während des Krieges auf ungefähr 40 sank. Das war auch die Zahl der Arbeiter in den Tagen vor der Besetzung Münchens durch die amerikanischen Truppen.

Am 15. April 1945 erschien ein hoher Parteifunktionär der Reichsleitung der NSDAP im Büro des Direktors *Huber* und erklärte, daß ihm eine große Menge Papier geliefert würde, die »*sofort zu vernichten*« wäre. Mit keinem Wort erwähnte er jedoch, worum es sich tatsächlich handle.

Drei Tage später kam dann die erste Fuhre von der Reichsleitung. Neun Tage lang kamen nicht weniger als *zwanzig* Lastzüge, die aus Lastwagen mit Anhängern bestanden. All' diese Lastzüge waren mit Karteikarten voll beladen. Die Karten befanden sich weder in Karteikästen, noch waren sie überhaupt verpackt. Offensichtlich waren sie in Körben oder anderen Behältern aus der Reichsleitung herausgetragen worden; sie wurden dann in Eile auf die Lastwagen geschüttet. Die Reichsleitung stellte Hilfskräfte zur Verfügung, welche die Arbeiter der Firma Wirth beim Abladen der Lastwagen unterstützten.

Nach dem Eintreffen der ersten Ladung wußte Direktor Huber sofort, um welche Art von »Altpapier« es sich handelte, konnte aber noch nicht ahnen, daß schließlich die vollständige Kartei, bestehend aus ungefähr 8 Millionen Karten, in seinem Lagerraum aufgestapelt werden sollte. Huber, der zwölf Jahre lang immer wieder bei allen öffentlichen Stellen nach seiner Mitgliedschaft bei der NSDAP befragt worden war, gehörte selbst nicht zu jenen, deren Karten sich unter den Millionen von Papieren hätten befinden können. Aber die Wahl Hubers war vom nationalsozialistischen Standpunkt noch unglücklicher: Keiner seiner Angestellten war jemals Mitglied der NSDAP gewesen. Huber wußte, daß er ihnen allen volles Vertrauen schenken konnte.

Sobald die Ladung der ersten Fuhre in seinem Lagerraum verstaut war, ließ Huber die Karten mit allerlei Papierabfällen zudecken. Jeder folgende Tag brachte weitere Fuhren. Die Zahl der Mitgliedskarten im Lagerraum der Firma Wirth wuchs, und damit wuchsen die Berge von »Altpapier«. Wiederholt kamen Funktionäre der Reichsleitung mit den Lastwagen, um Direktor Huber nochmals einzuschärfen, daß das Altpapier sofort verarbeitet werden müsse. Huber erklärte ihnen, daß er das

Papier der Reichsleitung sofort verarbeite. Die Berge von Altpapier im Lagerraum stammten jedoch von all' den anderen Kunden, die nicht so »bevorzugt« behandelt würden.

Am 27. April, zwei Tage vor dem Einmarsch der Amerikaner in München, kamen die letzten Karteikarten. Auch diese wurden getreulich zugedeckt. 65 000 Kilo Papier hatte die Reichsleitung zur Verarbeitung geliefert.

Nach der Besetzung diente die Fabrik ein paar Tage als Quartier für amerikanische Truppen. Huber, der von den Amerikanern als zweiter Bürgermeister von Freimann eingesetzt worden war, meldete der Kommandantur sofort, daß sich die Kartei der Reichsleitung der NSDAP in seiner Fabrik befände. In den Betrieb zurückgekehrt, begann er, mit Hilfe seiner Angestellten, die Karteikarten aus dem Berg von Altpapier herauszusuchen und zu bündeln. Es war eine gewaltige Aufgabe, deren Durchführung viele Wochen in Anspruch nahm.

Die Karteikarten enthalten das Lichtbild und alle wichtigen Daten der Mitglieder, außerdem: Tag der Anmeldung, Tag des Eintritts in die Partei usw. Der Ausschluß eines Mitgliedes aus der Partei war ebenfalls verzeichnet, und rotumrandete Karten kennzeichneten die *»Nichtvertrauenswürdigen«* unter den Parteigenossen. Die bei der Firma Wirth gefundene Kartothek enthält neben allen Mitgliedern übrigens auch die Namen aller Parteianwärter.

Direktor *Huber* bekleidet seinen Posten seit 1927, ist 49 Jahre alt und wurde im Allgäu geboren. Seit 1910 lebt er in München und arbeitete zuerst in der Häute-, Fell- und Lederindustrie. Er ist sich vollauf bewußt, von welch weittragender Bedeutung der Fund ist, aber er ist auch gewiß, seinem Land den besten Dienst erwiesen zu haben, indem er half, eine »Tarnung« von Elementen, die an dem Aufbau seiner Heimat und einer allgemeinen Befriedung kein Interesse haben, das Handwerk zu legen.

Quelle: »Neue Zeitung« vom 28. Oktober 1945, München.

»Dann haben wir schon mal zwei Augen zugedrückt«

Ida Lippmann über ihre Arbeit im Entnazifizierungsausschuß

Ida Lippmann wurde 1907 in Düsseldorf geboren. Der Vater war Metallarbeiter, die Mutter Hausfrau. Ida Lippmann hatte acht Geschwister. Nach der Volksschule besuchte sie die Handelsschule und absolvierte anschließend eine kaufmännische Lehre. Seit 1931 war sie im öffentlichen Dienst, erst als Sekretärin, später als Sachbearbeiterin in der Personalabteilung tätig. 1947 trat Ida Lippmann in die ÖTV ein und engagierte sich dort in der Frauenarbeit. 1948 war sie zu Umerziehungslehrgängen in Dänemark und England eingeladen. 1949 wurde sie Mitglied der CDU und übernahm in den fünfziger Jahren ein kommunalpolitisches Mandat. In den sechziger Jahren wechselte Ida Lippmann beruflich in die hauptamtliche Gewerkschaftsarbeit.

Zu solchen Umerziehungslehrgängen vgl. auch Dok. 100, 118, 120.

1949 bin ich in die CDU eingetreten, 1947 in die Gewerkschaft. Ich muß dazu sagen, ich war im Entnazifizierungsausschuß. Ich wollte da nicht rein, ich bin immer fast gezwungen worden. Ich war nicht in der Partei, ich war auch nicht in anderen Organisationen [gemeint sind NSDAP und NS-Organisationen] und habe mich nicht betätigt, obwohl ... Ich weiß ja, wie es in der Behörde war. Und ich kann sogar verstehen, wenn verheiratete Männer, na ja, für ihre Kinder in die Partei gegangen sind, auch wenn das ja nicht das alleinige Argument war. Oder – das hab ich im Entnazifizierungsausschuß erlebt – es standen ja nicht unbedingt alle, die in der Partei waren, hinter diesem Regime. Aber andererseits gab es auch welche, die nicht in der Partei waren und dennoch Spitzeldienst oder was geleistet haben.

Na ja, ich bin jedenfalls in den Entnazifizierungsausschuß gekommen, obwohl erst zwei andere bestimmt waren. Aber die Engländer hatten die abgelehnt, weil die irgendwie an einer Ecke belastet waren. Die waren nicht Nazi, aber die waren irgendwie belastet.

Und dann haben die mich fertig gemacht [in den Entnazifizierungsausschuß zu gehen]. Da gab es schon einen Betriebsrat, und die haben dann gesagt, ich müßte das tun usw. usw. Die haben mich also angehalten, und ich habe das nachher zwei Jahre gemacht, während der Dienstzeit natürlich. Das war eine schwere Arbeit, muß ich schon sagen.

Das war ein Ausschuß aus sechs oder sieben Mitgliedern. Was haben wir gemacht? Vielleicht mal als Beispiel: Das war ganz zu Anfang, da wurden in Backenberg – das ist eine Nervenklinik, die zum Landschaftsverband gehörte – alle Pfleger entlassen. Das haben noch die Engländer gemacht. Aber wir konnten ja die Patienten nicht alle entlassen, das ging ja nicht. Also was tun? Dann haben wir die wieder eingestellt. Die mußten natürlich alle durch den Ausschuß. Und wer nicht besonders belastet war, wurde wieder eingestellt. Wir brauchten ja die Leute.

Nur die, die Spitzeldienste und so etwas gemacht haben . . . also, da haben wir natürlich immer nach gefragt. So war das. Das war eine schwere Arbeit.

Auch wegen all der Kollegen und Kolleginnen. Ich kannte die ja. Also meine Erfahrungen da, die sind furchtbar. Ich war 1933 drin in der Verwaltung, und ich war 1945 drin. Ich kannte die Leute hier in der Verwaltung in Düsseldorf. Da waren Gute und andere. Nur die, die ganz hohe Posten hatten bei den Nazis, die haben sich verdrückt. Später, nach Jahren sind die entnazifiziert worden. Aber zuerst waren die gar nicht mehr da. Das ist natürlich eine Schweinerei gewesen.

Und dann waren da einige, die entnazifiziert wurden . . . Wir haben schon überlegt, warum die in die Partei gegangen sind. Danach haben wir auch gefragt. Aber wenn sie nicht andere Leute angezeigt hatten oder so was, dann haben wir schon mal zwei Augen zugedrückt. Aber ich hab schwer darunter gelitten.

Zunächst einmal haben viele versucht – das war ja noch in der schlechten Zeit –, uns mit Lebensmitteln usw. zu bestechen. Da habe ich mir aber gedacht, wenn du das einmal tust – die Versuchung ist groß –, dann bist du befangen, also das geht nicht. Ich habe auch Briefe bekommen; einen Brief mit einem Henker . . . Also es war eine schwere Zeit für mich. Eigentlich war die zu schwer. Wir hatten zwar nachher einen Landrat als Vorsitzenden, der war aber nie da, sondern hat mir das einfach alles überlassen. Der hat wohl dafür gesorgt, daß ich alles Material zur Verfügung hatte. Aber selbst hat er nichts gemacht. Und da habe ich gedacht, jetzt mußt du in die CDU oder mußt in eine Partei gehen. Eben weil verschiedene mit Bescheinigungen kamen, mit Persil-Scheinen, von Parteien, von Kirchen, von Personen, die jetzt eine höhere Position hatten. Und das war schwer. Da hab ich dann gedacht, jetzt mußt du selbst in eine Partei gehen. Und da bin ich in die CDU gegangen, um auch ein Rückgrat zu haben – das ist nämlich nicht so einfach gewesen – einen Rückhalt zu haben. Also bin ich dann in die Partei.

Quelle: Aus einem Interview mit Ida Lippmann (Pseudonym), geführt 1987 von Almut Leh, Archiv »Deutsches Gedächtnis«, Lüdenscheid.

»Taktische Linie bei der Behandlung der Nazimitglieder«

Handschriftliche Notizen Wilhelm Piecks von einer Besprechung bei Marschall Bockow am 23. Januar 1946 in Berlin-Karlshorst

Von Wilhelm Pieck existiert eine Vielzahl handschriftlicher Notizen von Gesprächen zwischen der KPD/SED-Führung und Stalin sowie führenden Vertretern der Sowjetischen Militäradministration in Deutschland aus der Zeit vom Beginn der Besatzungsherrschaft im Frühsommer 1945 bis zum Tode Stalins im Frühjahr 1953, die sowohl über die Inhalte solcher Gespräche wie über das Verhältnis von deutscher Politik und Besatzungsmacht Aufschluß geben.

Klarschrift [Auszug]

Einverständnis von St[alin] zu:

1) Taktische Linie der Behandlung der Nazimitglieder –

differenzieren –

aktive Nazi weiter wie bisher bekämpfen

nominelle Mitglieder der Nazipartei
heranziehen,

ihnen sagen, daß bei loyalem Verhalten auf unsere Unterstützung
rechnen,

daß wir ihnen Arbeit anvertrauen.

(Ähnlich wie Mitteilung St. an
Österreich)

Die Besten unter ihnen, die durch Tat
beweisen,

daß sie innerlich
gebrochen mit Nazismus –
werden am pol. Leben teilnehmen,
andeuten, daß sie sogar Mitglieder
der Partei werden können.

Kontrolle durch Prüfungsgruppen
der 4 Parteien

Diesen Teilen auch aktives Wahlrecht
geben – noch nicht pass. Wahlrecht

Bemerkung von Bockow –

Ansammlung solcher ehem. Nazimitglieder an wichtigen Orten vermeiden.

Eine Erklärung von SMA wird nicht
erfolgen.

Prozedur – Erklärung von Pieck – dann
in 4 Parteien-Ausschuß

Am nächsten Tag Versammlung

Referat –

Pol. Aufgaben

Demokratisierung

Kampf gegen fasch. Ideologie

Stellung zu Nazimitgliedern

Rede als Material drucken

[…]

Handschriftliche Notizen Wilhelm Piecks
Quelle: Stiftung Archiv der Parteien und Massenorganisationen der DDR im Bundesarchiv, Berlin, NY 4036/734, Bl. 148.

Der Fall Richard Wagner

Zu Wilhelm Pieck vgl. die Erläuterungen zu Dok. 7, S. 166 ff..

Im Juni 1946 hatte sich Dr. Richard Wagner, wohnhaft in Berlin-Zehlendorf, also im amerikanischen Sektor, an Wilhelm Pieck mit der Bitte gewandt, den Vertreter der SED in der Zehlendorfer Entnazifizierungskommission zur bevorzugten Behandlung seines Gesuches »anzuregen«, da seine Einstellung bei der Zentralverwaltung für Arbeit und Sozialfürsorge von seinem Entnazifizierungsbescheid abhänge. Die gleiche Bitte hatte Wagner auch bei Walter Ulbricht vorgebracht.

Wilhelm Pieck schrieb daraufhin in dieser Angelegenheit an besagten SED-Vertreter, den Genossen Willi Mohr, mit dem Hinweis, er, Pieck, kenne Wagner aus der Zeit seiner Illegalität, wo er zeitweise bei Wagner gewohnt habe.

Willi Mohr erreichte eine vorzeitige Behandlung des Falles Wagner in der Entnazifizierungskommission, mußte über den Verlauf der Verhandlung Pieck aber folgendes mitteilen:

Zehlendorf, den 12. Oktober 1946

Lieber Genosse Pieck!

Ich danke Dir für die Weiterleitung meines Briefes an den Genossen Dimitroff.

Zu der Angelegenheit des Herrn Dr. Richard Wagner möchte ich Dir folgendes mitteilen:

Ich hatte den Antrag geprüft und auch erreicht, dass er zur Verhandlung angesetzt wurde. Er war als letzter Fall in der betreffenden Sitzung angesetzt. Die Zeit war schon sehr vorgeschritten und es fiel die hohe Nummer des Antrages auf. Der Vorsitzende unserer Kommission (SPD) fragte, warum der Fall jetzt schon behandelt wird. Ich wies auf die Befürwortung des Genossen Ulbricht hin und dass Herr Dr. Wagner in einer öffentlichen Verwaltung angestellt werden sollte.

Ich bin in der Kommission das einzige Mitglied der SED. Die Zusammenarbeit mit den anderen Mitgliedern (2 SPD 2 CDU 1 LDP und 1 Parteilose) ist im grossen und ganzen einigermaßen zufriedenstellend. Aber jetzt in der Wahlzeit ist das Verhältnis doch etwas gespannt, und ich nehme an, dass gerade Dein Name und der des Genossen Ulbricht als Leumundszeuge und Befürworter den Vorsitzenden etwas voreingenommen machten, was ich natürlich nicht beweisen kann.

Die Kommission entschied daraufhin gegen meinen Einspruch, dass kein öffentliches Interesse vorliege, diesen Fall jetzt schon zu behandeln, und es wurde dem Antragsteller empfohlen, noch ein befürwortendes Schreiben der öffentlichen Stelle, die ihn einstellen wollte, für die Kommission beizubringen. Ich konnte mit meinem Einspruch nicht durchdringen, da die Amerikaner die Reihenfolge der Behandlung nach der Eingangsnummer vorschreiben, wenn keine Befürwortung der Amerikaner auf sofortige Behandlung vorliegt.

Ich hatte inzwischen 4 Wochen Urlaub und konnte bisher nichts weiter in der Angelegenheit unternehmen, werde aber jetzt erneut auf Verhandlung des Falles dringen, zumal wir jetzt eine zweite Kammer einrichten und der Fall schon veröffentlicht ist.

Vielleicht kannst Du Herrn Dr. Wagner zu einer Befürwortung der Behörde, die ihn einstellen will, verhelfen. Dann würde es wohl weiter keine Schwierigkeiten machen.

Mit sozialistischem Gruß
Willi Mohr

Aus einem Schreiben Piecks an Wagner geht hervor, daß Pieck tatsächlich die Zentralverwaltung um ein entsprechendes Anforderungsschreiben an die Zehlendorfer Entnazifizierungskommission gebeten hat. Der weitere Verlauf der Angelegenheit ist aus den Akten nicht ersichtlich.

Fast zwei Jahre später, im Juni 1948, wandte sich das Bezirksamt Zehlendorf von Groß-Berlin, Abteilung für Sozialwesen, Bezirksausschuß Opfer des Faschismus, an Wilhelm Pieck: Herr Ortwin Wagner, Sohn des Dr. Richard Wagner, sei in einer Möbel- und Wohnungsangelegenheit an besagte Stelle herangetreten. Für eine Entscheidung dieser Angelegenheit sei eine Bestätigung verschiedener Angaben Wagners durch Pieck hilfreich. Pieck beantwortete dieses Schreiben am 8. Juli 1948 in einem Brief an das Bezirksamt Zehlendorf.

8. 7. 1948

Betrifft: Ortwin Wagner, Zehlendorf, Milinowskistr. 3

Sehr geehrter Herr Gäbel!

Auf Ihre Anfrage vom 2. 7. bestätige ich die Angaben von Ortwin Wagner, dass ich nach Aufrichtung der Hitlermacht illegal im Hause seiner Eltern in Hermsdorf gewohnt habe. Nach mir benutzten auch noch andere Parteifreunde das Haus als illegales Quartier. Da die Umgebung sehr stark von Faschisten bewohnt war, haben wir dem Vater von Ortwin Wagner, Dr. Richard Wagner, geraten, gelegentlich anlässlich der Nazifeiertage zu flaggen, seinem Sohn nicht zu verwehren, an den Nazi-Schulfeiern und sonstigen Naziveranstaltungen teilzunehmen, und es ist auch möglich, dass wir, um das Haus weiter als illegales Quartier benutzen zu können, Richard Wagner geraten haben, in seiner amtlichen Funktion Mitglied der Nazipartei zu werden.

Ortwin Wagner habe ich damals nur als Schüler kennengelernt und weiss über seine weitere Entwicklung nichts.

W. Pieck

Quelle: Der gesamte Vorgang Wagner ist archiviert in der Stiftung Archiv der Parteien und Massenorganisationen der DDR im Bundesarchiv, Berlin, NY 4036/476 Nr. 3–15; der Brief von Willi Mohr trägt die Signatur NY 4036/476 Nr. 12 f.; der Brief von Wilhelm Pieck NY 4036/476 Nr. 15.

Aus der Arbeit des Betriebsrates im Reichsbahn-Ausbesserungswerk Bremen

Rechtfertigung eines Beschuldigten

Der Fünferrat war ein Vorläufer des Betriebsrates.

An den Fünferrat   30. Sept. 1945
im Reichsbahn-Ausbesserungswerk Bremen

Auf die gegen mich vorgebrachten Anschuldigungen entgegne ich folgendes:

Es wird gesagt, daß die von mir ausgearbeiteten Verbesserungen zum Nachteil der Arbeitskollegen seien. Dieses ist nicht wahr! Im Gegenteil ermöglichen meine Verbesserungen einen leichteren und praktischeren Arbeitsgang. Mir ist zu Ohren gekommen, daß ich auf einer Beerdigung das Parteiabzeichen getragen haben soll. Darauf erwidere ich, daß ich nie der Partei angehört oder mich im nationalsozialistischen Sinne betätigt habe. Ich bin also nicht auf Grund eines Parteibuches zum Hilfswerkführer herangezogen worden, sondern einzig und allein auf Grund meiner Leistungen und weil ich bewiesen habe, daß ich fähig dazu bin.

Auf die Beschuldigung, ich wäre mit den Ausländern nicht gut umgegangen, erwidere ich folgendes:

Ich hatte einmal einen jungen Russen, der die Arbeit verweigerte. Als Meister W. dieses erfuhr, sagte er, daß er den Russen an die Gestapo abgeben wolle. Ich wollte dieses vermeiden und faßte den Russen am Arm, um ihn zu seinem Arbeitsplatz zu bringen. Er warf sich aber gleich zur Erde, und als ich ihn am Kragen faßte, um ihn wieder hochzuheben, drehte er sich mit einem Ruck herum und drehte mir den Daumen ab.

Auch sonst bin ich stets bemüht gewesen, mit den Ausländern gut auszukommen, und habe durch rechtzeitiges Eingreifen viele von ihnen vor Anzeigen und Bestrafung bewahrt. Über diesen Punkt könnte ich noch mehrere Beispiele anführen. Bei der Essenausgabe habe ich regelmäßig übriggebliebenes Essen an die Ausländer verteilt. Der Pole Kusior und der Russe Tarasink sind sehr häufig zu meiner Wohnung gekommen, um für sich und ihre Kameraden etwas zu Essen und zu Rauchen zu holen. Sehr oft sind auch Holländer, Flamen und Italiener zu meiner Wohnung gekommen, auch diese habe ich nicht leer ausgehen lassen. Ein jeder weiß, wie gefährlich dieses damals gewesen ist. Bevor die Ausländer wieder in ihre Heimat zurückkehrten, sind viele bei mir gewesen und haben sich verabschiedet.

Daß ich stets für meine Arbeitskollegen eingetreten bin, beweist noch folgender Vorfall:

J. Nedoma hatte einmal eine abfällige und deshalb gefährliche Äußerung über die Plaketten gemacht und ist deswegen zur Bestrafung angezeigt worden. Die Mutter von Nedoma kam weinend zu mir und bat mich, alles zu tun, daß ihr Sohn nicht bestraft würde. Ich bin darauf zu Herrn S. gegangen und habe eine Erklärung unterschrieben, daß Nedoma als Witzbold bekannt wäre und nur einen harmlosen Witz gemacht habe. Nur durch mein Eingreifen ist die Sache dann niedergeschlagen worden. Hiervon kann ich noch mehrere Fälle anführen.

Ich kann jedenfalls mit ruhigem Gewissen sagen, daß die gegen mich vorgebrachten Beschuldigungen völlig unberechtigt sind und nur auf Neid und Mißgunst zurückzuführen sind. Wenn jemand strebsam ist und weiter will, so ist dieses immer und jedem erlaubt gewesen, und vor allem, wenn man kein Parteigenosse gewesen ist, so sollten einem gerade heute keine Schwierigkeiten gemacht werden.

Bremen-Hemelingen, 30. 9. 45
[Unterschrift]

Wiedereinstellungsgesuch

An die   Bremen, den 31. Juli 1951
Direktion der Bundesbahn
– Personalbüro –

Hamburg-Altona

Gesuch um Wiedereinstellung bei der Bundesbahn

Vom 5. Oktober 1914 bis zum 30. Juni 1945 war ich als Vormaler bei der früheren Reichsbahn im Reichsbahn-Ausbesserungswerk Bremen Sebaldsbrück tätig. Infolge meiner Zugehörigkeit zur NSDAP und meiner Betätigung als Betriebsobmann musste ich aus meinem Beschäftigungsverhältnis ausscheiden.

Zwischenzeitlich ist es mir nicht möglich gewesen, trotz vielfacher Bemühungen eine Betätigung zu finden, um im bescheidenen Masse die wirtschaftliche Existenz meiner Familie sicherzustellen. Die Tatsache, dass ich in 31-jähriger Tätigkeit beim Reichsbahn-Ausbesserungswerk meiner beruflichen Verpflichtung stets in vollem Umfange und ohne Beanstandungen seitens meiner Vorgesetzten nachgekommen bin, veranlasst mich, die Bitte auszusprechen, die Möglichkeit meiner Wiedereinstellung bezw. Wiederbeschäftigung zu überprüfen.

Bei dieser Erwägung bitte ich wohlwollend zu berücksichtigen, dass ich und meine Familie während der Zeit meiner Entlassung die Folgen meines politischen Irrtums jahrelang getragen haben in der Hoffnung, dass mir eines Tages durch einen Akt der Verzeihung wieder die Möglichkeit geboten würde, an meinem alten Arbeitsplatz tätig zu sein.

Hochachtungsvoll!
gez. L. W.

Stellungnahme des Betriebsrates

> Betriebsrat des Eisenbahn-Ausbesserungswerkes Bremen
> Bremen, den 10. 10. 1951

An V

Der Betriebsrat hat sich in mehreren Sitzungen mit dem Gesuch des L. W. auf Wiedereinstellung beschäftigt. W. war als Betriebsobmann im EAW Bremen tätig (nach 1933). Er hat sich als solcher ständig im Gegensatz zur Belegschaft gestellt. Ganz besonders während der Kriegszeit. Es wurden während dieser Zeit mehrere Bedienstete aus politischen Gründen entlassen, andere der »Gestapo« gemeldet. W. werden mehrere Fälle zur Last gelegt, bei denen Bedienstete des Werkes aus politischen Gründen zur Strafe in ein Arbeitslager eingeliefert wurden, in denen sie schwere gesundheitliche Schäden in der Folge zu ertragen hatten. Auch hat seine Stellungnahme zu den ausländischen Arbeitern und deren Behandlung zu einer grossen Verbitterung geführt.

Eine Wiederbeschäftigung im EAW Bremen würde zu erheblichen Unruhen und Störung des Arbeitsfriedens führen. Aus obigen Gründen muss der Betriebsrat die Wiedereinstellung im EAW Bremen ablehnen.

Quelle: Archiv »Deutsches Gedächtnis«, Lüdenscheid, Bestand Ernst Siedenberg.

gz. Ha.

114

»Auf der Suche nach Leumundszeugnissen für meine Entnazisierung . . .«

Eugen von Rautenstrauch an Konrad Adenauer

Eugen von Rautenstrauch, geboren 1879, war Teilhaber des Kölner Bankhauses Delbrück und von 1934 bis zu seinem Tod 1956 Aufsichtsratsvorsitzender der Versicherungsgruppe Agrippina. Er war eine bedeutende Persönlichkeit des Kölner Kunst- und Kulturlebens und Stifter des Rautenstrauch-Joest-Museums für Völkerkunde.

> Köln, den 22. Juni 1946

Zu Konrad Adenauer vgl. die Erläuterungen zu Dok. 24, S. 205 f.

Sehr verehrter Herr Dr. Adenauer!

Auf der Suche nach Leumundszeugnissen für meine Entnazisierung ist mir der Gedanke gekommen, ob ich Sie in diesem Kampf um meine Existenz um eine Unterstützung bitten dürfte. In allen Angelegenheiten der Stadt Köln sind Sie doch noch immer die höchste Autorität, und was liegt da näher, als dass ich mich in dieser Frage auch an den Mann wende, der die Kölner Verhältnisse wie wohl kein Zweiter überblickt und auch in ihren Einzelheiten kennt. Sie wissen, dass meine Familie schon seit Generationen eine geachtete und ich darf wohl sagen angesehene Stellung in unserer Stadt einnimmt und dass wir uns der Pflicht einer solchen Stellung stets bewusst waren. Als sichtbaren Beweis darf ich auf die Stiftung des Völkerkunde-Museums hinweisen, welches ausschliesslich meine Eltern, meine verstorbenen Geschwister und ich zugleich mit dem Grundstock der Sammlungen der Stadt Köln geschenkt haben. Bei den Eröffnungsfeierlichkeiten im Jahre 1905 hat der damalige Oberbürgermeister der Stadt, Herr Becker, gesagt, dass man diese Stiftung der Familie Rautenstrauch nicht vergessen werde, eine Äusserung, die in ähnlicher Weise bei dem 25jährigen Jubiläum im Jahre 1930 von dem derzeitigen Oberbürgermeister Herrn Dr. Adenauer wiederholt wurde. Wenn ich im Laufe Ihrer Regierung in der Öffentlichkeit weniger in die Erscheinung getreten bin, so lag das im wesentlichen daran, dass ich durch ein schweres Augenleiden sehr behindert bin und z. B. seit über 30 Jahren nicht mehr selbst lesen kann und heute auf eine dauernde Hülfe angewiesen bin.

Nachdem 1914/18 meine Familien-Firma (Import von Wildhäuten) durch den Krieg und die Stillegung des Überseegeschäftes zum Erliegen gekommen war und im Jahre 1919 aufgelöst wurde, habe ich mich an dem neugegründeten Bankhause Delbrück von der Heydt & Co., welches in der Hauptsache durch meinen alten Freund Franz Königs und Herrn Justizrat Dr. Strack ins Leben gerufen wurde, beteiligt, und zwar zunächst als Generalbevollmächtigter, was eben mit Rücksicht auf meine Augen meinen Wünschen voll entsprach. Später wurde mir nahegelegt, als Teilhaber in die Firma einzutreten, was ich getan habe. Abgesehen von dieser geschäftlichen Tätigkeit habe ich, wenn auch in bescheidenem Radius, an der Verwaltung mancher Kölner Institute mitgewirkt. Ich sass im Museums-Ausschuss, war jahrelang im Vorstand des Kölner Konservatoriums, habe die Überleitung in die Hochschule für Musik mit bearbeitet und war im Kuratorium dieser Hochschule. Auch in der Direktion der Conzert-Gesellschaft habe ich mich betätigt, bis ich dieses Amt bei der Neuordnung des Vorstandes nach der Machtübernahme niedergelegt habe. Weiter möchte ich neben der Oelbermann-Stiftung, deren Verwaltung, Aufbau und Einrichtung des Heimes für erwerbstätige Mädchen am Hohenstaufenring 57 etc. hauptsächlich in meinen Händen lagen, auch noch den Zoologischen Garten nennen, bei dem ich seit 40 Jahren im Aufsichtsrat sitze und für den ich zeitweise als Vorsitzer viel Arbeit geleistet habe, bis der Garten von der Stadt Köln übernommen wurde. Diese verschiedenartigen Tätigkeiten neben meinem geschäftlichen Leben haben mich, immer mit Rücksicht auf meine Körperbehinderung, so weit ausgefüllt, dass ich den Rest meiner Zeit meiner Familie gewidmet habe. Politisch habe ich mich in all der Zeit nicht betätigt, war aber, als die N.S.D.A.P. diesen ausserordentlichen Aufschwung nahm, der Auffassung, dass hier eine Bewegung zur Macht gelangt war, die uns vor dem drohenden Bolschewismus bewahren konnte. Ich bin dann am 1. Mai 1933 P.G. [Parteigenosse] geworden, nicht weil das Parteiprogramm meiner Auffassung entsprochen hätte, sondern weil ich einen grossen Zusammenschluss in einer solchen Partei für eine wünschenswerte Verbesserung gegenüber den bis dahin bestehenden 32 Parteien angesehen habe. Dass später alles ganz anders lief, wie jedenfalls ich es im Jahre 1933 angesehen habe, war eine harte Enttäuschung, die, wenn Sie wollen, in meiner politischen Unerfahrenheit begründet sein mag. Wenn ich dann bei den verschiedenen Meilensteinen auf dem Weg zum Abgrund nicht ausgetreten bin, so liegt das einmal daran, dass ich Wetterfahnen immer gehasst habe und mir ein solcher Wechsel nicht lag und im weiteren Verlauf der Dinge ein Austritt zweifellos grosse Schwierigkeiten und Belästigungen für mich bedeutet hätten. Ich bin übrigens nie in einer Weise von der N.S.D.A.P. belästigt, herangezogen oder ausgenutzt worden, habe keinerlei Amt bekleidet, keine Stiftungen gemacht und bin lediglich als P.G. mit einem kleinen Monatsbeitrag von RM 10.– dabeigewesen. Im Jahre 1942, als die Kreisleitung der Partei ein sehr begehrliches Auge auf die Oelbermann-Stiftung geworfen, ist es nur meiner Zugehörigkeit zur Partei zu danken gewesen, wenn ich mit den Vertretern der Kreisleitung deutsch sprechen konnte und die Stiftung sehr energisch verteidigte, ohne dabei auf irgendwelche Drohungen Rücksicht nehmen zu müssen.

Die gegenwärtige Situation ist folgende: Ich hatte im August 1945 meinen Fragebogen eingereicht, wurde im Oktober 1945 für meine Bank und damit für meine gesamte Tätigkeit zugelassen. Dann wurde am 1. Februar 1946 mein Vermögen – zugleich mit anderen Berufskollegen – gesperrt und schliesslich Anfang April meiner Bank mitgeteilt, dass sie nur weiter arbeiten dürfte, wenn ich removed [entfernt] würde. Meinem Teilhaber, Dr. Frese, der zur Entgegennahme des Bescheides zur Militärregierung befohlen wurde, wurde gesagt, es habe keinen Zweck, für mich bei der Militärregierung einen Einspruch meinerseits einzulegen. Die Sache würde von den in Bildung begriffenen Ausschüssen zunächst zu bearbeiten sein. Diese Ausschüsse sind nun in Gang gekommen, und ich habe den dringenden Wunsch, meine Angelegenheit so oder so zur Entscheidung zu bringen.

Es tut mir leid, dass der Brief etwas länglich wird, aber ich musste Ihnen doch einen kleinen Überblick über meine Person geben und Ihnen vielleicht das eine oder das andere ins Gedächtnis rufen, damit Sie sich meiner Persönlichkeit erinnern. Sollten Sie aus allem dem den Eindruck gewinnen können, dass ich einer Unterstützung wert bin, so wäre ich ausserordentlich dankbar, wenn Sie mir eine Bestätigung, die ich dem Ausschuss vorlegen könnte, ausstellen wollten. Ich werde in kurzem 67 Jahre, und wenn man mir meine gewohnte Tätigkeit in meiner Bank und den damit in Zusammenhang stehenden Betrieben endgültig verweigern sollte, so sehe ich keine Möglichkeit, auf anderem Wege ein wenn auch nur bescheidenes Einkommen zu verdienen. Das Vermögen, welches ich besessen habe, ist so gut wie völlig zerschlagen.

Quelle: Stiftung Bundeskanzler-Adenauer-Haus, Rhöndorf, 07.02.

Mit verbindlichen Grüssen
Ihr sehr ergebener
Eugen von Rautenstrauch

Mit Datum vom 6. Juli 1946 schickte Konrad Adenauer Eugen von Rautenstrauch das gewünschte Leumundszeugnis, in dem es unter anderem hieß:

Quelle: Zitiert nach: Adenauer – Rhöndorfer Ausgabe, hrsg. von Rudolf Morsey und Hans-Peter Schwarz im Auftrag der Stiftung Bundeskanzler-Adenauer-Haus, Briefe 1945–1947, bearb. von Hans Peter Mensing, Berlin (Siedler Verlag) 1983, S. 281 f.

»Ich bin fest davon überzeugt, daß Herr von Rautenstrauch sowohl infolge seiner durchaus anständigen charakterlichen Veranlagung, wie infolge seines sehr schweren Augenleidens sich niemals aktiv irgendwie bei der NSDAP beteiligt hat. [...] Herr von Rautenstrauch hat durch seinen Beitritt zur NSDAP im Jahre 1933 gefehlt. Ich bin aber der Auffassung, daß die schweren Verluste, die er in der Folge erlitten hat, und die Vorwürfe, die er sich selbst über seine damalige Leichtgläubigkeit gemacht haben wird, eine hinreichende Buße für sein verhältnismäßig kleines Vergehen sind.«

1947 informierte Eugen von Rautenstrauch Adenauer vom Abschluß seines Entnazifizierungsverfahrens, in dem das Zeugnis Adenauers wesentlich zum Erfolg beigetragen habe.

115

Über die politische und moralische Säuberung und Festigung der Kreis- und Gemeindeverwaltungen für die Zeit von Mitte 1945 bis Mai 1946

Bericht der Provinzialverwaltung Mark Brandenburg [Auszug]

Potsdam, Mai 1946

Vom Bestehen der Provinzialverwaltung bis zum 25. 4. 1946 wurden aus der Verwaltung 10 714 ehemalige Mitglieder der NSDAP entlassen. Es befinden sich noch 1 945 ehemalige Pg's [Parteigenossen] in der Verwaltung. Hierbei handelt es sich um Ärzte, Apotheker, Techniker und sonstige Personen, für deren Weiterbeschäftigung eine fachliche Notwendigkeit vorliegt.

In einer Verfügung der Provinzialverwaltung vom 18. 1. 1946 wurde für die Zeit vom 25. 1. 46 bis zum 28. 2. 1946 eine Überprüfung sämtlicher Bürgermeister angeordnet. Im Zuge dieser Maßnahme wurde in jeder Gemeinde eine Gemeindeversammlung abgehalten, auf der der Bürgermeister einen Rechenschaftsbericht gab. Ferner wurde über jeden Bürgermeister vom Landrat, von der Kreispolizei und von den antifaschistischen Parteien eine Charakteristik eingeholt. Auf Grund dieser Überprüfung wurden z. B. im Verwaltungsbezirk Cottbus 37 Bürgermeister abgesetzt, davon 12 aus politischen Gründen, 6 wegen krimineller Belastung und 19 wegen fachlicher Unfähigkeit.

Für die gesamte Provinz ergibt sich prozentual folgendes Bild:

Es wurden entlassen:

aus politischen Gründen	0,60 %,
aus kriminellen Gründen	0,36 %,
wegen Korruption	0,18 %,
wegen Unfähigkeit	1,38 %
insgesamt:	2,52 %

Aber auch bei den Kreis- und Bezirksverwaltungen wurden Entlassungen und Umbesetzungen durchgeführt. Vor Bestehen der Provinzialverwaltung hatten 22 Landräte, 22 Kreisräte, 9 Oberbürgermeister die Selbstverwaltung ihrer Gebiete aufgenommen. Davon mußten abgelöst werden: 11 Landräte, 10 Kreisräte, 5 Oberbürgermeister.

Zusammenarbeit mit den antifaschistischen Parteien

Es finden vierzehntägige Besprechungen des Präsidiums der Provinzialverwaltung mit dem Aktionsausschuß der antifaschistischen Parteien statt, bei denen für grundlegende Fragen gegenseitiges Übereinkommen erzielt wird.

Das politische Bild der Behördenangestellten, Stand am 25. 4. 1946:

Gesamtzahl: 46 759,

davon in der SED	15 662
CDU	714
LDP	332
parteilos	28 106
im FDGB	27 984
nicht im FDGB	18 775

Einrichtung einer Verwaltungsschule

Zur politischen und fachlichen Schulung von bewährten und befähigten Antifaschisten wurde in Plauen eine Verwaltungsschule eingerichtet, auf der das nötige Rüstzeug für die Wahrnehmung leitender Verwaltungsstellen vermittelt wird. Der erste Lehrgang lief vom 10. 4. bis zum 5. 5. 1946. Er umfaßte 34 Teilnehmer, darunter eine Frau. Der zweite Lehrgang, der am 10. 5. 1946 begann, ist mit 70 Teilnehmern, zur Hälfte Frauen, besetzt.

Frauen in leitenden Stellungen

Die Teilnahme der Frauen an der Verwaltungsarbeit wächst ständig. Im März 1946 waren 26, im April 45 und im Mai 36 Frauen, die in leitenden Verwaltungsstellen tätig waren. Im Mai waren z. B. die Stellen von 1 Bezirksbürgermeister, 27 Bürgermeistern, 7 stellvertretenden Bürgermeistern und ein Amtsvorsteher durch Frauen besetzt. Diese Zahlen werden sich durch die starke Teilnahme von Frauen an den Kursen der Verwaltungsschule schnell erhöhen.

Quelle: Wolfgang Merker (Hrsg.), Berichte der Landes- und Provinzialverwaltungen zur antifaschistisch-demokratischen Umwälzung 1945/ 46, Quellenedition, Berlin (Akademie-Verlag) 1989, S. 252 f.

116

Zu milde Urteile der Strafkammern 201!

Rundschreiben des Oberlandesgerichtspräsidenten an die Gerichte [Auszug]

Vgl. dazu Dok. 111, S. 350 f.

Mit dem Befehl 201 der Sowjetischen Militäradministration in Deutschland vom 16. August 1947 wurde die beschleunigte Durchführung und der baldige Abschluß der Entnazifizierung in der sowjetischen Besatzungszone anvisiert. Dabei sollte – wie in der Besprechung vom 23. Januar 1946 in Karlshorst bereits als Anweisung Stalins formuliert – zwischen ehemaligen aktiven Faschisten und Militaristen einerseits und den nominellen, nicht aktiven Faschisten andererseits unterschieden werden, um letztere in die »allgemeinen Bemühungen zur Wiederherstellung eines friedlichen demokratischen Deutschland« einbeziehen zu können. »Durch ihn soll«, so wurde an anderer Stelle die Zielsetzung des Befehls 201 beschrieben, »unter den nominellen Nazis eine Beruhigung eintreten und klargestellt werden, daß sich die Maßnahmen nur gegen aktive Nazis richten.« (Rößler 1994, S. 41 und S. 147 ff.) In dem folgenden Rundschreiben des Oberlandesgerichtspräsidenten an die Landgerichtspräsidenten werden nun einige Fälle angeführt, in denen die mit der Durchführung des Befehls 201 betrauten Strafkammern 201 – nach Meinung des Oberlandesgerichtspräsidenten – über die Absichten des Befehls hinausgegangen seien und zu milde Urteile ausgesprochen hätten.

Vgl. dazu auch in der Einführung, S. 97.

Gera, den 27. Januar 1948

Im Landgerichtspräsidenten-Rundschreiben 00 – 6/48, das auch an die Richter und stellvertretenden Richter der Strafkammern 201 gegangen ist, habe ich bereits 8 Fälle kurz dargestellt, in denen sich die Strafkammern 201 im Strafmaß vergriffen haben. Ich füge heute weitere Beispiele hinzu. Ich teile diese Beispiele von jetzt ab sämtlichen Gerichten mit, weil der Justiz die Aufgabe gestellt ist, bis zum 1. Mai 1948 die Strafverfahren nach Befehl 201 aufzuarbeiten, und weil deshalb ein großer Teil der Richter zu diesen Arbeiten herangezogen werden muß. Alle Urteile, die ich anführe, kranken daran, daß zu milde, oft viel zu milde Strafen verhängt worden sind.

1.) Ein Altparteigenosse von 1929 und NSKK-Sturmführer [Nationalsozialistisches Kraftfahrerkorps] ist mit 10 Monaten Internierung davongekommen. Er hätte mehrere Jahre Internierungslager bekommen müssen (K St Ks 26/47 Weimar).

2.) Ein Altparteigenosse von 1925, SA-Mitglied, Träger des goldenen Parteiabzeichens und als Angehöriger der »alten Garde« Empfänger einer Monatsrente von 109,50 RM ist mit 1 Jahr 3 Monaten Internierung davongekommen. Er hätte mehrere Jahre Internierungslager bekommen müssen (K St Ks 30/47 Weimar).

In der sowjetischen Besatzungszone gab es bis 1950 mindestens elf Internierungslager, u. a. die früheren Konzentrationslager Sachsenhausen und Buchenwald. Grundlage der Internierung war der gemeinsame Beschluß der alliierten Siegermächte im Sommer 1945 in Potsdam.

3.) Ein Nazi-Bürgermeister, Ortsbauernführer und Ortskassenleiter der NSDAP, der verlangte, daß mit »Heil Hitler« gegrüßt wird, hat 2 KZ-Häftlinge, die im Februar 1945 in Buchenwald entflohen waren, persönlich von seinem Dorf nach Apolda zur Polizei gebracht, »obwohl er aus menschlichen Gründen diese Leute hätte laufen lassen können ... Anhaltspunkte dafür, was aus diesen Häftlingen geworden ist, liegen dem Gericht nicht vor.« Ausreißer wurden in Buchenwald in der Regel so malträtiert, daß sie starben. Das Gericht hat auf 2 Jahre Internierung erkannt. Eine Freiheitsstrafe von 6–8 Jahren wäre angebracht gewesen. (K St Ks 18/47 Weimar).

4.) Ein DAF-Ortsgruppenwart [Deutsche Arbeitsfront] hat einen entflohenen KZ-Häftling aufgestöbert, ihm Zigaretten und die Ledertasche mit Utensilien abgenommen und ihn dann an den zuständigen Polizeihauptwachtmeister abgeliefert. Weil dieser den Mann beim Herannahen der Amerikaner hat laufen lassen, ist das Verfahren vom Gericht eingestellt worden. Es kommt nicht auf den Erfolg, sondern auf die Gesinnung an. Die unmenschliche Gesinnung hätte mit 5 Jahren Freiheitsstrafe gesühnt werden müssen. (K St Ks 16/47 und 20/47 Weimar).

5.) Ein Altparteigenosse von 1929 und SA-Mitglied seit 1932 hat sich am Boykott jüdischer Geschäfte beteiligt, hat einen älteren Juden mit Gewalt aus der Wohnung geholt und wollte ihn auf der Straße mißhandeln und hat eine jüdische Angestellte eines Rechtsanwalts aus dem Büro geholt und auf der Straße mit dem Gummiknüppel auf sie eingeschlagen. »Er ist einer der aktivsten und gefährlichsten SA-Leute aus der Zeit vor der Machtübernahme gewesen ... Der Angeklagte gehört zu den Leuten, die mit höchster Gewalt unter Außerachtlassen aller menschlichen Grundsätze in der Zeit vor 1933 jeden politischen Widerstand gegen die NSDAP niederschlugen.« Diesen Menschen hat das Gericht mit 3 Jahren Internierung gestraft. Ihm gebührt eine wesentlich höhere Strafe. (K St Ks 7/47 Gera).

6.) Ein Altparteigenosse von 1932 und SA-Mitglied hat während des Boykotts jüdischer Geschäfte vor einem jüdischen Warenhaus als Posten die Kunden vom Besuch abgehalten und hat bei der Zerschlagung der Gewerkschaften gefangengesetzte Gewerkschaftssekretäre bewacht. Er ist mit 9 Monaten Gefängnis davongekommen, statt mit einer mehrjährigen Freiheitsstrafe belegt zu werden. (K St Ks 15/47 Gera).

Als Niederschlag der Landgerichtspräsidenten-Dienstbesprechung vom 28. 1. 1948 füge ich hinzu:

War ein Angeklagter »alter Kämpfer« oder hatte er in einer Nazi-Organisation eine nicht nur völlig untergeordnete Funktion, dann spricht eine gesetzliche Vermutung dafür, daß er Aktivist war. Er kann diese Vermutung widerlegen, wobei ihn die Beweislast trifft und als Widerlegung keinesfalls bloß vereinzelte Unterstützungen von Antifaschisten gelten können. [...]

Quelle: Zur Verfügung gestellt von Wolfgang Meinicke, Berlin.

Im »Spezlager« Nr. 2 Buchenwald

Erinnerungen an ein sowjetisches Internierungslager in Deutschland 1945 bis 1950

Die Alliierten beschlossen, in allen Besatzungszonen die Hauptverantwortlichen des »Dritten Reiches« vor ein Kriegsverbrechertribunal zu stellen und die weniger Bedeutungsvollen zu internieren. In der sowjetischen Besatzungszone wurden elf Internierungslager eingerichtet, die im sowjetischen Jargon »Spezlager« hießen. Insgesamt soll es in der sowjetischen Besatzungszone ca. 128 000 Internierte gegeben haben, in der US-Zone 100 000, in der britischen 91 000. Es wurden auch ehemalige Konzentrationslager für die Internierung genutzt, zum Beispiel Buchenwald bei Weimar in Thüringen. Offiziell waren hier im sowjetischen Speziallager Nr. 2 von 1945 bis 1950 28 455 Personen interniert.

Buchenwald war ein Name, der schon vor 1945 nur hinter vorgehaltener Hand geflüstert wurde. Viele kamen nun, nach Kriegsende, aus Gefängnissen oder sogenannten NKWD- oder GPU-Kellern, wo sie von Sowjets scharf verhört, häufig geschlagen, manchmal gefoltert worden waren, nach Buchenwald.

Im folgenden sind die Eindrücke einiger damals jüngerer Zeitzeugen zu einer Collage zusammengestellt, die zumeist unter dem Verdacht, dem »Werwolf« angehört zu haben, verhaftet worden waren. Der »Werwolf« war eine am 2. April 1945 von Joseph Goebbels proklamierte Untergrundorganisation, die in bereits von alliierten Truppen besetzten Gebieten durch Sabotage- und Terrorakte bis zum »Endsieg« weiterkämpfen sollte. Die große Furcht der Alliierten vor dem »Werwolf« entsprach zwar nicht seiner wirklichen Stärke, sie bekam aber Nahrung nach der Ermordung des ersten Aachener Bürgermeisters unter amerikanischer Besatzung durch eine »Werwolf«-Gruppe.

Johanna Schmitt, Jahrgang 1913: Ich habe den Eindruck gehabt, daß in Buchenwald niemand auf so viele Menschen eingerichtet war, also, eh, Unterbringung und Verpflegung waren also ganz schrecklich. Und es war alles so etwas durcheinander. Wir waren von Torgau aus (einem anderen Lager in einem früheren Gefängnis) eigentlich eine gewisse Ordnung gewöhnt.

Lothar Vollbrecht, Jahrgang 1929: Die Holzbaracken hatten nur eine Etage. Jede Holzbaracke hatte 250 bis 300 Mann. Das heißt also auf jeder Seite so 125 bis 150 Mann in einem Schlafraum. Die Pritschen waren dreistöckig untereinander, bis dicht unters Dach. Die Trostlosigkeit in den Baracken und die Beschäftigungslosigkeit und nichts tun zu dürfen – das war schon zermürbend, also verheerend. Der Hunger, die Sehnsucht nach zu Hause und das Nichtwissen, wie es zu Hause ist, das alles hat dazu (zur hohen Todesrate) beigetragen.

Johanna Schmitt: Wir kamen also in schmutzige Baracken, wo nichts drin war als Militäreisenbetten ohne jegliche Matratze oder Strohsack oder Decken. Und Heizungen gab es auch nicht. In jedem Raum stand ein großer Kohlenofen. Und dann brachte man uns Holz, das so frisch war, daß es nicht brannte. Es qualmte nur. Also, ich weiß, daß wir schrecklich gefroren haben.

Lothar Vollbrecht: Ich erinnere mich an einen Mann, der also bei uns in Lichtenrade in der Nähe wohnte, war eine kleine Familie, die hatten nur einen Sohn, der war wenig älter als ich. Ich weiß, daß der Sohn dann kurz vor Kriegsschluß Soldat wurde, entweder ist er gefallen oder war vermißt. Das heißt also, das einzige, was die Leute hatten, war der Sohn. Der war also weg. Dann ist der Mann verhaftet worden. Ich seh den Mann noch, wie er in Buchenwald rumlief vor seiner Baracke, völlig deprimiert, völlig depressiv, völlig niedergeschlagen. Der hat sich zu Tode gesorgt und ist also umgekommen und ist also in Buchenwald verstorben.

Joachim Tasler, Jahrgang 1929: Der Ablauf innerhalb der Baracke war: Morgens gingen die Brotholer weg und holten das Brot. Die Zwei-Kilo-Brote wurden ungeschnitten auf die Baracke A, Teil B, verteilt. Und dann wurden Messer ausgegeben. Ich hatte ein Brotmesser bekommen und schnitt für circa 150 Mann morgens die Brote auseinander. Danach mußten wir die Brotmesser wieder abgeben.

Lothar Vollbrecht: Und dann gab es Mittag, ein Schlag Mittag, meistens Graupen oder Grütze, und abends meistens auch die Grützsuppe ... Grundsätzlich war ja alles verboten. Es gab keine Bücher, denn Bücher waren verboten. Es gab natürlich kein Radio, es gab in den ersten Jahren keine Zeitung. Es gab keine Spiele, Skatspiel, Skatspielen war natürlich auch verboten. Das einzige, was einem gestattet war, offiziell, war das Schachspiel. Aber woher Schachspiele nehmen? Tja, es wurden Schachspiele also selbst gemacht, so in Selbstarbeit, irgendwie aus Holzstücken geschnitzt oder sonstwie. Das einzige, was man in Buchenwald ja reichlich hatte, das war Zeit.

Horst Bulczak, Jahrgang 1929: Das Lager war ja in vier Zonen eingeteilt, und da gab es wiederum Schwerpunkte, Frauenbaracke und Isolator (zur Bestrafung), dort wurden auch immer die zuverlässigsten Leute auf Posten eingesetzt.

Johanna Schmitt: Jede Zone hatte einen (sowjetischen) Sergeanten, vier Zonen hatten wir. Dann war vielleicht ein russischer Offizier als Wachhabender da. Und am Tor war vielleicht jemand, es war nicht viel Bewachung. Natürlich, auf den Türmen ringsherum, nicht.

Lothar Vollbrecht: Es war aber auch so, daß hier von den Russen ein umfangreiches Spitzelsystem installiert war.

Hans Richter, Jahrgang 1926: Kameraden, die öfters zur Kommandatur gerufen wurden und die mit 'm Stück Brot zurückkamen, da wußte man schon, daß sie irgendwie wieder 'n Kameraden verpfiffen haben. Und sie wurden natürlich gemieden, nicht wahr? Wenn nur einer kam in die Nähe, schwieg alles, oder: Komm, geh weiter. Oder sonst da was. Das waren also ganz üble Gestalten, nicht wahr, die ihre Kameraden da ans Messer lieferten. Das gab es, Leider!

Joachim Tasler: Ja, der Kontakt, sagen wir es mal so, zur russischen Lagerleitung ist uns Häftlingen ja nicht gestattet gewesen, außer bei Filzungen, wo sie dabei waren und kontrollierten, im Lazarett gab es teilweise Untersuchungen von den russischen Ärzten, wenn es sich um besondere Krankheiten handelte oder aber, wenn die diensthabenden russischen Zonensergeanten durchgegangen sind. Das sind die drei Beispiele, wo wir mehr oder weniger mit den Leuten Kontakt bekommen haben. Ansonsten ist die gesamte Verwaltung, die gesamte Überwachung mehr oder weniger von eingesetzten Funktionshäftlingen, von Deutschen durchgeführt worden. Das ist so gewesen in Bautzen (ebenfalls Spezlager). Das ist so gewesen in Jamlitz (ebenfalls Spezlager) und ebenfalls auch so in Buchenwald. Ich glaube, das ist eigentlich in allen Speziallagern der Fall gewesen.

Lothar Vollbrecht: Für die Lagerverwaltung gab es zwei Bereiche, die wesentlich waren. Der eine Bereich war der Lagerstab, die deutsche Lagerleitung, der andere Bereich war der Lagerschutz, hier muß man sagen: die deutsche Lagerpolizei.

Horst Bulczak: Der Leiter des Lagerschutzes unterstand praktisch dem Lagerkommandanten, dem sowjetischen Lagerkommandanten bzw. dem wachhabenden Offizier vom Dienst, und die Russen haben also alle Weisungen ausgegeben. Aber er war auch berechtigt, intern Strafen zu verhängen, d. h., jemand in den Bunker zu stecken, wegen geringster Vergehen – sei es Kameradendiebstahl –, die von den Lager-, den Barackenältesten gegeben wurden, gemeldet wurden, mit drei, fünf, maximal zehn Tagen. Alle anderen Strafen, die darüber hinausgehen, mußten dem Offizier gemeldet werden, und die Leute kamen hier oben in den Bunker.

Joachim Tasler: Die Lagerpolizei ist bei diesen Mithäftlingen, eh, in der breiten Masse vielleicht nicht so sehr beliebt gewesen.

Erika Pelke, Jahrgang 1922: Die Frauen haben sich alle besser gehalten, obwohl wir das gleiche Essen hatten, und die Männer behaupteten zwar, wir hatten anderes. Stimmt aber nicht. Aber eine Frau, die Ärzte haben das auch wirklich uns bestätigt, daß 'n Frauenkörper das besser erträgt. Ich weiß nicht, warum.

Gerhard Haupt: Wenn Beziehungen zwischen einem Häftling und einer Frau in irgendeiner Form, ganz gleich, bekannt geworden wäre, dann hätte das für den Häftling bedeutet, er wäre in den Bunker gegangen und anschließend in den Isolator. Und die Frau, wenn sie eine Funktion gehabt hat, wäre sofort von ihrer Funktion abgelöst worden und nie wieder in eine Funktion gekommen.

Erika Pelke: Es war nicht möglich, daß ein Häftling, der in einer Baracke war, mit einer Frau zusammengekommen wäre. Das wäre überhaupt nicht denkbar gewesen.

Gerhard Haupt: Die russischen Sergeanten wollten ja auch tanzen. Und nach manchen Kulturveranstaltungen blieben dann dort (im Saal) die Frauen, die aus der Frauenbaracke kamen. Die saßen auf der einen Seite und wir, die Funktionshäftlinge, auf der andern Seite. Und dann wurde getanzt ... Also, das hat es auch gegeben. Aber das war eben, na ja, die Sergeanten wollten eben auch ihre Freude haben, ja?

Johanna Schmitt: Wenn Frauen unter solchen Umständen eingesperrt sind, hm, ist alles durcheinander. Es bildeten sich Zysten. Wenn die Hormone verkehrt spielen, dann kommen auch organische Schäden ... Und vor allen Dingen hatten wir Frauen ja auch so viel Störungen im Hormonhaushalt, daß also eine Schwangerschaft überhaupt nicht mehr möglich war. Und es war schon traurig für viele, nicht nur für mich. Das ist so ein Lebenslänglich gewesen, nicht?

Erika Pelke: Das war auch so eine Sache, was uns Frauen betroffen hat, daß wir, die meisten, die Periode die ganze Zeit nicht gekriegt haben.

Johanna Schmitt: (Lazarettschwester in Torgau und Buchenwald) Also, es gab Epidemien. Es waren, eh, die Leute hatten keine Abwehrkräfte. Also, da kam die Ruhr. Das waren also ganz schreckliche Sachen. Ich hab so etwas auch selber erlebt. Es bilden sich in den Därmen Geschwüre. Die tun sehr weh. Die platzen auf, und dann, eh, haben Sie blutige Stühle und eitrige Stühle. Und wenn, wenn Sie nicht genug Abwehrkräfte haben, dann, dann sterben Sie daran. Dann kamen darauf diese Hungerödeme. Die Leute wurden ganz schnell, in Wochen, wie soll ich bloß sagen, Skelette. Es war ein Knochengerüst mit Haut. Das war die Dystrophie. Das war das Schlimmste. Und dann hatten sie solche Beine und schreckliche Bäuche, und das

Herz schaffte das nicht. Und dann gab es eben diese dekompensierten Herzen, also die das nicht mehr schaffen ... Und das Lazarett war ein Bild wie ein Horrorgemälde, als ich da reinkam. Das können Sie sich nicht vorstellen! Zugefrorene Scheiben, eh, kalte, feuchte Räume. Und dann hatten sie immer drei, zwei Betten zusammengeschoben, und da lagen drei Menschen drin, nicht? Zwei Betten zusammen, also zwei Bettgestelle, und da lagen dann die Menschen so in ihren Anzügen, wie man sie runtergebracht hatte. Totkranke Menschen. Mit ruhrähnlichen Durchfällen, Ödemen mit, also – schwerstkranke Menschen! Ungefähr 130 Menschen in so einer Baracke! Der (neue) russische Arzt hat denen eine richtige Rede gehalten, was sie alles zu tun haben und da aufzuräumen, der wollte uns helfen. Und dann hat der wirklich Fraktur geredet. Und dann konnten wir arbeiten.

Hans Richter: Im Lazarett arbeiteten damals, eh, mehrere deutsche Häftlingsärzte, ehemalige Professoren, nicht wahr? Fachärzte und Häftlinge, die aus der Frauenbaracke kamen, die Schwesterndienste versahen. Das war in Buchenwald so. Aber in den Steinbaracken, da hatten wir nur deutsche Ärzte, da hatten wir auch keine Schwestern. Die Schwestern hatten wir nur im Lazarett.

Johanna Schmitt: Und der Arzt wurde denn auch zugänglicher und sah, daß wir also wirklich gut arbeiten konnten und Ordnung reinbrachten. Es war ein Chaos! Die Leute lagen einfach da. Es kümmerte sich kein Mensch. Es kam Mittag das Essen. Gut. Das wurde verteilt. Wer es nicht aß, kriegte es wieder weggenommen. Das wurde verschoben. Es war schlimm. Ich habe also wirklich die ersten Wochen gedacht: Das schaff ich nicht.

Lothar Vollbrecht: Es war wohl in Buchenwald so, in den Baracken wurde nicht gestorben. Das sollte wohl auch nicht sein. Gestorben wurde im Lazarett (sehr bewegt). Grundsätzlich war es im ersten Quartal 1947 so, daß die Sterblichkeit nach der Kürzung der Rationen Ende 1946 einen gewissen Höhepunkt erreichte. Zu unsern Aufgaben gehörte es, die tägliche Totenmeldung aus dem Lazarett zu holen.

Gerhard Haupt: Dann ist das Beerdigungskommando erst runter zur Leichenhalle. Die Leichenhalle oder das Leichenhaus war ja im Lazarett. Und von da haben sie ja die Toten den Berg hochgezogen, durchs Tor raus, ja? Später haben sie dann, das war zu meiner Zeit schon, eh, noch nicht, haben sie ja dann, wie mir Kameraden erzählt haben, einen Traktor gehabt.

Lothar Vollbrecht: Und sie geben die, die Zahl der Verstorbenen mit, eh, etwas mehr so als 42 000 an. Und wenn man mal sich diese Zahl genau ansieht, dann heißt das doch, daß nicht mehr und aber auch nicht weniger, daß immerhin jeder Dritte gestorben ist in diesen Jahren. Und das ist doch wahrlich schrecklich genug.

Johanna Schmitt: Dann hab ich manchmal gedacht: Ihr müßt jetzt hier büßen für das, was andere getan haben. Und wenn ich mich mit Russen darüber unterhalten habe, und die sagten das auch so: Ihr seid jetzt die Geiseln für das, was da war, was passiert ist. Da habe ich gesagt: Das ist doch falsch! Wenn mich ein Hund beißt, da kann ich nicht in die andere Straße gehen und einen anderen Hund schlagen dafür, nicht? Also man kann doch nicht Tausende von Menschen für etwas verantwortlich machen, was eine Clique da gemacht hat. Das kann man doch nicht ... Ich, ich hab's nicht begriffen! Denn ich war ja kein eiserner Gefolgsmann für die Partei! Ich hatte ja doch immer meine Meinung und, eh, fühlte mich auch überhaupt nicht schuldig, irgendwie eingesperrt zu werden. Und was mich erstaunte, all die Leute, die also hundertfünfzigprozentig Nazi waren bis 45, denen tat man nichts! Und warum nun ich?!!

Hans Richter: Also, für mich haben hier ganz kleine Nazis gesessen ... Aber manchmal hab ich gedacht: Siehst du, eh, (du wirst) stellvertretend bestraft. Obwohl

---

Es gab im Speziallager Nr. 2 Buchenwald ein eigenes Lazarett mit sieben Krankenstationen mit maximal 30 Ärzten, sechs Zahnärzten und drei Apothekern. Im Frühjahr 1947 sollen ca. die Hälfte der Insassen TBC gehabt haben, die meisten waren unterernährt, ein Viertel soll – sogar nach sowjetischen Zahlen – lazarettkrank gewesen sein.

Das sind die offiziellen Zahlen für die sowjetische Besatzungszone insgesamt. Im sowjetischen Speziallager Buchenwald starben bis 1950 nach den russischen Akten 7 113 Personen. Das war ein Viertel der Gesamtbelegung.

Quelle: Die Interviews wurden geführt von Alexander von Plato für einen Film der Gedenkstätte Buchenwald, den er zusammen mit Loretta Walz 1996/97 realisierte; Archiv »Deutsches Gedächtnis«, Lüdenscheid.

ich mich persönlich nicht schuldig fühlte. Nämlich, wie gesagt, ich habe keinen Menschen umgebracht. Aber trotzdem fühlte ich mich – doch, ich hab diese Uniform getragen. Das hat mich manchmal stark belastet, nicht? Also das muß ich ehrlich gestehen. Vor allen Dingen jetzt so in meinem späteren Leben, wo ich manchmal nachdenke: Mensch, was haben wir eigentlich angestellt? Andere Völker, wie ich denke, vier Millionen in Polen. Ich war mal in Auschwitz gewesen, nicht wahr? Dacht' ich: Meine Güte, wie konnten wir so etwas tun?

118

Umerziehung in amerikanischer Kriegsgefangenschaft

Siegfried Maruhn erinnert sich

Siegfried Maruhn wurde 1923 in Tilsit geboren. 1926 zog die Familie nach Frankfurt am Main. Die Eltern waren deutschnational eingestellt, der Vater war Berufssoldat. 1940 machte Siegfried Maruhn das Notabitur und meldete sich freiwillig zur Panzerinfanterie. Zunächst war er in Griechenland eingesetzt, wo er an Diphtherie erkrankte. Nach seiner Genesung war er von 1941 bis April 1943 als Funker in Afrika. Dort wurde er verwundet, anschließend kam er an die Westfront. Im November 1944 wurde er von französischen Partisanen gefangengenommen, an die Amerikaner übergeben und in ein Kriegsgefangenenlager in den USA gebracht. Nach seiner Entlassung aus der Gefangenschaft arbeitete er zunächst als Dolmetscher und fand darüber den Einstieg zum Journalismus. Er berichtet hier über seine Erfahrungen in amerikanischer Gefangenschaft in Clinton/Mississippi.

Diese Zeit in der Gefangenschaft war trotzdem eine sehr wichtige für mich. Ich hatte ja viel Zeit. Wir arbeiteten zwar, zuerst als Pfirsichpflücker, dann beim Erdnußpflücken, aber da ich einer der wenigen war, die überhaupt ein paar Worte Englisch konnten, wurde ich also zum Dolmetscher gemacht, was mir die Möglichkeit gab, etwas mehr Englisch zu lernen, als ich von der Schule mitgebracht hatte. Ich habe dann sehr viel gelesen.

In der Kantine konnte man amerikanische Bücher kaufen. Und der emigrierte Fischer Verlag hatte eine Reihe herausgegeben mit Büchern, die in Deutschland verboten waren, also etwa Stefan Zweig, Franz Werfel, Thomas Mann, so daß ich da die Gelegenheit nutzen konnte, den Anschluß so ein bißchen wiederzufinden. Das fand ich sehr gut.

Hitlers Tod war das einschneidende Datum in der Gefangenschaft, da änderte sich die Behandlung der Gefangenen. Das hatte auch damit zu tun, daß die Amerikaner dann die KZ-Greuel entdeckten. Es entstand in der amerikanischen Öffentlichkeit eine Protestwelle gegen die zu gute Behandlung der Deutschen in den Gefangenenlagern, verglichen mit dem, was die Deutschen ihrerseits angestellt hatten, so daß also die Verpflegung für ein paar Monate schlechter wurde und einige Privilegien entzogen wurden.

Die Gefangenen – und ich auch – empfanden den Tag der Kapitulation schon als Niederlage, als eine Katastrophe und eine Niederlage für Volk und Nation und Reich usw. Also, das Gefühl der Befreiung ist eher eine intellektuelle Leistung, die sich später ergab. Aber damals empfand ich es so, wie damals auch die Redensart war: Deutschland in der Stunde seiner tiefsten Erniedrigung. Wir lagen eben am Boden.

Die Amerikaner bemühten sich dann nach der Kapitulation sehr, uns umzuerziehen. Ich habe diese Umerziehung nicht als schimpflich oder als Zumutung empfunden, sondern habe da ganz gerne teilgenommen. Es gab also einmal Sprachunterricht, aber auch Unterricht in »Fundamentals« der Demokratie, amerikanische Verfassung, Wahlsystem usw. Bei uns in der Schule hatten wir ja eher die Verächtlichmachung aller demokratischen Überlieferung mitbekommen. Es gab daneben auch Propaganda- oder sagen wir besser Aufklärungsfilme über die KZ-Greuel. Und da muß ich sagen, es war tatsächlich das erste Mal, daß man vor diese Wirklichkeit gestellt wurde. Wenn man es rückwirkend kritisch prüft, kann man auch aus den Jahren in Deutschland Erinnerungen rauskramen, wo einem etwas nicht geheuer vorkam, von Berichten aus Konzentrationslagern. Aber ich glaube, die große Mehrheit hat sich nicht vorstellen können, daß das dieses Ausmaß hatte und daß die Menschen, vor allem die Juden, systematisch umgebracht wurden. Es war auf jeden Fall so, daß dann in der Gefangenschaft uns Filme gezeigt wurden mit den Leichenbergen aus den Konzentrationslagern. Und da regte sich dann der eine oder andere und sagte: »Ja, davon habe ich auch gehört.« Und da setzte dann auch unter den Gefangenen ein Umdenkungsprozeß ein. Es gab dann auch eine interne Auseinandersetzung darüber, die ganz fruchtbar war. Die Amerikaner haben eben Umerziehung nicht mit dem Holzhammer betrieben, sondern versucht, Fakten und Dokumente für sich sprechen zu lassen. Eine Maßnahme haben sie allerdings ergriffen, sie haben die Nazis, die in den Lagern waren, rausgezogen und in anderen Lagern konzentriert, so daß sich dann auch bei uns, bei den Gefangenen, die Zusammensetzung der Führungsschicht änderte. Und dadurch fielen dann die Widerstände weg gegen die Umerziehung. Mir hat das gebracht, etwas Bildung nachzuholen und englische Sprachkenntnisse.

Ich kam dann im August 1946 nach Europa zurück und wurde in Nürnberg entlassen, witzigerweise auf dem Parteitagsgelände, da war ein großes Gefangenenlager. Ich fuhr dann mit überfüllten Zügen nach Frankfurt zurück, wo ich meine Mutter traf, von der ich erfuhr, daß mein Vater schon ein Jahr vorher gefallen war.

Quelle: Aus einem Interview mit Siegfried Maruhn, geführt 1987 von Nori Möding und Alexander von Plato, Archiv »Deutsches Gedächtnis«, Lüdenscheid.

Zu Wilton Park vgl. Dok. 100, S. 328 ff.

Man schreibt über Wilton Park: . . . in der deutschen Presse

Unter der Rubrik »Man schreibt über Wilton Park in der deutschen Presse« wurden in den Wilton-Park-Rundbriefen Pressemeldungen veröffentlicht. Im Rundbrief des 13. Semesters war dies u. a. der folgende Auszug aus einem Artikel der »Neuen Ruhr-Zeitung« vom 5. November 1947.

(Arthur E. Kaesling)

. . . Was in den ersten Tagen so auffaellig »anders« wirkt, ist der Studienbetrieb. Das geht etwa so vor sich:

Eine Gruppe von »Ladies« und »Gentlemen« ist zu festgesetzter Stunde in der »Kleinen Aula« versammelt. Puenktlich erscheint in mehr oder minder nachlaessiger Form, Haltung und Anzug ein Herr, setzt sich mitten unter die Gruppe (manchmal auf den Stuhl, manchmal auf die Stuhllehne, manchmal auch auf den Tisch) und faengt unvermittelt an, ueber das Thema des Stundenplanes – sagen wir einmal: »Weltpolitik« – zu reden. Er spricht keineswegs feierlich; mehr im Plaetscherton der Teetisch-Unterhaltung. Er graebt auch nicht tiefernst den Problemen, die dem Thema entwachsen, bis auf die Wurzel nach. Bestenfalls betastet er den Gegenstand an der Oberflaeche, zieht mit den Fingerspitzen die Linien der aeusseren Erscheinung nach, stellt den Gegenstand auf den Tisch des Hauses und laedt die Zuhoerer ein, nun ihre Meinung zu aeussern. Womit fuer die restlichen 60 Minuten eine Diskussion in Gang gebracht ist.

Die Damen und Herren, die aufmerksam in steigender Verwunderung zugehoert haben, finden das ganze ein bisschen komisch. . . . Von Hause aus gewoehnt, dass ihnen ernste Themen, von der hochmuetigen Hoehe des Katheders bis ins Innerste zergliedert, in Lehrsaetzen dargestellt werden, die keinen Widerspruch dulden,

Quelle: Der Artikel erschien am 5. November 1947 in der »Neuen Ruhr Zeitung« und wurde in der Zeitschrift »Wilton Park. Die Brücke zu Erkenntnis und Aufbau.« Zeitschrift der Studenten von Wilton Park – Kriegsgefangene, Männer und Frauen aus Deutschland – vereinigt mit Wilton Park Rundbrief, hrsg. von der Arbeitsgemeinschaft Presse, 13. Semester, vom 17. Januar bis 27. Februar 1948, wieder abgedruckt. Friedhelm Boll stellte ihn zur Verfügung.

fuehlen sie sich durch diesen »Aufguss in englischer Sauce« fast beleidigt. Schliesslich sind sie doch erwachsene Leute. – Dieser junge Mann da unter ihnen, der hoeflich laechelnd auf Beitraege zum »Gespraech« wartet, kann ihnen doch nichts Neues bieten, kann sie doch nicht »belehren«.

Und hier liegt der Irrtum und zugleich das Entscheidende: Die Methode ist eben »anders«. Der »junge Mann« wollte und will gar nicht belehren oder bekehren, er will seine Zuhoerer nur wissen lassen, wie er als interessierter Mensch ueber ein bestimmtes Gebiet denkt, hoffend, dass diese Zuhoerer spaeter ihm erzaehlen werden, was sie darueber denken. Keine Glaubenssaetze oder Lehrsaetze, kein »so, – und nicht anders«, mit der Miene der fachmaennischen Autoritaet als unangreifbar vorgetragen, sondern: »Ladies and Gentlemen«, nichts als die Meinung eines Mannes – eines Englaenders meinetwegen – die durchaus irrig sein kann. Vielleicht haben Sie etwas Besseres dazu zu sagen. Ich hoffe es sogar und werde erfreut sein, es zu hoeren. Wir werden vielleicht keine Patentloesung finden, aber wir werden herausfinden, wo uns alle der Schuh drueckt. . . .

120

»Denkt mal darüber nach, wie gut ihr es jetzt hier habt«

Hans Graetz berichtet über einen Antifa-Lehrgang in russischer Gefangenschaft

Hans Graetz wurde 1926 in Schweinfurt geboren. Der Vater arbeitete als niedergelassener Arzt, die Mutter stammte aus einer Schweinfurter Fabrikantenfamilie und war Hausfrau. Hans Graetz war Hitler-Junge, Flakhelfer und im Reichsarbeitsdienst. Nach dem Besuch eines Offizierslehrganges wurde er im Oktober 1944 an der Ostfront eingesetzt. Im Mai 1945 kam er in russische Kriegsgefangenschaft, aus der er im April 1949 entlassen wurde. Danach studierte er Medizin und ließ sich als Arzt nieder. Hans Graetz ist verheiratet und hat zwei Kinder. In der Kriegsgefangenschaft nahm er an einem Antifa-Lehrgang teil. Wie Amerikaner und Briten, so nutzten auch die Sowjets die Möglichkeit, in ihrem Sinne erzieherisch auf die Kriegsgefangenen einzuwirken. In den antifaschistischen Zirkeln sollten den Kriegsgefangenen Grundkenntnisse des Marxismus-Leninismus vermittelt und eine kritische Auseinandersetzung mit dem Nationalsozialismus angeregt werden. Die solcherart antifaschistisch geschulten Deutschen sollten anschließend entsprechend auf ihre Mitgefangenen einwirken. Im Interview erzählt Hans Graetz, wie er für einen solchen Lehrgang geworben wurde.

Eines Tages kam also dieser Politagitator auf mich zu und sagte: Ich habe erfahren, daß zehn Mann aus unserem Lager sich melden dürfen für einen Politlehrgang in K. Der dauert etwa ein Vierteljahr und findet genau in der Zeit statt, wo drüben in Rußland unschöne klimatische Verhältnisse sind, wo der Herbst in den Winter übergeht, wo also nur Kälte, Nässe, Schlamm, Schmutz, alles auf Dich zukommt. Und in dieser Zeit könnte ich also gemütlich in einem Hörsaal sitzen und könnte mir Dinge erzählen lassen, von denen ich bisher noch nie was gehört hatte. [. . .] Ich hatte natürlich keinerlei Kontakt mit dem Marxismus gehabt, mit der philosophischen Anschauung, mit Hegel und all diesen Dingen, die da vorausgedacht worden sind. Da war also bei uns zu Hause natürlich niemals irgendwas drüber gesagt worden. Und auch in der Wehrmachtsausbildung wurde da nicht drüber gesprochen, so daß das für mich eine sehr interessante Tätigkeit wurde. Ich habe mich gemeldet, ich wurde angenommen.

Wir kamen dann in ein extra für diese Zwecke eingerichtetes Lager und hatten dort schön jeden Tag wie in der Schule unseren Unterricht in fünf Fächern. Ein Lehrgebiet war der historische dialektische Materialismus. Das zweite war die Geschichte der KPdSU, zu deutsch der Kommunistischen Partei der Sowjetunion. Das dritte war die deutsche Arbeiterbewegung, insbesondere natürlich die Kommunistische

Partei Deutschlands und – ganz wichtig – die SED, eine Partei neuen Typs, damals ja gerade frisch entstanden. Das vierte fällt mir nicht ein. Und das fünfte war dann praktische Arbeit: Wie bringe ich das nun meinen mitgefangenen Brüdern bei? Wie kannst du das eventuell außerhalb einer Gefangenschaft – ihr kommt ja alle demnächst mal nach Hause – wie kannst du das weitertragen in dein Umfeld hinein, daß endlich mal der Weltkommunismus durch meine Mithilfe erreicht werden kann? So ungefähr haben die sich das wahrscheinlich vorgestellt.

Mit diesen Kenntnissen sind wir dann zurückgefahren. Da war es dann schon richtig Winter. Und wir wurden dann tatsächlich auch in Arbeitsbereichen eingesetzt, wo es erstmalig für uns auch mal ein paar Rubel zu verdienen gab, so daß wir uns dann Brot oder sonst irgendwelche Zusatzverpflegung kaufen konnten und ab da vom Ernährungsstandpunkt her keine Probleme mehr bestanden. [...] Denn das Essen – das ist ja allgemein bekannt – war für solche schweren Arbeiten einfach ungenügend. Dazu muß ich allerdings einflechten, daß die russische Zivilbevölkerung auch nichts zu beißen hatte und auch nur schlechte, liederliche Bekleidung hatte, so daß es denen manchmal auch nicht viel besser gegangen ist als uns, jedenfalls in unserem Raum. Um gleich mal bei der Bevölkerung zu bleiben: Mit der Zivilbevölkerung Rußlands hatten wir wenig Kontakt. Erstens waren die sprachlichen Barrieren, zum zweiten war es auch von russischer Seite, von der Lagerseite aus, nicht gewünscht. Soweit es aber Kontakte gab – und das läßt sich ja in einem Arbeitsverhältnis nicht ganz vermeiden –, muß ich sagen, daß wir eigentlich nie größere Probleme mit den russischen Leuten hatten. Mit den jungen Mädchen nicht, die da tätig waren, mit den Vorarbeitern nicht und auch nicht mit den Bewachungssoldaten. Ich bin heute noch überrascht, wie fair man uns als Kriegsgefangene – zumindest in unserem Lager, wie das in anderen war, weiß ich nicht – behandelt hat, obwohl wir ja nun heute wissen, was mit russischen Kriegsgefangenen in Deutschland passiert ist, obwohl wir jetzt genauestens Bescheid wissen darüber, was deutsche Truppen an Zerstörungen in Rußland getätigt haben, so daß also wirklich eine Rache, eine Wut auf den deutschen Kriegsgefangenen hätte bestehen können. [...]

Die Lehrer, die ich in K. auf diesem Politlehrgang kennengelernt habe, das waren durch die Bank alles frühere deutsche Kommunisten, die richtige Parteimitglieder der Deutschen Kommunistischen Partei, mindestens aber Sozialisten waren. Und die wurden nun mit diesem Lehrauftrag eingesetzt, uns beizubringen: Was ist überhaupt Marxismus? Wie hat sich das entwickelt? Wer waren Karl Marx und Friedrich Engels? Und was steht in deren Büchern drin? Also das war eine von vornherein rot eingefärbte Substanz an Menschen, die jetzt ihre Überzeugung, ihre politische Überzeugung weitergegeben haben. Ich möchte behaupten, daß mich das auch irgendwie fasziniert hat. Erstens einmal war das ja Neuland. Zum zweiten, wenn man das so liest und hört, was sich Karl Marx da ausgedacht hat mit Kommunismus und all diesen Sachen, das ist ja eine tolle Sache. Das erinnerte einen an das Urchristentum, ja. Auf der anderen Seite ist man sehr schnell drauf gekommen und hat gesagt: Ja, aber wenn ich jetzt in die Realität hinausschaue, hier in unserer Gefangenschaft, zu den Russen herüber, die ja nun nicht im Kommunismus, aber im Sozialismus leben, da stimmt doch manches nicht mit der Praxis überein. Und wenn die dann meinten, man könnte das durch die Umziehung des Menschen erreichen, daß man langsam, aber sicher weltweit in eine kommunistische Gesellschaft hineinkommt, das haben wir also schon damals sehr angezweifelt. Der Mensch läßt sich anscheinend nicht so leicht umziehen.

Und dann wurde uns natürlich auch erklärt, was da in Auschwitz und Theresienstadt und so weiter stattgefunden hat, und auch, was für Verbrechen von deutschen Truppen – will ich mich mal ausdrücken, ob das nun Waffen-SS war oder ob das militärische Einheiten waren –, also von deutschen Truppen auch an der Zivilbevölkerung in Rußland verübt worden waren, das wurde uns natürlich schon alles erzählt und eigentlich auch so mit der Aufforderung: Jetzt denkt mal darüber nach, wie gut ihr es jetzt hier habt und daß ihr jetzt von uns erfahrt, was man anders hätte machen können und was man jetzt auch in Zukunft unbedingt anders machen muß, sei es im Lager, sei es dann später zu Hause. Das ist natürlich auch besprochen worden. Und es war ja so, daß man überhaupt erst in der Gefangenschaft von diesen ganzen schlimmen Dingen was gehört hat, daß man das zuerst mal von sich geschoben hat: Das kann doch gar nicht wahr sein; das gibt es doch alles gar nicht; da hätten wir doch sicher mal was gehört davon oder was gesehen davon. Das hat man so ein bißchen von sich wegschieben wollen, vielleicht sogar müssen, damit man freier wird. Ich weiß es nicht. Aber mit der Zeit hat man das natürlich dann doch immer wieder mal aus seinem Gewissen hervorgekramt, man hat sich mit dem auseinandergesetzt, und das muß ich schon sagen, das ist einem schon sehr nahegegangen, daß so was passiert ist.

Quelle: Aus einem Interview mit Hans Graetz, geführt 1995 von Leonie Wannenmacher, Archiv »Deutsches Gedächtnis«, Lüdenscheid.

121

»Scham und Takt sind seine Sache nicht«

Klaus Mann über ein Gespräch mit dem Komponisten Richard Strauss

Klaus Mann wurde 1906 in München geboren als ältester Sohn des Schriftstellers Thomas Mann und seiner Frau Katia. Schon als Schüler schrieb er Novellen und Gedichte. 1925 ging er als Theaterkritiker nach Berlin. Dort schrieb er erste Theaterstücke und gründete mit seiner Schwester Erika, Pamela Wedekind und Gustaf Gründgens ein Theaterensemble. Im Frühjahr 1933 emigrierte er zunächst nach Paris, wo er unter anderem den Roman »Mephisto« schrieb. 1936 verließ Klaus Mann Europa. Er ließ sich in New York nieder und wurde amerikanischer Staatsbürger. Als Mitglied der US-Armee nahm er am Mittelmeerfeldzug teil und kam 1945 als Korrespondent der »Stars and Stripes« wieder nach Deutschland. Nach seiner Entlassung aus der Armee unternahm er Vortragsreisen in Europa, die ihn wiederum auch nach Deutschland führten. 1948 unternahm Klaus Mann einen ersten Selbstmordversuch. Im Mai 1949 nahm er sich in Cannes das Leben.

Der folgende Text ist ein Auszug aus einem umfangreichen Brief an seinen Vater zu dessen Geburtstag, in dem Klaus Mann seine ersten Erlebnisse in Deutschland schildert.

Rosenheim, 16. Mai 1945

[. . .]

Gestern war ich bei Richard Strauss in Garmisch, mit Curt Rieß zusammen, der hier als ein ›US Correspondent‹ tätig ist. Wir ließen uns als zwei amerikanische Reporter melden; der Meister empfing uns mit großer Herzlichkeit, ohne mich zu erkennen, natürlich, und ohne daß ich ihm irgendwelche Aufschlüsse über meine Identität gegeben hätte. Auch diese Unterhaltung fand vor einer Villa im blühenden Garten statt, freilich in sehr viel intimerer Form als die Entrevue mit dem Reichsmarschall. [Zuvor berichtet Klaus Mann von einem Pressegespräch mit dem Gefangenen Hermann Göring.] Bei Strauss gab es kein militärisches Zeremoniell, keinen Massenandrang internationaler Berichterstatter; vielmehr waren Curt und ich die einzigen oder doch die ersten journalistischen Besucher, nicht nur an diesem Tage, sondern überhaupt, seit dem Ende des Krieges. Sonderbarerweise war noch nicht einer von unseren sonst so findigen Kollegen auf die Idee verfallen, den Komponisten der ›Salomé‹ und des ›Rosenkavalier‹ zu interviewen. Um so größer seine Mitteilsamkeit, die durch keinerlei Scham oder Takt gehemmt erscheint.

Scham und Takt sind seine Sache nicht. Die Naivität, mit der er sich zu einem völlig ruchlosen, völlig amoralischen Egoismus bekennt, könnte entwaffnend, fast erheiternd sein, wenn sie nicht als Symptom sittlich-geistigen Tiefstandes so erschreckend wäre. *Erschreckend* ist das Wort. Ein Künstler von solcher Sensitivität – und dabei stumpf wie der Letzte, wenn es um Fragen der Gesinnung, des Gewissens geht! Ein Talent von solcher Originalität und Kraft, ein Genie beinah – und weiß nicht, wozu seine Gaben ihn verpflichten! Ein großer Mann – so völlig ohne Größe! Ich kann nicht umhin, dies Phänomen erschreckend und auch ein wenig degoutant zu finden.

Sein hohes Alter ist keine Entschuldigung, kaum ein mildernder Umstand. Zwar erklärte er uns, daß er keine »künstlerischen Pläne« mehr habe. (›Fünfzehn Opern, dazu die Lieder, die symphonischen Stücke und andere Kleinigkeiten, es genügt: Mein Œuvre ist abgeschlossen.‹) Aber für einen Mann von einundachtzig ist er in ungewöhnlich guter Form; die rosige Miene hat nichts Greisenhaftes, ebensowenig wie der sichere Gang und die süddeutsch weiche, sanft-sonore Stimme.

Mit sanft-sonorer Stimme teilte er uns mit, daß die Nazi-Diktatur auch für ihn in mancher Beziehung lästig gewesen sei. Da war zum Beispiel, kürzlich erst, der höchst ärgerliche Zwischenfall mit den Ausgebombten, die in seinem – des Meisters – Haus einquartiert werden sollten. Ihm schwoll die Zornesader, wenn er nur daran dachte. »Man stelle sich das vor!« rief er, sehr aufgebracht. »Fremde – hier, in *meinem* Heim!« Mit einer Hand, die etwas zitterte, nicht von Altersschwäche, sondern vor Wut, wies er auf das Haus: ein ländlich-eleganter Bau von stattlichen Dimensionen.

»Beruhige dich doch, Papa!« Des Meisters Schwiegertochter, die mit uns im Garten saß, redete dem cholerischen Alten zärtlich-vernünftig zu. »Es war eine scheußliche Idee, ein Affront, äußerst ungehörig; aber Gott sei Dank ist es doch bei der Idee geblieben. Man hat dir keine Ausgebombten zugemutet, nicht wahr, Papa?«

»Gewiß! Weil der Krieg zu Ende ging!« Der Alte grollte immer noch, nur halb besänftigt. »Aber was wäre sonst passiert? Mein Appell an Hitler hatte keine Wirkung. Er bestand darauf, daß auch ich Opfer bringen müsse. Einquartierung! Eine Unverschämtheit!«

Und sonst gab es nichts, was er Hitler übelnahm?

Doch, noch das und dies, noch mancherlei! Der musikalische Geschmack des Führers war, nach Straussens Ansicht, denn doch etwas einseitig und speziell gewesen. Richard Wagner in allen Ehren, aber schließlich waren auch noch andere da. »Meine letzte Oper, ›Die Liebe der Danaë‹, ist einfach ignoriert worden«, stellte der Komponist beleidigt fest. »Und Sie wissen ja, was für Schwierigkeiten ich wegen des Librettos von Stefan Zweig hatte. Dabei ist ›Die schweigsame Frau‹ wirklich ein sehr geschickt gemachter Text – und übrigens konnte ich ja 1933 nicht ahnen, daß die Rassengesetze kommen würden.« Ob er jemals daran gedacht hatte, Nazi-Deutschland zu verlassen?

Meine Frage überraschte ihn; er musterte mich unter hochgezogenen Augenbrauen. Warum hätte er wohl Deutschland verlassen sollen? »Ich habe doch meine Einkünfte hier, ziemlich große sogar.« Die Schwiegertochter, eine nicht sehr ›arisch‹ wirkende Dame, nickte eifrig, während der rosige Alte nicht ohne Stolz konstatierte: »Schließlich gibt es bei uns mindestens achtzig Opernhäuser.«

»Es *gab*!« Ich konnte diesen Einwand nicht unterdrücken. »Sie wollen wohl sagen, daß es in Deutschland einmal achtzig Opernhäuser gegeben hat.«

Er verstand mich nicht. Vollauf beschäftigt mit seinen eigenen Affären, hatte er wohl noch keine Zeit gehabt, eine Bagatelle wie die Zerstörung deutscher Städte (und deutscher Opernhäuser) auch nur zur Kenntnis zu nehmen.

»*Mindestens* achtzig«, insistierte er streng, um dann mit leicht besorgtem Kopfschütteln fortzufahren: »Natürlich, wenn die Lebensmittelversorgung hier noch schlechter werden sollte, würde ich vielleicht doch noch auswandern müssen, in die Schweiz etwa. Aber bis jetzt hat man sich ja immer noch irgendwie durchgewurschtelt.«

Ja, so einer ›wurschtelt‹ sich durch, ganz gleich, unter welchem Regime. Haben die Nazis einen sinnlosen und mörderischen Krieg verschuldet? Sind Millionen Unschuldiger in Gaskammern zugrunde gegangen? Liegt Deutschland in Schutt und Asche? Was kümmert es Richard Strauss?

Richard Strauss sagt »Auswandern? Ja, wenn das Essen schlecht wird! Im Dritten Reich gab es sehr gut zu essen, besonders wenn man Tantiemen aus mindestens achtzig Opernhäusern scheffelte. Von ein paar dummen Zwischenfällen abgesehen, hatte ich nicht zu klagen.«

Manche der Nazi-Häuptlinge – sagt Richard Strauss – waren famose Menschen: Hans Frank, zum Beispiel, der Fronherr des Polenlandes (›Sehr fein! Sehr kultiviert! Er schätzt meine Opern!‹), und Baldur von Schirach, der über die ›Ostmark‹ (sonst Österreich genannt) zu gebieten hatte. Dank seiner Protektion genoß die Familie Strauss in Wien eine Vorzugsstellung – und dies, obwohl der Sohn des Komponisten eine rassisch nicht einwandfreie Gattin hat! »Ich darf wohl behaupten, daß meine Schwiegertochter die einzige freie Jüdin in Großdeutschland war.«

»Frei? Nicht doch, Papa! Oder doch nicht so ganz!« Es war Frau Strauss ›junior‹ geborene Grab, die kokett-wehleidig protestierte. »Meine Freiheit ließ zu wünschen übrig. Du vergißt, was ich auszustehen hatte. Durfte ich etwa jagen gehen? Nein! Sogar das Reiten war mir zeitweise verboten ...«

Ich schwöre es, dies waren ihre Worte! Die Nürnberger Gesetze sind gewesen; Auschwitz ist gewesen; ein Massaker ohne Beispiel hat stattgehabt; das infamste Regierungssystem der Weltgeschichte hat die Juden zum Freiwild degradiert. All dies ist bekannt. Und die Schwiegertochter des Komponisten Richard Strauss beklagt sich, weil sie nicht *jagen* durfte. Zeitweise war ihr sogar das Reiten untersagt ...

Ich fand es an der Zeit, das empörende Gespräch zu beenden. »Sie gehen schon?« Der Meister und die geborene Grab hätten uns gern zum Essen dabehalten. Ich lehnte ab. Curt erklärte, gleichfalls eine Verabredung in der Stadt zu haben, konnte aber doch nicht umhin, Herrn Strauss um eine signierte Photographie zu bitten. »Gewiß doch! Mit Vergnügen!« Der Alte strahlte. Und zu mir gewendet: »Wünschen auch Sie ein Bild?«

»Danke. Ich sammle nicht.«

Quelle: Klaus Mann, Der Wendepunkt, Reinbek (Rowohlt Verlag) 1984, S. 491 ff.
© 1989 by Rowohlt Verlag GmbH, Reinbek.

Meine Antwort muß ziemlich eisig geklungen haben. Die weißen Augenbrauen stiegen höher denn je, mehr verblüfft als gekränkt. Dann kam ein Achselzucken, ein überlegenes Lächeln. Diese Amerikaner! Man weiß ja, wie eingebildet und vulgär sie sind. Ein Autogramm des Meisters zu verschmähen! So ein blöder ›Yank‹ kennt eben nichts als Boxer und ›movie stars‹ ... [...]

122　Ein Weltbild in Trümmern

Doris K. und das Ende der NS-Zeit

Doris K. wurde 1924 in einer westfälischen Kleinstadt geboren. Der Vater war Offizier im Ersten Weltkrieg. Sie wuchs in einem nationalsozialistischen Milieu auf und war begeistertes BDM-Mädchen mit nahezu religiöser NS- und Hitler-Gläubigkeit. Dazu erzählt sie im Interview:

Da war der Erntedanktag auf dem Bückeberg bei Hameln. Hitler erschien. Ich hatte einen Blumenstrauß in der Faust und meine Jungmädeluniform an. Ich stand mit meiner Mutter an der Straße, der Wagen mit dem Führer kam angefahren, meine Mutter gab mir einen kleinen Schubs, das Auto hielt, ich gab dem Führer die Hand. Ich habe nur noch die Erinnerung an die Augen, die dieser Mann gehabt hat. Augen, in denen man also fast versank ... Dunkelblaue Augen, manche sagen, sie seien schwarz gewesen, ich habe sie aber als blau empfunden! Der gab mir also die Hand, und ich habe mir drei Tage danach die Hand nicht gewaschen. Ein unerhörtes Erlebnis. Ganz faszinierend. Manche Leute sagen, er wäre dämonisch gewesen, manche sagen, er habe sonst welche Schwächen gehabt. Er war schon ein Ausnahmemensch, dieser Adolf Hitler.

Erste Risse bekam ihr nationalsozialistisches Weltbild gegen Ende des Krieges durch Kontakte mit einem kriegsverwundeten Studenten. Das Kriegsende erlebte Doris K. in Stuttgart, das von französischen Truppen besetzt wurde, wobei es zu Ausschreitungen durch Kolonialtruppen kam.

Als die erste Welle der Rache verebbte, konnte man Photos aus den befreiten Konzentrations- und Vernichtungslagern überall an Litfaßsäulen und Trümmermauern angeschlagen finden. Leichenberge, an Zäunen hängende verhungerte Gestalten, skelettartige Menschen. Unter den Fotos war der Aufruf zu lesen: »I, Dwight D. Eisenhower . . .«. Ich stand davor. Ich weiß nicht, ich kann mich nur an ein furchtbares Elendsgefühl erinnern, das mich befiel. Ich kam nach Hause, habe kein Wort mit meinen Eltern gewechselt. Ich hatte einen Schock. Ich traf eine Freundin am nächsten Tag und fragte sie, glaubst Du das? Sie sagte, ja sicher, guck doch! Bezeichnend, diese Freundin ist nachher Ami-Liebchen geworden. Die hat sich gesagt, mir ist alles Wurst, ich will jetzt einfach wieder zu essen haben für mich und meine Mutter, ich geh jetzt mit jedem Ami ins Bett, ist mir doch egal. Daß inzwischen Hitler tot war und Deutschland kapituliert hatte, erfuhren wir bruchstückweise von französischen Soldaten. Man sagte uns aber auch, unsere Männer würden wir nicht mehr wiedersehen, in Deutschland dürfe es keine Kinder mehr geben und nichts würde wieder aufgebaut werden. Eine primitive Auslegung des Morgenthau-Plans, aber das sah ich erst später so. [. . .]

Meine Mutter lag mit einem Nervenzusammenbruch in der Klinik. Sie hatte ihre großbürgerlichen Ideale von Vaterlandsliebe und Treue in die nationalsozialistische Weltanschauung eingebracht und den Zusammenbruch ihres Weltbildes nicht verkraftet. Mein neunzehnjähriger Bruder war vermißt. Ich bin gegangen und in ein Stuttgarter Krankenhaus als Schwesternschülerin eingetreten. Ich dachte, studieren kann ich nie wieder, wer so dumm ist wie ich und auf alles hereinfällt, eignet sich nicht für die Wissenschaft der Geschichte und der Germanistik. [. . .]

Einige Zeit später wurde ich auf die Militärbehörde in Stuttgart zitiert. Entnazifizierung. Ich hatte den Fragebogen ausgefüllt, alles angegeben. Ein junger Amerikaner, Sohn deutscher Juden, fragte mich, wieso. Wir kommen ins Gespräch. Er meint zynisch, *Sie* waren natürlich *immer* dagegen. Nein, sage ich, Sie sehen doch, mein Fragebogen! Auf einmal sagt er, nehmen Sie doch Platz. Wollen Sie einen Cognac? Wir haben uns unterhalten, zum Schluß sagt er: du liebe Güte, das schlimmste Verbrechen war an uns, und das zweitschlimmste war an Ihnen.

Quelle: Rolf Schörken, Jugend 1945. Politisches Denken und Lebensgeschichte, Opladen (Verlag Leske und Budrich) 1990, S. 73 f.

123   Hugh Carleton Green über die Deutschen

Vgl. dazu auch Dok. 96, S. 317 ff..

Hugh Carleton Green, Jahrgang 1910, war mehrere Jahre als Korrespondent im Berliner Büro des »Daily Telegraph«, bis er 1939 aus Deutschland ausgewiesen wurde. Er arbeitete dann als Kriegsberichterstatter in Polen und auf dem Balkan und wurde 1940 Nachrichtenoffizier bei der Royal Air Force. Nach dem Krieg war er Mitarbeiter beim Nordwestdeutschen Rundfunk in Hamburg. Der folgende Text über die Haltung der Engländer gegenüber Deutschland und den Deutschen während und nach dem Krieg erschien 1947 in den Nordwestdeutschen Heften, die von Mai 1946 bis Dezember 1947 von Axel Eggebrecht und Peter von Zahn herausgegeben wurden. Die Beiträge waren fast ausschließlich Bearbeitungen von Sendungen des Hamburger Rundfunks, des späteren Nordwestdeutschen Rundfunks.

In den englischen Zeitungen und im englischen Radio ist in den letzten Monaten ziemlich viel über die veränderte Haltung der Deutschen den Engländern gegenüber geschrieben und gesagt worden. Auch hier in Deutschland ist dies ein beliebtes Unterhaltungsthema. Wir wollen heute die andere Seite des Bildes betrachten!

Zuerst einmal die Kriegsjahre. Verallgemeinerungen neigen immer dazu, in die Irre zu führen. Aber ich glaube, man kann, im ganzen gesehen, ruhig behaupten, daß während dieses Krieges deutsche Dinge (einfach aus dem Grunde, weil sie deutsch waren) viel weniger abgelehnt wurden als im ersten Weltkrieg. Um ein ziemlich lächerliches Beispiel anzuführen: Ich habe während dieses Krieges nichts darüber gehört, daß Dackel als deutsche Hunde auf der Straße gesteinigt wurden, was während des ersten Weltkrieges vorgekommen ist ... Deutsche Musik wurde gespielt. Übersetzungen deutscher Bücher wurden veröffentlicht. In London jedenfalls kamen Leute nicht in Schwierigkeiten, wenn sie in der Öffentlichkeit deutsch sprachen. Es gab einen Bezirk in London, West Hampstead, wo so viele Deutsche ansässig waren, daß es schwierig war, überhaupt nur ein Wort gesprochenes Englisch dort zu hören. Die Anwesenheit so vieler deutscher Emigranten in England, die in englischen Fabriken arbeiteten und manchmal in der englischen Armee kämpften, trug dazu bei, eine Atmosphäre zu schaffen, in der die Leute imstande waren, den Krieg eher als eine Art internationalen Bürgerkrieg als einen nationalen Krieg alter Art anzusehen.

Robert Gilbert Lord Vansittart, geboren 1881, gestorben 1957, wurde 1929 Unterstaatssekretär im Foreign Office (Außenministerium) und war von 1937 bis 1941 dessen diplomatischer Berater. Lord Vansittart galt als Vertreter einer rigorosen antideutschen Politik, die er auch publizistisch vertrat.

Das ist die eine Seite des Bildes. Auf der anderen Seite herrschte die Ansicht, die mit dem Namen von Lord Vansittart in Zusammenhang gebracht wird, daß Deutschland und nicht nur das nationalsozialistische Deutschland der Feind war und daß der Nationalsozialismus nur der letzte Ausdruck einer angeborenen deutschen Begierde nach Angriff und Weltbeherrschung sei. Fast den ganzen Krieg hindurch, selbst zur Zeit der deutschen Siege, nahm die öffentliche Auseinandersetzung zwischen diesen beiden Gedankenrichtungen ihren Fortgang, und es wird nur wenig Leute in England gegeben haben, die nicht bis zu einem gewissen Grad durch die Argumente der einen oder anderen Seite berührt wurden. Dies mag, von der haßerfüllten Atmosphäre des Festlands aus gesehen, etwas abwegig klingen. Aber in gewissem Sinn war England »abwegig«. Das andauernde Argumentieren über gute und schlechte Deutsche, die Versuche, zu einem objektiven Schluß über den deutschen Charakter und die Lehren deutscher Geschichte zu kommen, waren in England möglich, weil in England keine Invasion stattgefunden hatte. Die Engländer hatten zwar von den Greueltaten gehört, die in den von Deutschland besetzten Gebieten, hauptsächlich im Osten, begangen worden waren, aber sie hatten sie nicht am eigenen Leibe erfahren. Selbstverständlich wurden auf England Bomben geworfen, aber am Ende schlug England besser zurück, als es selbst getroffen wurde, und gerade was die Bomben auf England anlangt, zeigten die Engländer kein anhaltendes Ressentiment. Tatsächlich war, den größten Teil des Krieges über, die allgemeine Haltung in England Deutschland gegenüber unter den gegebenen Umständen bemerkenswert objektiv.

Die letzten Kriegsmonate brachten einen gewissen Wechsel, und zwar, vom deutschen Standpunkt aus, einen Wechsel sehr zum Schlechteren. Dies war, glaube ich, hauptsächlich durch die Anwendung von V 1 und V 2 gegen England bedingt. Deutsche Bekannte haben mich häufig über die durch die V-Waffen verursachten Schäden befragt. Der materielle Schaden, den sie verursachten, war sehr beträchtlich, aber vielleicht war der Schaden noch viel wesentlicher, den sie der noch vorhandenen Möglichkeit zufügten, daß Deutschland am Ende des Krieges einem halbwegs mitfühlenden England gegenübergestellt sein würde. Der springende Punkt bei der Bombardierung mit V-Waffen war der, daß die Wirkung absolut unterschiedslos war und überhaupt keinen militärischen Wert hatte. Auf jeden Fall vergrößerten die V-Waffen zweifellos die Zahl derjenigen, die die Ansicht der Vansittart-Gruppe über Deutschland angenommen hatten. Dazu kam, daß plötzlich der Welt die Augen über Belsen, Buchenwald, Dachau und die übrigen Konzentrationslager geöffnet wurden. Eine beträchtliche Anzahl britischer Truppen sah die Konzentrationslager mit eigenen Augen und schrieb nach Hause an ihre Freunde und Verwandten, was sie gesehen hatten. Man brachte lange Berichte in Zeitung und Radio. Die sehr natürliche Folge war, daß die Leute sich fragten: Was ist das für eine Nation, die derartige Dinge tun oder dulden kann?

So konnte es geschehen, daß zu dem Zeitpunkt, als Deutschlands Widerstand endgültig zusammenbrach und viele Deutsche geneigt waren, die Engländer als Befreier zu begrüßen, die englischen Gefühle gegen Deutschland wahrscheinlich härter waren, als sie je während des Krieges gewesen waren. Die Politik des Nicht-Fraternisierens, eine Politik, die in den Handhabungen des täglichen Lebens keinerlei Unterschied zwischen Nazi und Nicht-Nazi machte, war ein Ausdruck dieser Gefühle. Es wird bisweilen von Deutschen behauptet, daß England während dieser unmittelbaren Nachkriegsperiode eine große Gelegenheit verpaßt hat. Ich weiß nicht ganz genau, was damit gemeint ist. Die Engländer betrachteten sich nicht selbst als Befreier, sondern als Sieger, die die unmittelbare praktische Aufgabe zu meistern hatten, die Ordnung in einem Lande wiederherzustellen, wo die Regierungsgewalt zusammengebrochen war und wo chaosähnliche Zustände herrschten. Ich glaube, man kann sagen, daß diese rein praktische Arbeit mit großem Erfolg geleistet worden ist. Die unmittelbar drohende Hungersnot wurde verhütet, Verkehrsverbindungen wurden wiederhergestellt und Gesundheitsdienste wieder eingerichtet von britischen Militärverwaltern, die keine Zeit dazu hatten, Fühlung mit Deutschen aufzunehmen, und die das wahrscheinlich auch abgelehnt hätten. Es ist eine der paradoxen Erscheinungen dieser ersten Nachkriegsmonate, daß Menschen, die alles Deutsche ablehnten, den Deutschen die größten Dienste erwiesen haben.

Es erscheint einem jetzt merkwürdig, wo dringendere Probleme gelöst werden müssen, daß damals in England soviel Interesse dafür aufgebracht wurde, ob die Nicht-Fraternisierungspolitik in Deutschland aufrechterhalten werden sollte oder nicht. Es war offensichtlich eine Politik auf kurze Sicht, und sie brach schon zusammen, bevor sie offiziell abgeschafft wurde. Es stellte sich allmählich heraus, daß es nicht gut war, hauptsächlich – oder vielleicht sollte ich lieber sagen: zuallererst – an einen geistigen Wiederaufbau zu denken. Die Aufgabe, der man sich gegenübergestellt sah, war das ungeheuer große, materielle Problem, 25 Millionen Menschen vor dem Untergang zu bewahren. (»Erst kommt das Fressen, dann kommt die Moral.«) Dies machten sich die Engländer allmählich klar, als der Schatzkanzler Dalton verkündete, daß die britische Zone Deutschlands die britischen Steuerzahler 80 Millionen Pfund im Jahr kostet (sie kostet jetzt noch sehr viel mehr) und daß tatsächlich England, wie er es ausdrückte, Reparationen an Deutschland zahlt. Es wäre töricht zu behaupten, daß auch nur irgend jemand hierüber froh wäre. Weiter hohe Steuern bezahlen zu müssen, die Schlangen vor den Lebensmittelgeschäften sich vergrößern zu sehen, sich mit noch strengerer Rationierung als während des Krieges abfinden zu müssen zum Vorteil eines besiegten Feindes, all das sind Dinge, die in England sehr viel Meckerei verursachten, aber als absolute Notwendigkeit akzeptiert wurden. Was allerdings tatsächlich während des letzten Sommers beträchtliche Erbitterung in England erregte, war die Nachricht aus Deutschland, daß die Mehrzahl der Menschen in der britischen Zone sich weigerte, zu glauben, daß England irgend etwas für sie täte und statt dessen eifrigst Gerüchte über den Export von Nahrungsmitteln von Deutschland nach England verbreitete! Niemand wollte oder erwartete Dank, aber diese Haltung wurde übelgenommen. Es ist wahrscheinlich eine Tatsache, daß während des Sommers die britische Regierung die öffentliche Meinung in England weit hinter sich zurückgelassen hat in ihren Bemühungen, eine Hungersnot und einen vollständigen industriellen Zusammenbruch in Deutschland zu vermeiden.

Aber die Geschichte ist dort noch nicht zu Ende. Ich glaube, man kann mit Recht sagen, daß seit dem Herbst eine bemerkenswerte Änderung in der britischen Haltung gegenüber Deutschland und den Deutschen eingetreten ist. Zum ersten Male betrachtet man das deutsche Problem in England vor allem als ein Problem der leidenden Menschheit. In ganz beträchtlichem Maße ist dies der Arbeit eines Mannes zu verdanken, und zwar der des englischen Verlegers Victor Gollancz, der im Oktober und November mehrere Wochen in der britischen Zone Deutschlands zugebracht hat und seitdem Artikel über Artikel in Zeitungen aller Richtungen geschrieben hat über das Elend, das er gesehen hat: die vollgestopften Kellerwohnungen, die Schulkinder ohne Schuhe, die Kälte und den Hunger. Etwas in dieser Richtung war nötig, um die Phantasie der Engländer anzuregen. Gollancz, der übrigens Jude ist, sorgte dafür. Ich war vor ein paar Wochen wieder in England und sah dort Schlangen vor dem Büro der Organisation, die Lebensmittelpakete nach Deutschland befördert. Pakete, die nur rationierte Waren enthalten dürfen . . .

Mehr und mehr gewinnt die Ansicht in England Boden, daß der Krieg als beendet betrachtet werden muß, daß ein notleidender Mensch schließlich ein notleidender Mensch ist, gleichgültig, ob es ein Deutscher oder Österreicher, ein Jugoslawe, ein Pole oder ein Grieche ist, und daß, da England eine besondere Verantwortung in Deutschland und Österreich übernommen hat, das Eigeninteresse wie auch die Menschlichkeit es erforderlich machen, diesen Ländern besondere Aufmerksamkeit zu schenken.

Eigeninteresse und Menschlichkeit. Die Verbindung dieser zwei Faktoren in der augenblicklichen britischen Haltung gegenüber Deutschland ist das Neue und Wichtige. Es bedeutet eine Menge. Schließlich lernte jeder Deutsche in der Schule, daß England stets ein eigenes Interesse konsequent verfolgt. Und was die Menschlichkeit angeht, so war das englische Gewissen, wenn es erst einmal erwacht war, immer ein besonders starker politischer Faktor.

Sie sehen, daß sich, trotz einiger Rückschläge, die Entwicklung der britischen öffentlichen Meinung gegenüber Deutschland zugunsten Deutschlands geändert hat. In dieser positiven Entwicklung darf man, glaube ich, eine Hoffnung für das neue Jahr erblicken.

Sir Victor Gollancz, geboren 1893, gestorben 1967, war ein liberaler englischer Verleger und Schriftsteller und sprach sich nach dem Zweiten Weltkrieg gegen den Gedanken einer deutschen Kollektivschuld aus.

Quelle: Nordwestdeutsche Hefte, Heft 1/47, S. 1 ff., zitiert nach: Charles Schüddekopf, Vor den Toren der Wirklichkeit. Deutschland 1946–1947 im Spiegel der Nordwestdeutschen Hefte, Berlin/Bonn (Verlag J. H. W. Dietz Nachfolger)1980, S. 188 ff.

---

124   Die Schuldfrage

Gedicht von Gerhart Herrmann Mostar

In einem Tagebuch aus dem Jahre 1947 schreibt ein 17jähriges Mädchen über ihre Aktivitäten in einem deutsch-englischen Gesprächskreis und spricht von der Aussöhnung der Völker. Mit Datum vom 24. Januar 1947 steht unvermittelt das folgende Gedicht von Gerhart Herrmann Mostar im Tagebuch mit der Bemerkung: »Ganz meine Meinung!« Mostar (1901–1973) emigrierte 1933 und gründete nach seiner Rückkehr 1945 in München das Kabarett »Die Hinterbliebenen«. Er schrieb sozialkritische Berichte, Erzählungen, Dramen und Romane.

24. Januar 1947

Die Schuldfrage
Ein Hofhund, schlecht genährt, doch groß,
riß sich von der Kette los.
Er würgt nun Huhn und Lamm und Pferd,
und da sich keines recht gewehrt,
ward Mut aus Hunger, und der Hund
biß Löwe, Bär und Adler wund.

Doch die drei Großen, schnell erwacht,
zerfetzten ihn, eh er's gedacht.
Dreifach gekettet und halb tot
lag er in Hunger, Schmerz und Not,
sah, was er tat, was er verlor
und nahm sich ernstlich Bess'rung vor.
Er dachte nach, was da zu tun –
doch Leu, Bär, Hahn, Pferd, Lamm und Huhn,
kurz alle, die er je verletzt,
umstanden ihn im Kreise jetzt.
Es brüllte, brummte, gackte, schrie:
›Ein Vieh wie dich gab es noch nie
und du bist schuld und immerzu
bist du, nur du schuld, du, nur du!‹
Der Hund, grad im Begriff zu sehen,
was er verbrach, und zu gestehen –
der Hund kommt gar nicht mehr zu Wort,
so schreit es dort, so schreit es fort,
und wie der Zehnte schuldig spricht,
denkt er, so schlimm war's wieder nicht.
Und wie er's hundertmal vernimmt,
denkt er, wer weiß, ob's wirklich stimmt.
Und wie er's tausendmal gehört,
denkt er, als ob ihr Engel wärt.
Und beim millionsten Schrei von Schuld,
da reißen Nerven und Geduld,
und schließlich kläfft das Hundetier:
›Ich bin unschuldig, schuld seid ihr.‹

Quelle: Zitiert nach: Rolf Schörken, Jugend 1945. Politisches Denken und Lebensgeschichte, Opladen (Verlag Leske und Budrich) 1990, S. 104 f., mit freundlicher Genehmigung von Mischa Lentz-Mostar, Vence.

125

»Ich wette, daß wir im ganzen Betrieb keinen Nazi finden«

Gisbert Pohl auf der Suche nach ehemaligen Nazis

Zu Gisbert Pohl vgl. die biographischen Angaben zu Dok. 17, S. 186.

Ich kam ja von der Waffen-SS und war hier im Betrieb also der Nazi. Und dann hörte ich all die Sprüche: »Bei uns im Betrieb, da hat es nur vernünftige Menschen gegeben, keine Nazis.« Dann habe ich mit einem Kollegen gewettet um einen Kasten Bier – das war damals allerhand. Und zwar habe ich gesagt: »Wir finden hier im Betrieb keine Nazis.« Ich habe den Kasten Bier gewonnen.

Dabei hatte ich das doch als Pimpf selber erlebt, zum Beispiel bei dem Mussolini-Besuch hier vor der Hauptverwaltung. Da hat man mich mit dem Krankenwagen wegbringen müssen, weil die tobende Masse, die begeisterte, tobende Masse mich bald totgedrückt hätte, so haben sie geschrien »Heil!« und »Duce!« Und das war ich doch nicht alleine, verdammt noch mal, die anderen waren doch auch da, verstehn Sie? Da standen doch die Proleten, wenn ich das mal so sagen darf. Da hat ja nicht der Krupp von Bohlen und Halbach gestanden; die Arbeitskollegen, die haben da gestanden. So, und die Leute lebten doch noch. Die mußten doch irgendwo sein! Und die waren nicht mehr da, verstehn Sie? Und dann – das war im Grunde eine Trotzreaktion – dann habe ich gesagt: »Verdammt noch mal, das gibt es doch nicht. Ich wette jetzt mit dir, daß wir hier im ganzen Betrieb keinen Nazi finden, keinen, der also sagt ›Jawohl, ich war hier Blockleiter‹ oder ›Ich habe mich dazu bekannt.‹«

Ich hab den Kasten Bier gewonnen; wir haben keinen gefunden, der Nazi war, der gesagt hätte: »Jawohl, ich geb zu, daß ich da mitgezogen habe.« Wir haben natürlich eine bestimmte Gruppe von Leuten gefragt, unsere Älteren, bei denen wir davon ausgingen, daß sie die Weimarer Republik mitgemacht hatten. Denn die anderen, das waren ja wir. Wir hatten uns ja dazu bekannt, uns blieb ja auch gar nichts anderes übrig. Wir wußten ja, wo wir herkamen. Wissen Sie, meine Generation, wir haben die Nazis ja nicht gewählt, wir sind in der Nazi-Zeit nur erzogen worden. Wir sind also von den Leuten erzogen worden, die die Nazis gewählt haben. Und die Generation, die die Nazis gewählt hat, die sie also ans Ruder gebracht hat, die trat uns ja als ältere Arbeitskollegen nach dem Kriege in den Betrieben gegenüber. So, und da mußten doch noch ein paar von übrig sein.

Aber tatsächlich gab es also herzlich wenig ältere Menschen, die uns gegenüber bestätigten: »Jawohl, wir waren Nazis, gut, wir sind auch irgendwie über den Löffel barbiert worden ...« Aber das gab es gar nicht nach dem Krieg. Da herrschte eine passive, eine unheimlich passive Haltung. Wobei, Passivität müssen Sie in eine bestimmte Richtung verstehen, denn erst mal war da ein ungeheurer Lebenshunger.

Quelle: Aus einem Interview mit Gisbert Pohl (Pseudonym), geführt 1981 von Alexander von Plato, Archiv »Deutsches Gedächtnis«, Lüdenscheid.

126

»Es kann sich ja auch einer ändern«

Ingrid Kaufmann berichtet über den Aufbau der Falkenjugend

Zu Ingrid Kaufmann vgl. die biographischen Angaben zu Dok. 23, S. 204.

Wir haben da so eine alte Schule ausgebaut, haben in die Trümmer Fenster gehauen und Rahmen eingebaut. Damals hieß das Organisieren. Aus den Trümmern haben wir das Brauchbare herausgenommen; das kann man nicht als Diebstahl bezeichnen. Und so haben wir angefangen.

Diejenigen, mit denen wir die Falkenjugend wieder aufgebaut haben, das waren alles Kinder von Sozialisten. Aber vier oder fünf waren dabei, die aus der Hitler-Jugend kamen und die gesagt haben: »Wir wollen mal gucken, was die Falken machen.« Sogar unser Gruppenleiter war ein Nazi, Helmut S. Heute ist er, glaube ich, Professor in Duisburg. Der hatte sich sehr dieser demokratischen Richtung angeschlossen, und ich fand ihn vom Menschlichen her hervorragend. Und dann kam in der Parteiversammlung jemand zu mir und sagte: »Ingrid, ist das richtig, daß der Helmut S. in der Falkenjugend mitarbeitet?« – »Ja, den haben wir als unsern Gruppenleiter gewählt.« – »Den alten Nazi!« – »Das glaube ich nicht.« – »Doch, Helmut S. ist Bannführer oder so was gewesen.« Dann bin ich zum Gruppenabend gekommen und hab gesagt: »Hallo Ihr Lieben, Freundschaft, Helmut S. ist ein Nazi.« Und Erich sagte: »Ja, das weiß ich. Dem sein Vater ist ein richtiger Stinkbürgerlicher, aber kein Nazi.« Also haben wir eine Gruppenleitersitzung gemacht und ein Scherbengericht abgehalten. Helmut mußte sich rechtfertigen. In wohlgesetzten Worten hat er erklärt, warum er in der Hitler-Jugend war. Ich hatte ja noch keine vollen Haare, immer noch Stifte – damals hatte man ja so schöne Locken –, aber ich hatte Stangenlocken. [Bei der Entlassung aus dem Konzentrationslager hatte man Ingrid Kaufmann die Haare abgeschnitten.] Und da sage ich: »Helmut, die Begründung laß ich nicht gelten.« Dann haben wir lange darüber diskutiert und haben dann gesagt: »Wir müssen beschließen, ob wir Dich noch wollen oder ob wir Dich ausschließen.« Da wir nicht erfahren genug waren, haben wir uns an den späteren Bundestagsabgeordneten unseres Bezirks gewandt und haben gesagt: »Heinz, wir haben ein Problem. Wir mögen ihn, wir lieben ihn, er ist der richtige Mann, aber er war Nazi.« – »Wie alt war der Helmut?« – »23 vielleicht, Vater Professor, Mutter eine sehr tolle Frau.« Und dann sagte er: »So, dann wollen wir mal gucken. Was spricht gegen ihn?« – »Daß er Nazi war.« – »Richtig. Was spricht sonst noch gegen ihn?« – »Der will alles reglementieren wie bei den Nazis.« – »Das ist schlecht, müssen wir ändern.« Dann haben wir lange gesessen und diskutiert. Schließlich sind wir zu der Überzeugung gekommen: Es kann sich ja auch einer ändern. Das haben wir gelten lassen. Helmut S. ist ein guter Sozialdemokrat geworden.

Ich war ja fanatisch. Ich hatte also was gegen diese Leute – verständlicherweise. Und dann hat mein Vater, der ihn [Helmut S.] sehr mochte, zu mir gesagt: »Mein Kind, Du bist keine Privilegierte, Du bist schlicht und ergreifend die Tochter Deines Vaters. Und der war dagegen. Das ist für Dich kein Verdienst. Dessen Vater ist in die Partei gegangen, weil er seine Professur behalten wollte, war sonst ein Deutschnationaler, der war bestimmt kein Nazi. Und der Junge ist in die Hitler-Jugend gegangen, damit der Vater Professor bleiben konnte. Sieh das mal aus dem Gesichtswinkel.« Daß ich in einem intakten demokratischen Elternhaus aufgewachsen bin, das ist für mich persönlich überhaupt kein Verdienst. Daraus kann ich doch heute nicht sagen: »Seht mich an, ich war nie Nazi.« Das kann ich nicht für mich in Anspruch nehmen, das hat meine Umgebung dazu beigetragen. Und dessen Umgebung hat dazu beigetragen, daß er in der Hitler-Jugend war. Aber er hat verurteilt und hat gesehen, wieviel Fehler gemacht worden sind. Und wenn wir ein demokratisches Deutschland wieder wollen . . . Damals sprachen wir ja noch von Deutschland, weil wir überzeugt waren, daß es wieder ein Deutschland gibt, erst 1955 haben wir gemerkt, daß es das nicht mehr gibt, als Adenauer in Rußland war, als er uns verkauft hat. Nachher haben wir nicht mehr davon gesprochen, daß Helmut Nazi war. Das war längst vergessen.

Quelle: Aus einem Interview mit Ingrid Kaufmann (Pseudonym), geführt 1987 von Almut Leh, Archiv »Deutsches Gedächtnis«, Lüdenscheid.

127

Zu Hans Frankenthal vgl. die biographischen Angaben zu Dok. 3, S. 157.

Hans Frankenthal: »Warum arbeitet man in Deutschland die Geschichte nicht auf?«

Hans Frankenthal kehrte nach seiner Befreiung aus dem Konzentrationslager Theresienstadt 1945 in seine Heimatstadt Schmallenberg zurück. Die Erfahrungen dort waren niederschmetternd.

Dann die große Enttäuschung: Warum arbeitet man in Deutschland die Geschichte nicht auf? Da gibt es ein Erlebnis, daß ich mit einigen Schmallenbergern, guten Bekannten, hatte. Wir saßen in der Wirtschaft, tranken Bier, und – wie es so üblich ist bei den lieben Deutschen – es wurde über die schöne gute Zeit des Krieges gesprochen. Das ist heute noch nicht anders. Es gibt heute noch alte Leute, die sagen: Das war die schönste Zeit meines Lebens. – Trotzdem sie gemordet haben zum Deubel komm raus. Der eine erzählte, daß er in Frankreich gewesen war, der andere in Rußland, der eine war hier, der andere war dort. Bis sich dann einer von diesen Männern umdrehte und mir die Frage stellte: »Wo bist Du eigentlich gewesen?« Da habe ich dem dann zur Antwort gegeben: »Ich war in Auschwitz.« Darauf kam die Frage zurück: Wo war Auschwitz, und was war Auschwitz? Das habe ich mit einigen Sätzen versucht zu erklären, daß man in Auschwitz Menschen umgebracht hat und in der überwiegenden Mehrheit auch die Schmallenberger Juden. Ich kriegte dann zur Antwort: Das, was ich denen da erzählte, das wäre doch wohl alles erlogen und erstunken. Ich mußte mich ja jetzt wehren und habe dann gesagt: »Mir fehlen in Schmallenberg noch sechsunddreißig Juden. Sagt mir in vier Wochen, wo ich diese Juden finde. Ich werde sie besuchen und werde mich vierundzwanzig Stunden auf dem Kirchplatz hinstellen und sagen: Ich habe gelogen und habe gesponnen.« Damit war das Thema abgehakt. Ich bin nie wieder gefragt worden: Wie war Auschwitz, was war Auschwitz?

Es kam dann der Film »Holocaust«. Und ungefähr die gleichen Leute stellten mir dann die Frage: Was zeigt man uns da? Dann habe ich gesagt: »Da zeigt man Euch das, was ich hier in dieser Kneipe schon einmal versucht habe zu erklären.« Ich bin der Meinung, man hat es geglaubt, aber man hat es nie glauben wollen, und man hat nicht darüber sprechen wollen.

Und noch eine andere Geschichte: Als einziger überlebender Jude in Schmallenberg wurde ich eines Tages von der Stadtverwaltung eingeladen. Dort, wo die Synagoge gestanden hatte, wollte man einen Stein enthüllen, und ich wäre herzlich eingeladen. Ich habe dann gesagt, bei uns Juden wäre es so üblich, wenn an Tote gedacht würde, würde das im Beisein eines Rabbiners gemacht. Ja, da hätten sie nichts gegen, wenn ich einen hätte, sollte ich ihn kommen lassen. Das habe ich denn auch getan. Dann wurde dieser Stein enthüllt an einem Sonntag nach dem Hochamt, wie das so üblich ist im katholischen Sauerland, und auf dem Stein stand: Hier stand die Synagoge der jüdischen Kultusgemeinde von Schmallenberg von 1854 bis 1938. Aus. Sonst nichts. Der Rabbiner hat dann gesagt, was dieser Stein denn darüber sagen würde, wer die Synagoge zerstört hätte und unter welchen Bedingungen sie zerstört worden wäre. Das wäre doch wohl das Wenigste, daß man die Täter beim Namen nennt. Das haben sich die Schmallenberger dann sehr zu Herzen genommen. – Aufgrund dieses Steines schrieb dann ein Fräulein Tröster eine Arbeit: Eine Minderheit in Schmallenberg. Über die Juden in Schmallenberg. Bei der Stadtverwaltung hat sie nach der Judenakte gefragt. Die hat man ihr auch ausgehändigt, aber nur bis 1933. Nachdem sie die durchgearbeitet hatte, ist sie wieder zur Stadtverwaltung und hat gesagt, sie möchte die Judenakte von 1933 bis 1943. Dann hat dieser Herr H. immer wieder beteuert: »So etwas gibt es bei uns nicht.« Sie hat aber nicht aufgegeben. Und schließlich muß wohl der Hohe Rat entschieden haben, diese Akte wird rausgegeben. Und seit dem Tage weiß ich so ziemlich alles, was in der Gestapo-Leitstelle Dortmund abgelaufen ist, denn alles, was über Dortmund hier ankam von Berlin, ging an die unteren Behörden weiter. Und deshalb ist es für mich unerklärlich, daß diejenigen, die ja auch nach 1945 noch in den Verwaltungen saßen, immer wieder gesagt haben: Wir wissen über so etwas nichts.

Diesen Amtsinspektor H. – der sich übrigens ein Judenhaus angeeignet hatte und der also immer verneint hat: Es gibt darüber keine Akte –, den habe ich über die Militärregierung von seinem Sessel runtergekriegt. Aber kaum war die Bundesrepublik ausgerufen, da war der Herr Amtsinspektor H. wieder auf seinem Sessel.

Diese Arbeit über die Juden in Schmallenberg sollte dann in den Heimatblättern, die der Schützenverein herausgibt, abgedruckt werden. Und dann kamen die Anrufe von dem verantwortlichen Mann beim Schützenverein: »Die Käufer der jüdischen Häuser, die können wir aber nicht drucken.« Darauf habe ich gesagt: »Nein? Und warum nicht? Es gibt doch wohl kaum einen in Schmallenberg, der das nicht weiß.« – »Ja, da sind ja auch Mitglieder des Schützenvereins erwähnt.« Ich sagte: »Gerade die müssen erwähnt werden.« Ja, aber einer wäre der Sohn des SA-Führers T. Da habe ich gesagt: »Für den Jungen tut's mir leid, weil der wirklich ein anständiger Mensch ist, aber nicht für den Vater.« Ich sagte: »Die Käufer werden benannt, oder das Buch wird nicht rausgegeben.« Fräulein Tröster war der gleichen Meinung. Am andern Abend ging wieder das Telefon: »Hans, ich habe noch ein Friedensangebot zu machen. Was hältst Du davon, wenn wir die Namen der Käufer schwärzen?« Da habe ich gesagt: »Ja.« Und Fräulein Tröster war auch einverstanden.

Das Buch wurde herausgegeben, wurde verschickt und war in drei Buchhandlungen zu kaufen, und die Telefone wurden überhaupt nicht kalt, bei mir und auch bei bei gewissen anderen Leuten. Und dann riefen mich auch einige von diesen Verantwortlichen an und sagten: »Du bist ein Sauhund. Das hast Du doch ganz genau gewußt.« Ich sagte: »Ganz genau habe ich das gewußt. Die Leute lesen das und kennen den und den, und wo sie jetzt die schwarzen Striche sehen, wollen sie natürlich auch wissen, wer das ist – wenn sie es nicht sowieso schon wissen. Also fragen sie nach.« So ist es dann gewesen.

Quelle: Aus einem Interview mit Hans Frankenthal, geführt 1994 von Leonie Wannenmacher, Archiv »Deutsches Gedächtnis«, Lüdenscheid.

128   Rosa Mettbach

Die Geschichte einer Entschädigung

Rosa Mettbach wurde 1926 in Wien als Rosa Frost in eine Sintifamilie geboren. Der Vater war Musiker, ihre Mutter Marktfahrerin. Nach dem »Anschluß« Österreichs begannen bald die Repressalien, und 1940 wurde Rose Mettbach zusammen mit ihrer Familie verhaftet und in das »Zigeunerlager« Lackenbach bei Wien eingeliefert. Als die Familie einige Monate später mit einem großen Transport nach Lodz abtransportiert werden sollte, flüchtete Rosa nach München, wo sie jedoch nach kurzer Zeit erneut verhaftet wurde. Wieder in Lackenbach, wurde sie bestraft, flüchtete aber nach einigen Wochen ein weiteres Mal. Anderthalb Jahre hielt sie sich in München unter falschem Namen bei ihrem späteren Ehemann Johann Mettbach auf. 1944 bekamen die beiden einen Sohn, und in diesem Zusammenhang wurde die falsche Identität Rosas aufgedeckt. Zusammen mit ihrem Baby wurde Rosa Mettbach erneut verhaftet. Ihrem Mann gelang es bald, das Kind freizubekommen. Sie selbst wurde im März 1944 nach Auschwitz deportiert. Als in Auschwitz Transporte mit arbeitsfähigen Häftlingen zusammengestellt wurden, kam Rosa Mettbach über Ravensbrück in das Lager Wolkenburg in Sachsen. Auch von dort gelang ihr eine Flucht; aber wieder wurde sie bald aufgegriffen. Im Frühjahr 1945 wurde sie nach Dachau transportiert. Auf diesem Transport floh sie noch einmal, diesmal auf Dauer. Kurz nach dieser Flucht erlebte sie in Bayern die Befreiung durch die Amerikaner. In München erfuhr sie, daß ihre Eltern und Geschwister im Getto Lodz umgebracht worden waren. Ihr Mann und ihr Kind lebten. Im August 1946 heirateten Rosa und Johann Mettbach und ließen sich in München nieder.

Rosa Mettbachs Anträge auf Wiedergutmachung aus den Jahren 1947 und 1953 wurden abgelehnt mit der Begründung, sie sei nicht aus rassischen Gründen nach Auschwitz gekommen. Bis in die sechziger Jahre verwarfen die Gerichte alle Entschädigungsanträge. In einem Vergleich wurden ihr schließlich 1967 1 500 DM als Haftentschädigung für die Zeit in Auschwitz bewilligt. Die anderen Lageraufenthalte wurden nicht anerkannt. Mit dem folgenden Brief an den Präsidenten des Bayerischen Landesentschädigungsamtes aus dem Jahre 1986 griff der Zentralrat der Sinti und Roma in der Person seines Vorsitzenden, Romani Rose, den Wiedergutmachungsfall Rosa Mettbach nochmals auf. Im Ergebnis wurden Rosa Mettbach daraufhin eine Mindestentschädigungsrente von 515 DM monatlich, eine zusätzliche Haftentschädigung in Höhe von 3 500 DM und eine Rentennachzahlung für einige Jahre zuerkannt.

7. Oktober 1986

Sehr geehrter Herr H.,

durch meine plötzliche Reise in die Vereinigten Staaten war es mir leider nicht möglich, unseren bereits vereinbarten Termin einzuhalten.

Ich möchte Sie herzlich bitten, bei dem für den 13. 10. vereinbarten Termin zu prüfen, ob neben den bereits mit Ihnen abgesprochenen Fällen von Herrn und Frau R. die Möglichkeit besteht, die Entschädigungsakte von Frau Rosa Mettbach kurzfristig hinzuzuziehen. Es handelt sich dabei um das Aktenzeichen BEG 3012 (Geburtsdatum von Frau Rosa Mettbach: 19. 6. 1926).

Ich möchte Sie deshalb so kurzfristig um eine Zuziehung der Entschädigungsakten von Frau Rosa Mettbach bitten, da wir in den letzten Wochen von ihrer Familie über eine weitere Verschlechterung ihres Gesundheitszustandes informiert wurden.

Der Fall von Frau Mettbach steht exemplarisch für eine Vielzahl von Fällen, in denen durch die entscheidenden Stellungnahmen der Mitarbeiter der NS-»Zigeunerpolizeistelle München« und späteren Landfahrerzentrale beim Bayerischen Landeskriminalamt (S. Blatt 12 vom 8. 7. 1954 und Blatt 13 der Akte vom 7. 7. 1947), die im Verlauf des späteren Verfahrens auch als Zeugen vor dem Landgericht München auftraten, Ansprüche von ehemaligen Verfolgten abgewehrt wurden. Daß die Mitarbeiter der späteren »Landfahrerzentrale« beim Bayerischen LKA auch nach 1945 die NS-Rassenideologie weiter vertraten, ist uns durch zahlreiche polizeiliche Publikationen bekannt. R. U., Kriminalsekretär in der Münchner Landfahrerzentrale, Gutachter in Wiedergutmachungsverfahren, »sachkundiger« Zeuge vor Gericht, plädierte auch nach 1945 noch offen für eine neuerliche Konzentrationslagerhaft der Zigeunermischlinge, unter denen »man hauptsächlich den tatsächlichen Kriminellen« finde.

Ähnliches nationalsozialistisches Gedankengut publizierten auch die anderen Mitarbeiter dieser »Landfahrerzentrale« [...]

Erschreckend ist letztendlich, wie bereitwillig die Entschädigungsämter und Gerichte in dieser Zeit sich den gutachterlichen Stellungnahmen dieser von den Nazis geschulten Mitarbeiter der »Landfahrerzentrale« anschlossen. Die ehemaligen Organisatoren des Völkermords, die die Auschwitztransporte planten und begleiteten, trugen dann nach 1945 dazu bei, daß Sinti und Roma regelmäßig von dem offiziellen Bemühen des Nachkriegsdeutschlands um Aussöhnung und Wiedergutmachung ausgeschlossen blieben. Diejenigen, die zahlreiche Verwandte in der Todesmaschinerie des NS-Regimes verloren und selbst nur mit viel Glück die NS-Greuel überlebt hatten, mußten voll Erschrecken das Unbegreifliche erleben, nämlich, daß ihnen als Antwort auf ihre Ansprüche auf Entschädigung die Rechtfertigungsgründe der Nazis noch einmal entgegengehalten wurden.

Frau Rosa Mettbach hat für ihre Inhaftierung im Konzentrationslager Lackenbach und ihre spätere Inhaftierung in Auschwitz auf dem Vergleichswege eine Entschädigungszahlung von 1 500 DM erhalten (Zu Lackenbach s. S. Steinmetz in T. Zülch, »In Auschwitz vergast...« S. 115/117).

Entschädigung für Schaden an Körper oder Gesundheit, Schaden im beruflichen und wirtschaftlichen Fortkommen hat Frau Rosa Mettbach nicht erhalten.

Ausschlaggebend in der Begründung für die Ablehnung ihrer diesbezüglichen Anträge waren die Stellungnahmen und im späteren Verfahren vor den Gerichten die Zeugenaussagen der o. g. Mitarbeiter der »Landfahrerzentrale« des Bayerischen Landeskriminalamtes. Die Mitarbeiter der »Landfahrerzentrale« [...] und andere sind damals sogar während der Verhandlung vor dem Landgericht München, das ihren Ausführungen in seiner Urteilsbegründung folgte, als Zeugen aufgetreten. Sie verhinderten damit ausschlaggebend die Durchsetzung der Entschädigungsansprüche von Frau Rosa Mettbach.

Frau Mettbach – so die Ablehnungsbegründung des Entschädigungsamtes und die Urteilsbegründung des Gerichts – sei »als reinrassige Sintezigeunerin« von den Maßnahmen zur Durchführung des Auschwitz-Erlasses ausgenommen gewesen.

»Ausnahmeregelungen« hatten für die praktische Durchführung von Himmlers Auschwitz-Erlaß keinerlei praktische Bedeutung und fanden selbst auf Sinti in der Wehrmacht trotz Tapferkeitsauszeichnungen keine Anwendung, wie sich in NS-Dokumenten nachlesen läßt. Die von den Nazis als »reinrassig« klassifizierten wenigen hundert Sinti blieben zu keinem Zeitpunkt verschont. Himmlers angeblicher Sonderplan wurde bereits 1942 von Bormann, Goebbels und Thierack und anderen NS-Größen zu Fall gebracht. Da sie dennoch in das Konzentrationslager Auschwitz eingeliefert worden sei, hätten andere Gründe vorgelegen, nämlich ihre »Asozialität« und ihre »Kriminalität«. Mit diesen zynischen und spitzfindigen, der historischen Wahrheit widersprechenden Begründungen gelang es, die Entschädigungsansprüche von Frau Mettbach erfolgreich abzuwehren.

Mit einem Vergleich aus dem Jahre 1967, erst 22 Jahre nach dem Ende der Naziherrschaft, wurden Frau Mettbach dann 1 500 DM für ihre Inhaftierung zugesprochen. Ihre Inhaftierung im Konzentrationslager Lackenbach findet, da angeblich nicht beweisbar und da Lackenbach keines der offiziell anerkannten Konzentrationslager gewesen sei, keine Berücksichtigung.

Ihren Anspruch auf Entschädigung für Schaden an Körper und Gesundheit konnte Frau Mettbach auch in jahrzehntelangen Gerichtsverfahren bis zum Bundesgerichtshof nicht durchsetzen. Einen Neuantrag nach dem BEG-Schlußgesetz zu stellen, war ihr nicht möglich, da ihr erster Antrag nicht aus medizinischen Gründen abgelehnt worden sei, sondern weil ihr die Verfolgteneigenschaft im Sinne des § 1 BEG gefehlt habe. Hier stützte sich das Bayerische Landesentschädigungsamt auf seine früheren Entscheidungen, die den Stellungnahmen der sogenannten »Sachverständigen« aus der »Landfahrerzentrale« gefolgt war. Frau Mettbach sei zwar ein Jahr in einem Konzentrationslager inhaftiert gewesen, jedoch nicht aus Gründen des § 1 BEG.

Der weitere zermürbende Weg durch die Gerichtsinstanzen wurde zu einem entwürdigenden Spiel um Zahlen, um die Anzahl der Tage ihrer Inhaftierung, das darin gipfelt, daß Frau Mettbach 13 Tage für ein volles Jahr KZ-Inhaftierung fehlten. Die fehlenden Tage ergeben sich aus ihrer Inhaftierung im Gefängnis in Zwickau nach ihrer Flucht aus dem Konzentrationslager Auschwitz. Die Tage im Gefängnis in Zwickau, wo sie für den Rücktransport nach Auschwitz inhaftiert war, wurden von ihrer Gesamthaftzeit in Auschwitz abgezogen. Auch das halbe Jahr ihrer Inhaftierung im Konzentrationslager Lackenbach konnte für die fehlenden 13 Tage nicht angerechnet werden.

Frau Rosa Mettbach, die zuerst im »Zigeunerlager« Lackenbach und später im Konzentrationslager Auschwitz gequält und auf das grausamste mißhandelt wurde – so mußte Frau Mettbach nach ihrer Wiedereinlieferung in das Konzentrationslager Auschwitz 14 Tage lang ohne Kleidung und Nahrung in einem der berüchtigten Stehbunker zubringen, außerdem wurde ihr von einer Aufseherin mit einer Eisenstange so auf das Ellenbogengelenk geschlagen, daß sie den linken Arm nicht mehr gebrauchen kann –, ist für diese Leidenszeit mit einem Betrag von 1 500 DM »entschädigt« worden. Frau Mettbach hat nach ihrem jahrzehntelangen, zermürbenden Weg durch alle Gerichtsinstanzen ihre Hoffnung auf eine menschenwürdige Entschädigung nicht aufgegeben und vertraut auf meine Hilfe. Um in diesem Fall doch noch zu einer menschlich befriedigenden, raschen Lösung zu gelangen angesichts des überlebten Grauens, möchte ich Sie bitten, unter Beiziehung der Entschädigungsakte von Frau Rosa Mettbach die Möglichkeit einer Entschädigungsrente und angemessenen Nachzahlung für den 13. 10. 86 zu erörtern.

Mit freundlichen Grüßen

Romani Rose

Quelle: Archiv »Deutsches Gedächtnis«, Lüdenscheid; Abdruck mit freundlicher Genehmigung von Romani Rose und Rosa Mettbach.

Zeittafel

1945

11. 2.	Konferenz von Jalta (Krim)
7./9. 5.	Bedingungslose Kapitulation der deutschen Wehrmacht in Reims bzw. Berlin-Karlshorst
5. 6.	Proklamation der vier Siegermächte zur Übernahme der Bildung der obersten Regierungsgewalt in Deutschland
9. 6.	Bildung der Sowjetischen Militäradministration in Deutschland (SMAD)
10. 6.	Befehl Nr. 2 der SMAD: Zulassung von Parteien und Gewerkschaften in der Sowjetzone
11. 6.	Wiedergründung der KPD in Berlin
15. 6.	Gründung des Freien Deutschen Gewerkschaftsbundes (FDGB) in Berlin
15. 6.	Wiedergründung der SPD in Berlin
26. 6.	Gründung der CDU in Berlin
1. 7.	Rückzug der amerikanischen und britischen Truppen aus Sachsen, Thüringen und Mecklenburg, Einzug in die Berliner Westsektoren
5. 7.	Gründung der LDP in Berlin
8. 7.	Gründungskonferenz des Kulturbundes zur demokratischen Erneuerung Deutschlands in Berlin
14. 7.	Zusammenschluß von KPD, SPD, CDU, LDP zum »Block antifaschistisch-demokratischer Parteien«
17. 7.–2. 8.	Konferenz von Potsdam
30. 8.	Beginn der Tätigkeit des Alliierten Kontrollrates
3.–11. 9.	Verordnung der Länder- und Provinzialverwaltungen zur Durchführung der Bodenreform in der SBZ
10. 9.–2. 10.	Außenministerkonferenz in London
19. 9.	Gründung der Länder Bayern, Württemberg-Baden und Groß-Hessen in der amerikanischen Besatzungszone
5.–7. 10.	Konferenz der SPD in Wenningsen bei Hannover, Bruch mit dem Berliner Zentralausschuß der SPD unter Otto Grotewohl
20. 11.	Der Alliierte Kontrollrat einigt sich auf einen Plan zur Ausweisung der deutschen Bevölkerung aus der Tschechoslowakei, Ungarn und Polen in die vier Besatzungszonen
14.–16. 12.	Reichstagung der christlichen Parteien in Bad Godesberg: Vereinigung zur CDU
15.–22. 12.	Außenministerkonferenz der vier Kriegsalliierten in Moskau
20.–21. 12.	»Sechziger-Konferenz« von SPD und KPD in Berlin: Beschluß zur Vorbereitung der Vereinigung

1946

8. 1.	Gründung der CSU in Bayern auf Landesebene
22. 1.	Konrad Adenauer wird Vorsitzender der CDU in der britischen Zone
5. 3.	Winston Churchills Rede in Fulton gegen die UdSSR und für ein angloamerikanisches Bündnis
7. 3.	Gründung der Freien Deutschen Jugend (FDJ) in der SBZ
28. 3.	Erster alliierter Industrieplan für Deutschland
10. 4.	Betriebsrätegesetz des Alliierten Kontrollrats
21.–22. 4.	Gründungsparteitag der SED
25. 4.–19. 5. u. 15. 6.–12. 7.	Außenministerkonferenz der vier Kriegsalliierten in Paris
25. 5.	Einstellung der Reparationslieferungen aus der US-Zone an die Sowjetunion
30. 6.	Volksentscheid in Sachsen über die »Enteignung von Betrieben von Kriegsverbrechern und Naziaktivisten«
6. 9.	Stuttgarter Rede des amerikanischen Außenministers James F. Byrnes zur amerikanischen Deutschlandpolitik

20. 10.	Kreis- und Landtagswahlen in der sowjetischen Zone und in Berlin
3. 11.–12. 12.	Außenministerkonferenz der vier Kriegsalliierten in New York
7.–8. 11.	Erste Interzonenkonferenz der deutschen Gewerkschaften in Mainz
14. 11.	Verfassungsvorschlag der SED für eine »Deutsche Demokratische Republik«
24. 11., 1. 12.	Landtagswahlen in Württemberg-Baden, Hessen, Bayern; verbunden mit Volksabstimmungen über die Landesverfassungen
2. 12.	Abkommen über die Errichtung der Bizone zwischen England und den USA

1947

1. 1.	Inkrafttreten des Bizonenabkommens
10. 3.–24. 4.	Außenministerkonferenz der vier Kriegsalliierten in Moskau
13. 3.	Truman-Doktrin (zur »Eindämmung des Kommunismus«)
20. 4.	Landtagswahlen in der britischen Zone
22.–25. 4.	Gründung des DGB der britischen Zone in Bielefeld
18. 5.	Landtagswahlen in der französischen Zone
29. 5.	Gründung des bizonalen Wirtschaftsrates in Frankfurt
5. 6.	Rede George C. Marshalls in Harvard (»Marshallplan«)
5.–7. 6.	Münchener Ministerpräsidentenkonferenz
14. 6.	Gründung der Deutschen Wirtschaftskommission (DWK) als oberste Verwaltungsinstanz der SBZ
27. 6.–22. 9.	Pariser Konferenz über den Marshallplan, der sowjetische Außenminister Molotow lehnt in Paris Mitarbeit ab und zwingt Polen und die Tschechoslowakei zum Verzicht auf Beteiligung
29. 8.	Veröffentlichung des revidierten Industrieplanes für die Bizone
27. 9.	Gründung des Kommunistischen Informationsbüros (»Kominform«); Rede des KPdSU-Sekretärs Andrej Shdanow (»Zwei-Lager-Theorie«)
25. 11.–15. 12.	Außenministerkonferenz der vier Kriegsalliierten in London
6./7. 12.	Tagung des 1. Deutschen Volkskongresses für Einheit und gerechten Frieden in Berlin

1948

9. 2.	Neuordnung der Bizone (Umbildung des Frankfurter Wirtschaftsrates)
26. 2.	Ende der Entnazifizierung in der SBZ
23. 2.–6. 3. u. 20. 3.–2. 6.	Londoner Sechsmächtekonferenz (USA, Großbritannien, Frankreich, Benelux-Staaten) über Deutschland tagt ohne UdSSR, weil diese den »Grundsatz der Wirtschaftseinheit« nicht beachte
9. 3.	Deutsche Wirtschaftskommission übernimmt die zentrale Lenkung der Wirtschaft der SBZ
20. 3.	Letzte Sitzung des Alliierten Kontrollrats
16. 4.	Bizone und französische Besatzungszone werden Mitglieder der OEEC (Organization for European Economic Cooperation) und sind somit am Hilfsprogramm des Marshallplans beteiligt
16.–18. 6.	Außerordentlicher Bundeskongreß des DGB der britischen Zone in Recklinghausen (Zustimmung zum Marshallplan)
20. 6.	Währungsreform in den drei Westzonen
23. 6.	Währungsreform in der SBZ
24. 6.	Beginn der Berlin-Blockade
10.–23. 8.	Verfassungskonvent von Herrenchiemsee
17.–19. 8.	Letzte Interzonenkonferenz der Gewerkschaften in Lindau (Initiative für einen gesamtdeutschen Gewerkschaftsbund scheitert)
1. 9.	Konstituierung des Parlamentarischen Rates in Bonn
11./12. 12.	Gründung der Freien Demokratischen Partei (FDP) in Heppenheim
11. 11.–24. 12.	Ruhrkonferenz in London
26. 11.	Abschaffung der Betriebsräte und Ersetzung durch Betriebsgewerkschaftsleitungen (BGL) in der SBZ

1949

25. 1.	Gründung des (osteuropäischen) Rates für gegenseitige Wirtschaftshilfe (RGW/COMECON) in Warschau
1. 4.	Zusammenschluß der französischen Zone und der Bizone zur Trizone
4. 4.	Gründung der NATO in Washington
12. 5.	Ende der Berlin-Blockade
23. 5.	Verkündung des Grundgesetzes
14. 8.	Wahlen zum ersten Deutschen Bundestag
12. 9.	Theodor Heuss (FDP) wird erster Bundespräsident
15. 9.	Wahl Konrad Adenauers zum Bundeskanzler
21. 9.	Besatzungsstatut tritt in Kraft
7. 10.	Gründung der DDR
10. 10.	Ersetzung der SMAD durch die Sowjetische Kontrollkommission
11. 10.	Wilhelm Pieck wird Präsident der DDR
12. 10.	Otto Grotewohl wird Ministerpräsident der DDR
12.–14. 10.	Gründungskongreß des DGB in München
22. 11.	Unterzeichnung des Petersberger Abkommens

Literaturverzeichnis

Abelshauser, Werner, Wirtschaft in Westdeutschland 1945–1948, Rekonstruktion und Wachstumsbedingungen in der amerikanischen und britischen Zone, Stuttgart 1975.

Abromeit, Heidrun, Staat und Wirtschaft, Frankfurt a. M. 1981.

Adenauer – Rhöndorfer Ausgabe, hrsg. von *Rudolf Morsey* und *Hans-Peter Schwarz* im Auftrag der Stiftung Bundeskanzler-Adenauer-Haus, Briefe 1945–1947, bearb. von *Hans Peter Mensing,* Berlin 1983.

Arendt, Hannah, Besuch in Deutschland, 1950, in: Befreiung, Nr. 26, November 1982, S. 17–36.

Baade, Fritz, Demontage, in: Handwörterbuch der Sozialwissenschaften, Bd. 2, Stuttgart u. a. 1959.

Badstübner, Rolf/Loth, Wilfried (Hrsg.), Wilhelm Pieck – Aufzeichnungen zur Deutschlandpolitik 1945–1953, Berlin 1994.

Badstübner-Peters, Evemarie, Zur Sozial- und Kulturgeschichte der Arbeiterklasse in der antifaschistisch-demokratischen Umwälzung (1945–1949). Ausgewählte historische Entwicklungslinien – nachkriegsspezifische Probleme – alltagsgeschichtliche Aspekte. Dissertation B (entspricht Habilitation) an der Akademie der Wissenschaften der DDR, Berlin 1990.

Dies., ». . . aber stehlen konnten sie. . .«. Nachkriegskindheit in der sowjetischen Besatzungszone, in: Mitteilungen aus der Kulturwissenschaftlichen Forschung, 16 (1993) 33, S. 233–272.

Barthel, Horst, Die wirtschaftlichen Ausgangsbedingungen der DDR, Berlin 1979.

Becker, Josef/Stammen, Theo/Waldmann, Peter (Hrsg.), Vorgeschichte der Bundesrepublik Deutschland. Zwischen Kapitulation und Grundgesetz, München 1979.

Becker, Winfried, CDU und CSU 1945–1950. Vorläufer, Gründung und regionale Entwicklung bis zum Entstehen der CDU-Bundespartei, Mainz 1987.

Benz, Wolfgang, Wirtschaftspolitik zwischen Demontage und Währungsreform, in: Westdeutschlands Weg zur Bundesrepublik 1945–1949. Beiträge von Mitarbeitern des Instituts für Zeitgeschichte, München 1976.

Ders. (Hrsg.), »Bewegt von der Hoffnung aller Deutschen«. Zur Geschichte des Grundgesetzes. Entwürfe und Diskussionen 1941–1949, München 1979.

Ders. (Hrsg.), Die Bundesrepublik Deutschland. Geschichte in drei Bänden, Frankfurt a. M. 1983.

Ders. (Hrsg.), Die Vertreibung der Deutschen aus dem Osten. Ursachen, Ereignisse, Folgen, Frankfurt a. M. 1985.

Berg-Schlosser, Dirk, Die Konstituierung des Wirtschaftssystems, in: *Becker/Stammen/Waldmann* (Hrsg.), a. a. O., S. 93–121.

Berger, Thomas/Müller, Karl-Heinz (Hrsg.), Lebenssituationen 1945–1948. Materialien zum Alltagsleben in den westlichen Besatzungszonen 1945–1948, Hannover 1983.

Binder, Gerhard, Deutschland seit 1945, Stuttgart 1969.

Boelcke, Willi A., Der Schwarzmarkt 1945–1948. Vom Überleben nach dem Krieg, Braunschweig 1986.

Bonwetsch, Bernd, Ein Sieg mit Schattenseiten. Die Sowjetunion im Zweiten Weltkrieg, in: *Haus der Geschichte der Bundesrepublik Deutschland* (Hrsg.), Kriegsgefangene. Sowjetische Kriegsgefangene in Deutschland – Deutsche Kriegsgefangene in der Sowjetunion, Düsseldorf 1995, S. 135–140.

Borsdorf, Ulrich/Niethammer, Lutz (Hrsg.), Zwischen Befreiung und Besatzung. Analysen des US-Geheimdienstes über Positionen und Strukturen deutscher Politik 1945, Wuppertal 1976.

Ders./Hemmer, Hans O./Martiny, Martin (Hrsg.), Historische Grundlagen der Einheitsgewerkschaft, Köln–Frankfurt a. M. 1977.

Ders., »Speck oder Sozialisierung?«, in: *Mommsen, Hans/Borgsdorf, Ulrich* (Hrsg.), Glück auf, Kameraden!, Köln 1979, S. 345 ff.

Brackmann, Michael, Vom totalen Krieg zum Wirtschaftswunder. Die Vorgeschichte der westdeutschen Währungsreform 1948, Essen 1993.

Brandes, Detlev/Kural, Václav (Hrsg.), Der Weg in die Katastrophe. Deutsch-slowakische Beziehungen 1938–1947, Essen 1994.

Brelie-Lewien, Doris von der/Laurien, Ingrid, Zur politischen Kultur im Nachkriegsdeutschland. Politisch-kulturelle Zeitschriften 1945–1949, in: Politische Vierteljahresschrift, 24 (1983) 4, S. 406–427.

Brodmann, Dagmar/Meyer-Hoos, Elke/Müller, Jobst H., Der Treck aus Karnitz/Pommern, in: Fremde. Flüchtlinge im Landkreis Lüchow-Dannenberg 1945–1950, a. a. O., S. 15–53.

Brusis, Ilse (Hrsg.), Die Niederlage, die eine Befreiung war. Das Lesebuch zum 8. Mai 1945, Köln 1985.

Buschfort, Wolfgang, Das Ostbüro der SPD von der Gründung bis zur Berlin-Krise, München 1991.

Coppi, Hans/Danyel, Jürgen/Tuchel, Johannes (Hrsg.), Die Rote Kapelle im Widerstand gegen den Nationalsozialismus, Berlin 1994.

Dähn, Horst, Konfrontation oder Kooperation? Das Verhältnis von Staat und Kirche in der SBZ/DDR 1945–1980, Opladen 1982.

DDR Handbuch, wiss. Leitung: *Hartmut Zimmermann,* 2 Bde., Köln 1985[3].

Doering-Manteuffel, Anselm (Hrsg.), Adenauerzeit. Stand, Perspektiven und methodische Aufgaben der Zeitgeschichtsforschung (1945–1967), Bonn 1993.

Dokumentation der Vertreibung der Deutschen aus Ost-Mitteleuropa, bearb. von *Theodor Schieder,* hrsg. vom Bundesminister für Vertriebene, Flüchtlinge und Kriegsgeschädigte, 5 Bde., Bonn 1958 ff. (Reprint 1984 in acht Bänden im Deutschen Taschenbuch Verlag, München 1984).

Dorn, Walter L., Inspektionsreisen in der US-Zone. Notizen, Denkschriften und Erinnerungen aus dem Nachlaß, übers. und hrsg. von *Lutz Niethammer,* Stuttgart 1973.

Durth, Werner, Deutsche Architekten. Biographische Verflechtungen 1900–1970, München 1972.

Enzensberger, Hans-Magnus (Hrsg.), Europa in Ruinen. Augenzeugenberichte aus den Jahren 1944–1948, München 1995.

Erler, Peter/Otto, Wilfriede/Prieß, Lutz, Sowjetische Internierungslager in der SBZ/DDR, in: Beiträge zur Geschichte der Arbeiterbewegung, 32 (1990), S. 723–734.

Fisch, Jörg, Reparationen nach dem Zweiten Weltkrieg, München 1992.

Fischer, Alexander (Hrsg.), Teheran, Jalta, Potsdam. Die sowjetischen Protokolle von den Kriegskonferenzen der »Großen Drei«, Köln 1973[2].

Foitzik, Jan, im Auftrag des Instituts für Zeitgeschichte (Hrsg.), Inventar der Befehle des Obersten Chefs der Sowjetischen Militäradministration in Deutschland (SMAD) 1945–1949, offene Serie, München u. a. 1995.

Franck, Dieter, Jahre unseres Lebens 1945–1949, Reinbek 1983.

Franke, Konrad, Die niedersächsische SPD-Führung im Wandel der Partei nach 1945, Hildesheim 1980.

»Frauenalltag und Frauenbewegung 1890–1980«, siehe unten »Materialband 4«.

Frei, Norbert, Presse, in: *Benz, Wolfgang* (Hrsg.), Die Bundesrepublik Deutschland. Geschichte in drei Bänden, Bd. 3: Kultur, Frankfurt a. M. 1983, S. 275–318.

Freiburg, Arnold/Mahrad, Christa, FDJ. Der sozialistische Jugendverband der DDR, Opladen 1982.

Fremde. Flüchtlinge im Landkreis Lüchow-Dannenberg 1945–1950. Katalog zur gleichnamigen Ausstellung im Museum Wustrow von Mai 1990 bis November 1992, Wustrow 1991.

Fricke, Karl-Wilhelm, Politik und Justiz in der DDR. Zur Geschichte der politischen Verfolgung 1945–1968, Köln 1990[2].

Friedrich, Heinz (Hrsg.), Mein Kopfgeld. Die Währungsreform. Rückblicke nach vier Jahrzehnten, München 1988.

Füssl, Karl-Heinz, Die Umerziehung der Deutschen. Jugend und Schule unter den Siegermächten des Zweiten Weltkriegs 1945–1955, Paderborn u. a. 1994.

Gerfeldt, Ewald, Lebensform und Ehekrise, in: Soziale Welt, 3 (1951/52).

Geschäftsbericht der IG-Metall, Ortsverwaltung Essen von 1948 (im Ordner »Geschäftsstelle« der IG-Metall Essen).

Gill, Ulrich, FDGB. Die DDR-Gewerkschaft von 1945 bis zu ihrer Auflösung 1990, Köln 1991.

Gimbel, John, Eine deutsche Stadt unter amerikanischer Besatzung, Köln 1964.

Glaser, Hermann, Kleine Kulturgeschichte der Bundesrepublik Deutschland 1945–1989, München 1991.

Graf, Otto, Die Lebensbedingungen des Jungarbeiters, in: Soziale Welt, 1 (1949/50).

Grauzonen – Farbwelten. Kunst und Zeitbilder 1945–1955 (Katalogbuch zur Ausstellung der Neuen Gesellschaft für Bildende Kunst in den Räumen der Akademie der Künste, Berlin 20. Februar – 27. März 1983), hrsg. von *Bernhard Schulz,* Berlin–Wien 1983.

Grebing, Helga/Pozorski, Peter/Schulze, Rainer, Die Nachkriegsentwicklung in Westdeutschland 1945–1949, Bd. a: Die wirtschaftlichen Grundlagen, Bd. b: Politik und Gesellschaft, Stuttgart 1980.

Gruner, Gert (Hrsg.), Sozialdemokraten im Kampf um die Freiheit. Die Auseinandersetzungen zwischen SPD und KPD in Berlin 1945/46. Stenographischer Bericht der Sechziger-Konferenz am 20./21. Dezember 1945, München 1986².

Gruner, Petra, »Nun dachte ich, jetzt fängt's neu an, nun soll's sozial werden . . .« Zur Kritik des Neulehrermythos, in: Zeitschrift für Pädagogik, 41 (1995) 6, S. 943–957.

Günther, Klaus, SPD, KPD, DKP, DGB in den Westzonen und in der Bundesrepublik Deutschland: 1945–1975. Eine Bibliographie, 2. wesentlich erweiterte und verbesserte Auflage, bearb. von *Volker Mettig,* Bonn 1980.

Gutbrod, Karl, »Lieber Freund. . .«. Künstler schreiben an Will Grohmann, Köln 1968.

Hampe, Peter (Hrsg.), Währungsreform und soziale Marktwirtschaft. Rückblicke und Ausblicke, München 1989.

Handbuch der Verträge 1871–1964. Verträge und andere Dokumente aus der Geschichte der internationalen Beziehungen, hrsg. von *Helmut Stoecker* unter Mitarbeit von Adolf Rüger, Berlin (Ost) 1968.

Harmssen, Gustav W., Reparation, Sozialprodukt, Lebensstandard, 4 Bde., Bremen 1948².

Ders., Am Abend der Demontage. 6 Jahre Reparationspolitik. Mit Dokumentenanhang, Bremen 1951.

Heinrich-Böll-Stiftung (Hrsg.), Die OstarbeiterInnen. Opfer zweier Diktaturen, Köln 1994.

Henke, Klaus-Dietmar, Die amerikanische Besetzung Deutschlands, München 1994.

Herbert, Ulrich, »Die guten und die schlechten Zeiten«. Überlegungen zur diachronen Analyse lebensgeschichtlicher Interviews, in: *Niethammer, Lutz* (Hrsg.), »Die Jahre weiß man nicht . . .«, a. a. O., S. 67–96. (Herbert 1983 a).

Ders., Apartheid nebenan. Erinnerungen an die Fremdarbeiter im Ruhrgebiet, in: *Niethammer, Lutz* (Hrsg.), »Die Jahre weiß man nicht . . .«, a. a. O., S. 273 ff. (Herbert 1983 b).

Ders., Fremdarbeiter. Politik und Praxis des »Ausländer-Einsatzes« in der Kriegswirtschaft des Dritten Reiches, Berlin–Bonn 1985.

Hirschfeld, Gerhard/Renz, Irina (Hrsg.), Besiegt und befreit. Stimmen vom Kriegsende 1945, Gerlingen 1995.

Historische Gedenkstätte des Potsdamer Abkommens, Cecilienhof, Potsdam (Hrsg.), Potsdamer Abkommen. Dokumente zur Deutschlandfrage 1943 bis 1949, Berlin (Ost) 1970⁴.

Hohlfeld, Brigitte, Die Neulehrer in der SBZ, DDR 1945–1953. Ihre Rolle bei der Umgestaltung von Gesellschaft und Staat, Weinheim 1992.

Holzweissig, Gunter, DDR-Presse unter Parteikontrolle, Bonn 1991.

Jäger, Manfred, Kultur und Politik in der DDR 1945–1990, Köln 1994².

Jarausch, Konrad H., The unfree professions: German lawyers, teachers and engineers 1900–1950, New York 1990.

Just, Regine, Die Lösung der Umsiedlerfrage auf dem Gebiet der Deutschen Demokratischen Republik, dargestellt am Beispiel des Landes Sachsen (1945–1952), Dissertation A, Magdeburg 1985.

Dies., Zur Lösung des Umsiedlerproblems auf dem Gebiet der DDR 1945 bis Anfang der 50er Jahre, in: Zeitschrift für Geschichtswissenschaft, 35 (1987) 11, S. 971–984.

Kaack, Heino, Die FDP: Grundriß und Materialien zu Geschichte, Struktur und Programmatik, Meisenheim/Glan 1979³.

Ders., Geschichte und Struktur des deutschen Parteiensystems, Opladen 1971.

Kaff, Brigitte, Die Unionsparteien 1946–1950. CDU/CSU. Protokolle der Arbeitsgemeinschaft der CDU/CSU Deutschlands und der Konferenzen der Landesvorsitzenden, Düsseldorf 1991.

Karlsch, Rainer, Allein bezahlt? Die Reparationsleistung der SBZ/DDR 1945–1953, Berlin 1993.

Ders./Laufer, Jochen, Neue Quellen und Fragestellungen zu den Reparationsleistungen der SBZ, in: Zeitschrift für Geschichte, 1994.

Karner, Stefan, Im Archipel GUPVI. Kriegsgefangenschaft und Internierung in der Sowjetunion 1941–1956, Wien–München 1995.

Kilian, Achim, Einzuweisen zur völligen Isolierung. NKWD-Speziallager Mühlberg/Elbe 1945–1948. Mit einem Vorwort von Hermann Weber, Leipzig 1993.

Kirst, Hans Hellmut, Null-Acht-Fünfzehn, Roman in drei Bänden, Wien u. a. 1954/1955.

Kleinmann, Hans-Otto, Geschichte der CDU 1945–1982, Stuttgart 1993.

Kleßmann, Christoph, Die doppelte Staatsgründung. Deutsche Geschichte 1945–1955, Göttingen 1991⁵.

Ders., Betriebsparteigruppen und Einheitsgewerkschaft. Zur betrieblichen Arbeit der politischen Parteien in der Früh-
phase der westdeutschen Arbeiterbewegung 1945–1952, in: Vierteljahreshefte für Zeitgeschichte, 31 (1983) 2,
S. 272–307.

Ders./Friedemann, Peter, Streiks und Hungermärsche im Ruhrgebiet 1946–1948, Frankfurt a. M.–New York 1977.

Kogon, Eugen, Vom Elend unserer Presse, in: Frankfurter Hefte. Zeitschrift für Kultur und Politik, hrsg. von *Eugen Kogon*
und *Walter Dirks,* 3 (1948), S. 614–624 (Reprint 1978).

Ders., Der SS-Staat, Frankfurt a. M. 1949[2].

Köhler, Henning, Adenauer. Eine politische Biographie, Berlin 1994.

Koszyk, Kurt, Pressepolitik für Deutsche 1945–1949. Geschichte der deutschen Presse, Teil IV, Berlin 1986.

Kreikamp, Hans-Dieter (Hrsg.), Quellen zur staatlichen Neuordnung Deutschlands 1945–1949, Darmstadt 1994.

Krieg, Harald, LDP und NPD in der »DDR« 1949–1958. Ein Beitrag zur Geschichte der »nichtsozialistischen« Parteien
und ihrer Gleichschaltung mit der SED, Köln 1965.

Kuczynski, Jürgen, Zur Geschichte der Lage der Arbeiter in Deutschland von 1789 bis zur Gegenwart, Bd. 2 a, Berlin (Ost)
1955.

Kunst in Deutschland 1945–1995. Beitrag deutscher Künstler aus Mittel- und Osteuropa, Museum Ostdeutsche Galerie
Regensburg, 22. Oktober bis 3. Dezember 1995, hrsg. von der Stiftung Ostdeutsche Galerie, Regensburg 1995.

Kurella, Alfred/Cohn-Vossen, Elfriede, Der Traum von Ps'chu. Ein Ehe-Briefwechsel im Zweiten Weltkrieg, Berlin–Weimar
1984.

Kurz, Karl, Lebensverhältnisse der Nachkriegsjugend, Bremen 1949.

Laufer, Jochen, Die UdSSR und die Zoneneinteilung Deutschlands (1943/44), in: Zeitschrift für Geschichtswissenschaft, 4
(1995), S. 309 ff.

Leh, Almut, Der DGB und seine Frauen, in: *Bandhauer-Schöffmann, Irene/Hornung, Ela* (Hrsg.), Wiederaufbau weiblich,
Wien–Salzburg 1992, S. 92–111.

Lehmann, Albrecht, Im Fremden ungewollt zuhaus. Flüchtlinge und Vertriebene in Westdeutschland 1945–1990, München
1991.

Leonhard, Wolfgang, Die Revolution entläßt ihre Kinder, Köln 1987 (1. Auflage 1955).

Link, Werner, Die amerikanische Deutschlandpolitik 1945–1949, in: Die Deutschlandfrage und die Anfänge des Ost-
West-Konflikts 1945–1949 (Studien zur Deutschlandfrage, Bd. 7, hrsg. vom Göttinger Arbeitskreis), Berlin 1984.

Lipinsky, Jan, Die Auswertung von Akten über Sonderlager in der SBZ am Beispiel Bautzen, in: *Friedrich-Ebert-Stiftung*
(Hrsg.), Die Akten der Kommunistischen Gewaltherrschaft – Schlußstrich oder Aufarbeitung? Reihe Bautzen-Forum,
Nr. 5, Leipzig 1994, S. 78–86.

Lochner, Louis P., Die Mächtigen und der Tyrann. Die deutsche Industrie von Hitler bis Adenauer, Darmstadt 1955.

Loth, Wilfried, Die Teilung der Welt. Geschichte des Kalten Krieges 1941–1955, München 1983.

Mählert, Ulrich/Stephan, Gerd-Rüdiger, Blaue Hemden, rote Fahnen. Die Geschichte der Freien Deutschen Jugend, Opladen
1996.

Materialband 4 zur Ausstellung »Frauenalltag und Frauenbewegung 1890–1980«, hrsg. vom Historischen Museum Frankfurt,
Frankfurt a. M. 1980.

Meinhold, Wilhelm, Volkswirtschaftliche Preis- und Kreditprobleme der westdeutschen Agrarwirtschaft, München 1949.

Meinicke, Wolfgang, Zur Integration der Umsiedler in die Gesellschaft 1945–1952, in: Zeitschrift für Geschichtswissenschaft (der DDR), 26 (1988) 10, S. 867–878.

Ders., Die Wohnungsnot in der sowjetischen Besatzungszone nach 1945, unveröffentlichtes Manuskript, Berlin 1995.

Ders., Vertriebene in der SBZ, unveröffentlichtes Manuskript, Berlin 1995.

Ders., Zur Entnazifizierung in der SBZ, unveröffentlichtes Manuskript, Berlin 1995.

Merker, Wolfgang (Hrsg.), Berichte der Landes- und Provinzialverwaltungen zur antifaschistisch-demokratischen Umwälzung 1945/46, Quellenedition, Berlin (Ost) 1989.

Meyer, Sibylle/Schulze, Eva, »Wie wir das alles geschafft haben.« Alleinstehende Frauen berichten über ihr Leben nach
1945, München 1985[3].

Mielke, Siegfried, Der Wiederaufbau der Gewerkschaften: Legenden und Wirklichkeit, in: *Winkler, Heinrich August* (Hrsg.),
Politische Weichenstellungen im Nachkriegsdeutschland 1945–1953, Göttingen 1979, S. 74–87.

Möding, Nori, »Ich muß immer irgendwo engagiert sein. Fragen Sie mich bloß nicht, warum.« Überlegungen zu Sozialisationserfahrungen von Mädchen in NS-Organisationen, in: *Niethammer/Plato* (Hrsg.), a. a. O., S. 256–304.

Ders./Plato, Alexander von, Nachkriegspublizistik, in: *Alheit, Peter/Hoerning, Erika M.* (Hrsg.), Biographisches Wissen. Beiträge zu einer Theorie lebensgeschichtlicher Erfahrung, Frankfurt a. M.–New York 1989.

Molotow, Wjatscheslaw, Fragen der Außenpolitik. Reden und Erklärungen April 1945 bis Juni 1948, Moskau 1949.

Müller, Ingo, Furchtbare Juristen. Die unbewältigte Vergangenheit unserer Justiz, München 1978.

Neumann, Franz, Der Block der Heimatvertriebenen und Entrechteten 1959 bis 1960. Ein Beitrag zur Geschichte und Struktur einer politischen Interessenspartei, Meisenheim/Glan 1968.

Ders., Daten zur Wirtschaft – Gesellschaft – Politik – Kultur, Baden-Baden 1976.

Neumann, Thomas/Plato, Alexander von, »Elternhaus und Schule in der DDR«. Forschungsbericht eines wissenschaftlichen Filmprojekts im Auftrage des Ministeriums für Bildung, Jugend und Sport des Landes Brandenburg 1993–1995.

Niekisch, Ernst, Erinnerungen eines deutschen Revolutionärs, Bd. 1: Gewagtes Leben. 1889–1945, Bd. 2: Gegen den Strom. 1945–1967, Köln 1974.

Niethammer, Lutz (Hrsg.), Arbeiterinitiative 1945, Wuppertal 1976.

Ders., Die Mitläuferfabrik. Die Entnazifizierung am Beispiel Bayerns, Berlin 1982.

Ders. (Hrsg.), »Die Jahre weiß man nicht, wo man die heute hinsetzen soll«. Faschismus-Erfahrungen im Ruhrgebiet (Lebensgeschichte und Sozialkultur im Ruhrgebiet, Bd. 1), Berlin–Bonn 1983. (Niethammer 1983 a).

Ders., (Hrsg.), »Hinterher merkt man, daß es richtig war, daß es schiefgegangen ist.« Nachkriegserfahrungen im Ruhrgebiet (Lebensgeschichte und Sozialkultur im Ruhrgebiet, Bd. 2), Berlin–Bonn 1983. (Niethammer 1983 b).

Ders./Plato, Alexander von (Hrsg.), »Wir kriegen jetzt andere Zeiten.« Auf der Suche nach der Erfahrung des Volkes in nachfaschistischen Ländern (Lebensgeschichte und Sozialkultur im Ruhrgebiet, Bd. 3), Berlin–Bonn 1985.

Ders., Juden und Russen im Gedächtnis der Deutschen, in: *Pehle, Walter* (Hrsg.), Der Ort des Nationalsozialismus in der Geschichte, Frankfurt a. M. 1989, S. 114–134.

Ders./Plato, Alexander von/Wierling, Dorothee, Die volkseigene Erfahrung. Eine Archäologie des Lebens in der Industrieprovinz der DDR. 30 biographische Eröffnungen, Berlin 1991.

Ders., (Hrsg.) u. a., Der gesäuberte Antifaschismus. Die SED und die kommunistischen Kapos von Buchenwald – Dokumente, Berlin 1994.

Ders., Alliierte Internierungslager in Deutschland nach 1945. Vergleich und offene Fragen, in: *Jansen, Christian/Niethammer, Lutz/Weisbrod, Bernd* (Hrsg.), Von der Aufgabe der Freiheit. Politische Verantwortung und bürgerliche Gesellschaft im 19. und 20. Jahrhundert. Festschrift für Hans Mommsen zum 5. November 1995, Berlin 1995, S. 469–492.

Noelle-Neumann, Elisabeth, Aufarbeitung der Vergangenheit im Schatten der Stasi. Selbstgespräch und Wir-Gefühl in den neuen Bundesländern, in: Frankfurter Allgemeine Zeitung vom 12. August 1992, S. 8.

Ochs, Eva, Mit dem Abstand von vier Jahrzehnten. Zur lebensgeschichtlichen Verarbeitung des Aufenthalts, in: *Knigge-Tesche, Renate/Reif-Spirek, Peter/Ritscher, Bodo* (Hrsg.), Internierungspraxis Ost- und Westdeutschland nach 1945. Eine Fachtagung, Erfurt 1993, S. 111–123.

Dies., Die Geschichte der sowjetischen Sonderlager in der SBZ/DDR, in: Jahrbuch 1993 der Gesellschaft der Freunde der Fernuniversität e. V., Hagen o. J. (1994), S. 79–96.

Petzina, Dietmar/Euchner, Walter (Hrsg.), Wirtschaftspolitik im britischen Besatzungsgebiet 1945–1949, Düsseldorf 1984.

Pietsch, Hartmut, Militärregierung, Bürokratie und Sozialisierung. Zur Entwicklung des politischen Systems in den Städten des Ruhrgebietes 1945 bis 1948, Duisburg 1978.

Pirker, Theo, Die blinde Macht. Die Gewerkschaftsbewegung in Westdeutschland, 2 Bde., Erster Teil 1945–1952: Vom »Ende des Kapitalismus« zur Zähmung der Gewerkschaft, München 1960.

Ders., Die SPD nach Hitler. Die Geschichte der Sozialdemokratischen Partei Deutschlands 1945–1964, Berlin 1977.

Plato, Alexander von, »Der Verlierer geht nicht leer aus.« Betriebsräte geben zu Protokoll, Bonn–Berlin 1984.

Ders., Fremde Heimat. Zur Integration von Flüchtlingen und Einheimischen in die Neue Zeit, in: *Niethammer/Plato* (Hrsg.), a. a. O., S. 172–219.

Ders., Nachkriegsgesellschaft. Erfahrungsstrukturen und »Große Politik«. Studienbrief 3: Nachkriegsjahre und Bundesrepublik Deutschland. Deutsches Institut für Fernstudien an der Universität Tübingen, 1987.

Ders./Meinicke, Wolfgang, Alte Heimat – neue Zeit. Flüchtlinge, Umgesiedelte, Vertriebene in der Sowjetischen Besatzungszone und in der DDR, Berlin 1991.

Ders., Eine zweite »Entnazifizierung«? in: *Eckert, Rainer/Plato, Alexander von/Schütrumpf, Jörn* (Hrsg.), Wendezeiten – Zeitenwende. Zur »Entnazifizierung« und »Entstalinisierung«, Hamburg 1991.

Ders., Lebenswelten und politische Orientierung im Revier. Zur Struktur politischen Bewußtseins bei Arbeitern und Unternehmern im Ruhrgebiet, in: *Dascher, Ottfried/Kleinschmidt, Christian,* Die Eisen- und Stahlindustrie im Dortmunder Raum. Wirtschaftliche Entwicklung, soziale Strukturen und technologischer Wandel im 19. und 20. Jahrhundert, Dortmund 1992, S. 283 ff. (von Plato 1992 a).

Ders., Sowjetische Sonderlager in SBZ und DDR, in: BIOS – Zeitschrift für Biographieforschung und Oral History, 5 (1992) 2, S. 248–254. (von Plato 1992 b).

Ders., Plädoyer für eine Erfahrungsgeschichte der Nachkriegszeit, in: *Doering-Manteuffel, Anselm* (Hrsg.), Adenauerzeit. Stand, Perspektiven und methodische Aufgaben der Zeitgeschichtsforschung (1945–1967), Bonn 1993, S. 110–121.

Ders., Wirtschaftskapitäne. Zum Selbstbild von Unternehmern der Nachkriegszeit, in: *Sywottek, Arnold/Schildt, Axel,* Modernisierung im Wiederaufbau. Die westdeutsche Gesellschaft der 50er Jahre, Bonn 1993, S. 377 ff.

Ders., Deutsch-russisches Kooperationsprojekt über Sonderlager in der sowjetisch besetzten Zone. Neue Akten zur Lagerverwaltung, zur Stimmung unter den Häftlingen und zum Geheimdienst, in: *Friedrich-Ebert-Stiftung* (Hrsg.), Die Akten der Kommunistischen Gewaltherrschaft – Schlußstrich oder Aufarbeitung? Reihe Bautzen-Forum, Nr. 5, Leipzig 1994, S. 67–77.

Ders., Flüchtlinge, Umgesiedelte und Vertriebene in Ost und West, in: *Barbian, Jan P./Heid, Ludger* (Hrsg.), Zwischen gestern und morgen. Kriegsende und Wiederaufbau im Ruhrgebiet, Essen 1995, S. 106–123.

Ders., The Hitler Youth Generation and its role in the post-war German States, in: *Roseman, Mark,* Generations in Conflict. Youth Rebellion and Generation Formation in Modern Germany 1770–1968, Cambridge 1995.

Ders./Walz, Loretta, »Zwei Welten. Elternhaus und Schule in der DDR« (Film für das Ministerium für Bildung, Jugend und Sport des Landes Brandenburg), Potsdam 1995.

Plumpe, Werner, Vom Plan zum Markt. Unternehmerverbände und Wirtschaftsverwaltung im britischen Besatzungsgebiet, Düsseldorf 1987.

Ders., Unternehmerverbände und industrielle Interessenpolitik, in: *Köllmann, Wolfgang* (Hrsg.), Das Ruhrgebiet im Industriezeitalter. Geschichte und Entwicklung, Bd. 1, Düsseldorf 1990.

Prell, Uwe, Berlin-Blockade und Luftbrücke 1948/49. Analyse und Dokumentation, Berlin 1987.

Prieß, Benno, Unschuldig in den Todeslagern des NKWD 1946–1954, Calw 1991.

Protokoll des Außerordentlichen Bundeskongresses des DGB (britische Zone) vom 16. bis 18. Juni 1948 in Recklinghausen, Köln o. J.

Reichling, Gerhard, Die deutschen Vertriebenen in Zahlen. Teil II: 40 Jahre Eingliederung in der Bundesrepublik Deutschland, Bonn 1989.

Richter, Michael, Die Ost-CDU 1948–1952. Zwischen Widerstand und Gleichschaltung, Düsseldorf 1991[2].

Ritscher, Bodo, Die NKVD/MVD-»Speziallager« in Deutschland. Anmerkungen zu einem Forschungsgegenstand, in: *Knigge-Tesche, Renate/Reif-Spirek, Peter/Ritscher, Bodo* (Hrsg.), Internierungspraxis Ost- und Westdeutschland nach 1945. Eine Fachtagung, Erfurt 1993, S. 69–89.

Ritschl, Albrecht, Aufstieg und Niedergang der Wirtschaft der DDR: Ein Zahlenbild, in: Jahrbuch für Wirtschaftsgeschichte 1995/2, Berlin 1995, S. 11–46.

Rosenthal, Gabriele (Hrsg.), Die Hitlerjugend-Generation. Biographische Thematisierung als Vergangenheitsbewältigung, Essen 1986.

Dies., Leben mit der soldatischen Vergangenheit, in: BIOS – Zeitschrift für Biographieforschung und Oral History, 1 (1988), S. 27–38.

Rößler, Ruth-Kristin (Hrsg.), Entnazifizierungspolitik der KPD/SED 1945–1948. Dokumente und Materialien, Goldbach 1994.

Rothenberger, Karl-Heinz, Die Hungerjahre nach dem Zweiten Weltkrieg, Boppard 1980.

Rottleuthner, Hubert, Steuerung der Justiz in der DDR. Einflußnahme der Politik auf Richter, Staatsanwälte und Rechtsanwälte (Reihe: Rechtstatsachenforschung, hrsg. vom Bundesministerium für Justiz), Ettenheim 1994.

Rüther, Martin, Zwischen Zusammenbruch und Wirtschaftswunder. Betriebsratstätigkeit und Arbeiterverhalten in Köln 1945 bis 1952, Bonn 1991.

Schelsky, Helmut, Wandlungen der deutschen Familie in der Gegenwart. Darstellung und Deutung einer empirisch-soziologischen Tatbestandsaufnahme, Stuttgart 1955[3].

Scherpe, Klaus R., Erzwungener Alltag. Wahrgenommene und erdachte Wirklichkeit in der Reportageliteratur der Nach-kriegszeit, in: *Hermand, Jost/Peitsch, Helmut/Scherpe, Klaus R.* (Hrsg.), Nachkriegsliteratur in Westdeutschland 1945–1949, Argument-Sonderband 83, Berlin 1983, S. 35 ff.

Schildt, Axel/Sywottek, Arnold (Hrsg.), Modernisierung im Wiederaufbau. Die westdeutsche Gesellschaft der 50er Jahre, Bonn 1993.

Schmiede, Rudi, Das deutsche »Wirtschaftswunder« 1945–1965, in: *Blanke, Bernhard* (Hrsg.), Die Linke im Rechtsstaat, Bd. 1: Bedingungen sozialistischer Politik 1945–1965, Berlin 1976.

Schmieding, Walter, Kunst gab ich für Kohle. Die Entstehung der Ruhrfestspiele. Legende und Wirklichkeit, in: Frankfurter Allgemeine Zeitung vom 26. Mai 1977.

Schörken, Rolf, Jugend 1945. Politisches Denken und Lebensgeschichte, Opladen 1990.

Schüddekopf, Charles (Hrsg.), Vor den Toren der Wirklichkeit. Deutschland 1946–1947 im Spiegel der Nordwest-deutschen Hefte, Berlin–Bonn 1980.

Schwarz, Hans-Peter, Vom Reich zur Bundesrepublik Deutschland im Widerstreit der außenpolitischen Konzeptionen in den Jahren der Besatzungsherrschaft 1945–1949, Stuttgart 1980[2].

Ders., Adenauer. Der Aufstieg: 1876–1952, Stuttgart 1991[3].

Scriverius, Dieter (Bearb.), Demontagen im Land Nordrhein-Westfalen 1946 bis 1951. Spezialinventar zu den im nord-rhein-westfälischen Hauptstaatsarchiv in Düsseldorf vorhandenen Demontage-Akten, Siegburg 1981.

Seeler, Angela, Ehe, Familie und andere Lebensformen in den Nachkriegsjahren im Spiegel der Frauenzeitschriften, in: *Freier, Anna-Elisabeth/Kuhn, Annette* (Hrsg.), Frauen in der Geschichte, V. »Das Schicksal Deutschlands liegt in der Hand seiner Frauen« – Frauen in der deutschen Nachkriegsgeschichte, Düsseldorf 1984, S. 90–121.

Siebrecht, Valentin, Selbstbildnis der Leser. Zahlen und Tatsachen aus der Umfrage der Frankfurter Hefte, in: Frankfurter Hefte. Zeitschrift für Kultur und Politik, hrsg. von Eugen Kogon und Walter Dirks, 2 (1947), S. 1260–1268.

Simon, Walter, Macht und Herrschaft der Unternehmerverbände. BDI, BDA und DIHT im ökonomischen und politischen System der BRD, Köln 1976.

Sons, Hans-Ulrich, Gesundheitspolitik während der Besatzungszeit, Wuppertal 1983.

Spliedt, Franz, Die Gewerkschaften. Entwicklung und Erfolge. Ihr Wiederaufbau nach 1945, Hamburg 1948.

Streit, Christian, Keine Kameraden. Die Wehrmacht und die sowjetischen Kriegsgefangenen 1941–1945, Stuttgart 1978.

Strunk, Peter, Zensur und Zensoren. Medienkontrolle und Propagandapolitik unter sowjetischer Besatzungsherrschaft in Deutschland (Edition Bildung und Wissenschaft, Bd. 2), Berlin 1996.

Suckut, Siegfried, Die Betriebsrätebewegung in der sowjetisch besetzten Zone Deutschlands und in Groß-Berlin 1945–1948. Zur Entwicklung und Bedeutung von Arbeiterinitiative, betrieblicher Mitbestimmung und Selbstbestimmung bis zur Revision des programmatischen Konzeptes der KPD/SED vom »besonderen deutschen Weg zum Sozialismus«, Frankfurt a. M. 1982.

Ders. (Hrsg.), Blockpolitik in der SBZ/DDR 1945–1949. Die Sitzungsprotokolle des Zentralen Einheitsfrontausschusses. Quellenedition, Köln 1986.

Ders., Innenpolitische Aspekte der DDR-Gründung, in: *Scherstjanoi, Elke* (Hrsg.), »Provisorium für längstens ein Jahr«. Protokoll des Kolloquiums »Die Gründung der DDR«, Berlin 1993, S. 84–101.

Taylor, Telford, Die Nürnberger Prozesse. 50 Jahre danach – Hintergründe, Analysen und Erkenntnisse aus heutiger Sicht, München 1994.

Thomas, Karin, Zweimal deutsche Kunst nach 1945. 40 Jahre Nähe und Ferne, Köln 1985.

Thomas, Rüdiger, Bauelemente einer gesamtdeutschen Kommunikationskultur, in: *Bracher, Karl Dietrich/Funke, Manfred/Schwarz, Hans Peter,* Deutschland zwischen Krieg und Frieden. Beiträge zur Politik und Kultur im 20. Jahrhundert, Bonn 1990, S. 395–412.

Thurnwald, Hilde, Gegenwartsprobleme Berliner Familien, Berlin 1948.

Trittel, Günter J., Hunger und Politik. Die Ernährungskrise in der Bizone (1945–1949), Frankfurt a. M. 1990.

Vogel, Angela, Familie, in: *Benz, Wolfgang* (Hrsg.), Die Bundesrepublik Deutschland, Bd. 2, Frankfurt a. M. 1983, S. 98–126.

Vollnhals, Clemens (Hrsg.), Entnazifizierung. Politische Säuberung und Rehabilitierung in den vier Besatzungszonen 1945–1949, München 1991.

Waldmann, Peter, Die Eingliederung der ostdeutschen Vertriebenen, in: *Becker/Stammen/Waldmann* (Hrsg.), a. a. O., S. 163–192.

Wasmund, Klaus, Politische Plakate aus dem Nachkriegsdeutschland. Zwischen Kapitulation und Staatsgründung, Frankfurt a. M. 1986.

Weber, Hermann, Die Wandlung des deutschen Kommunismus. Die Stalinisierung der KPD in der Weimarer Republik, 2 Bde., Frankfurt a. M. 1969.

Ders., Geschichte der DDR, München 1985.

Ders., DDR – Grundriß der Geschichte 1945–1990, Hannover 1991[2].

Welsh, Helga, Entnazifizierung in der DDR und die »Wende«, in: *Eckert, Rainer/Plato, Alexander von/Schütrumpf, Jörn* (Hrsg.), Wendezeiten – Zeitenwände. Zur »Entnazifizierung« und »Entstalinisierung«, Hamburg 1991, S. 65–76.

Wierling, Dorothee, Von der HJ zur FDJ? in: BIOS – Zeitschrift für Biographieforschung und Oral History, 6 (1993), S. 107–125.

Wiesemann, Falk/Kleinert, Uwe, Flüchtlinge und wirtschaftlicher Wiederaufbau in der britischen Besatzungszone, in: *Petzina, Dietmar/Euchner, Walter* (Hrsg.), Wirtschaftspolitik im britischen Besatzungsgebiet 1945–1949, Düsseldorf 1984.

Willenbacher, Barbara, Familie 1946–1949, in: *Broszat, Martin/Henke, Klaus D./Woller, Hans* (Hrsg.), Von Stalingrad zur Währungsreform. Zur Sozialgeschichte des Umbruchs in Deutschland, München 1987.

Winkler, Heinrich August (Hrsg.), Politische Weichenstellungen im Nachkriegsdeutschland 1945–1953, Göttingen 1979.

Wirth, Dieter, Die Familie in der Nachkriegszeit. Desorganisation oder Stabilität, in: *Becker/Stammen/Waldmann,* a. a. O., S. 193–216.

Wolff, Michael W., Die Währungsreform in Berlin 1948/49, Berlin 1991.

Wurzbacher, Gerhard, Leitbilder des gegenwärtigen Familienlebens, Stuttgart 1958[3].

Zahlenspiegel. Bundesrepublik Deutschland/Deutsche Demokratische Republik. Ein Vergleich, hrsg. vom Bundesministerium für innerdeutsche Beziehungen, 3. neugestaltete Ausgabe, Bonn 1988.

de Zayas, Alfred M., Die Anglo-Amerikaner und die Vertreibung der Deutschen. Vorgeschichte, Verlauf, Folgen, München 1985[3].

Ders., Anmerkungen zur Vertreibung der Deutschen aus dem Osten, Stuttgart u. a. 1986.

Zimmermann, Michael, Verfolgt, vertrieben, vernichtet. Die nationalsozialistische Vernichtungspolitik gegen Sinti und Roma, Essen 1989.

Zur Sozialpolitik in der antifaschistisch-demokratischen Umwälzung. Dokumente und Materialien, Berlin (Ost) 1984.

Künstlerbiographien zu den Farbtafeln I–XVI

Max Ackermann, Maler, 1887 in Berlin geboren, 1975 in Bad Liebenzell/Schwarzwald gestorben. 1905–1912 Studium an den Kunstakademien in Weimar, München und Stuttgart. Adolf Hoelzels Theorie zur abstrakten Komposition bildete die Grundlage für seine Malweise. 1933/1936 Ausstellungs- bzw. Lehrverbot. Während des Krieges enge Freundschaft zu Willi Baumeister. Jugendstil und Expressionismus prägten sein frühes Werk. In den dreißiger Jahren schuf er farbkontrapunktische Kompositionen, sein Spätwerk verarbeitet Einflüsse des amerikanischen Abstrakten Expressionismus.

Willi Baumeister, Maler, Graphiker und Bühnenbildner, 1889 in Stuttgart geboren, 1955 dort gestorben. 1908–1913 Studium an der Kunstakademie in Stuttgart bei Adolf Hoelzel; nach 1933 als »entarteter« Künstler verfemt; 1943/44 verfaßte er das Buch »Das Unbekannte in der Kunst« (1947 erschienen). Er gilt als einer der führenden deutschen abstrakten Maler. Um 1919 schuf er seine ersten »Mauerbilder«, in denen er Malerei und plastische Reliefform verband und die für die Entwicklung seines Stils wichtig waren. Nach 1933 wurde seine Malweise von prähistorischer, antiker und orientalischer Kunst beeinflußt, in der er elementare, formschaffende Möglichkeiten entdeckte. Insbesondere ließ er sich von steinzeitlichen Felsmalereien anregen. Mit seinen »Eidos«-Bildern und »Ideogrammen« schuf er neue zeichenhafte Formen der Abstraktion.

Julius Bissier, Maler, 1893 in Freiburg geboren, 1965 in Ascona gestorben. 1914 Studium an der Kunstakademie Karlsruhe, 1914–1918 Soldat im Ersten Weltkrieg, 1929–1933 Lehrtätigkeit an der Universität Freiburg. In den zwanziger Jahren erzielte er erste Erfolge als Maler der Neuen Sachlichkeit. Über seine Freundschaft mit dem Sinologen Ernst Grosse fand er Zugang zur ostasiatischen Kunst, deren Einflüsse er in meditativen Zeichenformen bei der Bildgestaltung verarbeitete. Die schriftornamentale Struktur seiner kalligraphischen Tuschmalerei, die er nach 1945 entwickelte und die großen Einfluß auf die erste deutsche Generation informeller Maler in den fünfziger Jahren ausübte, spiegelt den fernöstlichen Einfluß wider.

Hermann Bruse, Maler und Graphiker, 1904 in Hamm geboren, 1953 in Berlin (Ost) gestorben. Als Maler Autodidakt; Aktstudium in Abendkursen an der Kunstgewerbeschule Magdeburg; ab 1933 illegale Parteiarbeit für die KPD, 1933–1936 sowie 1944 Inhaftierung; 1945 wegen »Vorbereitung zum Hochverrat« zum Tode verurteilt. 1946 Mitwirkung am Aufbau des »Kulturbundes zur demokratischen Erneuerung Deutschlands« in Magdeburg und Beteiligung an der »Ersten deutschen Kunstausstellung Berlin«; ab 1948 Lehrtätigkeit am Institut für Kunsterziehung der Humboldt-Universität, Berlin. Bruse malte gegenständliche Bilder, Figurationen und Landschaften.

Alexander Camaro, Maler und Tänzer, 1901 in Breslau geboren, 1992 gestorben. 1920–1925 Studium der Malerei an der Kunstakademie Breslau bei Otto Mueller, 1928 tänzerische Ausbildung bei Mary Wigman in Dresden; 1933–1945 Arbeits- und Ausstellungsverbot, Lebensunterhalt durch Tanz; ab 1945 Wiederbeginn seiner Arbeit als freischaffender Maler. Seine Bilder beschwören in ihrer reduzierten konstruktiven Zeichenhaftigkeit die Poesie der Dinge und machen das Geistige sichtbar, zumindest erahnbar. Gerade nach den Erlebnissen der Kriegsjahre war ihm diese Dimension des Träumerischen in der Kunst zum Bedürfnis geworden. Eine mediterrane Sinnlichkeit prägt seine Bilder der Nachkriegszeit.

Jürgen Freese, Fotomonteur, 1904 in Berlin geboren. Er arbeitete als Fotomonteur. Für seine skurrilen Fotomontagen bevorzugte er Frauenbildnisse, die er verfremdete.

Werner Gilles, Maler und Graphiker, 1894 in Rheydt (bei Möchengladbach) geboren, 1961 in Essen gestorben. Studium an der Kasseler Kunstakademie sowie 1918–1924 an der Kunstgewerbeschule und am Bauhaus in Weimar bei Lyonel Feininger und Oskar Schlemmer. Aufenthalte in Italien (Rom, Ischia) prägten seine Malerei, die inspiriert wurde von der antiken Mythologie und Poesie. Zunächst schuf er im expressionistischen Stil, später benutzte er eine mystisch-symbolistische Zeichensprache.

Hermann Glöckner, Maler, Zeichner und Plastiker, 1889 in Dresden geboren, 1987 dort gestorben. 1903/04 Kunstgewerbeschule Leipzig; 1904–1911 Studium an der Kunstgewerbeschule in Dresden, 1923/24 Studium an der Kunstakademie Dresden. Glöckner gilt als einer der Väter des europäischen Konstruktivismus. Seit 1920 erste geometrische Arbeiten, 1930–1937 entstand ein konstruktivistisches Tafelwerk, in dem er auf etwa 150 Tafeln die Gesetzmäßigkeiten präziser Flächeneinteilung zusammenfaßte. 1945–1948 Mitglied der Dresdner Künstlergruppe »Der Ruf«, die Anschluß an Expressionismus und Bauhaus suchte. Ab 1954 Hinwendung zu freien konstruktivistischen Arbeiten.

Hans Grundig, Maler und Graphiker, 1901 in Dresden geboren, 1958 dort gestorben. 1922–1927 Studium an der Kunstakademie Dresden; 1930 Gründungsmitglied der ASSO-Gruppe, Dresden (Assoziation revolutionärer Bildender Künstler Deutschlands); 1936 Ausstellungsverbot; 1937 in der Ausstellung »Entartete Kunst« in München gezeigt. 1939–1944 inhaftiert im Konzentrationslager Sachsenhausen. 1946 Rückkehr nach Dresden und Jurymitglied zur »Allgemeinen Deutschen Kunstausstellung Dresden«. 1946–1948 Rektor der Kunsthochschule Dresden. Anfänglich beeinflußt von Otto Dix, spiegeln seine Bilder und Graphiken eine harte Sozial- und Zeitkritik im Stil der Neuen Sachlichkeit. Nach dem Zweiten Weltkrieg thematisierte er in seinen Arbeiten vor allem seine Erlebnisse im Konzentrationslager. Sein realistischer Stil wurde expressiv symbolhaft, angeregt durch Bilder von Hieronymus Bosch und dem frühen Bruegel.

Werner Heldt, Maler, 1904 in Berlin geboren, 1954 in Sant Angelo, Ischia, gestorben. 1923–1930 Kunststudium in Berlin. Angeregt durch die Paris- und Montmartre-Bilder Maurice Utrillos wurde die Stadtlandschaft, insbesondere Berlin, zu seinem Thema, wobei seine Motive selten topographisch festzulegen sind. 1933–1936 Aufenthalt auf Mallorca; 1940–1945 Soldat im Zweiten Weltkrieg; 1945 Rückkehr nach Berlin, wo er, beeinflußt vom Kubismus und Surrealismus und unter dem Eindruck seiner persönlichen Vereinsamung, die zerstörte Stadt in menschenleeren Panoramen festhielt.

Karl Hofer, Maler, 1878 in Karlsruhe geboren, 1955 in Berlin (West) gestorben. 1897–1903 Studium an den Kunstakademien in Karlsruhe und Stuttgart (unter anderem bei Hans Thoma); 1903–1913 lange Aufenthalte in Rom und Paris, danach lebte er in Berlin, dort Mitglied der »Neuen Künstlervereinigung«; ab 1923 Mitglied der Preußischen Akademie der Künste, 1934 Entlassung aus dem Lehramt. Während der NS-Zeit als »entarteter« Künstler verfemt (über 300 Werke wurden beschlagnahmt). Hans von Marées' klassisch-ideale Bilderwelt prägte Hofers frühes Werk. Unter dem Eindruck der Erlebnisse des Ersten Weltkrieges näherte er sich der Neuen Sachlichkeit an. Die Bedrohung der NS-Zeit wurde später zu einem wichtigen symbolischen Thema in seinen Bildern. Nach Kriegsende Direktor der Hochschule für bildende Künste, Berlin (West).

Karl Holtz, Zeichner und Karikaturist, 1899 in Berlin geboren, 1978 in Potsdam gestorben. 1914–1919 Studium an der Kunstgewerbeschule in Berlin bei Emil Orlik

und Ludwig Sütterlin. Die große Zeit des Künstlers waren die Jahre der Weimarer Republik. Er zeichnete sozialkritische Karikaturen, Gouachen und Lithographien für Zeitschriften der linken Presse, wie »Der wahre Jacob«, »Lachen links«, »Der Knüppel«, »Vorwärts« oder »Eulenspiegel«. 1934 Berufsverbot als Pressezeichner. Nach 1945 leitete die Mitarbeit am »Ulenspiegel« einen neuen Aufschwung seines Schaffens ein. Er wurde einer der wichtigsten Zeichner für den Karikaturenteil. Weitere Zeitschriften, für die er arbeitete, waren unter anderem »Eulenspiegel«, »Neue Berliner Illustrierte« und »Die Freie Welt«.

Heinrich Kilger, Bühnenbildner, Maler und Graphiker, 1907 in Heidelberg geboren, 1970 in Berlin gestorben. Nach Lehre als Dekorationsmaler 1928 Studium an der Städtischen Kunstgewerbeschule München, 1929 Abendkurse für Malerei und Plastik in Berlin. Während der NS-Zeit keine öffentlichen künstlerischen Arbeiten, 1936–1940 Bühnenmaler am Deutschen Theater in Berlin. Nach Kriegsende nahm er diese Tätigkeit wieder auf und malte Bilder für den »Ulenspiegel«. Seit 1947 Lehrer für Bühnenbild an der Hochschule für bildende und angewandte Kunst in Berlin. Seine Bühnenbilder kennzeichnet eine starke Bildhaftigkeit, in der seine Tätigkeit als Maler zum Ausdruck kommt.

Jaro Kubiček, Maler und Graphiker, 1906 in Ungarn geboren, arbeitete er seit 1926 in Berlin und Dresden. Während der NS-Zeit mit Ausstellungsverbot belegt, schuf er nach 1945 unter anderem Lackmonotypien. In den fünfziger Jahren Ausstellungen in den Galerien Gerd Rosen, Berlin, und Czwiklitzer, Köln.

Wilhelm Lachnit, Maler und Graphiker, 1899 in Gittersee bei Dresden geboren, 1962 in Dresden gestorben. 1918–1923 Kunststudium in Dresden, Meisterschüler bei Richard Dreher, Gründungsmitglied der Dresdener ASSO, zwischen 1933–1945 als Kommunist zeitweise inhaftiert und mit Ausstellungsverboten belegt; 1946 Teilnahme an der »Allgemeinen Deutschen Kunstausstellung Dresden«; 1947–1954 Professor an der Kunstakademie Dresden. Neben Bildnissen, Kompositionen, Stilleben, Landschaften und Clownerien umfaßt sein Werk Wandmalereien sowie eine Vielzahl von Graphiken. Vor 1933 war sein Stil vom Expressionismus und sozialkritischem Verismus geprägt. Als er sich nach Kriegsende stärker der internationalen Moderne zuwandte, unterlag er dem Formalismus-Verdikt der SED und verlor seine Stellung als Lehrer an der Dresdner Kunstakademie.

Jeanne Mammen, Malerin und Zeichnerin, 1890 in Berlin geboren, 1976 in Berlin (West) gestorben. 1906–1911 Studium in Paris, Brüssel und Rom. 1914 Flucht aus Paris nach Holland. 1915 Rückkehr nach Berlin; Lebensunterhalt durch Fotoretuschieren und Modezeichnungen. 1923–1933 Zeichnungen und Aquarelle für Modezeitschriften, bürgerliche Witzblätter und satirische Zeitschriften wie »Simplicissimus«, »Uhu«, »Jugend« und »Ulk«. 1933–1945 lebte sie zurückgezogen in Berlin. 1946 Teilnahme an der »Allgemeinen Deutschen Kunstausstellung Dresden«; 1947 Einzelausstellung in der Galerie Rosen in Berlin. In den zwanziger Jahren waren ihre Bilder von einem Realismus geprägt, der George Grosz und Toulouse-Lautrec nahestand. Ihr Blick war gesellschaftskritisch, scharf und satirisch. Die Frau in ihrem Rollenkonflikt war ihr Thema. Aus innerem Widerstand gegen die vorherrschende Kunstauffassung des Nationalsozialismus wandte sie sich dem französischen Kubismus zu. Nach dem Krieg entwickelte sie chiffrehafte Abbilder als Symbole für seelische Zustände.

Georg Meistermann, Maler und Glasfensterentwerfer, 1911 in Solingen geboren, 1990 in Köln gestorben. 1928–1933 Studium an der Kunstakademie Düsseldorf, Schüler von Ewald Mataré. 1953–1967 Lehrtätigkeiten an den Kunstakademien in Hamburg, Frankfurt, Düsseldorf, Karlsruhe und München. Ausgehend vom Spätkubismus entwickelte er eine abstrakte Zeichensprache mit teils geometrischen, teils biomorphen Formen; später Hinwendung zur meditativen Malerei. Bedeutend sind auch seine Glasfenster (WDR, Köln 1950, St. Kilian, Schweinfurt 1952) und seine Wandmalereien für Kirchen.

Ernst Wilhelm Nay, Maler, 1902 in Berlin geboren, 1968 in Köln gestorben. 1925–1928 Schüler von Karl Hofer an der Berliner Kunstakademie; 1931 Stipendiat an der Villa Massimo, Rom; 1937/38 Aufenthalt als Gast Edvard Munchs auf den Lofoten. 1937 mit zwei Werken in der Ausstellung »Entartete Kunst«, München gezeigt. 1946 Ausstellungen unter anderem in der Galerie Rosen, Berlin. Mit seiner musikalisch-kontrapunktischen, flächig betonten Abstraktion, die der Farbe als gestaltende Kraft wesentliche Entfaltungsmöglichkeit gibt, gilt er als Vermittler zwischen den großen Abstrakten der Vorkriegszeit (Paul Klee, Wassily Kandinsky) und der jungen Nachkriegsgeneration in Deutschland.

Oskar Nerlinger, Maler, 1893 in Schwann/Schwarzwald geboren, 1969 in Berlin (Ost) gestorben. 1908–1915 Studium an der Kunstgewerbeschule Straßburg und Unterricht am Kunstgewerbemuseum Berlin bei Emil Orlik; 1915–1918 Soldat im Ersten Weltkrieg; 1928 Mitglied der ASSO und der Künstlergruppe »Die Abstrakten«; 1946 Beteiligung an der »Allgemeinen Deutschen Kunstausstellung Dresden«; 1947–1949 zusammen mit Karl Hofer Herausgeber der Zeitschrift »bildende kunst«. Während der NS-Zeit isoliert und durch Verhaftung eingeschüchtert, Hinwendung vom Abstrakten zu einem gefälligen, konventionellen Realismus. Seine gegenständliche Malerei

der Nachkriegszeit thematisierte vor allem die Arbeits- und Fabrikwelt sowie die Kriegsgeschehnisse. Nerlinger wurde für die Zwecke der SED-Kulturpolitik eingespannt. 1945–1951 Professor an der Kunsthochschule Berlin-Charlottenburg, anschließend bis 1958 an der Kunsthochschule Berlin-Weißensee.

Franz Radziwill, Maler, 1895 in Strohausen geboren, 1983 in Wilhelmshaven gestorben. 1913–1915 Studium der Architektur in Bremen, ab 1914 Hinwendung zur Malerei. Nach Krieg und Gefangenschaft Wiederaufnahme des Kunststudiums in Bremen. 1933–1935 Professur an der Kunstakademie Düsseldorf, 1935 Entlassung aus dem Lehramt. Zunächst war seine Malerei vom Expressionismus beeinflußt. In den zwanziger Jahren entwickelte er eine magisch-surreale Variante der Neuen Sachlichkeit: die dargestellten Dinge erhalten hintergründige Zeichenfunktion und symbolisieren den Identitätsverlust des Menschen in einer entfremdeten Welt.

Herbert Sandberg, Zeichner und Karikaturist, 1908 in Poznán (Posen) geboren, 1991 in Berlin gestorben. 1925–1928 Kunststudium in Breslau bei Otto Mueller; 1928 Übersiedlung nach Berlin und Mitarbeiter bei verschiedenen Berliner Zeitungen; 1929 Mitglied der ASSO; 1930 Eintritt in die KPD; 1934 Verhaftung, 1935–1945 Zuchthaus Brandenburg und Konzentrationslager Buchenwald; 1945–1950 mit Günther Weisenborn Herausgeber der Zeitschrift »Ulenspiegel«, nach dem Vorbild des alten »Simplicissimus« konzipiert, mit einem Programm, das fortschrittliche Literatur, bildende Kunst und politische Satire umfassen sollte. Die Zeitschrift sollte mit künstlerischen Mitteln zur antifaschistisch-demokratischen Erneuerung beitragen. Nach 1950 arbeitete Sandberg als Zeichner und Bildredakteur für die Zeitung »Neues Deutschland«; 1954–1957 Chefredakteur der Zeitschrift »bildende kunst«.

Rudolf Schlichter, Maler und Graphiker, 1890 in Calw geboren, 1955 in München gestorben. 1910–1916 Studium an der Karlsruher Kunstakademie bei Hans Thoma und Wilhelm Trübner, 1919–1932 Aufenthalt in Berlin, 1928 Mitglied der ASSO, 1937 in der Ausstellung »Entartete Kunst«, München, gezeigt; 1946 Teilnahme an der »Allgemeinen Deutschen Kunstausstellung Dresden«. Neben George Grosz und Otto Dix gehörte auch Schlichter in den zwanziger Jahren zu den sozialkritisch und politisch engagierten Vertretern der Neuen Sachlichkeit; Zeichnungen für die satirischen Zeitschriften »Der Knüppel« und »Eulenspiegel« sowie Porträts gleichgesinnter Zeitgenossen machten ihn bekannt.

Herbert Thiele, Maler, Graphiker und Karikaturist, 1905 in Zwickau geboren, 1973 in Berlin (West) gestorben. Studium in Leipzig. In den zwanziger und dreißiger Jahren Mitarbeiter bei verschiedenen Zeitschriften, wie »Meggendorfer Blätter«, »Die Woche«, »Berliner Illustrierte Zeitung« und anderen. Nach 1945 zeichnete er unter anderem für den »Ulenspiegel«, den »Insulaner« und die »Neue Berliner Illustrierte«. Auch arbeitete er für den Ullstein-Verlag im Bereich der buchgraphischen Werbung. 18 Jahre lang war Thiele freier Mitarbeiter beim SFB und Dozent am Privatinstitut für Pressezeichner. Seine Zeichnungen sind voller Phantasie und Humor. Als Maler bevorzugte er Landschaftsaquarelle und Tierbilder.

Heinz Trökes, Maler, 1913 in Hamborn/Rhein geboren, lebt in Berlin. 1932–1936 Studium an der Kunstgewerbeschule in Krefeld, Schüler von Johannes Itten und Georg Muche; 1938–1945 Ausstellungsverbot. 1945 Mitbegründer der ersten deutschen Galerie (Gerd Rosen, Berlin) nach dem Krieg. Seine Malweise war zunächst vom Surrealismus beeinflußt, später wurde seine Zeichensprache abstrakt-hieroglyphenhaft mit einer transparenten poetischen Farbigkeit, die an Paul Klee erinnert. Beeinflußt von der Pop-art entwickelte er Ende der sechziger Jahre eine ornamental-figurale Bildwelt, die von leuchtenden Farben getragen wird.

Fritz Winter, Maler, 1905 in Altenbögge bei Unna geboren, 1976 in Herrsching bei München gestorben. 1927–1930 Studium am Bauhaus Dessau bei Paul Klee, Wassily Kandinsky und Oskar Schlemmer; 1937 Malverbot; 1939–1945 Soldat im Zweiten Weltkrieg; 1945–1949 russische Gefangenschaft und Arbeitslager in Sibirien. Seine als Naturkraftsymbole gedachten abstrakten Bilder, in denen er seine Zeit als Bergmann und seine Kriegserlebnisse verarbeitete, stehen in der Tradition des Blauen Reiters und des Bauhauses. Ursprünglich mit halborganischen Formen arbeitend, verwendete er später vornehmlich schwarze Zeichen und Balken.

Zusammengestellt von Hildegard Bremer nach:
– DuMont's Künstlerlexikon: von der Antike bis zur Gegenwart, hrsg. von Herbert Read. Aktualisiert von Nikos Stangos. Deutsche Ausgabe bearbeitet und ergänzt von Karin Thomas, Köln 1997.
– InterZonale 1945. Konferenz der Bilder, hrsg. von Hans-Werner Schmidt unter Mitarbeit von Justus Jonas-Edel, Kiel 1995.
– Lexikon der bildenden Künstler des 20. Jahrhunderts, hrsg. von Hans Vollmer, unveränderter Nachdruck der Ausgabe Leipzig 1953, München 1992.

Copyright

Fotonachweis

Bundesarchiv Koblenz: 10 (95/46/30), 68 oben, 87 unten, 98, 105, 108 unten (Herbert Hensky), XXVI/54, XXVIII/65

Bundesbildstelle, Bonn: 61

Deutsche Bundesbank, Frankfurt a. M.: 79 oben

Deutsches Historisches Museum, Berlin: 65 (Gerhard Gronefeld), 70, 79 unten, 87 oben, 125, 130, 131 (Bildarchiv Puck), 145, XXVIII/62, XXVIII/63, XXVIII/64, XXXI/88, XXXI/91

DeutschlandRadio, Berlin: 139

DGB-Archiv im Archiv der sozialen Demokratie der Friedrich-Ebert-Stiftung, Bonn: 84, 85

Elefanten Press Verlag, Berlin: 53

Filmhaus Berlin: 113 unten

Friedrich-Ebert-Stiftung/Archiv der sozialen Demokratie, Bonn: 73 unten, 74 links, XXX/73, XXX/74, XXX/75, XXXI/87, XXXI/92

Friedrich-Naumann-Stiftung/Archiv des Deutschen Liberalismus, Gummersbach: 77, XXX/76, XXX/77, XXXI/84

Fritz-Winter-Haus, Ahlen/Westf.: V/12

Gedenkstätte Buchenwald, Weimar: 97

Historisches Archiv der Stadt Köln: 126, 127, XXVI/55, XXVI/56, XXVII/59, XXX/79, XXX/80, XXX/81

Konrad-Adenauer-Stiftung, Sankt Augustin: 74 rechts, XXX/70, XXX/71, XXX/72, XXXI/82, XXXI/85, XXXI/93

Markus Krause, Berlin: III/7

Kunstsammlung Nordrhein-Westfalen, Düsseldorf: VI/17 (Fotograf: Walter Klein)

Landesarchiv Berlin: 67, 234, XVII/29, XVII/31, XXXI/86, XXXII/97

Landesbildstelle Berlin: 24, 36, 78

Landesbildstelle Hamburg: 43

Christiane Langendorf, Grünwald: 320

Max Ackermann Archiv, Bietigheim-Bissingen: VI/15

Münchner Stadtmuseum: XVII/30, XIX/38, XXIX/68

Museum Baden, Solingen: V/13

Museum der bildenden Künste Leipzig: I/3

Museum Wustrow, Wustrow: 257

Nordrhein-Westfälisches Hauptstaatsarchiv, Düsseldorf: 60 (RWB 1771 Nr. 19/Foto Stachelscheidt), 91 (RWB 1784 Nr. 6/Foto Stachelscheidt)

Ruhrlandmuseum, Essen: 35 (Peter Kleu), 73 oben (Willy van Heekern), 143 unten (Willy van Heekern)

Lilo Sandberg, Berlin: VIII–XV (Ulenspiegel)

Senatskanzlei Bremen: III/8

Spiegel-Verlag, Hamburg: 115

Staatliche Kunstsammlungen Dresden: I/1 (Gemäldegalerie Neue Meister), II/4 (Gemäldegalerie Neue Meister), VII/18 (Kupferstich-Kabinett)

Staatsarchiv Hamburg: 273

Stadtbildstelle Essen: 266 (mitte und unten)

Stadtmuseum Berlin: 101, 104 oben, 128, 129, 138 (Harry Croner), I/2

Stadtmuseum Dresden: 104 unten

Stadtmuseum Düsseldorf: III/6

Stiftung Deutsche Kinemathek, Berlin: 100 unten, XVIII/33, XVIII/35, XIX/39

Stiftung Haus der Geschichte der Bundesrepublik Deutschland, Bonn: 28, 71, 114, XVIII/34, XVIII/36, XIX/40, XXIV/48, XXIV/50, XXV/51, XXV/53, XXVI/57, XXVII/58, XXVII/60, XXVII/61, XXIX/67, XXIX/69, XXXI/83, XXXI/90

Süddeutscher Verlag, München: 11, 16 oben, 39, 48, 96, 102 oben, 113 oben

Theaterwissenschaftliche Sammlung der Universität zu Köln: XX/41, XXI/42, XXI/43

Triangel-Verlag Wolfgang Trees, Aachen: 133

Ullstein Bilderdienst, Berlin: 17, 26 unten (Fritz Eschen), 51, 82, 93 (Nowosti), 109, 110 (ADN-Bildarchiv), 111 (ADN-Bildarchiv)

Universität Oldenburg, Mediathek: XIX/37

Walter-Dick-Archiv, Köln: 23, 33, 45, 46

Wilhelm-Busch-Museum, Hannover: 40, 44

Wolfgang-Borchert-Archiv, Hamburg: 102 unten

Weitere Bilder wurden folgenden Publikationen entnommen:

»Als der Krieg zu Ende war«. Literarisch-politische Publizistik 1945–1950. Eine Ausstellung des Deutschen Literaturarchivs im Schiller-Nationalmuseum Marbach a. N., hrsg. von Bernhard Zeller, Marbach 1986: 103, 106 unten, 117, 118, 119, 122, 123

Aufstieg aus dem Nichts. Deutschland von 1945 bis 1953. Eine Soziographie in zwei Bänden, Bd. 1, hrsg. von Kurt Zentner, Köln (Kiepenheuer & Witsch Verlag) 1954: 31

Berlin 1945. Eine Dokumentation, hrsg. von Reinhard Rürup, Berlin (Verlag Willmuth Arenhövel) 1995: 13, 108 oben

Ilse Brusis (Hrsg.), Die Niederlage, die eine Befreiung war. Das Lesebuch zum 8. Mai 1945, Köln (Bund Verlag) 1985: 83

Deutschland, April 1945 (Dear Fatherland, Rest Quietly). Geschrieben und photographiert von Margaret Bourke-White. Mit einer Einleitung von Klaus Scholder, München (Schirmer/Mosel Verlag) 1979: 132

Die wirren Jahre. Deutschland 1945–1948. Begleitbuch zur gleichnamigen fünfteiligen ARD-Dokumentation, hrsg. von Jürgen Engert, Berlin (Argon Verlag) 1996: 59, 94, 137 unten

Dieter Franck, Jahre unseres Lebens 1945–1949, München (R. Piper & Co. Verlag) 1980: 143 oben

Geteilte Hoffnung. Deutschland nach dem Kriege 1945–1949, hrsg. vom Gesamtdeutschen Institut – Bundesanstalt für gesamtdeutsche Aufgaben, Bonn 1990[2]: 19, 72, 88, 116, 135

Jürgen Weber, Auf dem Wege zur Republik 1945–1947, Bd. 1 (30 Jahre Bundesrepublik Deutschland), hrsg. von der Bayerischen Landeszentrale für politische Bildungarbeit, München 1981: 76

Wir danken allen Lizenzträgern für die freundliche Abdruckgenehmigung.
In Fällen, in denen es nicht gelang, Rechtsinhaber an Abbildungen zu ermitteln, bleiben Honoraransprüche gewahrt.